£27.70

DATE DUE
DATE DE RETOUR

Homenaje a Juan López-Morillas

HOMENAJE

A

JUAN LÓPEZ-MORILLAS

DE CADALSO A ALEIXANDRE:
ESTUDIOS SOBRE LITERATURA E HISTORIA
INTELECTUAL ESPAÑOLAS

EDITADO POR

JOSÉ AMOR Y VÁZQUEZ   A. DAVID KOSSOFF

EDITORIAL CASTALIA

MADRID

Tirada de 1.000 ejemplares numerados

EJEMPLAR NÚM. 206

Impreso en España.
Printed in Spain.
I.S.B.N.: 84-7039-395-2
Depósito Legal: M-15.112-1982
Impreso en Unigraf, S.A. Fuenlabrada (Madrid)

Reconocimiento

Este homenaje se ha realizado con la ayuda de muchos. Señalemos en primer término el firme apoyo que tuvo el proyecto por parte de los profesores titulares de Estudios Hispánicos en Brown University, la acogida favorable que le dio el entonces Preboste, Dr. Merton P. Stoltz, y el impulso decisivo del actual Preboste Maurice Glicksman. El interés de todos ellos resultó en una concesión de fondos por Brown University para llevar adelante la empresa. Por todo ello, nuestra profunda gratitud.

Nuestras cordiales gracias también a los que aceptaron la invitación a colaborar y han aportado generosamente el fruto de sus trabajos, así como a quienes hubieran querido hacerlo y por una causa u otra no han podido. En ambos casos, su entusiasta acogida al proyecto fue un gran estímulo en el desempeño de nuestro cometido.

Por último, y destacando sus nombres, agradecemos la cooperación mantenida y eficaz de nuestra secretaria departamental, Sra. Marie Roderick, la de la Dra. Alice Goldberg, que nos ayudó en tareas varias, y muy especialmente la labor en cuestiones editoriales de la Sra. Alicia Rivero Potter.

LA JUNTA EDITORIAL:

José Amor y Vázquez   A. David Kossoff
Paul Ilie   Geoffrey W. Ribbans

Nota editorial

La grata tarea de ofrecer un volumen-homenaje al profesor Juan López-Morillas no ha estado exenta de dificultades. Sin duda suele haberlas en casos tales, pero en éste nuestras aspiraciones y posibilidades no cuadraban. Por una parte, el costo de cualquier publicación; de otra, e íntimamente relacionada, la imposibilidad de dar cabida en un volumen como el presente a todos los que pudieran haber colaborado. Nuestro colega tiene intereses muy variados, como lo atestiguan sus escritos y labor académica, y son muchos sus amigos y admiradores. Era, pues, preciso reducir el campo de las aportaciones y, aún así, limitar el número de posibles colaboradores. De aquí un resultado que estimamos procede explicar.

Primero fue un deslinde cronológico (siglos XVIII a XX) y temático; por ello ese título y subtítulo delimitadores. Después, el excluirnos los colegas departamentales de contribuir estudios al homenaje, y privarnos de los que hubieran aportado otros de Brown University, para cederles lugar a los de afuera. Excluidos quedaron también miembros de la Junta Editorial y numerosos ex-alumnos de nuestro homenajeado. La excepción parcial representada por Geoffrey W. Ribbans y Paul Ilie se justifica teniendo en cuenta que el primero se incorporó a esta universidad iniciado ya el proyecto y que, además, ha sucedido a López-Morillas en su cátedra. Y Paul Ilie por representar, junto a Leon Livingstone, al grupo de quienes estudiaron en nuestro departamento. Para compensar en parte tales exclusiones, se ha brindado amplia oportunidad de adhesión al homenaje mediante la Tabula Gratulatoria incorporada al volumen.

Este homenaje se ha planeado como ocasión jubilosa para todos y en especial para el homenajeado. Importante para el logro de tal propósito era darle una sorpresa y se ha conseguido: nuestro amigo y colega ha quedado gratamente sorprendido y lo sabemos agradecido de corazón.

Hay que registrar también la advertencia en la invitación inicial a los colaboradores: este homenaje no se proponía cerrar con broche de oro una larga y brillante carrera. Ahora, tres años después, lo confirmamos. Juan López-Morillas sigue sumando laureles académicos a los ya adquiridos. Nos enorgullece y le felicitamos.

José Amor y Vázquez
A. David Kossoff

Juan López-Morillas

No TIENE NADA DE EXTRAÑO que quien escribe estas líneas haya conocido al homenajeado con el presente volumen en el Primer Congreso de la entonces recién fundada Asociación Internacional de Hispanistas en Oxford en agosto de 1962, porque precisamente en aquella importante iniciativa se destacó Juan López-Morillas como una de las figuras de más renombre y estatura universal: no habré sido el único que haya llegado a apreciarle personalmente a partir de aquel momento. Claro está que yo conocía y admiraba su obra desde mucho antes, sobre todo el clásico estudio del krausismo, y recuerdo, como investigador novato, lo que me costó localizar su artículo sobre Antonio Machado en una revista (*Journal of Aesthetics and Art Criticism*) que entonces desconocía. Desde aquella ocasión —y es para mí motivo de orgullo— nuestro trato personal, familiar y profesional ha sido continuo y entrañable. Si no me ha sido brindada la suerte de que han gozado los hispanistas tanto tiempo radicados tn Brown University —los profesores Kossoff, Amor, Trueblood y Durand— de haber sido bien alumno bien colega de López-Morillas —o las dos cosas— es cierto que desde mi tribuna privilegiada de sucesor suyo sí se me ha presentado holgada ocasión de apreciar las excelsas calidades que hacen de él un profesor ejemplar, un compañero inigualable y un investigador de calibre internacional. Sucesivas generaciones de estudiantes, algunos representados en este volumen, prestan testimonio a su fervorosa dedicación a las aulas, al estímulo de su inteligencia siempre viva y abierta, y a la magia de su presencia.

Juan López-Morillas nació en 1913 en la provincia de Jaén, pero a su fondo innato de andaluz —de la sobria variedad jiennense— se agrega una prolongada huella madrileña de la mejor estirpe, porque fue en la Villa y Corte donde cursó sus estudios universitarios y se licenció en Derecho en 1934. Como estudiante participó activamente en los movimientos intelectuales de la Segunda República y en diversos actos de colaboración interpeninsular que le dejaron imbuido de una permanente simpatía por las historias y culturas calificadas ligeramente de regionales.

En 1935 se marchó a Estados Unidos, donde le tocó por fin desarrollar toda su ilustre carrera profesional. Realizó sus estudios graduados en la Universidad de Iowa, doctorándose en 1940 y enseñando varios años como profesor adjunto. Allí se casó con Frances Mapes, hija del distinguido hispanista Erwin K. Mapes; la constante ayuda y apoyo que su mujer, también hispanista y excelente traductora, le ha prestado durante toda su vida, tanto particular como profesional, son incalculables. Es curioso notar, además, que sus tres hijos han seguido, cada uno por su cuenta, una de las aptitudes distintivas del padre: estudios eslavos, hispanismo, teatro.

Empezó su larguísima asociación con Brown University en 1943, cuando se reunió con el eminente catedrático William L. Fichter, destinatario en 1971 de un grueso y bien merecido homenaje.[1] En 1951 López-Morillas ya fue catedrático, y sucesivamente desempeñó dos cátedras de especial dotación y nombradía, la *Alumni-Alumnae Chair of Spanish and Comparative Literature,* de 1967 a 1973, y la *William R. Kenan, Jr. Chair* de las mismas disciplinas, entre 1973 y 1978. Sirvió como *Chairman* del Departamento de Español e Italiano entre 1960 y 1967 y después, desde 1967 a 1971, como *Chairman* del nuevo Departamento de Literatura Comparada al cual tanto había contribuido a fundar. A estos once años de intensas y complicadas tareas burocráticas siguieron otros en que descollaba como uno de los profesores más prestigiosos y más consultados en la alta capa administrativa de Brown y del mundo académico norteamericano. Todo esto lo efectuó sin mengua de su sólida y continuada aportación a la docencia y a la investigación. Cuando se jubiló reglamentariamente en 1978, después de 35 años de servicio a la universidad, no terminó allí su vocación de profesor, pues se trasladó a otra cátedra especial como *Ashbel Smith Professor* en la Universidad de Tejas, Austin, donde actualmente profesa con la misma energía y asiduidad. Y en 1979 Brown se acordó una vez más de uno de sus hijos predilectos, al concederle el grado *honoris causa* de *Doctor in Humane Letters.*

La alta estima en que se le tiene desde el principio de su carrera la evidencian las constantes invitaciones de que ha sido objeto como profesor visitante en otras universidades: Harvard, 1947, 1959; Southern California, 1948; Duke, 1955; Middlebury, 1961; Trinity College, Oxford, como Visiting Fellow, 1972 (esta relación con Oxford, que permanece viva, le es motivo de especial orgullo); Andrew Mellon Professor, Pittsburgh, 1974. Ha merecido ser becario de muchas fundaciones renombradas; entre otras, Guggenheim (dos veces), American Philosophical Society, American

---

[1] *Homenaje a William L. Fichter: estudios sobre el teatro antiguo español y otros ensayos,* ed. A. David Kossoff y José Amor y Vázquez (Madrid, 1971), 863 pp.

Council of Learned Societies. Ha sido *Visiting Scholar* de la muy presti-
giosa asociación Phi Beta Kappa y es miembro correspondiente de la Hispanic Society of America. Sirve en la junta editorial de varias revistas
importantes. Muy apreciado además como conferenciante, ha dictado como
un centenar de conferencias en universidades de ambos lados del Atlántico.

Integrado plenamente en la vida intelectual norteamericana y ciudadano
estadounidense desde 1942, no por eso ha perdido contacto con la más
viva intelectualidad española. Sus firmes amistades con destacados eruditos
peninsulares, contemporáneos suyos o más jóvenes, están afianzadas en varias contribuciones a este homenaje. No son menos fuertes sus vínculos con
otros países; su leal y activa participación en la Asociación Internacional de
Hispanistas le valió su nombramiento como Vice-Presidente (1965-71) y
su reputación universal ha sido culminada con el honor (agosto de 1980)
de su elección como Presidente de la misma.

No le ha faltado tiempo para seguir con ardor las (para mí) incomprensibles sutilezas del fútbol americano, para viajar con su esposa exten-
samente por esos mundos de Dios y fotografiar con entusiasmo todo lo visto,
y para traducir a Dostoyevski y a Turgenev directamente del ruso al español.

No cabe intentar ahora un balance ponderado de la aportación intelectual de Juan López-Morillas. Quisiera tan sólo deslindar algunos rasgos
fundamentales que caracterizan su producción toda. Nadie podría disputar
su amplia formación literaria y artística, su apasionado compromiso con
los estudios comparados, sus hondos conocimientos de la teoría literaria,
su asombroso dominio, meticuloso a la par que elegante, de varios idiomas,
inglés, francés, italiano, ruso, alemán... y sus nada infrecuentes incursiones
en la crítica poética (Darío, Machado, Lorca). No obstante, su campo pre-
dilecto es el de la historia intelectual. Dudo que exista una contribución
más profunda que la de Juan López-Morillas a la historia de las ideas de
la España moderna. Y el punto de partida de sus primeras investigaciones
de peso ha resultado oportunísimo, puesto que el krausismo ha dado pábulo
a toda una serie de consecuencias fecundísimas. Desde la aparición de su obra
magistral de 1956 la tendencia a identificarle incondicionalmente con el
movimiento krausista ha sido poco menos que irresistible, hasta el punto
que muchos hispanistas habrán tenido la misma experiencia que yo de haber
encontrado en no pocos ensayos estudiantiles referencias al gran krausista
Juan López-Morillas, junto con Sanz del Río y Giner. Lo cierto es, sin embargo, que López-Morillas no ha escatimado de ningún modo la justa crítica de esa filosofía que indudablemente pecaba de vaga y de confusa. Pero
él ha podido ver —y en esto estriba su extraordinario mérito— más allá
de la doctrina inadecuada aquellos atisbos de inquietud individual que daban
lugar a un afán de racionalismo colectivo. Lo que quedaba del krausismo
al perder la poca coherencia doctrinal que tenía fue "su virtud estimulante",
su calidad de "estilo de vida", que correspondía a un imperativo esencial-

mente ético y que, por otra parte, se traslucía en otras esferas: pedagogía, derecho, sociología, política, estética. En todo cuanto escribe nuestro homenajeado le preocupa este prurito ético, en las diversas formas en que éste se manifiesta. Con tal que esté presente este generoso anhelo, lo mismo da que se trate de intelectuales o de espirituales, para citar el título de uno de sus libros más estimados. Por eso son más bien las derivaciones del núcleo moral del krausismo las que más le interesan, sobre todo la aplicación práctica del idealismo krausista que da a la enseñanza su tan admirado Giner. Y es a Giner que se ha dedicado preferentemente en años recientes. La escrupulosa edición de los ensayos literarios de don Francisco es sólo un anticipo de sus actuales investigaciones sobre el archivo del maestro, cuya biografía intelectual está preparando.

Galdós le ha merecido también atención especial, no sólo en sus aspectos más bien krausistas (León Roch) sino en aquellos momentos en que el novelista se encara con el *Zeitgeist*: la contextura histórica de *La Fontana de Oro* que aplica a la época de Fernando VII las lecciones de la Septembrina. En efecto, nadie ha esclarecido tan magistralmente el choque de los acontecimientos históricos —la Gloriosa, la Restauración, el Desastre— sobre la sensibilidad de la época. Porque otro de los factores constitutivos del criterio de López-Morillas es su agudo sentido de continuidad histórica, desde la vertiente de la Guerra de la Independencia que acondiciona todo lo sucesivo hasta la apenas menos decisiva —por lo que a actitudes se refiere, no a las consecuencias prácticas— de la Revolución de Septiembre. López-Morillas ha puntualizado con toda precisión la importancia de los hombres que florecían alrededor de esta revolución, importancia injustamente disminuida tal vez por el efecto deslumbrante posterior de la Generación del 98. Esta no resulta por tanto, según estas investigaciones, tan inesperada, ni tan original, como se ha venido pensando. Nuestro homenajeado documenta la existencia de un "preludio" a la crisis de conciencia de la misma, es decir, un movimiento "hacia el 98", según el título de otro libro de profundos ensayos. Y entre los miembros titulares de esa generación son los de más ansia historicista (o antihistoricista, que vale lo mismo): Unamuno, Antonio Machado y, como epígono, Ortega y Gasset, quienes atraen especialmente su interés. En efecto, la visión filosófica de Ortega, que envolvía toda la cultura y la historia en su amplio manto, nunca deja de despertar en él un eco especial. De Ortega procede sin duda uno de sus temas más sugerentes, explorado en sus clases en todas sus dimensiones europeas, el de las utopías.

Y todo ello expresado en un estilo digno de esos maestros, Giner, Ortega, el mejor Machado prosista. Estilo añejo, entre castizo y popular, con un envidiable dominio de toda la riqueza del idioma y a la vez escueto y exacto, el estilo de un literato muy consciente de la huella de la historia y asimismo de preocupaciones muy modernas. En sus conferencias López-

Morillas sabe salpicar su expresión literaria con un toque de la oratoria más sobria y severa, con una intensidad dramática muy refrenada. Quizás el mejor ejemplo sea su plenaria en el Congreso de la Asociación Internacional de Hispanistas celebrado en Salamanca en 1971, durante los años postreros, todavía virulentos, del franquismo. Quienes asistían a ella recordarán siempre su serena pero ardiente defensa de los grandes valores liberales de España que él, con rigor, amor e inteligencia, ha ido exaltando toda su vida: en palabras suyas, "la entereza moral, la magnanimidad y el altruismo". [2]

GEOFFREY W. RIBBANS.

Brown University

---

[2] Prólogo a *Krausismo: estética y literatura* (Barcelona, 1973), p. 27.

Bibliografía

I. Libros

El Krausismo español: Perfil de una aventura intelectual (México-Buenos Aires: Fondo de Cultura Económica, 1956), 218 pp. Segunda edición revisada, 1980, 214 pp. Reseñas: *RHM*, 14 (1958), 48-49 (J. A. Elgorriaga); *HR*, 26 (1958), 334-340 (J. Marichal).

Intelectuales y espirituales: Unamuno, Machado, Ortega, Marías, Lorca (Madrid: Revista de Occidente, 1961), 255 pp. Reseña: *HR*, 30 (1962), 339-341 (R. Gullón).

Hacia el 98: Literatura, sociedad, ideología (Barcelona: Editorial Ariel, 1972), 272 pp. Reseñas: *BH*, 75 (1973), 450-451 (R. Ricard); *NRFH*, 25 (1976), 428-431 (J. L. Gómez-Martínez); *BHS*, 55 (1978), 164-165 (G. J. G. Cheyne).

The Krausist Movement and Ideological Change in Spain, 1854-1874 (traducción de la segunda edición española por Frances M. López-Morillas) (Cambridge: Cambridge University Press, 1980), xix+152 pp.

II. Ediciones críticas

Francisco Giner de los Ríos: Ensayos. Selección, edición y prólogo de Juan López-Morillas (Madrid: Alianza Editorial, 1969), 236 pp.

Krausismo: Estética y literatura. Selección, prólogo, estudio preliminar y notas de Juan López-Morillas (Barcelona: Editorial Labor, 1973), 235 pp. Reseña: *BH*, 76 (1974), 236-237 (R. Ricard).

Antología del krausismo. Selección, estudio preliminar y notas de Juan López-Morillas (Salamanca: Editorial Almar, 1980).

III. Traducciones

Fyodor M. Dostoyevski, *Tres novelas cortas* (Noches blancas; Novela en nueve cartas; El sueño del príncipe). Versión directa del ruso y prólogo de Juan López-Morillas (Barcelona: Editorial Laia, 1976), 245 pp.

Fyodor M. Dostoyevski, *El jugador*. Versión directa del ruso y nota preliminar de Juan López-Morillas (Madrid: Alianza Editorial), 1980.

IV. Prefacios

Homenaje a Antonio Rodríguez-Moñino (prefacio escrito en nombre de los organizadores) (Madrid: Editorial Castalia, 1966).
Julián Marías, *Miguel de Unamuno*. Introducción de Juan López-Morillas (Madrid: Espasa-Calpe, 1976).

V. Colaboraciones en libros

Diez estudios sobre Rubén Darío. Nota preliminar y selección de Juan Loveluck (Santiago de Chile: Zig-Zag, 1967), pp. 209-217.
Lorca: A Collection of Critical Essays. Edited by Manuel Durán (Englewood Cliffs, N. J.: Prentice-Hall, 1962), pp. 130-139.
El escritor y la crítica: Antonio Machado. Edición de Ricardo Gullón y Allen W. Phillips (Madrid: Taurus, 1973), pp. 251-266.
El escritor y la crítica: Federico García Lorca. Edición de Ildefonso Manuel Gil (Madrid: Taurus, 1973), pp. 287-299.
La crisis de fin de siglo: Ideología y literatura. Estudios en memoria de R. Pérez de la Dehesa (Barcelona: Editorial Ariel, 1975), pp. 223-241.

VI. Monografías y artículos

"El vocabulario y la dicción de Rubén Darío", *University of Iowa Abstracts and References*, III:72 (1943), 384-393.
"El *Azul* de Rubén Darío, ¿galicismo mental o lingüístico?", *RHM*, 10 (1944), 9-14.
"Antonio Machado's Temporal Interpretation of Poetry", *Journal of Aesthetics and Art Criticism*, 6 (1947), 161-171.
"Unamuno y sus criaturas: Antolín S. Paparrigópulos", *CA*, VIII:4 (1948), 234-249.
"Unamuno: An Introduction", *The Observer*, I:7 (1949), 3, 8.
"Unamuno and Pascal: Notes on the Concept of Agony", *PMLA*, 65 (1950), 998-1010.
"García Lorca y el primitivismo lírico: Reflexiones sobre el *Romancero gitano*", *CA*, IX:5 (1950), 238-250.
"Ortega y Gasset: Historicism vs. Classicism", *Yale French Studies*, 6 (1950), 63-74.
"Universities and Their Mission", *Brown University Papers*, XXXII (Providence, R. I.: Brown University Press, 1956), 9 pp.
"Ortega y Gasset y la crítica literaria", *CA*, XVI:3 (1957), 97-106.
"Ortega, Marías y un libro-escorzo: En torno a las *Meditaciones del Quijote*", *Insula*, XII:133 (1957), 1, 11.
"José Ortega y Gasset: An Introduction", *Brunonia*, XIV:2 (1959), 17-19.
"Las obras inéditas de Ortega", *RHM*, 25 (1959), 218-225.
"La obra junta de Julián Marías: Apostillas a un quehacer filosófico", *PSA*, 43 (1959), 61-88.
"Ortega y Gasset and Modern Society", *Rhode Island College Journal*, I:2 (1960), 95-101.
"Preludio del 98 y literatura del Desastre", *MLN*, 77 (1962), 163-177.
"Las ideas literarias de Francisco Giner de los Ríos", *RO*, IV:34 (1966), 32-57.
"Una crisis de la conciencia española: Krausismo y religión", *CH*, CXLV:2 (1966), 161-180.
"Historia y novela en el Galdós primerizo: En torno a *La Fontana de Oro*", *RHM*, 31 (1965), 273-285.
"Una afinidad electiva: G. de Azcárate y W. E. Channing", *Homenaje a A. Rodríguez-Moñino* (Madrid: Editorial Castalia, 1966), I, 309-316.
"Galdós y el krausismo: *La familia de León Roch*", *RO*, VI:60 (1968), 331-357.

"Antonio Machado: Ética y poética", *Insula*, XXIII:256 (1968), 1, 12.
"La Revolución de Septiembre y la novela española", *RO*, VI:67 (1968), 94-115.
"Unamuno: La tradición como videncia", *Homenaje a W. L. Fichter* (Madrid: Castalia, 1971), pp. 469-477.
"Unamuno y sus 'costras': Apostillas a una metáfora", *PhQ*, 51 (1972), 313-320.
"Utopia and Anti-Utopia: From 'Dreams of Reason' to 'Dreams of Unreason' ", *Survey*, 82 (1972), 313-320.
"Sueños de la razón y la sinrazón: Utopía y anti-utopía", *Sistema*, 5 (1974), 5-19 (versión aumentada del antecedente).
"La Institución, Cossío y el 'arte de ver' ", *Insula*, XXX:344-345 (1975), 1, 18.
"Unamuno, propagandista en la Primera Guerra Mundial", *Homenaje a Humberto Piñera* (Madrid: Editorial Playor, 1979), pp. 140-150.
"Francisco Giner y la 'leyenda nacional' ", *Homenaje a Rodolfo Cardona*.
"Francisco Giner y la redención nacional", *Sistema*, 33 (1979), 39-49.
"Francisco Giner de los Ríos: De la Setembrina al Desastre", *CH*, 355 (enero, 1980), 1-18.

VII. RESEÑAS

Carlos B. Quiroga, *Almas en la roca* (y) *El tormento sublime*. *RI*, 2 (1939), 253-254.
Arturo Torres-Rioseco, *Vida y poesía de Rubén Darío*. *HAHR*, 4 (1945), 226.
Gabriel Pradal-Rodríguez, *Antonio Machado (1875-1939). Vida y obra. Bibliografía. A tología. Obra inédita*. *HR*, 21 (1953), 172-174.
Carlos Clavería, *Temas de Unamuno*. *HR*, 23 (1955), 146-148.
Américo Castro, *Semblanzas y estudios españoles*. *RIB*, 7 (1958), 423-425.
Carlos Blanco Aguinaga, *Unamuno, teórico del lenguaje*. *HR*, 26 (1958), 149-151.
José Ferrater Mora, *Ortega y Gasset: An Outline of his Philosophy*. *HR*, 28 (1960), 168-169.
Frederick S. Stimson, *Orígenes del hispanismo norteamericano*. *RIB*, 12 (1963), 434-435.
Guillermo de Torre, *El fiel de la balanza*. *HR*, 32 (1964), 81-83.
José F. Montesinos, *Fernán Caballero: Ensayo de justificación* (y) *Pereda, o la novela idilio*. *MLN*, 79 (1964), 214-219.
Udo Rukser, *Nietzsche in der Hispania: Ein Beitrag zur hispanischen Kultur— und Geistesgeschichte*. *HR*, 34 (1966), 181-184.
Germán Bleiberg y E. Inman Fox, eds., *Pensamiento y letras en la España del siglo XX*. *BHS*, 45 (1968), 65-67.
Javier Herrero, *Angel Ganivet: Un iluminado*. *BHS*, 46 (1969), 66-68.
Mark R. Hillegas, *The Future as Nightmare: H. G. Wells and the Anti-Utopians*. *Novel*, 4 (1971), 178-179.
Gordon Brotherston, *Manuel Machado: A Revaluation*. *MP*, 68 (1971), 400-402.
Sergio Beser, *Leopoldo Alas, crítico literario*. *CLS*, 9 (1972), 233-237.
A. Owen Aldridge, ed., *On the Ibero-American Enlightenment*. *CLS*, 9 (1972), 465-468.
Geoffrey Ribbans, *Niebla y soledad: Aspectos de Unamuno y Machado*. *MLR*, 99 (1974), 206-208.
R. E. Batchelor, *Unamuno Novelist: A European Perspective*. *MLR*, 69 (1974), 282-283.
Nigel Glendinning, ed., *Studies in Modern Spanish Literature and Art*. *BHS*, 51 (1974), 392-395.
George O. Schanzer, *Russian Literature in the Hispanic World: A Bibliography*. *BHS*, 52 (1975), 421-422.
Kay Engler, *The Structure of Realism: The Novelas Contemporáneas de Benito Pérez Galdós*. *HR*, 37 (1979), 540-542.

VIII. Conferencias y charlas en las siguientes universidades y colleges:

(EE. UU.): Agnes Scott, Boston, Brandeis, Brown, Bryn Mawr, Chicago, Columbia, Connecticut (C.), Connecticut (U.), Cornell, Dartmouth, Duke, Emory, Florida, Georgia, Harvard, Haverford, Indiana Iowa, Longwood, Massachusetts, Miami (Ohio), Michigan, Middlebury, Mt. Holyoke, Nebraska, New College, Northwestern, Ohio State, Oklahoma, Pennsylvania, Pennsylvania State (Indiana, Pa.), Pittsburgh, Princeton, Randolph-Macon, Rhode Island (C.), Rhode Island (U.), Rochester, Simmons, Smith, Southern California, Southern Methodist, Stanford, Sweet Briar, Tufts, Vanderbilt, Washington and Lee, Wayne State, Wellesley, Wheaton, William and Mary, Wilson, Yale.

(Gran Bretaña): Cambridge, Cardiff, King's (Londres), Leeds, Liverpool, Nottingham, Oxford, Sheffield, Southampton.

(Trabajos leídos en congresos internacionales): Cambridge, Ing. (FILLM), Estrasburgo (FILLM), Islamabad (FILLM), Lieja (AILC), Nimega (AIH), Oxford (AIH), Salamanca (AIH), Toronto (AIH), Venecia (AIH).

University of Michigan   Paul Ilie

La "poesía filosófica": un capítulo de la historia de las ideas del siglo XVIII

José Luis Abellán
Universidad Complutense, Madrid

El término "poesía filosófica" aparece ya en el mismo siglo XVIII, a pesar de lo cual la crítica literaria lo ha venido desdeñando sistemáticamente. Refiriéndose a él, dice F. Aguilar Piñal que "es algo que permanece ausente en absoluto de nuestros manuales de literatura como epígrafe de un género particular".[1] Alguna vez se ha usado referido a éste o el otro poeta —Jovellanos, Trigueros, Meléndez Valdés—, pero nunca como aplicable a una escuela, a un grupo de poetas y mucho menos a un determinado género. Hoy, sin embargo, parece que está adquiriendo carta de naturaleza, y así lo utilizan generalizadamente Nigel Glendinning[2] o Joaquín Arce.[3] El primero habla de un "creciente interés por la poesía filosófica en España en las décadas setenta y ochenta";[4] el segundo emplea una expresión similar a la de "poesía filosófica", reconociendo su necesidad para un buen entendimiento del período. He aquí sus palabras: "Creo cada vez más en la conveniencia de utilizar un concepto como el de *poesía ilustrada,* que sería el que mejor pudiera definir la nueva actitud intelectual y ética que forma el sustrato ideológico de la segunda mitad del XVIII".[5]

Como dice el mismo Glendinning, el influjo de la poesía inglesa —que es el tema específico de su estudio— era muchas veces una continuación de la influencia de la filosofía del mismo origen. Nosotros podemos ampliar la

---

1 "La poesía filosófica de Trigueros", *Actas del II Simposio sobre el P. Feijoo y su siglo* (Oviedo —en prensa).

2 "Influencia de la literatura inglesa en el siglo XVIII", *La literatura española del siglo XVIII y sus fuentes extranjeras,* Cátedra Feijoo (Oviedo, 1968).

3 "Diversidad temática y lingüística en la lírica dieciochesca", *Los conceptos de rococó, neoclasicismo y prerromanticismo en la literatura española del siglo XVIII,* Cátedra Feijoo (Oviedo).

4 Glendinning, ob. cit., en la n. 2, p. 78.

5 Arce, ob. cit. en la n. 3, p. 32.

tesis y afirmar de un modo general ˜que la difusión de las ideas filosóficas más avanzadas se hizo en la segunda mitad del siglo XVIII mediante un género determinado de poesía, que tenía como núcleo temático la expresión y elaboración de dichas ideas. Y es ese tipo de expresión poética lo que llamamos precisa y específicamente "poesía filosófica".

La causa de esa importancia que adquiere la poesía como transmisora de ideas filosóficas creo que hay que buscarla en el fondo utópico del pensamiento dieciochesco. Los ilustrados, llevados de su sentido de la eficacia y de su afán por transformar de modo real las estructuras del país, tuvieron que relegar la expresión de sus ideales utópicos al plano de la poesía o de la ensoñación. Así ocurría en el caso de Jovellanos, cuya complejidad exigiría tratamiento independiente, y la misma actitud se da en otros representantes del pensamiento ilustrado: Cadalso, Trigueros, Meléndez Valdés, etc.; como trataremos de hacer ver en las páginas que siguen. Por otro lado, las nuevas ideas filosóficas de carácter sensualista —a través de la influencia de Locke, Berkeley, Hume y Condillac— tropezaban con las que dominaban el panorama oficial de las universidades y la enseñanza en general, por lo que tuvieron que restringir su expresión a un instrumento minoritario como era la poesía.

La expansión de la nueva filosofía sensualista se hizo sobre todo por medio de la influencia de la poesía inglesa en algunos poetas españoles. Hubo en determinado momento un conato de polémica sobre si esa influencia se había realizado de un modo directo o indirecto, mediante traducciones francesas.[6] Hoy, sin descartar la influencia gala, ni los cambios textuales que ésta pudo introducir en la transmisión de la poesía inglesa, parece descartada la mayor influencia de ésta en el panorama poético español. Los nombres de Edward Young, John Gay o James Thomson son citados o leídos por los autores españoles; pero sin duda de ninguna clase fue Alexander Pope (1688-1744) quien ejerció una mayor influencia. Sobre él ha escrito un erudito de nuestros días:

> Muchas de sus ideas son heredadas de la antigüedad clásica, pero la razón de su modernidad y de su fama es que supo plasmar en versos de absoluta sencillez y claridad las especulaciones filosóficas de Newton, Locke, Shaftesbury y otros pensadores de la época. En cierto sentido, fue un codificador de la filosofía ética dominante en Europa a comienzos del XVIII. El punto de vista de Pope es que el hombre forma parte de un sistema universal en el que todo está ordenado a un fin de perfección. Existe una armonía cósmica y a ella están subordinadas las obligaciones morales del hombre. La razón es, para el poeta inglés, una facultad humana capaz de

---

6 La tesis de la influencia francesa ha sido desarrollada ampliamente por Georges Demerson en *Meléndez Valdés y su tiempo (1754-1817)* (Madrid, 1971; 1.ª ed. francesa, 1962), y luego muy matizada y corregida por Nigel Glendinning en el trabajo citado en la n. 2 de este estudio.

mostrar los verdaderos intereses humanos y de rectificar los errores del instinto. La virtud no depende de la gracia divina, sino que es la armonía de la naturaleza humana, entre la razón y la pasión, que promueve el bien del todo. Sus poemas atacan la corrupción moral, sin expresar desesperación o desilusión, antes bien confianza en el triunfo final de la razón, que conducirá a la felicidad de la sociedad.[7]

Siguiendo el rastro de la influencia de la poesía inglesa, podemos detectar la penetración de algunas de las ideas filosóficas que más influyeron en destacados ilustrados españoles. Es ese rastro el que ha permitido desmontar el tópico de que el desarrollo de la "poesía filosófica" se produjo en el seno de la llamada "Escuela poética de Salamanca en el siglo XVIII". Hoy está demostrado que esa influencia empezó por Sevilla y que tuvo su principal promotor en el famoso Asistente de la ciudad, don Pablo de Olavide, gran admirador de Pope. Cuando en 1767 llega aquél a la capital sevillana, lleva consigo una traducción francesa del *Essay on Man*, de Alexander Pope, y otra traducción castellana iniciada por él mismo, sin acabar todavía, pero suficiente para dar a conocer su poesía entre los asistentes a la tertulia del Alcázar sevillano. Allí la conocieron Trigueros y Jovellanos, que se dedicaron a imitar el nuevo género con poemas filosóficos de su nueva cosecha.

Cándido María Trigueros [Orgaz (Toledo), 1736 - Madrid, 1798] es uno de los representantes más eminentes de la ilustración española, a pesar de la imagen negativa y borrosa que de él ha llegado hasta nosotros. La verdad es que Trigueros ha sido aquí víctima —como tantos otros— de una crítica literaria que no se caracteriza precisamente por su perspicacia, y cuyos juicios hay que revisar en muy considerable medida. Desde este punto de vista, si bien es indudable que Trigueros no se distingue por la calidad literaria de su obra, su función en la vida social y cultural de su tiempo fue de extraordinaria importancia. Vivió los años más intensos de la Ilustración española, consiguiendo la protección de algunos de sus representantes; primero, fue protegido por Campomanes, pero, siendo sacerdote, se vinculó al Cardenal Solís, quien le llevó consigo a Córdoba y Sevilla, concediéndole un beneficio eclesiástico en Carmona. En esta villa residió los años de su madurez, con frecuentes escapadas a Sevilla, donde participó activamente en la tertulia de Olavide. A partir de 1784 se le abrieron las puertas de la Corte, logrando que se le nombrase Bibliotecario de los Reales Estudios de Madrid, en cuyo cargo permaneció hasta el día de su muerte.

Como dice Aguilar Piñal, que ha iniciado la reivindicación de esta interesante figura, Trigueros es "el prototipo de hombre ilustrado. Su vida coincide con los años de la Ilustración, y en ella participa con todas sus energías y un bien probado amor a España, convencido de la bondad de sus propósitos, aunque fuese algo iluso a la hora de medir sus posibilidades. Fue

---

[7] Aguilar Piñal, ob. cit. en la n. 1.

amigo de los grandes hombres del momento, desde Mayáns a Jovellanos, fue miembro activo de Academias y Sociedades Económicas; predicó con el ejemplo la adhesión teórica a unos principios renovadores".[8] La obra de Trigueros coincide, pues, con la de sus inquietudes ilustradas. Estudió lingüística, siendo un gran conocedor del latín, griego, hebreo, francés e italiano, y en este aspecto son particularmente interesantes sus aportaciones filológicas; era también un estudioso de las matemáticas, la botánica, la epigrafía, la historia, la numismática y la toponimia. Su actividad era portentosa y sus aficiones intelectuales múltiples y de enorme amplitud. El catálogo de sus obras —muchas de ellas manuscritas— es impresionante, y está pidiendo a gritos una investigación serena y exhaustiva, que sólo será posible en su plenitud por la aplicación a su obra de muchos estudiosos, dada la variedad de la misma.

En lo que concierne a su contribución a la Ilustración, el aspecto probablemente fundamental de Trigueros es su obra teatral, que comprende más de veinte piezas. Han sido clasificadas en relación con su pertenencia a cuatro períodos de su vida perfectamente diferenciados:

1) 1767-1768, es el comienzo de su vocación dramática en el círculo de Olavide, con tragedias como *El viting, Guzmán el Bueno, Las bacanales,* y las comedias *Juan de buen alma* y *Don Amador.*

2) 1773-1776, en el que escribió oratorios y églogas de estilo italiano (*La muerte de Abel, Las furias de Orlando, Endimión*), tragedias (*Los Teseides, La hija sobrina*) y comedias (*El mísero y el pedante* y *Los ilustres salteadores*).

3) 1781-1788, de cuya época se conservan tragedias, como *Electra* e *Ifigenia en Aulide,* aunque lo más representativo fue la comedia *Los menestrales* (1784), primer drama social de nuestro teatro, y cuyo éxito le dio acceso a la Corte.

4) 1789-1798, en que hace refundiciones de Lope de Vega como *Sancho Ortiz de las Roelas, La buscona, La melindrosa.*

Pero con ser importante su obra como dramaturgo, a nosotros nos interesa más —y por eso lo traemos aquí— como iniciador en España del nuevo género de "poesía filosófica" a que venimos refiriéndonos en este ensayo. En 1774 publica, con el seudónimo "El poeta filósofo", los primeros cantos de lo que él mismo llamará sus *Poesías filosóficas.*[9] Al frente de la obra, ya reconoce que "este género de poesía es nuevo", por lo que tendrá que

---

[8] Aguilar Piñal, "La obra 'ilustrada' de don Cándido María Trigueros", *RL,* n.os 67-68 (jul-dic. 1968), 31.

[9] *El poeta filósofo o Poesías filosóficas en verso pentámetro. Las da a luz por amistad que profesa a su autor, don Juan Nepomuceno González de León* (Sevilla, 1774).

romper la costra de una opinión común ampliamente compartida entonces. "¿Parecerá bien —se pregunta— en esta República este género de poesía? Yo solo puedo decir que fuera de España se llama sublime y se aprecia como tal: y que en nuestra misma Patria hay muchos admiradores de las obras que los extranjeros han escrito en este rumbo. Sé muy bien cuán lejos estoy de los altos vuelos con que se elevaron los Popes y sus semejantes, pero a lo menos abro el camino: otros con mayor genio serán más perfectos". En estas palabras donde se confunden la sincera modestia con la plena conciencia del servicio que presta a la patria, llama ya la atención la nobleza de alma de este singular espíritu. Ahora, sin embargo, tenemos que preguntarnos por el fondo filosófico que anida en esas poesías pretendidamente tales. A este respecto, y a pesar de sus protestas de ortodoxia católica, tenemos que resaltar la mezcla de jansenismo, deísmo y materialismo, que en ellas se respira.

La obra tuvo quizá más éxito del que su autor esperaba, pues se publicaron tres ediciones, a pesar de lo cual quedó incompleta. El plan inicial era publicar dos partes; la primera, que consta de doce cantos, se imprimió en fascículos, probablemente para no tener que pasar la censura de Madrid, más dura que la de Sevilla, máxime cuando en esta ciudad tenía a su amigo Jovellanos, entonces Juez Subdelegado de Imprentas. De la segunda parte sólo conocemos el canto primero, que está fechado en 1778 —año de la condena inquisitorial de Olavide y probable razón de que Trigueros se abstuviera prudentemente de seguir publicando sus poesías. No le libró eso, por otro lado, de la condena de los eclesiásticos sevillanos, que le acusaron de autor herético y "promotor de doctrinas anti-evangélicas".[10]

Las ideas filosóficas insertas en lo publicado hacen explicable esa acusación. En algunos lugares defiende claramente el evolucionismo materialista, como en las estrofas que reproducimos a continuación:

¿Quién sabe si esta pluma con que escribo
fue primero un diamante,
luego un fragmento del persiano archivo,
después alguna uña de Alejandro,
un tonel, un filósofo, un turbante,
de Berenice el celebrado pelo
o algún pedazo mío o de mi abuelo?
Todo en todo se muda
de cuanto está sujeto a dimensiones;
y el continuo vivir no es otra cosa
que un perpetuo alternar de destrucciones.

10 Véase Manuel Custodio, *Disertación crítico-teológico-dogmática sobre los escritos del poeta filósofo,* Biblioteca Colombina de Sevilla; citado por Aguilar Piñal, ob. cit. en la n. 1.

En lo que se refiere a sus ideas morales y sociales destaca el repudio que hace de la ociosidad del hombre rico, y sobre todo, del noble, "que no sirve para nada", dice; y aún añade acusatoriamente:

> Sus celebrados padres, que tan útiles fueron,
> derecho de no serlo, por herencia les dieron;
> inútiles estorbos entre los ciudadanos,
> nacieron sólo para adorarse a sí, vanos.
> Porque no se degrade tan sublime excelencia,
> renuncian a las Artes, renuncian a la Ciencia,
> y a los plebeyos dejan, eternamente ociosos,
> al bajo y vil empleo de siervos provechosos.

Trigueros aparece aquí como un precursor de la crítica social, que luego continuará Jovellanos, y que se extiende a todos los poderosos moralmente corrompidos, tolerados indulgentemente por la sociedad, mientras se castigan sin piedad los delitos de un bandido pobre. En ello basa su indignación, que expresa así:

> Si en un rincón del bosque se hace un bandido fuerte
> y roba con que coma, es digno de la muerte;
> mas de primera clase los excelsos ladrones
> son un objeto digno de mil adoraciones.
> Los partidarios fuertes, los dichosos malvados,
> del sudor y la sangre del pobre alimentados,
> que, con pretexto falso de servir los Monarcas,
> el bien de las provincias trasladan a sus arcas,
> hacen gemir al pueblo, a la equidad oprimen
> y como virtud obran la violencia y el crimen:
> son ladrones sin duda, pero son celebrados
> y como grandes hombres del hombre venerados.

El principio de la moral es la moderación en todo, basada en el rechazo de la violencia y de las acciones heroicas, pero también en el dominio de las pasiones y de los placeres. Por eso aconseja siempre el término medio donde Aristóteles situaba toda virtud. Así dice:

> Deseos y placeres, que os hacen desdichados,
> os harán venturosos, si fuéreis moderados.
> Lo mejor es en todo un buen medio juicioso:
> todo lo que es exceso, es siempre pernicioso.

Este género de la "poesía filosófica" que en España introduce Trigueros va a tener después un gran desarrollo en la llamada "Escuela poética salmantina del siglo XVIII", con un título pretendidamente largo para evitar todo equívoco: el que podía surgir con la escuela poética, también salmantina, del siglo XVI, agrupada en torno a fray Luis de León; o el que podía surgir con respecto a otra escuela salmantina del mismo siglo XVIII, que mantiene indudables interferencias y conexiones con ésta, pero que se ocupa muy primordialmente de temas políticos y jurídicos.[11] Ahora vamos a ocuparnos sólo de la enunciada en primer lugar.

La escuela poética del XVIII se desarrolla a través de tres etapas. La primera, de 1771 a 1774, está marcada por la presencia de José Cadalso, que durante esos años permanece en Salamanca; la segunda, de 1775 a 1780, deja sentir la influencia epistolar de Jovellanos, que escribe a sus amigos desde Sevilla; la tercera, de 1780 al 89, está ocupada casi totalmente por la figura señera y solitaria de Meléndez Valdés. A lo largo de las tres etapas se observa un atenimiento generalizado a los principios neoclásicos, si bien con caracteres propios y originales que van dando singularidad al grupo. Es, en primer lugar, un neoclasicismo, que aunque no rehuye las fuentes grecolatinas, busca principalmente su inspiración en la tradición renacentista española; por otro lado, se observa en la mayoría un deslizamiento hacia la poesía filosófica y humanitaria, bien de influencia francesa —Rousseau y los rousseaunianos—, bien de influencia inglesa —Pope y sus seguidores.

En la génesis de esta escuela salmantina convergen en un espíritu poético similar tres frailes agustinos —recordemos que esa era la orden religiosa de fray Luis de León— y tres estudiantes poetas. Los primeros eran fray Diego Tadeo González (*Delio*), fray Juan Fernández de Rojas (*Liseno*) y fray Andrés del Corral (*Andrenio*); los segundos eran un salmantino, llamado José Iglesias de la Casa (*Arcadio*), y dos extremeños: Juan Pablo Forner (*Aminta*), y Juan Meléndez Valdés (*Batilo*). Sobre ellos va a caer sucesivamente una doble influencia, a cual más imperiosa: la de José Cadalso (*Dalmiro*) y la de G. M. de Jovellanos (*Jovino*).

La llegada de Cadalso a Salamanca en 1771 produjo una honda conmoción en la sensibilidad de los poetas afines. "Su acción fue la de una piedra que cae en el lago", dice uno de los críticos que se han ocupado en el tema.[12] En esa época debió componer sus *Ocios de mi juventud* (1773), de temas eróticos y bucólicos principalmente, pero donde se apunta ya la nueva orientación ideológica. Cadalso, hondamente afectado por la muerte de su amada —la actriz M.ª Ignacia Ibáñez—, no está para hondas reflexiones. Por eso los versos de este período "Todos de risa son, gustos y amores".

Sin embargo, hombre cultivado y de amplísimos saberes, va a provocar la afición y el entusiasmo por la filosofía entre sus jóvenes amigos salmantinos, pero de la nueva filosofía que había aprendido en sus viajes por Francia y por Italia. Por el contrario, su desprecio por la escolástica tradicional que se enseñaba todavía en Salamanca no puede ser mayor, como se com-

---

[11] Sobre el tema véase Juan Beneyto Pérez, *La escuela iluminista salmantina*, Discurso de apertura del curso académico 1949-1950 (Salamanca, 1949).

[12] César Real, "La escuela poética salmantina del siglo XVIII", *BBMP*, 24 (1948), 346.

prueba en una famosa carta dirigida a su amigo Tomás de Iriarte, en la que bromea acerca de la "doctísima Universidad, donde no se enseña matemathica, phisica, anatomía, historia natural, derecho de gentes, lenguas orientales, ni otras frioleras semejantes, pero produce gentes que con voz campanuda pondrán sus setenta y siete mil setecientos setenta y siete silogismos en *Baralipton* frisesomorum u *Sapesmo* sobre cómo hablan los ángeles en su tertulia, sobre si los cielos son de metal de campanas, u líquidos como el vino más ligero, y otras cosazas de semejante entidad que vmd. y yo nunca sabremos, aprenderemos ni estudiaremos".[13] La filosofía que Cadalso defenderá es el sensualismo típico del xviii, especialmente el puesto en boga por Du Bos, Gravina y Muratori, en Italia; por Condillac y Platner, en Francia; y Hutcheson y Shaftesbury, en Inglaterra.

La incidencia directa de ideas filosóficas en los poetas salmantinos no tendrá lugar hasta 1776, cuando ya Cadalso no está en Salamanca. El fenómeno tiene relación con la postura de Jovellanos y su actitud proteccionista respecto de sus nuevos amigos. En la famosa *Epístola de Jovino a sus amigos de Salamanca,* toma una actitud de reconvención por su aplicación a sólo asuntos amorosos. Así les dice:

> Ay, Batilo! ay, Liseno! ay, Caro Delio
> ay, ay! que os han las magas salmantinas
> con sus gorjinerías adormido!
>
> Ay que os han infundido el dulce sueño
> de amor, que tarde o nunca se sacude.

Por eso les censura, conminándoles a que traten asuntos de la "moral filosofía", lo que va a ejercer una peculiar y extraordinaria influencia en todos ellos, y en especial en Meléndez Valdés. Como además la voz de éste es "la única realmente auténtica en la poesía del xviii",[14] nos detendremos en él. De momento, basta con señalar el ascendiente de Jovellanos, que consiguió ganar para su causa a *Delio,* quien contesta a sus amonestaciones dándole "firme palabra de, o no cantar jamás, o emplear su canto en alguna de las graves materias que V. S. se sirve poner a su cuidado".[15] El resultado es el poema filosófico *Las edades,* de fray Diego Tadeo González, quien tomará como guía para su comprensión a autores como Teofrasto, La Bruyère, Pascal, Young, Malebranche, Locke y Séneca, si bien abandona la composición al concluir la primera parte. Mayor sumisión aún manifiesta *Batilo,* como veremos a continuación.

---

13 "Obras inéditas", ed. R. Foulché-Delbosc, *RHi,* 1 (1894), 324.
14 Angel del Río, *Historia de la literatura española* (Nueva York, 1963), II, 55.
15 *B. A. E.,* 61, cxi, n.º 4.

La tesis que enunciábamos al principio de este ensayo, según la cual el vehículo de expresión de las ideas filosóficas más avanzadas durante el XVIII fue la poesía, tiene uno de sus máximos exponentes en Juan Meléndez Valdés (1754-1817). Había nacido este autor en Ribera del Fresno (Badajoz) y estudió en Salamanca, donde sufrió una serie de influencias que marcarían definitivamente su vida. Allí conoció a Cadalso y entró en contacto con el grupo de poetas que se reunía en torno a fray Diego Tadeo González (*Delio*); desde Salamanca entablaría relación epistolar con Jovellanos, que se iría convirtiendo cada vez más en un guía ideológico permanente y un amigo íntimo a quien acudir en los momentos de tribulación y desamparo, que no dejaron de presentarse reiteradamente en su vida. Meléndez fue nombrado profesor de Humanidades de la Universidad de Salamanca en 1781, consagrándose desde 1789 a la carrera judicial. Ejerció, primero, como magistrado en Zaragoza, luego en Valladolid, donde tuvo algunas dificultades con la Inquisición, pasando definitivamente a Madrid en 1797 como fiscal de la Sala de Alcaldes de Casa y Corte.

Meléndez tuvo un carácter tímido, vacilante y meditativo, lo que le llevaba hasta la docilidad en ocasiones. Jovellanos le llama "dulcísimo Batilo", con lo que quiere poner de manifiesto su temperamento tierno y sensual, inclinado a los placeres campestres, al goce de la Naturaleza y a la meditación filosófica. Este carácter titubeante y dubitativo le coloca en una postura de crisis personal y de indecisión a raíz de la invasión francesa de 1808. Al principio se puso al servicio de José Bonaparte, por lo cual estuvo a punto de ser fusilado en Oviedo; luego manifestó su adhesión a la causa fernandina, llegando a escribir algunos poemas patrióticos; pero al ocupar Napoleón Madrid por segunda vez vuelve a ser favorable a la causa afrancesada y José I le nombra presidente de Instrucción Pública. Al terminar la guerra en 1814 pasa a Francia, muriendo en Montpellier a los tres años, cuando estaba ultimando la edición de sus poesías completas, que editará Quintana en 1820.

La primera publicación de un tomo de *Poesías,* tuvo lugar en Madrid en 1785, que se convertirá en tres tomos en la segunda edición (Valladolid, 1797), pasando a cuatro volúmenes en la edición póstuma de Quintana que hemos citado antes (Madrid, 1820). La poesía de *Batilo* es muy variada tanto por la forma (escribe indistintamente anacreónticas, letrillas, romances, sonetos, silvas, idilios, églogas, elegías, odas, discursos y epístolas) como por las influencias, entre las que se mezclan los clásicos latinos (Ovidio, Virgilio, Tibulo, Catulo...), los españoles del Siglo de Oro (Garcilaso y Fray Luis de León, muy principalmente), la poesía francesa (Saint-Lambert, Delille) y la inglesa (Thomson, Pope y Young). Los críticos han distinguido muy claramente dos tipos de composiciones: el bucólico y erótico, por un lado; y el filosófico y filantrópico, por otro. Desde luego, hay general coincidencia en considerarle como "el más puro poeta de su época y uno de los pocos a cuya lectura podemos abandonarnos todavía con delicia"; [16] la opinión de Angel del Río —crítico por el que sentimos especial predilección— se identifica también con este sentimiento general: "es su voz —dice— la única realmente auténtica en la poesía del XVIII, la única que se expresa con un vuelo lírico, aparte de presentar una gran variedad de motivos".[17]

Aquí lo que nos interesa de la poesía de *Batilo* es su aspecto ideológico, lo que tiene expresión de un pensamiento ilustrado avanzado, del cual él es uno de sus representantes más destacados. Hoy este aspecto va cobrando cada vez más importancia, si bien ya había sido advertido por autores perspicaces hace tiempo. Pedro Salinas, en una bella edición de las *Poesías* de Meléndez, publicada por primera vez en 1925, escribe: "por detrás del poeta grácil y sensual del siglo XVIII, se insinúa la sombra del meditador, del filósofo, del sociólogo, también muy del siglo XVIII, la sombra de un Meléndez grave y erudito, que muchas veces toma cuerpo en sus poesías morales y filosóficas".[18] Los años pasados en Salamanca, bajo la influencia de Cadalso, primero, y de Jovellanos, después, le llevaron al conocimiento de filósofos franceses e ingleses, cuya huella se dejaría sentir en sus poesías. Sabemos que por esa época leyó a Montesquieu, a Rousseau, a Voltaire, a Condillac, y que se entusiasmó con algunos poetas ingleses, como Young, Milton, Pope... Sin embargo, por ninguno llegó a sentir la admiración que tuvo por Locke, de quien en 1779 declaraba haber leído *Thoughts on Education;* de Locke dice en una carta a Jovellanos: "Yo desde muy niño tuve a esta lengua [la inglesa] y su literatura una inclinación excesiva, y uno de los primeros libros que me pusieron en la mano, y aprendí de memoria, fue el de un inglés doctísimo. Al *Ensayo sobre el entendimiento humano* debo y deberé toda mi vida lo poco que sepa discurrir".[19]

El ideario filosófico que anida bajo las distintas expresiones literarias de Meléndez nos da idea de que, a pesar de sus indudables contradicciones, de sus paradojas y sus contrastes, hay una mayor coherencia de la que aparece a primera vista y de la que hasta ahora se ha querido ver. Nada más útil, en este sentido, que indagar a la vez en sus prosas y en sus poesías, reconstruyendo las concomitancias. Sus *Discursos forenses* (Madrid, 1821) nos deparan en este aspecto verdaderas sorpresas; y es una pena que se hayan perdido numerosos escritos inéditos de Meléndez, los cuales nos hubieran dado una visión mucho más completa y sólida de su pensamiento. Es parti-

---

[16] Juan Antonio Tamayo, art. "Meléndez Valdés", en *Diccionario de literatura española* (Madrid, 1972), p. 579.

[17] Ob. cit. en la n. 14.

[18] "La poesía de Meléndez Valdés", en su edición de las *Poesías,* de Juan Meléndez Valdés, *Clás. cast.* 64 (Madrid, 1925), xxxii.

[19] Carta a Jovellanos, 3 agosto, 1776, *B. A. E.,* 63, p. 73.

cularmente de lamentar la pérdida del titulado *Ensayo sobre el derecho de propiedad, y sus defectos en la sociedad civil*. Aun con eso, tenemos suficientes elementos de juicio para exponer, si bien sea esquemáticamente, el pensamiento de Meléndez Valdés, tocado en sus aspectos sociales de un radicalismo igualitario, sorprendente en un magistrado de aquella época.

Por otro lado, el enfoque desde la historia de las ideas que estamos haciendo permite dar una visión mucho más homogénea de toda su producción literaria. Así, por ejemplo, los críticos distinguen entre composiciones bucólicas y las de carácter filosófico, sin darse cuenta de que el mismo bucolismo está dentro de una tendencia de exaltación de la naturaleza y de canto a la primera edad de oro, muy característica del pensamiento ilustrado. Son muchas las composiciones que están en esta línea, donde vida natural y virtuosa se identifican, como en la titulada "El filósofo en el campo", en la que contrapone la vida virtuosa del campesino a la viciosa del palaciego, en estos términos:

No, Fabio amado, no; por estos campos
La corte olvida; ven y aprende en ellos,
Aprende la virtud. Aquí, en su augusta
Amable sencillez, entre las pajas,
Entre el pellico y el honroso arado
Se ha escogido un asilo, compañera
De la sublime soledad; la corte
Las puertas le cerró; cuando entre muros
Y fuertes torreones y hondas fosas,
De los fáciles bienes ya cansados
Que en mano liberal su Autor les diera,
Los hombres se encerraron imprudentes,
La primitiva candidez perdiendo.[20]

La exaltación a la naturaleza alcanza, sin embargo, su culminación cuando pone el tema en relación con el paisaje americano, que surge espontáneo cuando un amigo parte hacia aquellas tierras, provocando la envidia del que se queda:

¡Tierras dichosas, que esperáis gozarle,
Cuál os envidio, cuánto, y qué tesoro
En él os va de probidad sencilla!
¿Por qué contigo no verán mis ojos,
No estudiarán ese ignorado mundo,
Tantas incultas, peregrinas gentes?
¡Oh, a tu mente curiosa qué de objetos
van a ostentarse, cuánta maravilla

---

[20] *B. A. E.*, 63, p. 205. La única edición completa de las poesías de Meléndez Valdés es la que figura en este tomo con el título de *Poetas líricos del siglo XVIII* (tomo II). A ella remitimos en nuestras citas.

A ese genio observador aguarda!
Otro cielo, otra tierra, otros vivientes,
Plantas, árboles, ríos, montes, brutos,
Insectos, piedras, minerales, todo,
Todo nuevo y extraño; ¡cuán opimos,
cuán ricos frutos cogerá tu ingenio!

En el pensamiento de la Ilustración es imposible rozar el tema del elogio a la naturaleza sin vincularlo al del *buen salvaje,* donde se contrapone —de acuerdo con el fenómeno de la "inversión americana" [21]— el bárbaro-bondadoso al civilizado-corrompido. Así lo expresa Meléndez Valdés:

¡Ay, en qué amarga soledad me dejas!
¡Ay, qué tierra, qué hombres! La calumnia,
La vil calumnia, el odio, la execrable
Envidia, el celo falso, la ignorancia
Han hecho aquí, lo sabes, su manida,
Y contra mí, infeliz, se ha conjurado.
¿Podré ¡oh dolor! entre enemigos tales
Morar seguro sin tu amiga sombra?
¿Podré un mínimo punto haber reposo,
Gozar un solo instante de alegría?
Dichoso tú, que su letal veneno
Logras seguro huir, y entre inocentes
Semibárbaros hombres las virtudes
Hallarás abrigadas, que llorosas,
De este suelo fatal allá volaron.
Disfruta, amigo, sus sencillos pechos.
Bendice, alienta su bondad salvaje,
Preciosa mucho más que la cultura
Infausta, que corrompe nuestros climas
Con brillo y apariencias seductoras.
¡Oh, quién pudiera sepultarse entre ellos!
¡Quién abrazar su desnudez alegre,
De sí lanzando los odiosos grillos
Con que el error y el interés le ataron!
Entonces la alma paz, el fausto gozo,
El sosiego inocente, el sueño blando
Y la quietud, de mí tan suspirada,
Que hoy de mi seno amedrentados huyen,
A morarle por siempre tornarían.
Tú, esta ventura logras; tú, felice
En medio de ellos, gozarás seguro
Los más plácidos días... Ve sus almas,
Su inocencia, el reposo afortunado,
Que les dan su ignorancia y su pobreza.
Velos reír, y envidia su ventura;
Lejos de la ambición, de la avaricia,

---

21 Véase mi *Historia crítica del pensamiento español* (Madrid 1979), II.

De la envidia cruel, en sus semblantes
Sus almas nuevas se retratan siempre.
Naturaleza sus deseos mide,
La hambre el sustento, su fatiga el sueño,
Su pecho sólo a la virtud los mueve,
La tierna compasión es su maestra,
Y una innata bondad de ley le sirve.
La paz, lo necesario, el grato alivio
De una consorte tímida y sencilla,
Una choza, una red, un arco rudo,
Tales son sus anhelos; esto sólo
Basta a colmar sus inocentes pechos.
¡Afortunados ellos muchas veces!
¡Afortunado tú, que entre ellos moras! [22]

Por lo demás, este tema del *buen salvaje* está dentro de una persistente influencia de nuestro Siglo de Oro, cuyos ideales renacentistas tantas veces comparte *Batilo*. Así ocurre con esa aspiración a la *aurea mediocritas*, que recorre toda nuestra literatura de uno a otro polo y que aparece también reiteradamente en nuestro poeta. He aquí unos versos del poema "Sobre la beneficencia", dirigido nada menos que a un ministro:

Tú, ilustre amigo, mis deseos sabes;
Tú, mi amor a la dulce medianía,
Do en ocio blando, en plácido retiro,
Gozo el favor de las benignas Musas,
Lejos de la ambición y el engañoso
Mar de las pretensiones... [23]

Hasta tal punto se identifica con esa "medianía", que con ella viene a identificar a una la virtud y la felicidad, en versos que no dejan lugar a dudas. Helos aquí:

Porque no el verdadero
Descanso hallarse puede, ni en el oro,
Ni en el rico granero,
Ni en el eco sonoro
Del bélico clarín, causa de lloro;
   Sino sólo en la pura
Conciencia, de esperanzas y temores
Altamente segura,
Que ni bienes mayores
Anhela, ni del aula los favores;
   Mas consigo contenta
En grata y no envidiada medianía,

---

[22] Ob. cit. en la n. 20, 204-205.
[23] Ibíd., 203.

A su deber atenta,
Solo en el Señor fía,
Y veces mil le ensalza cada día. [24]

El tema religioso aparece una y otra vez en las poesías de Meléndez,
bien sea bajo de un ideal moral a medio camino entre estoicismo y cristianismo, como el expresado en los versos anteriores, bien sea mediante
la expresión de un deísmo filosófico que impregna muchas de sus páginas.
Es el tema que empapa toda la oda titulada "La presencia de Dios", o que
aparece también ya en la primera de sus composiciones filosóficas —"La
noche y la soledad" (1779)— en versos como los siguientes:

¡Quien puede ver el cielo tachonado
De lumbre tanta, y la beldad gloriosa
De la noche serena,
El arboleda umbrosa, el concitado
Batir de la corriente procelosa,
Que allá a lo lejos pavoroso suena,
Y este valle, do apena
El rayo de la luna pasar puede
Que alegre el seno palpitar no sienta
Y en suavísimos éxtasis no quede!
El alma descontenta,
Divina soledad, por ti suspira,
Do, atónita, al gran Ser doquier admira. [25]

Este deísmo fue ya reconocido por uno de sus contemporáneos, Blanco
White, quien le conoció personalmente en Salamanca y del cual asegura
que "era el único español, que yo conocí, que habiendo dejado de creer
en el catolicismo, no había abrazado el ateísmo. Era un devoto deísta...
Meléndez me parece haber sido naturalmente religioso, o para usar el lenguaje de los frenólogos, haber desarrollado mucho el órgano de la veneración". [26]

El deísmo de Meléndez está, por otro lado, conectado con dos de sus
ideas obsesivas: la vinculación del tema religioso al de la exaltación de
la naturaleza, como veíamos en los últimos versos citados, y la de ésta

---

[24] Ibíd., 222
[25] Ibíd., 224.
[26] He aquí las palabras textuales de Blanco White, quien dice de Meléndez Valdés
que fue "an amiable man, with much information and great taste. He was the only
Spaniard I ever knew, who disbelieving Catholicism, had not embraced Atheism. He was a
devout Deist... Meléndez appears to me to have been naturally religious, or to borrow
the convenient language of the phrenologists, to have had a strong organ of veneration".
(The life of the Rev. Joseph Blanco White, written by himself with portions of his correspondence, I [London, 1845], cap. II. El párrafo está reproducido por MENÉNDEZ PELAYO
en su Historia de los heterodoxos españoles, V [Madrid, 1965], 318.)

a su vez con un igualitarismo de fondo que nunca abandona a Meléndez, bien visible, por ejemplo, en la oda "La presencia de Dios", donde los tres temas: Dios-naturaleza-igualdad, aparecen vinculados. He aquí los versos finales:

> Y a todos dadivoso
> Acorres, Dios inmenso, en todas partes
> Y por siempre presente;
> ¡Ay! oye a un hijo en su rogar ferviente.
>   Oyele blando, y mira
> Mi deleznable ser: dignos mis pasos
> De tu presencia sean,
> Y doquier tu deidad mis ojos vean.
>   Hinche el corazón mío
> De un ardor celestial, que a cuanto existe
> Como tú se derrame,
> Y ¡oh Dios de amor! en tu universo te ame.
>   Todos tus hijos somos;
> El tártaro, el lapón, el indio rudo,
> El tostado africano
> Es un hombre, es tu imagen y es mi hermano. [27]

Ese igualitarismo que es el fondo más radical del pensamiento de Meléndez se impregna de tintes acusatorios contra la injusticia social en su discurso "La despedida del anciano". El absentismo de los nobles no impide que se lleven ellos los beneficios, mientras el campesino queda indefenso ante la explotación:

> Mas hoy todo se ha trocado:
> Las ciudades desoladas
> Por su nobleza preguntan,
> Por sus ricos-hombres claman,
> Mientras ellos en la corte,
> En juegos, banquetes, damas,
> El oro de sus estados
> Con ciego furor malgastan;
> Y el labrador indigente
> Solo llorando en la parva
> Ve el trigo, que un mayordomo
> Inhumano le arrebata.
> ¿Son para aquesto señores?
> ¿Para esto vela y afana
> El infelice colono,
> Expuesto al sol y la escarcha?
> Mejor, sí, mejor sus canes
> Y las bestias en sus cuadras
> Están ¡Justo Dios! ¿Son éstas,

---

[27] Ob. cit. en la n. 20, 218.

Son éstas sus leyes santas?
¿Destinaste a esclavos viles
A los pobres? ¿De otra masa
Es el noble que el plebeyo?
¿Tu ley a todos no iguala?
¿No somos todos tus hijos?
¿Y esto ves, y fácil callas?
¿Y contra el déspota injusto
Tu diestra al débil no ampara?
¡Ah! sepan que con sus timbres
Y sus carrozas doradas
La virtud los aborrece
Y la razón los infama.
Sólo es noble ante sus ojos
El que es útil y trabaja,
Y en el sudor de su frente
Su honroso sustento gana. [28]

Esta apelación a la razón es una constante del pensamiento de Meléndez que, como buen ilustrado, acude a ella —junto con la utilidad—
como instancia suprema. Así aparece también en sus prosas, donde dice:
"Todo se sujete y ceda a la evidencia de la razón, y a la máxima invariable de utilidad común bien entendida". [29] O también esta expresión magnífica, pletórica de entusiasmo dieciochesco: "Obremos y mejoremos, y sean
nuestras maestras y sabias consejeras la razón y la filosofía". [30] En esta
línea hay que situar su defensa de la libertad de matrimoniar y la primacía
del matrimonio civil como anterior y superior al religioso: "El contrato
del matrimonio y los esponsales que lo anteceden debieran ser tan completamente libres, que ni aun dejasen camino a reclamación alguna los daños
padecidos por falta de su cumplimiento". No podemos dejar de recordar
ante semejantes palabras su misterioso matrimonio secreto con la que
luego sería su mujer; quizá ese aspecto de su biografía ayude a comprender
también su concepción secular del matrimonio. "Primero es civil que
religioso —dice— y antes un convenio y obligación de hombres que no
un misterio y un sacramento de la nueva ley... Un contrato secular, el
más santo y augusto, el más importante de todos, causa primitiva, origen
y duradero apoyo de la sociedad civil". [31]
La afirmación de la sociabilidad, como lazo indisoluble entre los hombres, está bajo esa defensa secular del matrimonio, que se extiende prácticamente a todo el pensamiento de Meléndez. La sociabilidad es el principio mismo de la razón triunfante en la convivencia humana. Así lo dice

---

[28] Ibíd., p. 256.
[29] Meléndez Valdés, *Discursos forenses* (Madrid, 1821), p. 218.
[30] Ibíd., p. 249.
[31] Ibíd., pp. 208-209.

en el "Discurso de apertura de la Real Audiencia de Extremadura" (1791), ocasión excepcionalmente solemne, y donde se expresa en estos términos:

> La necesidad estableció las leyes cuando los hombres se unieron por la primera vez, deponiendo en el común su dañosa independencia, y formando entre sí, a ejemplo de las pequeñas y dispersas, estas grandes familias derramadas sobre la haz de la tierra de tiempo inmemorial. La sociabilidad, este impulso del ser humano, hacia sus semejantes, constante, irresistible, que nace con nosotros, se anticipa a la misma razón, y nos sigue y encierra en el sepulcro, nos acercara y uniera mutuamente, no de otra suerte que los cuerpos gravitan y se atraen en el gran sistema de la naturaleza para formar concordes este todo admirable en permanente sucesión, que nos confunde y asombra por su perfección e inmensas relaciones. [32]

La expresión de esta sociabilidad es la igualdad ante la ley que Meléndez define como "inalterable siempre, igual y beneficiosa para todos, excepto para el malo, sus penas por duras que parezcan son una indispensable medicina en la sociedad enferma, y un freno que pone la razón a las pasiones despeñadas".[33] La función igualitaria de la ley no está desconectada del principio de devoción y vuelta a la naturaleza, que antes mencionábamos; por el contrario, su misión es retrotraernos al primer estado paradisíaco del hombre de unión con aquélla, y por eso dice que "las leyes deben conspirar a mantenernos todo lo posible en la primera igualdad y su inocencia".[34]

Sólo en la naturaleza —cuya vuelta harán posible las leyes— puede restablecerse la igualdad entre todos los hombres. De aquí su indignación contra la injusticia social, cuyo origen está en la codicia de dinero que provoca a su vez la opresión y explotación del pobre. Así se ve en los siguientes versos:

> He aquí los letales frutos
> De la riqueza: a esto arrastra
> Al corazón el culpable
> Ciego ardor de atesorarlas.
> Su falaz brillo los pechos
> Fascina; del alto alcázar
> A la choza humilde a todos
> Devora su sed insana.
> Todo es menos que ella: letras,
> Virtud, ascendencia clara,
> Mérito, honor, nobles hechos,
> Todo humilde las acata.
> Las leyes yacen; sucede

---

32 Ibíd., pp. 250-251.
33 Ibíd., pp. 55-56.
34 Ibíd., p. 260.

Al amor del bien la helada
Indiferencia; *en la sangre*
Del pobre el rico se baña (subrayado mío). [35].

La raíz, sin embargo, de esa situación está en el egoísmo de los que
en favor del amor propio destruyeron la ley de sociabilidad antes descrita.
Así los ricos se benefician cada vez más de sus privilegios hasta llegar a un
momento en que "dividen la nación opulenta como en dos secciones: una,
de los que gozan aún más de lo superfluo, y otra, de los que anhelan aún por
lo necesario".[36] Naturalmente, esa división fue posible por el establecimiento de una institución fatal que fue la propiedad privada. Sólo ella rompió la primitiva armonía de la naturaleza y sólo su desaparición podrá res-
taurarla. Así es como hay que entender el siguiente párrafo:

> Aquella suma sabiduría que gobierna con sus eternas leyes todo el universo, y en
> su primer estado acaso destinaba al hombre a gozar en común en el seno feliz
> de la paz y la inocencia de los largos y copiosos dones que le había cercado con
> mano profusa y liberal, indignada con él al verle atesorar para un oscuro porvenir
> separándose así de sus intenciones bienhechoras, le quiere hacer comprar al precio
> más subido la temeraria transgresión de sus altísimos decretos por las incomodidades
> y amarguras a la que le condena en todas partes con la fatal propiedad. [37]

La solución, sin embargo, no puede estar en hacer desaparecer a ésta,
cosa que considera imposible. En sus "Fragmentos de un discurso sobre la
mendiguez" sus principios teóricos son radicales —como hemos visto—, pero
a la hora de las soluciones no pasa del reformismo. Si el interés y la acumulación capitalista es la causa de todos los males sus propuestas no pasan
de un igualitarismo idílico. Todo lo más —como buen ilustrado— se atreve
a invocar para esa revolución pendiente los oficios del admirado Carlos III.
Así le requiere frente a la injusticia social de los desposeídos:

¡Justo Carlos! ¿a tu trono
Sus vivas quejas no alcanzan?
Si les prestas blando oído,
¿Por qué el remedio nos tardas?
¿Por qué estos bárbaros usos,
Que a naturaleza ultrajan
Y a los que ella iguales hizo,
Tus leyes no los igualan? [38]

Y es que Meléndez Valdés apuesta por la eficacia, como le ocurrió a
Jovellanos, su íntimo amigo, en función de la cual no hay más opción que

---

[35] Ob. cit. en la n. 20, p. 257.
[36] *Discursos forenses,* p. 305.
[37] Ibíd., pp. 257-258.
[38] Ob. cit. en la n. 20, p. 256.

el reformismo, nunca la revolución, cuyo costo social sería demasiado elevado. Esta situación de indefinición social le coloca como un exponente de las contradicciones de la clase a que pertenecía, a medio camino entre el liberalismo ilustrado y un socialismo utópico, que no pasó las barreras de la expresión poética y literaria. Como representante de las ideas filosóficas del siglo XVIII y su difusión a través del nuevo género que hemos llamado "poesía filosófica", no cabe duda que Meléndez ocupa un lugar destacado.

Quince cartas inéditas a Pérez de Ayala. (Baroja, Cossío, Falla, Maura, Pidal, Mesa, Nervo, Prieto y Zuloaga)

ANDRÉS AMORÓS
Universidad Complutense, Madrid

Introducción

La publicación de epistolarios de los hombres de letras es, sin duda, un instrumento valiosísimo para el conocimiento de nuestra literatura contemporánea. El investigador tiene que luchar, muchas veces, con la desidia, el pudor mal entendido o la rapacidad de las familias de algunos escritores. (Mucho cabría añadir sobre este punto, en la literatura española de nuestro siglo). Pero el premio es seguro: de las cuartillas amarillentas surge, casi siempre, una imagen de los escritores mucho más viva y veraz que las etiquetas tópicas de los manuales.

En el caso de Pérez de Ayala, la confianza de su familia me ha permitido clasificar y manejar todos los papeles que dejó el escritor. Sin embargo, me he encontrado con dos problemas muy reales: por una parte, el escritor asturiano, como tantos otros creadores, no era nada ordenado para conservar sus papeles, y los azares de su existencia —embajada en Londres, guerra civil, exilio...— no favorecieron nada esa conservación. Por otro lado, parece claro que Pérez de Ayala no era muy aficionado a escribir cartas, salvo las estrictamente familiares y las dirigidas a alguno de los pocos amigos íntimos.

En un artículo de gran utilidad, [1] Elías García Domínguez reseñó treinta y cuatro cartas de Pérez de Ayala: una a Arniches, [2] otra a Menéndez Pe-

---

[1] "Epistolario de Pérez de Ayala", *Boletín del Instituto de Estudios Asturianos*, n.os 64-65 (mayo-dic., 1968), 423-426.

[2] M. Cardenal de Iracheta, "Don Carlos Arniches al sesgo. (Documentos del archivo de D. Carlos Arniches)", *Cuadernos de literatura contemporánea*, n.os 9-10 (Madrid, 1943), 292-293.

layo,[3] un par de cartas y un telegrama a Rubén,[4] veintiséis cartas a Galdós,[5] dos a Unamuno,[6] una carta en verso al Marqués de Valero de Urría[7] y otra, igualmente en verso, "a su amigo el escultor Sebastián Miranda".[8]

Por el lado contrario, el de las cartas recibidas por Pérez de Ayala, hay que recordar que José García Mercadal, que me precedió en la tarea de ordenar los papeles del escritor, publicó varias, de López Pinillos, Palacio Valdés, Azorín, Jacinto Octavio Picón, la Pardo Bazán y Valle-Inclán, en el prólogo a su edición del libro de Ayala *Ante Azorín*.[9] No olvidemos la importante colección de cartas galdosianas publicada por Soledad Ortega.[10].

Por mi parte, he completado la correspondencia con Unamuno y dado a conocer cartas de Antonio Machado, Azorín y algunos más en mi libro de conjunto sobre el novelista,[11] así como dos cartas de Grandmontagne.[12] Mis proyectos próximos, en este terreno, incluyen la publicación de:

— varias cartas sobre *Luna de miel, luna de hiel,* que recibió el novelista y, no sabemos por qué feliz excepción, se han conservado entre sus papeles;

— siete cartas de Pérez de Ayala a Eduardo Marquina;

— un epistolario completo de Ayala a su íntimo amigo Miguel Rodríguez Acosta, que me parece de importancia humana y literaria excepcional.

Excuse el lector este largo exordio, que me ha parecido útil como introducción y recordatorio bibliográfico, y pasemos a lo que hoy le ofrezco. Se trata de quince cartas a Pérez de Ayala, seleccionadas entre los papeles del archivo familiar. Sus autores son diez amigos del escritor, la mayoría del mismo oficio, aunque también hay algún artista (Falla, Zuloaga) y un político (Indalecio Prieto). En la segunda parte de este trabajo incluyo los

---

3 José María Martínez Cachero, *Menéndez Pelayo y Asturias* (Oviedo, 1957), p. 169.

4 Dictinio Álvarez, *Cartas de Rubén Darío* (Madrid, 1963), pp. 52 y 144-145.

5 Sebastián de la Nuez y José Schraibman, *Cartas del archivo de Galdós* (Madrid, 1967), pp. 73-102.

6 Manuel García Blanco, "Unas cartas de Unamuno y de Pérez de Ayala", *Papeles de Son Armadáns,* X, n.º 114 (1965), 237-254.

7 Incluida en *Obras completas,* II, (Madrid, 1965), 19-20.

8 Ibíd., 309-314.

9 "Una amistad y varias cartas", prólogo a *Ante Azorín,* de Pérez de Ayala, (Madrid, 1964), pp. 7-45.

10 "Cartas de Benito Pérez Galdós a Ramón Pérez de Ayala", *Cartas a Galdós* (Madrid, 1964), pp. 431-447.

11 *La novela intelectual de Ramón Pérez de Ayala* (Madrid, 1972).

12 Andrés Amorós, "El prólogo desconocido de *Justicia,* de Pérez de Ayala", *Boletín del Instituto de Estudios Asturianos,* XXX (enero-abril, 1976), 3-11.

textos, ordenados cronológicamente según la fecha de la primera carta de cada uno de los corresponsales. En la trascripción de las cartas he procurado mantener la máxima fidelidad, respetando —caso de Zuloaga, si el impresor no lo regulariza— hasta las peculiaridades ortográficas. A cada carta le he asignado un número, para facilitar las referencias. El lector apresurado debe pasar a la segunda parte de este trabajo, a los textos de las cartas, lo único interesante. Me ha parecido conveniente, sin embargo, recordar algunas circunstancias biográficas o bibliográficas que pueden ser útiles, quizá, para entender mejor algunas de las referencias que en estas cartas se contienen.

La carta más antigua, la núm. 1, es la de Amado Nervo, fechada en junio de 1905. Alude en ella al noviazgo de Ayala. No sabemos mucho de los amores juveniles del escritor, salvo los comentarios vagos de viejos amigos. ¿Puede tratarse de la Juanita a que alude Pérez Ferrero?:

> Andaba Ayala por los 18 ó 20 años, y esa edad es propicia para los grandes enamoramientos. Tenía Ayala una novia cuya familia le veía como un marido posible, y muy a gusto de ella, y lo mismo sucedía con la familia de Ramón. Ambas familias llevaban una relación íntima y pensaban en el enlace seguro y no lejano. Al joven su novia le parecía angelical, y en realidad lo era. Muy bonita, muy fina de tipo, muy dulce y, sobre todo, con unos ojos extraordinarios entre azules y violetas. Se llamaba Juanita y su ideal en lo referente a la vida se circunscribía en todos los aspectos a lo burgués. Esperaba que, una vez celebrado el matrimonio en Oviedo, allí se instalaría y vegetaría hasta el final de sus días. Pero los escarceos literarios de Ramón iban tomando aceleradamente mayor incremento y se afirmaba en él con fuerza irrefrenable su vocación de escritor, vocación que ella no comprendía. Pensaba que para vivir sobraban las inquietudes y preocupaciones, abrigados por la fortuna, pues pertenecía a una acaudalada familia. En una ocasión dijo a su novio con su habitual e imperturbable dulzura: "Ya se te pasará esa chifladura de ser literato". A Ramón, que soñaba con que ella compartiera sus ilusiones de escritor, sus afanes y sueños, al oírla se le cayó el alma a los pies, y esto fue la causa de que las relaciones se enfriasen hasta que sobrevino la ruptura. Juanita, una niña entonces, no abandonó las ilusiones suyas respecto a Ramón y continuó siendo para su novio de una constante fidelidad, al extremo de que cuando Ramón Pérez de Ayala tuvo su primer hijo y le puso Juan de nombre, repetía a sus amistades que lo había hecho así pensando en ella.[13]

No es fácil saberlo con seguridad, pues el biógrafo nos remite, más bien, a los años 1908-1910, pero su habitual imprecisión cronológica no excluye que el episodio pueda adelantarse unos años.

Por mi parte puedo aportar un dato inédito. En una carta a su fraternal amigo Miguel Rodríguez Acosta, fechada en ese mismo año 1905 y escrita en papel con membrete del Casino de Oviedo, Ayala dice así:

---

[13] Miguel Pérez Ferrero, *Ramón Pérez de Ayala* (Madrid, 1973), p. 96.

en estos momentos quisiera tenerte a mi lado para que pudieses apreciar cabalmente el acento con que te digo esta frase sacramental, "soy presa de una gran pasión". Así como suena. Mi novia, que es la mujer más linda y encantadora que durante nueve lunas llenas ha encontrado albergue y alimentación intrauterina por medio del cordón umbilical, y placentaria estancia de clausura, hasta subir a la conciencia individual; o lo que es lo mismo, explicando llanamente esta larga perífrasis e *ingenioso* rodeo, mi novia que es la mujer más linda y encantadora que ha parido madre, tiene mi alma abrasada y prendida entre las llamas ardientísimas de sus cabellos de oro, en la brasa bermeja de su boca divina, en los tizones de sus ojos taciturnos, etc., etc. Es decir, que soy un alma en pena, en pena de amor; paso las penas del purgatorio y el purgatorio de los penes...

Siguen otros pormenores fisiológicos que no vienen ahora a cuento. En todo caso, las cartas verdaderamente íntimas que Pérez de Ayala escribe por estos años nos hablan de varias aventuras sentimentales (además de las puramente eróticas) prontamente abandonadas, y a cualquiera de ellas puede referirse Amado Nervo.

La carta núm. 2 es de Enrique de Mesa, su amigo fraternal. Baste con recordar, por ejemplo, el prólogo que escribió Ayala para uno de sus libros de poemas.[14] Enrique de Mesa es, también, uno de los modelos vivos que pudo tener presente al concebir a Teófilo Pajares, el protagonista de *Troteras y danzaderas,* según he mostrado en otra ocasión.[15] En 1914, los dos amigos colaborarán en la fundación y dirección de la Biblioteca Corona, un episodio todavía insuficientemente estudiado. A él se refiere Ayala en un artículo del libro II de *Política y toros,* a propósito de una polémica con Vargas Vila. Un párrafo nos dará idea del espíritu de esa empresa:

> En los primeros tiempos, tanto Mesa como yo, atraídos por la novedad de aquel menester, y difícilmente convencidos de vernos editores a medias, hallábamos raro solaz en escribir, de nuestro puño y letra, la correspondencia comercial, en un estilo entre burocrático y jocoso, pues las cartas a que contestábamos no era raro que contuvieran peregrinos dislates, pintorescos despropósitos y absurdas chinchorrerías.[16]

García Mercadal, el compañero de los últimos años, nos cuenta la emoción de Ayala al enterarse de la muerte de su amigo.[17]

Enrique de Mesa habla de "tu desgracia". Me parece claro que se refiere al suicidio del padre de Pérez de Ayala, que tuvo lugar unos meses antes. Ayala volvió precipitadamente de Inglaterra y tuvo que enfrentarse

---

14 *Cancionero castellano,* con un ensayo de Ramón Pérez de Ayala (Madrid, 1917). El prólogo de Ayala puede verse ahora en sus *Obras completas,* II (Madrid, 1966), 503-524.

15 *Vida y literatura en* Troteras y danzaderas (Madrid, 1973), pp. 205-206.

16 *Obras completas,* III (Madrid, 1966), 1075-1076.

17 "Prólogo" al tomo I de *Obras completas* (Madrid, 1964), LXIV.

con una difícil situación familiar y económica. No está muy claro si esto no le empujó definitivamente a la carrera literaria, sacándole del diletantismo anterior, por odio a los libros de contabilidad y necesidad de obtener regularmente unos ingresos. En la correspondencia inédita con Miguel Rodríguez Acosta, cuya edición preparo, éste es el momento impresionante de la primera reacción:

> Querido Miguel: tú eres de los dos o tres amigos a quienes quiero de veras. Soy el hombre más infortunado. Perdona que el egoísmo de mi horrendo dolor se desahogue contigo refiriéndote cosas que te apesadumbrarán. Hace unos cuatro días, estando en Londres, recibí un telegrama que decía: "Falleció tu padre". Lo repentino e inesperado de la noticia me postró en cama. Por fin pude emprender un penoso viaje a Asturias. ¿Cómo iba a suponer que me esperaban cosas más horrendas aún? Ayer llegué. Ayer supe que mi amadísimo padre se había suicidado, temiendo la ruina de sus negocios a los que había dedicado cincuenta años de trabajo tenaz, incansable, honradísimo. Estoy en la cama, Miguel, escribiéndote. Mis huesos me llaman a la tierra. La sonrisa ha huido ya para siempre de mis labios y la felicidad de mi vida.

No hace falta subrayar —me parece— lo impresionante del testimonio.

Pocos días antes de esta carta núm. 2, el 16 de octubre de 1908, Pérez de Ayala ha escrito al mismo Miguel Rodríguez Acosta:

> Mis relaciones con Madrid están rotas en absoluto... Para Mesa ya no existo, y así para los demás. Esto me es grato, puedes creérmelo. Mis semejantes me inspiran un dulce desdén. Les agradezco mucho que no me importunen con su admiración ni con su compasión.

En esta correspondencia hay más frases que encajan bien con ese "deplorable estado de mi espíritu" que Mesa confiesa aquí.

En cuanto a los amigos citados aquí, "Miguel" es, por supuesto, el tantas veces mencionado Miguel Rodríguez Acosta. "G. Blanco" creo que debe ser uno de los dos hermanos González Blanco, pero, ¿cuál de ellos? Los dos se habían ocupado por escrito de la primera obra de Ayala, *La paz del sendero*. En primer lugar, Pedro;[18] después, Andrés.[19] Creo más probable que se trate de Pedro, cofundador de *Helios*, en 1903, con Ayala, Juan Ramón y Martínez Sierra. Quizá Pedro González Blanco conoció a Ayala por sus traducciones de poetas simbolistas franceses, que publicó, muy joven, en *El Porvenir*, de Asturias, y le puso en contacto con varios escritores: Benavente, Valle-Inclán, Villaespesa...[20]

---

[18] Ver *Nuestro Tiempo*, 2 (Madrid, 1904), 267-272.

[19] Ver *Revista Contemporánea*, n.º 130 (Madrid, enero-junio 1905), 143-168; incluido luego en *Los Contemporáneos* (París, 1.ª serie, 1907), pp. 147-208.

[20] Véase ob. cit. en la n. 13, pp. 72 y 100-101.

En cuanto a la fe de Enrique de Mesa en el talento literario de su amigo, recordemos que, por entonces, Ayala sólo ha publicado dos libros: los poemas de *La paz del sendero* (1904) y la novela *Tinieblas en las cumbres* (1907).

Las tres cartas siguientes son de don Manuel Bartolomé Cossío. En la núm. 3, de febrero de 1916, da las gracias por el envío de *El sendero innumerable*. Este nuevo libro de poemas se publica ese año, 1916, y está fechado en 1915, en Galicia: había ido a Cambados a pasar las vacaciones con su amigo Valle. Apareció junto con una nueva edición de *La paz del sendero*.

La núm. 4 no está fechada, pero no es difícil hacerlo a partir de la referencia a *Tigre Juan* y *El curandero de su honra*: los dos tomos los publica Pueyo, en Madrid, en 1926.

La carta núm. 5 plantea varios temas de mayor interés. Ante todo, la relación de Ayala con don Francisco Giner de los Ríos y el espíritu de la Institución Libre de Enseñanza. Muchas veces he aludido a esta raíz —para mí tan importante— de su pensamiento.[21] La actitud liberal del protagonista de *Luz de domingo,* por ejemplo, a Francisco Agustín le hizo pensar en don Francisco Giner, en el sueño de una España nueva que resolverá los conflictos mediante "un acuerdo de la inteligencia universal".[22] Miguel Pérez Ferrero también se ocupa de esta relación, con su usual imprecisión anecdótica:

> Había traído a Madrid Ramón Pérez de Ayala recomendaciones muy especiales para la Institución Libre de Enseñanza, ya que los profesores más eminentes y notorios de la Universidad de Oviedo estaban formados en ese centro. Así que no dejó pasar mucho tiempo hasta dirigirse a la casa del Paseo de Martínez Campos donde la Institución tenía su sede. [23]

Por mi parte, quiero recordar que Pérez de Ayala utilizó las ideas pedagógicas de don Manuel Bartolomé Cossío en sus artículos sobre "Las Universidades", incluidos en el libro II de *Política y toros*.[24]

A Giner dedicó Ayala, sobre todo, su artículo "Don Francisco, crítico de teatros", incluido en el libro III de *Las máscaras*.[25] Al escribir yo ahora este trabajo en homenaje al profesor López-Morillas, me complace reproducir aquí algunos párrafos de ese artículo, que, sin duda, no le dejarán indiferente:

---

[21] Un caso típico: *La novela intelectual de Ramón Pérez de Ayala,* citada en n. 11.

[22] Francisco Agustín, *Ramón Pérez de Ayala. Su vida y obras* (Madrid, 1927), pp. 165-166.

[23] Ob. cit. en la n. 13, p. 117.

[24] *Obras completas,* III (Madrid, 1966), 1127-1168.

[25] Ibíd., 544-552.

Hemos tenido varios admirables y muy amados maestros. Pero no más que un Maestro. Y este fue don Francisco Giner de los Ríos [...] Todo lo que en España hoy existe de más progresivo, serio, fundamental, tolerante, idealista, generoso, sensato, depurado, español, humano, universal, vital, fecundo y alentador, obedece, en mayor o menor grado, inmediata o mediatamente, a una influencia o una ramificación, separación o eco de la influencia de don Francisco Giner de los Ríos y de don Manuel B. Cossío (Cossío, de Giner de los Ríos, como Alvar Fáñez del Cid, "su derecha mano"). [26]

El artículo está fechado el 31 de julio de 1927.

En esta carta se plantea el tema de la Real Academia Española, que reaparecerá también en las de Indalecio Prieto (núm. 9) y Gabriel Maura (núm. 10). La historia de la elección de Pérez de Ayala no está todavía escrita, que yo sepa, y debió de tener varias alternativas. Recordemos aquí sólo algunas, las más relacionadas con las cartas que hoy publico.

M. B. Cossío lamenta el "vergonzoso escamoteo de la Academia", en febrero de 1927. Una carta de Palacio Valdés de diciembre de 1926 nos informa más, desde su punto de vista: "En efecto, lo que está pasando en la Academia es deplorable. Los políticos, cuya ambición es insaciable, sin la charla del parlamento y privados de los altos puestos, se refugian en la Academia. El caso de usted es triste, pero no es nuevo".[27]

Algunas de estas experiencias fracasadas debieron de inspirar a Ayala unas frases amargas que, por otro lado, le harían más difícil el ingreso en la docta casa:

Si yo aquí transcribiera la lista de los actuales académicos de la Real de la Lengua Española, apuesto que el lector preguntaba sorprendido: ¿Quiénes son esos incógnitos caballeros? ¿Por qué los han elegido? Las mismas preguntas nos las hemos hecho todos con frecuencia. Y es que en la Academia de la Lengua Española, como en todas las academias, la composición puede repartirse conforme a la siguiente proporción: treinta y tres por ciento de rutina, otro tanto de intriga, otro tanto de favor y nepotismo y uno por ciento de mérito positivo. Concedamos que nada supone ni vale ser académico; que ser académico, el mero hecho de ser académico, es como no ser nada. [28]

Lo malo es que, de acuerdo con lo habitual en las ediciones póstumas de Pérez de Ayala, preparadas por García Mercadal, nada se nos dice de dónde se han tomado los artículos ni la fecha en que se publicaron. De todos modos, un indicio nos permite suponer que la fecha no anda muy lejos de las anteriores: un poco después, nos anuncia que *Tigre Juan* "saldrá a la

---

[26] Ibíd., 547.
[27] *Ante Azorín*, ed. cit. en la n. 9, pp. 40-41.
[28] Ibíd., pp. 52-53.

luz pública uno de estos días".[29] Eso sucedió en el mismo año 1926, y obtuvo el Premio Nacional de Literatura correspondiente a ese mismo año.

La carta núm. 9, de Indalecio Prieto, nos informa de otro episodio más pintoresco: el intento de oponer, a la candidatura de Pérez de Ayala, la del dictador Primo de Rivera, entonces Jefe de Gobierno. Téngase en cuenta que ello sucede en un ambiente en el que el propio Primo de Rivera ha sido nombrado doctor *honoris causa* de la Universidad de Salamanca, le ha visitado para expresarle su agradecimiento una representación de los catedráticos universitarios y existe una suscripción abierta para hacerle un homenaje popular. Por lo que yo sé, el tema no ha sido recordado y merece serlo, por lo pintoresco. Unos recortes de periódicos, entre otros muchos posibles, nos bastarán para recordar los momentos culminantes de esta historia.

El 1 de marzo de 1928, la Real Academia Española elige un nuevo miembro, para cubrir la vacante producida por la muerte de Rodríguez Carracido. Al día siguiente, el *ABC* nos informa de que

> tomaron parte en la votación 24 académicos, y verificado el escrutinio, arrojó el siguiente resultado: Sr. González Amezúa, 11 sufragios; Sr. Pérez de Ayala, 8, y D.ª Blanca de los Ríos, 5. Como ninguna de las personalidades que obtuvieron sufragios logró la mayoría absoluta, precisa para que fuese válida la votación, se repitió ésta, con el resultado siguiente: Sr. González Amezúa, 14 sufragios, y Sr. Pérez de Ayala, 10. Fue proclamado el primero. Por enfermedad, dejaron de asistir a la reunión de anoche los Sres. Palacio Valdés y Martínez Ruiz (Azorín).

No dejan de comentar varios periódicos que los dos ausentes son grandes amigos de Ayala y que a él hubieran ido, lógicamente, sus votos. Tácitamente, queda planteada la seria candidatura de Pérez de Ayala para la próxima vacante.

El ambiente favorable al escritor asturiano encuentra un notable apoyo en el irónico artículo que publica Wenceslao Fernández Flórez en el *ABC* el 14 de marzo. Se titula "Los componentes de la Academia. Se ha llenado un vacío". Dice así:

> Sé perfectamente que si atendiese a mi interés personal, no debía escribir estas líneas. Muchas veces me digo a mí mismo: "Querido Wenceslao: no quijotees, no te mezcles en asuntos ajenos; el mundo puede pasar muy bien sin tu opinión; ese afán de sinceridad no es saludable; así no es posible prosperar; nadie te estimará, nadie te hará regalos. ¿Qué regalos has recibido en tu vida? Cinco cajas de puros y dos bastones. Y tú no fumas puros ni usas bastón. ¿Lo ves? Es que no te aprecian. La sinceridad, al fin, no es más que mala educación. Eres un maleducado, Wenceslao. Siento decírtelo".
>
> Bien. Pero no acierto a corregirme. Lo que ahora voy a escribir me enemistará con Pérez de Ayala y quizá con algunos amigos suyos. Con callar, nada de esto ocurriría. Pues no me callo. ¿Cómo soy así? ¡Oh, me doy pena a mí propio!

---

[29] Ibíd., p. 89.

Enfermaría si no proclamase que, en esta ocasión, si yo perteneciese a la Academia de la Lengua, el Sr. González Amezúa habría ingresado en ella por un voto más. Presentes en el umbral del fielato del idioma los dos candidatos, yo hubiera extendido —amable, pero enérgicamente— mi mano para detener a Pérez de Ayala y hacerle oír esta recomendación, apremiante y severa: —Un momento, un momento... Deje pasar.

Y la misma mano se tendería hacia el Sr. Amezúa invitándole a entrar y yo le daría guardia, vestido con la casaca de los inmortales; porque ese día por nada del mundo dejaría yo de llevar mi casaca.

No quiero yo decir con esto que el Sr. Pérez de Ayala carece de méritos para ocupar cualquiera de los cómodos sillones señalados con una de las letras del alfabeto. Pérez de Ayala es un gran escritor, domina el idioma, ha publicado obras celebradísimas, le conocen en todas las naciones cultas de Europa y de América, su raro talento tiene comentaristas y devotos. Pero... cada cosa a su tiempo. En ese extraño cocktail que es la Academia, es muy útil vigilar la cantidad y el orden en que se van vertiendo los ingredientes. En la Academia figuran ya unos cuantos hombres cultos, unos cuantos grandes escritores; hay también cierto número de esos catadores de vocablos, que cogen una palabra, la huelen, la agitan junto al oído, como si fuese una nuez sospechosa de podredumbre; la muerden, a la manera sumaria con que se comprueba la bondad de un duro, y dicen: "¡Es de primera!", o dicen: "¡No vale nada!", sin equivocarse jamás; sujetos maravillosos, de dicción tan correcta, que nunca tienen la lengua blanca, como nos acontece con frecuencia a los que usamos giros reprochables o palabras de nacimiento ilegítimo. Hay, asimismo, malos escritores, muchos malos escritores; pero no elegidos al albur, sino sabiamente, ya que la maldad de cada uno no se parece a la de los otros. Y oradores cursis, de "habla bonita"... Ustedes dirán: "¿Por qué hay oradores cursis y malos escritores en la Academia?" ¡Ta, ta, ta! ¿Y cómo podía no haberlos? El castellano no es una lengua tan reducida y pobre que imponga necesariamente hablar y escribir bien, sino una lengua abundante y generosa, en la que es posible escribir y hablar mal. Si no fuese por los cursis, por ejemplo, muchas palabras apenas circularían [...]

De todo lo dicho se deduce que ni los dramaturgos buenos, ni los dramaturgos malos, ni los novelistas de talento, ni los novelistas ilegibles, ni los poetas excelentes, ni los abominables, ni los filólogos, ni los cursis, se pueden quejar de no tener representación en la casa donde se fija, se limpia y se da esplendor al idioma. Todos ellos tienen su abogado en la mismísima glotis de la patria. Pero, queridos señores, ¿no piensan ustedes que se venía incurriendo en una dolorosa e injusta omisión?

En España, como en todos los países, hay una muchedumbre de personas que escriben sin lograr romper los angustiosos muros del anónimo, gente que no ha logrado ver nunca impreso uno solo de sus renglones, gente que acaso no llegó a trazarlos, anticipadamente desanimada por los grandes obstáculos que es preciso vencer [...] Pues bien..., yo ruego a ustedes que sigan atentamente y de buena fe mi discurso; si nada malo podemos decir de esa multitud de escritores sin revelar, si no es razonable substraerles nuestro aprecio, si ellos son numéricamente más que los escritores notorios, ¿con qué derechos se les ha negado hasta hoy un puesto en la Academia? La afortunada elección reciente corrige esta falta.

El nuevo académico viene a representar al literato desconocido.

Apartémonos respetuosamente. Y usted, Sr. Ayala, apártese también. Haga el favor. Se trata de un símbolo. La Academia ha tenido una idea delicada, que todos debemos aplaudir conmovidamente.

Sólo por no alargar demasiado este trabajo he suprimido algunos párrafos de esta obra maestra de la ironía intencionada.

El mismo día, una nota alude a la candidatura de Primo de Rivera, según noticia publicada por *El Debate*. Rectifica el *ABC*: "Una nota de la Oficina de Censura dice que el jefe de Gobierno ha sido completamente ajeno a este asunto. Tenemos la evidencia de ello". Y se anuncia la presentación oficial de Pérez de Ayala para la vacante dejada por Vázquez de Mella.

La cuestión se complica con otras polémicas laterales. Así, el 15 de marzo, Gómez de Baquero escribe al Director de *ABC* apoyando a Pérez de Ayala y precisando que "no hay actualmente en la Academia ambiente favorable para el triunfo de candidaturas femeninas, aun reconociendo, como reconozco, los altos merecimientos literarios de doña Blanca de los Ríos y de doña Concha Espina y de otras escritoras".

Al día siguiente, 16 de marzo, un suelto laudatorio informa de que Primo de Rivera da marcha atrás, al ver el cariz que toma el asunto. Se titula "Un 'bello gesto' del Jefe del Gobierno" y dice así:

> El general Primo de Rivera ha tenido un "bello gesto", tan noble como espontáneo y sincero, y es justo consignarlo con elogio. Algunos elementos que deseaban el fracaso del Sr. Pérez de Ayala para académico de la Española, idearon oponerle el nombre del presidente del Consejo. Pero, al saberlo, el Marqués de Estella se ha apresurado a contestar: "Si alguien ha pensado en mí para la Academia Española, se lo agradezco; mas conozco la mediocridad de mi cultura literaria y por nada del mundo presentaré mi candidatura enfrente de quien merece ese galardón justificadísimo". Creemos, pues, seguro que la Academia Española elegirá al Sr. Pérez de Ayala, haciendo justicia a sus altos méritos literarios.

El lector de *Política y toros* no dejará de encontrar pintoresco, sin duda, este episodio.

Todavía, al día siguiente (17-III-1928) el *ABC* publica la carta de Emilio Gutiérrez Gamero en la que se confiesa "principal propugnador" de la candidatura de Primo de Rivera, al que no conoce; por lo tanto, lo ha hecho —dice— desinteresadamente y sin hostilidad hacia Pérez de Ayala, solamente

> por juzgar que en la Academia es necesaria la presencia de personas de alto relieve —siquiera no sean literatos profesionales— bien por su posición, bien por sus conocimientos en disciplinas ajenas a las letras, siguiendo en eso el proceder de la Academia Francesa, que, como es sabido, llama a su seno a lo más relevante que existe en aquel país (ahora, cuenta con tres mariscales de la República, los Sres. Pétain, Lyautey y Foch).

El *ABC* apostilla que ha defendido la candidatura de Pérez de Ayala "no ahora, sino cuando se trató de cubrir la vacante para la que ha sido elegido el Sr. Amezúa". Y el periodista Francisco Lucientes se ratifica en las declaraciones que recogió de Gómez de Baquero y que provocaron la réplica de éste.

Seis días después, el 23 de marzo, una nueva nota informa que Luis Martínez Kleiser "se ha dirigido, por medio de una carta, a algunos académicos que pensaban presentarle como candidato a la vacante que existe en la docta Corporación, rogándoles encarecidamente que desistan de sus propósitos, prescindiendo de su candidatura".

Toda esta larga historia concluye el 26 de abril, cuando la Academia elige miembro de número a Pérez de Ayala, de lo que se felicita al día siguiente el *ABC,* que promovió, en alguna medida, esta campaña. Todo ha sido, me parece, un episodio más —si bien no poco pintoresco— de las complejas relaciones del poder político con los intelectuales españoles.

Unos pocos comentarios más a las cartas que restan. Zuloaga, en la núm. 12, alude al rumor de que Pérez de Ayala deja la Embajada en Londres. Me parece que no fue así y que sólo cesó en mayo de 1936, con el triunfo del Frente Popular, después de cinco años de desempeñar el puesto para el que le designó la República. Creo, entre paréntesis, que todavía está por estudiar la actuación de Ayala como embajador.

La carta núm. 13, también de Zuloaga, alude a la relación del escritor con el Príncipe de Gales y con "Heinstein" (sic). Del primero fue buen amigo y muchos periódicos se hicieron eco de sus salidas juntos; después, el Príncipe de Gales le visitó en su exilio de París. En cuanto a Einstein, cuando huyó de Alemania y llegó a Londres, pasó en la Embajada Española dos semanas como invitado de su amigo.[30] En casa del escritor he podido ver, todavía, una foto que le dedicó Einstein.

En la carta de Baroja (núm. 14), de 1934, alude a que "Ud. por su cargo escribe ahora demasiado poco". Así es, pero la cosa viene de más lejos: "después de 1919, su producción decrece progresivamente".[31] Del año 26 son *Tigre Juan* y *El curandero de su honra,* que cierran su carrera narrativa. De 1928, *El libro de Ruth,* recopilación de fragmentos ensayísticos extraídos de otras obras. En 1931, vuelve a la actualidad por el estreno en Madrid, en circunstancias polémicas, de la adaptación teatral de su novela *A. M. D. G.* Así pues, prácticamente desde 1926 no ha publicado más libros. Por supuesto, lo de no escribir más se refiere sólo a la literatura de creación, pues toda su vida siguió publicando artículos, más o menos nuevos. De las causas de ello me he ocupado en la parte final de mi libro *La novela intelectual de Ramón Pérez de Ayala* (Madrid, 1972).

En la última carta, de Manuel de Falla, se refiere a José María Rodríguez Acosta, el pintor, hermano de Miguel, su mejor amigo. Los artícu-

---

[30] Marguerite C. Rand, *Ramón Pérez de Ayala* (Nueva York, 1971), p. 141.
[31] García Domínguez, artículo citado en la n. 1, p. 11.

los a que hace alusión el músico los volvió a publicar Pérez de Ayala en el *ABC,* años después, bajo el rótulo general "Recuerdos": "José Rodríguez Acosta" (27-XI-1954), "La Alhambra y su gnomo" (28-XII-54) y "Los cármenes de Granada" (2-I-55). Espero que todos ellos tengan cabida en el próximo tomo de las obras completas del escritor, preparado para la imprenta hace ya años por don José García Mercadal. El juicio sobre José María Rodríguez Acosta se reproduce en el catálogo de la exposición antológica del pintor que ha tenido lugar en 1978, organizada por la Fundación Rodríguez Acosta, en Granada y Madrid (sala de la Dirección General de Bellas Artes).

Y ahora, basta ya de pormenores eruditos; que el lector se enfrente directamente con estas cartas. Aparte de su relación con Pérez de Ayala, creo que poseen un cierto interés para todos los preocupados por nuestra historia intelectual contemporánea. Quizá el lector guarde en el recuerdo la relación con Giner, el frustrado episodio académico de Primo de Rivera o la frase —implacable en su sencillez— de Baroja: "la República tendrá que ser conservadora [...] si quiere vivir".

TEXTOS DE LAS CARTAS

N.º 1: *Carta de Amado Nervo*

Membrete: AN.
París, 24 de junio de 1905.
Señor Don Ramón Pérez de Ayala.
Oviedo.

Amigo mío:
¡Qué habrá usted pensado de mí! Tantos días de silencio después de una carta tan generosa y noble como la de usted. Pero la misma dirección que verá en el sobre ha de encargarse de disculparme. He andado de viaje y su carta me llega, por diversas circunstancias, con sumo retraso. Merezco, pues, el perdón.

Va, naturalmente, y con toda devoción, un ejemplar de "En voz baja" para su novia. La casa Ollendorf, (como buenos editores que son), me tiene a raya de ejemplares y cuando le pido diez me da dos; pero, en llegando a Madrid, usted tendrá el suyo. Por lo pronto me complace pensar que, como *ustedes dos* no poseen más que uno, sus cabezas se unirán sobre sus páginas y seré yo la causa indirecta de este *tête a tête* que a usted debe serle por todos conceptos delicioso.

Créame su estimador muy sincero y mande lo que guste a su afmo. colega q.b.s.m.

Amado Nervo.

N.º 2: *Carta de Enrique de Mesa*

Membrete: "Faro. Periódico semanal. Villamagna 2 tripdo".
Madrid, 28 de octubre de 1908.

Queridísimo Ramón: Acabo de leer tu carta con mezcla de alegría y de dolor. Me explicaré. La historia es larga.

Cuando Miguel me dijo con lágrimas en los ojos tu desgracia quedé anonadado. Miguel y yo somos tus mejores amigos. Si en aquel momento nos hubieses visto no te habría cabido duda. Allí mismo te escribí una carta cariñosamente dolorida. Y como no había contestado a una carta de Londres y tú ya habías callado para mí y temía te hubieses enfurruñado, en esa epístola te decía algo por este estilo: "Sé que no merezco que me quieran pues el deplorable estado de mi espíritu, mi pereza, mi desidia, todo contribuye a que mis amigos verdaderos se enfríen conmigo. Pero no, Ramón, el golpe tuyo tiene eco en mí y quiero que tu corazón perdone al mío por el dolor que ahora siente. Necesito antes de siete días carta tuya para saber que tengo íntegra la amistad tuya". En esto mentía. Metí la carta en su sobre y a Campomanes, 25.

Pasaron siete días, pasó un mes y otro y... nada. Pregunté a G. Blanco y me dijo: "Allá en Oviedo queda". ¿No le ha dicho a V. nada de mí? "Nada".

Tuve un pesar muy hondo. Te lo juro por mi padre a quien quería tanto como tú al tuyo. Digo lo que tú. No he sabido fingir ni adular. Jamás miré mi conveniencia. Quiero a quien quiero; a pocos, pero verdaderos amigos.

A Miguel le dije lo que ocurría y me prometió escribirte. Se conoce que se ha olvidado. Yo pensé que tú seguías inflexible.

Hace tres días, Eguilaz, en una carta, me daba recuerdos tuyos. Me hicieron daño esos recuerdos fríos. Creí merecer más.

Pero ni un punto bajó el cariño que por ti sentía, que es el mismo que siento.

Ahora tu carta... Será necesario que te explique más.

No, Ramoncito, no. Ese conocimiento del mundo no va conmigo. Tú me conoces bien. Yo soy el mismo de antes, algo más viejo, con algunas canas y con muchos apabullamientos internos. Para ti, el mismo. Quizá a ti te diría mucho de lo que rumio y me guardo. Soy el mismo, que sigue creyendo que tiene derecho a tu amistad.

Eguilaz fue tan amable que me escribió para asuntos relacionados con "Faro" y haciendo elogios que yo no merecía y le contesté. Me volvió a escribir y... no le contesté. Me escribió de nuevo y comprendiendo los disgustos que esta pereza o lo que sea me daba le contesté. Esto es lo de Eguilaz. ¿Me contestarás ahora? No tengas para mí ironías. No me las merezco.

Escríbeme. Mándame cosas para "Faro". ¿Por qué no escribes? ¿Por qué dejas que pululen los que no te llegan a la suela del zapato? Trabaja, Ramón, trabaja, que tu nombre está muy alto. Mira que yo sé lo que aquí se piensa. No se ha publicado en mucho tiempo un libro como tus "Tinieblas". Es de todo un señor. Tengo en ti fe como en nadie.

¿Verdad, Ramón, que no me niegas tus brazos?

Te quiere de veras, muy de veras

Enrique.

N.º 3: *Carta de Manuel Bartolomé Cossío*

Obelisco 14.
12 febrero 1916.
Sr. D. Ramón Pérez de Ayala.

Mi querido amigo: Llevo más de un mes en cama con fiebre, impedido para todo. Por esto me ha de disculpar el que no le haya dado todavía las gracias por el amable envío de su hermoso poema "El sendero innumerable". Cuando lo recibí todavía me dejaban leer y gocé mucho leyéndolo y releyéndolo varias veces. La aspiración que V. siente está conseguida; el poema está impregnado de espíritu universal. En mi humilde juicio, hay cosas en el poema que quedarán definitivamente. Y sobre todo, me admira la estupenda riqueza de léxico que ha conseguido V. En este sentido, es obra enteramente de plenitud.

Ya sabe que mi juicio vale poco, pero reciba V. mi más sincera enhorabuena.

He pasado ratos deliciosos y espero pasarlos todavía releyendo su "Sendero innumerable"; y hasta me gusta que haya sido elaborado en las rías gallegas.

Perdone que esta carta tenga que ir dictada. Reciba de nuevo mis gracias y sabe es su verdadero amigo

M. B. Cossío.

N.º 4: *Carta de Manuel Bartolomé Cossío*

Obelisco 14, Madrid.

Muy querido Ayala: no sé cómo agradecer a Vd. el fiel recuerdo en que siempre me tiene al repartir sus nuevos libros, y las bondadosas palabras con que me los envía.

Acaban de llegar a mis manos "Tigre Juan" y "El curandero de su honra". Los he acariciado con fruición, dulcemente, y aguardo a abrirlos, como el enamorado hace con las cartas de la novia, cuando haya disfrutado plenamente del divino goce de la esperanza asegurada y cuando tenga un rato muy largo y muy a solas, en el que nada venga a mezclarse con el puro placer de la lectura.

Esta emoción, tal vez demasiado juvenil para mis años, es lo mejor que tengo para pagarle su labor poética y su ofrenda. Quizá otros no la estimasen; pero yo sé que Vd. la recibe con el mismo cordial afecto con que la siente su amigo que le admira y, sobre todo, le quiere de veras

Cossío.

N.º 5: *Carta de Manuel Bartolomé Cossío*

Obelisco 14.
23 febrero 1927.

Muy querido Ayala: ahí va el último tomo aparecido de las "Obras Completas" de Don Francisco. He aguardado a poder enviárselo para decirle... No; ¡qué he de decirle! Para darme con Vd. por enterado del vergonzoso reparto del premio y del más vergonzoso escamoteo de la Academia. No tenemos remedio. Y para consuelo hay que refugiarse estoicamente en el bendito Spinoza, tan *homenajeado* estos días: nec flere, nec indignari, sed intelligere.

Siga Vd. abriendo más y más Senderos. Regálenos Vd. con nuevos Belarminos y Apolonios y Tigre Juanes. Alégrenos la vida, tan triste, con sus adorables prosas y versos, y resígnese a recibir en premio cosa tan humilde y callada como el abrazo que de todo corazón le envía su verdadero amigo

M. B. Cossío.

Desde el 23 lleva ésta aguardando a que vengan los tomos de la encuadernación. Como no acaban de venir, ahí se la envío, y ya irá el libro.

N.º 6: *Carta de Ramón Menéndez Pidal*

Sr. D. Ramón Pérez de Ayala

Mi distinguido amigo: leí con placer *La paz del sendero* y *El sendero innumerable*. Gusto de su poesía reflexiva, por lo que dice y por lo que sugiere; lo mismo respirando el aire de la casa solariega y de la aldea norteña, que moldeando las *innumerables* impresiones de vida desarrolladas en el poema de uno y otro sendero.

Le agradece cordialmente el envío de su libro, su siempre amigo y admirador

R. Menéndez Pidal.
16 enero 1916.

N.º 7: *Carta de Ramón Menéndez Pidal*

Membrete: Ramón Menéndez Pidal. Zarzal, 23 (Chamartín). Madrid.

Querido Pérez de Ayala, sé bien la magnitud de la desgracia que sobre Uds. pesa. Muy a su lado estoy en estos dolorosos días de pérdida irreparable.

Aunque tan aislado vivo del mundo siempre piensa en Vd. y le quiere tanto como le admira

R. Menéndez Pidal.
17 marzo 1934.

N.º 8: *Carta de Ramón Menéndez Pidal*

Membrete: El Director de la Academia Española.

Excmo. Sr. D. Ramón Pérez de Ayala.

Mi querido tocayo: muy emocionado saqué de una cajita que hallé sobre mi mesa el magnífico ejemplar de la *Historia del Cid* por Risco, el cual en las primeras hojas me ofrecía un doble valor de afección: el ser a la vez recuerdo de Vd. y del hispanista R. Ford. Muy cordialmente le agradezco la atención.

Ella tiene además para mí un especial valor bibliográfico doméstico: mi ejemplar de Risco se encuentra en los estantes como un obrero que acaba su faena, sucio de notas, acotaciones y signos del trabajo; este otro viene a ponerse a su lado no sólo pulcro, sino vestido de etiqueta.

Sólo trae un defecto: que Vd. olvidó firmar la dedicatoria. Cuando nos veamos espero lo subsanará Vd.

Le envío mi *Introducción* al tomo de la *Historia de España*, próximo a salir, que es el segundo de la serie. El primero corre casi todo a cargo de Gómez Moreno y no hay modo de sacarle el original. El tercero saldrá también pronto, dentro de pocos meses.

Reiterándole gracias por su recuerdo le saluda afectuosamente y le desea un felicísimo Año Nuevo.

R. Menéndez Pidal.

Escribo a Vd. en papel académico como discreto memento. Acabamos de inaugurar la Casa de Lope de Vega de la cual envío a Vd. también una breve descripción.

30 diciembre 1935.

N.º 9: *Carta de Indalecio Prieto*

Madrid, lunes.

Querido Ramón: le pongo estas líneas con un pie en el estribo, pues salgo a las diez de la mañana para Bilbao.

Anoche encontré en el Metro a Calvo, el redactor de *ABC,* quien me leyó la carta a Luca de Tena y el suelto destinado a *ABC* sobre la vacante en la Academia.

Al llegar a casa mi hija Concha, que pasó el día en la sierra con la hija de Menéndez Pidal, me refirió una conversación con ésta a cuenta del mismo asunto y por ella supo —el conducto no puede ser más fidedigno— que la idea de hacer académico a Primo de Rivera ha nacido de este mismo, a pesar de lo que dice *ABC* y que mantiene en lograrlo una gran porfía.

En el suelto se parte de la base de ser Primo de Rivera ajeno a la propuesta. ¿Es que sin creerlo lo aducen ustedes como un elemento táctico? Aún así, dudo de la oportunidad y de la eficacia. Pero bueno es, por si ustedes estuvieran equivocados, que conozcan lo que les refiero y que puedan comprobar, en evitación de un *reclamazo* inútil a favor de Primo de Rivera, presentándole como *académico a la fuerza.*

El desistiría si viese perdida la batalla por falta de votos, no por suelto periodístico más o menos.

Menéndez Pidal teme que salga elegido y habla de dimitir él, pues está francamente irritado.

Y a Ud., ¿qué le da ni le quita el entrar en la Academia? Si pone Ud. empeño en lograrlo es que desconoce sus propios méritos.

Su muy amigo,

Indalecio Prieto.

N.º 10: *Carta de Gabriel Maura Gamazo*

Membrete: Senado. Particular. Gabriel Maura Gamazo. Miguel Angel 9.

Sr. D. Ramón Pérez de Ayala

Querido amigo: Ya sabrá Ud. que todo fue inútil, hasta el intento de procurar a los académicos una semana de reflexión para más maduros acuerdos. Era lo lógico dentro de las prácticas pueblerinas ahora en auge.

Me permito rogarle que no tome actitud ninguna después de lo ocurrido. No es pleito de Vd., sino interior de la Academia y, por las trazas, no quedarán las cosas como están.

Incluso si se comprobase, como me pareció advertir ayer, que tiene Ud. la hostilidad personal, no sólo de los periodistas, sino de gentes de la izquierda, por razones que ignoro, siempre sería más señor dejar al tiempo la mudanza.

Veremos lo que ocurre en la reunión que hemos pedido al Director. Con toda sinceridad le daré cuenta de la actitud que en vista de su resultado adopte. Pero puede Vd. estar seguro de que, salvo los primordiales intereses colectivos de la Academia, nadie aventaja en estimación de su talento y valor literario a su affmo. amigo q. e. s. m.

G. Maura.
2-III-28.

N.º 11: *Carta de Pedro Salinas*

Membrete: Junta para Ampliación de Estudios. Centro de Estudios Históricos. Madrid. Medinaceli 4.

Mi admirado y querido amigo: gran alegría me causa la noticia de su nombramiento. No sólo por la alta estima personal que V. me merece sino porque quiero ver en él justiprecio y reconocimiento solemne de una admirable actividad intelectual, tan desacreditada en España durante los ocho años pasados. ¡Bien por la República y bien para la *re publica!* Va V. a Londres por algo que nos debe enorgullecer: por gran escritor. Todos los que figuramos (aunque sea como yo en una fila distante y retirada) en las milicias de vocación del ejercicio espiritual, estamos de enhorabuena. Por eso le envío la mía, muy cordial y sincera, mermada tan sólo en esa fracción mínima que a mí me toca de ella como *enganchado* al servicio espiritual voluntario.

Todo género de aciertos para la República y de venturas personales le desea con su abrazo su admirador y amigo afmo.

Pedro Salinas.

N.º 12: *Carta de Ignacio Zuloaga*

Membrete: Castillo de Pedraza. Pedraza de la Sierra. Provincia de Segovia. 14 setiembre 33.

Querido Ramón:

He oido decir que dejaba Vd. Londres en cambio de Lisboa. ¿Es verdad? También he sabido que había Vd. estado en Riaza; y lo siento, pues seguramente que hubiese ido a verles.

¡Aquí me tiene en esta maravillosa soledad! ¡Esto es un sueño! ¡Qué hermosa! ¡qué grandiosa es Castilla! ¡Qué aire! ¡Qué incienso! Estoy loco con mi castillo.

¡Ah! ¡si pudiera realizar lo que todo esto me hace soñar!

Blanco, negro, ocre, tierra roja, y azul... esta es la paleta castellana con paleta de granito, pinceles de hierro forjado; y la fuerza de un buey negro, para pintar la emoción que emana esta colosal tierra.

Recuerdos y un fuerte abrazo de su amigo,

Ignacio.

N.º 13: *Carta de Ignacio Zuloaga*

París, 11 junio 34.

Pero qué le pasa, querido Ramón?

Me dicen que está Ud. enfadado conmigo, y no lo quiero creer. Es acaso porque no quise pintar al Príncipe de Gales, ni al Sr. Heinstein?

Pero no sabe Ud. que soy absolutamente incapaz de ello? y que cada vez que he tratado de hacer el retrato de alguna persona Real, o de gran alcurnia, me ha salido un verdadero mamarracho?, prueba de ello lo que me pasó con el Rey de España, con Musolini, con Ford, con Mustafá Kemal, etc., etc...

Yo no he nacido para eso; he nacido para pintar a amigos como Ud. a quien se admira y quiere fraternalmente, y no a personages con quienes uno está coibido, y sufriendo.

Así es que si esa es la razón, escuche y acepte mi confesión, y... perdone.

Pensaba ir con Cuenca el jueves a esa; pero tengo un trabajillo (de encargo) entre manos, que no puedo abandonar, pero de todas maneras pienso hacerle una visita los primeros días del que viene.

Muchos recuerdos a Mabel, así como a los chicos, y Ud. reciba un fuerte abrazo de su amigo,

Ignacio.

N.º 14: *Carta de Pío Baroja*

Madrid, 3 abril 34.

Querido amigo Ayala: Muchas gracias por el libro sobre Godoy y por su carta. Estoy escribiendo demasiado. En cambio Ud. por su cargo escribe ahora demasiado poco. Parece que la vida sigue la táctica de San Pascual Bailón de decir más, más, más. Está uno un poco coriáceo y anquilosado para seguir esa táctica.

Aquí no pasa nada. La literatura se esfuma. Supongamos que momentáneamente. En política un poco de marcha atrás con el ciudadano Lerroux. Después de todo muy lógico. La República tendrá que ser conservadora durante algún tiempo si quiere vivir.

De Ud. muy afectísimo amigo y admirador

Pío Baroja.

Mendizábal 36.

N.º 15: *Carta de Manuel de Falla*

Villa del Lago (Sierras de Córdoba)
20 de septiembre 1941.

Señor Don Ramón Pérez de Ayala.

Mi admirado y querido amigo:
He leído con emoción *jonda* su bellísimo trabajo sobre nuestro José Rz. Acosta y los Cármenes de Granada, y quiero decirle cuánta es mi gra-

titud por la parte que en él me dedica su amistad, preciosa para mí. ¿Cuándo hubiera yo podido aspirar a tanto? Ahora puedo decir que he recorrido —o me han hecho recorrer— toda la escala: desde *Chorro e jumo* hasta nada menos que San Juan de la Cruz...

Claro está que esta *ascensión* ni la merezco ni la creo, pero en fin, Ud. lo dice y en esa prosa que se confunde con la del mismo Fray Luis. Lo que hay de cierto es mi fuerte convicción, siempre confirmada por la propia experiencia, de que para lo divino y para lo humano, la única verdad salvadora está en el Evangelio. Es el único camino, ¡pero qué mal lo seguimos! Bueno, volvamos a sus *Recuerdos*: no creo haber leído nada sobre el alma del paisaje y la luz de Granada, de tan justa y penetrante visión como lo que Ud. ha escrito. Y en cuanto a nuestro inolvidable José M.ª, ¡con qué exacto conocimiento de su espíritu y de su modo de ser, como hombre y como artista, nos habla Vd. de él! Qué pena la de perder tan raro amigo, y cuánta razón tiene Ud. al decir que el hombre se va muriendo en la medida que va perdiendo a los suyos. Y más ahora, en que hasta parece que el mundo se despide de nosotros antes de que nosotros lo dejemos.

Mucho deseo charlar con Ud. largamente. Para mediados de octubre, Dios mediante, iremos a Bs. Aires. Ojalá los encontremos allí. Mientras, reciban Ud. y su Señora los muy cordiales saludos de M.ª del Carmen y míos. Con ellos va para Ud. un fuerte abrazo de su muy amigo,

Manuel de Falla.

Sobre el estreno del *Don Álvaro*

René Andioc
Universidad de Perpignan

El *Don Alvaro* del duque de Rivas se estrenó, como es sabido, el 22 de marzo de 1835 en el teatro madrileño del Príncipe. Varios historiadores han intentado de muchos años a esta parte estudiar su alcance, así como la acogida que le dispensaron el público y la prensa contemporánea. A pesar de ello, la bibliografía sobre el duque deja sin aclarar suficientemente unas cuantas circunstancias que los progresos de la metodología nos llevan a considerar básicas, y cuyo análisis, ocioso es decirlo, no pretendemos apurar en esta modestísima contribución, limitándonos por el contrario a lo más obvio.

No deja de extrañar la falta de concordancia y unanimidad entre los estudiosos en lo que respecta al número de sesiones que logró la obra a raíz de su estreno. ¿Cuántos días permaneció el *Don Alvaro* en cartel en la temporada de 1834 a 1835? "Azorín" apunta minuciosamente en *Rivas y Larra* [1] que el drama "se representa desde el 22 hasta el 29 de marzo. El 2 de abril vuelve a ser puesto en escena. Se representa el 2, el 3 y el sábado 4. Nada más. Total, doce representaciones con un intervalo de dos días. Ocho representaciones primero, y luego cuatro"... que en realidad son tres, pues a todas luces se equivocó en la cuenta, a no ser que se trate de una errata de imprenta, cosa a nuestro entender harto improbable, por supuesto, pues según advirtió ya Boussagol, no son pocas las inexactitudes de que adolece el comentario de "Azorín". Para E. Allison Peers fueron once las sesiones: ocho del 22 al 29 de marzo, más tres en abril, del 2 al 4 inclusive, según podemos leer en "Rivas: A Critical Study", [2] luego en "The Reception of *Don Alvaro*", [3] y más tarde en una nota de su *Historia del mo-*

---

[1] *Rivas y Larra; razón social del romanticismo en España* (Madrid, 1916), p. 69.
[2] *RHi*, 58 (1923), 73.
[3] *HR*, 2 (1934), 69.

vimiento romántico español,[4] si bien se añade en ella que con otras seis posteriores —en realidad, durante la temporada siguiente— alcanzó el drama de Rivas diecisiete representaciones en 1835, esto es, de marzo a diciembre. Gabriel Boussagol escribe por su parte que

> se suspenden las funciones [en el Príncipe] el 23 y el 24 de marzo; se vuelve a representar el drama nuevo el 29 por la tarde en el teatro de la Cruz; hay otra suspensión el 30 y el 31; se repone el *Don Alvaro* en el Príncipe el 2; no hay función el 3; *Don Alvaro* se representa el 4 de abril, clausurándose al parecer el año cómico.[5]

A partir de estos datos, el total a que se llega es de ocho representaciones. Al mismo total llega N. B. Adams.[5 bis] Por fin, la *Cartelera teatral madrileña, I: años 1830-1839,* publicada por el C.S.I.C.,[6] tampoco menciona por

---

[4] (Madrid, 1954), I, 414, n. 294. Ricardo Navas Ruiz propone la misma cifra en su introducción al vol. 206 de Clásicos Castellanos, p. xxxii).

[5] "Angel de Saavedra, duc de Rivas. Essai de bibliographie critique", *BH,* 19 (1927), 29. La traducción es mía.

[5 bis] "The extent of the Duke of Rivas' Romanticism". *Hom. a A. Rodríguez Moñino,* I (Madrid, 1966), 1-7.

[6] Seminario de Bibliografía Hispánica de la Facultad de Filosofía y Letras de Madrid (Madrid, 1961). Es de lamentar que un trabajo de tanta importancia se encargase, según reza la introducción, a unos jóvenes indudablemente fervorosos, pero poco familiarizados con esta forma de investigación. Faltan en efecto muchísimas referencias a distintas representaciones; se omite, por otra parte, separar la función de tarde de la de noche, de manera que se saca regularmente la impresión de que figuraban juntas varias obras en una misma sesión, e incluso se olvida a menudo una de las dos; a veces también falta la mención de uno de los dos teatros. De ahí, desgraciadamente, que no se pueda manejar esta cartelera con seguridad.

En cambio, resultan utilísimos el índice de títulos (si bien tampoco es intachable, ni mucho menos), la indicación de procedencia de las obras, así como la de las críticas de los estrenos que aparecen en la prensa.

En futuros trabajos de esta clase deberían figurar además datos hoy día absolutamente imprescindibles, como son los productos de cada representación, publicados todos en el *Diario* hasta 1834, pero *previo cotejo* con las cuentas diarias de los teatros conservadas en el Archivo Municipal de Madrid, pues las cifras de recaudaciones impresas en el citado periódico son a veces inexactas (erratas de imprenta o quizá anteriores a la impresión). Por otra parte, ocurre con cierta frecuencia que el título que figura en el *Diario* no corresponde al de la obra que realmente se representó el mismo día; se da incluso el caso de no enterarse a tiempo el periodista del programa de la ópera, cuyo título se nos dice, se ha de publicar en un cartel de última hora...

Por ello sería finalmente preferible elaborar en adelante las carteleras teatrales del XVIII y del XIX principalmente a partir de los datos suministrados por los libros de cuentas conservados bien sea en el Ayuntamiento o en el Corregimiento (Almacén de la Villa) de Madrid, sirviendo los *Diarios* de fuente complementaria. Por fin, convendría también adoptar, mejor dicho, seguir observando, como ya hizo Cotarelo y Mori, la clasificación por años teatrales (es decir, desde Pascua de Resurrección de un año determinado hasta la Cuaresma del siguiente), sin omitir sainetes y demás "adornos" de una función.

su parte más de ocho, una el 22 de marzo, seis del 24 al 29, y la última el 2 de abril, debiéndose inferir que a partir del día 3 'del mismo hasta el 19, domingo de Pascua de Resurrección, en que empezó la nueva temporada, quedaron cerrados los teatros.

En realidad, no fueron doce, ni once, ni tampoco ocho las sesiones sino "nueve muy concurridas todas y acabadas", según afirma un contemporáneo en un artículo de la *Revista española* del 12 de abril del 35.[7] Pero si bien Jorge Campos asegura implícitamente la misma cifra en su "Introducción" a las *Obras completas del duque de Rivas,* sin indicación de fuentes, no coinciden exactamente los días que da con los que constan documentalmente: "Al estreno —escribe— sucedieron otras tantas representaciones los dos días siguientes, el día 29 en el Teatro de la Cruz, repitiéndose el 30 y 31; de nuevo en el del Príncipe el 2, 3 y 4 de abril".[8] No fue así: tanto el *Diario de Avisos de Madrid* como el *Eco del Comercio* —consultados por lo editores de la ya mencionada *Cartelera teatral*— permiten confirmar la aseveración del articulista de la *Revista española,* pues en ambos se indica que el *Don Alvaro* se mantuvo en cartel desde el domingo 22 hasta el 26 de marzo, con una interrupción el 27 de orden de la superioridad por ser viernes de Cuaresma,[9] reanudándose las funciones el 28 en el mismo teatro del Príncipe, y el 29 en el de la Cruz; el 30 se cambia el programa, con la tragedia *Juan de Calás* en el Príncipe hasta el 1 de abril y en el de la Cruz con un concierto el 30 y la ópera *Norma* el 31; el 2 de abril se vuelve a poner en cartel la obra de Rivas en el Príncipe, y el mismo día se anuncia en la sección de espectáculos del *Eco del Comercio,* a modo de referencia a la orden antes aludida: "*Aviso:* mañana viernes no hay funciones", por lo que tampoco lleva mención alguna de teatros el *Diario de Avisos* del día 3. Aunque, finalmente, omite el *Eco* cualquier referencia a la función del 4, sí puntualizan en cambio el *Diario* y *La abeja* que la del mismo día en el Príncipe es la "última representación de *Don Álvaro o la fuerza del sino*".

En total, pues, son nueve funciones las del estreno y días sucesivos, si nos atenemos a la temporada de 1834 a 1835,[10] ya que, según dejamos

7 Antonio Alcalá Galiano, amigo del duque, redactó el "Boletín del 12 de abril" del que entresacamos lo citado.

8 En *B. A. E.,* 100 (Madrid, 1957), L.

9 "Habiéndose dignado S. M. la Reina Gobernadora permitir que sigan durante la Cuaresma las representaciones de ópera y verso en ambos teatros, a escepción de la Semana Santa, de la de Pasión, y de los *viernes* [subrayado nuestro] de las demás, se dará principio a ellas hoy domingo a las siete de la noche..." (*Diario de Avisos de Madrid,* 8 de marzo de 1835, p. 4).

10 En el libro 6-311-3 del Archivo del Ayuntamiento de Madrid quedan apuntadas las obras de la temporada y se mencionan los correspondientes días de representación, pero falta este dato para las últimas, entre ellas nuestro *Don Álvaro.*

Sin embargo, el cómputo de la *Revista española* y del *Diario* halla parcial confirmación en el artículo de Campo Alange impreso en la "entrega XIII" de *El artista* que

apuntado, las seis reposiciones mencionadas por Peers a partir de agosto pertenecen a la siguiente, que empezó el 19 de abril. Además, la suspensión de las representaciones de la obra a los nueve días de estar en cartel pierde gran parte de su significación en la medida en que, como suponía Boussagol, coincide con el final de la temporada. Una nota del *Diario* del 4 de abril anuncia, en efecto, que "se da fin por este año teatral a las funciones de ópera y verso con las de esta noche, y no volverán a darse hasta el próximo domingo de Pascua de Resurrección", ocurriéndole al *Don Alvaro* lo mismo que a *El sí de las niñas* unos treinta años antes, por sobrevenir la Cuaresma. De manera que si no cabe aventurar la hipótesis de que en circunstancias normales se hubieran dedicado más funciones al drama de Rivas, tampoco, ni mucho menos, podemos considerar las nueve conseguidas, como hace Peers, expresión rigurosamente fiel del estado de ánimo de la compañía frente a las fluctuaciones del concurso de espectadores.

Ahora bien, para interpretar la acogida entonces dispensada al *Don Alvaro,* sólo se ha atendido hasta hoy, que sepamos, al número de representaciones conseguidas por el drama y, como es obvio, a los comentarios que suscitó en la prensa a raíz de su estreno, tomándose en consideración por otra parte la duración en cartel de las demás obras teatrales contemporáneas y las reseñas que se les dedicó en los periódicos y revistas de los años 30. Son datos por supuesto imprescindibles todos ellos, pero que convendría tal vez matizar con el examen de las recaudaciones diarias que produjeron unas y otras, para formarse una idea aproximada de la concurrencia del público en cada estreno o reposición. Si bien se puede suponer, en efecto, que los críticos y articulistas no expresaron entonces un parecer estrictamente personal, sino compartido por parte de los aficionados, y que tampoco fue ajena a las reacciones de los espectadores la permanencia o supresión de una obra determinada, no cabe duda de que las variaciones de la afluencia del público, que traducen las entradas sucesivas, constituyen el testimonio menos sospechoso de la conformidad de una obra al gusto de la mayoría.

Se conservan en el Archivo Municipal de Madrid algunos libros de cuentas de los años anteriores al estreno del *Don Alvaro,* concretamente hasta el final de la temporada de 1833 a 1834.[11] Asimismo se mencionan en los números del *Diario de Avisos,* y hasta la misma fecha, las recaudaciones producidas por cada representación, con la particularidad de que en el periódico se añade el importe diario de los abonos al de la llamada "entrada eventual", o sea, al total que se ha cobrado efectivamente en la taquilla, mientras que en los citados libros se calcula la suma de ambos productos sólo a final de

---

corresponde al domingo 29 de marzo de 1835 (dicho periódico, según el prospecto del primer número —4 de enero— se publicaba todos los domingos); en él se alude al estreno del drama de Rivas y a las "cinco representaciones siguientes"; fueron seis, pues, las de la obra desde el 22 hasta el 28 de marzo inclusive.

[11] *Corregimiento,* libros G 797 a 800.

mes; de manera que aunque convenga descartar la hipótesis de que todos los abonados asistiesen sin falta a todas las funciones, las cifras propuestas por el *Diario* reflejan mejor la participación diaria del público que las que figuran en los libros de cuentas.[12] Desgraciadamente, según se puede colegir de lo antes expuesto, resulta imposible conocer por ahora, siquiera aproximadamente, dicha participación en los días de estreno de dos de las obras más relevantes de aquellos años, *La conjuración de Venecia,* de Martínez de la Rosa, y nuestro *Don Álvaro,* ya que no hemos conseguido localizar el registro del cobrador de la "Nueva Empresa" particular, la de José Rebollo, que sustituyó en marzo de 1834 (es decir, al empezar el año cómico de 1834-1835) al Ayuntamiento en la administración de teatros, por lo que desaparece desde esta fecha cualquier mención de las entradas en el *Diario de Avisos.* Además, aunque consta documentalmente la escala de precios de las distintas localidades (palcos, lunetas, galerías, cazuela, etc.), sólo se apunta en las cuentas la entrada diaria global y no la producida por cada clase de asientos, según solía hacerse unos decenios atrás; por tanto, tampoco nos es dable formarnos una idea de las variaciones del atractivo que ejerció una determinada obra sobre los distintos componentes de aquel público, sobre aquellos distintos públicos. A pesar de ello, tratemos de ver en qué medida quedan confirmados o deben matizarse con los nuevos datos de que disponemos los estudios anteriores relativos a las preferencias de los aficionados madrileños en los albores del romanticismo, o mejor dicho, en las temporadas que preceden al estreno del *Don Álvaro.*

Escribe Mesonero Romanos en su *Manual de Madrid* de 1831 [13] que en el teatro de la Cruz cabían 1.318 personas, ascendiendo la recaudación máxima, en números redondos, a unos 10.000 reales; en el del Príncipe podían acomodarse 1.236 espectadores, con un producto levemente inferior a 9.700 reales. Las tarifas eran prácticamente idénticas en ambas salas. Dos años después, en 1833, dichos datos siguen sin modificar, según la misma fuente, con la única excepción de que "desde este año [*entiéndase: desde el principio de la temporada de 1832-1833*] los primeros días de ópera se cobra la tercera parte más en los palcos, lunetas, delanteras y sillones"; [14] esta advertencia de Mesonero se funda en el siguiente aviso publicado por el *Diario* del 24 de abril del 32:

> ... Entre los arbitrios concedidos por el Rey nuestro Señor al Excmo. Ayuntamiento en favor de los teatros, lo es uno la subida de la tercera parte del precio de varias localidades en los días de ópera, y que ésta se fije en uno de ellos. La subida sólo la tienen los palcos, lunetas principales, sillones y delanteras de palco para los que no sean abonados; pero los palcos bajos y principales deben tener el recargo

---

12 Hemos comparado aquéllas con éstas, y corregido algunas erratas de imprenta.
13 Pp. 271 y ss.
14 *Manual de Madrid* (Madrid, 1833), pp. 297-298.

aunque se tomen por abono; los demás asientos del teatro quedan al mismo precio
que tenían anteriormente, tanto en las funciones de ópera como en las de verso.
En su consecuencia se ha señalado para la ópera por ahora el del Príncipe.

Por eso, la recaudación máxima de 9.700 reales que puede conseguir
el Príncipe y la de 10.000 que corresponde al de la Cruz sólo podrán servir
de punto de referencia exacto, a partir del año cómico de 1832-1833, en
el caso de "funciones de verso", es decir, de representaciones no operísticas.
El citado aumento concedido a las de ópera permite teóricamente alcanzar
una entrada máxima aun superior a estas cifras, como lo prueba el examen
de los productos diarios en el Príncipe, el cual, por otra parte, no conservó
el monopolio del drama lírico.

¿Cuáles son pues las obras que, por su mayor o más constante éxito,
permiten definir las preferencias del público de aquellos años? Es indudable
que como género destacan primero las óperas, pero no todas las representadas desatan el mismo entusiasmo. En 1831-1832 [15] se imponen *La Straniera,* de Bellini, cuyo reestreno alcanza una veintena de funciones, no seguidas,[16] con un promedio diario de unos 7.000 reales; *Il Pirata,* del mismo,
también estrenada el año anterior y que en quince sesiones produce una media de 7.600 reales: y *Bianca e Gernando,* nueva, del citado maestro, que
dura diez días con buenas entradas. De Pacini, cabe citar *L'ultimo giorno
di Pompei,* ya representada en 1830 (10 días; 8.000 reales) y *La Vestale;* por
fin, dos estrenos de Rossini: *Semiramide* (4 días escasos, pero con magníficas
entradas) y *Otello.* Unas siete óperas, pues, entre las muchas ofrecidas a los
madrileños durante aquella temporada, y cuyo éxito nada tiene de efímero,
ya que en la siguiente continúan granjeándose los aplausos del público *La
Straniera* e *Il Pirata.*

Además de estas dos obras, el año cómico de 1832-1833 es también muy
favorable al estreno de *L'Esule di Roma,* de Donizetti, que consigue dieciséis representaciones, no seguidas, de las que las seis primeras alcanzan más
de 9.000 reales diarios; al de *Ana Bolena,* del mismo; de *I Capuleti ed i Montecchi,* del ya citado Bellini, que se puso unas diecisiete veces en escena
aunque con una entrada media algo inferior a las anteriores. Conviene cerrar
esta lista con *Il Barbiere di Siviglia,* de Rossini, cuya "reprise" produjo más
de 9.500 reales en cada una de las siete representaciones que alcanzó.

---

15 Juzgamos inútil puntualizar el teatro, pues no es infrecuente que una misma obra
pase de uno a otro y, además, la diferencia entre las recaudaciones máximas de ambos,
que nos sirven de punto de comparación, es poco importante.

16 Omitimos en adelante mencionar las más veces esta característica, por ser regla
prácticamente general. En cambio, sí hacemos hincapié en los casos en que se dan seguidas las representaciones, o, lo cual viene a ser lo mismo, cuando media una brevísima
interrupción (cierre del teatro, por ejemplo, el Viernes Santo) entre dos series de representaciones de una misma obra.

La temporada de 1833 a 1834 confirma el atractivo que ejerce la ópera seria, pues a pesar del aumento del precio de ciertas localidades, el estreno de la *Norma,* de Bellini (13 días, 9.000 reales), constituye un éxito innegable. Se reponen la "grande ópera seria" *Semiramide, Chiara di Rosemberg,* de Ricci, estrenada el año anterior, y *L'Esule di Roma;* por fin, las dieciséis representaciones de *L'Elisir d'amore,* de Donizetti, compensan en cierta medida unas recaudaciones apenas superiores al 55 por 100 de las posibilidades del Príncipe, en parte explicables por la canícula madrileña.

El estreno más importante del año cómico de 1831-1832 es incuestionablemente el melodrama *Jocó o el Orangután,* traducido por Bretón de los Herreros, en el teatro de la Cruz a partir del 28 de julio; la obra se representó veinte días, con 7.600 reales de media, pero no pasó de ocho sesiones en la temporada siguiente, con 5.500 reales diarios, prosiguiendo su descenso hasta el final del período que estudiamos. Las dieciocho sesiones dedicadas a *La expiación,* también "de grande espectáculo", traducida por Ventura de la Vega, alcanzan una media de 6.500 reales durante el año teatral de 1831-1832; en lo sucesivo, empero, el número de funciones que consigue la obra queda muy por debajo de las cifras anteriores, con la consiguiente disminución de las recaudaciones, incluso de las medias diarias. Ocurre lo mismo con *La huérfana de Bruselas* (o *El abate L'Epée y el asesino*), traducida del francés y estrenada ya a principios de siglo, y que produce, al empezar el período que venimos considerando, 7.100 reales por cada una de las ocho sesiones conseguidas.

Pero la obra que destaca soberbiamente durante aquellos años, tanto por el número de representaciones como por las recaudaciones que produce, es el conocido "melo-mimo-drama mitológico-burlesco de magia y de grande espectáculo" de Grimaldi, *Todo lo vence el amor o La pata de cabra,* ya puesta en cartel en los años anteriores. La obra alcanza en 1831-1832 doce representaciones con 6.800 reales diarios; en la temporada siguiente, se repone con escenificación nueva, logrando desde mediados de noviembre hasta los últimos días *veintiocho* sesiones, casi sin interrupción las dieciséis primeras y coincidiendo la mayor parte de las restantes con las fechas de particular disponibilidad del público debido al cese del trabajo, es decir, Navidad y Año Nuevo, o con la última semana antes de Cuaresma. No escasean las entradas diarias superiores a los 9.000 reales, llegando a producir las veinte primeras sesiones, unos 173.000 reales, o sea, un promedio de más de 8.600, equivalente a más del 89 por 100 de la recaudación máxima posible; las veintiocho de la temporada obtuvieron un promedio de más de 8.100. Y si bien mostró el público mucho menos entusiasmo durante el año siguiente, tampoco deja de ser cierto, e iluminativo, que de 1829 a julio de 1833, 123 representaciones de la obra produjeron 965.876 reales, esto es, un promedio de más de 7.850 reales por cada representación (81 por 100 del máximo), lo cual pone de manifiesto una regularidad excepcional en la acogida dispensada a la obra por los madrileños en aquellos años.[17]

Mención aparte merece la tragedia *Edipo,* de Martínez de la Rosa, que obtuvo en 1831-1832 once representaciones con la importante media de 8.300 reales, y seis más, con 6.111 reales un año después, a partir del cual empieza ya un descenso inevitable.

Varias comedias originales o traducidas se granjean también el favor del público. Destácase en 1831-1832, con un total de catorce sesiones, aunque con entradas por lo general medianas, *No más mostrador,* de Scribe, arreglada por Larra, con un argumento que es el de no pocas comedias finas de los decenios anteriores, y que por ende corre la misma suerte que sus semejantes, dejando de interesar de un año para otro; *Marcela o ¿a cuál de los tres?,* de Bretón, con un total de unas quince representaciones y un promedio diario de 7.000 reales, "aplauso que el lector imparcial", según observa no sin acierto Alcalá Galiano, "encuentra difícil, pues no encontrará en ella una sola cualidad que justifique el favor del público".[18] El caso es que durante la temporada siguiente, las siete representaciones que se le dedican ya no consiguen llenar ni la mitad del teatro. En cambio, se estrena entonces la comedia ligera *Los celos infundados* (o *El marido en la chimenea*), de Martínez de la Rosa; la obra alcanza nueve días con un promedio discreto de unos 6.000 reales por sesión, pero su éxito, como el de las anteriores, es también efímero: por siete días en 1833-1834 ya no se cobra más que un promedio de 4.800. El fecundo Scribe, al que traducen a menudo Bretón y Ventura de la Vega, si bien con bastante mediano aplauso, logra interesar con un vodevil arreglado por Vega, *Hacerse amar con peluca* o *El viejo de veinticinco años* (6.100 reales por cada una de las once representaciones). 1833-1834: *Contigo pan y cebolla,* de Gorostiza (11 representaciones con 5.500 reales de media) y *Un tercero en discordia,* de Bretón (8 días; 5.700), no llegan al nivel de la anterior.

Tampoco carece de interés el que se clausurase la temporada de 1833-1834 en el Cruz con dos series de representaciones dedicadas a sendas obras moratinianas: *La mogigata* y *El sí de las niñas,* hasta entonces "prohibidas por buenas". El 29 de enero, con objeto de destinar el producto de las entradas a la conservación de los establecimientos piadosos fundados por la congregación de actores dramáticos, se repone *La mogigata* en una función que consta además de un "divertimiento de baile", *El payo y el soldado,* y el sainete *Las castañeras picadas.* En cinco días, esto es, hasta

---

17 Ricardo Sepúlveda (*El corral de la Pacheca* [Madrid, 1888], p. 130) reproduce un documento procedente del Archivo Municipal de Madrid (*Corregimiento,* 6-311-3) en el que consta fueron 28 las sesiones dedicadas a la obra durante la temporada de 1832 a 1833, contra las 24 escasas menciones en la *Cartelera teatral madrileña,* cit. en la n. 6.

18 En *Literatura española siglo XIX* (Madrid, 1969), p. 117.

el 2 de febrero, se cobran 33.266 reales (promedio: 6.653); pero las ocho representaciones de *El sí*, realizadas con el mismo fin el 5 y el 6 de febrero las dos primeras, y en el corto plazo de tres días (tarde y noche del 9 al 11) las seis siguientes, alcanzan la cantidad de 67.200 reales, o sea, una recaudación media de 8.400, esto, al parecer, sin menoscabo de las entradas del Príncipe. Por otra parte, tres de las ocho sesiones producen más de 9.500 reales; cinco de ellas más de 9.000; y la última del día 11 sobrepasa los 8.400. El año teatral de 1833-1834 concluyó pues con dos éxitos: el de la *Norma* de Bellini, y el de la obra maestra de Moratín, aunque se habían de dedicar pocas funciones más a la segunda en los meses sucesivos.

El panorama de la temporada en la que se estrenan *La Conjuración de Venecia* y *Don Alvaro* refleja las preferencias teatrales hasta entonces observadas, pero con la liberalización del régimen, que ya había permitido, como hemos visto, la reposición de varias comedias moratinianas, aparecen ciertas obras antes difícilmente representables debido al rigor de la censura ideológica. Ahora nos faltan, por supuesto, las entradas diarias, es decir, uno de los elementos indispensables para una valoración relativamente correcta de la reacción global del público frente a los programas de los teatros, pero no parecerá demasiado aventurado considerar que las obras que alcanzan unas diez o más representaciones lograron el favor de los madrileños.

No extrañará pues que sean las óperas serias las más representadas: *I Capuleti ed i Montecchi* y la *Norma,* de Bellini, estrenada la primera dos años antes y, la segunda, en enero del 34, alcanzan respectivamente diecisiete y dieciséis días; la "première" de *La Sonnambula,* del mismo, con diecinueve sesiones, y la del *Guglielmo Tell,* de Rossini, con dieciocho, dan testimonio de aquel "furor operístico" tan propio de la época.

El arte de conspirar, en cinco actos, de Scribe, traducida por Larra, logra figurar en cartel quince días, de enero a marzo, y sigue interesando al público durante la temporada siguiente.

Vienen luego, bastante rezagadas, dos obras que ya nos han llamado la atención: *La expiación* y *La pata de cabra; Marcela,* de Bretón, alcanza aún unas diez representaciones, cuatro de ellas seguidas.

Por fin, de las tres piezas que, en opinión de E. Allison Peers, "se destacan en 1834 como representativas de la rebelión romántica en el teatro: *La conjuración de Venecia,* de Martínez de la Rosa; *Macías,* de Larra, y *Elena,* de Bretón",[19] la última fue retirada después de tres representaciones; *Macías* se mantuvo cinco días seguidos y consiguió otras tantas sesiones en el resto de la temporada; y por último *La conjuración,* duró quince días

---

19 *Historia del movimiento romántico español* (Madrid, 1954), I, 403.

seguidos y otros tantos con interrupciones hasta la clausura del año cómico y fue indudablemente la obra que más entusiasmo suscitó.

Valiéndonos de los datos que acabamos de reunir, tratemos ahora de formarnos alguna idea de las preferencias tácita y, a veces, abiertamente formuladas por el público que presenció el estreno de *Don Alvaro*. En primer lugar, según advierten los mismos empresarios, es la "variedad lo que más agrada al público en materia de espectáculos teatrales, y el único medio de contentar a toda clase de espectadores"; así se observa en el anuncio relativo al próximo estreno de *Jocó*, "melodrama tan extraordinariamente aplaudido en los primeros teatros de Europa", y cuya "novedad" estriba justamente en que reúne en sí no sólo "los tres géneros cultivados en la escena, declamación, música y baile, sino [...] la singular circunstancia de ser un mono de los conocidos con el nombre de orangutanes el personaje principal de la pieza". Representaba el papel de mono un bailarín francés, Mateo Alard, y tan agotadora debía de resultarle su mímica que tuvieron que suspender las representaciones el día 4 "para el descanso necesario" del actor. La partitura se debía al maestro Alejandro Pichini (sic) y ocioso, es decir que se había puesto mucho esmero en la realización del "aparato escénico". El 22 de febrero de 1832 se vuelve a aseverar que "ha acreditado la experiencia lo grato que son al público las funciones variadas".[20] No se debe, por supuesto, minusvalorar lo que dichas fórmulas tenían de meramente propagandístico: hemos podido averiguar que no pocas obras "que tanto han agradado" en anteriores representaciones no confirman tan halagüeno juicio el día de su reestreno. Pero es indudable que la variedad atrae a los madrileños, y tal vez sea ésta una de las causas por las que se cambia de programa con mucha más frecuencia que en los primeros años del siglo: el *Diario* de 11 de octubre de 1831 anuncia que se ha suspendido la representación de la opereta *El califa de Bagdad* para "dar lugar a la de *El último día de Pompeya*"; el 3 de enero del 32 puntualiza el mismo periódico que el domingo anterior se suspendieron las de *Marcela,* de Bretón, a pesar de su innegable éxito, "para dar lugar a la debida alternativa de la ópera". En efecto, es testigo bastante poco objetivo de los acontecimientos el redactor de la *Revista española* al afirmar, el 24 de abril de 1835, que "pasó la moda de la ópera", como hemos podido comprobar, pero no carece de interés su reflexión acerca de lo que llamaríamos hoy el carácter escapista del drama lírico. Bajo el absolutismo, escribe, el estreno de una de estas obras constituía un acontecimiento importante porque, no pudiendo la gente ocuparse de política, los únicos temas lícitos de conversación que le quedaban eran el frío, la lluvia, las "intriguillas cor-

---

[20] *Diario de Avisos,* 27 jun., 4 jul., 1831 y 22 feb., 1832. El articulista que presentaba la obra en junio del 31 consideraba inútil "añadir que esta obra no pertenece a la literatura clásica" (esto es, a la del Siglo de Oro).

tesanas" o el teatro; hoy, añade, "hay cosas que llaman seriamente la atención". Esta última frase, al fin y al cabo, resume con bastante exactitud la impresión que produce la temporada en que se estrenó el *Don Alvaro,* pues entonces, en medio de la producción habitual, surgen unos temas particularmente "serios" cuyo planteamiento en las tablas era difícilmente concebible dos años atrás. Como quiera que fuese, ni el "bel canto" ni la variedad del espectáculo pierden su atractivo de la noche a la mañana. En dos días, el 3 y el 4 de julio de 1833, la llamada "variada función" compuesta principalmente de una "graciosa comedia" arreglada por Carnerero, *La cuarentena,* un baile nacional y el número de un grupo de atletas, consigue en el teatro de la Cruz una media de 7.350 reales; el 6 y el 7, otras dos representaciones de tipo análogo (dos obritas, *La heredera* y *La vieja y los calaveras,* con las mismas atracciones que antes) [21] alcanzan unas entradas de 9.660 y 9.360 reales (96 y 93 por 100 del máximo). La fórmula, con algunas variantes, va reiterándose durante los meses sucesivos y sólo en contados casos (uno de ellos, sintomáticamente, la única representación en la que entra *Casa con dos puertas, mala es de guardar,* de Calderón) cae la participación del público por debajo del 50 por 100. Por ello, y aunque tenemos presente que ninguna obra se representa aislada, no podemos considerar sin reservas como uno de los éxitos de aquel período la comedia de Scribe, traducida por Vega y titulada *Las capas,*[22] pues las funciones en que figura son verdaderas misceláneas en las que, como en no pocos casos,[23] resulta imposible distinguir la obra principal de las secundarias; lo que sí es cierto es que la "variada y escogida función", en la cual iba incluida la referida comedia, atrajo a muchos aficionados de septiembre a diciembre del 33. Era natural, por lo mismo, que al reanudarse las representaciones el 1 de diciembre, después del paro forzoso de dos meses que ocasionó la muerte de Fernando VII, se pusiese en cartel en cada teatro una función tan "variada" como las anteriores; tampoco faltó una en el teatro de la Cruz durante las fiestas de Navidad. El 1 de enero de 1834 el *Diario de Avisos* se hacía eco de "la predilección que el público manifiesta por las funciones compuestas de varias piezas que en diferentes géneros han sido antes de su agrado", por lo que a los pocos días se iniciaba en dicho teatro una serie de cuatro en las que entraba *Hacerse amar con peluca,* estrenada

---

21 Prueba del interés que suscitaban, el artículo que dedicó Larra al "primer atleta de Europa" Mathevet "y su discípulo el señor Triat, Hércules francés" (*Obras,* B. A. E., 127 [Madrid, 1960], 249).

22 Véase A. Rumeau, "Le Théâtre à Madrid à la veille du Romantisme", en *Hommage à Ernest Martinenche* (París, s. a. [1936]), p. 338.

23 Así, por ejemplo, cuando se representan en una misma función la opereta *El Califa de Bagdad,* y *El avaro,* de Molière (o *Los dos sobrinos,* de Bretón, *El regañón enamorado,* o *El duque de Pentievre*), sin contar el baile, los trozos de "bel canto", como ocurre en 1831-1832.

en la temporada anterior. La función se componía de una sinfonía sacada de una ópera; una comedia en un acto, *El día más feliz de mi vida;* la gran sinfonía de la ópera *Guglielmo Tell;* el primer acto del referido arreglo de Scribe; un "terceto chinesco"; el acto segundo de *Hacerse amar con peluca,* al que seguía una "sinfonía bailable", concluyendo la función con el sainete de Ramón de la Cruz, *La casa de Tócame Roque.*[24]

La pata de cabra, inspirada en *Le Pied de mouton,* de Martainville, pero para Grimaldi "más original que muchas comedias que se venden por tales", simboliza o, mejor dicho, reúne en una sola obra esa variedad tan apetecida del público madrileño pues se trata, según hemos dicho, de un "melo-mimo-drama mitológico-burlesco de magia y de grande espectáculo". La pata de cabra, talismán regalado por Cupido al enamorado Don Juan, permite que éste salga de cualquier apuro, suscitando acontecimientos a cual más portentoso y descabellado que suponen importantes tramoyas, con lo que se ahorra el autor el trabajo de desenredar las situaciones generadas por el tema clásico de la amante huérfana destinada por un "severo tutor" a un pretendiente aborrecido. El "inalterable genio alegre" del galán contamina toda la obra, a pesar de su intento de suicidio tan milagrosa como graciosamente frustrado. Es que, a diferencia de lo que ocurre en las comedias de magia tan gratas a los madrileños del XVIII y principios del XIX, la tonalidad general de esta obra no es dramática, sino francamente cómica, e incluso paródica. A Cupido no le cuesta poco trabajo convencer a su protegido de que una insignificante pata de cabra merece "tanto ruido", esto es: relámpagos, "truenos horrorosos", llamas, sangre en la luna y en las aguas, y demás manifestaciones de su poder ("Pero hombre, ¿a quién se le ocurre?"), y la joven Leonor opina al final de la obra que aquélla fue una "idea extravagante". El nombre de Don Simplicio Bobadilla de Majaderano y Cabeza de Buey basta para definir el papel de este figurón burlesco, tan linajudo como cobardón, que queda repetidamente ridiculizado por su valiente rival y por las innumerables malas jugadas de la mágica pata de cabra, provista, digámoslo así, de una imaginación sorprendente. Hay paseos aéreos, se lucha, se baja a la fragua de Vulcano y de los Cíclopes, aparecen un mago, el cancerbero, un monstruo marino, unos seres se transforman en otros, se bailan jotas (los mismos cíclopes ejecutan una danza "apropiada"), surgen de bajo tierra unos músicos, legítimos "virtuosi", a tocar un "concierto", y por fin se ríe el espectador a carcajadas. Obra ideal para una década ominosa. A pesar de la época en que se desarrolla

---

[24] Este programa es más o menos idéntico al esquema que propone Larra en su artículo "La vida de Madrid", de 1834: "1.º Sinfonía; 2.º Pieza del célebre Scribe; 3.º Sinfonía; 4.º Pieza nueva del fecundo Scribe; 5.º Sinfonía; 6.º Baile nacional; 7.º La comedia nueva en dos actos, traducida también del ingenioso Scribe; 8.º Sinfonía; 9.º ..." (*B. A. E.,* 128 [Madrid, 1960], 39-40).

el enredo (principios del siglo XV, váyase a saber por qué), se busca la complicidad del auditorio por medio de inofensivos alfilerazos a los músicos contemporáneos del estreno, a los cómicos, a los cantantes; un supuesto viaje a la luna, donde "todo está al revés de acá", permite incluso censurar donosamente la afición de los madrileños a lo extranjero "en el comer, en el vestir y hasta en las diversiones públicas" y …¡la necedad de los autores de comedias de magia! Hasta se alude chistosamente a una de las leyes del género, de resultas de la cual no importa, pese a los "escrúpulos geográficos", que se finja un mar en las cercanías de Zaragoza, pues "no hay magia sin su correspondiente marina".

La patria potestad, en fin, apenas es acatada por una joven, a todas luces simpática en su insolencia burlona y risueña, que se obstina en querer casarse con quien le parezca. La advertencia preliminar concluía con la lúcida y rotunda afirmación: "El autor de *La pata de cabra* no aspiró con ella a lauros literarios; sólo quiso proporcionar a la Empresa de los teatros medios de llamar gente, y nadie, por cierto, negará que ha logrado su objeto". Efectivamente, en sus *Recuerdos del tiempo viejo,* cuenta Zorrilla que por estar entonces prohibido a los españoles de provincias venir a Madrid sin una razón justificada, se visaron setenta y dos mil pasaportes por "esta poderosa e irrecusable razón, escrita en ellos a favor de sus portadores: 'Pasa a Madrid a ver *La pata de cabra*'".[25]

Era muy natural por lo tanto que la prensa, en los días anteriores al reestreno del *Edipo* de Martínez de la Rosa en 1832, insistiera dilatadamente en la importancia que se daba en esta tragedia a los coros, a la música compuesta por el maestro Saverio Mercadante, *autor de óperas* —fuera de la acostumbrada sinfonía con que se daba principio a las funciones—, en el "numeroso y vario acompañamiento", y, por fin, en la "decoración de forma desconocida hasta ahora en nuestros teatros"; se añade incluso que "la disposición particular de la escena para esta tragedia no permite agregarla los intermedios de baile y sainete que se acostumbra en las demás funciones".[26] A primeros de julio del año siguiente, se anunciaba una reposición de la obra "con la grandiosa decoración que se construyó al intento" (ibíd).

La ausencia de cuentas relativas a las distintas clases de localidades en los teatros no permite averiguar el crédito que merecen algunos contemporáneos al considerar que los melodramas de Ducange halagaron sobre todo el gusto del "populacho".[27] Lo cierto es que *Treinta años o la vida de un jugador* o *Quince años ha* no se pueden contar entre las obras más aplau-

---

[25] Citado por Nicholson B. Adams, "Notes on Spanish Plays at the Beginning of the Romantic Period", *RR*, 17 (1926), 130.

[26] *Diario de Avisos,* 2 y 3 feb.; cit. también por Rumeau, ob. y lug. cit. en la n. 22.

[27] Véase E. Allison Peers, ob. cit. en n. 4, 351 y 352.

didas,[28] ni tampoco, según notó ya Rumeau, las obritas del "inagotable" Scribe. Pero la frecuencia con que acuden a ellos los traductores, si bien se explica en cierta medida por la entonces lamentada escasez de obras originales, también supone una demanda por parte del público. Como quiera que fuese, por su abundancia no podían dejar de influir en el gusto de los aficionados a espectáculos escénicos; por algo las tradujeron abundantemente algunos de los mayores comediógrafos de aquella década; por algo, también, censura Larra en la actuación de un actor en el estreno de *Un tercero en discordia,* de Bretón, una manera de declamar carente de naturalidad e impropia de la comedia, y mejor adaptada en cambio a "un *melodrama* lleno de exclamaciones y asombros".[29]

El desenfado con que se trata en *La pata de cabra* el problema del matrimonio, mejor dicho, el de los derechos de la mujer, dejando que ésta determine más o menos libremente su suerte, suena más a entremés o a farsa que a comedia fina. Bien advertía Larra que Bretón, al menos en *Marcela* y en *Un tercero en discordia,* colocaba a "las mujeres en una posición en que no están en el día en nuestra sociedad: no son ya las reinas del torneo, como en los siglos medios; nadie se sujeta a esos jurados, a esas competencias...".[30] En efecto, la única escena en que Luciana, en la segunda obra citada, se somete a la autoridad del padre en nombre del "amor filial" es donosamente paródica;[31] la joven logra su objeto, que es hacer desistir al padre de su idea de casarla contra su gusto como "esos padres feroces de novelas y romances". Luciana es la que desaira a un pretendiente demasiado celoso, a pesar de haberle dado ya el sí; también rechaza a otro por excesivamente confiado; no admite ni la "esclavitud afrentosa" a que la destina el primero, ni tampoco... la falta de celos o seguridad del segundo, por lo cual se aparta el autor "de la pintura verdadera de la sociedad en que vivimos".[32]

También es la preocupación por la libertad e independencia lo que determina a la heroína viuda y joven de *Marcela* a renunciar al matrimonio con un lechuguino, un poeta y un capitán andaluz que aspiran a su mano; en esta comedia también se rechaza la esclavitud matrimonial y se reivindica el derecho de elegir al consorte. Pero por otra parte, se muestra el autor en ambas obras partidario de un "justo medio", enemigo de "amores inconsolables" y de reacciones de amantes "de novela". Larra considera que el amante elegido por la joven de *Un tercero en discordia,* si bien corresponde a "una muchacha bastante fría como el autor nos la pinta", no

---

28 *Diario de Avisos,* 8 sept., 1832.
29 Ob. cit. en la n. 21, 329. (El subrayado es mío.)
30 Ibíd., 328.
31 Acto III, ii.
32 Larra, ob. cit. en la n. 21, 328.

convendría para "una mujer sentimental, exaltada, romántica, de pasiones vivas".[33] Esta frase encuentra un eco paródico que la justifica en *Marcela,* más concretamente en la exaltada silva del ridículo poeta despechado al que "en llama voraz Amor le enciende" y que se considera "nuevo Macías", menos de tres años antes del estreno del drama romántico del mismo Larra.

Paródica es también la comedia *Contigo pan y cebolla,* en la que Gorostiza pone en escena una de esas "niñas románticas cuya cabeza ha podido exaltar la lectura de las novelas",[34] quien, al ver que su novio no es pobre como los de las ficciones que ella ha leído, le desama y despide, por lo que éste se finge entonces desheredado por un tío suyo y desairado por el padre de la joven con la complicidad de éste, mostrando una desesperación que despierta la pasión de Matilde. Se realiza el rapto y los amantes, ya casados, sufren todos los inconvenientes de su situación miserable hasta que se descubre la ficción y escarmienta la muchacha. Menos de dos años después se había de producir en el escenario del Príncipe el rapto sangriento de Leonor por el héroe del duque de Rivas...

Otra intriga fingida por personajes que desean escarmentar al prójimo es la de *Los celos infundados,* de Martínez de la Rosa; aquí, gracias a una substitución de identidades, se hace reír a expensas de un marido entrado en años y celoso de una mujer joven, convenciéndosele por fin de que su extravagante temor no se justifica. *Hacerse amar con peluca,* de Scribe, en traducción de Vega, es como la anterior una "piececita de costumbres sin costumbres", según definición de Larra, es decir, que en ella las situaciones cómicas no nacen de "la naturaleza de las cosas", sino que proceden de una ficción ideada por algunos personajes; en este caso, un galán se disfraza de anciano, haciéndose pasar por el propio tío momentáneamente ausente, para casar con una muchacha cuyo tutor aborrece a los jóvenes pretendientes.

Por una parte, pues, un teatro cómico por lo general discretamente aplaudido y de espaldas al mundo,[35] en cierto modo, con enredos artificiales y gratuitos —cuando los hay—, a veces ideados por los mismos protagonistas, y en los que domina la fórmula. Se divierte al público con el eterno problema, tratado con ligereza, de la libertad de los jóvenes casaderos o de la autoridad paterna o marital, lo cual permite tal vez esquivar u olvidar el más actual de la obediencia y autoridad a más alto nivel. Por otra parte, una boga indudable de la ópera y del "bel canto", escanciadores de ensueño, y una propensión no menos cierta a apreciar, o seguir apreciando, lo aparatoso y efectista tanto en las puestas en escena como en los argumentos, re-

---

[33] Larra, ob. cit. en la n. 21, 327.
[34] Ibíd., 252.
[35] Es lo que insinúa Larra, con no poca cortesía, a propósito del teatro de Bretón en el artículo relativo a *Un tercero en discordia.*

quisitos todos que explican el éxito de las llamadas obras "de grande espectáculo" —incluso tragedias como el *Edipo*— y el frecuente recurso de los traductores al melodrama de allende el Pirineo, si bien éste, según observa también una nota de la empresa de teatros publicada en *El artista* (19 de julio, 1835) va perdiendo parte de su atractivo; un melodrama que acaba siempre con el castigo de los malvados y que ofrece al pueblo las emociones de la violencia y crueldad relacionando la desdicha con causas no histórico-sociales, sino meramente naturales y morales:[36] una lección de conformismo moral más eficaz, según Nodier,[37] que la del púlpito. Por último, una sed de variedad y novedad que mueve a reunir en una misma función, o incluso en una misma obra, distintos géneros teatrales, según hemos observado, y de la que es buen ejemplo el mismo melodrama, pero también la no menos híbrida *Pata de cabra*. Por tanto, bastante acertado parece el diagnóstico de la empresa teatral según el cual la dificultad de "acertar con los medios de satisfacer las exigencias del público [...] nace principalmente de la inestabilidad de gustos y opiniones que lleva consigo la época de transición en que nos hallamos".[38]

Tales eran las preferencias del público, o de los distintos públicos, de Madrid cuando sobrevino la muerte de Fernando VII el 30 de septiembre de 1833. La consiguiente liberalización del régimen, la abolición de la censura eclesiástica y la del juzgado de protección de los teatros ¿modifican el ambiente en que se ha de desenvolver el año cómico inmediatamente posterior, el del estreno de *Don Alvaro?*

En primer lugar, llama la atención la afinidad de los títulos de las dos obras entonces más representadas, *El arte de conspirar* y *La conjuración de Venecia*. Después de la "ominosa década" no podía dejar de interesar en las tablas la representación de las intrigas encaminadas a derribar un gobierno opresivo. Y el caso es que a este respecto no es inferior la comedia de Scribe y Larra el drama de Martínez de la Rosa, pues son varias en aquélla las facciones de conspiradores, entre los que figuran la reina madre misma[39] y representantes de los distintos estratos de la jerarquía social, no todos desinteresados por cierto, pero sí manejados por un maestro en aquel "arte". Por otra parte, aunque se concede en *El arte de conspirar* menos importancia a la creación de un ambiente y a lo espectacular que en *La conjuración*, no faltan ni los sobresaltos ni las irrupciones del pueblo en armas, ni las escenas de tumulto callejero (en parte relatadas y en parte repre-

---

[36] A. Ubersfeld, "Le mélodrame", *Histoire littéraire de la France,* VIII (París, 1977), 319 y ss.

[37] Prólogo a *Théâtre choisi de Pixérécourt* (1841), citado por Ubersfeld, ob. cit. en la n. 36.

[38] *El artista,* II, 34-35. Véase el índice de la revista publicado por Simón Díaz (Madrid, 1946), 107.

[39] Mejor dicho: viuda y suegra del monarca incapaz de reinar.

sentadas, es de suponer que con los escasos medios habituales), ni las traiciones. Como en *La conjuración de Venecia* o en varias óperas serias, se está
esperando la ejecución de un reo de muerte con el patetismo propio de tales
escenas, y al final, la pareja contrariada en sus amores por socialmente desigual acaba por lograr la dicha que es negada, en cambio, a los héroes de
Martínez de la Rosa, de *Macías* y de *Don Alvaro*.

Si bien nos sitúa su argumento en una época mucho más reciente que la
de *La conjuración de Venecia* o la del *Macías,* el drama de Rivas, en cambio, queda menos inmerso que los anteriores en la coyuntura político-social
inmediata. Los conjurados de Martínez de la Rosa, por muchas precauciones que tome el autor para atenuar las consecuencias ideológicas de la rebelión, denuncian y combaten la opresión política; el héroe de Larra desafía
la autoridad tiránica del maestre de Calatrava; Don Alvaro, por el contrario,
ejemplifica la obediencia al rey, cuya orden relativa al duelo ha quebran-
tado a pesar suyo (como el Torcuato de *El delincuente honrado*), y se niega
a deber su libertad a una rebelión de sus partidarios. En cierto modo —si
exceptuamos el rapto premeditado de Leonor— las infracciones del héroe
de Rivas, sus homicidos, son cometidos todos a pesar suyo, o, mejor dicho,
debidos al "sino" por el que todo le sale al revés; [40] *La abeja* del 10 de
abril de 1835 advertía, por su parte, que el autor hubiera escrito una obra
más "filosófica habiendo creado y desarrollado un carácter que produjese
más efecto, siendo al cabo víctima de su impetuosidad, que no habiendo
inventado lances que siempre compelen a obrar de tal o cual modo al protagonista". Rebelde "malgré lui", Don Alvaro busca incesantemente la integración a la clase que le rechaza, primero, por supuesto advenedizo [40 bis]
y luego, por homicida, y, durante tres actos, la muerte, sea física o figurada
—nos referimos al retiro del convento. A pesar de la inevitable desgracia
final que sufre la pasión del héroe y de Leonor, como las de Macías y
del Rugiero de Martínez de la Rosa, el drama de Rivas es más bien la
historia de una venganza sufrida por el protagonista que la de sus amores.
A diferencia de lo que ocurre en el desenlace de las otras dos obras en
que la muerte de los amantes, voluntaria o impuesta por los "malvados",
equivale al fin y al cabo ya sea a un triunfo, incluso a un desafío como
en *Macías* ("Es mía / para siempre...") ya, cuando menos, a una denuncia
de tipo reformista-sentimental como en *La conjuración,* la de Don Alvaro
es el último de una serie de fracasos: el suicidio, la autodestrucción, es el
último acto de un vencido, no el de un rebelde; expresa una falta total de
perspectiva.

---

[40] R. Marrast habla incluso de pasividad a propósito de Don Álvaro en *José de Espron-
ceda et son temps* (París, 1972), 498.

[40 bis] Véase el interesante trabajo de W. T. Pattison, "The secret of Don Alvaro",
Symposium, 21 (1967), 67-81.

Por otra parte, el drama del duque de Rivas, más que los de Larra y
Martínez de la Rosa, llenaba otras condiciones propias para atraer a los
aficionados: las quince o dieciséis decoraciones —ya quedan muy atrás las
"cinco decoraciones nuevas en un día, y ¡qué decoraciones!" que entusias-
maban a Larra [41] el día del estreno de *La conjuración*— hacen del *Don Alvaro* una obra de "grande espectáculo"; así se la califica en el *Diario Mercantil de Valencia* (21 de mayo de 1837).[42] Es más, el drama no pudo es-
trenarse el 21 de marzo del 35, según el *Eco del Comercio* del mismo día,
porque no presentó "el ensayo general que de él se hizo anoche la seguridad
que requiere el complicado juego de sus principales escenas". En los días
del estreno de *La conjuración* se advertía que excepcionalmente habían de
durar los entreactos más de lo que solían debido a los cambios de unas
"complicadas decoraciones"; en el caso del *Don Alvaro,* se publicó el 22
de marzo una nota en el *Diario de Avisos*:

> Cada acto de este drama tiene dos o más decoraciones que deben cambiarse a la
> vista del público. Sin embargo de estos cambios, el uno en el primer acto y el otro
> en el segundo, no podrán verificarse sino a favor de un telón supletorio... Esta ope-
> ración habrá de interrumpir por algunos momentos la acción de los dos actos indi-
> cados; inconveniente grave que no hubiera tolerado la empresa a haber encontrado
> medios de vencer las dificultades que se le han ofrecido en el actual estado de
> nuestros escenarios.

El drama de Rivas explota sistemáticamente, con la variedad y riqueza
de las decoraciones, un medio eficaz de atraer a la multitud.[43] Se le ofrecía
al público una serie de cuadros de género animados, por lo que salían al
escenario todas las clases y estados, seglares, militares, religiosos; música
popular y sagrada; manifestaciones clásicas, por decirlo así, del más allá
(truenos y relámpagos); estrépito marcial; escenas "multitudinarias" (dentro
de los límites de la compañía); escenas enteras propias de una comedia contemporánea, o incluso aureosecular; otras, melodramáticas. Si no se nos
ofrece un lance sepulcral o un interrogatorio, no faltan, sin embargo, ni el
arresto y encierro del reo en el cuarto del oficial de guardia, ni la muerte
aparatosa entre el miserere y los truenos, precedida de cuatro homicidios.
La obra es pues —según el *Eco del Comercio,* poco favorable por supuesto—
"una linterna mágica donde se ve de todo".[44]

Y no obstante, el *Don Alvaro* tuvo indudablemente un éxito inferior
al de *La conjuración* o incluso al de la comedia-drama de Scribe, que no
se puso en escena con tanto lujo y aparatosidad. "Románticamente román-

---

[41] Ob. cit. en la n. 21, 387.

[42] Cit. por Jorge Campos, "Introducción" a *Obras completas* de Rivas, ob. cit. en
la n. 8, L.

[43] Ob. cit. en la n. 40, p. 499.

[44] 24 marzo, 1835.

tico", comentaba el *Correo de las Damas*,[45] por cierto no muy aficionado a
la obra, añadiendo a modo de justificación: "los personajes son *muchos,* los
lugares de la escena *varios,* los géneros *distintos* de metros en que está
escrito *tantos* acaso como pueden salir de la acreditada pluma del señor
duque". Lo que interesa destacar en este juicio contemporáneo del drama
es el valor *superlativo* de la calificación y la leve ironía que entraña, es
decir, algo así como la denuncia apenas velada de cierto formalismo excesivo.
Ya observa Marrast que Rivas aprovecha los mismos medios externos de
que se valió, "con más moderación y timidez",[46] Martínez de la Rosa. Pero,
¿y *La pata de cabra?,* se dirá. Esta obra requería en efecto una docena de
cambios de decoración —¡menos que el *Don Alvaro!*— y no pocas tramoyas destinadas a fingir portentos y prodigios; la diferencia, empero, importante en nuestra opinión, es que en ella la inverosimilitud y exageración
de los lances eran un requisito indispensable, adecuado a la tonalidad francamente cómica y burlesca del ambiente en que se producen.[47] Los estudios
dedicados al *Don Alvaro* han hecho hincapié en la impresión de *extrañeza*
que cundió a raíz del estreno del drama. Nicomedes Pastor Díaz lo expresa
reiteradamente al escribir que el público lo recibió primero "con *asombro,*
después con largos y estrepitosos aplausos. Todos los teatros de España re-
produjeron este drama *singular,* que sigue representándose y excitando
siempre la admiración, el interés y la *sorpresa*";[48] el *Diario Mercantil de
Valencia* lo calificaba de *"tan extraña* romántica composición";[49] Mesonero
recuerda en el *Semanario Pintoresco* de 1842 que "los inteligentes dispu-
taron sobre su enormidad" y que algunos lo miraron como un *"monstruo
dramático*";[50] la *"extrañeza"* fue también lo que según Alcalá Galiano carac-
terizó la reacción de muchos espectadores del estreno, y añade el amigo del
duque que al caer el telón "fueron más los desaprobadores que los aprobantes" porque dicha "composición *estraña* [...] *sorprendió* al auditorio,
poco acostumbrado a espectáculos de semejante naturaleza";[51] a Cueto
le acometió también la *"sorpresa"* ante las *"extrañas* formas" de "esta
composición *singular".*[52] Lo que sorprendió en particular, fue cierta falta
de *verosimilitud* en los lances mismos (la "casualidad" de la muerte del
marqués, la vuelta de Don Alvaro en disposición de combatir cuando en la

---

45 22 marzo, 1835.
46 Ob. cit. en la n. 40, 499.
47 "Dice el *Eco* que el autor ha llevado el *horror* en su último acto hasta el punto
de repugnar y de tocar en lo *ridículo*" (Campo Alange, en *El artista,* 29 marzo de 1835,
a propósito del *Don Alvaro).*
48 Ob. cit. en la n. 2, 71. El subrayado es mío.
49 Oct. 17, 1835, cit. por Peers, ob. cit. en la n. 2, 72.
50 Ibíd., 399.
51 *Revista española,* 25 marzo, 1835. Véase más adelante, n. 66. El subrayado es mío.
52 *El artista,* III, 196-108, 110-114 (véase índice de Simón Díaz, cit. en la n. 38).

escena anterior estaba en peligro de muerte) [53] y en su concatenación ("una reunión de escenas inconexas", dijo alguien; "nadie puede inferir de las escenas antecedentes la progresión del argumento", afirmó otro).[54] Se reparó además en la multiplicación —incluso, "exceso"— de los incidentes, que Cueto relacionó con la *imaginación fogosa y productiva* del autor, advirtiendo que el argumento del drama de Rivas "es la *reunión* de los sucesos más interesantes de la *vida* de un desgraciado"; [55] también se censuró a menudo la extensión demasiado importante de la obra y en particular la de algunas escenas y diálogos, por lo que el autor, según fueron anunciando los periódicos en los días sucesivos, tuvo por conveniente practicar corte en el texto. En pocas palabras, el *Don Alvaro,* por su novedad, por su "monstruosidad", resultaba para muchos *inclasificable;* por otra parte, de las características que acabamos de exponer se infería que el argumento necesitaba, en opinión del ya varias veces citado Cueto, "para desenvolverse completamente, límites menos estrechos que los de un simple drama"; el periódico *La abeja* formulaba esta impresión en términos parecidos diciendo que era "más propio para la narración que para el movimiento, esto es, mejor para una *novela* que para un drama". [56] Estas observaciones, que recuerdan los reparos de los neoclásicos a las comedias "populares" del XVIII, permiten comprender hasta qué punto perduraba en la intelectualidad madrileña, incluso en los medios relativamente favorables a la nueva escuela, la influencia del "buen gusto", o de las "preocupaciones", según decían otros. Pero por lo mismo es lícito pensar que la mayoría de los espectadores, la que no tuvo oportunidad de expresar sus preferencias por medio de la prensa, sino que lo hizo anónimamente asistiendo a las representaciones, debió de apreciar lo que en otros suscitaba no poca extrañeza e incluso reprobación.

Se suele citar a propósito del *Don Alvaro* la conocida frase de Menéndez y Pelayo que considera el drama de Rivas, "a no dudarlo, el primero y más excelente de los dramas románticos, el más amplio en la concepción, y el más *castizo y nacional* en la forma" (*OC,* XII [M., 1942], 269; el subrayado es mío). Teniendo en cuenta el contenido particular dado por el ilustre crítico a estos dos conceptos, parece en parte acertado su juicio, pues no pocas escenas del drama de Rivas recuerdan, y a veces incluso tratan de imitar, la comedia tureosecular. No nos referimos únicamente a las décimas del famoso monólogo del héroe, que se vienen comparando a las de

---

53 Referencias en *El artista,* marzo 29, 1835, y en el citado índice de la misma revista (ob. cit. en la n. 38, 57), respectivamente.

54 Referencias en *La abeja,* abril 10, 1835, y *El artista* (índice cit. en la n. 38, 56).

55 *El artista* (índice citado, p. 56); véase además n. 67. La representación duraba cerca de cuatro horas, según el *Eco del Comercio.*

56 *La abeja,* abril 10, 1835.

Segismundo en *La vida es sueño,* sino más bien a aquellas escenas en que
dialogan don Alvaro y Don Carlos; también a la octava de la jornada tercera, en la que el monólogo del último, con su lucha entre argumentos contrapuestos y su solución de tipo casuístico, nos trae al recuerdo uno de
tantos como se dan en las comedias calderonianas; y por fin a las escenas
últimas, en que se oponen Don Alfonso y el protagonista. Y no hablemos
de la dialéctica desencarnada del honor y de la venganza tal como la gastan
los hijos del marqués de Calatrava, si bien Don Alvaro la califica de
"ciega demencia" y Alcalá Galiano de "preocupación", es decir, concretamente, de forma ideológica atrasada. La definición que el amigo del duque
nos da de Don Alvaro en una página de la *Revista española* del 12 de abril,
la de un hombre criado entre bárbaros y cuyas pasiones violentas, aún no
desgastadas por la vida en sociedad, chocan con las pasiones "frías y racio-
cinadas e inmudables" de la misma sociedad, aunque evoca el tipo romántico
del marginado, no por ello dejaría de convenir para el Segismundo caldero-
niano, también criado en una "cárcel" y dominado por el "impulso del momento". Y todo esto en una época en que ya no interesan en el teatro
las obras del Siglo de Oro, según hemos comprobado al examinar las reacciones del público de 1831 a 1835: a los pocos días de estrenada *Lucrecia
Borgia,* de Víctor Hugo, en julio de 1835, escribía Campo Alange que
"las producciones de nuestro teatro antiguo han ido perdiendo su prestigio, hasta el extremo de ejecutarse ya en estos últimos años casi siempre
para tan reducido número de espectadores que podían contarse en una
ojeada".[57]

Concluye Alcalá Galiano que el héroe de Rivas es "una idea metafísica...;
una idea y nada más",[58] valiéndose de una expresión no muy diferente de la
que usó Larra al definir a su Macías: "un hombre que ama y nada más";
es decir, que el amigo del dramaturgo se dio cuenta de que, aun considerando la época —no muy lejana sin duda— en que se sitúan las escenas,
Don Alvaro, a diferencia de un Rugiero, por ejemplo, no despedía un eco
lo suficientemente audible a las preocupaciones de los madrileños como
para que éstos se identificaran por completo con él, lo que equivale a decir
que carecía, para los mismos, de cierta autenticidad y familiaridad. Escribía
Ochoa: "los que analizan el *Don Alvaro* escena por escena, verso por verso,
buscando el pensamiento que ha presidido a su composición, se parecen al
cirujano que hace la anatomía del cuerpo para buscar el alma"; "es la
realización de algún pensamiento profundo de su autor ¿quién sabe?", añade;[59] de ahí a confesar que no hay ni alma ni pensamiento bien definido,
o sea, que la obra es "misteriosa", hay poco trecho: Cueto la consideraba,

---

[57] *El artista* (índice citado en la n. 38, p. 107).
[58] *Revista española,* abril 12, 1835.
[59] *El artista,* I, 177.

en *El artista,* "hija de una inspiración cuyo origen no se conoce"; por lo mismo nada tiene de casual el que la *Revista española* sea incapaz de definir el "concepto poético de que es hija la composición". El 25 de marzo, la *Revista española* trataba de explicar que el héroe estaba "lleno de ideas poéticas, *vagas,* ambiciosas, *obscuras,* personificación de ciertos sueños *fantásticos*: figura de contornos *inciertos* y *vaporosos* como son los cuadros de Scheffer". Esto creemos que desorientó a parte del público, más, en todo caso, que las "libertades" que censuraron en la obra varios periodistas o escritores fundándose ya en las "leyes del buen gusto" —según Campo Alange— en la verosimilitud, o en la moral. Fue aquel "carácter enteramente *fantástico*" —indefinible lo llama Cueto, valiéndose de la misma palabra que emplea Ochoa para calificar el drama— de Don Alvaro, la "inspiración o demencia consiguiente a este carácter", aunque, muy significativamente por supuesto, el actor Luna no logró en la primera representación interpretarlo bien. [60] La rareza del personaje debía de proceder también de su lenguaje, a veces "altivo, figurado", que Alcalá Galiano relaciona con sus orígenes, con su calidad de hijo de una descendiente de los Incas, del "tono declamador y enfático" que censura también el *Eco del Comercio*; [61] Don Alvaro debería expresarse, en efecto, según *La abeja* del 10 de abril, "con más sencillez y laconismo". Críticas basadas indudablemente en el "buen gusto" más o menos clásico, opuesto a la intrusión en la poesía dramática de la pompa lírica que, según los partidarios del *Don Alvaro,* correspondía por el contrario al alma superior —además de exótica— que es el héroe del duque de Rivas. Pero una vez más nos quedamos con la impresión de que, si bien "estamos", según escribe Alcalá Galiano, "en 1835 y no en 1820 ni en 1808 ni en 1790", [62] el problema suscitado por el nuevo drama se plantea con términos nada nuevos y que con toda probabilidad no debió de afectar más que a una minoría culta.

Don Alvaro no fue, pues, "a stupendous success", [63] pero sí formó parte de las obras originales que descollaron en su época, época de transición e inestabilidad en la que podía escribir Eugenio de Ochoa: "sentimos que nos hace falta algo, pero no sabemos qué; sólo estamos seguros de que esto que nos hace falta no es lo que hemos tenido hasta aquí". [64] La liberalización del régimen, sin modificar profundamente las preferencias de la mayoría del público, favorecía, e incluso hacía necesaria para algunos, una renovación dramática. Muchas veces se postula, después de Hugo pero tal vez con más superficialidad, la equivalencia romanticismo-liberalismo o cuan-

---

[60] Campo Alange, en *El artista,* 29 marzo, 1835.
[61] 24 marzo, 1835.
[62] Ob. cit. en la n. 51.
[63] "Not precisely, one would say, a stupendous success" (Peers, ob. cit. en la n. 2, 73).
[64] Crítica de *Mérope,* de Bretón (*El artista,* 1835, p. 216).

do menos libertad política. La frecuencia con que se recurría a las traducciones del francés para abastecer los teatros madrileños indujo tal vez a pensar que el género aplaudido a través del *Don Alvaro*, pero también criticado, era más extranjero que nacional: la empresa teatral publicó el 18 de julio un comunicado en el que afirmaba la necesidad de dar a conocer a los madrileños, por medio de traducciones, las obras maestras de la "novísima escuela francesa", empezando por *Lucrecia Borgia,* después de observar "con suma atención el efecto producido por *Don Alvaro* y otros pocos dramas originales escritos en el gusto de la indicada moderna escuela".[65] Lo cierto es que la primera redacción del drama de Rivas iba destinada al público parisiense; también lo es que se presentó al *Don Alvaro,* y se reaccionó después del estreno, como si se tratara de un género "revolucionario" y, al menos en parte, venido de fuera. Por algo parecen *disculpar* su "rareza" Alcalá Galiano —si es que de él se trata— [66] y otros que comparten más o menos sus gustos, refiriéndose a "sus resabios de española antigua y sus señales de extrangería moderna"; el amigo del duque añadía que se

---

[65] *El artista* (índice citado en la n. 38, pp. 107-108).

[66] *Revista española,* marzo 25, 1835. Desde la publicación de "Rivas: A Critical Study" (ver la n. 2), en que Peers, aunque sin mucha convicción y siguiendo a Lomba y Pedraja, "se inclina" a pensar que el artículo del 25 de marzo impreso en esta revista es, como el del 12 de abril, de Alcalá Galiano (p. 75), y no de Larra, como opinaba Azorín con su falta de sentido crítico (o "impresionismo") habitual, se ha venido considerando acertada dicha atribución. No obstante, F. Caravaca ("Romanticismo y románticos españoles", *Les Langues Néo-Latines,* n.º 159 [dic., 1961], 28), si bien cree "forzoso admitir que fue obra de Alcalá Galiano" el del 12 de abril, pues nadie sino él podía escribir "ayudé a su nacimiento", al referirse al drama de Rivas, se niega en cambio rotundamente a atribuir al amigo del duque las "palabras despectivas" que se imprimieron el 25 de marzo, es decir, a raíz del estreno de la obra. En efecto, el que se trate el 12 de abril de un "segundo artículo" no significa necesariamente que el autor de éste sea también el del anterior. Por otra parte, tampoco es negable que el tono de cada uno sea distinto, pues el 25 de marzo, el redactor se expresa a menudo con cierto desenfado, a veces incluso con una leve ironía; además, según vamos a ver a continuación, ¿cómo era posible que un amigo entrañable del duque, que vio "nacer y crecer" aquel drama, según escribe en abril, se atreviera a afirmar el 25 de marzo que una parte del *Don Alvaro* es "imitación" y otra "remedo"? Las críticas favorables al drama nuevo también contienen algunos reparos, por supuesto, y también aluden a los que formularon algunos espectadores al concluir la representación e incluso antes de caer el telón; a la "idea metafísica" a que se reduce el *Don Alvaro,* según Alcalá Galiano, el 12 de abril, hace eco la siguiente frase del 25 de marzo: "en ella no está el interés en la trama, sino en la realización del concepto poético de que es hija la composición". Pero carecemos aún de argumentos irrefutables para confirmar o rebatir la atribución a Alcalá Galiano del artículo del 25 de marzo, de manera que no tendremos más remedio que contentarnos con la hipótesis, algo frágil y es de esperar que provisional, de que debió de ser el amigo del duque el que, a raíz del estreno en que "fueron más los desaprobadores que los aprobantes", trataría de disculpar al autor siguiéndoles en cierta medida el humor a sus detractores.

estaba en presencia de "una cosa en parte imitación de nuestras vegeces, y en parte remedo de estrañezas del día y de tierra estraña", [67] concluyendo con que era, por lo mismo, "una cosa de nuestros tiempos". "Imitación", "remedo": dos palabras reveladoras, y que lo serían aún más si de veras las empleó quien afirma con razón que vio "nacer y crecer" aquel drama. Para el público madrileño en su mayoría lo que importó al parecer fue la excepcional variedad y el efectismo de los procedimientos empleados por un autor tal vez más deseoso de ensayar una fórmula que de expresar una filosofía, y cuya libertad formal, a nivel estético, era más aparatosa que el "mensaje" ideológico de su obra, si es que lo hay más que en forma prudentemente general, "incierta" o "metafísica", como dijera Alcalá Galiano. Como quiera que fuese, el *Don Alvaro* contribuyó a abrir paso a una literatura dramática que, todo bien mirado, era mucho menos "extrangera" y mucho más "española" —aunque no tan "antigua"— de lo que opinaban algunos contemporáneos, no siempre buenos conocedores de la producción literaria de fines del XVIII [68] y separados de ella por las sucesivas conmociones políticas que sufrió el siglo siguiente.

---

[67] Cueto define el drama de Rivas como "eco de nuestro teatro antiguo y del romanticismo moderno" (*El artista,* índice cit. en la n. 38, p. 56).

[68] Léase, entre otros estudios de Russell P. Sebold, "Lo 'romancesco', la novela y el teatro romántico", *CHA* (junio, 1979), 1-22.

Notas para una plurilectura de *Abel Sánchez,* de Unamuno

José Luis Aranguren
Universidad Complutense, Madrid

Interdisciplinariedad e intertextualidad unamunianas

Abel Sánchez, como por lo demás toda la obra de Unamuno, demanda una lectura múltiple, llevada a cabo desde distintas perspectivas. Exige pues del lector-crítico, y aun del simple lector, si es aplicado, una formación —un interés, cuando menos— multidisciplinar, interdisciplinar: literaria por supuesto, filosófica también, teológica, psicológico-humanística, ética... Esta interdisciplinariedad por parte del lector se corresponde con la intertextualidad unamuniana. Unamuno, gran lector de todos los libros de las clases citadas, escribe incitado por ellos, dialogando con sus autores y los personajes de la ficción, cuando la hay, de esos libros. Unamuno, porque le gustaban los libros que hablan como hombres, hacía hablar a los que leía, y por supuesto a los suyos, así. No es posible entender la obra de Unamuno sin ponerla en relación intertextual con la de los hombres-autores que ha leído y con los que, en ella, sigue hablando. Lo que importa no es pues la *influencia* en la que tan interesada estaba la crítica "hidráulica", como la llamaba Pedro Salinas, la crítica de "fuentes", sino la presencia de otros textos en el suyo y el diálogo intertextual. Unamuno, como es frecuente en quienes son muy aficionados a hablar monologando, escuchaba mucho mejor que a sus interlocutores vivos y, con frecuencia, impertinentes, a los interlocutores impresos, a los que podía, a la vez, hacer hablar como si estuviesen vivos, y hacerlos callar a su conveniencia, para tomar la palabra él.

Se comprende, después de lo dicho, y por otra parte es bien sabido, que las obras de Unamuno, como él mismo, sean imposibles de encasillar. Y sin embargo tenemos que empezar por preguntarnos, aunque sea manteniendo toda clase de restricciones y reservas, qué es este libro, *Abel Sánchez,* sobre el que vamos a hablar aquí.

Abel Sánchez, *novela*

Abel Sánchez, "Confesión", como la habría rotulado su protagonista, que no es de ninguna manera Abel Sánchez sino su antagonista, más bien el agonista Joaquín Monegro, "una especie de Memoria", como la llama su "editor" (Unamuno), es, ante todo, una novela. Una novela, breve sí, pero no un cuento: relata una vida, la historia entera de una vida. Novela despojada, desnuda, como todas las de Unamuno, novela descarnada o, más bien, de "alma tras la carne", sin anécdota ni entorno como escenario, puro relato o relatarse, en confesión, del agonista mismo, de su pasión. ¿Novela psicológica entonces? No. En primer lugar porque la "psicología" de Joaquín se da en inseparable trabazón interpersonal con la persona de Abel. Joaquín "aprendió... a conocerse conociendo al otro" (I), a Abel, a quien declara conocer mejor que a sí mismo, como a su modelo-contramodelo (XIV), como a "el otro" que quisiera, a la vez, ser y no ser. ¿Novela de tesis? Menos aún: no es una novela "moral", en el sentido usual de esta palabra, no condena, no juzga siquiera, simplemente cuenta, quedando, en la ambigüedad, abierta a una pluralidad de interpretaciones. Novela existencial sí, en cuanto que los personajes nos son conocidos sólo los unos a través de los otros y el (prot)agonista por lo que nos cuenta, apasionadamente, de él. En este sentido —y en otros— es una novela *dramática,* en cuanto que el "hondón" del alma de los personajes sólo se manifiesta en la acción dialogada de los unos con respecto a los otros, en la de Joaquín consigo mismo.

Una historia de pasión

Novela o historia dramática de una pasión, drama del autoconocimiento de la pasión en que se consiste, análisis de la pasión que se es. (Pasión encarnada o personificada, Joaquín.) En el libro hay una perspectiva muy privilegiada, ciertamente, la de Joaquín que, sin embargo, y como veremos en seguida, no es única. El texto, titulado *Confesión* (o *Confesiones*) [I] por su autor de ficción, es un relato para sí mismo (y para su hija: espejo de uno mismo y espejo también del otro, de la otra). Es una "narración narrante", como he llamado en otras ocasiones a esta *asistencia* dicente-interpretante a la propia *existencia* (Ortega). Es, en definitiva, y tal como yo la entiendo, la instancia más estrictamente moral (que, ahora sí, juzga, se juzga, y condena, se condena).

Y, como decía, hay otras perspectivas. La sumariamente condenatoria de Helena, la globalmente absolutoria de Antonia. La pasiva, quieta y condescendiente de Abel, que no es protagonista ni antagonista, sino todo lo contrario, y sobre la que volveremos. La del título que, no sin razón, centra la historia entera en él. La del impersonal narrador— pues, en fin de cuentas, la Memoria, Confesión o Confesiones no está escrita en primera persona— que, como decía antes, cuenta y, sin duda, interpreta, pero no juzga, deja en suspenso toda valoración, pendiente del juicio de cada lector. Y, en fin, la de Unamuno y la nuestra, sobre las cuales es menester hacer algunas precisiones.

La historia de esta pasión de Joaquín, existencialmente referida a Abel, es, sin duda, el núcleo central, por no decir único, del libro. Núcleo que, por muy existencial que sea, o justamente por eso, no es, en su interpretación fehaciente, patrimonio de Unamuno. Agrego esto, no tanto porque yo discrepe de ella sino porque, de hecho, existe desde el "Prólogo" a la segunda edición. En él, dejándose arrastrar por la circunstancia polémica española, y sin más apoyo textual que aquellas palabras del final de la vida de Joaquín, "¿Por qué nací en tierra de odios?", "Aquí todos vivimos odiándonos", introduce el tema de la "lepra nacional", de la "envidia colectiva", de esa "vieja envidia tradicional —y tradicionalista— española". La experiencia unamuniana de la vida española, más o menos trágica, tiene poco que ver y la disquisición de Salvador de Madariaga sobre psicología de los pueblos menos, como el mismo Unamuno advierte —todo hay que decirlo— con la "envidia trágica", que bien "podría llamarse angélica", de Joaquín Monegro.

Esta *envidia angélica* es la que nos importa, la que es menester iluminar con nuestras lecturas o re-lecturas de las pertinentes lecturas de Unamuno.

La Biblia

La primera de esas lecturas es, obviamente, la de la Biblia y concretamente, el correspondiente pasaje del *Génesis*. Viene, en el libro, como lectura de documentación del pintor Abel Sánchez (junto con el *Caín* de lord Byron) para el cuadro de Historia que ha de pintar sobre "La muerte de Abel por Caín". (Unamuno, como buen "protestante", leía la Biblia y se inspiraba en ella). El pasaje retenido, "Y miró Jehová con agrado a Abel y a su ofrenda, mas no miró propicio a Caín y a la ofrenda suya...", suscita la siguiente pregunta de Joaquín: "¿Y por qué miró Dios con agrado la ofrenda de Abel y con desdén la de Caín?" (XI), con la cual queda planteado el tema teológico, que examinaremos bajo el epígrafe siguiente.

El tema bíblico de Jacob y Esaú (III, XXIII, XXIX), emparentado, de algún modo, con aquél, sirve también de cañamazo para esta personal relectura actualizada de la Biblia que es, desde el título mismo, esta obra de Unamuno. Lectura, en cuanto exegética, teológica.

Lectura teológica

Si Dios vio con agrado la ofrenda de Abel y con disgusto la de Caín, la razón, una primera razón, puede ser la de que "veía ya en Caín al futuro matador de su hermano..., al envidioso...", pero "entonces es que le había hecho envidioso" y, según se verá después, que "le había dejado de su mano" (XI). Estamos evidentemente ante una interpretación calvinista, predestinacionista: Abel era el "agraciado", el "favorito", el predestinado al bien; Caín, el condenado desde que nació, y aun antes de nacer. La creencia popular en la "mala sangre" transmitida de generación en generación y la del "bebedizo", que sirve además como metáfora literaria, acercan aquellas "teologías" —que, por lo demás, son perfectamente compatibles, a otro nivel hermenéutico, con el determinismo psicológico-metafísico (XV)— a la comprensión de una mentalidad desteologizada o, más bien, preteológica.

La lectura genealogista de la moral, Unamuno y Nietzsche

Abel y Caín en la Biblia, Abel y Joaquín en la novela, representan dos tipos humanos, dos "razas" espirituales: los "abelitas" y los "cainitas". Esta tipología tiene una significación no solamente psicológica, sino también moral.

En efecto, dentro de esta obra se lleva a cabo una *Umwertung,* una transvaloración o transmutación en la tabla de valores, de virtudes. Por de pronto, se denuncia, los *abelitas* son egoístas; exhiben, además, impúdicamente el favor que, sin merecerlo, han recibido; y, en fin, padecen su propia envidia y como hombres "honrados" cuentan, quizás, entre los peores de los hombres. Pero lo más importante, lo decisivo en la obra desde este punto de vista, es la presentación de la envidia genuina, la *envidia angélica,* como "algo grande", como una virtud y no como un vicio. Examinemos, uno por uno, estos pasos.

El *abelita* domina desde el principio la situación con el "como tú quieras", con el caer "simpático" a todos (I), con su complacencia ("ya ves si soy complaciente" [XXV]). El hijo de Abel Sánchez piensa así de su padre: "No vive más que para su gloria... No busca más que el aplauso. Y es un egoísta, un perfecto egoísta. No quiere a nadie". El narrador impersonal parece, en algún momento, abundar en esta opinión, según se desprende del relato de la escena siguiente:

> Pues nunca fue más grande la reputación de Abel que en este tiempo. El cual, por su parte, parecía preocuparse muy poco de otra cosa que no fuese su reputación.
> Una vez se fijó más intensamente en el nietecillo, y fue que al verlo una mañana dormido, exclamó: "¡Qué precioso apunte!" Y tomando un álbum se puso a hacer un bosquejo a lápiz del niño dormido. (XXXV)

El problema que se trata en este pasaje no es sólo el del egoísmo del abelita sino también el de la actitud del artista frente al mundo y el de la finalidad, en sí misma, del arte y de la actividad de aquél. Mas por lo que aquí nos importa, se deja abierta, ambiguamente, la valoración del "generoso" Abel, como un hombre que vive lleno de sí mismo y para su propia gloria.

En cuanto al segundo paso, véase el pasaje siguiente:

> ¡Ah! Pero ¿tú crees que los afortunados, los agraciados, los favoritos, no tienen culpa de ello? La tienen de no ocultar, y ocultar como una vergüenza, que lo es, todo favor gratuito, todo privilegio no ganado por sus propios méritos, de no ocultar esa gracia, en vez de hacer ostentación de ella. (XI)

Y no les basta con su glorificación sino que necesitan contrastarla con el padecimiento de sus adversarios:

> Los abelitas han inventado el infierno para los cainitas, porque si no, su gloria les resultaría insípida. Su goce está en ver, libres de padecimientos, padecer a los otros... (XI)

Es difícil, al leer este texto, resistir la tentación de retomar las citas que hace Nietzsche, de Santo Tomás y de Tertuliano, en *La genealogía de la moral,* para ilustrar y corroborar esta muestra "bienaventurada" de la envidia, alegría del mal ajeno, Pena de los otros como Gloria y Fiesta, introducida, entronizada en el mismo Cielo. La relación intertextual con Nietzsche es aquí, me parece, indudable. Mas es bien sabido que Unamuno, en contraste con sus coetáneos del 98, se afirmaba libre de tal "influencia". Sí, pero repito, lo que nos importa aquí, mucho más que la influencia, es el diálogo, la lectura personalísima e incluso, para decirlo con la palabra de Harold Bloom, el *misreading* que habría hecho aquí Unamuno de Nietzsche.

Quizás, en el fondo, el anhelo de Joaquín, ser envidiado por Abel (XIV, XXXI, XXXII), se cumplió, y ello en virtud de una "cainización" (parcial) de Abel (paralela a la "quijotización" de Sancho Panza). Porque es verdad que es Joaquín quien, elogiando el cuadro de Abel, hace ver al auditorio "la figura de Caín, del trágico Caín, del labrador errante, del primero que fundó ciudades, del padre de la industria, de la envidia y de la vida civil", (concepción ésta muy extendida entre los estudiosos, Mircea Eliade por ejemplo, que han visto en esta figura la simbolización, frente a la cultura pastoril, de una nueva Era, la invención del arte de la fragua, Caín el Herrero o artesano del metal, y también, en otras leyendas, el inventor de la poesía, del arte, la danza y la magia —repárese en la ambivalencia de la "marca" con la que es signado); también es verdad que este elogio parte del cuadro en el cual —continúa hablando Joaquín— "ved con qué cariño, con qué compasión, con qué amor" está pintado Caín (XIV); y, sobre todo, verdad más expresiva de esta "cainización" es que, pocas páginas más adelante, el propio Abel Sánchez es quien se expresa del modo siguiente, distinguiendo entre la envidia mezquina o vulgar y la "envidia angélica" (o satánica, es lo mismo, como veremos en el próximo apartado):

> Los espíritus vulgares, ramplones, no consiguen distinguirse, y como no pueden sufrir que otros se distingan, les quieren imponer el uniforme del dogma... El origen de toda ortodoxia, lo mismo en religión que en arte, es la envidia...
> [Joaquín] —Aunque así sea, ¿es que esos que llamas los vulgares, los ramplones, los mediocres, no tienen derecho a defenderse?
> —Otra vez defendiste en mi casa, ¿te acuerdas?, a Caín, al envidioso, y luego, en aquel inolvidable discurso... me enseñaste el alma de Caín. Pero Caín no era ningún vulgar, ningún ramplón, ningún mediocre...
> —Pero fue el padre de los envidiosos.
> —Sí, pero de otra envidia, no la de esa gente... La envidia de Caín era algo grande...

La *Unwertung* que aquí se lleva a cabo nos conduce derechamente a otras lecturas sobre cainismo y sobre satanismo, citadas ambas en nuestro unamuniano texto.

Lecturas teológico-poéticas

Estas lecturas son, en primer término el *Cain: A Mystery*, de Lord Byron, y, al fondo, *El Paraíso perdido,* de Milton.

La obra de Byron, típicamente romántica, acerca la figura de Caín a la de Lucifer hasta el punto que la tragedia de éste, y la tragedia del Caín reencarnado que se siente ser Joaquín, es "espectáculo", pero no "estreno", son meras reposiciones de aquella celestial tragedia. Lucifer y los suyos se saben poderosos y no felices; Dios, Omnipotente, pero tirano, solitario y no más feliz que ellos. Lucifer afirma que no tentó a nadie sino con la verdad, la serpiente *era* la serpiente y nada más; la bienaventuranza no puede consistir en esclavitud. Caín, siguiendo su ejemplo, no quiere tener que ver con una felicidad que humilla, y por eso permanece erguido cuando Abel se arrodilla; y emprenderá su camino al este del Edén, y no tendrá paz, y Eva le maldecirá; pero Adah, mujer de Caín, que ve a Lucifer desgraciado, y le promete que si no les hace como él, por él llorará, no abandona a su esposo y de algún modo sirve así a Unamuno como modelo de su Antonia, la mujer de Joaquín.

A primera vista, y tal como pensó el "joven norteamericano" al que se refiere Unamuno en el prólogo a la segunda edición, el Caín-Joaquín de Unamuno podría parecer una réplica burguesa del romántico *Cain* de Byron. Pero las cosas son, en aquél, más complicadas. Vimos ya el diálogo expreso de Unamuno con el predestinacionismo-determinismo, y el diálogo tácito con Nietzsche. La lectura de Milton, citada en *Abel Sánchez* —y decisiva también para el *Cain* de Byron—, que trae esa figura de Satán, personificación del "odio inmortal" con "voluntad indómita" para pervertir el propósito de la Providencia de sacar algún bien de su mal, resuena en "el Odio hecho persona" (XII), el "alma de fuego, tormentosa" (XIII), y el "héroe de la angustia tenebrosa" (XXXI) que se creía ser Joaquín. Pero todavía están presentes en la obra unamuniana otras lecturas, que han de serlo nuestras también.

Entre Lutero y Oscar Wilde

Joaquín Monegro, y asimismo su amigo Federico, son adeptos del *Pecca fortiter,* son, en este punto, luteranos sin saberlo. Joaquín escribe en su *Confesión:* "Empecé a sentir remordimiento de no haber dejado estallar mi mala pasión para así librarme de ella... Acaso Caín, el bíblico, el que mató al otro Abel, empezó a querer a éste luego que lo vio muerto" (XV). Y Federico dice: "La acción libra del mal sentimiento, y es el mal sentimiento el que envenena el alma" (XXIII). Pero, sobre todo en Federico ¿se trata de luteranismo o, más bien, bajo la influencia de un Oscar Wilde trágico, de un cinismo enmascarador que le lleva a pensar que "la confesión sirve para pecar más tranquilamente, pues ya sabe uno que le ha de ser perdonado su pecado"?

El Unamuno autor de novelas o *nivolas,* obras de ficción, ha de ser leído de manera muy poco diferente del Unamuno autor de obras de reflexión. Pues la verdad es que entre la puesta del pensamiento y el sentimiento en acción, su *dramatización* en las primeras, y el *dramatismo* intrínseco siempre a las segundas, apenas hay diferencia.

Dos mujeres: Helena y Antonia

Las dos mujeres de la obra constituyen representación novelada de las dos ideas fundamentales que tenía Unamuno de la mujer: mujer-hembra y mujer-madre. Helena es para Joaquín, probablemente no sin razón, mera "pava real", "belleza profesional", "montón de carne al espejo", "hermoso estuche de vanidad", "querida... legítima". Ella responde a este juicio reduccionista con un reduccionismo radical: Joaquín "no es más que un envidioso" (IV y *passim*), A diferencia de su marido, ni entiende nada de la tragedia de Joaquín, ni, menos, es capaz de distinguir, como él, entre la "envidia vulgar" y la que, según Unamuno, podría llamarse "envidia angélica".

Antonia, pese a su parentesco, o más bien semejanza de rol, con la Adah de Byron, es la unamuniana mujer nacida para madre. "Era todo ternura, todo compasión. Adivinó en Joaquín, con divino instinto, un enfermo, un inválido del alma, un poseso, y, sin saber por qué enamoróse de su desgracia". Joaquín, unamunianamente, vio en ella "una santa" que, sin embargo, no pudo curarle de su mal (VII), y a la que no pudo querer (XII). Así se lo confiesa a la hora de la muerte: "Sí, lo digo; lo tengo que decir y lo digo aquí, delante de todos. No te he querido. Si te hubiera querido, me habría curado. No te he querido. Si pudiéramos volver a empezar...". Pero no se puede, y seguir viviendo sería caer en la vejez egoísta, desde la que no es posible ya volver a empezar.

Conclusión

Abel Sánchez, ya lo dijimos, no es una obra de tesis, no concluye. Hace, en vivo, un análisis de ese "pecado capital" que es la envidia, distingue entre dos especies de envidia —pero ¿hasta dónde puede llevarse tal distinción?— y ve en la "envidia angélica", a través de una verdadera transvaloración de estilo nietzscheano, pero no en su misma dirección, la grandeza cainiana, es decir, luciferina o prometeica, de esta pasión: lucha contra Dios. Mas ¿es del mismo signo la lucha contra Dios de Prometeo y la lucha contra Dios de Satán? El odio y el amor proceden de una misma fuente. Pero en Satán, irremediablemente, el odio sofoca y suprime el amor; en el símbolo del Caín bíblico es probable que no, y que del odio, como pensaba Nietzsche, terminara por brotar un amor semejante al cristiano según él, o bien se produciría una transmutante sublimación... ¿Y en Caín-Joaquín? ¿No son sus palabras de la hora de la muerte y, antes, a lo largo de toda su vida, su lucidez luciferina, re-velación de *otro,* de El Otro, como diría Unamuno, Joaquín? La cuestión queda abierta. Y la novela se propone nada más —y nada menos— que mostrarnos, junto a la moderada ambigüedad moral de Abel, la trágica ambivalencia ético-religiosa de Joaquín-Caín.

Juan Ramón Jiménez en Puerto Rico

Francisco Ayala

La llegada del moribundo

¡Gran expectación! Tras laboriosas negociaciones y largas demoras, por
fin se anunciaba la llegada a Puerto Rico de Juan Ramón Jiménez. La universidad había logrado —¡galardón precioso!— que el gran poeta acep-
tara su hospitalidad como huésped de honor. Pero ¡ay!, que el gran poeta
estaba enfermo, muy enfermo. Llegaba en viaje marítimo, y los más distinguidos médicos de la isla habían acudido a esperarlo en el puerto. Dos
de ellos, españoles y antiguos conocidos suyos, debieron entrar en el barco
para recogerlo. Según parece, no había salido de su camarote en toda la
semana que duraba la travesía de Nueva York a San Juan, y entre el pasaje
había cundido el rumor de que iba allí un señor moribundo. Cuando Juan
Ramón vio ante sí a los doctores amigos lo primero que hizo fue pregun-
tarles si traían una camilla para transportarlo. "¿Qué camilla? No hace
falta, Juan Ramón", le contestaron. "O siquiera un sillón de ruedas." "Nada,
nada; levántese y ande." "Pero... si es que no puedo." "Vamos, Juan
Ramón." Y lo tomaron cada uno de un brazo. Así desembarcó, con Zenobia,
su santa esposa, afanándose a la zaga.

El rector había dispuesto el alojamiento del matrimonio en la agradable
casita que la universidad tenía destinada a sus invitados; y allí fuimos a
verle, aquella mañana misma, mi mujer, mi hija y yo, pues de tiempo atrás
teníamos una buena relación con ambos cónyuges. Esta relación se había
entablado en Buenos Aires, hacia 1948. Antes, en Madrid, apenas si me
había acercado yo a Juan Ramón Jiménez. En los círculos donde me movía
al iniciar mi contacto con la vida literaria todo el mundo hablaba de él.
Las anécdotas, los dichos ingeniosos o malignos, los comentarios sobre sus
quisquillosas y acerbas disputas con los jóvenes poetas a quienes primero

había agrupado en torno a la revista *Sí* (el "sí" de los niños, como burlonamente se la motejó), daban pábulo a muchas conversaciones en el seno de nuestra buena sociedad literaria; pero él mismo se dejaba ver poco; cicateaba su presencia y, retraído en su difícil trato, era más mentado que visto. El resultado es que, aun cuando nos conocíamos, yo no había frecuentado ese trato. Luego, ya después de la guerra civil y en Argentina, sí contraeríamos una amistad de la que testimonian libros suyos que, dedicados con los arabescos de su peculiar caligrafía, atesoro en mi parva biblioteca... Como digo, fuimos a visitarles la mañana misma de su llegada a Puerto Rico.

Apenas nos anunciamos en la casita de invitados, Zenobia se precipitó al vestíbulo para decirme en voz bajita: "Ayala, por favor, háblele a Juan Ramón de algo relacionado con la literatura para que se distraiga. Está obsesionado con su salud. Dice que se va a morir." Entramos al salón, y lo hallamos lánguidamente tendido en un precioso sofá de raso amarillo, junto a una mesita donde se desmayaban algunas flores tropicales. Me tendió la mano desde su postración y, con sus ojos tristísimos más que con aquel hilillo de voz que apenas podía oírse, me hizo saber cuán enfermo estaba; que estaba mal, muy mal; que se moría; que esa misma noche, hacia las once, iba a entregar el espíritu. Varias veces insistió en anunciarme la hora de su próximo deceso... Sentados ya alrededor suyo, de nuevo me tendió la mano, ahora pidiéndome que le tomara el pulso. Yo no quise; le dije que yo de pulsos no entendía nada, pero que —eso sí podía asegurárselo— su aspecto era bastante bueno, y que allí, en aquel país y rodeado de tanto cariño, pronto estaría repuesto. Él cerró los ojos con un suspiro, no sé si incrédulo o fastidiado de mis palabras... Entonces, recordando lo que Zenobia me había recomendado, le pregunté lo primero que se me ocurrió: "¿Qué sabe usted de Cernuda, Juan Ramón? Tengo entendido..." Abrió al punto los ojos, se incorporó un tanto, hizo una pausa y, con tono de voz no ya doliente sino enérgico y tornado hacia el de la insinuación maliciosa, empezó a decir: "Cernuda ha incurrido en el error de colocarse para enseñar en un colegio de señoritas. Y dígame, Ayala, ¿qué tiene que hacer Cernuda en un colegio de señoritas?"... Zenobia, que andaba arreglando cosas por la habitación, se volvió con cierta vivacidad para reprenderle: "Juan Ramón, por favor, no empieces. Ten en cuenta que está oyéndote esta niña" (por mi hija, entonces muchacha de quince o dieciséis años). Y él, como quien ha sido cogido en falta de discreción, cerró el asunto con esta sentencia: "Pues bueno es que se sepa bien quién es Cernuda".

Nos despedimos pronto para no fatigar al enfermo. Tal cual yo le había pronosticado, la atmósfera de Puerto Rico, el clima natural y humano de la isla, y sobre todo la confortación que para él suponía la continua presencia a su lado de varios médicos muy amistosamente abnegados, lo sacaron enseguida del pozo de melancolía en que al llegar se hallaba sumido.

J. R. J. y los médicos

Un aspecto de máximo relieve en la biografía —y en la leyenda— de Juan Ramón Jiménez es el de su culto a Esculapio, el dios de la Medicina, a quien quién sabe cuántos gallos no debería a la hora de morir. Desde su primera juventud, la sensibilidad exquisita del autor de *Almas de violeta* y de *Arias tristes* haría de él un *malade imaginaire* —lo cual, por lo demás, no es ya en sí pequeña enfermedad—. Este "enfermo de aprensión" se pasó la vida entera pendiente de los médicos y dependiendo de ellos: nadie lo ignora. Pero aun siendo cosa archiconocida, no estará de más el consignar todavía a la letra impresa un par de anécdotas pertenecientes a la etapa postrera de la existencia del gran poeta, a su época de Puerto Rico, a donde lo habíamos visto desembarcar sostenido por dos doctores amigos, y esperando de un momento a otro una muerte que, por fortuna, había de tardar todavía bastantes años en arrebatarlo de este mundo, cuando ya él tenía bien cumplidos los setenta y siete de su edad.

Para su anhelo de hallarse siempre bajo la protección del cuidado facultativo, Puerto Rico debió de parecerle a Juan Ramón algo así como un paraíso, pues eran allí varios, y muy eminentes algunos, los médicos que en todo instante, a cualquier hora del día o de la noche, hiciera o no hiciera falta, estaban dispuestos a acudir para atenderle, y que en su calidad de amigos devotos extendían esa atención mucho más allá de los límites corrientes de un tratamiento profesional para convertirlo en trato social. Uno de ellos consintió, incluso, en llevárselo a vivir consigo. Era el Dr. García Madrid, que tenía a su cargo el manicomio insular y disponía de vivienda en sus edificios. Allí se instalaron durante una temporada el poeta y su esposa; y allí los visité yo un día, en cuya ocasión hube de darme cuenta, y admirarme, de los sacrificios a que él era capaz de someterse con tal de tener siempre un médico a mano; pues durante mi visita pude ver a los locos menos desatados andar sueltos de un lado para otro mientras que, tras los barrotes de una reja, desnudo y retorciéndose en su acceso de furor, otro pobre demente profería continuos y espantosos alaridos que a mí, no hecho a ese ambiente, apenas me permitían seguir la conversación. Sin percibir los efectos desastrosos que en mi ánimo producía la escena, Juan Ramón, imperturbable, proseguía la charla en que estaba embarcado, hablando de la estética modernista con alusiones a algunos de los grandes vates hispanoamericanos; y yo me asombraba, entreoyéndole, de que un hombre de tan delicada sensibilidad como era la suya lograra sobreponerse y soportar aquel cuadro de terror, sólo para sentirse aliviado del terror que sin duda le causaba la ausencia de Hipócrates y Galeno, los oficiantes de Esculapio...

En situaciones normales —es decir, cuando no se trataba de médicos— la sensibilidad del poeta se mostraba hiperestésica. A Serrano Poncela, profesor de la universidad y escritor notable, empezó a tomarle inquina hasta llegar a detestarlo y no permitir que se le acercara porque el hombre usaba perfumes fuertes, intolerables para su pituitaria. Y por supuesto, tampoco admitía que nadie fumase en su presencia. Salvo, claro está, si el fumador era un médico: a los médicos les toleraba todo. No se me olvidará la vez en que uno de éstos, vasco y nada versado en poesía ni afecto a ella, pero médico al fin, estaba haciéndole compañía y dándole conversación con un enorme cigarro habano entre los labios, cuyas vedijas de humo iban a enzarzarse en las barbas del paciente poeta, mientras Juan Ramón, el pobre, ponía ojos de mártir, retiraba la cara con signos de ahogo, interponía la mano, pero no se resolvía, pese a lo insufrible de la tortura, a protestar de modo expreso. Cuando el bárbaro verdugo hubo terminado su cigarro y abandonó la colilla en un cenicero, Juan Ramón exhalaría un suspiro profundo de gracias a Dios. Pero ¡ay!, que el visitante —no sin intención— extrajo de su bolsillo la petaca y, calmoso, encendió otro cigarro para continuar sin pausa el deliberado tormento. Quizá pensaba que estaba justificado en razones terapéuticas.

Conviene saber que, por otra parte, agresiones como esa nunca quedaban impunes; tardía quizá, pero cierta, siempre venía la venganza bajo forma de caricatura implacable. La vena satírica de Juan Ramón es proverbial. Si las hebras de seda con que formaba sus líricos capullos estaban destinadas a honrar las artes de la tipografía, sus agudos, punzantes y emponzoñados epigramas hallaban difusión por vía oral. Acaso pasaba horas y horas urdiendo una frase; pero una vez elaborada, el fruto de su buido ingenio era alfiler con el que podía dejar clavado a uno cruelmente. Sus frases mordaces corrían y eran celebradas por todos. No recogeré las muchas que circularon de boca en boca por aquel entonces para poner en la picota a diferentes personas, entre ellas, desde luego, sus indispensables y hospitalarios doctores. Sé que de mí mismo decía atrocidades que nadie me iba a repetir; pero sí llegó a mis oídos un dicho gracioso, del que por ser más bien inofensivo tuve noticia: "Ayala —afirmaba pretendiendo conocerme desde la infancia—, Ayala aprendió a leer en mi casa; a escribir no, porque nunca ha sabido".

J. R. J. en La Torre

Además de la confortación que para él suponía el sentirse permanentemente rodeado por un coro de doctores, mucho debió de contribuir sin duda al rápido restablecimiento de la salud del poeta en Puerto Rico la circunstancia de encontrarse inmerso en un ambiente donde podía desarrollar a gusto actividades que ocuparan su atención y distrajeran su mente de los lúgubres pensamientos con que había llegado a la isla. Según él declaraba con persuasiva autoridad, había allí no menos de cuatrocientas excelentes poetisas, que a porfía le llevaban las flores de su devoto culto.

Y luego, ahí estaban los cursos que él había insistido en dictar. Y las escuelas de párvulos que con tanto placer visitaba. Y la animación de la vida social puertorriqueña, a la que se asomaba y de la que se retiraba a capricho...

La universidad había emprendido por entonces, bajo mi dirección, un programa de publicaciones, entre las cuales figuraba la de la revista *La Torre*, que yo edifiqué de nueva planta (todavía hoy se mantiene en pie, aunque ya bastante ruinosa), pero que, sin embargo, me negué a dirigir oficialmente —lo mismo había hecho antes con la revista *Realidad* en Buenos Aires—, consciente de que una publicación literaria, y tanto más si es buena y alcanza prestigio, sólo le da a quien la hace disgustos y enojos, aumentados cuando los resentimientos de muchos que quisieran y no pueden escribir en sus páginas encuentran el fácil desahogo de vituperar al extranjero osado que ha llevado a cabo lo que ellos ni siquiera habían intentado hacer. En fin, la revista era hechura mía, como nadie ignoraba, pero aparecía bajo la dirección del rector Benítez. Benítez y yo, pues, recabamos de Juan Ramón el texto de una conferencia que había leído en la universidad, y enseguida se imprimió con el merecido honor: es una de las colaboraciones más ilustres que figuran en los índices de *La Torre*, tan nutridos de espléndidos trabajos.

Pero a Juan Ramón no le bastaba con publicar ahí lo que le diera la gana; él deseaba "inspirar" la revista; y eso, no me daba la gana a mí. Vista mi resistencia, optó por "orientar" en cambio una modesta revistita de estudiantes —esa modestia iba muy bien a su estilo "institucionista" —sostenida también por la universidad. Enterado de que, según es uso corriente, yo había preparado para quienes trabajaban a mis órdenes en la editorial universitaria unas instrucciones estableciendo criterios gramaticales, me pidió verlas y, sin prevenirme siquiera, las hizo aparecer bajo mi firma en su revistita, con lo que dio lugar, quizá inadvertidamente, a una pequeña tormenta desencadenada contra mí en el vaso de agua puertorriqueño, donde aquello se sintió y resintió como un palmetazo que la soberbia idiomática peninsular infligía a los humillados y ofendidos naturales de la isla. Aguanté las estúpidas incidencias del caso, y nada dije a quien lo había provocado. ¿Para qué? Ya sin eso estaría frotándose las manos de gusto.

En cuanto a *La Torre*, fue ocurrencia de Juan Ramón, cuya sugestión acogería Benítez con su efusivo entusiasmo, la de darle como lema a la revista las palabras de la canción de Linceo, el vigía, en el *Fausto* de Goethe. La idea era, de seguro, muy atinada, y nuestro poeta se mostró dispuesto, si yo le proporcionaba una versión literal del texto alemán, a traducirlo en versos de su mano. Le hice la que me pedía, y aún requirió otra traducción literal a Miguel de Ferdinandy, un historiador húngaro que enseñaba también en aquella universidad. Traducir a la letra los versos de Goethe era tarea sencilla, pero muy difícil en cambio verterlo con propiedad a nuestra lengua; pues aparte de que su ritmo es de una levedad inimitable, dice ahí Linceo que el mundo le gusta, y en español puede gustar un dulce, una fruta, una mujer, un paisaje, algo concreto en fin, pero suena demasiado raro decir, y nadie diría, que le gusta el mundo (acaso, sí, "el espectáculo del mundo"). Traducidos de Goethe por nuestro gran poeta, los versos quedan así: *Nací para ver, / mi sino es mirar; / jurado a mi torre, / el mundo me gusta. / Lo lejano miro, / miro lo cercano, / la luna y la estrella, / la selva y el corzo.* La verdad es que no me parecieron demasiado felices. La traducción en prosa de J. Roviralta publicada por la propia editorial universitaria dice: *Nacido para ver, encargado de observar, sujeto por juramento a la torre, el mundo me encanta...* Creo que puede pasar algo mejor. Pero desde luego el lema fue a la revista sin objeción alguna, y tal cual siguió apareciendo en números sucesivos.

Poco más adelante, y ante el fracaso de una de las repetidas tentativas que hizo por imponerme un control remoto sobre *La Torre,* Juan Ramón me envió recado de que nos retiraba su traducción de los versos y que, por lo tanto, se suprimiera el lema. Así lo hice, y confieso que sin pesar alguno. El pesar fue de Benítez cuando Juan Ramón Jiménez —pesaroso a su vez de que yo le hubiera obedecido sin rechistar, en lugar de haberme prestado a su premeditado juego de tira y afloja, dimes y diretes— le hizo notar que sus versos habían sido eliminados. A ruegos vehementes de su amigo el rector, no tuvo entonces el poeta más remedio que allanarse y consentir en que sus preciadas palabras siguieran, como todavía siguen a la fecha, ornando la portada de *La Torre.*

No obstante estas pequeñeces y otras por el estilo —insignificantes en comparación con las pintorescas hostilidades a que era tan proclive—, mis relaciones con él nunca llegaron a agriarse en exceso.

Los socialistas españoles contra el armonismo institucionista: 1883-1885

CARLOS BLANCO AGUINAGA
University of California, La Jolla, California

Entiendo a lo largo de estas páginas que ya está sobradamente demostrado que el krausismo propiamente dicho no tiene larga vida en España en cuanto sistema filosófico. Que son conocidas —por ejemplo— las derivaciones hacia el positivismo o el hegelianismo de algunos krausistas. Que tampoco en lo político son uniformes los comportamientos de los llamados krausistas, aunque todos son progresistas frente a la Restauración. Con diferencias sutiles y no fáciles de precisar entre maestros, discípulos, condiscípulos y amigos, sobre las que Juan López-Morillas nos ha aclarado tal vez más que nadie, [1] convergen, sin embargo, los llamados krausistas y sus allegados en la Institución Libre de Enseñanza, donde (con notorio apoyo de financieros e industriales) les unen no sólo las necesidades prácticas conocidas, sino, desde luego, ciertos principios relativamente coherentes, entre los cuales es notable la persistencia de la idea de la armonía orgánica: armonía entre Dios y Naturaleza, objeto y sujeto, individuo y sociedad, la libertad y el Derecho, lo cooperativo y lo privado, el capital y el trabajo, las clases y los partidos políticos en el seno del Derecho; etc.

Parto también de que está ya más que suficientemente probado, igualmente, que el liberalismo es esencia misma del krausismo y del institucionismo.[2] Este liberalismo, que no debemos asociar en particular ni directa-

---

[1] Me refiero en particular, aunque no exclusivamente, a su libro clásico *El krausismo español: Perfil de una aventura intelectual* (México, 1956).

[2] Ya desde P. Jobit (*Les Éducateurs de l'Espagne contemporaine* [París, 1936]), pero sobre todo en el libro citado de López-Morillas, en V. Cacho Viu (*La Institución Libre de Enseñanza, I. Orígenes y etapa universitaria* [Madrid, 1962]) y Elías Díaz (*La filosofía del krausismo español* [Madrid, 1973]); también María Dolores Molleda (*Los reformadores de la España contemporánea* [Madrid, 1966]), Yvonne Turin (*L'Éducation et l'école en Espagne de 1874 à 1902: Liberalisme et tradition* [París, 1959]), y

mente con ninguno de los partidos políticos de fin de siglo (pero que se refleja en los principios de algunos de ellos) sólo puede aparecer como discutible —y no deja de ser ello aleccionadora paradoja— en lo que se refiere a sus ideas económicas, ya que, si bien krausistas e institucionistas se oponen, como es natural, a toda intervención regulatoria del Estado en el proceso económico, movidos seguramente por la evidencia de que la mano invisible de Adam Smith se distrae más de la cuenta (y, por lo tanto: repetición excesiva de las crisis, miseria excesiva de la clase obrera; etc.), también proponen el correctivo del cooperativismo. [3] En esta particular aplicación del racionalismo armónico radica el que sea el suyo un liberalismo reformista de avanzada, auténticamente progresista: racional y a la altura de los tiempos de crisis que se vivían en el último tercio del XIX; es decir, la esencia misma del liberalismo entendido como visión "humanista" del mundo que, sin poner en cuestión los fundamentos del sistema económico del que brota su teoría, pretende nada menos que superar el barbarismo egoísta que se encuentra en la base misma del sistema.

El principio de la armonía orgánica que, según hemos indicado, se mantiene en las varias promociones de krausistas, institucionistas y allegados, resulta ser así no ya la germánica monstruosidad que pensaba el montañés troglodita, sino —desde las alturas de la metafísica hasta la teoría del Derecho— la esencia misma del liberalismo en una de sus expresiones más puras: la expresión máxima, tal vez, de un utopismo burgués que pretende nada menos que superar las contradicciones inherentes a su ser liberal aceptando y rechazando a un tiempo los fundamentos económicos del sistema en que se inserta.

La ideología krausista-institucionista es, por lo tanto, profundamente antisocialista, entendiéndose aquí por socialismo el que representaba la ortodoxia marxista del PSOE de fin de siglo, que es a lo que se refieren centralmente Giner, Gumersindo de Azcárate y sus compañeros cuando, desde el armonismo organicista y preocupados por la "cuestión social" (o sea: por el creciente conflicto entre el capital y el trabajo) no sólo rechazan genéricamente el estatalismo socialista, sino la teoría de la lucha de clases que asocian —correctamente— con la Internacional a la que pertenecía el Partido Socialista Obrero. Esta oposición krausista-institucionista al socialismo está ampliamente documentada en el libro citado de Elías Díaz y no será necesario dar aquí pruebas textuales de la misma. [4]

Diego Núñez Ruiz (*La mentalidad positiva en España* [Madrid, 1975], especialmente el cap. III).

[3] Ver Díaz, ob. cit. en la n. 2, por ejemplo II.7.d y II.12.

[4] Importa, en cambio, señalar cierta vacilación en Elías Díaz con respecto al asunto. Propone por un lado, y no sin razón, que el antisocialismo de Giner y de Azcárate parece a veces dirigirse más contra el proudhonismo que contra el marxismo (ob. cit.,

Sin embargo, también parece poder deducirse de diversos estudios sobre el krausismo que no sólo no se llegó a ningún enfrentamiento entre institucionistas y socialistas, sino que hubo a veces colaboración entre ellos, y hasta trasvases de ideas y de personas del uno al otro campo. En este sentido, es ya lugar común recordar, por ejemplo, que Jaime Vera y Pablo Iglesias recibieron cierta instrucción de los institucionistas, [5] que unían lazos de amistad a Giner y Azcárate con Pablo Iglesias y otros socialistas, o que, ya en el siglo XX, algunos miembros destacados del PSOE, como Julián Besteiro y Fernando de los Ríos, provenían del institucionismo.

En efecto, y lo comprobaremos al final de estas páginas, pueden concebirse ciertos propósitos afines entre institucionistas y socialistas de fin de siglo, convergencias lo suficientemente importantes en la lucha común contra el tradicionalismo y el liberalismo más primitivo, como para que a un Menéndez Pelayo le pareciesen, en el fondo, igualmente peligrosos todos. En la larga lucha de la burguesía progresista y la clase obrera españolas por establecer una sociedad más racional y más humana, no pocas veces se darán la mano los unos y los otros. Sin ir más lejos, en 1931 y 1936.

Pero hemos de cuidarnos mucho de confundir nosotros a los unos con los otros y, sobre todo, no debemos pasar demasiado a la ligera por encima de la oposición de fondo que en su tiempo separaba al socialismo del PSOE del armonismo krausista y neokrausista y sus derivados en la política real de España.

Es muy probable que los institucionistas, aunque insistieron en aclarar su posición teóricamente antagónica al socialismo, debido precisamente a su liberalismo (que se traduce racionalmente en el llamado pluralismo, o sea: la posible convivencia armónica) no sintiesen tal oposición como inevitable y permanente. Pensaban, a fin de cuentas, que con una educación adecuada los socialistas entrarían en razón tarde o temprano, con lo que desaparecería su antagonismo totalizador al sistema, basado en la teoría (errada según ellos) de la lucha de clases. De prestar atención sólo a la posición institucionista se corre, pues, el riesgo de perder de vista lo que los socialistas pensaban del asunto. Y el hecho es que los socialistas españoles de fin de siglo —que eran, insistimos, marxistas bastante rigurosos— se veían a sí mismos como enemigos radicales de todo liberalismo y que entendían perfectamente que el libe-

---

pp. 234-236, por ejemplo), en tanto que, por otro, cita palabras de Giner y de Azcárate claramente dirigidas contra la idea de la lucha de clases y contra la Internacional (por ejemplo, ob. cit., pp. 152, 157, 176, 179-180, 236) para concluir —y esto me parece lo justo— que "por lo general, hay enfrentamiento" entre el krausismo y el marxismo (aunque éste aparezca a menudo interpretado por Azcárate como inseparable del positivismo), véase ob. cit., p. 251.

5 Jaime Vera, en el Colegio Internacional fundado por Salmerón; Pablo Iglesias, en un curso de extensión para obreros.

ralismo avanzado, propugnador de la armonía entre el capital y el trabajo, pretendía en el fondo cooptar a la clase obrera para su reformismo inteligente. [6]

Este antagonismo de los socialistas se revela con toda nitidez en sus planteamientos sobre la "cuestión social" recogidos en la *Información oral y escrita, practicada en virtud de la Real Orden del 5 de diciembre de 1883,* Real Orden decretada a solicitud de la Comisión de Reformas Sociales que, presidida en aquel entonces por Segismundo Moret, teniendo de secretario a Gumersindo de Azcárate, llevó a cabo sus sesiones entre el otoño de 1884 y 1885. [7]

Es lástima que en su excelente y mesurado libro ya citado, que en gran medida trata de las relaciones entre krausismo y socialismo, Elías Díaz apenas mencione esta *Información...* en una nota al pie y ya en las últimas páginas, destacando además en esa nota "la coincidencia" que, según Rodolfo Llopis, existía "entre [...] Pablo Iglesias y Gumersindo de Azcárate". [8] Y es lástima porque lo que esa *Información...* revela no son precisamente "coincidencias", sino las profundas divergencias existentes entre los krausistas-institucionistas y los ortodoxos socialistas españoles de los años ochenta. De hecho, las intervenciones socialistas son prácticamente un debate, duro a veces, contra el racionalismo armónico. Porque el asunto tal vez tenga algún interés para la historia de las ideas políticas en España, de ello tratan, aunque brevemente, las páginas que siguen.

* * *

Para entrar en el análisis de esas informaciones —que será aquí necesariamente esquemático— importa ante todo situarlas en su contexto más inmediato recordando que la Comisión de Reformas Sociales, que también

---

[6] Las alusiones socialistas a esta intención son claras en los documentos que discutiremos enseguida.

[7] Esta *Información...* se publicó en dos partes; la primera contiene los testimonios orales (Madrid, 1889) y la segunda los escritos (Madrid, 1890). Citaremos aquí según la accesible selección de textos publicada con el título de *La clase obrera española a finales del siglo XIX* (1.ª ed., Madrid, 1970; 2.ª ed., Madrid, 1973). Por la calidad de su Introducción debemos también referir al lector a la edición de la *Información...* por María del Carmen Iglesias y Antonio Elorza, bajo el título de *Burgueses y Proletarios* (Barcelona, 1973), que contiene, además, una utilísima introducción de Tomás Jiménez Araya al informe de la Agrupación Socialista Madrileña escrito por Jaime Vera. Aunque en esta edición no nos convence la organización por temas de gran número de informes, ya que con ello se fragmenta el pensamiento de los "informantes", el estudio preliminar sitúa históricamente el asunto de manera valiosísima. Lo único, tal vez, que nuestras páginas añaden a esa Introducción es, precisamente, la relación polémica entre PSOE e institucionismo.

[8] Díaz, ob. cit. en la n. 2, p. 257.

presidiría Gumersindo de Azcárate (quien sería también director del Instituto de Reformas Sociales), tenía como propósito investigar la condición de la clase obrera ya que, según se pensaba, de no llevarse a cabo ciertas mejoras, se intensificaría la violencia de los trabajadores, agravándose con ello la llamada "cuestión social". En este proyecto, en el que desde luego participaban gentes muy diversas, jugaban un papel dominante la Institución y sus allegados. No es sólo que entre los miembros de la Comisión se encontrara algún colaborador y accionista de la Institución, como Federico Rubio, por ejemplo, así como un Mariano Carreras y González, que fue lo suficientemente amigo de krausistas como para haber servido de mediador entre el Gobierno y los profesores expulsados de la Universidad en 1876; más importa todavía que en el momento en que lleva a cabo su especial encuesta sobre las condiciones de vida de la clase obrera, el secretario de la Comisión es Gumersindo de Azcárate y su presidente, Segismundo Moret.

Cabe, desde luego, pensar en Moret exclusivamente como político: ministro de Hacienda, embajador en Londres, fundador del partido demócrata, ministro de Gobernación, de las colonias e, incluso, ya a principios del siglo XX, primer ministro. Pero Moret fue también, junto con Giner y Azcárate, uno de los primeros discípulos de Sanz del Río; miembro de la Sociedad Abolicionista; uno de los treinta y cinco profesores que se negaron a adherirse a la exposición que el Rector y los decanos de Madrid presentaron a Isabel II; profesor del Colegio Internacional fundado por Salmerón (y en el que Jaime Vera estudió de niño); dimisionario de su puesto universitario en 1875; fundador y fuerte accionista de la Institución, así como presidente de su Junta directiva de 1879 a 1881.

En suma, aunque fuese Moret un político práctico directamente vinculado con el Estado en un sentido poco o nada característico de los más puros institucionistas, no debemos olvidar lo de sobra sabido: que es también uno de los krausistas originales, figura importante de la Institución y que, en cuanto tal, y en cuanto heredero de una Comisión que había dirigido el mismo Azcárate, hace que esa Comisión aparezca en gran medida como empresa sociopolítica del krausismo-institucionismo de principios de los ochenta.

Cuando leemos, por ejemplo, las breves palabras de apertura de la primera sesión (26 de octubre de 1884) en que Moret indica que la Comisión ha de "estudiar las cuestiones que interesan a las mejoras de las clases obreras [...] y que afectan a las relaciones entre el capital y el trabajo" en el contexto del Preámbulo de su propio Decreto en que se dice que el conflicto entre capital y trabajo "no puede prolongarse sin detrimento de la paz pública", estamos, en efecto, muy cerca de las palabras con que en el principio de la información presentada ante la misma Comisión por la Institución Libre de Enseñanza se habla de los "profundos temores, preocupación honda, no solamente [por] la suerte de nuestras clases trabajadoras, sino [por] la paz y la tranquilidad del país". [9] Es por lo demás conocido lo mucho que trataron de esta "preocupación" Azcárate y Giner.

Los socialistas que informaron a la comisión entre 1884 y 1885 parecen haber estado, según veremos, plenamente conscientes de la relación existente entre la Comisión y el institucionismo, a pesar de lo cual, según también veremos en seguida, unánimemente califican a la Comisión de instrumento de la clase dominante. De ahí que consideren que la encuesta no producirá resultado positivo alguno para la clase obrera. Acuden, sin embargo, al llamado de la Comisión porque consideran, veremos, que la clase dominante, ante la presión de la clase obrera, se ha visto obligada a abrir una información que, por lo menos, puede servir a los socialistas de vehículo propagandístico.

En este contexto se producen las informaciones que aquí van a ocuparnos, y que son de dos tipos: una escrita y varias orales. La primera es fundamentalmente teórica; las orales son más concretas, directas y agresivas. No hay, sin embargo, contradicción alguna entre la una y las otras, puesto que las intervenciones orales presuponen el contexto de la teoría, además de que una de ellas es también fundamentalmente teórica, en tanto que la escrita, a pesar de su solidez expositiva, lleva también, según veremos, una carga polémica nada despreciable.

* * *

La primera intervención socialista (el mismo 26 de octubre de 1884), intervención oral, fue la de Antonio García Quejido, representante, según palabras suyas, de las Sociedades Tipográficas. Se encuentran ya en ella los temas centrales que desarrollarán sus compañeros del PSOE.

Empieza García Quejido afirmando que entre los diversos partidos políticos "que hoy se disputan el Poder existe solidaridad de intereses", intereses que son contrarios a los de la clase obrera y que, por lo tanto, lo mismo quienes son poseedores de "los instrumentos de trabajo" que quienes prestan "servicios" "a la clase dominante", aunque él no los considere "personalmente" como enemigos suyos, "lo son por su conducta y por sus actos" (página 8). [10] Y como "los señores que forman la Comisión no representan los intereses de la clase trabajadora, sino los intereses de la clase explotadora [...] y la clase acomodada no consiente que ningún gobierno toque a lo que ella cree sus derechos y son en realidad sus privilegios", "esta información no puede producir resultado alguno" (p. 9). "Nosotros —explica— consideramos totalmente ilusoria la labor de esta Comisión" (p. 8).

---

9 *La clase obrera española...*, p. 69.

10 *La clase obrera española...* De aquí en adelante, tratándose de los informes socialistas, daremos en nuestro texto sólo las referencias a las páginas correspondientes a esta obra.

La razón primera y última, el fundamento mismo de la cuestión, es que, aunque "durante algún tiempo" se mantuvo "la idea de armonía entre capitalistas y trabajadores [...] al fin se reconoció [por parte de la clase obrera] el error, la luz vino a hacerse, y se admitió como doctrina incontrovertible que no existía semejante armonía, que no eran armónicos los intereses de una y otra clase" (pp. 9-10). Esos intereses son, viene a concluir insistiendo García Quejido, "completamente antagónicos" (p. 11).

En breves minutos, sin vacilación ni matizaciones, García Quejido propone, pues, que la Comisión está al servicio de la clase dominante, tanto en cuanto simple receptora de las informaciones como en su relación (a través de Moret, por ejemplo) con los partidos que se "disputan el Poder". Y por si hubiera alguna duda sobre el lugar que en esta relación ocupaban ciertos intelectuales de gran voluntad humanitaria ("individuos que no hacen más que estudiar", a diferencia de los "individuos que no estudian porque no tienen tiempo más que para trabajar", p. 13), tres veces emplea García Quejido el término *armonía* en el breve espacio temporal que ocupa apenas cuatro líneas impresas.

De ahí en adelante todas las intervenciones socialistas irán dirigidas, en buena ortodoxia, contra la idea de que existe una relación armónica entre el capital y el trabajo. Y en todas se hará notar, con mayor o menor agresividad, que la Comisión, tan vinculada al institucionismo, es un organismo al servicio de la clase dominante. Debido precisamente a su seriedad teórica ello es particularmente notable en el informe de la Agrupación Socialista Madrileña, escrito por Jaime Vera en 1884.

No es cuestión aquí de entrar en el análisis detallado de un texto por lo demás tan ortodoxamente marxista, el primer texto marxista español amplio, coherente, fundamentado, sin la menor duda, en textos claves de Marx y Engels; texto, además vibrante de conciencia polémica. Basta para nuestro propósito en estas páginas destacar el rasgo estilístico más saliente de esa actitud polémica en su relación con la teoría y la praxis marxistas: la radical oposición que se establece en el informe desde su inicio mismo entre "*nosotros,* los del Partido socialista" (p. 158) y "*vosotros,* depositarios de toda la ciencia social y económica" (ibíd.), un *vosotros* que explícitamente no se refiere a los capitalistas, sino a quienes se han constituido "en abogados de la opresión burguesa", siendo así "servidores pagados de la burguesía", sus *lacayos* voluntarios (p. 161).

Esta oposición entre *nosotros* y *vosotros* —que ya había establecido García Quejido— se mantiene a lo largo de todo el informe de Jaime Vera, quedando siempre perfectamente claro que el *vosotros* se refiere a los miembros de la Comisión y, por extensión, a todos los que, compartiendo incluso las ideas más avanzadas de la Comisión, porque creen en una posible armonía entre el capital y el trabajo, no son, en el mejor de los casos, sino unos "utopistas" (p. 190): aquellos que "sirven en el mundo ideal de sus ilusiones, los que imaginan que el curso de los sucesos se deslizaría como arroyo entre flores si no fuera por las artes de cuatro mal intencionados, los que creen de buena fe que bastaría un fácil acuerdo para dar fin a todas las disonancias sociales y establecer sobre bases inquebrantables el imperio de la armonía universal". Tales personas no son, escribe Vera, sino "los inocentes perjudiciales de todos los tiempos y todos los campos" (p. 191).

Estas últimas palabras ("de todos los tiempos y todos los campos") alivian un tanto de su dura carga, claro está, al término *perjudiciales,* que no puede por ello aplicarse sólo —y ofensivamente— a quienes más insistentemente se referían a la *armonía universal.* Ahí quedan, sin embargo, la distinción entre *nosotros* y *vosotros* y dos fuertes acusaciones: que quienes predican armonías imposibles son no sólo *utopistas,* sino *lacayos.*

Y es justo aquí cuando el *vosotros* se transforma en "el señor Moret", a quien Jaime Vera se dirige ahora durante varias páginas, poniéndole como ejemplo de una inocencia y una ignorancia de la Comisión que corresponden más ampliamente a todos los "utopistas". De aquí hasta el final del informe Jaime Vera identifica a Moret tanto con la clase dominante, como con los gobiernos burgueses, como con "los sabios a su servicio" (p. 195). Y es de notar que, según se lleva a cabo esta identificación, el informe refuta, entre otras, dos ideas característicamente institucionistas. La primera ("que se dirá que no es la acumulación capitalista, sino la riqueza nacional lo que deben fomentar los gobiernos"), explícitamente desarrollada, por ejemplo, en el informe de la Institución Libre de Enseñanza a la misma Comisión; [11] la segunda (que ciertos países más avanzados, como especialmente Inglaterra y Alemania, pueden ser modelo de las posibles relaciones armónicas entre el capital y el trabajo), es también idea carísima, como se sabe, a los institucionistas, que si no aparece más que apenas insinuada en el informe de la Institución, se ve en cambio desarrollada en el informe sometido por Manuel Pedregal, quien fue vocal de la comisión de propaganda de la Institución en 1877. [12] (Notaremos de pasada que este mismo tema, que debía ser ya casi un lugar común entonces, lo tratan con gran sarcasmo en sus intervenciones García Quejido y Nafarrete).

Ha de entenderse —según hemos indicado— que lo esencial del informe de Jaime Vera radica en su ser el primer texto marxista español verdaderamente importante, en la forma detallada y justa, por ejemplo, en que en él se explica en qué consiste la anarquía de la producción capitalista y la teoría de la plusvalía y en cómo, a partir de ahí, se aclara que la relación entre capital y trabajo no puede ser sino antagónica, siendo la única "cooperación"

---

[11] Por ejemplo, ob. cit., pp. 71-73-74.

[12] Ob. cit. pp. 88-90. Pedregal, directa y sencillamente, propone la tesis liberal clásica: "El mismo salario es una manera de ser de la asociación entre el capitalista y el obrero" (p. 89).

entre ellos el hecho de que el trabajo produce el capital. Este es, por supuesto, el fondo teórico fijo a partir del cual ha de desarrollarse la praxis socialista. Pero lo que importaba destacar aquí es cómo esos principios se dirigen en la coyuntura del 83-85 no sólo a la propaganda y a la educación de la clase obrera, sino, polémicamente, contra la teoría de la armonía, es decir, contra el reformismo liberal de una Comisión ligada al krausismo-institucionismo tanto por la composición de sus miembros como por su interés en mejorar la condición de la clase obrera española y ayudar con ello, en lo posible, a resolver "la cuestión social".

Hay que añadir, sin embargo, que este análisis radical no revela ningún síntoma de la enfermedad izquierdista que años más tarde analizaría Lenin. Los socialistas madrileños reconocen claramente que la clase obrera necesita para su organización, y debe por lo tanto apoyar, todas las reformas económicas y políticas que permitan un mayor bienestar y una mayor libertad de acción.

> Lógicamente se deduce de aquí que nosotros, con intereses económicos diametralmente opuestos a todos los partidos burgueses, preferimos siempre dentro de la monarquía aquellas situaciones en que con más amplitud puedan ejercerse los derechos políticos; la república a la monarquía, y dentro de la república los gobiernos que cumplan mejor la obligación de mantener la igualdad política, pues aunque esta igualdad sea de hecho imposible mientras subsista la dependencia económica, por imperfecta que ella sea, dará espacio a que la clase obrera, siempre penosamente y a costa de grandes esfuerzos, pueda organizarse, propagar sus ideas dentro de una legalidad sin limitación doctrinal, y preparar el camino para la final destrucción del capitalismo. De igual suerte favoreceremos aquellas soluciones intermedias, ya económicas, ya políticas, que, sin resolver de lleno el problema social, preparen o ayuden a la evolución colectivista (p. 201).

Queda, pues, bien limitado el natural terreno de acuerdo entre un liberalismo progresista o reformista como el que caracterizaba a los institucionistas y el socialismo revolucionario. Pero que nadie se llame a engaño sobre las diferencias radicales: "La lucha de clases —escribe Jaime Vera— es inevitable, puesto que existe". Por lo cual —y la Agrupación Socialista Madrileña se dirige siempre a la Comisión—: "Quedaremos citados para la batalla final" (p. 201).

Los mismos principios se expresan no sólo, según hemos visto, en García Quejido, sino en las intervenciones de Matías Gómez y de Nafarrete, quien también emplaza al enemigo para "la batalla final", porque, la cosa es clara, "el lobo no puede armonizar con el cordero" (p. 30). Pero dejaremos aquí de lado esas intervenciones para comentar, aunque sea brevemente, la intervención, también oral, de Pablo Iglesias, quien habla en nombre del Partido Socialista Obrero.

Empieza también Pablo Iglesias por negar que las informaciones puedan ser de utilidad alguna más allá de la propaganda; explica también la plusvalía como fundamento de la explotación; se refiere, al igual que el informe de Jaime Vera, a la anarquía de la producción capitalista; y, citando textualmente las primeras palabras del *Manifiesto comunista* declara que "La historia de la humanidad hasta el presente, no es más que la historia de la lucha de clases" (p. 47). Lógicamente, insiste a partir de ahí en que los intereses de la clase obrera y los del capital son "antagónicos" (p. 55), que "no son armónicos, sino contrarios" (p. 56). "Por lo tanto —subraya— no hablemos de armonías" (p. 52).

Por si no fuera clara tal alusión, pasa inmediatamente a atacar la idea de que el antagonismo de intereses pueda resolverse con las sociedades cooperativas (que, según dice, "el señor Moret" recomienda muy particularmente), así como con la participación de los obreros en los beneficios de la empresa, ideas las dos caras a Giner y Azcárate. [13] Para Pablo Iglesias en 1884 esas eran "quimeras" (p. 57); por lo que concluye que "el remedio sólo vendrá cuando desaparezca la clase burguesa" (p. 61).

Importa también notar que, al igual que ocurre en el informe de Jaime Vera, Pablo Iglesias acusa a la Comisión de ser instrumento de la clase dominante,

> pues aunque haya en ella individuos que en realidad no crean representar los intereses de la clase dominante, en el fondo es así, y de otro modo dejarían de ser lo que son, porque, después de todo, no son ellos los directores de la clase dominante, sino los dirigidos (pp. 45-46).

* * *

No ha de concluirse que el Partido Socialista Obrero de los años ochenta veía su mayor enemigo en el ideario krausista, en la ideología de la Institución, o en la proyección política de esta ideología a través de las actividades de algunos diputados o ministros progresistas. Bien claro resulta en los informes de Jaime Vera y de Pablo Iglesias que los socialistas consideraban que la racionalidad y tolerancia utópicamente humanistas de los institucionistas eran favorables y necesarias para la clase obrera en su lucha por un espacio más libre. Mucho peores y más importantes enemigos que la Comisión de Reformas Sociales tenía el socialismo en España en el último cuarto de siglo. Sin embargo, atrae especialmente la atención en las diversas respuestas socialistas al llamado de la Comisión su insistencia en atacar la idea de la *armonía* existente o posible (porque existente a priori en su teoría) entre el capital y el trabajo. Estos ataques son inseparables de sus críticas a la Comisión misma, en la cual, parece claro, ven una especie de diluida prolongación política del ideario krausista-institucionista. Este

---

[13] Véase, por ejemplo, Díaz, ob. cit. en la n. 2, p. 150.

ideario no es, en su opinión, sino una forma ideológica bajo la que se esconden las convicciones capitalistas de sus sostenedores, quienes, por lo tanto, lo sepan o no, son servidores, lacayos de la clase dominante.

Tales precisiones les eran importantes a los socialistas de hace cien años no tanto porque la ideología dominante de la Institución y sus derivados tuviese un peso decisivo en el terreno cotidiano de la lucha de clases de entonces, sino porque veían en ella un instrumento que la clase dominante española, de ser un poco menos cerril, podría fácilmente utilizar para la cooptación de un proletariado en su mayoría aún no suficientemente consciente. A fin de cuentas, por algo había escrito Marx en el Prólogo a la Segunda edición del *Capital* contra el "superficial sincretismo" de John Stuart Mill, que "trataba de armonizar la Economía Política del capital con las exigencias, que ya no pueden ignorarse, del proletariado".

Frente a esta evidencia, tomando incluso muy especialmente en cuenta que, como decía García Quejido, los "servidores" de la clase dominante no eran personalmente enemigos suyos, de poco sirve recordar que Jaime Vera estudió de niño en el Colegio Internacional o que Pablo Iglesias asistió durante un año a un curso de extensión institucionista: son ellos dos, precisamente, quienes con más claridad y aparato teórico oponen la teoría de la lucha de clases a la teoría de la armonía universal. Menos validez tiene, si acaso, recordar que Besteiro y de los Ríos, provenientes de la Institución, llegaron en el siglo XX a ser miembros importantes del Partido Socialista, puesto que los dos se caracterizan en ese Partido precisamente por su revisionismo, i.e., por estar entre quienes antes y más sutilmente propusieron en el seno del PSOE la abolición del principio de la lucha de clases. Es enorme el abismo que separa el socialismo "humanista" de un de los Ríos o de un Besteiro de la ortodoxia revolucionaria del Partido Socialista Obrero de los años ochenta del siglo XIX.

Tal vez sólo tomando en cuenta estas consideraciones pueda ampliarse sensatamente esa demasiado breve nota al pie del libro de Elías Díaz a que nos referíamos al principio de estas páginas; páginas que, por lo demás, no pretenden ser, a su vez, sino otra nota al pie en la historia de las ideas de la España de fines del XIX.

La utopía paradisíaca de Vicente Aleixandre

Juan Cano Ballesta
University of Pittsburgh

El lector que abra por primera vez *Sombra del paraíso* puede quedar seducido y desorientado por el tono de alguna de sus páginas. Vicente Aleixandre nos conduce a veces a través de ellas por los inmensos espacios estelares entre soles, luceros, estrellas y constelaciones sin fin, exaltando fervorosamente un universo embriagado de cánticos y armonía. Al escuchar muchos de sus versos se confirma la impresión de que, en efecto, tenemos entre manos un libro jubiloso orientado hacia ilimitadas perspectivas cósmicas. En este sentido se han expresado prestigiosos críticos, como Francisco Aparicio:

> Parecería que el estilo, con su tendencia escultórica, crea el mundo paradisíaco perfecto de Aleixandre. Y que éste, busca, necesita un estilo escultórico para expresarse. Ni una mueca de dolor, ni un gesto de tristeza: toda imperfección está cuidadosamente eliminada, y las estatuas se suceden, desnudas, nítidas, perfectas, en su mármol blanco, a toda luz.

También críticos muy recientes, como Pere Gimferrer, insisten en que *Sombra del paraíso* es "La versión positiva de *La destrucción o el amor*", y llama a este libro "fulgurante himno a la plenitud sensorial de un mundo acorde con su sentido".[1]

Pero esta primera impresión puede resultar engañosa, como bastantes de las interpretaciones que se han hecho del poeta malagueño. ¿No seremos víctimas de un espejismo? Aleixandre vacila a veces al tratar de definir la

---

[1] Pere Gimferrer, "Itinerario de Vicente Aleixandre", *Radicalidades* (Barcelona, 1978), pp. 113-114, y Francisco Aparicio, "Luz y sombras de Vicente Aleixandre", *RyF* (1954), 48. También Ricardo Gullón hablaba de "la visión alucinada y radiante de *Sombra del paraíso*" y consideraba éste "el más sazonado, compacto y luminoso de sus libros". Véase José Luis Cano, *Vicente Aleixandre* (Madrid, 1977), pp. 128-129. A lo largo de este artículo la sigla OC seguida de un número se refiere a Vicente Aleixandre: *Obras Completas* (Madrid, 1968).

misión de la poesía o la función de los poetas. Estos son para él seres hondamente enraizados en lo terrestre, pero sensibilísimos, capaces de percibir el canto de la piedra, el rumor de los bosques o "la embestida brutal de las aves celestes". El artista mantiene contactos misteriosos con mundos lejanos, estelares, de la fantasía o del recuerdo, por lo que intenta compartir con los hombres estas experiencias trayéndoles, como él dice, "un destello del sol". Otras veces, ansioso de completar su comprensión del acontecer humano, ha visto cómo se derrumbaban en torno suyo bellos sueños de dicha; ha visto ilusiones segadas, seres desterrados de su paraíso, mundos de belleza y felicidad hechos añicos. Lo dice en sugestivos símbolos cargados de lirismo: "una flor quebrada por la brisa", "pétalos cayendo arruinados", "vastas alas dolidas", "ángeles desterrados" en cuyas frentes blanquísimas aún brillaban "inmensos sueños duros", casi todavía con la consistencia de lo real. Esto tiene sin duda algo que ver con la dolorosa realidad histórica española y europea de los años de composición del libro, 1939-1943: guerras, persecuciones, purgas, campos de concentración, bombardeos, exilio para varios centenares de miles de españoles, jóvenes vidas destrozadas, ilusiones rotas...

> Yo vi una flor quebrada
> por la brisa. El clamor
> silencioso de pétalos
> cayendo arruinados
> de sus perfectos sueños.
> ¡Vasto amor sin delirio
> bajo la luz volante,
> mientras los ojos miran
> un temblor de palomas
> que una asunción inscriben!
> Yo vi, yo vi otras alas.
> Vastas alas dolidas.
> Ángeles desterrados
> de su celeste origen
> en la tierra dormían
> su paraíso excelso.
> Inmensos sueños duros
> todavía vigentes
> se adivinaban sólidos
> en su frente blanquísima.

("Los poetas")

Aleixandre nos está diciendo lo que él considera la misión de los poetas en un mundo de sombras agobiantes: tratar de salvar, de recuperar aquellos maravillosos sueños que no llegaron a realizarse, aquellas ilusiones segadas, aquellas felicidades destrozadas. Ésta es precisamente para él la función de la poesía: despertar de nuevo la fe del hombre en la belleza y la dicha, no dejarlo hundirse en esta ciénaga de sordidez y dolor de la realidad, hacerle vislumbrar, mediante el libre despliegue de la imaginación, bellas visiones capaces de levantar su espíritu. Aleixandre, al menos, así trata de hacerlo en *Sombra del paraíso*. La fantasía creadora tiene aquí una misión muy precisa y la poesía no es sino su cristalización en formas del lenguaje ante la incomprensión general del mundo contemporáneo, superficial, degradado, artificioso e incapaz de sustentar los vuelos de esa prodigiosa inspiración.

* * *

Llegados a este punto nos podemos preguntar: ¿cómo es esta existencia maravillosa hacia la que se proyecta la imaginación libre del artista? ¿En qué recónditos parajes trata de buscarla? ¿Qué papel juega en este buceo el pasado, el presente e incluso el futuro?

Aleixandre no puede menos de hacerse eco del tópico tradicional, clásico y renacentista, del "locus amoenus": un bello conjunto de luz, calor, valles y ríos, transfigurado por el sol naciente. Es un mundo impregnado por "la generosa luz de la inocencia", entre "flores silvestres", reflejos de estrellas matinales y los "puros céfiros" del amanecer ("Criaturas en la aurora"). Aleixandre se aproxima a las ya clásicas pinturas de la Edad de Oro virgiliana en aquel delicioso idilio en que los rayos solares llenan la tierra de cánticos, los árboles cuelgan rebosantes de savia, las flores abren al sol su misterio como buscando una caricia, las rocas reposan sensuales, los bosques lanzan sus risas y las aguas juegan como seres vivos. La nostalgia por una existencia ideal le lleva a la creación de un paisaje y una naturaleza también ideales:

> Todo el mundo creado
> resonaba con la amarilla gloria
> de la luz cambiante.
> Pájaros de colores,
> con azules y rojas y verdes y amatistas,
> coloreadas alas con plumas como el beso,
> saturaban la bóveda palpitante de dicha,
> batiente como seno, como plumaje o seno,
> como la piel turgente que los besos tiñeran.
>
> Los árboles saturados colgaban
> densamente cargados de una savia encendida.
> Flores pujantes, hálito repentino de una tierra gozosa,
> abrían su misterio, su boca suspirante,
> labios rojos que el sol dulcemente quemaba.
>
> Todo abría su cáliz bajo la luz caliente.
>
> ("Primavera en la tierra")

En su búsqueda del paraíso trata Aleixandre de llegar a la inocencia original, la existencia pura, en una edad dorada en que el hombre se ha reconciliado plenamente con la naturaleza. José Luis Cano nota cómo ya en *Pasión de la tierra* apuntaba esta "defensa de lo elemental, de lo puro, de lo desnudo, y la protesta contra lo artificial, lo falso, los muros y vestiduras que impiden esa libertad y esa desnudez del hombre", y Carlos Bousoño observa que el ser humano elemental "es uno de los héroes de esta lírica, y por eso suele ser visto por Aleixandre en su desnudez". [2] En "Primavera en la tierra" evoca su "juventud primera" en una escena que irradia pureza e inocencia:

Un muchacho desnudo, cubierto de vegetal alegría,
huía por las arenas vívidas del amor
hacia el gran mar extenso,
hacia la vasta inmensidad derramada
que melodiosamente pide un amor consumado.

La gran playa marina,
no abanico, no rosa, no vara de nardo,
pero concha de un nácar irisado de ardores,
se extendía vibrante, resonando, cantando,
poblada de unos pájaros de virginal blancura.

("Primavera en la tierra")

La desnudez es una parte esencial de este paraíso aleixandrino, y la plenitud del amor no puede lograrse sino entre lucientes cuerpos que, haciéndose eco de fuerzas cósmicas, reflejan todo lo bello y elemental del universo: nubes, pájaros y estrellas. El amor es un acontecimiento de resonancias estelares:

¡Ah, maravilla lúcida de tu cuerpo cantando,
destellando de besos sobre tu piel despierta:
bóveda centelleante, nocturnamente hermosa,
que humedece mi pecho de estrellas o de espumas!

("Plenitud del amor")

El poeta habla de pechos desnudos, de "carne casi celeste" ("Muerte en el paraíso"), o canta a una muchacha llamándola "primavera matinal", "imagen fresca de la primavera", "nudo de dicha" o comparándola con un río o con "un astro celeste". La carne tiene resonancias cósmicas y está reconciliada y en intenso contacto con la naturaleza:

---

2 J. L. Cano, "Introducción biográfica y crítica" a V. Aleixandre, *Espadas como labios. La destrucción o el amor* (Madrid, 1972), p. 19, y C. Bousoño, "La poesía de Vicente Aleixandre" en *Vicente Aleixandre*, ed. J. L. Cano (Madrid, 1977), p. 33.

> Tendida estás, preciosa, y tu desnudo canta
> suavemente oreado por las brisas de un valle
>
> ("A una muchacha desnuda")

El desnudo representa la máxima autenticidad y belleza, la más alta proximidad a la inocencia y dicha paradisíacas. El cuerpo femenino en su blanca desnudez es evocado en frescas imágenes tomadas de la naturaleza pura y elemental en pleno dinamismo: " río escapando", "espuma dulce", "corriente prodigiosa" ("Cuerpo sin amor").

Este bello jardín encantado, limpio y puro, al contacto con estrellas, sol y luna, aparece trasfigurado como un universo perfecto, ajeno al sufrimiento terreno y libre de la órbita de todo lo caduco y efímero:

> pecho hermoso de estrellas
>
> ("Cuerpo sin amor")

> toda la noche hermosa sobre tu cuerpo brilla
>
> (Ibíd.)

> ¡Oh estrellas, oh luceros! Constelación eterna
> salvada al fin de un sufrimiento terreno,
> bañándose en un mar constante y puro
>
> ("Hijo del sol")

Los astros son testigos perennes de un primigenio mundo feliz, libre de dolor. Por eso, llamar al cuerpo amado "astro feliz" es asociarlo al luminoso mundo estelar, lejos de los límites e imperfecciones de la existencia terrena; es expresión de la suprema dicha. El poeta lo canta extasiado, ansioso de alcanzar con la mano ese placer celeste:

> ¡Ah, estrella mía,
> desciende! Aquí en la hierba
> sea tu cuerpo al fin, sea carne
> tu luz. Tenga al cabo,
> latiendo entre los juncos,
> estrella derribada
> que dé su sangre o brillos
> para mi amor.
>
> ("No estrella")

El fulgor estelar constituye una suprema exaltación, impregna los objetos y los trasfigura en bellos seres tocados de eternidad, incorruptibles. El mar refulgente de Málaga viene a convertirse en "luz eterna", "rosa del mundo ardiente" frente a la finitud efímera de la tierra. Las gaviotas volando se truecan en "viaje hacia un mundo prometido, entrevisto". La máxima trasfiguración del cuerpo de la amada tiene lugar cuando ésta queda bañada por un torrente de luz solar, cuando entra en contacto con viejos símbolos astrales. Es la técnica que utiliza para envolver en una aureola mítica la realidad terrestre. El amor es "luciente", la carne "traslúcida", y el poeta siente tras el amor una sensación de plena dicha que se expresa en una cadena de sinónimos entre los que destaca la luz:

> ... mientras todo mi ser a un mediodía,
> raudo, loco, creciente se incendiaba
> y mi sangre ruidosa se despeñaba en gozos
> de amor, de luz, de plenitud, de espuma.

> ("Nacimiento del amor")

¿Hacia dónde se orienta este paraíso utópico que nos pinta Vicente Aleixandre? ¿Puede ser una simple cosmogonía o reconstrucción de los orígenes del universo como se ha sugerido? ¿Es pura fantasía creadora de cuño surrealista? Pero aun siéndolo ¿no refleja inevitablemente una cierta percepción de la historia contemporánea? ¿Cuál es el sentido de ésta?

Notemos que los recuerdos de la infancia son el punto de partida para el despliegue libre de la fantasía en ese maravilloso mundo imaginario que trata de reconstruir Aleixandre. Ya Baudelaire, el primer gran artista de las letras modernas, pensaba que la poesía se orienta esencialmente hacia el ideal paradisíaco y que hay que buscarla en las galerías del recuerdo: "Tout poéte lyrique, en vertu de sa nature, opère fatalement un retour vers l'Eden perdu".[3] En otro lugar recuerda Baudelaire que poesía viene a ser "enfance retrouvé" ("niñez recuperada") y que la infancia constituye la clave para comprender toda poesía. El niño, fascinado por la novedad de su entorno, lo contempla todo en un estado de embriaguez sensorial, pero aún carece de medios de expresión. El poeta adulto no hace sino formular con sus facultades ya desarrolladas aquellas vivencias infantiles.[4] Bajo esta perspectiva tal vez resulte más transparente *Sombra del paraíso* y su preferencia por los tiempos del pasado. La nostalgia conduce al poeta hacia una fértil llanura de naranjos y limones, de palmas y magnolios junto al "río tranquilo" y bajo el "cielo ligero" de su Andalucía infantil ("El río"). Cuando habla de "ese continente que rompió con la tierra" reconoce que está aludiendo a un universo lejano, incluso desgajado de nuestras realidades más próximas. La contraposición entre un pasado feliz, inocente, idealizado, y un presente desolador crea la continua tensión que sustenta este poema y amplias porciones del libro. El aquí y el ahora es Castilla ("esta inmensa llanura... sin amor",

---

[3] Citado por Gerhard Hess, *Die Landschaft in Baudelaires "Fleurs du Mal"* (Heidelberg, 1953), p. 134.
[4] Ibíd., pp. 108, 110, 111.

"lisa tierra esteparia") que precisamente por su sequedad le empuja a evocar ideales parajes:

> Tú, río hermoso que luego, más liviano que nunca, entre
>   bosques felices
> corrías hacia valles no pisados por la planta del hombre.
> Río que nunca fuiste suma de tristes lágrimas,
> sino acaso rocío milagroso que una mano reúne.
> Yo te veo gozoso todavía allá en la tierra que nunca fue
>   del todo separada de estos límites en que habito.
>
> ("El río")

El pasado queda envuelto en una aureola mítica que lo sustrae a la temporalidad histórica. Pero cuando se alude al presente las tintas se recargan y las imágenes que fluyen de la pluma son de la noche que cae y "un levísimo vapor de ceniza" ("Criaturas en la aurora").

El poeta traza una clara línea divisoria entre la deprimente realidad próxima, la presente, y el júbilo de los espacios inmensos que no logran arrancarlo de su tristeza:

> [...] Triste es el mundo;
> pero la inmensa alegría invasora del universo
> reinó también en los pálidos días.
>
> ("No basta")

Las alusiones al momento actual, por ligeras y leves que sean, siempre van cargadas de preocupación e inquietud. Aleixandre se siente interiormente combatido por una "presencia dolorida y feroz" y sólo halla calma en la maravillosa serenidad del "puro azul" celeste ("Al cielo"). En otro poema el presente es aludido con referencias a "caminos oscuros" y al "efímero deseo apagado del hombre" ("Mar del paraíso"). Si el tema amoroso, el cuerpo femenino y el desnudo le habían inspirado, en sus recuerdos del pasado, tan radiantes poemas, el presente le hunde en la más feroz depresión. Lejos del cuerpo de ella se siente mutilado, quebrado, desterrado de la patria a que pertenece:

> Mutilación me llamo. No tengo nombre; solo
> memoria soy quebrada de ti misma. Oh mi patria,
> oh cuerpo de donde vivo desterrado,
> oh tierra mía,
> reclámame.
>
> ("Desterrado de tu cuerpo")

Resuena repetidas veces a lo largo de *Sombra del paraíso* y se percibe en el mismo título del libro una vieja concepción filosófica de tradición pla-

tónica, que vale la pena tener presente. Distingue el poeta un mundo platónico de realidades auténticas, de verdadera felicidad (Sol) y otro de luz engañosa, de dicha incompleta (sombras). El hombre ha nacido para ese Sol
y esa dicha, que en vano trata de alcanzar. Pero los rayos de sol que nos
llegan son tan sólo la "fulgurante promesa" de una dicha robada al hombre,
quien se ve más bien envuelto en opacas sombras:

> da sólo sombras,
> sombras, espaldas de una luz engañosa.

("Hijo del sol")

La antropología de Aleixandre es de una gran coherencia. En su esfuerzo
por evocar un mundo primigenio, elemental, originario y puro, el poeta
recoge la tradición de viejas concepciones a que acabamos de aludir. El
hombre es un "hijo de la luz", hecho de barro y materia, que vive transito-
riamente en la tierra, donde es "pura arcilla apagada". Pero su destino es
brillar como un astro, lograr trascendencia cósmica. Un soplo celeste, un
rayo de sol le presta calidad de dios, redimiendo, aunque sólo sea pasajera-
mente, su "materia sin vida" ("Al hombre"). Difusas ideas platónicas y plo-
tinianas presiden esta hermosa concepción del hombre como ser cósmico,
como materia redimida. La carne humana, cual barro, yace "sin luz", como
"rocas cansadas". Caída de un reino de fulgor y hundida en la materia tenebrosa está destinada a reintegrarse a su originario mundo luminoso: "nació
para ser chispa de luz, para abrasarse", pero por ahora se halla oprimida por
el "cansancio del mundo", sin que se la vea escapar hacia el horizonte:

> no se ve, no, ese rápido esquife, ágil velero
> que con quilla de acero, rasgue, sesgue,
> abra sangre de luz y raudo escape
> hacia el hondo horizonte, hacia el origen
> último de la vida,

("Destino de la carne")

Todos los textos que acabo de comentar y las concepciones filosóficas a
que aluden no hacen sino poner de relieve el fuerte contraste de dos esferas
íntimamente ligadas entre sí que podríamos llamar realidad y utopía, presente
y pasado mitificado, que tan apropiadas resultan para comprender su dramática cosmovisión.

En "Adiós a los campos" la dialéctica de Aleixandre no opone pasado
a presente sino naturaleza y paisaje a historia, lo que no hace sino confirmar
ese contraste binario de actitudes que venimos observando. Si jubilosamente
celebra en tiempo presente la existencia por montañas, ríos y llanuras, notemos que lo que describe y canta es la naturaleza en sus eternos ciclos y
fuera del tiempo histórico:

Y allá remota la llanura dorada donde verdea siempre el
    inmarchito día,
muestra su plenitud sin fatiga bajo un cielo completo.
¡Todo es hermoso y grande! El mundo está sin límites.
Y sólo mi ojo humano adivina allá lejos la linde, fugitiva
    más terca en sus espumas,
de un mar de día espléndido que de un fondo de nácares
    tornasolado irrumpe.

("Adiós a los campos")

Entregado al disfrute del amor ("tu pelo terso, tus paganos brillos, / tu
carne dulce que a mi lado vive"), la simple evocación del presente, del "hoy",
ya mire a su interior, ya contemple la realidad histórica contemporánea ("estos
labios pasados por el mundo"), le sumerge en temores y presentimientos. El
dolor le sobrecoge. Recordemos que el poema fue escrito el 5 de noviembre
de 1940, ya comenzada y en pleno furor la segunda guerra mundial:

¿Entonces? Hoy, frente a tus ojos miro,
miro mi enigma. Acerco ahora a tus labios
estos labios pasados por el mundo,
y temo, y sufro, y beso. Tibios se abren
los tuyos, y su brillo sabe a soles
jóvenes, a reciente luz, a auroras.

("Ultimo amor")

Al "hoy" de la historia opone el "aquí" y el "ahora" del instante amoroso, pasajero y fugaz, que irremediablemente le trae un presentimiento de
la próxima soledad. Pero al fin hace un esfuerzo por evadirse hacia el placer,
olvidado del tiempo histórico, con gesto horaciano de "carpe diem", y se
hunde en la experiencia amorosa en armonía con el universo:

¿Entonces? Negro brilla aquí tu pelo,
onda de noche. En él hundo mi boca.
¡Qué sabor a tristeza, qué presagio
infinito de soledad! Lo sé: algún día
estaré solo. Su perfume embriaga
de sombría certeza, lumbre pura,
tenebrosa belleza inmarcesible,
noche cerrada y tensa en que mis labios
fulgen como una luna ensangrentada.

¡Pero no importa! Gire el mundo y dame,
dame tu amor, y muera yo en la ciencia
fútil, mientras besándote rodamos
por el espacio y una estrella se alza.

("Ultimo amor")

Aleixandre hace una clara distinción entre la realidad histórica de nuestro mundo concreto ("en medio de la vida") que es triste y trágica, y el universo astral intemporal y eterno, que irradia júbilo; de modo que las estrellas logran iluminar los "pálidos días" de su existencia terrestre ("No basta"). La vida tiene sus crisis, sus nubes sombrías, como la historia tiene sus asoladoras tormentas. La segunda guerra mundial estaba en plena furia destructora cuando se escribió este poema el 29 de noviembre de 1940. El poeta habla de relámpagos morados e infinitas pesadumbres y de una vida entre el vacío desolador y gritos de desesperación:

> y sin mirar arriba nunca, nunca, hundí mi frente en la
>   arena
> y besé solo a la tierra, a la oscura, sola,
> desesperada tierra que me acogía.
>
> Así sollocé sobre el mundo.
>
> ("No basta")

El presente, próximo, histórico, cargado de sombras y tragedia, es tan oprimente que el poeta siente el incontenible impulso de huir, evadirse hacia espacios más luminosos. De nuevo la dialéctica entre agobiante realidad próxima y fantasía desplegada, creadora de bellos mundos de ilusión, está dominando este libro:

> volver mi frente hacia el cielo
> y mirar hacia arriba, hacia la luz, hacia la luz pura,
> y sintiendo tu calor, echado dulcemente sobre tu falda,
> contemplar el azul, la esperanza risueña.
>
> ("No basta")

Hay en este libro otra faceta muy digna de que le dediquemos unas reflexiones. En este peculiar acercamiento a las realidades contemporáneas Vicente Aleixandre, implícitamente e incluso a veces de modo expreso, está tomando posiciones frente al mundo de la técnica y el envolvente proceso industrializador. Lo primero que llama nuestra atención es la casi total ausencia de alusiones a él. Aleixandre, habitante de una gran ciudad, lo ignora olímpicamente. La máquina, la tecnología, los inventos apenas si dejan eco en esta amplia colección de poemas dominados por objetos puros, inocentes y bellos, alejados de toda manipulación humana. El poeta es para él cantor de montañas, de resonantes bosques, aves celestes, águilas o peces ("El poeta"). Lo que no forma parte del proceso renovador de la naturaleza orgánica está lejos de ese cosmos de belleza que él añora. El movimiento futurista y las primeras vanguardias con su fervor maquinista parece que no han tenido lugar o Aleixandre los ignora centrando su atención en problemas que considera más urgentes. Cuando alude a los productos artificiosos de la mano del hombre su valoración suele ser negativa. El poeta vuelve la espalda a la civilización moderna de la máquina y la gran ciudad, de rascacielos y enjambres humanos. La considera fea e indigna de su atención lírica. No quiere verla. Frente al ayer idílico, el "hoy" le evoca "cielos de plomo pesaroso" y todo ese mundo inhóspito y monstruoso con sus torres de hierro, artificiosos vestidos y ambiciones efímeras:

> Hoy que la nieve también existe bajo vuestra presencia,
> miro los cielos de plomo pesaroso
> y diviso los hierros de las torres que elevaron los hombres
> como espectros de todos los deseos efímeros.
>
> Y miro las vagas telas que los hombres ofrecen,
> máscaras que no lloran sobre las ciudades cansadas,
> mientras siento lejana la música de los sueños
> en que escapan las flautas de la Primavera apagándose
>
> ("Primavera en la tierra")

Los productos de la civilización urbana, se contraponen a lo primigenio, al desnudo "cuerpo luminoso", a la inocencia elemental del mundo ("La verdad"). La desnudez de la muchacha, no eclipsada por inútiles vestidos, resalta no sobre una cama de refinado encaje, sino "sobre un verde armonioso", recostada sobre "un lecho de césped virgen" ("A una muchacha desnuda"). Los vestidos, a los que llama "tristes ropas ("Mensaje") y "resto inútil de una ciudad" ("La verdad") no hacen sino afear el maravilloso desnudo velando su esplendor con productos artificiosos de la industria. Las manos del hombre no logran con su laboriosidad sino ensuciar la belleza elemental de los metales más preciosos: "el oro no manchado por los dedos de nadie" ("Mar del paraíso").

La ciudad, sujeta a las mil servidumbres del progreso y la mecanización, no alcanza a vislumbrar los prodigios de la fantasía, esa posibilidad de liberación imaginativa que sólo los poetas logran. Éstos sí que son capaces de adivinar paraísos de dicha, luminosos sueños que levantan el ánimo y les permiten elevarse a no acotadas regiones de libertad ("Los poetas"). El poema "Mensaje" formula claramente la repulsa enérgica de todos los cambios que acarrea la civilización moderna con sus artefactos, ropas, metales y palabras, mientras aconseja hundirse en los abismos de "la mar" y de "la luz", que son la verdadera dicha:

> ¡Ah! Amigos, arrojad lejos, sin mirar, los artefactos tristes,
> tristes ropas, palabras, palos ciegos, metales,
> y desnudos de majestad y pureza frente al grito del mundo,
> lanzad el cuerpo al abismo de la mar, de la luz, de la dicha inviolada,
> mientras el universo, ascua pura y final, se consume.
>
> ("Mensaje")

La total fusión con la naturaleza inconsciente es la máxima exaltación a que puede llegar el ser humano, lejos de la historia y de la consciente lucha por la existencia a que obliga la vida moderna. El poeta quisiera alejarse de todo signo de la civilización industrial, de sus "lentos trajes sin música", para entregarse a la fruición de los seres y objetos más elementales:

> para exhalar feliz sus hojas verdes, sus azules campánulas
> y esa gozosa espuma que cabrillea en su copa...

> yo reflejo las nubes, los pájaros, las futuras estrellas...

("Plenitud del amor")

Vicente Aleixandre describe en hermosos versos este descenso glorioso al seno de la gran madre saludado por "los trinos alegres de los ruiseñores":

> Yo os vi agitar los brazos. Un viento huracanado
> movió vuestros vestidos iluminados por el poniente trágico.
> Vi vuestra cabellera alzarse traspasada de luces,
> y desde lo alto de una roca instantánea
> presencié vuestro cuerpo hendir los aires
> y caer espumante en los senos del agua;
> vi dos brazos largos surtir de la negra presencia
> y vi vuestra blancura, oí el último grito,
> cubierto rápidamente por los trinos alegres de los ruise-
> ñores del fondo.

("Destino trágico")

La Málaga de su infancia es la única ciudad en este libro que encarna valores positivos y le fascina incondicionalmente. ¿Cómo es posible? Si analizamos el poema "Ciudad del paraíso", tan cuidosa y certeramente estudiado por Manuel Alvar, pronto constatamos la visión tan peculiar que de ella guarda el poeta. Málaga es descrita como ciudad que descendiendo del cielo reina "sobre las aguas". Ningún dato típico de las ciudades modernas se le atribuye: tranvías, automóviles, ascensores... Son otras las características que en ella le atraen. La describe a base de pinceladas altamente subjetivas ("angélica ciudad", "ciudad de mis días alegres", "ciudad graciosa", "ciudad prodigiosa"). ¿Cómo son sus calles? Son "leves, musicales". ¿Y sus paredes? "Rutilantes". Los ecos del recuerdo forman un concierto "lógico y sin disonancias" ya que, como nota Baudelaire, la capacidad armonizadora es la primera gran facultad de la memoria. [5] El poeta podemos decir que ha cerrado los ojos y no hace sino proyectar la visión legendaria, mitificada de

---

5 Ibíd., p. 108.

sus caras vivencias infantiles. No es una ciudad real, terrestre, histórica, sino imaginada, embellecida con la aureola con que la lejanía engalana nuestros recuerdos. Llega a llamarla "voladora", "blanca en los aires, con calidad de pájaro". Se ha salido del ámbito de la historia para refugiarse en el mundo de las seductoras fantasías y de la recreación nostálgica.

La unidad temática de *Sombra del paraíso,* que ha sido resaltada por algunos autores [6] se apoya en una dialéctica de conjuntos contrapuestos en que una luminosa visión cósmica contrasta con la oscurecida situación histórica del momento: pasado frente a presente, naturaleza frente a historia, mítico universo astral frente a desencantada realidad próxima. El tema central del libro queda así vigorosamente resaltado: el descontento, la tristeza, la desolación de un mundo oprimente sumerge en oscuridades lo que podría ser una existencia paradisíaca, a cuya ensoñación se dedica el poeta. La actitud crítica y de protesta es así expresada con todo dramatismo. No es la de Aleixandre una nostalgia del pasado con todo lo que ésta implica de estética e ideología política orientada hacia el ayer. Es la nostalgia por un más allá fuera de la historia, que flota feliz en el mundo armónico de lo intemporal; de aquí su constante orientación hacia el espacio astral "incorruptible", o hacia el seno quieto de la naturaleza. También es a veces la búsqueda de la inocencia original, paraíso sin mancha que sitúa en los años y paisajes de la infancia feliz. Frente a la temporalidad histórica Aleixandre afirma, según la expresión de Octavio Paz, "el tiempo sin fechas de la sensibilidad y la imaginación, el tiempo original", que "no es un tiempo revolucionario sino mítico". [7]

Si, como hace Leopoldo de Luis, recordamos los terribles años en que escribió este libro (1939-1943), años en que la guerra civil, la derrota, muerte, encarcelamiento y exilio de tantos amigos de Vicente Aleixandre destruyen las bellas ilusiones de su juventud, nos resulta más convincente la idea de que esa "aurora del universo" (OC, 1451), ese paraíso primigenio que el poeta crea imaginativamente, es un intento de superar la realidad presente, el ansia de vencer un mundo inaceptable sea mediante la escapada al universo astral o acogiéndose en el seno maternal de la naturaleza inconsciente. Pero es mucho más. Es el rechazo de toda una civilización, la de la máquina y la industrialización triunfante, que tras romper la armonía de un mundo más o menos equilibrado, no ha sabido sustituirla sino por una existencia amenazada, inhóspita y angustiosa.

Leopoldo de Luis, que considera *Sombra del paraíso* como obra del "exilio interior de la España silenciosa", coincide en observar que "hay en sus páginas como un deliberado alejamiento, una voluntaria inhibición frente

---

[6] Véase Ricardo Gullón, "Itinerario de Vicente Aleixandre", en José Luis Cano, *Vicente Aleixandre* (Madrid, 1977), p. 128.

[7] Octavio Paz, *Los hijos del limo* (Barcelona, 1974), pp. 77-78.

al presente, a cambio de iluminar remotos paisajes de armonía y belleza
frustradas". [8] El alma que "se refugia en ese mundo paradisíaco" no es un
espíritu superficial, satisfecho, que se deja engañar por la visión triunfalista
de un momento de engañosa euforia imperial. Como atisba con visión certera
Concha Zardoya, es "un alma angustiada". [9] Yo quiero precisamente poner
de relieve lo que el mismo Aleixandre ha llamado "la vertiente dolorosa
y sombría de la obra" (OC, 1455), de capital importancia si la queremos
entender debidamente. El poeta siempre que ha escrito sobre *Sombra del
paraíso* ha tratado de resaltar este contrapunto como base del libro: "Este
canto de la aurora del mundo, vista desde el hombre presente, cántico de
la luz desde la conciencia de la oscuridad..." (OC, 1472). No se trata sino
de dos caras de la misma moneda. La amarga protesta de Vicente Aleixandre
contra las cadenas impuestas a la inteligencia y las facultades creadoras, contra
la opresión, el odio y la muerte, se expresa en la visión de una vida paradisíaca, de amor elemental y auténtico, de una fantasía liberada y sin trabas.
A los atropellos de la historia se contesta con la evocación de una "edad
de oro anterior a la historia", [10] que lleva implícita una condena del presente. Es evidente que la protesta de Aleixandre no tiene nada de revolucionaria, no invoca la revuelta, ni ofrece un remedio, sino remoto, a la injusticia. Pero sí constituye una efusión de descontento, de insatisfacción, y
con la evocación de su idilio paradisíaco sabe encender en los lectores y
poner en acción lo que se ha llamado "el poder subversivo del deseo". Y es
que, como observa Octavio Paz: "... para la vanguardia europea, la sociedad ideal está fuera de la historia: es el mundo de los primitivos o la
ciudad del futuro, el pasado sin fechas o la utopía comunista y libertaria". [11]

Sombra del paraíso arranca de una circunstancia histórica precisa, tiene un
sentido concreto, terrestre y próximo a nosotros. De modo muy peculiar,
pero clara y decididamente, está pronunciándose con vigor sobre grandes
acontecimientos de su época y de nuestra edad en general. Vicente Aleixandre
formula un veredicto severo e inapelable del contorno histórico en que vive.
Su mundo paradisíaco tiene el sentido de un vigoroso "esto no es", "por
ahí no", dirigido a sus contemporáneos. Aleixandre es en este libro el for-
jador de una maravillosa utopía. Recordemos que ésta desde Ernst Bloch
ya no es la "pura ilusión", sino el deseo radical y constitutivo del ser humano. "Ser hombre es concebir utopías" (Bloch) y el poeta, que trata de
expresar lo más hondo y radical del hombre, no puede menos de concebirlas

---

[8] "Otro acercamiento a *Sombra del paraíso*", en J. L. Cano, *Vicente Aleixandre*
(Madrid, 1977), p. 257.
[9] "Los tres mundos de Vicente Aleixandre", *RHM*, 20-21 (enero-abril, 1954), 68.
[10] Paz, ob. cit., en la n. 7, p. 59.
[11] Ibíd., pp. 177-178.

con toda la riqueza, colorido y belleza de que su peculiar poder creador es capaz. "Utopizar" es alzar la bandera de un futuro liberador en protesta por un presente opresivo, es una "campaña contra el destino, contra lo injusto, contradictorio, desigual de este mundo incompleto". [12] En ello coincide Aleixandre con algunos poetas y novelistas españoles de la década de los cuarenta. Dámaso Alonso en *Hijos de la ira,* presa de la rabia, se rebela contra la injusticia y sinrazón en que se ve envuelto. Camilo José Cela (*La familia de Pascual Duarte, La colmena*) pinta la sordidez de la realidad presente, la pobreza, el hambre, la opresión, la miseria. Pues bien, Vicente Aleixandre, en este hermoso libro, que considera Dámaso Alonso "una de las cimas de la poesía española contemporánea", mantiene un tono más equilibrado, más sereno y lírico. Horrorizado ante una existencia angustiosa, se vuelve hacia su interior y se imagina un mundo puro, no manchado, pero tan lejano que sólo podemos recrearlo en el íntimo reducto de la ensoñación y la fantasía, el único que aún goza de libertad total.

---

[12] Arnold Metzger, "Utopie und Transzendenz", en *Ernst Bloch zu ehren,* Herausgeber Siegfried Unseld (Frankfurt am Main, 1975), p. 75. Sin recurrir al concepto de utopía interpreta *Sombra del paraíso* en un sentido parecido Francisco Pérez Gutiérrez cuando dice: "en 1948 pocas lecturas podía haber más subversivas que *Sombra del paraíso.* Efectivamente, bajo la aparente invitación al viaje de la fantasía, allí latía el ofrecimiento de un mundo deseable —hermoso, vital, afirmativo de la dicha—, y el rechazo de una realidad circundante —hosca, fea, soez, habitada por el resentimiento y la negatividad" ("Encuentros con Vicente Aleixandre (Homenaje de un lector ferviente)", *Insula* (n.os 374-375, 1978), 28, y también Manuel Alvar, "Análisis de 'Ciudad del paraíso' ", en J. L. Cano, ed., *Vicente Aleixandre* (Madrid, 1977), p. 231.

El narrador, la ironía, la mujer: perspectivas del XIX y del XX

Biruté Ciplijauskaité
Institute for Research in the Humanities,
Madison, Wis.

> Yo, cuando no se trata de querer, no tengo voluntad. Me traen y me llevan como una muñeca.
>
> *Fortunata y Jacinta*

> ¿Por qué te enamoraste de mí? ¿Por qué me arrebataste? ¿Por qué me has sorbido el tuétano de la voluntad? ¿Por qué me has dejado como un pelele?
>
> "Dos madres"

> El grupo de nuestros maridos no necesitaba que fuéramos amigas nosotras. Les bastaba con tener ellos asuntos.
>
> *El obispo leproso*

En años recientes ha sido notable el esfuerzo de estudiar la "historia social de la literatura", subrayando la imposibilidad de separar la obra literaria de su contexto social. [1] Por otra parte, con el incremento del feminismo, han aparecido numerosos trabajos dedicados exclusivamente al estudio de la mujer en la literatura, que frecuentemente se limitan a un solo autor. Tanto en éstos como en aquéllos se suele prestar atención ante todo al contenido, prefiriendo el enfoque temático. El propósito de las páginas que siguen es investigar —aunque sea muy someramente— el cambio de perspectiva en la presentación de la mujer a través de la obra de tres generaciones de escritores, basándose no tanto en el fondo como en su configu-

---

[1] Muy informativa es la *Historia social de la literatura española* de C. Blanco Aguinaga, J. Rodríguez Puértolas, I. M. Zavala (Madrid, 1979). Uno de los trabajos más sugerentes sigue siendo el de Lucien Goldmann, *Pour une sociologie du roman* (París, 1964).

ración. Propósito demasiado ambicioso para caber en el marco de un ensayo: por fuerza habrá que limitarse a unos pocos autores y, dentro de su obra, sólo a los libros que pueden considerarse generalmente representativos y no necesariamente centrados en la figura femenina. Nos fijaremos sobre todo en el uso de la ironía: enfoque que parece reflejar fielmente las actividades cambiantes de la sociedad. Lo que se presenta, pues, no pretende ser una teoría, sino unos apuntes, una sugerencia para estudios más pormenorizados. Las generaciones escogidas son la de Galdós,[2] la del 98 y la inmediatamente siguiente.

1. *Siglo XIX*

Dos particularidades llaman la atención al asomarse a la obra de los contemporáneos de Galdós: la relativa abundancia de títulos que llevan nombre de mujer —aparente indicación de interés por la figura femenina[3]— y la prevalencia de principios de novela que enfrentan al lector con un mundo totalmente masculino. Es curioso este último detalle: refleja no sólo la constitución de la sociedad, sino también la mentalidad individual: parece cumplir con lo que espera el lector. La coincidencia, abriendo los libros al azar, es asombrosa: las cuatro partes de *Fortunata y Jacinta* empiezan con la presencia de un personaje masculino. Esta impresión de predominancia masculina va reforzada por los grupos acompañantes: las tertulias. En la primera parte aparecen los hombres de comercio; en la segunda, los estudiantes (por supuesto, no entran mujeres);[4] en la tercera, los cafés donde se forjan y deshacen complots políticos. Sólo en la casa, de sobremesa, parece posible una convivencia natural entre el hombre y la mujer. Incluso una novela tan ocupada por problemas femeninos como *Tristana* se abre con la figura de "un hidalgo de buena estampa y nombre peregrino", igual que *Sotileza,* donde lo primero que apercibimos es un pobre cura con media do-

---

2 Dice María Zambrano: "Galdós es el primer escritor español que introduce valientemente las mujeres en su mundo", precisando: "tienen el mismo género de realidad ontológica" ("La mujer en la España de Galdós", *Revista cubana,* 17 [1943], 81).

3 Estamos en una época en la que se dedica mucha atención a la mujer: la serie de novelas de la mujer adúltera: *Madame Bovary* (1857); *Anna Karenina* (1873); *Effi Briest* (1894); la obra de los dramaturgos escandinavos: *Casa de muñecas* (1879); *Hedda Gabler* (1890); *La señorita Julia* (1888), etc.

4 Páginas elocuentes acerca de este aspecto se encuentran en Margarita Nelken, *La condición social de la mujer en España* (Barcelona, 1922); Condesa de Campo Alange, *La mujer en España* (Madrid, 1954); prólogo de Leda Schiavo a Emilia Pardo Bazán, *La mujer española y otros artículos feministas* (Madrid, 1976). El libro más completo y mejor documentado es el de Geraldine M. Scanlon, *La polémica feminista en la España contemporánea (1868-1974)* (Madrid, 1976).

cena de rapaces harapientos. Los tres narradores de *Pepita Jiménez* son hombres. En las primeras páginas de *Los pazos de Ulloa* desfilan ante nuestros ojos los personajes masculinos principales: don Julián, don Pedro, Primitivo, el viejo abad: una sociedad totalmente patriarcal que volveremos a encontrar en la obra de Valle-Inclán situada en Galicia. Clarín, amante de la ambigüedad y de la paradoja, empieza *La Regenta* con una visión colectiva de Vetusta, pero los primeros personajes que se destacan también pertenecen al sexo fuerte, aunque no pocos llevan faldas.

En las generaciones siguientes esta predominancia no es tan consistente, o hay una ambigüedad mayor, como en el caso de *Niebla*: Augusto es el que aparece primero, pero desde el primer momento actúa empujado por la mujer: los ojos de Eugenia, luego el "compromiso" con la portera y por fin con la tía. El caso de Baroja es más complejo, ya que muchas novelas suyas llevan prólogo y no pocas veces se instala en éste el autor mismo. Miró y Pérez de Ayala parecen fijarse, a su vez, en la colectividad; por ser provinciana, no ha evolucionado mucho desde los tiempos de Galdós. La actitud del narrador hacia la mujer también se acerca más a la de éste, mientras que los de en medio se destacan por un enfoque radicalmente distinto.[5]

Como ejemplos de la primera generación consideraremos las obras maestras de Galdós y de Clarín y, como contrapunto, la de la Pardo Bazán: enfoque femenino y frecuentemente feminista. Lo que llama la atención en los dos primeros es su profunda compasión provocada por la condición de la mujer. En la estructura social de su tiempo[6] aparece totalmente indefensa, y el espíritu caballeroso se ve impelido a romper lanzas por ella.[7] Si en 1878 sólo un 9,6 por 100 de las mujeres en España saben leer —lo comprobamos en *Fortunata*—, si lo que se quiere infundirles es sólo una "cultura de adorno" —piénsese en Barbarita, Jacinta, Ana de Ozores—, si hasta 1919 no entra en vigor el derecho de matriculación libre —buen ejemplo es Feíta, de *Doña Milagros*[8]—, es claro que la mujer de aquel tiempo no

---

[5] Habría que integrar a estas consideraciones la obra de los autores intermedios como el primer Valle-Inclán o Felipe Trigo. Han sido estudiados en un trabajo reciente de Lily Litvak, *Erotismo fin de siglo* (Barcelona, 1979).

[6] Aún en 1901 afirma Galdós, prologando *La Regenta*, que "nunca ha tenido este libro atmósfera de oportunidad como la que al presente le da nuestro estado social" ([Buenos Aires, 1964], p. 18. Edición usada para todas las citas). Palacio Valdés habla de la limitación injusta todavía en 1931.

[7] Tal vez se puedan ver destellos de las enseñanzas krausistas, que defendieron la causa femenina, en Galdós y en Clarín.

[8] Aún en las obras de la generación siguiente son escasas las mujeres intelectuales; en 1928 preconiza Marañón la necesidad de traer más cultura a la mujer (*Tres ensayos sobre la vida sexual* [Madrid, 1928], p. 85 y sigs.) En 1888 Concepción Arenal expresa sólo amarga ironía: "Sería fuerte cosa que los señoritos respetasen a las mujeres que van a los toros y faltaran a las que entran en las aulas" (*La emancipación de la mujer en España* [Madrid, 1974], p. 77).

representa rivalidad peligrosa para el hombre y merece ser defendida. [9] La Pardo Bazán, quien en sus escritos polémicos pide a voces reformas e igualdad, incurriendo la ira de Valera e incluso de Clarín, optá en sus novelas por ilustrar imparcialmente el mal contra el que protesta: "el concepto *relativo* del destino de la mujer". [10]

A este punto se ofrece otra observación curiosa: estas novelas aparentemente dedicadas a la mujer son en realidad novelas de hombres. ¿Qué representa *Pazos* si no la crónica del fracaso de un personaje masculino, Julián? ¿No es *La Regenta* la historia del desafío entre dos hombres, dos orgullos, dos aspiraciones al poder? (el tercero, el "verdadero", apenas cuenta). Ana representa sólo, por decirlo así, el escenario para el choque de estas dos fuerzas. Incluso en *Fortunata y Jacinta* el eje que desencadena la acción es Juanito. Aquí la lucha entre rivales se invierte, pero las contrincantes son igualmente prisioneras de la sociedad y sus leyes. Cuando la mujer empieza a emanciparse —Campo Alange (ver la n. 4) señala 1915-1920 como los años de mayor incremento del feminismo—, la actitud del narrador cambia bruscamente.

La compasión por la mujer, en las obras que más atención merecen, no aparece como enunciación formulada con miras de propaganda, sino frecuentemente a través del enfoque irónico. Hay verdaderas bestias entre las mujeres en estas novelas, pero una gran parte de los hombres son sencillamente ridículos. La ironía se despliega en múltiples facetas: de intención global por parte del narrador (Clarín, Valera), de situación, de detalle, verbal. En cada autor adquiere un sabor y una gradación distintos: en el límite del humorismo en Galdós, más mordaz en Clarín, con un dejo de cansancio a veces en la Pardo Bazán. Esta se vale de la feliz idea de presentar varias novelas en estilo autobiográfico con una figura masculina como autor presuntivo. De este modo convierte en auto-ironía lo que sería juzgado como prejuicio por parte de la autora. Tanto el narrador de *Doña Milagros* como el de *Memorias de un solterón* se revelan como tipos fracasados en su propósito principal: afirmarse.

Al empezar *Doña Milagros* oímos a don Benicio: "Mamá me predicaba la conformidad más entera. ...[El marido] es el jefe de la casa, y se le ha de obedecer y se le ha de querer bien", [11] y en seguida le vemos dominado

---

[9] Aduce Teresa Cook la obra de Galdós y de Clarín como un buen ejemplo de "agitación de la conciencia nacional" para colocar a la mujer en un puesto más digno y libre *(El feminismo en la novela de la Condesa de Pardo Bazán* [Diputación Provincial de La Coruña, 1976], p. 181). Hoy siguen más eficaces estas novelas —por más conocidas— que los escritos militantes de Concepción Arenal o de la Pardo Bazán, porque incorporan naturalmente los problemas al ambiente que retratan.

[10] *La mujer y otros artículos feministas,* cit. en la n. 4, p. 88.

[11] *Doña Milagros, Obras completas,* II (Madrid, 1947), 411.

por su mujer y luego por sus hijas. Como si no bastase nuestra propia impresión, se añade la del sacerdote que va a consultar: "¡Con qué magnífico desdén se regocijaba entonces el jesuita de haber renunciado a la unión conyugal, que así curte y reblandece las almas!" (471). Un poco más lejos, el uso de la ironía se vuelve doble. Tratándose de una de las hijas, oímos la conversación siguiente: "Clara vale mucho. —Vale, vale... Piensa como un hombre" (474). Es coronada, por fin, de auto-ironía: "Y vi con extraña lucidez que yo, yo en persona, Benicio Neira, sí que realizaba el tipo señalado como ortodoxo para la mujer" (477). En el caso de Mauro, vemos cómo, tras muchas divagaciones acerca de las ventajas del estado solterón —"Se me figura a mí que la dignidad, el legítimo amor propio, el orgullo más natural en el varón, salen mal librados, mortificados, hasta sacrificados duramente cuando se determina al casorio" (530)— acaba por casarse con Feíta, único personaje de veras fuerte en estas dos novelas, "la mujer del porvenir" soñada por la Pardo Bazán, cuya eficacia se pone de relieve contrastándola en la última página con el único vástago varón de la familia. [12]

En *Los pazos de Ulloa* el uso de la ironía es más complejo y más interesante. Encontramos aquí desde las primeras páginas la ironía del narrador en adjetivación e imagen: "Iba el jinete colorado, no como un pimiento, sino como una fresa, encendimiento propio de personas linfáticas". [13] Éste será el hombre que querrá imponer moral y orden en la vida de don Pedro y defender a Nucha: "el curita barbilindo" en palabras del viejo abad. Más eficaz aún es el paralelo establecido poco después, otra vez por el narrador: "el patrón de Naya era el suyo mismo, el bienaventurado San Julián, que allí estaba en el altar mayor con su carita inocentona, su extática sonrisilla, su chupa y calzón corto, su paloma blanca en la diestra, y la siniestra delicadamente apoyada en la chorrera de la camisola" (60). Semejantes yuxtaposiciones o juicios por personajes secundarios abundan a través de la novela. Por fin, cuando se llega a lo que se podría considerar como el clímax —la proyectada huida de Nucha— los pensamientos de Julián, el "defensor", predicen que no habrá tal: "Sería al amanecer. Nucha iría envuelta en muchos abrigos. Él cargaría con la niña, dormidita y arropadísima también. Por si acaso, llevaría en el bolsillo un tarro con leche caliente" (323).

La figura opuesta, don Pedro, tampoco se libra de ironía. Los mejores ejemplos son sus reacciones en Santiago, que revelan una ignorancia casi tan grande como la del "sexo débil", y su ceguera cuando se trata de su amor propio. Se presentan bajo enfoque irónico su insistencia en la reli-

---

[12] "No parecía torpe el mozo para medir y despachar género, y su buena educación y agrado le hicieron simpático a la clientela femenina. Desairado por Minerva, creemos que el único varón de la casa de Neira ha encontrado un excelente patrono en Mercurio" (610).

[13] *Los pazos de Ulloa, Obras completas,* III (Madrid, s. a.), 6.

giosidad de la mujer, prescindiendo él mismo de ella, así como su concepto de honradez. [14] Algún rasgo ridículo o por lo menos cómico sale a relucir en casi todos los personajes masculinos, mientras que Nucha e incluso Sabel aparecen como víctimas que incitan a compasión. La ironía predominante en esta novela es, sin embargo, lo que se podría denominar "cósmica", descendiente directa de la cosmovisión romántica alemana que muestra la inutilidad del esfuerzo humano para enderezar la suerte. Encaja bien en el naturalismo, como lo demuestra la última escena de la novela.

En el mundo de Galdós las figuras femeninas son múltiples. Frecuentemente las vemos en parejas que se complementan aun contrastando, así como el tipo de la "mujer eficaz" dividido entre doña Guillermina y doña Lupe. Se podría hablar también de dos grandes grupos generales o dos intenciones radicalmente opuestas: la mujer víctima de la estructura y de la moral de la sociedad, vista siempre con compasión, [15] y la señora venida a menos con pretensiones de grandeza, presentada irónicamente. Bajo este enfoque doña Paca, de *Misericordia,* aparece como un elemento social casi más inútil y dañino que Mauricia la Dura, de *Fortunata.* Pero lo que nos interesa aquí es ante todo su relación con los representantes masculinos, el enfoque de éstos. En este respecto conviene recordar la teoría de la relatividad. Muchos críticos disciernen en la obra galdosiana un espíritu optimista: cree en la transformación social, saluda con gozo la naciente burguesía, ve triunfar poco a poco los valores progresistas. María Zambrano, en cambio, sostiene que "de la mayoría de las novelas de Galdós salimos desesperanzados". [16] Es que se fija más en la mujer: no pocas veces más fuerte, pero destinada a depender de los humores del hombre a pesar de todo. En *La desheredada,* en *La de Bringas,* en *Misericordia* casi todos los hombres son apocados, inferiores a los personajes femeninos; sin embargo, estas mujeres no logran salir adelante. También Fortunata y Jacinta son moralmente superiores a Juanito, pero es él quien rige su destino, deslizándose complacido por encima de todos los obstáculos.

[14] Este rasgo se repite casi literalmente en *El mundo es ansí,* en Juanito Velasco. Lo comenta Scanlon: "Muchos de los hombres con escasas o ninguna creencia religiosa preferían que sus mujeres fuesen devotas, aunque no tan devotas que les hiciesen incómoda la vida" (ob. cit. en la n. 4, p. 159).

[15] Se la podría tal vez clasificar entre los protagonistas "pasivos", comentados por Ricardo Gullón en *Psicologías del autor y lógicas del personaje* (Madrid, 1979).

[16] Ob. cit. en la n. 2, p. 78. Es útil el resumen de las actitudes de la crítica ofrecido por G. Ribbans en *Fortunata y Jacinta* (Londres, 1977). G. Sobejano contrasta al hombre y a la mujer en *La incógnita* y *Realidad,* llegando a la conclusión siguiente: "aquél, siempre insatisfecho y anhelante de perfección, de justificación moral; ésta, satisfecha siempre con la porción de felicidad sensual y sentimental que la vida le concede o que ella arranca a la vida" (*Forma literaria y sensibilidad social* [Madrid, 1967], p 98). No es totalmente aplicable a *Fortunata y Jacinta.*

La ironía presta sus servicios en la contrastación, ampliando las posibilidades de interpretación. El múltiple punto de vista referido es explotado magistralmente en tales casos por Galdós. Sí es simpático Juanito: tal es la impresión que suscita en los que le tratan. Además, interviene relativamente poco. En este "poco" hay escenas como la de los novios recién casados jugando al matrimonio,[17] donde presenciamos su confesión parcial acerca de Fortunata, con intención irónica del narrador. Otra escena extensa es la de su enfermedad, de la que no sale mejor librado. Las dos confirman la forma diminutiva del nombre que lleva. Un caso de ironía sutil y conspicua a la vez se da en uno de los primeros capítulos: se cuenta cómo los padres han casado a Baldomerito con Barbarita, recalcando que todo ha cambiado. Y entonces se nos muestra cómo Barbarita elige la mujer para Juanito, dispone el veraneo y bendice la boda.[18] Otro detalle es describir la educación de Barbarita —que no es educación— y mostrarla luego tomándole la lección a Juanito, hecha una "doña Beatriz Galindo para latines y una catedrática universal" (28). ¿Qué maravilla, pues, si Juanito, a su vez, manifiesta ideas un tanto particulares sobre la cuestión?: "La educación del hombre de nuestros días no puede ser completa si éste no trata con toda clase de gente, si no echa un vistazo a todas las situaciones posibles de la vida, si no toma el tiento a las pasiones todas. Puro estudio y educación pura..." (48). Sería difícil obtener su voto para derechos de igualdad en este campo particular.

El chico no sólo es simpático, sino bien parecido, mañoso: atrayente. No es poca socarronería por parte del narrador el subrayarlo: "Sus atractivos físicos eran realmente grandes, y él mismo lo declaraba en sus soliloquios íntimos: —¡Qué guapo soy! Bien dice mi mujer que no hay otro más salado" (86). Del mismo modo, tras una serie de elogios desliza una breve observación complementaria: "Respecto a las perfecciones morales que toda la familia declaraba en Juan, Jacinta tenía sus dudas. Vaya si las tenía" (86). Tiene buen pico, y tanto Fortunata como Jacinta se quedan embobadas escuchándole. Pero un hábil juego de yuxtaposición deja ver que a veces este buen pico puede causar situaciones angustiosas: "—¡Cuando supe que habías venido a Madrid me entró un delirio!... Yo tenía contigo una deuda del corazón, y el cariño que te debía me pesaba en la conciencia" (277). Al saltar Fortunata a esto con "—Mi marido eres tú", el narrador no puede esconder cierta sonrisilla: "Elástica era la conciencia de Santa Cruz, mas no

---

17 Recuérdense las palabras de Nora, de Ibsen, al tomar su decisión de independizarse. Jacinta también parece una muñeca al principio, y Juanito quisiera conservarla tal. Todas las citas son de *Obras completas,* IV (Madrid, 1950).

18 En muchas de estas novelas aún estamos tratando al hombre que no trabaja, es decir, al señorito que depende de la fortuna del padre y por consiguiente tiene que seguir su mandato.

tanto que no sintiera cierto terror al oír expresión tan atrevida" (278). [19] Son
frecuentes tales intervenciones-comentarios del narrador; hasta cierto punto,
demuestran que aún escribe para un lector que no cree capaz de ejecutar
los saltos mentales por sí mismo. La ironía adquiere más matices con la opinión referida de otros, cumpliendo a la vez la función de revelar el carácter
de éstos (Feijóo, 327; doña Lupe, 430).

El rival de Juanito, Maxi, es un personaje más escurridizo. No porque
falten detalles irónicos en su presentación: abundan de tal modo que incitan a compasión. El pretendiente a marido de la mujer más guapa y de
mucho carácter parece destinado al fracaso desde que entra: "Era de cuerpo
pequeño y no bien conformado, tan endeble que parecía que se lo iba a llevar
el viento, la cabeza chata, el pelo lacio y ralo" (161); "tenía Maximiliano
veinticinco y no representaba aún más de veinte. Carecía de bigote, pero no
de granos, que le salían en diferentes puntos de la cara" (162); "Sólo de
pensar que le dirigía la palabra a una honrada le temblaban las carnes" (163).
Esta caracterización viene confirmada por la visión que tienen otros de él:

doña Lupe: —Porque por el lado de las mujeres no temo nada, francamente. Ni a ti
te gusta eso, ni puedes, aunque te gustara (182).
A ti hay que tratarte siempre como a los niños atrasaditos que están a medio
desarrollar. Hay que recordar que hace cinco años todavía iba yo por la mañana
a abrocharte los calzones, y que tenías miedo de dormir solo en tu cuarto (193).

Papitos: —¡Casarse él, vusté!... Memo, más que memo! (184).

voces de espectadores en la calle: —...una pendencia. —No, cuestión de faldas,
¿verdad? —¡Quita allá! Pero ¿no ves que es marica? (287)

Fortunata: —Primero me hacen a mí en pedacitos como éstos que casarme con
semejante hombre... Pero ¿no le ven, no le ven que ni siquiera parece un hombre? (189)

Sería posible enumerar muchas situaciones irónicas o grotescas relativas a
Maxi; no por eso llegaríamos a entender su función en la novela, que cabe
más bien dentro de la ironía cósmica y vuelve a plantear la pregunta cervantina: en este mundo de locos, ¿quién es loco y quién cuerdo? Con ello,
la figura de Maxi asume dimensión trágica y sale del ámbito limitado a las
relaciones entre hombre y mujer.

Son muchos los protagonistas masculinos que desfilan a lo largo de las
páginas de *Fortunata y Jacinta,* representantes de varios estados sociales y de
diferente fortuna individual. Pocos merecen la admiración incondicional del
lector. Al lado de granujas como Olmedo tenemos a los dos hermanos Rubín,

---

[19] De esto estábamos enterados desde el principio: "Conociendo perfectamente su
valer moral, admiraba en ella [Jacinta] las virtudes que él no tenía y que, según su
criterio, tampoco le hacían mucha falta". (84)

egoístas y fanfarrones; no faltan caricaturas de hombres inútiles y fantasiosos: Ido del Sagrario, José Izquierdo; su pizca de ironía traen los viejos que se enamoran de muchachas guapas. Incluso Feijoo, "el viejo más guapo, simpático y frescachón", con su capacidad auto-crítica, queda en la ambigüedad. Las figuras femeninas salen ganando en la comparación, incluso en su poder de comprensión de la situación social; mientras Juanito se burla de Fortunata como "mujer digna de ser amada por un albañil", Jacinta muestra honda preocupación por la condición de las obreras en Barcelona. S. Gilman sugiere con gran acierto que dejamos el libro pensando no en Juanito, sino en la única heroína posible: Fortunata, "about whom it might be said: 'a todos alcança ondra por la que en buena murió' ". [20]

Las novelas de Clarín contienen casi siempre una intención crítica: crítica de la sociedad de su tiempo y sobre todo de los ambientes provincianos. Repetidamente nos muestra la mujer sometida —y más de una vez poco menos que destruida— por la moral social. Tal sería el caso de *Doña Berta*. En *Su único hijo* resultaría más difícil encontrar rasgos de compasión hacia la figura femenina, mientras que en la presentación de Bonis más de uno parece coincidir con los que acabamos de ver en Maxi. El gran protagonista de esta novela es el vicio —y la actitud irónica de los personajes al entregársele: "Y a unos y a otros los seducía, los corrompía y los juntaba en una especie de solidaridad del vicio la vida que hacían, *poniéndose el mundo por montera*". [21]

La ironía reforzada por la ambigüedad está siempre presente en las páginas de *La Regenta*: novela de la mujer insatisfecha, sí, pero más compleja que *Madame Bovary* por sus implicaciones religiosas y por la rivalidad multidimensional de los dos pretendientes; para ellos, se trata no sólo de conquistar a Ana, sino afirmar su victoria política, afianzar su superioridad "moral", en breve —asegurarse la dictadura sobre Vetusta. Entran en juego, además, los recuerdos literarios que permiten otro juego de ironía frente al modelo. Ironía que despunta desde la oración introductoria: "La heroica ciudad dormía la siesta" (I, 31). La adjetivación no es del narrador, sino de los ciudadanos. Prefigura la presentación de don Víctor: el marido "heroico" a quien vemos blandir la espada destinada a vengar su honra cómodamente sentado en su lecho, con un gorrito de dormir en la cabeza.

Todo acerca de don Víctor tiene dejos de ridiculez, así· su calificación introductoria de "el más cumplido caballero de la ciudad, después de Bermúdez", a quien ya hemos conocido como una caricatura. Sin embargo, recibe

---

[20] "Narrative Presentation in *Fortunata y Jacinta*", RHM, XXXIV (1968), 301.
[21] *Su único hijo* (Madrid, 1976), p. 114. Véase el análisis pormenorizado de Bonifacio en F. García Sarriá, *Clarín o la herejía amorosa* (Madrid, 1975).

por parte del narrador un tratamiento humorístico-compasivo más bien que de ironía total, como lo hace notar Gramberg. [22] Su bondad de fondo resalta al final: "¡qué amarga era la ironía de la suerte! ¡Él, él iba a disparar sobre aquel guapo mozo que hubiera hecho feliz a Anita, si diez años antes la hubiera enamorado!" (II, 501). Con esta nota de auto-ironía mezclada de compasión no sólo se redime, sino que predispone su "conversión": la decisión de no disparar para matar, entregando los hilos de la escena final a la ironía cósmica. [23] Es irónica la insistencia en su egoísmo tocante a cosas pequeñas; más irónica su amistad equívoca con Alvaro: "—¡Antes que esto, prefiero verla en brazos de un amante! [...] ¡Primero seducida que fanatizada!... —Puede usted contar con mi firme amistad, don Víctor; para las ocasiones son los hombres..." (II, 352-353). Con ironía se nos presenta también su "voluntad": "los criados le imponían su voluntad, sin que él lo sospechara" (II, 81). Cuando Ana promete asistir al baile imantada por don Alvaro, el marido no puede contener un auto-elogio: "Comprende que yo no he de ceder y no se obstina" (II, 280). El lector aún lo tiene presente cuando le llega la noticia de la decisión de Ana de participar en la procesión de Viernes Santo. El comentario que se le escapa a Visitación confirma su opinión: "¿Y el pobre calzonazos dio su permiso?" (338). La ironía se le asocia incluso en la muerte: "la mejor escopeta" de Vetusta sucumbe de un balazo en la vejiga. Ironía cósmica otra vez, preparada por repetidas alusiones a la casualidad.

No son sólo los hombres los ironizados en esta novela: ofrece un fondo rico en señoritas cursis, "damas" de costumbres dudosas, sirvientas no menos sospechosas, pero casi más listas (al final es Petra quien tiene todos los hilos en su mano), el dragón en la figura de doña Paula. Viéndolas desfilar, vienen a la memoria las palabras de Concepción Arenal: "La mujer, tan rebajada en la esfera de la ciencia, del arte, de la industria y en la opinión, no es posible que tenga muy elevado su nivel moral". [24] La presentación de Ana no es negativa, ni su enfoque, constantemente irónico: como tantas otras, se presenta como una víctima de la sociedad de su tiempo, no sólo de su propio temperamento. Al fin y al cabo es ella quien se queda sola y abandonada, como un escenario vacío al acabar el drama, mientras que los rivales se marchan impunes. Su figura recibe mayor riqueza a través de la

---

[22] Eduard J. Gramberg, *Fondo y forma del humorismo de Leopoldo Alas, "Clarín"*, (Oviedo, 1958).

[23] En realidad, el lector estaba preparado por el narrador: "Por supuesto, no entraba en sus planes matar a nadie; era un espadachín lírico" (I, 110).

[24] Ob. cit. en la n. 8, p. 45. Afirmación que recuerda lo postulado por J. Stuart Mill algunos años antes: "What is now called the nature of women is an eminently artificial thing — the result of forced repression in some directions, unnatural stimulation in others" (citado por E. August en *John Stuart Mill, A Mind at Large* [New York, 1975], p. 213).

diversidad de técnicas narrativas: punto de vista del narrador; el de cada contrincante quien, además, imagina lo que piensa su rival; auto-análisis al prepararse Ana para la confesión; diario. La ironía estriba también en el hecho de que los dos hombres más bondadosos, más alejados de las ambiciones del mundo, Frígilis y Ripamilán, son los que causan la perdición de Ana arreglando su matrimonio.

No escapa Ana a la ironía: en sus meditaciones alambicadas la vemos voluntariamente aceptar la tentación, porque la distrae. Su firme propósito de no sucumbir viene presentado en palabras que no disfrazan la posición del narrador: "Y pensando en convertir en carámbano a don Alvaro Mesía, mientras él se obstinaba en ser de fuego, se quedó dormida dulcemente" (I, 111). En este caso, es el seductor el que muestra tener juicio más atinado, con ironía doble: "Y además, no creía en la mujer fuerte. ¡Señor, si hasta la Biblia lo dice! Mujer fuerte, ¿quién la hallará?" (I, 216). Las situaciones irónicas en las relaciones entre Ana y don Alvaro son infinitas; se nota que el narrador se divierte explotando la vena del viejo tema literario. Don Alvaro recuerda a Juanito en cuanto a la fe en sí mismo: "Un hombre hermoso, como él lo era sin duda, con tales ideas tenía que ser irresistible" (I, 213). Le saca de quicio ver que no siempre sale con su propósito; entonces imagina la ironía en Ana: "gozquecillo, tú no muerdes, no te temo" (I, 252). En otra ocasión, tras enterarnos de que don Alvaro era como "una máquina eléctrica con conciencia de que puede echar chispas" (I, 275), presenciamos la escena del famoso *cuarto de hora* que le coge "tan lejos, y a caballo, y sin poder apearme decorosamente" (II, 25). No menos delicioso es el episodio en el teatro, donde, olvidado momentáneamente de su papel de caballero romántico, espiritual y místico, busca el pie de Ana. El narrador se divierte a sus expensas: "Por fortuna para él, Mesía no encontró, entre la hojarasca de las enaguas, ningún pie de Anita" (II, 48). Más adelante, escuchando las declaraciones apasionadas de don Alvaro, Ana se emociona: "También tenía las mejillas húmedas". Y el narrador: "Ella no pensó que esto podía ser agua del cielo" (II, 406).

Aunque a través de la novela hay mucho uso de ambigüedad, en cuanto a la figura de don Alvaro la actitud del narrador es inequívoca: le ridiculiza constantemente. Desde el principio contrasta a este hombre irresistible, dechado de masculinidad, con el Magistral, hombre con faldas. Es importante la escena del columpio con Obdulia, porque nos revela que la flaqueza física de don Alvaro es acompañada de cobardía moral:

> Además, él, que miraba a los curas como flacas mujeres, como un sexo débil especial a causa del traje talar y la lenidad que les imponen los cánones, acababa de ver en el Magistral un atleta; un hombre muy capaz de matarle de un puñetazo si llegaba esta ocasión inverosímil (I, 424).

Es un motivo que se repite regularmente (II, 154). La cobardía aparece también en sus encuentros con don Víctor (al oír las jactancias de éste acerca de lo bien que apunta y su aseguración de que castigaría al "ladrón de su honra"; la conversación equívoca acerca de Petra) y —con menos gracia burlona, ya que presentado todo por el narrador— en los recuerdos de Frígilis tocantes a un desafío anterior.

En la figura del Magistral se consiguen los límites más fluctuantes de la ambigüedad. El uso de ironía es menos frecuente; cuando se ironiza, no es tanto a su persona como a su función. Frecuentemente la ironía es unidimensional. Es lograda al referir sus sueños acerca de lo oído en el confesonario, o al presentar al hombre que manda en todas sus hijas de confesión y en medio Vetusta —"El Magistral dominaba por completo a Olvidito, y Olvidito mandaba en su papá" (I, 381) [25]— temblando ante su madre. No es incapaz de auto-ironía: "él era como un eunuco enamorado" (II, 445): escena en la que casi llega a cobrar una dimensión trágica. Nunca se degrada ni se eleva por completo.

Estos hombres, sutil y constantemente ironizados —se les podría agregar toda una serie, espigando entre los clérigos del cabildo, los representantes de la aristocracia y los "nuevos hombres cultos" como Pepe Ronzal— se ejercitan en ironía a expensas de la mujer, creando no pocas veces situaciones de ironía doble. Consideraremos sólo un aspecto: la mujer literata. La reacción de todo Vetusta (y quién sabe si no del autor mismo) frente a este bicho raro es unánime:

> Cuando doña Anuncia topó en la mesilla de noche de Ana con un cuaderno de versos, un tintero y una pluma, manifestó igual asombro que si hubiera visto un revólver, una baraja o una botella de aguardiente. Aquello era una cosa hombruna, un vicio de hombres vulgares, plebeyos. (I, 157)

> —No he conocido ninguna literata que fuese mujer de bien. (I, 158)

> —Además, las mujeres deben ocuparse en más dulces tareas; las musas no escriben, inspiran. (ibíd.)

Tanta opinión acumulada produce el efecto deseado en Ana: desiste de sus ensayos poéticos. Adquiere un tinte más irónico cuando vuelve a parecer como componente de una comparación, al presentar otra opinión categórica respecto a las facultades de la mujer por Pedro el cocinero: "La cocina y la mujer son términos antitéticos.... Lo que pensaba todo Vetusta de las literatas, lo pensaba Pedro de las cocineras. Las llamaba marimachos" (I, 240).

---

[25] Muy parecida es la opinión de Unamuno: "En esta España de calzonazos los curas manejan a las mujeres y las mujeres a los hombres" (*San Manuel Bueno, mártir y tres historias más* [Buenos Aires, 1942], p. 40).

La Regenta se presenta como la gran obra irónica acerca de la sociedad española de su tiempo. Todo Vetusta acepta y hace homenaje a Ana cuando ésta "se coloca" bien. Al quedar sola y "deshonrada", le rehúsan el trato, confirmando que la mujer nunca puede valer por sí misma en tal sociedad.

2. *Los hombres del 98*

El viraje en la actitud del narrador frente a la mujer entre los representantes de esta generación es considerable. La mujer sigue apareciendo en su obra. No se la desprecia ni se la elogia directamente. Pero ha desaparecido la entrañable compasión que salía a cada paso en Galdós. Lo señala con certeza Serrano Poncela en su ensayo "Eros y tres misóginos". [26] Abundan figuras fuertes y dominadoras: mujeres realistas que saben echar sus cálculos y absorber la voluntad del hombre. Son claros los ecos de Schopenhauer y de Nietzsche en estas configuraciones. Marañón nota, además, la influencia antifeminista de Weininger. [27] El hombre —incluyendo al narrador— se pone en guardia y adopta una postura defensiva. Para esto se sirve de la ironía que a menudo va dirigida contra la mujer. En realidad, crean dos tipos básicos: la "suave sombra" que se desliza sin hacer ruido y es capaz de despertar ilusiones, y la verdadera rival del hombre a la que aplican la saña. Aun así resulta difícil generalizar; crean mundos tan distintos que un denominador común sólo puede discernirse en la actitud. Permanece —y aun se acrece— el desprecio hacia don Juan. A su vez, se subraya la santidad del matrimonio, [28] aunque irónicamente se muestra que la vida de casado destruye la iniciativa en el hombre. [29] Sigue el interés por las prostitutas; en cambio, decrece la población monjil en estas novelas. Según las estadísticas proporcionadas por Campo Alange, este cambio corresponde a la realidad: en 1898, en la provincia de Madrid se cuenta 1.446 mujeres en comuni-

---

[26] *El secreto de Melibea y otros ensayos* (Madrid, 1959).

[27] "Maternidad y feminismo", en ob. cit. en la n. 8, p. 86. Scanlon señala que "al final de la década de los años veinte, Weininger era citado en España por todo el mundo y en todas partes" (ob. cit. en la n. 4, p. 183) y acusa a Marañón de antifeminista.

[28] Afirma Margarita Nelken que en 1922 "la mujer sin fortuna y sin medios de ganarse la vida conforme a sus necesidades, ha de considerar fatalmente el matrimonio como una salvación" (ob. cit. en la n. 4, p. 30).

[29] Es otro eco de Nietzsche: "Jeder Umgang, der nicht hebt, zieht nieder und umgekehrt; deshalb sinken gewöhnlich die Männer etwas, wenn sie Frauen nehmen" ("Weib und Kind", *Menschliches, Allzumenschliches, Werke in drei Bänden* [Munich, 1973], I, 649). Y más fuerte: "Die Ehe ist für die zwanziger Jahre ein nötiges, für die dreissiger ein nützliches, aber nicht so nötiges Institut: für das spätere Leben wird sie oft schädlich und befördert die geistige Rückbildung des Mannes" (656).

dades religiosas y más de 34.000 prostitutas. Aún no circulan por sus páginas estudiantes, a no ser extranjeras, como en *El mundo es ansí,* donde no se deja de subrayar que "habían perdido el aire femenino".

Entre los novelistas que examinaremos brevemente el más rico en perspectivas es Unamuno: no sólo crea, sino que permite cierto movimiento libre a sus mujeres y las enfoca desde varios puntos de vista, facilitando juegos de ironía. Sus mujeres fuertes tienen todas una opinión despectiva del hombre: "vil" y "bruto" son los epítetos que se oyen con más frecuencia. Pero luego descubrimos que la ironía del narrador apunta más hacia ellas mismas, aunque no falten personajes masculinos ironizados: don Fulgencio, quien se avergüenza de estar casado, "y sobre todo de tener que serlo con mujer"; el tío Fermín en *Niebla;* el tío Primitivo en *La tía Tula,* y el mejor ejemplo: Augusto Pérez, quien reúne caracterización irónica desde varios puntos de vista:

—¡Sí, Augusto, me das pena, mucha pena! —y al decir esto dio dos leves palmaditas con la diestra en una rodilla. [30]

—Conque Eugenita la pianista, ¿eh? Bien, Augustito, bien; tú poseerás la tierra. (70)

—Porque es usted un infeliz, un pobre hombre. (209)

Esto es lo que siente también el lector. Sin embargo, no puede admirar a la "mujer fuerte", emancipada, que logra ganarse la vida —pero confiesa que odia su profesión— la "mujer del porvenir". ¡Qué diferencia entre ésta y la Feíta de *Doña Milagros,* toda gracia, espontaneidad y verdadero interés social unido al espíritu de sacrificio! Así, mientras Augusto, habiendo decidido "hacer estudios de psicología femenina" en Eugenia, reconoce, con buena dosis de auto-ironía, que los papeles se han invertido: "¡Rana, rana completa! Y me han pescado entre todos" (262), no podemos menos de compadecerle, así como compadecemos a Ramiro en *La tía Tula.*

Habiendo confesado en el prólogo de *Amor y pedagogía* que "el autor no sabe hacer mujeres", crea Unamuno varias obras en torno a la figura femenina dominante: *La tía Tula, Soledad, Fedra,* "Dos madres", "El marqués de Lumbría". Incluso en *Abel Sánchez* el eje estructural lo representa Helena. Todas son presa de una ambición exagerada o una pasión frustrada. Su presentación más bien negativa no sorprende, si recordamos algunas aseveraciones del autor en sus ensayos:

Podrá parecer ello muy superficial y grosero, pero para mí todo el feminismo tiene que arrancar del principio de que la mujer gesta, pare y lacta, está organizada para gestar, parir y lactar, y el hombre no. Y el gestar, parir y lactar llevan consigo una

---

[30] *Niebla* (Madrid, 1951), pp. 259-260.

predominancia de la vida vegetativa y del sistema linfático y, con ellos, del sentido común y práctico. [31]

La insumisión de la mujer fuerte va completamente contra las enseñanzas de los dos grandes maestros de esta generación. En *Amor y pedagogía* Avito Carrascal repite casi literalmente la opinión de Schopenhauer acerca del genio: "En la especie humana, el genio ha de ser por fuerza masculino". [32] Y entre los consejos "A una aspirante a escritora" consta la afirmación tajante: "El escribir una mujer para el público en lengua literaria masculina es algo así como ponerse los pantalones" (*Ensayos* II, 696).

Gertrudis, la protagonista de *La tía Tula,* domina la novela toda. Se refiere a todos los hombres con ironía. Incluso el bonachón del tío sospecha que Tula considera sus sermones como "bobadas de hombres", y el confesor —ironía inversa— tiene que reprenderla por su gusto de mezclarse en todo: "Pero es, señora, que usted viene aquí a confesar sus pecados y no los de otros" (121). Con saña irónica obliga a Ramiro a casarse con Manuela, lo cual podría considerarse como una actitud social adelantada, si no sospecháramos que actúa empujada por deseo de venganza. La ironía más fuerte aparece al final, cuando Tula, al morir, confiesa que tal vez se haya equivocado. Con esto destruye el ideal de la mujer fuerte e independiente erigido con esmero a lo largo de la novela.

El final de *La tía Tula* y los de varias novelas de Baroja y Azorín confirman el firme arraigo de las enseñanzas de Schopenhauer y de Nietzsche en esta generación. Si Tula reconoce que su vida no ha llegado a la plenitud por haberse quedado sola, varios protagonistas de Baroja y Azorín ilustran la teoría de Nietzsche de que el matrimonio embrutece al hombre: César Moncada, Fernando Ossorio, Andrés Hurtado, Antonio Azorín. [33] Tanto en uno como en el otro resulta difícil hablar de efectos obtenidos a través de las diversas formas de la ironía. Baroja se inclina a imponer a toda presentación su propia opinión; así, la ironía frecuentemente ni siquiera es

---

[31] "La educación", *Ensayos,* I (Madrid, 1951), 346. Véase Schopenhauer: "Weil im Grunde die Weiber ganz allein zur Propagation des Geschlechts dasind und ihre Bestimmung hierin aufgeht; so leben sie durchweg mehr in der Gattung als in den Individuen" ("Ueber die Weiber", *Parerga und Paralipomena, Sämtliche Werke* [Stuttgart, 1965], V, 724). ¿Será por eso que, una vez enamorado de Eugenia, Augusto empieza a correr tras toda mujer?

[32] *Amor y pedagogía* (Buenos Aires, 1944), p. 24. Cf. Schopenhauer: "Weiber können bedeutendes Talent, aber kein Genie haben" (*Die Welt als Wille und Vorstellung* [Leipzig, s. a.], II, 1158).

[33] Véase n. 29. También Ortega señala que "el hombre tiende siempre más a lo extraordinario; por lo menos sueña con la aventura y el cambio, con situaciones tensas, difíciles, originales. La mujer, por el contrario, siente una fruición verdaderamente extraña por la cotidianeidad. Se arrellana en el hábito inveterado y, como pueda, hará de hoy un ayer" (*Estudios sobre el amor* [Madrid, 1954], p. 130).

la del narrador, sino del autor, con actitud siempre igual. Azorín, procediendo por estampas casi inmóviles, impide los efectos dinámicos de la yuxtaposición o del intercambio rápido y casi excluye la posibilidad de situaciones equívocas. Tiende, además, a la creación de tipos.

La voluntad ofrece un buen ejemplo de la tipificación y a la vez de la actitud del joven Azorín hacia el matrimonio. En toda la novela apenas aparece la mujer (¿una indicación de lo que seguía siendo la estructura social en los pueblos?). Las dos que percibimos con mayor relieve son tipos clásicos que ilustran la vieja teoría de que la mujer no tiene más que dos caminos: convento o matrimonio. (En términos de los novelistas misóginos, una destruye, la otra es destruida; nunca es totalmente positiva). La primera presentación de Justina apunta a su destino: "alma cándida y ardorosa, pronta a la abnegación o al desconsuelo". [34] De sus amores no vemos nada. La novela muestra claramente que el mundo de los hombres existe separadamente: importan mucho más las conversaciones de Antonio con Yuste o sus polémicas en Madrid que la relación amorosa. Renunciar a Justina no causa tragedia. Lo trágico —lo que se podría considerar como ironía en cuanto al libre albedrío— es la sumisión de Justina: "Justina es ya novicia: *su Voluntad ha muerto*" (166). Se presenta escuetamente, como algo que no debería sorprender. La muerte de la voluntad de Antonio viene preparada con más cuidado, primero como una visión en Toledo: "Azorín, que está cansado de bullangas literarias, sería muy feliz casándose con esta muchachita del manto negro [...] viviría en esa casa grande, en una callada vegetabilidad voluptuosa, en medio de este pueblo artístico y silencioso" (209). Lo irónico estriba en el hecho de mostrarle casado al fin, pero ni vive en casa grande, ni en pueblo artístico o silencioso. Sucumbe a la voluntad de Iluminada —percibimos intención irónica en el nombre—: "sana, altiva e imperiosa". Una prefiguración irónica de su vida de casado se ofrece en la escena de su vuelta al pueblo: "Ella se pone roja y yo me pongo pálido. Ella avanza erguida e imperiosa: yo permanezco inmóvil y silencioso.... —Sí, sí —contesto yo como un perfecto idiota—; ya estoy aquí" (281). Tras esta introducción, no sorprende verle en lo que se podría considerar como epílogo o réquiem completamente anonadado, en un cuadro de ironía aguda: "Don Antonio Azorín... Don Antonio Azorín... —¡Ah, vamos! ¡Antoñico! Antoñico, el que está casado con doña Iluminada... ¡Como decía usted don Antonio!" (286).

La ambigüedad es mayor en *Doña Inés*: ella es también, en esta novela, el personaje más fuerte, aunque no necesariamente el más simpático. Salvadora de Olbena, María Fontán tampoco resultan figuras de veras vivas, originales y positivas, aunque con voluntad más decidida que la de los hombres que las rodean.

---

[34] *La voluntad,* ed. E. Inman Fox (Madrid, 1968), p. 67.

César o nada, de Baroja, no sólo ilustra la perdición del hombre al casarse, sino también la tesis schopenhaueriana de que a la mujer sólo le interesa pescar al marido. En el hotel romano presenciamos un largo desfile de mujeres casquivanas dominadas por esta preocupación. No son diferentes las de Castro Duro, y aún se les podrían añadir las encontradas por Sacha en los pueblos españoles en *El mundo es ansí.* De los tres autores, es el que con más saña ataca a la mujer española —sin olvidar que también ha creado algún tipo idealizado, como Mari Belcha. Como ha notado Serrano Poncela, en ningún libro suyo la acción depende de la mujer: "estos tipos de mujeres viven en las novelas barojianas y circulan por ellas proyectadas siempre sobre los fondos varoniles más profundos y desde luego necesarios para su existir" (ob. cit., en la n. 26). Muchas de sus ideas parecen proceder directamente de Schopenhauer o Nietzsche. Siempre son opiniones. Hay poco juego irónico de situación, de perspectiva o de yuxtaposición de personajes. Incluso la ironía verbal emplea casi siempre el mismo tono en vez de ser reflejo de personalidades distintas. Lo curioso es que el tipo que favorecen tanto los protagonistas como el autor mismo es el de la mujer burlona, la que sabe hacer buen uso de ironía. [35] Con ello parecería inclinarse hacia la mujer fuerte. Sin embargo, en las novelas incluso éstas fracasan: María Aracil, Sacha Savaroff. Sería erróneo creer que Baroja ve con ojos buenos la emancipación de la mujer. Lo demuestran dos declaraciones de protagonistas distintos con un intervalo de 40 años: "Ten esto en cuenta: de cien mujeres, noventa y nueve son animales de instintos vanidosos y crueles, y la una que queda, que es buena, casi una santa, sirve de pasto para satisfacer la bestialidad y la crueldad de algún hombrecito petulante y farsantuelo". "Mientras los dictadores, rojos o blancos, no consigan dar a cada mujer soltera, aunque sea fea y pedantona, un marido de buen ver, éstas protestarán con energía de las deficiencias del Estado". [36] La última opinión, con alguna variación, sería válida para definir la actitud de los tres autores frente al papel de la mujer en la sociedad.

3. *Los novecentistas*

La animosidad defensiva contra la mujer desaparece por completo en la obra de Gabriel Miró; se tiñe de ambigüedad en la de Pérez de Ayala. Ambos

---

35 Cf. Ortega: "De las mujeres plásticamente más bellas se enamoran poco los hombres [...]. La gracia expresiva de un cierto modo de ser, no la corrección o perfección plásticas, es, a mi juicio, el objeto que eficazmente provoca el amor" (ob. cit. en la n. 33, pp. 100 y 101).

36 *Las inquietudes de Shanti Andía, Obras completas,* II (Madrid, 1947), 1046; *El cantor vagabundo,* ibíd., VIII, 478.

muestran la misma compasión y comprensión que hemos visto en la generación de Galdós. Esto puede ser debido a varias causas: el escaso éxito del
movimiento feminista, que no consigue cambiar de veras la situación, y la
preferencia de ambos por ambientes provincianos, donde todo sigue un
curso igual y donde la mujer no ha dejado de ser pasiva y sumisa. Los dos
autores, muy distintos en su proceder e ideología, se interesan por los arquetipos. Por consiguiente, retratan más bien la función social de la mujer, menos
su vida interior. Los dos ponen de relieve, aunque de modo diferente, el aspecto sensual, Miró concentrándose sobre lo "natural", Pérez de Ayala sobre
lo artificial: la prostituta. Constatando que la mujer apenas tiene libertad,
viéndola oprimida y explotada, no tienen necesidad de amonestar contra el
peligro que podría llegar de este lado. Y sin embargo los mundos que crean
ya no se parecen a los de Galdós o Clarín. En el caso de Miró y de Pérez
de Ayala se podría más bien hablar de la obsesión del modelo. Ambos
—como ya lo hacía Azorín— escriben no sólo desde la vida, sino también desde la literatura y del arte. Lo que René Girard, hablando del personaje, señala como "imitación fatal" de un modelo, adquiere una dimensión
más compleja si admitimos que también los autores escriben conscientemente
siguiendo a o en contra de un modelo. [37]

Miró parece buscar la condición eterna al crear sus personajes. Empieza
su *Nuestro Padre San Daniel* con "santas imágenes", luego pasa a tipos: "seglares, capellanes y prelados". En la primera aparición de Paulina se recalca
que "la hija perpetuaba a la madre muerta". [38] Las demás mujeres representan
la tradición colectiva. Un extremo en cuanto a las ideas reaccionarias es El-
vira, que tiene algo de la mujer fuerte denunciada por la generación precedente. Es, en realidad, una mujer frustrada. No ocurre ninguna ambigüedad en su presentación. Mucho más interesantes, delineadas con grande
simpatía, aparecen otras figuras "secundarias", ayudadas de sutil ironía. Así
doña Corazón: "Todavía muy joven doña Corazón, estuvo enamorada de
don Daniel; pero le amó tan recatadamente que el hidalgo no lo supo, y la
buscaba para decirle sus anhelos por la que fue su esposa" (794). La ironía
no acaba aquí: don Daniel, como agradecimiento por su ayuda, la empuja
hacia el casamiento con un hombre que no vale nada. Y el narrador deja
al lector sacar sus conclusiones:

> Ocultó la malmaridada su desdicha tan firmemente como su antiguo amor; y don
> Daniel, viéndola siempre mustia, se decía: "¡Hay mujeres que nada las contenta!
> Todo se les vuelve fantasmas y antojos. ¡Pues que el Señor no se canse y la casti-
> gue." (795)

---

[37] *Mensonge romantique et vérité romanesque* (París, 1961); son interesantes las
ideas de Harold Bloom. *The Anxiety of Influence* (Nueva York, 1971) y *A Map of
Misreading* (Nueva York, 1975).
[38] Gabriel Miró, *Obras completas,* 2.ª ed. (Madrid, 1953), p. 789.

La ironía podría extenderse hasta ver en este episodio la prefiguración del casamiento de Paulina. En ambos casos el ironizado es don Daniel. Otra figura alada, llena de simpatía es *la Santera,* viejecita arrugada que normalmente encajaría entre las beatas chismorreantes. La vemos asomarse por vez primera con una observación llena de tino y no exenta de malicia socarrona: "Y desde afuera vino una vocecita frágil, diciendo: —Si a ella le agradara que la viese desnuda el de Lóriz, no sería por la ventana abierta, sino con la ventana cerradita, mis hijas" (958).

Purita, la muchacha de "ideas libres", junto con María Fulgencia, representa el espíritu nuevo. No es transmitido negativamente, ni mucho menos. La escena misma de su "atrevimiento pecaminoso" está estructurada con suma maestría: el espejo y la ambigüedad predicen todos los espejos de la literatura más reciente. La ironía alrededor de ella es sostenida, irradiando en varias direcciones: el hecho de que la defienda siempre don Magín; la ira —y en realidad, la envidia— de las beatas; el incidente de su sustitución por la Monera en la mesa petitoria de la catedral a ruego de don Alvaro. Cuando éste cree haber conseguido una importante victoria en defensa de la honestidad, oímos el comentario de una de las monjitas-hormiguitas: "¡Es tan pobre cosa para esta vida!" (968). La naturalidad de lo sensual se defiende también en la persona de María Fulgencia, toda luz, impulso, bondad, y a la vez mucho más profunda y dotada de mayor rectitud que las señoronas que defienden la moral oficial.

La mayoría de los hombres aparecen bajo el enfoque irónico, pero también el uso de la ambigüedad entra por mucho en el logro de estas novelas. Don Daniel no es muy viril, pero no por eso es antipático. Don Alvaro se presenta desde el principio como un tipo acartonado, funesto. Las figuras más interesantes de estas novelas son sin duda alguna los dos "hombres con faldas", en unión curiosa y con una configuración que sugiere la pregunta si su anti-modelo no habrá sido el dúo de don Fermín y Camoirán. Ambos personajes mironianos defienden a la mujer sumisa, y al terminar el libro hay como un asomo de esperanza: la libre determinación de María Fulgencia; la salida de Purita hacia una vida nueva; la intimación de una lucha sobrellevada por don Magín con más dignidad que la de don Fermín, haciendo posible la liberación.

En las novelas de Pérez de Ayala casi siempre ya la intención misma es irónica. Su crítica no se dirige contra cierto hombre o cierta mujer, sino contra los vicios de la sociedad. Aún más que Miró, sobre todo en su segundo período, procede por creación de tipos, muchos de los cuales funcionan como reacción a arquetipos existentes. Como lo ha hecho notar Baquero Goyanes, a la intención irónica se añade la complejidad de la perspectiva: frecuentemente procede no por contraposición de dos opuestos, sino por triángulos. [39] Así, en *Tigre Juan* y *El curandero de su honra* el hombre se divide entre Tigre, Colás y Vespasiano. Frecuentemente la ironía aparece como un juicio ya formulado: Pérez de Ayala es un escritor intelectual ante todo, y apela constantemente a la inteligencia del lector. En comparación con Miró, es mucho más fuerte su escepticismo, lo cual le lleva a un uso magistral de auto-ironía: "Todo consiste en meterse entre los bastidores de uno mismo, introspeccionarse, convertirse de actor en espectador y mirar del revés la liviandad y burda estofa de todos esos bastidores, bambalinas y tramoya del sentimiento humano." [40] Es lo que hacen frecuentemente Tigre Juan y doña Iluminada. A veces, el doble punto de vista viene reforzado por dos modos de hablar distintos, como en el autodiálogo de Iluminada (587).

Doña Iluminada es uno de los personajes más vivos de esta obra: mujer enérgica, eficaz, independiente, hasta cierto punto dominadora, pero nunca antipática. Reúne en sí rasgos opuestos: la tradición (su reacción a la evasión de Herminia) y la modernidad (su previsión y sanción del "rapto" de Carmina). Defiende la nueva moral representada por Colás e incluso señala que el ateo don Marengo es el hombre más recto de Pilares.

Abundan escenas de situación irónica. Se nos dice que "para Tigre Juan, doña Iluminada estaba desprovista de existencia corpórea" (579), y en la escena siguiente la vemos casi ofreciéndosele en matrimonio, añadiendo: "Apriete, hombre, sin empacho, que soy mujer de carne y hueso, y no criatura impalpable ni fantasma" (592). Cuando le aconseja que se case, también lo hace en términos ambiguos: "El sino de los solterones carcamales es como el de las gallinas: morir devorados por una zorra o que la cocinera los desplume" (593). En ella encontramos los primeros asomos de auto-ironía femenina.

La figura que merece más ironía sostenida y se convierte casi en caricatura es Vespasiano. En varios detalles recuerda el desprecio con que Clarín envolvió a don Alvaro, pero va más allá: Pérez de Ayala le hace viajante vulgar, intensifica los asomos de miedo al presentarse el peligro, y ya en la descripción de su físico le convierte en un ser repulsivo: "con aquellos ojos lánguidos, aquellos labios colorados y húmedos, aquellos pantalones ceñidos, aquellos muslos gordos y aquel trasero saledizo, no puedo impedir que me parezca algo amaricado" (577). La ironía se duplica cuando doña Iluminada ofrece una descripción parecida en términos irónicos y Tigre Juan, sin caer en la cuenta, la saluda con entusiasmo. Y es triplicada cuando Tigre presenta su concepto de don Juan, que luego se verifica a la inversa: "Re-

---

[39] "Contraste y perspectivismo en Ramón Pérez de Ayala", *Perspectivismo y contraste* (Madrid, 1963), p. 173 y ss.

[40] *Troteras y danzaderas* (Madrid, 1930), p. 224. Lo cita Baquero Goyanes. Todas las citas de *Tigre Juan* son de *Obras completas,* IV (Madrid, 1969).

mordimiento. Humillación. Infierno de las mujeres. Vengador de los hombres" (666).

Se ironiza casi constantemente a Tigre Juan. Son infinitas sus declaraciones denigrando a la mujer, de fuerte sabor schopenhaueriano (570, 572, 585-86, 716). Compra el brazalete de pedida más pesado para señalar que es dueño completo de Herminia, pero por el narrador sabemos que "ya de allí adelante no fue él en sí mismo, sino Herminia fue del todo en él" (637). El narrador no se cansa de suplir detalles irónicos: "Tigre Juan, enardecido con su original sistema de venganza, cada vez hacía a Herminia objeto de mayores atenciones" (651). Y al final vemos a este "dechado y arquetipo de cualidades masculinas" dar el biberón y cambiar los pañales del niño. Como el don Víctor de Clarín, precisamente por estas debilidades humanas se gana la simpatía del lector, y en esto estriba tal vez la ironía del narrador frente al arquetipo.

Luna de miel, luna de hiel y *Los trabajos de Urbano y Simona* presentan otra serie de hombres débiles: don Leoncio, don Cástulo, Paolo, Urbano. [41] Sería difícil afirmar, sin embargo, que todas las mujeres aparezcan como superiores o más simpáticas; sólo es más sutil la ironía en su enfoque.

Tanto en Miró como en Pérez de Ayala resulta imposible destacar un enfoque pronunciado en favor o en contra de la mujer. Representantes de una edad más moderna, bajo el mandato de la relatividad, no hacen más que apuntar y sugerir, y el lector se queda con plena libertad de interpretación. Habrá que esperar obras como *Nada,* de Carmen Laforet, para ver a la figura femenina moviéndose ya casi a pie de igualdad y, sobre todo, usando muy eficazmente no sólo ironía hacia el hombre, sino auto-ironía. Pero incluso en esta obra la nota feliz al final es debida a la sombra protectora de un hombre: el padre de Ena. Casi como la figura de Mr. Rochester, unos cien años después de publicarse *Jane Eyre,* sugiere que la estructura social no ha cambiado por completo: "La población femenina española de 1945 es la más honesta, la más ignorante y la menos activa de toda Europa". [42]

---

41 El hecho se subraya aludiendo al trastrueque de papeles: "—¿Y quién es tu marido? —¿Cómo mi marido? Dirás mi mujer, Micaela. —No digo tu mujer, sino tu marido" (478).

42 Lidia Falcón, *Mujer y sociedad. Análisis de un fenómeno reaccionario* (Barcelona, 1969), p. 363.

Cadalso, la Religión y la Iglesia

JORGE DEMERSON
Université de Lyons

El que estudiemos en su obra, y señaladamente en las *Cartas marruecas,* la actitud de Cadalso frente a la religión no hubiera sorprendido al autor, puesto que él mismo subrayó el interés y la importancia del tema para quien se ocupa de la historia de España: "[...H]abiendo sido la religión motivo de tantas guerras de los españoles contra los descendientes de Tarif, no es mucho que sea objeto de todas sus acciones".[1] El propio don José Cadalso y Vázquez no escapa a la regla que había formulado.

Decir que nació en España y en el seno de una familia católica sería incurrir en redundancia. A mediados del siglo XVIII, no había en España más religión que la católica, y todavía en aquellos años el Santo Oficio, vigilante, cuidaba de que nadie se apartase de la ortodoxia. Tenemos pruebas de que, tanto en la rama paterna como en la materna de su familia, la fe católica no se había entibiado y Dios no había escatimado sus gracias a los hogares de sus abuelos: "entre los hijos de su matrimonio y los de las primeras nupcias, me dio mi abuelo un padre y veinte y ocho tías y tíos, de los cuales la mayor parte han muerto, quedando sólo dos..." (*AA,* p. 115). D. José Vázquez, el abuelo materno y gaditano, fue menos prolífico: sólo tuvo dos retoños, un varón y una hembra. En cambio, dio su hijo a la iglesia: Mateo, tío de Cadalso, ingresó en la Compañía de Jesús

---

[1] Carta III en *Cartas marruecas,* ed. L. Dupuis-N. Glendinning (Londres, 1966), p. 15. Nos referiremos en las notas o paréntesis de este estudio a las siguientes ediciones: Cadalso, "Cartas a Iriarte", ed. Emilio Cotarelo, *La España moderna,* 73 (enero, 1895), 60-96.

——, "Obras inéditas", ed. R. Foulché-Delbosc, *RHi,* 1 (1894), 258-335.

——, *Cartas marruecas,* ed. cit. (*CM*).

——, *Apuntaciones autobiográficas,* ed. Angel Ferrari (Madrid, 1968, pp. 115-143 (AA).

Ximénez de Sandoval, Felipe, *Cadalso: vida y muerte de un poeta soldado* (Madrid, 1967).

de su ciudad natal, llegando incluso a ser en dos ocasiones provincial de su orden.

La Compañía de Jesús precisamente, iba a desempeñar un papel destacado en la vida de nuestro autor. Guiado y patrocinado por su tío materno —que hacía con él las veces de tutor, pues el niño era huérfano de madre, y su padre a causa de sus negocios viajaba constantemente por el extranjero— el joven José ingresó a los 5 ó 6 años en el colegio que los jesuitas regentaban en Cádiz y allí aprendió los primeros elementos: leer, escribir y las cuatro operaciones, con algo de catecismo, como en todos los colegios de la época. Pero el padre Mateo, en vista posiblemente del desparpajo y de los adelantos del chiquillo, concibió grandes proyectos para su discípulo. Pensando que la enseñanza local no permitiría a su sobrino desarrollar todas sus capacidades, este jesuita, hombre por lo visto abierto al progreso, aconsejó que se mandase al niño fuera de España, a respirar aires distintos y nuevos. Nos informa de ello el propio Cadalso:

> ... Mi tío jesuita persuadió por cartas repetidas a padre que me enviase al colegio Luis El Grande de París, floreciente entonces por el gran número y no menor calidad de los alumnos... Llegué de 9 años de edad [por lo tanto en 1750] al colegio, gobernado entonces por un célebre jesuita llamado el padre Latour, que había sido maestro del príncipe de Conti y protector de Voltaire para su colocación en la Academia (*AA*, p. 116).

Allí había de estar, con una interrupción de un curso aproximadamente, 5 ó 6 años.

Si es verdad que las primeras impresiones y la primera educación suelen dejar en el alma de un niño una huella indeleble, es indudable que, inconsciente o conscientemente, Cadalso llevó toda su vida la impronta de esos diez años de educación jesuítica. Esta influencia del catolicismo no quedó siquiera interrumpida por su estancia en Inglaterra, pues sabemos por confesión propia que "estuvo una temporada en un lugar llamado Kingston, donde su padre había aprendido el inglés, y otra en una especie de escuela académica mantenida por un Mr. Plunket, católico, gran partidario de la casa de Stuart". Incluso en tierra herética Cadalso se baña, pues, en un ambiente de catolicismo activo.

Con todo, el fervor cristiano-dinástico del Sr. Plunket —aun reforzado por otra estancia de un año en Luis El Grande— no pareció suficiente garantía al padre del futuro *Dalmiro,* quien no desperdiciaba ocasión de dar a su hijo la mejor instrucción y educación posibles. Quiso completar en la Corte lo emprendido más allá del Pirineo. No es imposible que don José, al tratar con su hijo, se diese pronto cuenta de que, si bien nacido y criado en un ambiente profundamente cristiano, pero lejos de la autoridad paterna y familiar, el joven había adquirido ciertos hábitos de independencia mental y material que urgía cortar. Para ello, le internó otra vez en un colegio de la Corte: "Llegué a Madrid —escribe Cadalso—, y al cabo de un mes no cabal de estar en compañía de mi padre, me dijo que por si me había relajado algo en costumbres o religión, me convenía estar algún tiempo en el Seminario de Nobles de Madrid" (*AA*, p. 118).

Aunque el nombre de *Seminario* pertenece al vocabulario religioso, no era exactamente el de Nobles una institución eclesiástica. Sin embargo, y como lo indican ya las palabras de nuestro autor: "por si me había relajado algo en costumbres o religión", era un colegio donde reinaba una estrecha disciplina y donde la religión no era sólo una asignatura entre otras varias, sino que informaba la vida diaria de los jóvenes aristócratas que en ese centro estudiaban.

Ese colegio no le gustó a Cadalso, tal vez precisamente por la disciplina que en él reinaba. Él mismo confiesa: "Entré en él de 16 años muy cumplidos... desde el mismo día empecé a tratar el modo de salir de aquella casa que no se me podía figurar sino cárcel..." (*AA*, p. 118). "Sacóme desde luego mi padre del Seminario y me mantuvo en su casa...".

En resumidas cuentas, hasta los 17 años, cuando menos, Cadalso estuvo sometido a una educación católica, impartida por su tío jesuita, por los jesuitas de Cádiz o de París en sus respectivos colegios, por el Sr. Plunket en Inglaterra o los profesores del Seminario de Nobles de Madrid. Debía de estar entonces el joven gaditano muy impregnado de doctrina cristiana y de espíritu católico; tal vez, incluso, su fe, respaldada por la admiración hacia sus maestros, lograra despertar en él una vocación religiosa. Sabido es que en parecidas circunstancias, dos amigos de Cadalso, Jovellanos y Meléndez Valdés, estuvieron a punto de consagrar su vida a la iglesia. No sería imposible pues que el joven Cadalso solicitase su admisión en la Compañía de Jesús.

Y en efecto, leemos en las *Apuntaciones autobiográficas*:

> Apenas llegué a Cádiz que le escribí a mi padre tres pliegos grandes por las cuatro caras llenas de [...] mística, sobre la perfección del estado religioso, peligro de las almas en el mundo, esencial obligación de salvarse, etc. Al cabo, respondió mi padre, con más lágrimas que tinta, diciendo que nunca había sido su ánimo apartarme del camino por donde Dios me llamaba; pero que era justo examinar la verdad de esta vocación porque le sería sumamente doloroso perder el único hijo que tenía...
> (*AA*, p. 119).

¿Iba don José a seguir el ejemplo de su tío don Mateo? En absoluto.

* * *

Todo el episodio que antecede no es en realidad más que farsa, teatro puro. Para salir del Seminario de Nobles, que se le antojaba, como hemos visto, una verdadera cárcel, Cadalso recurría a todos los medios a su alcance. Su padre, explica, era hombre harto ensimismado, muy retraído. Con todo, Cadalso se enteró de que le destinaba a la burocracia:

> Pude adivinar que me quería para covachuelista, cosa que se oponía a mi ánimo que era militar.
> En esto tuve por casualidad noticia de que mi padre aborrecía con sus cinco sentidos a la Compañía de Jesús. Finjo[2] [—subrayemos este verbo—] vocación de jesuita (habiéndole propuesto varias veces mi deseo de ser soldado). Estas insinuaciones, cada una por sí, le volvieron loco, y mucho más la combinación de las dos vocaciones tan diferentes (AA, p. 119).

Desde aquel lance, parece que Cadalso empieza a distanciarse de los jesuitas. Sin embargo, aun cuando deja de estar bajo su autoridad, sigue manteniendo buenas relaciones con ellos y cita dos hechos, que son prueba de ello. En 1764, el famoso padre Isidro López le escribe rogándole conteste sobre "ciertos negocios jesuíticos de que sólo su padre y él podían estar enterados" y avisándole que el Rey leerá su respuesta. Con algo de cinismo el joven oficial confiesa que vio claramente el partido que podía sacar de las circunstancias: "Entonces pude haber hecho gran negocio con los jesuitas, informando a su favor, o con el ministerio, informando contra la Compañía". Pero sólo escuchó la voz de la virtud: "Informé como hombre de bien la verdad lisa y llana" (AA, p. 122). Se mostró satisfecho el Rey: "Se conoce que este mozo tiene talento y honor", comentó; pero no hizo nada para ayudarle.

En el segundo caso, Cadalso fue convocado por el P. Zacagnini, ayo de los Infantes, para hacer la traducción de un cuaderno en inglés que contenía una explicación de la hechura y manejo de una esfera del sistema de Copérnico, remitida al Príncipe (el futuro Carlos IV). "La hice y bien y en pocas horas", afirma Cadalso; "gustó infinito al príncipe..., que me honró con benignas expresiones". Pero tampoco le valió este servicio ninguna recompensa concreta.

Observamos que el ex-alumno del P. Latour se va distanciando de sus antiguos maestros, a los que no se siente al parecer vinculado ni por la gratitud ni por el afecto. Calcula fríamente las posibilidades que le ofrecen o, pronto, dejarán de ofrecerle, para medrar. Y si, finalmente, no los "hunde informando contra la Compañía", actúa así por "hombría de bien", es decir, por unos valores de moral seglar bastante distintos de aquéllos, fundados en la moral religiosa, que le habían enseñado los jesuitas. Es decir que se aparta resueltamente de su influencia.

---

2 En la cita que antecede (p. 153), hemos omitido voluntariamente una palabra que deja entrever ya ese "fingimiento"; el texto completo es: "... le escribí tres pliegos... llenos de *pedantería* mística..."

En realidad, a partir de su ingreso en el ejército en 1762, el joven se aleja cada día más, no sólo de la influencia jesuítica, sino también y sencillamente, de la Iglesia. Se revela ambicioso, quiere triunfar y sus criterios, decididamente ajenos a toda mística como a toda humildad, aparecen cada vez más claramente como meramente egoístas, interesados y algo arribistas.

En efecto, Cadalso se muestra entonces —cuando todavía es alumno del Seminario de Nobles— muy atraído por el mundo. Manifiesta un gran fondo de frivolidad, vanidad, incluso de orgullo. Le preocupa muchísimo su indumentaria, y se convierte en un verdadero "dandy" o, como se decía entonces, un *petimetre*. Cuenta que en su último viaje a Francia e Inglaterra había comprado gran cantidad de libros. Pero es de creer que asimismo adquiriera algunas prendas de vestir a la última moda. Y sabemos por sus biógrafos que durante un solo curso en el Seminario de Nobles —tendría unos diecisiete años— compró hasta 23 pares de zapatos. Es de notar que en las *Cartas marruecas* no abundan tanto las críticas contra las frivolidades y los excesos de la moda como en otros escritos contemporáneos. Cuando denuncia el lujo, Cadalso lo hace más bien en general, como economista antes que como moralista: vitupera los estragos que ocasiona esa plaga social en las arcas nacionales e individuales de los españoles, mucho más que denuncia un defecto moral de sus coetáneos.

Es indudable que Cadalso, especialmente entre los 18 y 25 años, pero también más tarde, abriga una sola preocupación: triunfar en el mundo. Habla de "las esperanzas" que puede fundar para su porvenir (*AA*, p. 121). Trata de hacerse distinguir por los príncipes y para ello busca recomendaciones. Habiendo fracasado en Palacio, se orienta hacia la Grandeza. Frecuenta a las condesas de Osuna, madre e hija, y al marido de la joven, Marqués de Peñafiel, a cuyo palacio concurría lo más distinguido de Madrid. Al parecer llegó a tener con esas personas principalísimas cierta familiaridad.

En su autobiografía, Cadalso no oculta que actuó así por cálculo. Más o menos claramente, confiesa ser arribista, metódico, fríamente dispuesto a todo para triunfar. Sólo le mueve su interés. Por interés trató de intimar con el Conde de Aranda. "Viendo la gran fama que el Conde Presidente tenía, parecióme útil introducirme con él, y hallé motivo porque, enamorándose de un caballo mío que le vendí, tuve ocasiones de hablarle". Estos giros —parecióme útil, hallé motivo— demuestran que el conocimiento de Aranda no fue obra del azar sino del cálculo, de la astucia del joven. Incluso discernimos una punta de cinismo en la confesión de Cadalso.

Con no menos "sinceridad" deja traslucir más tarde en sus apuntes autobiográficos referentes a 1775, que no destinaba a ser publicados, [3] su deseo de medrar:

---

3 Véase carta a Meléndez, Ximénez de Sandoval, ob. cit. en la n. 1, pp. 343-344 (§ 7).

Debo trabajar a los objetos siguientes... 3. Entablar pretensión de encomienda. 4.
Idem, de grado de coronel. Imposible. 5. Idem, de la tenencia coronela. Posible. 6
Ser incluido en la primera expedición. 7. Segunda introducción con el príncipe. Con-
seguido. 8. Fomentar la amistad de Montijo, Ceballos, Navia... *(AA,* pp. 137-138).

Se echa de ver que Cadalso es metódico. Pero este método que le in-
culcaron los jesuitas, lo aplica ahora a su ambición. Y por si lo que antecede fuera poco explícito, añade:

Consideraciones que me mueven a solicitar hacer fortuna [En forma de lista]:
1. Más vale mandar que ser mandado.
2. Entre los dos estados no hay medio...
   [Evoca la posibilidad de retirarse a una casa buena y cómoda en una provincia
   agradable...]
6. Pero mientras tanto, no perder ocasión.
7. En mi edad que aún no es grande, en mis introducciones que son buenas y en
   el concepto que tengo entre las gentes, me puedo prometer fortuna *(AA,* p. 138).

Un poco más adelante, vuelve a su tema.

El príncipe y princesa tienen buena opinión de mí, como me lo han manifestado.
Sus favoritos, Peñafiel, Piñateli, Montijo, son amigos míos. Entre Peñafiel y el
Príncipe, hubo una conversación acerca de mí; yo la oí y me pareció bien *(AA,*
pp. 138-139).

Cadalso es pues todo un "pretendiente". Pone mucho empeño en conseguir el favor de los Príncipes y grandes, pero a pesar de las buenas palabras y de la amistad que varios le profesan, no consigue nada. Queda
estancado. Y su optimismo razonado se convierte en desilusión y amar-
gura, sensible en sus escritos por más que se glorie de ser un "filósofo".
    Es lo que afirma en la Carta LIX, p. 129 (1. 53). "Pero yo no soy
político ni aspiro a serlo; deseo sólo ser filósofo...". Y lo fue en efecto.
Al hablar de Marchena y Meléndez Valdés, el crítico Emilio Alarcos García se preguntaba cómo y dónde éstos y otros alumnos de Salamanca
aprendían a conocer las ideas filosóficas. Y concluía que era en la misma
Salamanca, porque allí circulaban en gran número los libros europeos,
incluso los que estaban prohibidos por el Santo Oficio. En el caso de Cadalso, huelga la pregunta: se impregnó el joven José del espíritu filosófico
en las capitales donde se había fraguado o donde se desarrollaba esa nueva
ideología: en Londres y en París. Allí no sólo se empapó a través de sus
lecturas del llamado espíritu filosófico, sino que lo vivió, lo palpó, lo sabo-
reó, igual que un inglés o un francés. Cuando vuelve a España, Cadalso
tiene todas las características de un filósofo. No sólo las ideas, que son
las de la Ilustración, como ya sabemos, y de las cuales es inútil volver a
hablar aquí. Sino que también es libertino y escéptico.

Libertino: una aventura temprana le abre los ojos. En Inglaterra, dice, "experimenté por primera vez los efectos de la pasión que se llama amor. Hubo de serme funesta" (*AA*, p. 118). Esta experiencia iba a ser el primer eslabón de una larga cadena de amoríos. Al ingresar a los 16 años en el Seminario de Nobles, admite que antes había "gozado sobrada libertad en los principios de una juventud fogosa". Cuando su padre quiere apartarle de la carrera eclesiástica, le envía "a divertirse un poco por Andalucía" (*AA*, p. 119) y más tarde "a divertirse [a Londres] con dineros y con libros y con cuanto quisiese". Veremos a continuación que el vocablo "diversión" se aplica a menudo en el caso del gaditano a los placeres del amor.

Es a partir de su ingreso en el ejército cuando Cadalso se entrega al libertinaje: en 1763, "mesa, juego, amores y alguna lectura ocuparon mi tiempo" (*AA*, p. 121). Tres años después, en 1766, confiesa: "Proseguí mis diversiones, que me acarrearon una grave enfermedad en la Corte de la que no me levanté sino después de mucho tiempo..." (*AA*, p. 123). El mismo año, pero después del motín de Esquilache, está en Alcalá:

> Enamoréme allí sucesivamente de la hija de un consejero llamado Codallos, y de la marquesa de Escalona. El fin del primer amor fue el principio del segundo, y éste se acabó luego que vi que en la marquesa no había cosa que dominara mi espíritu, ni complaciese mucho mi carne (*AA*, p. 123).

Este último término evidencia que no se trataba simplemente de un amor platónico. Además, esos amoríos son de dominio público, pues el mismo conde de Aranda, al llegar a Zaragoza en 1769, le habla de ellos: "Me preguntó por la Escalona, me hizo mil expresiones" (*AA*, p. 127). Es un hecho que Cadalso se movía a sus anchas en ese mundillo de cortejos, aventuras y amoríos. La marquesa de Escalona, que seguía pensando en él y carteándose con él, le había sustituido en su lecho por otro protegido de Aranda, don Antonio Cornel: "La marquesa enamorada todavía mentalmente de mí y corporalmente de D. Antonio Cornel..." (*AA*, p. 128). Otro protegido de Aranda, Joaquín de Oquendo, por quien el viejo militar sentía al parecer una verdadera pasión, "frecuentaba en la calle del Príncipe a la famosa Margarita llamada Aldecoa". Se lo prohibió el conde, persistió el joven y fue finalmente desterrado por el celoso Presidente. Estas aventuras de Oquendo, en las que terció el gaditano, redundarían finalmente en grave detrimento de éste. Poco después Cadalso se embarcó en otro amor, el

> de una famosa cómica, llamada María Ignacia Ibáñez, la mujer del mayor talento que yo he conocido y que tuvo la extravagancia de enamorarse de mí, cuando yo me hallaba desnudo, pobre y desgraciado. Su amable trato me alivió de mis pesadumbres; pero murió a los cuatro o cinco meses de un tabardillo muy fuerte, pronunciando mi apellido (*AA*, p. 133).

Aunque este lance amoroso fue el más conocido de la vida de Cadalso, pues dio pie a la leyenda de que las *Noches lúgubres* son autobiográficas, no fue el último. En contra de lo que se afirmó durante la época romántica, Dalmiro se consoló pronto. El mismo alude a una aventura posterior. Escribe a Iglesias:

> Quisiera que el correo fuese conducto seguro para referir a Vm. una témpora de diversión amorosa, bien que muy corta, que he tenido en el lugar que he dejado. Sólo puedo decir a Vm. que no me ha sucedido jamás, ni tengo noticia de que haya pasado a otro hombre cosa que se parezca a ésta; y más es que me ha humillado fuertemente mi amor propio, porque creyéndome yo a mí mismo hombre por mis estudios y práctica, capaz de ocupar una cátedra de Prima... [ilegible], me hallé con cosas nuevas. La fortuna ha sido que ha durado poco; su final no ha sido menos extraño que su principio y continuación, y aún ahora estoy con aquel género de sorpresa que se experimenta inmediato a un sueño extravagante e inexplicable (Ximénez de Sandoval, ob. cit. en la n. 1, pp. 359-360).

Asimismo podríamos traer a colación el nombre de Ana María Vásquez, que aparece en clave en un manuscrito de Meléndez Valdés, y los sentimientos apasionados que por lo visto experimentó Cadalso hacia ciertos jóvenes, como don Francisco Salinas de Moñino (*AA,* p. 143). Lo cierto es que la vida amorosa de Cadalso aparece bastante borrascosa y tan apasionada como la de su compatriota marqués de Mora. Por ese lado "libertino" el gaditano era indudablemente "filósofo". También lo era por el *escepticismo* que manifestaba en punto a Religión.

No parece haber calado muy hondo, ni dejado en él una impronta duradera, la formación religiosa recibida por Cadalso en España, Francia o Inglaterra. Como hemos visto, él mismo habla de su juventud "fogosa", adjetivo que casa mal con la imagen de un niño o muchacho piadoso, devoto y recatado. Es precisamente a partir de su ingreso en el Seminario de Nobles cuando Cadalso empieza a alejarse de la religión. Su padre le daba por cierto el ejemplo del anticlericalismo, pues aborrecía a los jesuitas, pero, al parecer, no era irreligioso. Cadalso en cambio, con no disimulado cinismo y fuerte dosis de hipocresía, utiliza la religión para fines interesados, finge vocación de jesuita para salirse del Seminario, engaña de manera irrespetuosa y burlona a su padre, "manteniéndose en este manejo y ficción año y medio".

A veces el escepticismo, el descreimiento toman bajo su pluma visos de sarcasmo y hasta de blasfemia: "la Compañía que se llamó de Jesús hasta que se la llevó el diablo" (*AA,* p. 122). Con todo, el tono más frecuente en la obra de Cadalso no suele ser la blasfemia; es la burla. A partir de 1762, y singularmente en el último decenio de su vida, no quiso seguir dando a la religión ni fingir que le daba la adhesión de su mente y de su inteligencia. En muchas ocasiones se mofa de ella, de ciertas creencias basadas en tradiciones o en hechos mal documentados, de algunas prácticas del culto o de la vida monástica. Aficionado a bromear, el militar gustaba de jugar a la vida conventual con uno de sus más constantes corresponsales, Tomás de Iriarte. Así, por ejemplo, empieza una carta (*RHi*, p. 310): "Ave María. Mil veces me he puesto a escribir a Vra Charidad, hermano en Christo...". Otra, la encabeza así: "Rev^{mo} Padre Provincial" y después de bromear durante tres páginas, siguiendo la ficción de la vida claustral, concluye: "Encomiéndome muy de veras a las oraciones de los hermanos en Christo Fray Domingo y Fray Bernardo (los dos hermanos de D. Tomás), como también a las de V. R., suplicándole me eche su bendición y me tenga muy presente en sus coloquios con Dios. (Firmado) Fray Rotundo de la Panza" (ibíd., pp. 317-319). Este tipo de chanzas, a veces muy divertido, no debía de escandalizar a nadie por ser intrascendente.

En otras ocasiones, en cambio, se muestra más irreverente y echa a chacota prácticas, ritos, personas y hasta santos que ocupan un lugar privilegiado en la piedad popular e incluso en el escalafón de la religión ilustrada. Véase por ejemplo la p. 309 (*RHi*) en que Cadalso explica lo que hará después de muerto si se salva, o la actitud que tendrá si se condena; es un pasaje muy festivo y divertido. La misma vena jocosa manifiesta en la p. 317, en que Fray Rotundo de la Panza reconviene al hermano Fr. Joseph —quien se parece como un mellizo a otro a don José Cadalso, su tocayo— y le obliga a abjurar de la poesía profana:

Me prometió dedicar su poesía en adelante a varios asuntos místicos, heremíticos, claustrales, etc... *verbi gratia:*

2) A San Antonio teniendo al niño Jesús en cueros sentado en su mano derecha. *Idilio anacreóntico.*
3) A San Bernardo echándole leche la Virgen en la boca, como se ve en los cuadros. *Sáficos y adónicos.*
4) A San Antón, criando su puerco. *Canción pindárica.*
5) A los dos ángeles que fueron a Sodoma en busca de Lot y escaparon de un fiero chasco. *Seguidillas.*
6) A las bodas de San Joseph. *Epitalamio, sin aquello de: Ven, Himeneo, ven, ven, Himeneo.*
7) Al juicio final. *Jácara.* [Hay otros dos temas.]

Y añade el autor: "Omnia sub correctione Sanctae Romanae Ecclesiae".

Los resortes de la comicidad en los ejemplos citados son de dos clases. En primer lugar la falta de respeto que manifiesta la elección de los temas a tratar, como "el niño Jesús en cueros"; el ridículo de un supuesto milagro, con un trasfondo libertino o procaz: la Virgen echándole leche en la boca a San Bernardo; otra forma de ridículo que consiste en subrayar o resaltar la relación entre el santo y su cerdo, como si San Antón sólo mereciera la canonización por haber criado cerdos; el desacato burlón hacia los ángeles que escapan por un pelo a la sodomización; la sugerencia erótica de las bodas de San José, y finalmente, el escarnio del juicio final.

La segunda fuente de comicidad reside en la total oposición que existe entre el tema tratado, por ejemplo, San Antón criando su puerco, y el género poético escogido para desarrollarlo: la canción pindárica, que como sabe el lector es una estrofa lírica noble, solemne y altísona. No hay asunto más serio para un creyente que el juicio final, que ha de fijar para la eternidad la suerte de cada hombre. Pues bien, el hermano Josef se proponía tratarlo en una jácara, es decir, un "romance alegre en que por lo regular se cuentan hechos de la vida airada" (*Dicc. Ac.*). *Et sic de coeteris.*

Es evidente pues que esos asuntos religiosos o bíblicos, Cadalso, que los conocía muy bien, los trata con rechifla para suscitar la sonrisa cómplice del lector. Alardea de irrespetuoso hacia ellos dando a entender que para él no tienen importancia, que no cree en ellos. Trata a los santos cristianos con el mismo desenfado que antaño Quevedo a los dioses de la mitología pagana. El tono de Cadalso en estos casos es la burla, la mofa, el escarnio, el "persiflage" volteriano.

En esos ataques a la religión, Cadalso usa de una técnica particular, escasamente comprometedora. Resulta difícil encontrar en su obra, incluso en su correspondencia privada, proposiciones netamente blasfemas, heréticas, escandalosas o claramente agnósticas. En cambio abundan bajo su pluma las bromas, las burlas, las chanzas, las alusiones aparentemente inocentes que ponen en ridículo éste o aquel aspecto de la religión. Ninguna de esas bromas es en sí muy grave; acaso ninguna de ellas le hubiera llevado ante los jueces del Santo Oficio de su época. Pero la eficacia de esas burlas, al parecer tan inocentes como inocuas, estriba en su número, en su repetición, en su convergencia. Todas apuntan a un mismo objeto: desacreditar a la religión. Tan eficientes e incluso mortíferos resultan a la larga unos alfilerazos repetidos como un porrazo o un golpe de mandoble. Un enjambre de abejas mata a un hombre tan limpiamente como una cobra o un león.

Consciente o inconscientemente, Cadalso parece aplicar en sus escritos un método que los filósofos franceses habían utilizado con no poco éxito a partir de 1750, es decir, cuando el gaditano vivía en Francia. Me refiero al sistema de referencias o "remisiones" usado en la *Encyclopédie ou Dictionnaire raisonné des Sciences, des Arts et des Métiers,* en cuya publicación (1751-1772) intervinieron entre otros D'Alembert y Diderot. Sabido es que esta obra, notable vehículo de las ideas filosóficas, constaba de artículos que, individualmente, no daban pie a la censura para intervenir, pero que, relacionados entre sí por una sutil y compleja red de llamadas, referencias y correspondencias, constituía una exposición o, cuando menos, una sugerencia muy clara de las ideas clave de la doctrina "filosófica". No es aventurado suponer que el militar se acordase y echase mano de estos procedimientos ingeniosos, cuando abordaba temas tan espinosos como la religión de los españoles.

*   *   *

Si en las *Apuntaciones autobiográficas* y la correspondencia particular no destinada en principio a la publicación, Cadalso toca el problema de la Religión, en las *Cartas marruecas* en cambio parece mantenerse a distancia prudencial de este tema vidrioso. No hay ninguna de esas cartas consagrada total y exclusivamente a la religión o a algún asunto expresamente relacionado con ella: Iglesia, Papado, regalismo, fe, jesuitas, etc., etc., cuestiones todas "palpitantes" y candentes en aquellos años. En esas materias, consideradas en España como "no opinables", Cadalso adopta el viejo dicho popular: "Con la Inquisición, chitón, chitón!"

Sólo en muy contadas ocasiones alude a estas cuestiones. He aquí tres ejemplos. En todos se observará que Cadalso se erige en moralista que no ataca a la religión, sino al mal uso que los hombres hacen de ella.

El primero está en la carta marrueca X que trata de la relajación de las costumbres. La religión queda burlada por la mala conducta de los españoles. "La poligamia, entre nosotros", dice Gazel, "está no sólo autorizada por el gobierno, sino mandada expresamente por la religión. Entre estos europeos, la religión la prohíbe y la tolera la pública costumbre" (*CM*, X, p. 41). De esa observación se pueden sacar dos consecuencias: la religión católica resulta escarnecida, desprestigiada, pues no se la respeta. Pero, a otro nivel, ¿qué se debe opinar de esas dos religiones monoteístas, encaminadas ambas a rendir culto al mismo único Dios y que imponen a sus fieles preceptos absolutamente opuestos?

Otro ejemplo: el de las victorias militares. A menudo el país vencedor y el vencido hacen cantar sendos *Te Deum* para celebrar la victoria: uno de los dos complica evidentemente a Dios en una superchería o mentira. Pero la crítica va más allá. Cadalso subraya que de resultas de esa batalla, mueren veinte mil hombres, observación que deja en muy mal lugar a la Iglesia, olvidada de su principal cometido que es difundir la paz, el amor y la caridad entre los hombres.

Tercer ejemplo: el de los escolásticos. Ya sabemos que los partidarios de esa escuela, para que no se pudiese tocar ni a su doctrina ni a sus métodos, habían tratado de vincular estrechamente su enseñanza filosófica con la Religión. "La filosofía aristotélica, desterrada de toda Europa, es defendida por algunos de nuestros viejos como un símbolo de la religión". (*CM*, XXI, p. 60). El que ataca a la escolástica es pues, *ipso facto*, mal cristiano y mal español. Cadalso demuestra que tal relación no existe en realidad: habla de los libros portadores del nuevo espíritu: "y como vimos que en ellos se contenían mil verdades en nada opuestas a la religión ni a la patria", los seguimos leyendo mientras que abandonábamos los textos escolásticos (*CM, p. 176*). Aniquila pues la falsa argumentación de sus contrarios.

Otros casos hay en que el silencio de Dalmiro respecto de la religión no parece proceder de temor o prudencia, sino de pura indiferencia. En la carta VII, sobre la mala educación de la juventud, no se refiere nunca a la falta de enseñanza religiosa, ni de práctica cristiana de esos jóvenes. Su criterio es meramente patriótico. Si bien en la IX, "Apología de Cortés", dice que acerca de la conquista y por parte de los autores españoles "no se oye sino religión, heroísmo, vasallage y otras voces dignas de respeto...", él no alude, ni una sola vez a la religión al resumir la actuación de Cortés. Cuando, al tratar del carácter español, Cadalso discierne en él seis componentes, —religión (que pone en primer lugar), valor, amor al soberano y vanidad, desprecio a la industria y propensión al amor— y afirma que "por cada español algo tibio en la fe, habrá un millón que sacará la espada si oye hablar de tales materias" (*CM*, XXI). Los críticos Dupuis y Glendinning observan que "hay que sospechar cierta socarronería en la manera en que Cadalso habla aquí de la religiosidad" (*CM*, p. 59, ll. 17-19).

En resumidas cuentas, Cadalso reconoce la importancia histórica de la religión, admite a la religión y a la Iglesia como componentes tradicionales e importantes de la sociedad española y de la vivencia de sus paisanos, pero no manifiesta ninguna adhesión personal a ellas. Su actitud es la de un escéptico, prudente por cierto, pero a veces algo burlón.

Sin embargo, entre las *Cartas marruecas* hay una que en nuestra opinión es más explícita y, a pesar de todas las precauciones de que se rodea el autor, bastante reveladora de las opiniones de Dalmiro en cuanto a religión. Es la Carta LXXXVII, sobre las apariciones de Santiago en las batallas. La creencia, dice el autor, en la aparición de Santiago en la batalla de Clavijo, es una tradición consagrada por la piedad del carácter español, "que nos llega a atribuir al cielo las ventajas extraordinarias que han ganado nuestros brazos" [observación que llevada a sus últimas consecuencias, conduciría a decir que somos nosotros quienes creamos varios atributos de la divinidad, cuando no a la divinidad misma]. Esta misma humildad, que contradice el tan cacareado orgullo español, ha originado los mayores triunfos militares, de Cortés y Cisneros, por ejemplo. Nada infunde al soldado fuerzas tan invencibles como la idea de que les acompaña un esfuerzo sobrenatural, es una creencia de que resultan efectos útiles al Estado [nótese el pragmatismo algo cínico de Cadalso]. Por ello, el autor se irrita contra los filósofos que revocan en duda "cuanto hasta ahora se ha tenido por más evidente que una demostración de geometría. En su crítica, los filósofos, de los abusos pasan a los usos y de lo accidental a lo esencial. No sólo niegan y desprecian aquellos artículos que pueden absolutamente negarse sin faltar a la religión, sino que pretenden ridiculizar hasta los cimientos de la misma religión. La tradición y revelación son, en dictamen de éstos, unas meras máquinas que el gobierno pone en uso según parece conveniente". [Los filósofos acusan pues al gobierno de manipular con la religión y convertirla en palanca de acción política]. Admiten un vago deísmo, pero no la inmortalidad del alma. Cadalso no refuta esta teoría. Contesta con un argumento que no es esencial, sino accidental. Acepta como hipótesis de trabajo: "Supongamos por un minuto..." (línea 63), la postura de los filósofos, pero declara inoportuna y nociva su generalización. "La libertad que pretendéis, no sólo gozar vosotros mismos, sino esparcir por todo el orbe ¿no sería el modo más corto de hundir al mundo en un caos moral espantoso, en que se aniquilasen todo el gobierno, economía y sociedad?". Si los hombres no esperan ni temen estado alguno futuro después de esta vida, en qué la emplearán: en todo género de delitos... Aun cuando vuestro sistema arbitrario fuera cierto, "debiera guardarse oculto entre pocos individuos de cada república..., debiera ser un secreto de Estado" (líneas 64-75).

Y Gazel pone el colofón a estas reflexiones añadiendo que si el sistema de los libertinos es falso, se les castigue y "si es verdadero, este descubrimiento es al mismo tiempo más importante que el de la piedra filosofal y más peligroso que el de la magia negra; y por consiguiente, no debe llegar a oídos del vulgo" (pp. 194-95).

Esta discusión nos conduce a las siguientes observaciones:

1) Las apariciones de Santiago no fueron más que el punto de partida de una reflexión sobre el espíritu filosófico y la religión.

2) Cadalso parece admitir la tradición de Clavijo por su misma antigüedad y también su utilidad, pero no por su autenticidad.

3) Aunque multiplica las precauciones —"si es falso como creo... pero yo les digo..., etc."—, Cadalso acepta examinar el sistema de los filósofos, y no examina más que éste.

4) No hace reparos filosóficos a la argumentación de los libertinos. El único inconveniente que señala es su inoportunidad y los resultados políticos nefastos que podría causar su difusión a nivel del pueblo.

5) En suma, las ideas filosóficas tienen que conservarse confidencialmente en una élite y no deben llegar "a oídos del vulgo".

La carta que acabamos de analizar es pues importante, porque aborda un punto de por sí trascendental: la religión; porque Cadalso define al español como el europeo religioso por antonomasia, y, finalmente, porque la religión era un problema culminante en la España de la segunda mitad del XVIII. Este texto nos permite, además, discernir dos facetas en la personalidad del autor.

La primera es la del *ilustrado* que considera un deber ayudar al pueblo, pero como el adulto aconseja al niño, porque posee una madurez que éste no tiene. Cadalso sostiene una concepción netamente elitista de la sociedad en la cual distingue cuando menos tres estamentos o clases diferentes. A cada una corresponde un cometido y una preparación peculiares; y sólo la clase más alta, la clase rectora, debe llegar al conocimiento de la totalidad de la verdad. No es conveniente, incluso es peligroso, abrir los ojos al pueblo; lo dice claramente Cadalso: "Mira, Gazel, los que pretenden disuadir al pueblo de muchas cosas que cree buenamente, y de cuya creencia resultan efectos útiles al Estado, no se hacen cargo de lo que sucedería si el vulgo se metiese a filósofo y quisiese indagar la razón de cada establecimiento. El pensarlo me estremece, y es uno de los motivos que me irritan contra la secta hoy reinante" (los filósofos). Implícitamente, en esta cita, Cadalso se adhiere a la conocida fórmula ilustrada: "Todo para el pueblo, pero sin el pueblo". Su ilustración es sin género de duda, a la vez que paternalista, pragmática. Adopta un punto de vista político: busca lo que es útil al Estado, y no filosófico: la consecución de la verdad monda y lironda. Lo que quiere Cadalso son resultados, no teorías. En su postura, hay incluso cierta dosis de maquiavelismo.

Pero, ¿cuál es la opinión profunda, íntima, de Cadalso respecto de "esta secta hoy reinante" que le irrita? Multiplica las precauciones estilísticas que tienden a separarle de ellos: "Dicen que..., conceden que..., pero yo les digo...", etc. El autor se presenta como el abogado de Dios frente a esos secuaces de Satanás. Sin embargo, gracias a estos artificios, permite que los filósofos expongan sus teorías, su deísmo, su rechazo de la revelación y la tradición, su negación de la inmortalidad del alma. Hace más todavía: admite como base de discusión, provisionalmente, sus ideas, no para refutar lógicamente cada una de ellas, sino para señalar las nocivas consecuencias sociales y políticas que tendrían.

En nuestra opinión, el militar escritor admite y, en el fondo de su alma, acepta esas conclusiones. Habiéndose alejado pronto de la Iglesia, Cadalso conserva tal vez, no una fe católica intacta, sino un deísmo algo vago. No cree en la providencia, tampoco en la inmortalidad de las almas. En varias ocasiones se refiere en su correspondencia a su propia muerte, singularmente en la carta-testamento que dirige a Meléndez Valdés. [4] Lo hace con desprendimiento y dignidad, con un cierto tono estoico que ya señaló Glendinning. Sin embargo no manifiesta ninguna fe, no pide oraciones, no ruega que se digan misas por el eterno descanso de su alma. Se atiene a la fórmula pagana: "Lugete, amici, lugete". Ve su muerte con la nobleza y frialdad de un sabio griego o romano. Nunca alude a ningún más allá, a la posibilidad de una supervivencia, a ninguna vida de ultratumba. Le preocupa visiblemente, pues le dedica nada menos que cuatro *cartas marruecas,* el problema de la fama

[4] Ximénez de Sandoval, ob. cit. en n. 1, pp. 342-346.

póstuma. Pero lo enfoca siempre desde un punto de vista meramente terrenal y nunca desde el ángulo de la eternidad, de las felicidades que esperan al justo en el reino de los cielos. No alude pues Cadalso a la posibilidad de su propia supervivencia. Idéntica postura adopta en los numerosos epitafios que compuso. Este punto merece que lo examinemos detenidamente.

Sabido es que Cadalso escribió en latín y en español —cada texto latino tiene su traducción al castellano— unos sesenta epitafios, incluyendo en este número el suyo propio, que carece de versión española. El interés del coronel por este género funerario, plasma una vez más su familiaridad con la idea de la muerte que le obsesionaba. No era pues descabellado pensar que se pudiera rastrear en esas composiciones un deseo de inmortalizar a unos compatriotas suyos, deseo que acaso se relacionaría con la convicción más o menos explícita de la supervivencia del alma después de la muerte.

Estas obritas bilingües, publicadas por Morel-Fatio (*RHi*, pp. 269-297) llevan por título "Epitafios para los monumentos de los principales héroes españoles, obra patriota-militar dedicada al Príncipe" [de Asturias]. En concepto de exergo cita el autor un verso de Horacio: 'Dulce et decorum est pro patria mori' con su traducción: "El morir por la patria es gusto y gloria".

En realidad, lo que hace el escritor en esos compendios biográficos —lapidarios, pues teóricamente debían esculpirse en alguna lápida o sepulcro—, es ensalzar el heroísmo de distintos españoles o grupos de españoles célebres. Dispuso estos textos según un orden cronológico, desde los numantinos y saguntinos hasta el marqués de La Romana, muerto en 1775 en la tristemente célebre expedición de Argel, y García Ramírez de Arellano, quien prefiguró con un año de antelación el destino del propio Cadalso: resultó mortalmente herido en el bloqueo de Gibraltar en 1781. El interés por este género literario poco cultivado y la preocupación por la recuperación del Peñón acompañaron a Cadalso hasta el fin de su existencia, pues el último de los epitafios que poseemos y lleva el número 58, es una composición al parecer inconclusa y bastante imprecisa referente también al sitio:

> In obsidionalibus lineis
> Contra Heracleam
> Famae monumentum...

Los valores morales que se exaltan en estos breves textos no son específicamente cristianos, sino castrenses o "patriótico-militares": el heroísmo, la constancia, la lealtad, el valor, la audacia y la prudencia, entre otros. Tienen por premio estas virtudes la gloria, la "fama eterna de su firmeza y honradez" (epitafio núm. 2, Sagunto) y la [veneración de] "la posteridad" (núm. 8). Muy pocas veces se mienta en ellos la religión, salvo en el caso de Pelayo (núm. 4): "Monumento que la religión de los españoles conservará eternamente [... por haber sido] España restituida por él a su antigua religión y estado". Entre los méritos de los héroes citados figura en varias ocasiones el haber "asegurado" (núm. 12) o "establecido" (núm. 28) la religión. Cadalso considera que la adhesión, el apego a la religión, como el amor a la patria o al rey son unos de los valores más puros e incitantes que en el pasado movieron a los españoles, alzándolos hasta el heroísmo, pero no se puede decir que el espíritu de la religión católica esté presente o aliente en estos epitafios. Sólo en el penúltimo (núm. 57), escrito en castellano sin traducción latina, encontramos una alusión al alma y una fórmula que suena a cristiana. Concluye en efecto en estos términos: "Su alma descanse en paz. Amén".

Al escribir esos epitafios, en que no se alude para nada a la vida eterna ni a la inmortalidad del alma —con la salvedad que acabamos de señalar— Cadalso sigue más bien una tradición puramente humanística heredada o imitada de la antigüedad. Estos epitafios son evidentemente un remedo de los epitafios griegos o romanos, es decir, paganos. Los escribe el coronel por juego, para entretenerse, porque, gracias a los jesuitas, es buen latinista, maneja con soltura la lengua de Cicerón y le gusta este ejercicio literario. En una carta a Tomás de Iriarte, explica en efecto que "habiendo extractado un montón de nombres de guerreros ilustres antiguos de una historia de España, me puse por diversión a acomodar un epitafio corto a cada uno". Y pide al canario, muy versado como es notorio en los estudios latinos, le diga "...todo lo que le parezca necesario acerca del estilo propio de las inscripciones sepulcrales paganas y cristianas" (*Cartas, RHi,* p. 312),

Se nos objetará sin duda que en su propio epitafio latino —sin versión castellana— que incluye en una de sus cartas a don José Iglesias (ibíd., p. 300), alude claramente a la supervivencia del alma: "Quam in terra vivens omnibus dedit pacem illi mortuo det in caelo Deus optimus maximus. Amén". La fórmula "det in caelo", el "Deus" con mayúscula, el "Amén" con que concluye este epitafio como si fuera una oración, suenan a cristianos. Pero este "Deus" queda totalmente paganizado por sus dos calificativos "optimus maximus". Por otra parte este "epitaphium" tiene un carácter marcadamente festivo, como se observa en el principio: "Qui jacet aquí, mortuus est quia natus est". Por lo tanto no hay que tomar al pie de la letra las especies que en él vierte el autor. Además, concluido el epitafio, lo sazona Cadalso con unas consideraciones, senequistas por cierto, que destruyen toda referencia posible a la creencia cristiana en la inmortalidad del alma: "*Post mortem nihil est* (ut ait Séneca); ergo postquam de morte mea loquutus sum, nihil amplius est a me dicendum, nisi in aeternum vale" (p. 300). Cadalso zanja pues, como Goya, la cuestión de la inmortalidad del alma, proclamando con Diógenes y Séneca que después de la muerte, no hay nada.

Así, en esos epitafios, género que el militar cultivó cuando menos en los diez últimos años de su vida, su actitud es la de un agnóstico, que no cree en el fondo en la inmortalidad del alma. Y esta postura explica tal vez por qué el autor, como los filósofos antiguos, concede tanta importancia a la supervivencia de los héroes en la memoria de sus conciudadanos gracias a "la fama póstuma". Esa forma de supervivencia de los héroes que tanto preocupaba al soldado-poeta, es algo parecido al "non omnis moriar" pagano. Bien miradas las cosas, Cadalso traiciona a los jesuitas en beneficio de esos mismos antiguos que sus maestros le habían dado a conocer y a amar. La filosofía y la moral de Cadalso son más bien de corte antiguo, de procedencia pagana, que cristiana.

Tampoco habla del más allá en las *Noches lúgubres*. Por el contrario, la muerte aparece en ellas como un fin absoluto, lo mismo de la belleza corporal que de las miserias humanas. En la primera noche, Tediato siente la presencia de un monstruo horrendo y trata a fuer de filósofo de atajar su pánico por medio de la razón, reconviniéndose a sí mismo y afirmando que los aparecidos y otros seres de ultratumba no existen.

Parece pues que Cadalso hizo suyo el punto de vista que expone en la carta marrueca LXXXVII: "conceden [los esprits forts] que un soberano inexplicable nos ha producido, pero niegan que su cuidado trascienda del mero hecho de criarnos. Dicen que muertos, estaremos donde y como estábamos antes de nacer y otras mil cosas dimanadas de éstas". Esta postura que coincide perfectamente, al parecer, con la actitud y el ideario de Cadalso, es ni más ni menos la postura de los filósofos.

*   *   *

Podemos contestar ahora a la pregunta que formulamos al principio de este estudio: ¿Cuál fue la actitud del militar poeta frente a la Iglesia y a la Religión?

Hasta los 18 años, como ya señalamos, recibió una educación cristiana, muy esmerada, impartida por los mejores educadores de la época, los jesuitas. Pero, antes incluso de escapar a su magisterio, manifiesta el joven las primeras señales de despego hacia sus maestros y su enseñanza. Empieza hipócritamente, fingiendo tener vocación eclesiástica, a valerse de la religión para sus propios fines.

Luego, sus acciones y sus primeros escritos revelan cierto escepticismo, con un distanciamiento del catolicismo cada vez más acusado. Da la espalda a la religión, para internarse en el mundo y sus placeres y ascender, "trepar", en su jerarquía mundanal. Tergiversando tal vez en beneficio propio algunos consejos de sus profesores que le preparaban para servir los más altos cargos de su país, Cadalso se transforma pronto en *el mundano* de Voltaire, en lo cual su conducta difiere no poco de la de algunos amigos suyos, Jovellanos y Meléndez. Aquél permaneció toda su vida fiel a la religión y al mismo tiempo sirvió a su patria con sus escritos y en los distintos altos cargos que desempeñó. Lo propio hizo Meléndez, que siguió en el seno de la Iglesia aunque en él se advierte una profunda influencia —literaria cuando menos— de Rousseau y Montesquieu.

Es distinto el caso de Cadalso. Más "intelectual" que *Batilo,* en quien predominaba el sentimiento, el militar presenta muchos puntos comunes con Voltaire. Alumno como éste de Luis el Grande, se alejó como él de los jesuitas y de la religión. En sus escritos se nos aparece como un escéptico, un espíritu independiente, un libertino, un "filósofo", en suma. Sin embargo, como Voltaire, conservó un cierto deísmo algo vago, si bien no creía en la inmortalidad del alma. Por hábito o por cálculo, conservó también en la vida diaria ciertas reacciones o expresiones que debía a su esmerada educación cristiana. Así escribe a Iglesias, en tono festivo, por cierto: "Memorias a todos los amigos ingratos que acabo de nombrar; Dios los haga buenos a todos y acabe de hacerme santo (para lo cual poco me falta en Extremadura) y de este modo nos veremos todos en la gloria por los siglos de los siglos. Amén".

En su correspondencia con sus amigos da múltiples muestras de ese "esprit", de esa socarronería, de esa rechifla aplicada a las cosas de la Iglesia, que era uno de los rasgos de Voltaire. Acaso no sea ocioso recordar que para "hacer fortuna", como él mismo decía, se arrimó a dos grandes figuras contemporáneas, Floridablanca, el debelador de los jesuitas, y Aranda, el militar y político volteriano, masones ambos. De Cadalso no sabemos si se afilió a la masonería. Entre todos los escritores de primera fila de la Ilustración española, Cadalso es probablemente el que mayores semejanzas ofrece con "el filósofo de Ferney".

Pese a esa similitud, el español se separa del francés en tres puntos esenciales. Suele ser mucho menos radical que el escritor galo; no sostuvo polémicas con tirios y troyanos, ni menos con sacerdotes y jesuitas. Fue más prudente que el autor de *Zaïre,* por lo menos en los escritos que entregó a la imprenta. Su verdadera postura, la dio a conocer el gaditano en sus cartas familiares que permanecieron inéditas en su mayor parte durante un siglo. Esa prudencia tuvo consecuencias felices. Si bien Voltaire tuvo que huir de Francia, país ya bastante liberal a la sazón, para establecerse en Suiza, Cadalso pudo permanecer en su tierra, que conservaba unas maneras de ser y de pensar harto tradicionales y autoritarias, y en la cual todavía manifestaba cierta actividad la Inquisición.

En segundo lugar, frente a la religión, la actitud de Cadalso fue muy diferente de la de Voltaire. Nunca dijo ni escribió ni aprobó en sus obras aquello de "écrasons l'infâme!". Mostró siempre respeto, cuando menos exterior, hacia la religión, no porque fuese creyente, tampoco por motivos morales, sino por motivos meramente pragmáticos. Sus criterios eran políticos y utilitarios: puesto que la religión era útil al Estado, tenía que ser protegida y fomentada. En este punto, el gaditano adoptaba una postura muy parecida a la de Voltaire en *Le Mondain*:

> Croyons en Dieu, mon bon ami;
> Ma femme en sera plus fidèle
> Et mon valet moins fripon!

La religión, en opinión de Cadalso, merecía ser protegida porque era un eficaz resorte, una poderosa palanca para el gobierno de los pueblos. No cabe motivación menos mística.

Y finalmente, el coronel difiere de Voltaire en que él era todo un patriota. Sabido es que se le ha echado en cara no pocas veces a Voltaire el haber felicitado a Federico de Prusia por una victoria ganada a los ejércitos franceses. El caso es que el Sr. Arouet, que no poseía la misma escala de valores que Pascal, situaba a las ideas y a la cultura en un plano superior al de los lazos afectivos hacia la patria. Cadalso no era así, y en sus *Apuntaciones autobiográficas,* lo mismo que en sus *Cartas marruecas,* hacía del patriotismo, al par que de la virtud y de la hombría de bien, uno de los primeros valores, una de las directrices de toda su vida. Y su muerte en el campo de batalla demuestra de modo palmario que no se trataba de una aserción baldía.

Cadalso fue pues un "filósofo" español, tal vez el más auténticamente "filósofo" de todos sus contemporáneos, un filósofo de matiz francamente volteriano, pero que no dejó de ser inconfundiblemente español por cierta prudencia obligada, por cierto respeto exterior hacia la religión y por su patriotismo acendrado y entusiasta.

Institucionistas y socialistas en la España contemporánea

ELÍAS DÍAZ
Universidad Autónoma, Madrid

En este año de 1979 en que, en sus últimas semanas, escribo estas modestas páginas de homenaje a Juan López-Morillas, maestro y amigo, hemos celebrado en España (en la nueva España democrática) dos importantes jubileos de centenario: el de la fundación del Partido Socialista Obrero Español y —junto a él— el del nacimiento en Ronda, haría ahora un siglo, del intelectual y político socialista Fernando de los Ríos y Urruti.

De nada mejor y más apropiado dispongo en estos momentos para honrar al autor de *El krausismo español* (aquel libro inolvidable que, publicado en México en 1956, tan poderosamente contribuyó a abrir los ojos hacia nuestro reciente pasado liberal y "heterodoxo" a los, por entonces, jóvenes estudiantes en la cerrada y dogmática Universidad franquista), nada más entrañable puedo ahora ofrecer que estos dos breves textos: el primero, resaltando algunas importantes relaciones doctrinales y, sobre todo, personales existentes entre el Partido Socialista Obrero Español y la Institución Libre de Enseñanza; el segundo, sobre la obra y el pensamiento de Fernando de los Ríos, ejemplo tal vez el más preeminente en la cultura española contemporánea de la confluencia precisamente entre los idearios institucionista y socialista.

Uno de los propósitos de tales conmemoraciones y, a la vez, de estas páginas era, sobre bases históricas objetivas que considero suficientemente fundadas, el de contribuir a fortalecer, en la medida de lo posible, las raíces humanistas y de libertad (liberales, si se quiere, en el sentido más profundo del término; por tanto, no economicista), y con ello las raíces democráticas del socialismo español. Previamente, además, el de contribuir a un mejor conocimiento de éste, siquiera en sus connotaciones intelectuales o teóricas (que son las aquí exclusivamente aludidas) poniéndolo en relación tanto —primera parte— con algunas de las más relevantes tendencias y personalidades del pensamiento español de la época (Institución Libre de Enseñanza, preferentemente), como —segunda parte— con las principales corrientes teóricas del socialismo europeo hasta aproximadamente los años treinta de nuestro siglo.

1. De algunas personales relaciones entre institucionistas y socialistas

No pretendo hacer aquí, ni siquiera en síntesis, un estudio todo lo detallado y en profundidad que debiera hacerse acerca de las relaciones ideológicas y políticas —reales o posibles— entre esas dos grandes formaciones (cultural una; política otra) que han sido en la historia de la España contemporánea la Institución Libre de Enseñanza (ILE), fundada por Giner de los Ríos en 1876, y el Partido Socialista Obrero Español (PSOE), fundado por Pablo Iglesias, tres años después, en 1879.

Existen ya libros que, entre otros temas conexos, se han ocupado de analizar también ciertos aspectos de esas relaciones entre el ideario liberal progresista de la ILE y el socialista democrático del PSOE.[1] No habría, en mi opinión, que exagerar la vinculación y dependencia existentes entre una y otro (olvidando otras influencias como, por ejemplo, las derivadas del positivismo o del marxismo) desnaturalizando y haciendo así oscurecer indebidamente las particularidades de ambos. Pero tampoco deben desconocerse las conexiones y relaciones, de forma y de fondo, que a lo largo de todo el período 1876-1936 pueden sin duda constatarse.

Adelantando resultados cabría, creo, concluir que la relación entre ILE y PSOE expresa en buena medida, con insistencia cada cual en su respectivo ámbito cultural y político, una relación de superación y realización de la primera en el segundo, lo cual supone la conservación y, a la vez, la transformación pero también el abandono de no pocos elementos de aquél. Se trataría, en términos generales, de la superación y realización del liberalismo reformista, de carácter ético-cultural, propio de la ILE, a través de la crítica concreta al sistema capitalista y a la sociedad burguesa que lleva a cabo el PSOE, y donde aquella dimensión educadora se completa y profundiza con una dimensión política y de transformación social y económica de carácter socialista y democrático.

Pero, como digo, no voy a referirme aquí a estas características y relaciones genéricas, ideológicas, más o menos abstractas, que de todos modos

---

[1] Tendría que comenzar por citar el mío sobre *La filosofía social del krausismo español* (Madrid, 1973), para ampliar y mejor fundamentar algunas de las cosas que aquí se dicen. Y también, con resultados no siempre coincidentes, los de Emilio Lamo, *Filosofía y política en Julián Besteiro*, y el de Virgilio Zapatero, *Fernando de los Ríos: Los problemas del socialismo democrático* (Madrid, 1973 y 1974, respectivamente). Recuerdo, como fondo, el ya citado de Juan López-Morillas o el de Pierre Jobit, así como otros en estas obras oportunamente destacados.

contribuirían a explicar algunas de las raíces históricas liberales y de liberación real que, entre otras cosas, contribuyen hoy a explicar y dar pleno sentido entre nosotros al conocido lema "Socialismo es libertad". [2] Más allá o más acá de esta "teoría general", querría aludir en estas páginas, de modo exclusivo, a otros hechos más concretos, a momentos o personas que pueden servir como expresión y testimonio profundo de esa histórica relación entre la Institución Libre de Enseñanza y el Partido Socialista Obrero Español.

En este orden de cosas, de recuerdos, habría que comenzar tal vez por el propio Pablo Iglesias (1850-1925): desde sus diez años vive en Madrid, emigrante forzoso de su Galicia natal, y está a punto de cumplir los dieciocho cuando tiene lugar la "Gloriosa", la revolución liberal de 1868 en la que no poco influyeron los krausistas (antecesores, como se sabe, y fundadores de la ILE). Pablo Iglesias trabaja ya entonces como impresor, tras los duros años de la niñez y los pasados en el Hospicio, y se manifiestan en él muy profundos deseos de aprender, de leer y de lograr una buena formación cultural. Aquéllos, los discípulos de Sanz del Río, al amparo de las nuevas favorables circunstancias del régimen liberal, organizan entre otras actividades cursos y conferencias para obreros; a ellas asiste en 1868-1869 el joven Paulino, el que diez años después será el principal fundador del PSOE. Y no sería éste su único contacto personal o político con los hombres de la Institución. [3]

También Jaime Vera (1859-1918), integrante de aquel grupo fundador y uno de los intelectuales más importantes del partido, autor en 1884 del famoso informe ante la "Comisión de Reformas Sociales", había estudiado con los krausistas: de niño fue, en efecto, alumno del "Colegio Internacional" fundado años atrás, en 1866, por Nicolás Salmerón. Otras relaciones políticas y científicas posteriores hicieron que la impronta krausista e institucionista estuviera de algún modo siempre presente en la obra y en la personalidad del doctor Jaime Vera. [4]

Pero será después de estos contactos más circunstanciales de los inicios cuando la relación entre institucionistas y socialistas habrá de incrementarse

---

[2] Véase, precisamente con ese título, *Socialismo es libertad* (Madrid, 1976), las aportaciones a la Escuela de verano del PSOE en 1976; especialmente para este tema, las de Felipe González y Gregorio Peces-Barba. Recuerda éste allí, entre otros importantes aportes en esa línea, cómo Pablo Iglesias escribía en *El Socialista* en 1924: "El socialismo encarna en sí el espíritu liberal más puro y amplio" (ob. cit., p. 108).

[3] Juan José Morato, *Pablo Iglesias, educador de muchedumbres* (1931), cito por la edición de Barcelona, 1968, p. 23; ver, por ejemplo, para algunas de esas otras relaciones, las pp. 65, 91, 100, 134, 139 y 140.

[4] Sobre Jaime Vera, véase, entre otros, el libro *Ciencia y proletariado. Escritos escogidos de Jaime Vera,* prólogo y selección de Juan José Castillo (Madrid, 1973), p. 14.

en mayor grado. Giner de los Ríos (1839-1915), el fundador de la ILE, no fue, por supuesto, socialista, pero en su filosofía política y jurídica, de carácter abiertamente liberal, y en sus ideas pedagógicas transformadoras en profundidad del hombre,[5] había base perfectamente apta para la posterior consecución de objetivos democráticos y, en no pocos discípulos (Besteiro, De los Ríos, Asúa, etc.), para una coherente evolución hacia el socialismo. Ninguno de estos socialistas olvidó nunca su deuda intelectual y humana con el viejo maestro de la Institución.

No es, así, infrecuente encontrar que los discípulos comunes unan por esto el nombre de Giner al del fundador del PSOE, como padres espirituales y mentores respectivamente de intelectuales y obreros de la España contemporánea. Rodolfo Llopis escribía, por ejemplo, en 1956 que "la madurez política y la conciencia cívica del pueblo español era fruto de dos influencias, intelectual la una y obrera la otra. La primera —decía Rodolfo Llopis— se debía directamente a don Francisco Giner de los Ríos; la segunda, directamente a Pablo Iglesias. Aquél —añade— supo despertar, crear un ideal para la vida; éste, además, supo despertar la necesidad de ofrecer la vida en servicio del ideal".[6] Y Andrés Saborit anota, por su parte, recogiendo también esa doble herencia, que "Besteiro llevaba en sus entrañas el ejemplo de Giner y el de Pablo Iglesias".[7]

Mucho más que Giner intervino en política y en política social su íntimo y fiel amigo Gumersindo de Azcárate (1840-1917): expulsado de la Universidad en 1876 por el primer gobierno de la Restauración, junto con Giner y Salmerón, confinados los tres en Cáceres, Cádiz y Lugo respectivamente, es quizás Azcárate el exponente más progresivo del reformismo social-krausista. Recordemos que fue en este confinamiento cuando Azcárate escribe su famosa "Minuta de un testamento", en defensa de la libertad religiosa y como crítica de la Iglesia y de la religión católica,[8] y cuando Giner —en Cádiz—

---

[5] Puede verse sobre este tema, la *Antología pedagógica de Francisco Giner de los Ríos,* selección y estudio preliminar de Francisco J. Laporta (Madrid, 1977). Véase del mismo autor: *Adolfo Posada: Política y sociología en la crisis del liberalismo español* (Madrid, 1974).

[6] "Francisco Giner de los Ríos y la reforma del hombre", *Cuadernos del Congreso por la Libertad de la Cultura,* 16 (1956), 67.

[7] *Julián Besteiro* (1960); 2.ª ed., con prólogo de Luis Jiménez de Asúa (Buenos Aires, 1967), p. 40. Véase todo el cap. II sobre "La Institución Libre de Enseñanza y Julián Besteiro" (pp. 34-54). Recordemos que Besteiro escribió en la muerte de Giner su artículo titulado "Don Francisco Giner y el Socialismo", *Acción Socialista,* 27 de febrero de 1915.

[8] La *Minuta de un testamento* de Gumersindo de Azcárate (1876) fue reeditada con un estudio preliminar del autor de estas líneas por Ediciones de Cultura Popular (Barcelona, 1967).

concibe la idea, realizada pocos meses después (en el mismo 1876), de crear la "Institución Libre de Enseñanza". [9]

Ese reformismo social-krausista e institucionista fue asimismo el impulsor de la creación por Moret, en 1883, de la "Comisión de Reformas Sociales" (tras la apertura política avenida en 1881), que sería el embrión del posterior "Instituto de Reformas Sociales" y del Ministerio del Trabajo. En su marco tuvieron lugar iniciales intentos de diálogo, también duros enfrentamientos, entre liberales y socialistas: la famosa "Información oral sobre la situación de la clase obrera", de 1883-1884 (antes me he referido a ella al hablar de Jaime Vera), fue la primera y tal vez la más relevante ocasión de debate, aunque no la única. [10] Y lo propio ocurría en otras instituciones culturales de la época, con fuerte presencia también de aquel espíritu institucionista (en plurales manifestaciones filosóficas), como sería el caso por ejemplo del Ateneo de Madrid. [11]

Juan José Morato en su biografía del fundador del PSOE da noticia de un hecho que me parece enormemente significativo, y es que a principios de siglo le es ofrecida a Pablo Iglesias la Secretaría del "Instituto de Reformas Sociales", cargo fundamental de dicho organismo, que rechaza alegando no otras razones de más fondo, sino únicamente que "no aceptaría jamás otros cargos que aquellos a los que le enviara el voto de sus correligionarios". [12] El hecho es, creo, muy expresivo de la nueva relación de fuerzas reformismo-socialismo que se manifiesta desde principios de siglo y que en 1909 va a dar lugar a la conjunción republicano-socialista y a la elección, el año siguiente, de Pablo Iglesias como primer diputado socialista en el Congreso.

En ese mismo campo de la acción social, buscando vías de comunicación entre los intelectuales liberal-reformistas y la clase obrera situada en diferentes posiciones genéricamente socialistas, una obra institucionista de gran importancia fue sin duda la realizada a través del movimiento de difusión cultural obrera conocido como "Extensión Universitaria". La de Oviedo fue probablemente la más importante pero no faltaron actividades de "Extensión

---

9 Tres años después de la muerte de Pablo Iglesias, el institucionista Luis de Zulueta une a estos tres ilustres nombres en su artículo "Los abuelos" (Pablo Iglesias, Gumersindo de Azcárate y Francisco Giner de los Ríos), publicado en *El Sol,* 1 de julio de 1928.

10 Véase *La clase obrera española a finales del siglo XIX* (Algorta [Vizcaya], 1970).

11 Ver Antonio Ruiz Salvador, *El ateneo científico, literario y artístico de Madrid (1835-1885)* (Londres, 1971). Para épocas posteriores (en curso avanzado de investigación el período de 1885-1922), véase, del mismo autor, *Ateneo, Dictadura y República* (Valencia, 1976).

12 Ob. cit. en la n. 3, p. 110.

Universitaria" en otras varias ciudades españolas. [13] Sería interesante investigar en este punto y entre otras diversas cuestiones las de sus posibles
conexiones con las "Casas del Pueblo" socialistas que por entonces comienzan
a crearse (la de Madrid lo sería el 28 de noviembre de 1908) o con las posteriores "Universidades populares", que por cierto no han sido hasta ahora
estudiadas como debieran.

A un nivel más estrictamente científico, para un trabajo de formación
y de construcción teórica, decisivos resultados podrán obtenerse de la investigación llevada a cabo sobre una obra íntimamente vinculada a la "Institución Libre de Enseñanza" y de gran importancia en la profunda renovación intelectual, científica y universitaria producida en España en el primer
tercio del siglo xx: me refiero a la "Junta para Ampliación de Estudios"
que, a través del contacto con un buen número de Universidades europeas
y americanas, supuso la recepción de las principales corrientes de pensamiento vigentes en el mundo en esos años (positivismo, neokantismo, etc.)
y entre ellas también el socialismo. Recordemos, por ejemplo, que hombres
como Besteiro, Fernando de los Ríos, Jiménez de Asúa, Juan Negrín y otros
muchos fueron entonces pensionados de la "Junta" en el extranjero. [14]

Con nombres precisamente como los de Julián Besteiro y Fernando de
los Ríos nos situaríamos ya en el punto óptimo, y prácticamente final por otra
parte, de la relación ILE-PSOE a que me estoy refiriendo en estas páginas.

Julián Besteiro (1870-1940) evocará así su formación institucionista:
"A los nueve años de edad ingresé en la Institución Libre de Enseñanza.
He pertenecido a las primeras generaciones de sus alumnos [...]. Experimenté muy directamente la influencia de don Francisco Giner, cuyas conversaciones acerca de temas filosóficos influyeron en mí, así como su acción
educadora, desde los primeros años de mi vida. Esa influencia —dice Besteiro— la he sentido repercutir en mí con más intensidad conforme los años
han ido transcurriendo". [15] Y en 1918 declarará acerca de Giner: "Fue mi
maestro, fue mi padre espiritual, fue mi todo". Emilio Lamo —de quien
tomo este texto [16]— señala que "la influencia que la ILE había de ejercer
en Besteiro es incalculable [...] Besteiro —sigue aquél, mostrando el sentido de su crítica— no rompió amarras con la Institución en ningún mo-

---

13 Véase entre otros trabajos, el de Enrique Guerrero Salom, "La Institución, el
sistema educativo y la educación de las clases obreras a finales del siglo", *Revista
de Educación* (Madrid), n.º 243 (marzo-abril de 1976), 64-81.

14 Próximamente se publicará la exhaustiva investigación, ya finalizada, que sobre
la "Junta para Ampliación de Estudios" han llevado a cabo los profesores Francisco
Laporta, Virgilio Zapatero y Alfonso Ruiz-Miguel.

15 A. Saborit, ob. cit. en la n. 7, p. 34.

16 Ob. cit. en la n. 1, p. 17. Véanse también pp. 16, 28 (coincidencia de ILE y PSOE
en el tema de la escuela laica), y 174 y ss. (conexiones y desconexiones entre institucionistas y socialistas).

mento de su vida, e incluso puede observarse un acercamiento a la misma en los momentos difíciles y de oposición dentro del Partido Socialista".

Fernando de los Ríos (1879-1949), aun no siendo de niño alumno de la Institución (no vivió en Madrid hasta los 16 años), es tal vez de todos los socialistas el más identificado con el espíritu de la ILE. Recuérdese, por ejemplo, la importancia de sus realizaciones en pedagogía y educación durante la II República. Ya en 1926, en su libro *El sentido humanista del socialismo,* había definido a Giner como "el padre espiritual de la nueva España". Y en el prólogo a dicha obra, donde subraya la "íntima unidad orgánica" de la Libertad y el Socialismo, sitúa expresamente como una de las bases de ésa su concepción, junto a otras filosofías de origen alemán preferentemente, "el humanismo jurídico y político —dice— de mi amado maestro español don Francisco Giner". [17] Abusando un poco de los términos, me he referido yo a su socialismo, dentro de esa perspectiva, como alternativa de "krausismo *versus* kautskismo".[18]

Se me objetará, y lo comprendo, a la vista de todo lo anterior, que la ILE con quien se relaciona, de modo principal o exclusivo, es precisamente con los intelectuales o sectores políticos no marxistas o menos marxistas del PSOE. Aceptaría la objeción aunque con un par de precisiones: la primera se dirigiría a poner de manifiesto el frecuente simplismo en la interpretación del pensamiento marxiano constatable en algunas formulaciones de los denominados, o autodenominados, "sectores marxistas" del socialismo español; la segunda, aun admitiendo las insuficiencias marxistas de Besteiro o de Fernando de los Ríos, subrayaría lo desenfocadas y perniciosas que han sido entre nosotros las lecturas althusserianas y poulantzianas que en estos últimos años se han hecho de estos socialistas españoles. En la segunda parte de estas notas vuelvo indirectamente sobre ambas cuestiones.

Sea de ello lo que fuere en cuanto construcción teórica, recordemos aquí —volviendo a los hechos concretos— la fuerza decisiva que la informal conjunción entre socialistas e institucionistas iba a tener en el advenimiento de la II República española. Esa relación, es cierto, funcionó con eficacia sólo durante algún tiempo y la guerra civil acabó con todo ello. Juntos fueron, de todos modos, los hombres del PSOE y de la ILE, al exilio o a la cárcel y más unidos que nunca estuvieron en la represión, el insulto y el odio de que, inseparablemente, les hizo objeto la España del nacional-catolicismo.[19]

Han pasado ya muchos años, cuarenta desde 1939. Y la historia no se

17 *El sentido humanista...,* reedición con estudio preliminar mío (Madrid, 1976), pp. 65 y 225. Véase asimismo el libro de Zapatero, cit. en la n. 1, especialmente parte biográfica y pp. 157-160.

18 *Legalidad-legitimidad en el socialismo democrático* (Madrid, 1978), p. 105.

19 Me he ocupado de algunos aspectos de esa persecución en mi trabajo sobre "La Institución Libre de Enseñanza en la España del nacional-catolicismo", en el volumen colectivo *En el centenario de la ILE* (Madrid, 1977), pp. 147-174.

repite, no va a repetirse. En 1979, cuando celebramos el centenario del viejo y joven PSOE —como el olmo viejo de Machado—, cuando entre convulsiones, dolores y esperanzas "otra España nace", quiero terminar estas palabras evocando precisamente recuerdos del poeta, del que fue niño en los jardines de la Institución y murió en Colliure (Francia) junto a los derrotados de la guerra civil. Machado habla de Giner y de Pablo Iglesias desde sus recuerdos de infancia y mocedad, uniéndolos a ambos —es significativo— por la verdad de sus palabras.

"Era don Francisco Giner —dice Machado— un hombre incapaz de mentir e incapaz de callar la verdad" [...] "Toda la España viva, joven y fecunda acabó por agruparse en torno al imán invisible de aquel alma tan fuerte y tan pura". Años después reencontrará así en su memoria al fundador del PSOE: "Era yo un niño de trece años. Pablo Iglesias un hombre en la plenitud de la vida. Recuerdo haberle oído hablar entonces —hacia 1889— en Madrid, probablemente un domingo (¿un primero de mayo?), acaso en los jardines del Buen Retiro [...] Al escucharle, hacía yo la única honda reflexión que puede hacer un niño: 'Parece que es verdad lo que ese hombre dice'. La voz de Pablo Iglesias —recordará ahora el Machado de sus últimos años— tenía para mí el timbre inconfundible— e indefinible— de la verdad humana". [20]

2. El socialismo de Fernando de los Ríos

El 8 de diciembre de 1879 nacía en Ronda (Málaga) Fernando de los Ríos y Urruti, el que sería destacado intelectual y político socialista muerto en el exilio, en Nueva York, el 31 de mayo de 1949. Treinta años, pues, de su muerte y cien de su nacimiento (los mismos del PSOE) conmemoramos en 1979.

Vinculado a la "Institución Libre de Enseñanza", pensionado en Alemania por la "Junta de Ampliación de Estudios", catedrático de Derecho Político desde 1911 en la Universidad de Granada, Fernando de los Ríos participa en muy primera línea de los propósitos reformistas y de acercamiento al socialismo que se manifiestan en la denominada "generación de 1914", que tuvo en Ortega y Gasset su más simbólico y activo exponente. [21] Pero a diferencia de la mayor parte de los intelectuales de dicha generación, vinculados en el segundo decenio del siglo a la "Liga para la Educación Política", al diario El Sol, a la revista España, y que tras la huelga del 17 con-

[20] Las páginas completas a que pertenecen esas palabras de Antonio Machado pueden encontrarse en Antología de su prosa, I, Cultura y sociedad, ed. Aurora de Albornoz (Madrid, 1970), pp. 17, 153 y 171.

[21] Véase para todo este período y fases anteriores, Manuel Tuñón de Lara, Medio siglo de cultura española (1885-1936) (Madrid, 1970).

gelan tal evolución o se niegan a proseguir más adelante en tal acercamiento, Fernando de los Ríos, por el contrario, ingresa precisamente en el Partido Socialista Obrero Español en 1919, después de ese acontecimiento de lucha de la clase obrera y de otros inmediatos de esos años, fuertemente desengañado —no se olvide esto— de las insuficiencias y resquemores del viejo y nuevo reformismo burgués. [22]

Sin embargo, a pesar de esa ruptura (apreciando residuos que disminuirían el alcance real de la misma), de los Ríos suele ser citado entre nosotros —junto con Besteiro— como muestra y ejemplo más claro y eminente del socialismo de cuño "reformista". Araquistáin o Largo Caballero aparecen en cambio, desde ese ángulo de enfoque, como socialistas "revolucionarios". [23] No voy a debatir ahora tales calificaciones, y mucho menos en los breves límites de estas páginas. Subrayaría, de todos modos, mi concordancia con dichos rótulos si con ellos se alude fundamentalmente al modo de acceso al poder que unos u otros proponen: a través de las "reglas del juego" democráticas y pacíficas en el primer caso (cuando esas reglas existen); sin renuncia además a la acción violenta y armada en el segundo.

Matizaría, por el contrario, mucho más el supuesto reformismo de De los Ríos si con ello se quiere indicar que existe en él algún tipo de lenidad o conformismo ante el capitalismo, una aceptación o conservación del mismo aunque sea introduciendo en él posibles reformas o correctivos de carácter social. "Capitalismo y humanismo —escribe aquél de modo terminante— son en efecto dos términos antitéticos, contradictorios; la oposición en ellos es esencial, y por mucha que sea la elasticidad del capitalismo en cuanto régimen económico, y es —advierte en 1926— extraordinaria, no puede, en tanto perviva, negar lo que le es consustancial: su indiferencia, cuando no hostilidad, ante lo humano [...]" Lo propio del capitalismo —añade De los Ríos— es "desentenderse del carácter de hombre de quien se utiliza como mercancía, comprando su trabajo". Frente al extrañamiento y el carácter alienado del producto del trabajo y del hombre mismo que caracterizan a ese modo de producción, el socialismo es en cambio definido (recuperando toda su dimensión liberadora y humanista real) precisamente como un "intento de reconstrucción de esa relación de intimidad entre el hombre y su obra". [24]

Fernando de los Ríos no negaba, por supuesto, ni la utilidad ni la necesidad de las reformas (de todo tipo, económicas, sociales o políticas). Pero

[22] Ver entre otras obras más generales de historia del movimiento obrero, el libro de Juan Antonio Lacomba, *La crisis española de 1917* (Madrid, 1970).

[23] Entre la abundante bibliografía sobre estos temas, reenviaría como base a Paul Preston, *La destrucción de la democracia en España. Reacción, reforma y revolución en la Segunda República* (Madrid, 1978). Ver también del mismo autor el estudio que figura como prólogo a su antología de *Leviatán* (la revista socialista de la Segunda República dirigida por Araquistáin) (Madrid, 1976).

[24] Ob. y ed. cit. en la n. 17, pp. 107, 129 y 243, respectivamente.

—téngase esto muy en cuenta— hay reformas que consolidan y confirman el sistema (el sistema capitalista en este caso) y reformas que lo alteran y transforman para acabar negándolo y superándolo (por el socialismo en su proyecto). No toda reforma ni, incluso, todo "reformismo" tienen idéntico significado. El capitalismo es para De los Ríos la libertad de las cosas (mercado) y la esclavitud de los hombres; el socialismo, en cambio, es el sometimiento de las cosas, de la economía (del mercado) para hacer así posible la libertad de las personas. Sus reformas propendían, conducían, a un cambio real, sustancial, de nuestra sociedad, del modo de producción capitalista.

El humanismo de Fernando de los Ríos no es en modo alguno un humanismo abstracto, "débil", irreal, un humanismo que para todo y, por tanto, para nada sirve. Al contrario, su humanismo implica y exige un cambio radical en la economía, en el modo de producción, en las condiciones reales de vida. Pero al propio tiempo, nada más distante del pensamiento socialista humanista de Fernando de los Ríos que el economicismo y el mecanicismo que derivan, en definitiva, de las interpretaciones positivistas del marxismo que, tras la muerte de Marx, prevalecen durante largo tiempo (casi hasta los años veinte de nuestro siglo) en las concepciones doctrinales del movimiento obrero y en las teorizaciones de los intelectuales a él conectados: Kautsky es el ejemplo siempre citado, aunque no sea por supuesto el único ni en la II ni en la III Internacional. [25]

Justamente las insuficiencias que para el socialismo derivan de su total identificación con un marxismo entendido de modo exclusivo y restrictivo como ciencia (ciencia económica), son las que dieron lugar, desde principio de siglo, a la crítica y relativa renovación socialista que proviene, entre otros movimientos de mayor profundidad, de los neokantianos de Marburgo como Cohen, Vorländer, etc. El método de Marx, que sigue siendo exclusivamente método científico económico, pretende aunarse en los neokantianos —pero un tanto en amalgama, sin proponerse superar la escisión entre ser y deber ser, entre juicios de hecho (económicos) y juicios de valor (éticos)— con el método de Kant (método referido estrictamente a la ética). En ellos el socialismo no es ya, por tanto, solamente ciencia (ciencia económica marxista, interpretada "more naturale") sino que es también ética (en perspectiva kantiana). [26] Virgilio Zapatero ha estudiado entre nosotros, con rigor y claridad, ésta y otras posteriores y más plenas alternativas críticas al reduccionismo positivista del socialismo y/o del marxismo. [27]

---

25 Aldo Zanardo (ed.) y otros autores, *Historia del marxismo contemporáneo,* I. *La socialdemocracia y la 2.ª Internacional* (Madrid, 1976).

26 Importante para este tema la antología preparada por Hans-Jörg Sandkühler y Rafael de la Vega, *Marxismus und Ethik. Texte zum neukantianischen Sozialismus* (Frankfurt a. M., 1970).

27 "Marxismo y filosofía", *Sistema,* n.º 19 (Madrid, julio, 1977), 3-48.

Fernando de los Ríos, como es bien sabido, enlaza directamente desde sus tiempos de estudio en Alemania con este socialismo neokantiano de Marburgo, y en relación con él suelen analizar y explicar su obra la mayor parte de los intérpretes. Tal influencia me parece, en efecto, evidente, y muy positiva, en cuanto incorporación de la ética al socialismo, en cuanto no reducción de éste a simple economicismo mecanicista. Considero, en cambio, más discutible y revisable su conexión con el neokantismo marburgués, tanto en su no reducción de toda ciencia a ciencia natural, como en su resistencia última a ver el marxismo como ciencia exclusivamente económica, ciencia descriptiva de hechos.

Es bien cierto —y éste es uno de los aspectos más objetados del pensamiento de Fernando de los Ríos—, que, para su crítica a Marx, aquél acoge casi siempre como invariable referencia la interpretación kautskiano-positivista del materialismo histórico, interpretación que, de todos modos, era todavía la prevalente en su tiempo y que, no se olvide, durante largas épocas (hasta la crítica de Lenin) aparecía en el movimiento obrero como el verdadero "marxismo ortodoxo". [28] Sin embargo, en algún momento Fernando de los Ríos parece vislumbrar un diferente entendimiento (no positivista) de Marx, y este hecho me parece de la mayor trascendencia. En efecto, y aunque por desgracia no sacase de ahí las decisivas consecuencias que hubiera sido factible y deseable obtener, de los Ríos insistirá repetidamente en que en Marx no hay sólo descripción de hechos, es decir, ciencia económica, sino que hay también juicios de valor, es decir, ética, sustentada —añade— sobre el valor-trabajo (no es preciso a estos fines entrar ahora en el análisis del carácter penúltimo, no último, que este valor-trabajo posee para Marx). [29]

Hechos y valores aparecen, pues, entrelazados en la obra marxiana, subraya De los Ríos. Con ello —me permitiría sugerir— se ponían en realidad las bases —años veinte— para una superación de la ruptura y escisión positivista (y también, no se olvide, neokantiana) entre juicios de hecho y juicios de valor en lo que al entendimiento de fondo del pensamiento de Marx se refiere. Por lo menos permitía plantear el problema de manera ya mucho más cercana no sólo al austromarxismo de un Max Adler o un Otto Bauer, sino también —con todas las esenciales diferencias que, por supuesto, deban

---

28 Esa prevalencia de la interpretación positivista del pensamiento marxiano condicionó fuertemente actitudes críticas hacia Marx en el pensamiento español de finales de siglo y principios del actual. Véase, por ejemplo, mi libro *Revisión de Unamuno. Análisis crítico de su pensamiento político* (Madrid, 1968); o el preparado por Manuel Pérez Ledesma, *Pensamiento socialista español a comienzos de siglo. Antonio García Quejido y "La Nueva Era"* (Madrid, 1974).

29 Véase Marx, *Crítica del Programa de Gotha* (1875); me refiero a la versión española de Ricardo Aguilera, Madrid, 1968, pp. 10 y ss.

señalarse— con respecto de las nuevas y más profundas interpretaciones que por entonces inician un Georg Lukacs o, después, el propio Gramsci. [30]

Un potencial acercamiento a Marx hubiera sido, pues, sobre esas bases, mucho más factible y coherente para De los Ríos: es lo que yo quería subrayar aquí. Pero tal posibilidad, digámoslo también, habría de quedar enseguida frustrada y sin desarrollo posterior; las circunstancias históricas generales de la época, y las particulares españolas, así como la casi total absorción de Fernando de los Ríos por la actividad política desde el final de los años veinte, fueron también elementos coadyuvantes a la no prosecución de esa línea de investigación en el campo de la teoría política marxista. Ello en modo alguno debe, sin embargo, impedir el reconocimiento y la positiva valoración de tal frustrada posibilidad ni, por supuesto, hacer a su vez disminuir la importancia y oportunidad de otras fundamentaciones (no marxistas) de su socialismo democrático.

Pero, es cierto, otras cuestiones más acuciantes —y no la discusión teórica sobre el marxismo— iban a solicitar su atención en los difíciles años que van de la dictadura primoriverista a su lucha en el exilio contra la otra dictadura, la implantada por el franquismo en 1939: principalmente la defensa de las libertades, la democracia, el socialismo y los derechos humanos, junto a otros temas culturales, universitarios y de propuestas de transformación social lograda (concorde con su espíritu institucionista) a través también de la educación ética y la pedagogía.

Y al lado de ello, la casi total absorción por la actividad política: tenaz enfrentamiento, cuando otros colaboran, contra la dictadura de Primo de Rivera; hombre clave en el pacto de San Sebastián y en el advenimiento de la Segunda República; tres veces ministro en ella entre 1931 y 1933, con el odio declarado de las derechas; enemigo del verbalismo pseudorevolucionario en los años de la radicalización de las izquierdas; embajador de España en Washington entre 1936 y 1939, moviéndose desesperada e inútilmente para recabar ayudas para el Gobierno de la República en la guerra civil; y después, con el mismo resultado negativo, desalentado y casi destruido hasta los días mismos de su muerte en mayo del 49, luchando por evitar el segundo gran abandono internacional de la democracia española por los aliados triunfadores (con la ayuda precisamente de los soldados republicanos españoles, ¡cruel ironía!) en la segunda guerra mundial.

---

[30] Sobre la potencial conexión con el Lukacs de *Historia y conciencia de clase,* puede verse mi trabajo *Derecho social y ética política en el socialismo humanista de Fernando de los Ríos,* recogido en la obra citada aquí en la nota 18. Virgilio Zapatero subraya, por su parte, que "De los Ríos se acerca progresivamente a la tesis gramsciana que concibe al 'Príncipe' como el partido político y al intelectual como numen de dicha organización" ("Estudio preliminar" a la edición por él preparada de los *Escritos sobre democracia y socialismo,* de Fernando de los Ríos [Madrid, 1974], p. 39).

Raíces medievales
del *Romancero gitano*

Manuel Durán
Yale University

> Que contra muerte y amor
> Nadie no tiene valía
>
> (Anón., S. XV)

Quizá sería deseable empezar por lo más obvio: la poética desarrollada por Lorca en el *Romancero gitano* se basa, ante todo, en la estrecha fusión y síntesis de elementos muy variados, míticos, tradicionales y vanguardistas, y ello se da tanto en los temas como en la expresión. Quisiera señalar en estas páginas que, detrás de la evidente modernidad de la poesía lorquiana de este libro, aparecen frecuentes alusiones al mundo medieval. Basta un solo ejemplo para entrar en materia: seleccionemos, entre muchos otros, estos dos hermosos versos:

> Espadón de nebulosa
> mueve en el aire Santiago.
>
> ("Romance del emplazado")

Lo que se puede apreciar inmediatamente es que no se trata de una superposición de lo viejo y lo nuevo, sino de una perfecta fusión. Las palabras "espadón", o sea, espada grande de dos filos que suele blandirse con dos manos, y "Santiago" nos transportan a un ambiente medieval. (Los romanos usaban espadas cortas; a partir del Renacimiento, las espadas tienden a hacerse más delgadas y manejables.) En cuanto a Santiago, nos hace regresar a las piadosas y bélicas leyendas medievales, a las peregrinaciones hacia Santiago de Compostela, ante el apóstol convertido en guerrero y batallando contra los moros. Sabemos que la Vía Láctea se llama también El Camino de Santiago. Sin embargo, a pesar de estas claras alusiones medievales, estos dos versos no hubieran podido jamás ser escritos por Gonzalo de Berceo o por el Arcipreste de Hita. La palabra "nebulosa" es estrictamente moderna.[1] La imagen que convierte a la Vía Láctea en una gran espada sería excesivamente atrevida para la retórica medieval. La transformación de un santo apóstol en elemento cosmológico tampoco funcionaría bien dentro del sistema de valores de la Edad Media: está más cerca de las metamorfosis tradicionales griegas y romanas. Por todo ello, creo que el señalar los elementos medievales del *Romancero gitano* es un ejercicio útil pero insuficiente en sí mismo si no tenemos en cuenta que estamos subrayando únicamente un elemento entre los varios que vienen a fundirse en el crisol de la imaginación creadora de nuestro poeta.

Y, además, debemos recordar que, como ha señalado Daniel Devoto, en el *Romancero gitano,* y también en el *Poema del cante jondo* y en el *Llanto por Ignacio Sánchez Mejías,* tres libros lorquianos de profunda estilización, "el elemento tradicional se confunde y esfuma con los elementos surgidos directamente de la fantasía del poeta. Así como Falla llega a la creación de falsas melodías populares, García Lorca elabora falsos versos tradicionales".[2] Devoto señala también que la influencia del romancero clásico se percibe en un cierto tono y una manera comunes, más que por expresiones directamente emparentadas. Hay apenas unas "sábanas de Holanda" ("Romance sonámbulo"), un "emperador coronado" ("San Gabriel") y la pregunta inicial del romance "Muerto de amor":

—¿Qué es aquello que reluce
por los altos corredores?

que a Devoto le recuerda una de las preguntas del Rey Don Juan al moro Abenámar:

¿Qué castillos son aquéllos?
¡Altos son, y relucían!

(Durán, II, p. 80, núm. 1038)

En cuanto al empleo de material tradicional que nos sitúa en ambiente medieval, señalemos también la observación de Devoto:

La comparación del viento que persigue a Preciosa con San Cristobalón (ya en el Madrigal de verano del *Libro de poemas,* pág. 88, se habla de "un San Cristóbal campesino" de muslos sudorosos y hermosos que había preferido al poeta por Estrella la gitana) se basa sobre la devoción popular que hace de San Cristóbal un buen casamentero; y García Lorca no ignoraría el cuento de la vieja gitana que iba a injuriar al santo:

---

[1] Por supuesto que dicha palabra era desconocida antes del siglo XVII, y de la construcción de los primeros telescopios.

[2] "Notas sobre el elemento tradicional en la obra de García Lorca", *Federico García Lorca,* en *El Escritor y la Crítica,* ed. Ildefonso-Manuel Gil (Madrid, 1973), p. 115.

> San Cristobalón,
> manazas, patazas...
> (Rodríguez Marín, I, p. 453, nota 20 en
> *Más de veintiún mil refranes castellanos*).[3]

También el verso "Míralo por donde viene" ("Preciosa y el aire") repite un verso tradicional ya aparecido en el *Libro de poemas* y que cabe comparar con el bien conocido principio del romance novelesco "El Infante Vengador":[4]

> ¡Hélo, hélo por do viene
> el infante vengador...

Es importante señalar aquí que García Lorca vuelve a manejar el ritmo del romance en forma que nos recuerda el ritmo antiguo medieval de este verso, alejándose así de los experimentos modernistas con dicho metro, en los que dominaba el encabalgamiento y desapareció o se esfumaba casi el ritmo antiguo seco con redoble de tambor. Así lo ha observado Guillermo Díaz-Plaja:

> Porque lo fundamental en el uso del romance por Federico García Lorca es, precisamente, el retorno a su ritmo tradicional, en que cada verso tienda a mantener una unidad indestructible, sin que el movimiento musical se interrumpa con hábiles colapsos. Ello, precisa anotarlo, viene ya de poeta tan irreductible en el respeto a lo popular como Antonio Machado. Sin embargo, existe una radical diferencia. "La tierra de Alvargonzález" de Antonio Machado —ha escrito últimamente Rafael Alberti— es un romance narrativo, una terrible historia castellana romanceada. Se puede contar. El 'suceso' de tu 'Romance sonámbulo', y de otros que figuran en tu 'Romancero Gitano', se escapa a todo intento de relato.[5]

Claro está que los rasgos estilísticos del Romancero medieval quedan casi siempre ligeramente transformados. Así ocurre con las frases exclamativas, llenas de evocación y nostalgia, que aparecen en el "Romance de la Guardia Civil española":

> ¡Oh ciudad de los gitanos!

frase que figura sola y también en conjunción con:

> ¿Quién te vio y no te recuerda?

---

[3] Ibíd., pp. 143-144.

[4] Ibíd., pp. 142-143. Como señala Devoto: "Interesa más la trayectoria del poeta que la mera procedencia de los materiales que emplea, como no interesa que Utrillo se inspire en tarjetas postales o que Bach utilizara los corales luteranos que oía cantar todos los días. Evidentemente, nada se hace con nada, y las cosas que el poeta canta proceden de alguna parte." (p. 164).

[5] *Federico García Lorca. Estudio crítico* (Buenos Aires, 1948), p. 94.

y que nos recuerdan, en su tono elegíaco, el verso "¡Ay de mi Alhama!", también varias veces repetido en el "Romance del Rey Moro que perdió la Alhama", así como el principio del "Romance del Rey Moro", que dice:

> ¡Oh Valencia, oh Valencia!
> ¡Oh Valencia valenciana!

Nos encontramos en la continuación moderna de una larga tradición que ha quedado muy bien descrita y analizada en el libro de Bruce W. Wardropper *Poesía elegíaca española* (Salamanca, 1967). He partido de algunos versos de García Lorca para acercarme al viejo romancero. El proceso opuesto, partir del romancero y acercarme a Lorca, viene a ser en el fondo lo mismo. Es lo que lleva a cabo en un breve estudio Juan Uribe-Echevarría, al señalar versos del *Romancero* que le parecen poseer la fuerza verbal metafórica de los lorquianos. En el "Romance de cómo se perdió España", los versos:

> Los vientos eran contrarios,
> La luna estaba crecida,
> Los peces daban gemidos...

le recuerdan el ambiente de misterio nocturno creado por Lorca en "Preciosa y el aire", y en el "Romance de Santa Catalina" ("Por la baranda del cielo / se pasea una zagala / vestida de azul y blanco / que Catalina se llama") le parece oír el precedente del "Romance sonámbulo". [6]

Igualmente, Leo Spitzer señala la tendencia lorquiana a hacer retornar algunos poemas al comienzo, con lo cual el romancero nos recuerda la forma medieval del *rondeau,* dando como ejemplos más claros de esta tendencia "Muerte de Antoñito el Camborio" y "La casada infiel".[7] Quizá el romance lorquiano más claramente medieval por su tema es el "Romance del emplazado", con su "sueño de trece barcos", en que los ojos del protagonista son "escuderos desvelados" y su cuerpo sin venas "consulta naipes helados". (Probable alusión a las cartas del Tarot, de origen medieval, y su uso para predecir el futuro.) La predicción se cumple inexorable. Le dicen al Amargo que pinte una cruz en la puerta y ponga su nombre debajo. El Amargo ha quedado emplazado, es decir, se le ha dado un plazo al final del cual tiene que morirse, y la muerte acudirá fiel al conjuro:

> El veinticinco de junio
> abrió sus ojos Amargo
> y el veinticinco de agosto
> se tendió para cerrarlos.

---

[6] "Notas sobre la poesía y el teatro de F. García Lorca", *Atenea,* 38 (1937), 162-177.
[7] "Notas sintáctico-estilísticas a propósito del español *que*", *RFH,* 4 (1942), 105 ss.

Hombres bajaban la calle
para ver al emplazado,
que fijaba sobre el muro
su soledad con descanso.

Como señala Guillermo Díaz-Plaja:

Estos hombres, que son andaluces, saben mucho de estas cosas; y las han oído contar. En la ciudad de Sevilla, el piadoso musulmán Abdalá ben Alarabí pedía y obtenía de Dios morir a los cuarenta y cuatro días de la muerte de su hijo. En el siglo XVII, un grupo de alumbrados sevillanos, como el P. Méndez, asombraba con la predicción de su propia muerte. [8]

Claro está que la alusión medieval más importante de este romance hay que buscarla en el título mismo. En efecto, todos los que han estudiado la historia medieval de España saben que hubo un rey de Castilla, Fernando IV, que, a causa de una leyenda trágica y sombría, fue denominado "el Emplazado". Fernando IV (1295-1312) falleció en Jaén a los veinticinco años de edad, cuando se disponía a reanudar la campaña contra los moros. Según la leyenda, el Rey dispuso la muerte de los hermanos Carvajal, por motivos no muy claros y que se debían quizás a rivalidades personales, después de la cual los hermanos emplazaron al rey ante Dios para que, a partir de cierto número de días —un mes, que serán dos en el romance de García Lorca—, el rey había forzosamente de fallecer, y así ocurrió. La historiografía moderna ha rechazado esta leyenda por no hallar comprobación textual alguna que la respalde, pero ello importa poco, ya que la materia prima que Lorca utiliza es la leyenda y el mito, no la historia.[9] (Señalemos aquí que en cuanto la historia aparece en el *Romancero gitano,* inmediatamente se transforma en mito, en esencia eterna. Así ocurre, por ejemplo, con el hecho histórico

---

[8] Ob. cit. en la n. 5, p. 146.

[9] Para mayores detalles el *Diccionario de historia de España,* en su segunda edición, (Madrid, 1968-1969), señala:

"La *Crónica* pretende que murió *emplazado* por dos caballeros Carbajales, a quien el monarca había hecho despeñar en Martos, como sospechosos en el asesinato de Juan Alfonso de Benavides, muerto en Palencia. Tal especie fue recogida más adelante por Diego de Valera, Garibay, Argote de Molina y otros. Rechazada ya por Zurita y el padre Mariana, no es admitida por ningún historiador actual, desde Benavides. Los motivos en que se apoya la crítica moderna son: la existencia de análogas leyendas con respecto a la muerte de Felipe IV el Hermoso, de Francia, y Clemente V; la frase de don Rodrigo Sánchez de Arévalo, obispo de Palencia, que, en 1470 refiriéndose a este hecho, dice: 'alii ferunt morte communi expirasse'; el silencio de don Juan Manuel, contemporáneo de este monarca, y asimismo el silencio de Tolomeo Lucense, que escribe a principios del siglo XIV. Hoy se piensa que su muerte fue debida a la caída de un trombus pelviano a la región del corazón." (II, 72)

de las guerras púnicas entre Roma y Cartago, a la que aluden los versos del romance "Reyerta":

> Señores guardias civiles:
> aquí pasó lo de siempre.
> Han muerto cuatro romanos
> y cinco cartagineses.

La yuxtaposición de los guardias civiles, por una parte, y, por otra, los romanos y cartagineses en pugna, deshace cualquier valor meramente histórico y, a través del anacronismo y la repetición circular, viene a decirnos que nada cambia, que todo es lo mismo siempre; una y otra vez, romanos y cartagineses nos sirven únicamente para penetrar en lo profundo de un tiempo sin historia.)

Incluso para entender la importancia del número trece en el "Romance del emplazado"

> donde se aleja tranquilo
> un sueño de trece barcos,

hay que recurrir a un estudio erudito sobre la Edad Media, tal como el de Vincent Foster Hopper, *Medieval Number Symbolism.* Esto es lo que hace Luis F. González-Cruz:

> El número trece se puede asociar aquí con el período de la Epifanía *(nacimiento, regalos, celebración),* con el número de apóstoles más Jesucristo, con los diez mandamientos sumados a la Trinidad, etc.; es un número que apunta, en su connotación mágica benigna o bienhechora, favorecida aquí por García Lorca, a la vida y la salvación; y la referencia a los barcos sugiere el libre movimiento de las naves en un *ámbito marino* —no de aguas estancadas, como el de los "bueyes del agua", donde la significación simbólica es bien distinta—. Más importante aún es el hecho de que mientras los ojos miran hacia el norte (la muerte), el sueño de los barcos está hacia el otro lado, al sur: un sur rumbo al cual estos barcos navegan en el sueño liberador. [10]

No olvidemos tampoco que este es el romance en que aparecen "el espadón" y "Santiago". Otro contacto con la Edad Media podemos encontrarlo al final del "Martirio de Santa Olalla", con su último verso que recuerda la liturgia:

---

[10] "Muertes del Amargo: el 'Romance del Emplazado'", *García Lorca Review,* 7 (1979), 25-35. Todo lo cual ayuda a explicar el aspecto positivo de este sueño, en contra de la tradición tan extendida que únicamente ve en el número 13 un anuncio de mala suerte y desgracias. El libro de Hopper apareció en Nueva York en 1969 y las páginas relativas al número 13 son 130-135.

¡Saltan vidrios de colores!
Olalla blanca en lo blanco.
Ángeles y serafines
dicen: Santo, santo, santo

Lo cual ha llevado a un erudito italiano, Giovanni Giuseppe Lunardi, a aproximar este último verso a un terceto de Dante:

Sí com'io tacqui, un dolcissimo canto
risonò per lo cielo, e la mia donna
dicea con gli altri: "Santo, santo, santo!"

Sin embargo, señala Díaz-Plaja, esta tesis no es muy convincente:

... ya que la triple enunciación se encuentra constantemente en la liturgia más habitual. Más posibilidades tiene la opinión de Lunardi según la cual las tres partes del romance constituyen "una graduación de colores y luces". "Desde la noche en la que su poema empieza ('Panorama de Mérida') se asciende lentamente al frío blancor del alba ('Martirio') para desembocar luego ('Gloria') en la luz alta e irisada del Paraíso", aun cuando cabe rechazar la afinidad insinuada con la disposición tripartita de la *Divina Comedia.* Acaso la noción de la escala teológica: natural-gratia-gloria, pudo influir. [11]

Todo lo anterior puede desembocar en dos conclusiones: la primera y más obvia es que Lorca no es simplemente un poeta popular espontáneo, a la usanza tradicional, sino un poeta en que confluyen lo culto y lo popular. Impregnado de novedades en el ambiente de la Residencia de Estudiantes, Lorca leyó nuestros clásicos y nuestra historia, mucho más de lo que su obra nos deja sospechar.

El interés que tiene aislar los elementos medievales en el *Romancero gitano* es que nos permite vislumbrar hasta qué punto está nuestro poeta en contacto con la vieja tradición medieval, tanto culta como popular; e inmediatamente después llegamos a la segunda conclusión: el poeta utiliza los elementos de la tradición y la historia en forma que, al superponerse y encabalgarse, nos introduce a un tiempo mítico más allá de un tiempo histórico. La tradición de Lorca es Góngora, Lope, Gil Vicente y la Edad Media popular y culta, los ecos mitológicos y míticos de las culturas antiguas; todo ello, claro está, metamorfoseado por el surrealismo y la vanguardia, no menos que por la mente ágil, a la vez burlona y profunda, del poeta.

Cuando apareció el *Romancero gitano,* un crítico que conocía personalmente a Lorca, Melchor Fernández Almagro, se dio cuenta de que en aquel libro la historia desembocaba siempre en la mitología:

---

11 Ob. cit. en la n. 5, p. 152. El texto de Dante es *Paradiso,* Canto XXVI, 67-69.

Lorca es la superposición victoriosa de cuantos poetas anónimos, bajo el cielo inalterable de Andalucía, han venido transmitiendo el secreto de la Tartéside sumergida por el cable que lanzaron manos diversas de pura mitología. Pero aquí, todo es mitología: no por lo que haya en la historia de mítico, sino por lo que hay en la mitología de histórico.

Y más adelante, en el propio artículo:

El sacerdote de Hércules gaditano y el gitano de hoy, cambian saludos de mitra y catite, en perfecta inteligencia, de orilla a orilla, sobre el común enigma... Las fechorías en que anda de por vida el gitano, jaque, cuatrero, y secuestrador, son la equivalencia histórica, la proyección en la pantalla de los fenómenos, de aquellos robos y raptos que se repiten en las mitologías... [12]

Como el arqueólogo alemán Schliemann excavando en las ruinas de Troya y penetrando, una tras otra, las capas geológicas en busca de los mitos homéricos, García Lorca bucea el pasado remoto y, en su busca de un tiempo mítico y eterno, atraviesa la época medieval. Y de este pasaje quedan, como hemos visto, unas cuantas huellas en el *Romancero gitano*.

---

[12] "Federico García Lorca: *Romancero gitano*", *RO*, 21 (1928), 373-374. Para un estudio detallado de los aspectos míticos de la poesía lorquiana, véase el libro de Gustavo Correa, *La poesía mítica de García Lorca* (1.ª ed., Eugene, Oregon, 1957; 2.ª ed., Madrid, 1970). Véase también, sobre temas muy parecidos o paralelos, el ensayo de Juan López-Morillas: "García Lorca y el primitivismo lírico: reflexiones sobre el *Romancero gitano*", *CA*, 5 (1950), 238-250. López-Morillas señala que "para García Lorca, el mito es la expresión del conflicto radical que llamamos vida, una visión del mundo como exigencia del hombre para afirmar su individualidad, ante fuerzas tan brutales como indomables". (Art. cit., p. 242). Véase también el libro de Rupert Allen, *The Symbolic World of Federico García Lorca* (Alburquerque, New Mexico, 1972).

Religión y feminismo en la obra de Emilia Pardo Bazán

CARLOS FEAL
State University of New York
Buffalo

La dicotomía o contradicción recorre la obra de Emilia Pardo Bazán. Para un crítico como Harry L. Kirby se trata de "la rivalidad y la oposición entre la fe religiosa y el pensamiento racional-científico de la época". [1] Tal dicotomía encaja en el contexto histórico de los treinta años que van de la caída de Isabel II al desastre del 98, donde se produce, en justa expresión de Juan López-Morillas, una "crisis de la conciencia española". [2] Esa crisis, en el caso de la Pardo, se amplía por su condición de mujer y de *campeona* del naturalismo en España. La fe religiosa entró en ella en pugna no sólo con su racionalismo, sino también con sus tendencias feministas y naturalistas. Si el intento de armonizar diversas actitudes condujo a un naturalismo católico, parejamente podría hablarse de un feminismo católico o de una búsqueda de éste. Me propongo aquí comentar las novelas de doña Emilia que más directamente se relacionan con el conflicto entre feminismo y religión: *Un viaje de novios* (1881) y *Una cristiana - La prueba* (1890), junto a una breve narración, *El áncora* (1896). Sumidas en esa relación conflictiva se hallan las existentes entre religión, en cuanto copartícipe del sistema de fuerzas o presiones sociales, y razón/naturaleza. O, si se acepta aún otra antinomia, entre cristianismo y paganismo. Tangencial a mis preocupaciones es, en cambio, el problema —harto discutido por la crítica— de la rivalidad del naturalismo, visto como filosofía determinista, con la aserción católica de la libertad.

Un viaje de novios se inicia con la narración de la despedida, en la estación de León, de Lucía y Aurelio Miranda, quienes acaban de casarse y se disponen a emprender el viaje tradicional. El matrimonio de Lucía con un

---

1 "Prólogo" a Emilia Pardo Bazán, *Obras completas* (Madrid, 1973), III, 515.
2 "Creo firmemente [...] que durante esos treinta años se produce una 'crisis de la conciencia española' en muchos sentidos más honda que la que, ya un tanto rutinariamente, se viene atribuyendo a la 'generación del 98'." "Nota preliminar" a *Hacia el 98: literatura, sociedad, ideología* (Barcelona, 1972), p. 7.

hombre mucho mayor que ella es desaprobado a la vez por el médico y el sacerdote. La boda se opondría tanto al cuerpo como al espíritu. Una imagen de esa coerción puede verse en el traje de la desposada: "el molde era estrecho para encerrar la bella estatua, que amenazaba romperlo a cada instante, no precisamente con el volumen, sino más bien con la libertad y soltura de sus juveniles movimientos". [3] Lucía acata sin discusión un matrimonio hecho por su padre, por razones de medro social, con un hombre a quien no ama.

Pero el amor, o cuando menos su promesa, se aparece a Lucía, durante su viaje, en la persona de Ignacio Artegui. Aurelio, que ha debido bajar en una estación, pierde el tren, y Artegui penetra en el departamento de Lucía, a la que cree sola. Entre Artegui y Lucía se revelan en seguida afinidades y diferencias. A través de él, la escritora formula una crítica de las maneras sociales; la elegancia de Artegui es más interior que exterior: "veíase en él al hombre que es superior a la propia elegancia porque no la ignora, pero la desdeña" (p. 92). Aunque de origen humilde, Lucía, por su naturalidad y sencillez, está próxima a Artegui. Pero, si bien atraída por él, no puede consumar su atracción. Casada por el padre, es incapaz de enfrentarse a los dictados de la sociedad patriarcal. Muy oportunamente, la escritora expone también la ignorancia —base de la futura sumisión— en que han mantenido a Lucía, cuyos estudios no fueron más allá de un poco de francés y un poco de piano (p. 74). [4]

Las divergencias de Lucía y Artegui son de tipo ideológico. Él es un escéptico, un pesimista; ella, una muchacha religiosa. Escucha él, no obstante, sin protestar el pequeño sermón que Lucía le dirige (cap. IV). Aquí la sencillez de los dos se desvirtúa en parte. El pesimismo de él, y su frase solemne, "Creo en el mal", tienen algo de pose romántica, así como ella muestra resabios de educación monjil. Pero sus diferentes ideologías no los separan; al contrario, sus temperamentos afines, enemigos de convencionalismos, tienden a aproximarlos. Ella podría curar el escepticismo de él, y él podría curarla de sus ñoñerías. Desgraciadamente, no ocurrirá así. Lo que muestra que las convenciones hacen presa incluso de aquellos individuos que, en su innata sencillez, se diría las desdeñan. No se trata sólo de la reacción de Lucía al

---

3 *Un viaje de novios, Obras completas,* I, 70. Todas las citas son de esta edición. Las sucesivas indicaciones de página se incluyen en el texto.

4 Cf. "Saludable ignorancia; sumisión absoluta a la autoridad paternal y conyugal; prácticas religiosas, y recogimiento sumo, eran los mandamientos que acataba la española del siglo pasado" (E. Pardo Bazán, "La mujer española", en *La mujer española y otros artículos feministas,* ed. Leda Schiavo [Madrid, 1976], p. 28). Este ensayo, con el título "The Women of Spain", se publicó por vez primera en la *Fortnightly Review* (Londres), en 1889, y al año siguiente el original español apareció en *La España Moderna.* Si bien se refiere, en el texto citado, a la mujer de hace un siglo, la escritora expone luego la idea de que los cambios sociales ocurridos desde entonces afectaron al hombre pero no a la mujer, y ello acentuó la diferencia entre ambos.

final, que ya comentaremos. El descuido de Artegui en el vestir no obsta a que, como Lucía, lleve un traje (cortado por un patrón ideológico) que le viene estrecho.

Reunida Lucía con el marido en Francia, destino de su viaje de novios, los recién casados traban amistad con dos hermanos, Perico y Pilar. Ella es una anémica, a la que Lucía cuidará, reemplazando a Perico. Lo cual motiva esta reflexión de Miranda: "Aburríale en extremo ver que su mujer, por altos decretos señalada para cuidarle a él, se sustrajese de tal manera a su providencial misión, consagrando días y noches a una extraña" (p. 137).

Lucía se resiste a la voluntad del marido de volver a León. Se justifica diciendo que no puede dejar a Pilar. Según ella, el marido tiene derecho a vedarle alegrías, pero no penas. Este razonamiento, con que se da buena conciencia, nos parece, sin embargo, encubrir el deseo inconsciente de no alejarse de Artegui, que Lucía sabe está en Francia, en París. Así leemos: "Indemnizábase, confesado aquel noble sentimiento, de todo lo que callaba a sí misma" (p. 137). Lo que Lucía callaba a sí misma la escritora no lo indica, mas no es difícil adivinarlo. El noble sentimiento de cuidar a una enferma la indemniza de la pena o culpabilidad vinculada a eso que se calla. Lucía quiere prolongar su extraño "viaje de novios", ese viaje que la alejó definitivamente del hombre por quien nunca sintió profundo afecto. Volver a León significaría a la vez alejarse de Ignacio y asentarse en el hogar matrimonial con un marido cuyo egoísmo Lucía no puede menos de percibir. Se comprende el deseo de morir experimentado por ella (p. 143). La muerte sería una "solución" a su conflicto: esa unión con un marido al que no quiere, más dolorosa aún en la medida en que hay otro hombre por quien se siente atraída.

Pero, aunque Miranda es visto como un tipo despreciable, creemos que la novela, más radicalmente, formula una crítica contra el matrimonio. La pintura negativa de Aurelio sería una manera de ejemplificar lo negativo de la institución matrimonial. [5] Análogamente, la diferencia de edad, que asimila el marido al padre, señala la desigualdad existente en el matrimonio, donde el marido reina omnímodo. Léanse aún estas líneas, que, aunque aplicadas a Miranda, poseen un carácter general: "Prosiguió con esa grosería conyugal de que no se eximen ni los hombres de buen tono" (p. 144). El matrimonio, como se ve, tiene la facultad de tornar groseros hasta a los individuos distinguidos.

---

5 Francisco Pérez Gutiérrez apunta una significación parecida: "¿Nos equivocamos al leer *Un viaje de novios* como primera protesta de Emilia Pardo Bazán contra la situación de la mujer? Protesta ante la sumisión de un rico corazón como el de Lucía, protesta ante una religión de aceptación y pasividad ignorantes del tumulto de la vida como la representada por el padre Urtazu" (*El problema religioso en la generación de 1868* [Madrid, 1975], p. 350).

La respuesta del P. Urtazu a la carta de Lucía merece, en este punto, comentario. Sin duda, el confesor de almas advierte el interés de Lucía por Artegui, oculto tras la misericordia que ella dice sentir por él a raíz de la muerte de su madre. Pese a esto, la actitud del sacerdote con Lucía es sumamente dura. Justifica sin reservas el enfado de Miranda ante la carta de consuelo que ella escribe a Artegui: "No me sorprende que él se haya puesto hecho un dragón" (p. 145). Aunque la escritora no inmiscuya ningún juicio, puede inferirse su oposición al jesuita, y la consiguiente ironía. El P. Urtazu aconseja a Lucía paciencia, y, en cambio, aprueba el derecho del marido a enfadarse. El mismo hombre que se opuso al matrimonio por consideraciones espirituales, lo defiende una vez consumado, transformándose así en cómplice del marido que él desaprobó. [6] Su carta, más bien breve, la termina el padre con el pretexto de que tiene los pulmones de una rana en el microscopio. La rana le interesa más que los problemas de Lucía, sugiriéndose así falta de simpatía por la mujer, desplazada por un objeto de fría observación.

La última parte de la novela ocurre en París. Casualmente, Lucía —junto con Aurelio y los dos hermanos— ha ido a parar a un hotelito separado apenas por un jardín de la casa donde vive Artegui. El sueño que entonces tiene Lucía es un modelo de ambigüedad. El jardín se transforma en el sueño, muy apropiadamente, en un erial. La mano que hace señas, desde una ventana de la casa de Artegui, se encuentra a una distancia infinita. Hasta que, en un punto del sueño, a Lucía le nacen alas con que salvar rápidamente esa distancia: "surcaba la región ambiente, pura, serena, azul, y ya la casa no estaba lejos" (p. 152). Un deseo carnal, sexual, se reviste así de espiritualismo. Pero de las alturas celestiales ("prodigiosa altura"), Lucía desciende vertiginosamente. Sus alas han sido cortadas. Y Lucía no cae al jardín, de donde ascendió, sino a un abismo. Allí, esperándola, se halla la Virgen. Significación racional, consciente: Lucía, abandonado su amor imposible, retorna a la pureza, que la imagen de la Virgen simboliza. Significación profunda, inconsciente: la pretendida pureza o renuncia al amor es una caída (algo, por tanto, negativo) desde las alturas celestiales del amor, el cual es lo verdaderamente valioso. Aunque el amor se venga abajo, se configura en el sueño como algo divino a su modo, como una especie de religión con la que hacer frente —de igual a igual— a la religión que al amor sojuzga. He aquí el texto final del sueño: "Lucía ansiaba llegar... [al precipicio]; pero la angustia de la caída la despertó, como sucede siempre en las pesadillas." Pese a que el precipicio se comparó con la gruta de Lourdes, donde está la Virgen, la caída es angus-

---

6 "Y, sin embargo, los maridos, o en general los que ejercen autoridad sobre la mujer, saben que el confesor no es para ellos un enemigo, sino más bien un aliado. No sucede casi nunca que el confesor aconseje a la mujer que proteste, luche y se emancipe, sino que se someta, doblegue y conforme" (Ob. cit. en la n. 4, p. 37).

tiosa y el sueño se transforma en pesadilla. Lo que de negativo tiene la caída es evidente.

En otros términos, la pureza asociada con la caída encubre la impureza del deseo, a partir del cual la mujer se precipita. Las alas cortadas son "dos alas de paloma blancas y ensangrentadas". Simbólicamente, Lucía pierde su pureza, deja de ser una paloma blanca. Si en el plano manifiesto el deseo se frustra, en el plano latente se realiza. La angustia final puede obedecer tanto a la frustración como a la realización (inconsciente) del deseo. [7]

En el capítulo siguiente —último—, Lucía se atreve por fin a dirigirse a casa de Ignacio. La escena posee las características de un sueño, y de este modo, aunque se sitúe en el "espacio real" de la ficción, prolonga la atmósfera onírica del pasaje anterior. [8] Si Lucía no sueña aquí, diríamos que la escritora, identificada con Lucía, se encarga de soñar por ella. Más aún, toda la historia amorosa de Lucía e Ignacio, desde la irrupción de él en el departamento donde la mujer duerme, es como una rasgadura en las nieblas de la existencia prosaica, con la sustitución placentera del marido por el amante. La fuerza del deseo, descuidada la verosimilitud de los detalles, deja sólo en pie la veracidad del sentimiento. [9]

Mediante el diálogo de Lucía y Artegui, observamos nuevas coincidencias entre ellos. Artegui ha estado a punto de suicidarse; una vez más, ella manifiesta también el deseo de morir: "ya me he acostumbrado a pensar cosas tan negras como usted... Y a desear la muerte" (p. 159). En ambos, tal deseo se conecta con la intensa atracción que sienten uno por otro. En el caso de Artegui, esa atracción representa el triunfo de la naturaleza engañosa: "Tú fuiste la ilusión... Sí; por ti hizo otra vez presa en mi alma la natu-

[7] Currie Kerr Thompson hace el siguiente comentario: "Lucía has previously associated the grotto of Lourdes with death, which she would welcome as a blessed escape from the frustrations caused by her domineering husband [...] We can add [...] the fact that death is frequently used in dreams as a symbol of sexual surrender" ("The Use and Function of Dreaming in Four Novels by Emilia Pardo Bazán", *Hisp.* 59 [1976], 860).

La interpretación es plausible. La muerte (paz eterna) sería uno más de los deseos expresados en ese sueño típicamente superdeterminado. Añádase aún la significación de la Virgen como madre, que brinda refugio frente al acoso de los hombres. La gruta funciona también como un seno protector.

[8] Escribe Walter T. Pattison: "the plot, with its melodramatic coincidences, particularly the fact that Lucía's hotel and Artegui's house share a common garden, strains our credulity" (*Emilia Pardo Bazán* [New York, 1971], p. 40).

[9] Carmen Bravo-Villasante, en su *Vida y obra de Emilia Pardo Bazán* (Madrid, 1962), pp. 33-39, cita unos poemas de doña Emilia a un hombre misterioso, comentados en estos términos por F. Pérez Gutiérrez: "... un par de poemas pertenecientes al parecer a los años inmediatamente anteriores a *Un viaje de novios,* en los que bien podría haber quedado la huella del paso por la vida de su autora de alguien en quien nos hace pensar un personaje del libro: Ignacio Artegui, el hombre que hace entrever a la mujer un amor *distinto,* el amor que transfigura la existencia" (ob. cit. en la n. 5, p. 349).

raleza inexorable y tenaz..." (p. 158). La muerte o la nada son la única verdad para él; puesto que no consigue el anonadamiento en vida, lo busca en la muerte. La naturaleza —la ilusión— no se rinde, sin embargo. El pesimista, enfrentado con su propia ideología, expresa a Lucía el deseo de huir con ella. Lucía no acepta. Acata la ley matrimonial, ley patriarcal, que un paso más allá llega a proclamar como de origen divino: "Es... por Dios" (p. 159), dice, por quien no puede seguir a Ignacio.

Si sus ideologías difieren, hombre y mujer coinciden en ser víctimas del mismo conflicto: el suscitado por la necesidad de aquietar sus pujantes naturalezas. Nihilismo y religión, por diversos que parezcan, actúan igualmente como medios de resistir los embates pasionales. A la religiosidad de ella corresponde, en Artegui, el culto o religión de la nada: "Si yo tuviese fe", dice, "¡qué hermosísimo y atractivo y dulce me parecería el claustro! Ni voluntad, ni deseo, ni sentidos, ni pasiones... Un sayal, un muerto ambulante debajo..." (p. 158). El objetivo de Ignacio no es, pues, distinto al de un religioso; sólo lo separa de éste la falta de fe, que le obliga a seguir otras vías.

Me pregunto incluso si no es significativo el nombre de Ignacio. Éste, como es sabido, es el del santo fundador de la Compañía de Jesús, evocado por el P. Urtazu, en su carta a Lucía, al desearle la "bendición de Dios y de San Ignacio" (p. 145). De los tres hombres (todos de apellido vasco) que dialécticamente se enfrentan en la novela —Artegui, el P. Urtazu y el P. Arrigoitia— es, curiosamente, el ateo quien recibe el nombre del excelso jesuita, y no los correligionarios de éste.

La complejidad de la relación Ignacio-Lucía es simplificada por un crítico como Clarín, al reducirla a un debate ideológico. Afirma el gran novelista:

> *Un viaje de novios* es acaso el primer libro español escrito por persona que profesa el tradicionalismo, más o menos tolerante, en que no hay el prurito del sermón y de la diatriba contra el libre pensamiento. El autor de *Un viaje de novios* hace que se enamore su protagonista de un librepensador ateo, pesimista, y no le encuentra censurable. [10]

La tolerancia de doña Emilia —la tolerancia en general— se basa en el conocimiento de aquello que une a los opositores. Lucía e Ignacio están empeñados en el mismo drama; fuerzas parejas se debaten en el interior de ambos. En su consideración de la novela, Clarín omite el dato crucial de que Lucía está casada. Es decir, la novela plantea un problema que no consiste sólo, ni primariamente, en el choque de ideologías, sino en la atracción amorosa en pugna con el orden social o moral (o, en el caso de Artegui, en pugna con la idea de la vanidad de las pasiones). Lo que se cuestiona es la institu-

---

[10] "Un viaje de novios", en *La literatura en 1881*. Cito por *Leopoldo Alas: Teoría y crítica de la novela española,* ed. Sergio Beser (Barcelona, 1972), p. 272.

ción del matrimonio o el amor institucionalizado, opuesto al amor como pasión o sentimiento hondo.

Este último, empero, se abre camino en Artegui, donde se da la línea de la menor resistencia. Dice el hombre: "No quiero morir, porque sé que es ley de las cosas que un día vengas a mí" (p. 160). Frente a la ley patriarcal esgrimida por Lucía se invoca aquí otra ley que, aunque no se realice, se insinúa como posibilidad siempre presente. A las palabras de Ignacio reacciona Lucía así: "A no estar Lucía vuelta de espaldas a la luz, Artegui pudiera haber visto el júbilo que se difundía por su rostro y sus ojos, que un segundo se alzaron al cielo dando gracias" (p. 160). La ambigüedad sigue informando la narración. En cierto sentido, la gratitud corresponde a la decisión hecha por Ignacio de no darse muerte; pero, en otro sentido, el júbilo de la mujer puede entenderse en virtud de la proclamación de amor —superador de todo obstáculo— que acaba de oír. Júbilo que se manifiesta amparado en una razón "legítima". Inmediatamente antes, Artegui había dicho: "Sé que vendrás, que vendrás arrastrada como la piedra, por tu peso propio, a caer en este abismo... o en este cielo..." (p. 159). La ambigüedad es aquí semejante a la que ya comentamos a propósito del sueño de Lucía. En el abismo está ahora el amante, no la Virgen. Pero ese abismo es cielo a la vez. Abismo y cielo son indistinguibles, y por eso el amante puede morar en uno y otro, muestra de la frontera indecisa entre los males y los bienes del amor.

Dicho de otro modo, al poder de la religión, coercedora de las humanas pasiones (o consoladora de las mismas), se opone un amor elevado en su fuerza a la categoría de religión. Cualquiera que sea el resultado de la contienda, existirá siempre un equilibrio precario, que concede al vencido hoy posibilidades inminentes de desquite. He aquí las palabras con que la narradora comenta el paso que da Lucía para ir a ver a Artegui: "Hay así en la vida momentos supremos en que el sentimiento, oculto largas horas, se levanta rugiente y avasallador y se proclama dueño de un alma" (p. 154). Cierto, ese paso Lucía —o la escritora— no lo llevan a sus últimas consecuencias. La mujer, finalmente, retrocede atemorizada. La transformación operada en el personaje no es, sin embargo, menos obvia. Así continúa el texto últimamente citado:

> Aunque el símil pueda parecer profano, diré que acontece con esto algo de lo que con las conversiones: flota indeciso el ánimo algún tiempo, sin saber qué rumbo toma ni qué causa su desasosiego, hasta que una voz de lo alto, una luz deslumbradora, de improviso disipa toda duda. Pronto es el asalto, nula la resistencia, segura la victoria (p. 154).

La erupción violenta del sentimiento reprimido se compara nada menos que a una conversión religiosa, una llamada de las potencias celestiales. La religión del amor confirma a sus prosélitos, cuyo dios, como el de Pascal, podría decir: "No me buscarías si no me hubieras encontrado".

Las palabras finales del P. Arrigoitia coinciden con las del otro sacerdote: "¡No separe el hombre lo que Dios ha unido!" (p. 163). El Dios que aquí
se invoca está en alianza estrecha con el marido, junto a quien Lucía se precipita al rechazar a Ignacio, y con la institución matrimonial. Pero hay probablemente ironía cuando se califica al padre de *"meloso* y *consolador"*
(p. 162, subrayado mío).

En resumen, pese al acuerdo del desenlace con la moral católica —que
ocasiona el reparo de varios críticos [11]—, nos parece que la escritora ha
cuestionado gravemente algunos aspectos básicos de aquella moral. La represión de la naturaleza convive con la actitud exaltadora que, por medios sutiles, disimulados o inconscientes, postula una auténtica religión del amor. La
disputa entre términos igualmente magnificados puede sólo conducir a un
equilibrio inestable, nunca a una duradera y firme resolución. Si Emilia Pardo Bazán, en cuanto mujer (mujer casada) y católica, retrocedió ante las fantasías convocadas por ella en *Un viaje de novios,* no sembró menos los gérmenes, susceptibles siempre de estallar, de la rebelión contra las leyes con
que la habían adoctrinado.

Problema similar al de *Un viaje de novios* presenta *El áncora,* que co-
mentaré rápidamente. Fernanda, desgraciada en su matrimonio con un cala-
vera, rechaza a Gonzalo Calderón, hermano espiritual de Artegui, pese a la
atracción —correspondida— que siente por él. El pretexto (utilizado también, en parte, por Lucía) es que va a ser madre. Hay, no obstante, una trágica ironía en el hecho de que el hijo nazca anormal. La maternidad, de que
se esperaba el triunfo sobre la pasión ilícita, se transforma en una dura carga.
De otro lado, el marido de Fernanda acaba muriendo violentamente, arrojado
al suelo por un caballo al que no puede dominar. Justicia poética. La escritora se ensaña con los protagonistas de este matrimonio desgraciado. Como si
el matrimonio no fuera ya para ellos bastante castigo. ¿O es más bien que
el castigo suplementario —muerte, descendencia anormal— resulta la consecuencia, literariamente plasmada, de aquella unión insensata?: "Que hay padres que merecerían la horca, y que un niño engendrado y concebido cuando

---

11 José A. Balseiro: "Percíbese cómo la novelista, de haber oído más la voz humana que la doctrinaria, hubiera llevado a Lucía al adulterio" (*Novelistas españoles modernos,* 7.ª ed. [Nueva York, 1963], p. 273). Robert E. Osborne, *Emilia Pardo Bazán.
Su vida y sus obras* (México, 1964), p. 18, siguiendo a Balseiro, habla de falta de motivación psicológica en la conclusión de la novela. Walter T. Pattison, ob. y lug. cit. en
la n. 8, señala la misma contradicción entre el desenlace doctrinario y lo esperable lógicamente; Pattison ve aquí un abandono del determinismo naturalista. Contrariamente,
Pérez Gutiérrez (ob. cit. en la n. 5), p. 350, afirma: "Es como si la escritora hubiese
tenido la intención de dejar constancia de su propio desacuerdo ante la realidad, sin
pretender por otra parte acusar a nada ni a nadie fuera de la ciega fatalidad de las
circunstancias: en este sentido ya se puede hablar de naturalismo."

la madre tiene cada día una pataleta y a cada hora un tósigo y a cada minuto una pena, ¡qué quiere usted que sea ese niño!", [12] exclama un personaje.

Pero, de nuevo, la actitud de la escritora es ambivalente. Aunque simpatiza con Fernanda y Calderón, condena sus amores. Se debate así, lo mismo que sus criaturas, entre la moral social, católica, y la moral interna. Llega incluso, convencionalmente, a considerar a aquélla superior a ésta:

> El caso de Calderón, si sobre él reflexionamos, prueba que los mejores y más hermosos sentimientos no hacen bien, sino daño, si no los regula una ley superior y más desinteresada que la conciencia individual (p. 32).

Los motivos comentados de la narración parecen, sin embargo, introducir una perspectiva diferente. ¿Se justifica el rechazo de Calderón en aras a un marido al que la propia novelista fulminará en seguida con la muerte y a un hijo calificado de "pelele"? (p. 42).

La contradicción es, asimismo, visible en este párrafo: "A cada instante [Fernanda] comprendía mejor que era nacida para el cariño leal y sólido, para la efusión no interrumpida de un alma en otra alma, para la verdad y la firmeza, para la renovación constante de los afectos y para el horror a toda desviación de los dulces deberes que crean" (p. 32). El deber aquí es algo *dulce,* derivado del afecto constantemente renovado, y no impuesto socialmente. Que Fernanda sacrifique este deber para aceptar el deber social del matrimonio —matrimonio sin afecto— se opone, por tanto, a su modo profundo de ser.

Situadas cronológicamente entre *Un viaje de novios* y *El áncora* están las novelas *Una cristiana* y su continuación, *La prueba*. La ambigüedad de éstas es aún más grande, al introducirse un narrador no fidedigno *(unreliable),* en terminología de Wayne Booth. Enamorado de Carmiña Aldao, la esposa de su tío Felipe, Salustio, el narrador, es parte interesada en la acción, y sus múltiples comentarios deben, por consiguiente, sujetarse a crítica. Sólo podemos conjeturar la medida, si alguna, en que la escritora se identifica con Salustio. Éste, además, para complicar la situación, tiene un opositor ideológico, el P. Moreno. El narrador, supuesto racionalista, se enfrenta al ministro de Dios en típico debate finisecular, que recuerda al de Ignacio Artegui y los dos jesuitas, si bien los personajes de *Un viaje de novios* no llegan a verse las caras.

El sacerdote, cuyo ascendiente sobre Carmiña es indudable, revela pronto su idea del cristianismo como religión enemiga del cuerpo:

---

[12] *O. C.,* III, 42.

> De una mora, de una infiel, yo puedo describir el cuerpo, porque si Dios se lo ha
> concedido hermoso, será lo único que se puede alabar en ella, ya que el alma está
> envuelta en las tinieblas del error. [...] De una cristiana, lo primero y acaso lo
> único que merece ensalzarse es el alma (p. 563.) [13]

Pero es irónico que el P. Moreno, tan denigrador de la religión islámica, haya vivido en África y, disfrazado de seglar, en una ocasión, haya sido tomado por moro, bajo el nombre de Abén-Jusuf (cap. XI). Muchas veces el narrador se refiere a él por su ficticio nombre moro.

En casa de Carmiña, Salustio un día ve dibujarse en las cortinas del comedor la figura del P. Moreno:

> Era un día nubladísimo; el comedor daba al patio, y las espesas cortinas, retazando
> la luz, contribuían a hacerlo más lóbrego. Los pliegues de aquellas cortinas, de color
> parduzco y tela tupida, se me antojaron, por repentino capricho de la imaginación,
> el plegado de un hábito de fraile [...] Los arabescos de la cortina, a cierta altura,
> me figuré que dibujaban con suma propiedad la cara de un hombre. Era un fenó-
> meno de autosugestión, que evocaba allí [...] la sombra del P. Moreno (p. 613).

Esas *espesas cortinas,* asociadas con el fraile, aludirían al aspecto opresivo de éste, censor enérgico de la vida espontánea o natural. El apellido Moreno es significativo en este contexto, como representante de la idea de oscurantismo religioso, que permitiría establecer relaciones con el galdosiano Inocencio Tinieblas de *Doña Perfecta.* Otro detalle interesante son los *arabescos* de la cortina, sugeridores de lo moruno —es decir, lo anticristiano— del cura, desplazado así al campo del enemigo africano, con el que, en su ardor, lamentablemente se confunde. Recordemos aún que el nombre del fraile es Silvestre.

A los velados reproches del cura por su amor culpable, Salustio, para sus adentros, responde: "Ante mi ley moral, lo que siento no es ningún crimen. El crimen es haber bendecido ese matrimonio" (p. 596). Efectivamente, Carmiña se ha casado sin amor, sólo por huir del padre, con quien vivía, y la que juzga vida inmoral de éste. [14] Salustio, no obstante, hace recaer la culpabilidad en la iglesia, no en la mujer. ¿Se interfiere en su opinión la de la escritora, quien utiliza al narrador para criticar, a su través, la institución matrimonial? Así se describe la boda: "Carmiña Aldao, cruzando las manos sobre el pecho, inclinó la frente, sometiéndose al yugo" (p. 587). Aunque

---

[13] Todas las citas de *Una cristiana* y *La prueba* proceden de *O. C.,* I.

[14] Varios críticos comparten la indignación de Salustio ante la boda de Carmiña: "¿Será en verdad *cristiana* [...] una mujer que por no querer seguir viviendo en la casa paterna [...] despósase con quien no ama —Felipe Unceta—, por quien siente repugnancia? [...] Siendo tan puritana, ¿por qué no entró monja, en vez de desposarse como lo hizo?" (Balseiro, ob. cit. en la n. 11, pp. 301, 302). "Es realmente cristiano acercarse al matrimonio sin amor? Carmiña engaña a Felipe al consumar su boda por conveniencia, por egoísmo espiritual" (Teresa A. Cook, *El feminismo en la novela de la Condesa de Pardo Bazán* [La Coruña, 1976], p. 37).

las palabras del narrador se expliquen por su odio al esposo y su pasión por Carmiña, no dejan de tener interés. La fantasía novelesca, aquí y en otras obras, de un matrimonio oprimente, sin amor, debe corresponder a datos reales. En su aparente excepcionalidad, el hecho aislado se convertiría entonces en un caso típico. [15]

Pero a Salustio se opone, aunque de modo muy distinto que el P. Moreno, su amigo Luis Portal. Para éste, la conducta de Carmen no difiere esencialmente de la de Belén, la prostituta: "¿Pues en qué se distingue tu soñado ángel de Belén, por ejemplo? Belén sufre a un protector antipático porque le conviene..., porque así gasta y triunfa..." (p. 607). El nombre de Belén es curioso. También mediante él la prostituta se asimila a la *cristiana,* lo que puede significar tanto una crítica de ésta como una exaltación o intento de redención de aquélla. En todo caso, la novelista no utilizaría, como el P. Moreno, un doble rasero para describir a las mujeres, según sean cristianas o paganas.

Salustio riñe con su amigo, mas, al alejarse de él, lo echa de menos: "El caso es que me parecía que me faltaba algo; la razón práctica de mi vida, el Sancho moderador de mi fantasía quijotesca" (p. 607). Poco después dice que Luis representa "el buen sentido o el sentido común" (ibíd). A la luz de esta oposición entre Salustio (Quijote) y Luis (Sancho), la existente entre Salustio y el P. Moreno se atenúa hasta el punto de situarlos a ambos (y a Carmiña con ellos) en el platillo del quijotismo (ya hablaremos más de esto), cuyo peso modera sólo el del "buen sentido" de Portal.

Así define Luis a la "mujer nueva": "una hembra que nos comprendiese y comulgase en aspiraciones con nosotros. Dirás que no existe. Pues a tratar de fabricarla. Nunca existirá si la condenamos antes de nacer" (p. 599). Tal hembra cree Luis, en *La prueba,* haberla encontrado en la inglesa *Mo:* "*Mo* no es como esas mujeres de por acá, que andan en busca de un marido que las mantenga, porque su ineptitud y las absurdas ideas sociales no les permiten ganarse honradamente la vida" (p. 620). Pero *Mo* revelará más tarde su profundo tradicionalismo, y Luis, al casarse con ella, a sabiendas de lo que hace, demuestra no diferir de otros hombres: "*Mo* no es la 'mujer nueva', convenido; pero acaso no es tiempo aún de que esa hembra excepcional aparezca en nuestra sociedad y la modifique... Entre tanto, *Mo* es una real mujer, que me tiene ley, que dejaría por mí la proporción más brillante..." (p. 700). El librepensador, en el fondo, sigue prefiriendo a la mujer tradicional, de modo que, según la argumentación del mismo Luis, la "mujer nue-

---

[15] Unceta, el apellido del marido, puede relacionarse con *uncir,* y por medio de este verbo, con *yugo.* En la novela breve *Mujer,* se dice de dos recién casados: "Cuando regresaron a Madrid hallábanse los dos esposos en la mejor disposición para vivir muy felices al amparo de todas las leyes e instituciones divinas y humanas. ¡Caso en verdad poco frecuente y, por lo mismo, ejemplar!" (*O. C.,* II, 1134).

va" se ve condenada a no nacer nunca.[16] Con la caída final de Luis en un
vulgar matrimonio, el "buen sentido" se desploma. A su manera, Luis también se quijotiza al aceptar lo que antes le pareció el colmo de la locura:
"¡A la Vicaría! ¡Qué desatino, chacho! [...] no tengo nada de quijote ni de
visionario; por tanto, figúrate si he de caer en ese pozo" (p. 621). Ninguno
de los tres hombres —Salustio, Luis, el P. Moreno—, cuyas voces se cru-
zan, adopta la actitud sensata que conducirá a la liberación de la mujer; el
afán de dominación acaba primando en ellos sobre sus impulsos generosos.
En Felipe, el marido, estos últimos ni siquiera existen.

Carmiña declara a Salustio:

> Una mujer que teme a Dios... ¡mira que hablo seriamente! tiene que querer a su
> marido... y yo he resuelto querer al mío, o morir. Estoy completamente segura de
> que si no consigo llegar a quererle tanto que lo confieses tú mismo..., me muero
> (p. 663).

El amor aquí se plantea como una obligación; no es un sentimiento espontáneo. Salustio, por su parte, sería como la conciencia de Carmiña. Carmiña
tiene que acallar esa conciencia que la acusa. Efectivamente, Salustio, como
la conciencia, parece leer en el interior de la mujer.

Un paso más allá, Salustio representa la sociedad, a la que Carmiña tiene
también que convencer de su amor por el marido: "Sólo con que puedan
los extraños dudar de ese cariño, me convenzo de que he obrado mal hasta
hoy" (p. 663). El juicio de la sociedad cobra importancia al no poder opo-
nérsele una íntima convicción. La buena conciencia que Carmen desarrolle
será así simple reflejo de opiniones externas. Cierto que percibe que estas
últimas no bastan: "No le debo tan sólo fidelidad, sino 'amor', y... en ese
punto..." (ibíd.). Lo malo es que, en la *cristiana,* la falta de amor debe
compensarse con la exacerbación de la fidelidad. Al actuar como lo hace, Carmiña depende, aunque lo ignore, de valores que, por sociales, son creación
típicamente masculina (sólo supuestamente divina). Pese a su esfuerzo generoso, la mujer se enreda cada vez más en un matrimonio que, contraído sin
amor, lo ha sido también sin suficiente libertad. De tal modo sella su destino
de víctima de la sociedad de hombres.

La reacción del narrador es ambivalente; a la vez admira a Carmen y la
reprueba:

---

[16] Las ideas de Luis Portal anteriores a su claudicante matrimonio reproducen las
de doña Emilia: "... porque los defectos de la mujer española, dado su estado social,
en gran parte deben achacarse al hombre, que es, por decirlo así, quien modela y
esculpe el alma femenina. [...] Para el español, por más liberal y avanzado que sea,
no vacilo en decirlo, el ideal femenino no está en el porvenir, ni aun en el presente,
sino en el pasado. La esposa modelo sigue siendo la de cien años hace" (ob. cit. en la
n. 4, pp. 26, 30).

su sacrificio me parecía unas veces hueco y vano; otras, admirable y sublime [...] Era mi doble naturaleza presentándome el pro y el contra de la idea del matrimonio cristiano; eran el tradicionalista y el racionalista que yo llevaba en mí, enzarzados y arañándose (ibíd.).

Esa doble naturaleza que el narrador se atribuye corresponde a la de la propia escritora. En oposición al tradicionalismo cristiano, la actitud racionalista se vincula al alegato de los impulsos naturales; lo racional, en este contexto, es seguir la inclinación en vez de contrariarla (hay que entender: contrariarla excesivamente). Por eso Carmiña, en su defensa tenaz del matrimonio (matrimonio sin amor), es calificada de Quijote: "Eres un quijote hembra" (p. 664). Su hermosura, para Salustio, es "la hermosura de la enajenación mental" (ibíd.). El quijotismo o irracionalismo, de raíz masculina, acaba contagiando a los individuos del otro sexo. Así se frustra la eclosión tanto de la mujer como del hombre nuevos. Salustio, finalmente, sale a la calle y va a dar a la Alameda, donde, dominado por sus pensamientos, no tiene ojos para ver el mundo natural:

Mi idea fija me vedaba la contemplación de la Naturaleza. Cada derrota exaltaba más mi espíritu; cada demostración palmaria de la fortaleza moral de tití me dejaba más ilusionado, más convencido de que en ella, y sólo en ella, se cifrara la perfección femenina (ibíd.).

Como Luis con acierto ya había diagnosticado, Salustio se siente atraído por Carmiña a causa precisamente de su virtud, que hace de ella la mujer ideal:

Lo que te sucede a ti [...] es un fenómeno muy común entre nosotros los españoles, que creyendo de buena fe preparar y desear el porvenir, vivimos enamorados del pasado, y somos siempre, en el fondo, tradicionalistas acérrimos, aunque nos llamemos republicanos. Lo que te encanta y atrae en la señora de tu tío Felipe es precisamente aquello que menos se ajusta a tus ideas, a tus convicciones y a tu modo de ser como hombre de tu siglo (p. 599).

Ceder a Salustio supondría, para Carmen, derrocar el modelo erigido por el hombre, y el triunfo de él en el plano amoroso supondría el fracaso de sus creencias, por más que éstas —en terminología orteguiana— se opongan a sus ideas.

Consideremos a esta luz la polémica entre el narrador y el fraile. Salustio pregunta, refiriéndose al matrimonio de su tía: "¿Se atrevería a jurar que no es indispensable en el matrimonio la paridad y la simpatía de las almas, el cariño mutuo, todo lo que allí falta y faltará siempre?" (p. 655). El P. Moreno no entiende bien. El desacuerdo de las almas, de que habla Salustio, lo interpreta él como simple desacuerdo corporal. Pensamos que éste existe también, y el sacerdote, como confesor de Carmen, no lo ignoraría. Por eso interpreta como lo hace. Pero Salustio no ha mencionado esta falta de atracción física. Es, pues, el fraile, no Salustio, quien señala una deficiencia importante en el matrimonio de Carmiña: "Detrás de esos descontentos que usted supone había —si no fuesen inventados por usted— lo que hay en el fondo de todas las cosas de la misma índole: el fuego de la concupiscencia y el aguijón del diablo" (ibíd.). Aunque el padre indique que el descontento de Carmiña es suposición de Salustio, la naturaleza del descontento se encarga de formularla el propio fraile, atribuyendo sus pensamientos al joven.

Salustio defiende también una concepción del honor opuesta a la tradicional. Si ama a Carmiña, ello no empaña la honradez de ninguno. La extraordinaria conmoción del fraile al oírlo provoca al narrador a llamarlo "sarraceno". Si bien luego añade: "Pero aquella violenta impresión no se derramó en palabras, porque el hombre segundo, el que la religión de Cristo había injertado en el bravío tronco de aquella alma de africano, se sobrepuso y venció" (p. 656). Nos preguntamos, sin embargo, hasta qué punto esta victoria es cierta. El alma violenta de africano no abandona tan fácilmente a Silvestre Moreno. El cual, acto seguido, imagina la lucha interior de Carmen —entre la religión y el amor— como una lucha personal entre él y Salustio: "entre usted, joven y lleno de recursos y de atractivos, y Silvestre Moreno, envejecido ya, y probablemente enfermo de lo que ha de llevarle al hoyo..., Moreno sería el vencedor" (ibíd.). La contienda entre el joven y el viejo atrae a primer plano la figura de los contendientes, sin subordinarlos a sus respectivas ideologías. Obsérvese, además, que el padre no se presenta como tal, sino como Silvestre. Vemos aquí un brote de sensualidad no completamente domeñada. Exagera también Moreno cuando califica de incestuosa la pasión de Salustio por su tía política (ibíd.).

En fin, Salustio afirma que, aunque el fraile venza, su victoria será puramente exterior. En el fondo de su corazón, Carmiña se le ha entregado, y eso es lo único que a él le importa. Curiosamente, las perspectivas tradicionales se alteran. El triunfo de la religión abarca sólo un nivel superficial; en el plano del espíritu o de lo profundo, la victoria es del racionalista: "Mi victoria es de otro género... '¡Mi reino no es de este mundo!' —pronuncié con ligera ironía que el padre debió de encontrar pesada—" (p. 657). Culmina aquí el quijotismo del personaje, ya mencionado. El supuesto materialista es cabalmente un idealista, un representante de esa religión del amor de que hablábamos a propósito de *Un viaje de novios*.

El capítulo termina con una nota aclaratoria sobre la enfermedad del fraile. El médico la explica así: "hizo una vida impropia de naturalezas tan robustas. Máquinas de esa potencia están mejor andando que paradas. Él, si no la ha parado del todo, ha clavado, cuando menos, ruedas muy importantes..." (ibíd.). La enfermedad sería un castigo por alejarse de las tendencias naturales. Teniendo en cuenta que el castigo es propiamente infligido por la autora, a modo de justicia poética, ¿no se expresa aquí un reproche contra la oposición a lo natural, lo instintivo, característica del P. Moreno, y por extensión del catolicismo, que él representa? [17] En todo caso, si no del catolicismo en general, el fraile sería al menos expositor de una corriente cristiana que, en diálogo posterior con Salustio, se manifiesta en estos términos:

> La persona que tiene el alma disciplinada por el cristianismo, lejos de aborrecer el sufrimiento, ve en él la ley universal, la gran norma de la Humanidad, que sólo nace para sufrir y merecer otra vida mejor que ésta (p. 686).

En su desasimiento de los bienes terrenos, el fraile se inclina a la actitud quijotesca, de hechizo irresistible para los personajes centrales de la obra: "Porque usted sólo ve la Naturaleza y lo terrenal, y yo veo lo sobrenatural, pero realísimo" (ibíd.). El cura ignora la semejante disposición de Salustio, en quien se obstina en proyectar únicamente los extravíos de la carne, esa carne que a él también, quiéralo o no, lo acompaña.

Posteriormente, el narrador le dice a la prostituta Belén:

> Una diosa..., sí..., ¡ya lo creo!, del paganismo, hija del paganismo..., la única religión que hizo del mundo un paraíso terrenal..., porque el cristianismo..., francamente, pichona..., es una religión..., así..., muy lúgubre..., de gente que ni come..., ni bebe..., ni... ni... (p. 694).

No obstante, pasada la noche de amor con Belén, Salustio se despierta asqueado y lleno de remordimientos: "¡Bascas de la materia, cuánto asombráis al espíritu! ¡Cuánto le recordáis su origen, su fin, su divina esencia" (p. 695). La básica tensión entre el cuerpo y el espíritu, o entre paganismo y cristianismo, se expresa aquí en las contradicciones del narrador y no ya, como antes, en sus disputas con otro personaje.

El drama de Carmiña, y paradójicamente su solución, se muestra en toda su magnitud al declarársele a Felipe la horrible enfermedad de la lepra. Ésta hace posible el amor de la esposa. Pero tal amor, aunque valioso, no es el que se supone debe existir entre dos casados. La lepra de Felipe ofrece a Carmiña un pretexto magnífico para dedicarle el único tipo de afecto que es capaz de sentir por él: amor como deber, como compasión, del que la atracción erótica está excluida. Esa falta de atracción (falta de amor matrimonial en un sentido pleno) ahora se justifica, dada la enfermedad del marido. Ahora a Carmiña ya no hay nada que reprocharle ni ella tiene tampoco nada que reprocharse a sí misma; su conciencia moral puede descansar en paz.

---

17 Así opina Pattison: "A defiance of the laws of Nature can lead to suffering. This is illustrated again in the crippling infirmity of Padre Moreno. In conformity to his vow of obedience, he lives in the gloomy, damp and frigid Monastery of San Francisco in Santiago where his health is undermined" (ob. cit. en la n. 8, p. 69).

Por otra parte, la lepra de Felipe se asocia con su judaísmo: "Hay en nosotros sangre israelita y ese legado cruel", afirma Salustio (p. 684). Su saña contra el tío, basada en gran medida en el judaísmo de éste, es irracional, ya que, de considerar judío a Felipe, Salustio no lo sería menos. Cierto, Felipe es un personaje negativo, que privó injustamente de una herencia a Salustio y su madre. Pero en vez de apoyar su odio en este hecho, Salustio lo apoya en algo inadmisible racionalmente. Hay, según esto, en el narrador una falta de discernimiento que impide que lo tomemos completamente en serio. Como el P. Moreno, Salustio a veces se deja llevar por la irreflexión. Lo *moruno* del fraile y lo *antijudaico* de Salustio los aleja de la perfección cristiana, aunque haga de ellos típicos representantes del cristianismo español, lleno de notas morunas y antijudaicas; es decir, bélicas e inquisidoras. Y si Carmiña abraza la lepra (y el judaísmo) de su marido, tampoco creemos deba considerarse modelo de perfección. Tanto su boda como su compasión por Felipe tienen mucho de forzado, de impuesto. [18] En su extrema dependencia del esposo, Carmiña encarna en última instancia el ideal —negativo para doña Emilia— perpetuado por la mujer a través de los siglos: "El error fundamental que vicia el criterio común respecto de la criatura del sexo femenino [...] es el de atribuirle un destino de mera relación; de no considerarla en sí, ni por sí, ni para sí, sino en los otros, por los otros y para los otros." [19]

---

[18] Encuentro inadmisible el juicio de Nelly Clemessy: "deux figures dont la spiritualité s'impose et irradie. La première est Carmen Aldao, la protagoniste dont l'auteur fait le modèle de la parfaite chrétienne et la seconde le Père Moreno, le type du prêtre accompli, irréprochable dans ses pensées et dans ses oeuvres" (*Emilia Pardo Bazán romancière* [París, 1973], p. 316).

Se reitera en esas palabras la venerable opinión del P. F. Blanco García, quien habla de "la radiante hermosura moral de los dos personajes [Carmiña y el P. Moreno]", así como "el carácter de una mujer cuyo temple heroico, fortalecido por la gracia y por los sabios consejos sacerdotales la impulsa a contraer matrimonio con un hombre que le es física y moralmente antipático" (*La literatura española en el siglo XIX* [Madrid, 1910], II, 543, 544).

Contrariamente, otro contemporáneo de la Pardo, Clarín, escribe a propósito de *La prueba* (en un *palique* de 1890): "Puede un autor católico ser naturalista, sí, pero ha de vérsele lo católico lo mismo que lo naturalista. A doña Emilia se le ve lo naturalista, pero no se le ve lo católico" (*Obra olvidada*, ed. Antonio Ramos-Gascón [Madrid, 1973], p. 84).

[19] "Una opinión sobre la mujer", en ob. cit. en la n. 4, p. 158. (Originalmente publicado en *Nuevo Teatro Crítico*, marzo 1892.)

Dos cuentos de la condesa describen a mujeres que cuidan de sus maridos enfermos. En un caso —*Feminista*—, la mujer, antes de ocuparse del hombre, le obliga cada mañana a ponerse sus enaguas. Así se venga de un marido que el primer día de casados le hizo ponerse sus pantalones a ella, amonestándola: "He querido que te pongas los pantalones en este momento señalado para que sepas, querida Clotilde, que en toda tu vida volverás a ponértelos" (*O. C.*, I, 1696-1697). En el otro cuento —*La enfermera*—, la esposa, bajo apariencia de abnegación y santidad, administra en realidad al

Para terminar, la elección como narrador de un personaje marginal —censurada por algunos críticos, que piensan que de ese modo se rehuye el drama interior de la protagonista [20]— sirvió a la escritora para el desempeño de algunos propósitos. La joven edad de Salustio, su carácter de estudiante no muy aplicado, y sobre todo el ser parte interesada en los hechos, lo convierten en un narrador *unreliable,* no fidedigno. Mas, bajo cubierta de su irresponsabilidad, Salustio es vehículo de opiniones audaces, sinceramente compartidas por la autora. Tal nos parece el caso cuando formula críticas contra un matrimonio no contraído ni gobernado por amor o cuando antepone el amor a consideraciones de tipo social. Visto así, el narrador no es enteramente *unreliable,* y ello contribuye a la ambigüedad de la obra, de donde procede en gran medida su encanto. La razón estética debió de pesar en el designio de la técnica novelística, aparte consideraciones de tipo moral, que obligarían a la católica doña Emilia a expresarse con caución, so pena de contrariar demasiado a la sesuda sociedad de su tiempo. El género de la novela, y su mayor difusión entre lectores, sin duda pedían una forma distinta de la del ensayo, favoreciendo frente a la tesis explícita el uso de la expresión indirecta. Ni Carmiña Aldao ni el P. Moreno nos parecen representar la perfección cristiana. Más bien diríamos que la doble atracción que la mujer experimenta (el fraile y Salustio) debe entenderse simbólicamente como la de fuerzas contrarias (deber y amor), igualmente alejadas una sin la otra del cristianismo, un cristianismo ideal donde aquellas fuerzas se fundieran en vez de oponerse. El drama de Carmiña, coincidente con el de Lucía en *Un viaje de novios* —pero también con el del narrador, según se ve al final de la novela, mostrando así la reciprocidad de los dramas o destinos masculino y femenino—, consiste en la dificultad de conciliar amor y obligación o, si se prefiere, naturaleza y espiritualismo. La tesis larvada sería que hay que integrar la pasión o religión del amor en el catolicismo imperante, a fin de alcanzar esa religión ideal, cuyos sacerdotes dejen de ser aliados de las instituciones creadas por los hombres, y donde convivan armónicamente los imperativos internos y los emanados de la sociedad.

---

marido la poción que le haga más daño; su odio estalla finalmente: "Te aborrezco. Me creíste oveja. Soy fiera, fiera; oveja, no" (*O. C.,* II, 1340). Es interesante ver cómo, en ambos ejemplos, la mentalidad machista encarna en un hombre enfermo. Los cuidados que éste pide son indicio de la subordinación de la mujer, contra la que la escritora —por medio de sus personajes— se rebela ostensiblemente.

[20] Véase Clarín, ob. cit. en la n. 18, p. 87; Benito Varela Jácome, *Estructuras novelísticas de Emilia Pardo Bazán* (Santiago de Compostela, 1973), p. 61; F. Pérez Gutiérrez, ob. cit. en la n. 5, p. 365.

A Great Spanish Educational Institution: The Residencia de Estudiantes (1910-1936)

WILLIAM L. FICHTER
Profesor Emérito, Brown University
Encomienda de Alfonso X El Sabio

Sometime ago, V. S. Pritchett, the English critic and novelist, and also a student of modern Spain, in reviewing a volume on that country, stressed the fact that the author's interests "were first directed by that remarkable institution, the Residencia de Estudiantes in Madrid, more than thirty years ago at the last high moment of Spanish intellectual life". [1]

The Residencia de Estudiantes, in spite of its importance for Spanish intellectual and cultural life during the period of the institution's existence —1910 to 1936— will doubtless mean little, if anything, even to most people who have some knowledge of Spain. I might add that in Spain itself, though the buildings of the Residencia remain, the institution as such is all but forgotten except by those who are old enough to have known it as it once was.

Before relating the history of the Residencia de Estudiantes, it may be well to consider the educational background, more particularly that of the universities, prior to its founding. Reforms in education in Spain were long overdue throughout the 19th century, owing not only to inertia, but to opposition to new ideas and ideals. However, during the second half of the century, under the stimulus of the liberal philosophical movement known as Krausism, the ground was prepared for changes in education, as well as in other areas of Spanish life. The leading exponent of Krausism was Julián Sanz del Río, who from 1854 until his death in 1869, occupied the chair of philosophy at the recently founded University of Madrid. He attracted a group of devoted students, the most notable being Francisco Giner de los Ríos, who would become professor of philosophy of law and of

---

[1] Review of John A. Crow, *Spain: The Root and the Flower. A History of Spain and of the Spanish People* (New York, 1963), in *New York Herald Tribune Books* (1 Sept., 1963), 4.

international law at the same university in 1867. It was the eve of a
turbulent period, which was to usher in the Revolution of 1868 and the
dethronement of Queen Isabel II, the short-lived reign of Amadeo of Savoy,
followed by the equally shortlived First Republic, and finally the resto-
ration of the monarchy under Alfonso XII, the son of Isabel II, in 1874.
Meanwhile Francisco Giner de los Ríos, though continuing his studies in
the field of law, and devoting some time to such varied interests as philosophy, history of religion, literature, and art, had become more and more
concerned with the problem of education and the need for its reform. When,
therefore, in 1875 he and other liberal-minded professors and teachers lost
their positions because they had protested a government decree limiting academic freedom, don Francisco drew up a plan for a new, independent institution
on the university level. In the following year the plan was put into effect with
the aid of followers and friends, and the Institución Libre de Enseñanza was
established in Madrid. As its name implied, this "Free Institution of Learning"
(literally, "Teaching") was to be an independent, private organization, free
of government ties or control. Its program offered a more modern approach
to education than that of the government universities, in that it called for
the unrestricted study of science, coupled with firsthand knowledge through
laboratory experiments; equally important, it would allow no religious, political or other interference with any of its teaching. In keeping with Giner
de los Ríos' own philosophy of education, the aim of this "Free Institution" was to develop to the fullest the student's intellectual capacities, as
well as his appreciation of cultural and ethical values.

The Institución Libre de Enseñanza had from the first the support of
numerous sympathizers and admirers of liberal outlook (intellectuals, aris-
tocrats, financiers, political leaders, some of the latter influential in the
government of the newly restored monarchy). Its faculty included men of the
first rank in the arts and sciences. Distinguished foreigners were named as
honorary professors, among them John Tyndall and Charles Darwin in England, and James Russell Lowell in the United States. Since Giner de los
Ríos and his followers believed that educational reforms were also needed
on the lower levels, the scope of the institution's activities was soon broad-
ened by the addition of a primary and a secondary school in 1878. This is
not the time to trace further the history of the "Free Institution", which,
despite later difficulties, continued to provide the most advanced teaching
available in Spain until it was obliged to close its doors — permanently, as
it turned out — during the Spanish Civil War of 1936-39. Suffice it to say
that during the sixty years of its existence it had a profound influence
on the intellectual, cultural and political development of Spain, and that
it numbered among its graduates many of the outstanding figures of the
first half of the century. Though it has passed into history, its memory

remains as a tribute to its founder, modern Spain's greatest teacher and educational reformer, Francisco Giner de los Ríos.

If I have dwelt thus far on the importance of the Institución Libre de Enseñanza, it is because without its example and prestige, and without the ever widening influence of don Francisco Giner in intellectual, and even, to some extent, government circles, the "Residencia de Estudiantes" might never have come into being, at least not as the unique institution it was. It is true that the times were propitious for its establishment. Spain, having suffered defeat in the war with the United States in 1898 and having lost the last of her principal overseas colonies, had entered upon a period of self-questioning and reappraisal of national values and policies. In the growing demands for regeneration and reform, education was not slighted. Thus Joaquín Costa, the economist and critic of national life, a friend of Giner and one who taught with him at the Institución Libre de Enseñanza, was demanding, in one of his famous public speeches, "escuelas y despensas" for the people. The government itself, responding finally to the clamors for educational reform voiced by Giner, Costa, and others, in 1901 created a Ministry of Public Instruction. In the same year, the government also provided financial aid to students for postgraduate study abroad, such as had long been advocated by Giner and others at the Institución Libre, firm believers, as they were, in establishing closer ties with foreing scholars. A more important action was the appointment by royal decree, in 1907, of the Junta para Ampliación de Estudios e Investigaciones Científicas, consisting of twenty-one members, many of them university professors, and presided over by the noted histologist, Santiago Ramón y Cajal, who was later to receive the Nobel prize in physiology. The Junta was supported financially by the government, and, though nominally under the Ministry of Public Instruction, was an autonomous body, with complete freedom of action. Don Francisco Giner was not a member of the Junta, but it was perhaps indicative of his influence and of the esteem in which he was held, that the person named as its secretary and administrative head, José Castillejo, was a devoted follower and former student of his.

Under the active and able leadership of Castillejo, the Junta para Ampliación de Estudios not only continued to send university graduates abroad for study in Germany, England, France and other countries, but soon initiated a program of aid to higher education at home by creating various centers of scientific and historical literary investigation, such as the Cajal Institute of Histology, the Institute of Physics and Chemistry, and the Center of Historic Studies, all in Madrid, and by establishing there also in 1910, the Residencia de Estudiantes, and a few years later, though on a smaller scale, a similar residence-college for university women students, the "International Institute for Girls". The Junta para Ampliación de Estudios likewise undertook the publication of books and monographs —many of them by recipients of its traveling fellowships — on science, history, art and other subjects. Of all these varied activities and creations of the Junta, the one destined to have the greatest impact on Spanish university and intellectual life was the Residencia de Estudiantes.

As its name indicates, it was a residence for students, more specifically, university students. It was intended, however, not as a mere dormitory, but was set up to function somewhat like the university colleges at Oxford and Cambridge. The secretary and administrative head of the *Junta*, Castillejo, was, like don Francisco Giner, an admirer of the English universities, with their tutorial system that provided frequent and close contact between undergraduates and dons, and he was impressed also by the emphasis placed in English education on moral and civic values, not to mention sports. To carry out such a program in the Residencia would require the presence of a "master" similarly in sympathy with this broad approach to education. He found such a person in a young scholar, Alberto Jiménez Fraud, whom the Junta then appointed as president or "master" of the Residencia. It is not without interest that Jiménez Fraud had been for three years a student of Giner and of don Manuel Bartolomé Cossío, one of Giner's closest associates at the Institución Libre de Enseñanza.

The necessary preparations having been made, the Residencia opened its doors, in October, 1910 to a group of fifteen students, all of them enrolled at the University of Madrid. Fifteen was the maximum number that could be accommodated. The building they occupied was a former private home, a three-storied villa on Fortuny Street, near the Castellana. The best room in the house had been turned into a library for the students, while most of the basement had been made over into a laboratory for microscopic anatomy for the pre-medical students who formed part of the group. In the atention thus paid to library and laboratory was to be seen the influence of the ever-present spirit of don Francisco Giner, who had stressed the need for making books freely available, contrary to the practice in Spanish universities, and who had recommended ample opportunity for laboratory experiments, which was all but impossible in the study of science at the universities.

Fortunately, the Residencia had received from the beginning, apart from the aid given by the Junta, the encouragement and support of the government. Early in 1911, Alfonso XIII visited the Residencia, and other prominent public figures soon followed suit. More important for the intellectual and cultural life of the Residencia were the increasing number of visits by outstanding scholars and writers and the lectures and courses that were given by some of them. As the institution prospered, new activities were added to its program. Thus, in 1912, while the regular students were away for the summer vacation, it became the host to the first summer session for foreigners, organized by the Centro de Estudios Históricos. These summer courses would be given thereafter annually throughout the life of the Residencia. In the 1920 session, which I attended, [2] the number of students had grown to some forty to fifty. The last session, that of 1936, was interrupted by the outbreak of the Civil War in July of that year.

In 1913 the Residencia embarked on what was to become one of its most notable achievements: the publication of books and monographs by scholars and writers more or less closely identified with its work. The first volume to appear was an edition of a poem by Gonzalo de Berceo prepared by one of the original fifteen resident-students, Antonio Solalinde, who, though only twenty-one, was already one of the most promising pupils of Menéndez Pidal, director of the Centro de Estudios Históricos. Solalinde's edition, the first volume in a series devoted to research projects, was the only book published that year by the Residencia, but it would be followed by an imposing, if not numerous list of works, many of them by some of Spain's leading authors and scholars.

Meanwhile, between 1911 and 1914, the Residencia, in response to its growing needs, had acquired four adjoining buildings, former private dwellings similar to the original one, which was known among the students as "14", its number on Fortuny Street. The extra space thus gained had permitted the expansion of the library and the dining room, the creation of new laboratories, and an increase in the number of dormitories. It was now possible to accomodate over one hundred resident-students. The number of tutors had also increased, and now included the poet Juan Ramón Jiménez, who had come to the Residencia in 1912. Among the resident-students at this time was Jorge Guillén, who would become one of the outstanding modern Spanish poets.

In 1914 the director or "master" of the Residencia, Alberto Jiménez Fraud, having decided that the time had come to bring the institution to the attention of a wider public, issued a statement of its aims and aspirations, in which he stressed the idealistic and patriotic nature of its mission. In the same year it continued its "Publications" with *Meditaciones del Quijote,* the first book by José Ortega y Gasset, then a brilliant young professor of metaphysics at the University of Madrid, who would soon dominate the Spanish intellectual scene for more than two decades. Ortega's interest in the Residencia dated from its beginning —he had been a member of

---

2 I have a copy of the course announcement for the 1920 session. The following courses and lectures were offered: Geografía de España (Sr. Dantín); La vida política en España (Sr. [Manuel García] Morente); Pedagogía española (Sr. [Lorenzo] Luzuriaga); Historia del arte español (Sr. [Elías] Tormo); Historia de España (Sr. Pacheco de Leyva); Historia de la lengua española (Sr. [Américo] Castro); Literatura española (señores [Américo] Castro, Solalinde y [José] Moreno Villa); Fonética española (Sr. Navarro Tomás).

The secretary for that and later summer sessions (up to 1925 or 1926) was Antonio Solalinde of the Centro de Estudios Históricos.

its first Board of Trustees— and would last as long as the institution itself. Also in 1914 the Residencia published a lecture, "On Friendship and Dialogue", by Eugenio d'Ors, which he had delivered there while in residence. That year, finally, the Residencia was favored by the Ministry of Education with the gift of a large tract of land on the heights overlooking the Hipódromo at the end of the Castellana, near what was then the north-east limit of Madrid, the tract to be used as the site of the institution's new home.

By the following year, 1915, the Residencia was established in its three newly-erected buildings on the heights which one entered by the Calle del Pinar, and which soon came to be known as "la Colina de los Chopos", the name given to the site by Juan Ramón Jiménez, who also became the first resident there. There had been a few poplar trees bordering the little irrigation canal, known popularly as the "canalillo", that ran through the grounds; many new poplars were now planted and would in time become one of the distinguishing marks of the landscape. Almond trees, lindens, acacias, and other trees and shrubs were also set out to beautify the grounds, and under the direction of Juan Ramón Jiménez, four oleanders — three with red flowers, one with white — framed by boxwood shrubs, like those in the Garden of the Friars in the Escorial, were placed in the area between the two long dormitory buildings. (The four oleanders and some of the boxwood were still there as recently as 1964, when I last visited the Residencia, but few of the persons I spoke to about them then knew their history). The third building, known familarly as "the house", contained the offices, lecture rooms, dining hall, and fifty bedrooms.

Established in its new, more spacious premises, the Residencia was able to expand considerably the scope of its activities. It increased its tutorial staff, offered more courses and lectures, enlarged its laboratories and added others. As previously mentioned, it had from the beginning attached special importance to laboratory work. In this it received, and would continue to receive, the encouragement of such eminent scientists as Ramón y Cajal. While it was still on Fortuny Street, an outstanding younger scientist, Nicolás Achúcarro, had helped to set up its first laboratories —those of histology and chemistry — and had taught a course in histology there. Now, in its new location, the emphasis on science would continue, and in a fourth building soon to be erected alongside the others, which the students would nickname "the transatlantic liner" because of its long deck-like balcony, the whole lower floor would be given over to more laboratories. During the next ten years —that is, by 1925— a number of new laboratories were established at the Residencia, those of chemistry, physiological chemistry, microscopic anatomy, physiology of the brain, bacteriology, serology, normal and pathological histology, and physiology, the last two of which became known internationally through the research conducted in them. These laboratories were of inestimable value to those medical students attending the University of Madrid who lived at the Residencia, as was pointed out by one of them, Dr. Severo Ochoa, recipient of the Nobel prize in medicine. Dr. Ochoa has written: "The laboratories of the Residencia fulfilled the double purpose of teaching and research. Several of them developed regular courses, in which a selected group of students received an eminently practical instruction. The very large number of students in the faculties of medicine and science at the University of Madrid made it next to impossible to carry out there teaching of a practical nature with the degree of efficiency that the professional and scientific training of the students called for. The laboratories of the Residencia gave its students the advantage of being able to fill that gap very successfully, by offering them the possibility of employing personally the diverse techniques of biology and chemistry, and thus taking their first steps in the field of scientific research. The possibility of further study and specialization was [also] offered to many of those who had been initiated into research in the laboratories [there] and who continued to work in them, by broadening their training in foreign research centers and laboratories, with the aid of fellowships granted by the Junta para Ampliación de Estudios, by the University, or by the Residencia."

The students at the Residencia also had access to the laboratories of two famous scientific institutions nearby: the National Institute of Physical and Natural Sciences, and the Institute of Physics and Chemistry (the latter in its new building, completed in 1931), whose directors, Ignacio Bolívar and Blas Cabrera, both distinguished scientists, were very much in sympathy with the work of the Residencia.

At the same time, for all the attention thus paid to laboratories and scientific research at the Residencia, literary and artistic interests, far from being neglected, were also cultivated with enthusiasm. As we have seen, scholars, writers, and poets had been frequent visitors from the beginning. Now that it was in its new home on "The Hill of the Poplars", it attracted even more such visitors, and more tutors would soon take up residence there. Juan Ramón Jiménez, who had been the first to move there and would remain for another year, was, by his devotion to the Residencia, an inspiration to everyone. It was through him, too, that a poet, somewhat older than Juan Ramón and soon to become famous as one of the so-called "Generation of '98", Antonio Machado, was introduced to the Residencia. In 1917, a year after Juan Ramón had left, another poet came as a tutor, one who would remain almost without interruption for the next twenty years, until the Residencia as such ceased to exist in 1936. He was José Moreno Villa, painter as well as poet, and a student of art and architecture. Typically Andalusian in his refinement and subtlety, he was to contribute much to the cultural atmosphere of the Residencia. He took interested students to the Prado Museum, to guide them in the appreciation of painting. With the sculptor and art

critic Ricardo Orueta, who also came to the Residencia as a tutor, he organized excursions to nearby places of artistic and historic value, such as Segovia, Avila, La Granja, El Escorial, and Toledo. Somewhat later Moreno Villa
was joined by three younger poets, Andalusians like himself: Federico García Lorca, Emilio Prados, and Rafael Alberti. All three were just beginning
to become known: Lorca's *Libro de poemas* had already appeared, in 1921,
and Alberti and Prados would soon publish their first books, *Marinero en
tierra* and *Tiempo*.

Also living at the Residencia at this time were two young men who were
to make names for themselves in the arts: Salvador Dalí as a painter, and
Luis Buñuel as a motion-picture director. The presence of these and other
poets, writers and artists at the Residencia during this period did much to
stimulate interest in literature and the arts among the resident-students.
Meeting often with them, Moreno Villa and the other poets would carry
on discussions, or they might all gather in the large lecture-room to listen
while García Lorca, at the piano, played Mozart, Chopin, de Falla or Ravel,
or, abandoning himself to the spell of the old *tonadillas* that he was so fond
of, sang many of them to his own accompaniment. At other times García
Lorca would invite a few special friends, like Moreno Villa, to his room,
where, accompanying himself on the guitar, he would sing old ballads or
coplas in the *cante jondo* style.

Mention has been made of the "Publications" of the Residencia. During
1915, the first year in its new home, it issued two volumes by Azorín, a
collection of his characteristically delicate, evocative essays, *Al margen de los
clásicos,* and another volume, equally sensitive, inspired by one of Cervantes's short stories and like it entitled *El licenciado Vidriera.* (Incidentally,
this second work of Azorín carries the dedication "to the most dearly beloved
memory of Don Francisco Giner de los Ríos, the master who has left behind
him a trail of light". Giner had died earlier that year). During the next
several years following 1915 the Residencia brought out a number of other
books by outstanding writers and scholars who were more or less identified
with it; these included another volume of essays by Azorín, an edition of
the complete poems of Antonio Machado —the only poet to be published
by the Residencia— and seven volumes of essays by another of its admirers
and friends, Miguel de Unamuno.

Lectures by scholars and others who visited the Residencia were, as we
have seen, another feature of the intellectual life there from the beginning.
A number of such lectures were included among its "Publications", the first
being the one by Eugenio d'Ors, already mentioned. It also published two
other lectures that he gave there, and three by the critic Luis de Zulueta,
as well as a memorable one, *Disciplina y rebeldía,* by Federico de Onís, of
the Center of Historic Studies, who was soon to come to the United States
to head the Department of Spanish at Columbia University. Another lecture

published by the Residencia was one on "The Future of Literature after the War", given there in 1916 by Emilia Pardo Bazán, the first woman to hold a chair at the University of Madrid. Earlier that year, in May, 1916, the noted French philosopher, Henri Bergson, had gone to Spain at the head of a cultural mission, and while in Madrid, had addressed the students and others at the Residencia.

It was not, however, until after World War I that foreigners in any number came there. Then, in an effort to re-establish cultural contacts with other countries, outstanding writers, artists, and scholars abroad were invited to visit or lecture. During the academic year 1921-22 a series of lectures was given at the Residencia by the poet Eugenio de Castro and other Portuguese writers. In March, 1922, H. G. Wells, while in Madrid, visited and spoke there; calling for international understanding and support of the League of Nations, he emphasized the need for closer intellectual ties between the countries of the world. The following year a Hispano-English Committee was formed at the Residencia, under the leadership of the Duke of Alba (who, though a Spaniard, also held the English title of Duke of Berwick). The purpose of the Committee was to foster the interchange of ideas through lectures, and through fellowships for Spanish students in England and for English students at the Residencia. The series sponsored by the Committee started auspiciously with a lecture, in November 1924, by Howard Carter, the discoverer with Lord Carnarvon, of the tomb of Tutankhamen. The series was continued throughout the following years with lectures by such eminent personalities, scholars, and authors as General Bruce, the explorer of the Himalayas, the astronomer Eddington, the economist Maynard Keynes, the anatomist Elliot Smith, G. K. Chesterton, and many others.

Meanwhile, the lectures at the Residencia, which in the early years on Fortuny Street had been intended only for the resident-students, tutors and friends of the institution, had more recently, upon being made available to a wider public, attracted such large audiences that it was decided, in 1924, to form, with the aid of a group of aristocratic ladies interested in the Residencia, a Sociedad de Cursos y Conferencias. The lectures and courses were to be given there. Memberships would be open to 250 persons not otherwise connected with the Residencia, and to an equal number of resident-students, tutors, and others associated with its work. The proposal met with enthusiastic response on all sides. The list of members published somewhat later in the magazine *Residencia* reads like a roster of the intellectual and social élite in the Madrid of the 1920's with the names not only of outstanding writers, artists and scholars, but of titles of nobility, sprinkled liberally throughout the list. Such an imposing array of supporters of an important cultural project serves as a reminder that Spain then possessed, at least to some extent, those "select minorities" that Ortega y Gasset deemed indispensable for the proper guidance of a country, and that this was, indeed, as V. S. Pritchett had said in 1963, the last high moment of Spanish intellectual life.

Since the aim of the "Society of Courses and Lectures" was to invite distinguished foreign as well as native speakers, it began its activities in March, 1924, with three lectures, in French, by the well-known explorer and ethnologist, Leo Frobenius. There followed, in March, April and May, lectures by several Spanish authors and scholars, Ramiro de Maeztu, Dr. Gregorio Marañón, Luis de Zulueta, Eugenio d'Ors and Manuel Bartolomé Cossío. In May, another eminent foreigner, the poet Paul Valéry, visited the Residencia to speak on "Baudelaire and his Posterity". The next lectures sponsored by the Society were given in the autumn of the same year, when Ortega y Gasset spoke on two occasions, his topics being "The Meaning of Sports in Life" and "The State, Youth and Carnival". After an interval of several months the series was resumed in 1925, with the French authors, Louis Aragon, Blaise Cendrars and Paul Claudel. Later in the year there was a lecture by Hugo Obermeier and one by Georges Duhamel. During the following years the "Society of Courses and Lectures" continued its very popular series at the Residencia, with talks not only by prominent Spanish scientists, writers, artists and others, but by such eminent foreigners as Count Keyserling, Mme. Curie, Einstein, Gropius, Le Corbusier, Lutyens, Mendelsohn, Martin du Gard, Benda, Mauriac, Marinetti, Count Sforza and many others. There were also at times soirées with musical programs, at which, to mention only some of the foreign participants, such renowned composers and musicians as Ravel, Stravinsky, Milhaud and Landowska performed. Meanwhile, as will be recalled from what has been said above, the Hispano-English Committee was also bringing outstanding English writers, scholars, and others it sponsored at the Residencia. Since the students there had the privilege of attending all the lectures, as well as the possibility often of meeting informally with the visitors, the opportunities thus afforded the resident-students can hardly be overestimated. In this respect, as in others, the cultural programs at the Residencia were surely the best to be found anywhere at that time.

Reference was made to the magazine published at the Residencia, and I should like here to add a few words about it. It was called simply, and appropriately, *Residencia*. The number from which I quoted the information about the lectures was the first one to be issued, that of January-April, 1926. The last regular issue they published was that of May, 1934. (In 1935, to celebrate the tercentenary of Lope de Vega a special number appeared; this extraordinary volume, containing 30 lyrics by Lope, and the music to which they could be sung, is the handomest of all the publications of the Residencia.) In the numbers of the magazine that appeared intermittently during the nine years indicated —1926 to 1934— one will find a detailed record of the more important happenings at the Residencia, the texts or summaries of lectures given, essays and poems by some of the writers and poets who lived there, and many other items of interest, including accounts of athletic events and contests held at the Residencia (tennis, football, track, etc.). To sum up, the magazine *Residencia* is invaluable to one who would follow the history of the institution from 1926 until almost the end of its existence in 1936. In the words of a Spanish critic of our days: "To go through the old pages of this magazine is to relive a brilliant epoch in the intellectual and cultural life of Spain."

At the very time in which the Residencia was carrying on the increased cultural activities begun in 1924 that have been noted, its existence was threatened by political circumstances in Spain. In 1923, as a consequence of the disastrous defeat of the Spanish army at Annual in the war with Morocco, a defeat attributable to King Alfonso's intervention in the conduct of the war, the king, in order, it was said, to cover up his own responsibility for the defeat, permitted General Primo de Rivera to establish a dictatorship. The dictator proceeded to abolish the constitutional guarantees of freedom of speech, of the press, and of assembly, and other reactionary measures were put into effect, such as closing down the Ateneo of Madrid. The Residencia de Estudiantes, identified as it was with the ideals and practices of Giner de los Ríos and the Institución Libre de Enseñanza, was not spared either in the attacks that were soon made on individuals and institutions that were at all favorable to progress and reform. The first sign of attack on the Residencia came with the dismissal of its Board of Trustees, and the appointment in its place of a new Board, made up largely of persons inimical to the institution. The director, Alberto Jiménez Fraud, was subjected to innumerable annoyances and indignities, but remained loyally at his post, sustained by the support of three members of the new Board who, fortunately, were friendly to the Residencia. Interestingly enough, they were all of the nobility —the Duke of Alba, the Marquis of Palomares, and the Marquis of Silvela— and they were men of open, tolerant spirit, of whom, it must be said, there were, among the Spanish aristocracy, more than might perhaps be imagined. It was undoubtedly the influence of these three men that prevented any changes in or diminution of the work of the Residencia, at this time or later. As a matter of fact, its situation gradually improved, so much so that Primo de Rivera himself — a mild dictator, as dictators go — having finally decided that the Residencia did not constitute a danger to his regime, in 1928 authorized the Ministry of Education to purchase contiguous land for future use. The institution was now in a position to make plans for further expansion. Two years later these plans began to be realized when through the intervention of the Undersecretary of Education, Manuel García Morente, a longtime friend of the Residencia and former lecturer there, funds were granted to it for the construction, on the newly acquired piece of land, of a building that would house a theatre, a library, classrooms, and workrooms. Construction of the building was delayed for a few years, but it was finally completed in 1935. The "Auditorium", as it was called, was officially opened in the academic year 1935-36, the last one in the life of the Residencia. The beautiful theatre in the "Auditorium" had a brillant season, with concerts —by Stravinsky, among others— theatrical performances —such as a notable one by the *Compagnie des Quinze,* directed by Michel Saint-Denis— and other entertainment.

When in July of the following year, 1936, the Spanish Civil War broke out, the customary "Summer Course for Foreigners" was in session. Almost immediately the students, mostly Americans, men and women, departed, and there remained only a few Spaniards. Moreno Villa, who was one of them, describes in his autobiography, *Vida en claro* (Mexico, D. F., 1944), the last days of the institution. In the period that followed several persons took refuge there, among them Ortega y Gasset, who was ill at the time.

After the Civil War, the Residencia was opened again, but not for its original purpose. Taken over by the successor to the Junta para Ampliación de Estudios, namely, the Consejo Superior de Investigaciones Científicas, the Residencia (at the time of my last visit in 1964) had become merely a residence, with dining room for professors, research scholars and a sprinkling of graduate students, and was to be known henceforth as the Residencia de Investigadores. Though continuing to exist physically, it no longer functioned as an educational and cultural center. It has since suffered many changes, even physical ones, such as the conversion of the "Auditorium" building into a church. In recent years new buildings have been added. Most notable of all, however, was the change in its atmosphere: where once there was intellectual ferment, idealism and enthusiasm, there was then only genteel quiet and dull conformity —a sad ending, indeed, for the noble experiment which, while it lasted, gave promise of the fulfillment of the dream to which Antonio Machado referred in his eulogy of don Francisco Giner de los Ríos: the dream of a new flowering of Spain, or in the poet's own words: "Allí el maestro un día / soñaba un nuevo florecer de España." [3]

---

[3] This paper is a revised version of a lecture given at a symposium in honor of Antonio Machado at Brown University, October 7, 1967, on the occasion of the unveiling of Pablo Serrano's portrait in bronze of Machado.

Sobre el liberalismo socialista (cartas inéditas de Maeztu a Ortega, 1908-1915)

E. Inman Fox
Knox College

Como ahora sabemos, la política conservadora que se practicó en España bajo el caudillaje de don Antonio Maura, desde enero de 1907 a octubre de 1909, llegó a galvanizar el ánimo de algunos intelectuales para que intentasen influir en el pensamiento y hasta dirección políticos de su país. En este contexto, se ha destacado la existencia de una generación de "intelectuales" agrupada en torno al joven José Ortega y Gasset, que salió a la superficie de la vida pública en España con la formación, en 1914, de la Liga de Educación Política Española.[1] Se han publicado varios estudios discretos sobre los escritos políticos del mismo Ortega por aquellos años,[2] y tenemos algunos datos —que no se han tomado siempre muy en serio— sobre las actividades públicas de Unamuno, Azorín y otros escritores. No obstante esta información, no se ha aclarado suficientemente todavía el movimiento intelectual para implantar en España un verdadero liberalismo político, más allá de las prácticas de la monarquía de la Restauración. Y no hay duda de que los debates ideológicos a partir de 1909 sobre el liberalismo "socialista" representan uno de los capítulos más interesantes para la historia de las ideas políticas en España durante las primeras décadas del siglo XX.

Ortega es, desde luego, figura clave para el estudio del tema que nos interesa aquí. Pero de quien se sabe demasiado poco a este respecto es de Ramiro de Maeztu, cuyo papel en la campaña publicista de los intelectuales

---

[1] Véase Juan Marichal, "La 'generación de los intelectuales' y la política (1909-1914)", *La crisis de fin de siglo: ideología y literatura* (Barcelona, 1975), excelente estudio que ha sido imprescindible para nuestro trabajo; y del mismo autor, *La vocación de Manuel Azaña* (Madrid, 1968), pp. 97-111.

[2] Pierre Conard, "Ortega y Gasset, écrits politiques (1910-1913)", en *Mélanges de la Casa de Velázquez*, III (París, 1967), 417-475; y Gaspar Gómez de la Serna, "Los escritos políticos de Ortega", *Ensayos sobre la literatura social* (Madrid, 1971), pp. 213-236.

llegó a ser decisivo, como se verá en el trabajo que ahora emprendemos; por el momento basta con recordar que su conferencia en el Ateneo madrileño, en diciembre de 1910, sobre "La revolución y los intelectuales" fue un acontecimiento casi apoteósico para la *intelligentsia* española. En enero de 1905, Maeztu se había marchado a vivir a Londres, de donde, como corresponsal, mandó artículos a *La Correspondencia de España*. En ellos informa a sus lectores sobre la vida inglesa y estudia de cerca la política parlamentaria y democrática. Pero en cuanto a una consideración de la contribución de Maeztu a la reforma liberal en España es más importante fijarse en el hecho de que llegó a establecer vínculos con la Fabian Society, cuyas ideas sobre el socialismo iban a informar su pensamiento político.[3] También se ha sospechado que Maeztu ejerció cierta ascendencia espiritual sobre el joven Ortega y Gasset, influencia que el último reconoce indirectamente cuando, en 1914, pone la dedicatoria —posteriormente suprimida— a su primer libro, *Meditaciones del Quijote,* "A Ramiro de Maeztu, con un gesto fraternal". Todo esto me ha hecho interesarme aún más en la nutrida correspondencia de Maeztu a Ortega, fechada precisamente entre 1908 y 1915, que encontré hace unos años en el archivo familiar de Ortega.[4] Y es a través de estas cartas y su relación con ciertos escritos importantes como pretendo aclarar —si sólo fuese de un modo más bien descriptivo— el tema de los intelectuales y el liberalismo socialista en los años que siguieron a la Semana Trágica de Barcelona.

Una de las ideas constantes en el pensamiento de Maeztu —desde su propaganda juvenil en pro de la "otra" España— fue la importancia que concedía al papel del intelectual en el desarrollo de la sociedad. Y probablemente por eso se lanzó muy a menudo a polemizar en la prensa diaria. Ya estamos enterados, por ejemplo, de sus debates con Unamuno, hacia comienzos de siglo, en que lamentaba que el rector de Salamanca abandonara el ideal de la colectividad en favor de promover un deseo de perpetuarse a sí mismo en un arranque de erostratismo. Puesto que Maeztu veía el porvenir de España en el desarrollo de la ciencia y sus concomitancias prácticas, el industrialismo y el comercio, consideraba peligrosa la tesis unamuniana de que la Idea sirviese al enriquecimiento de la vida interior, más

---

[3] Sobre la vida y obra de Maeztu durante los años que nos interesan, véase Vicente Marrero, *Maeztu* (Madrid, 1955) y Dionisio Gamallo Fierros, "Hacia un Maeztu total", *CH,* n.os 33-34 (1952), 279-496. Estos dos trabajos contienen una cantidad enorme de datos y de títulos, fechas y citas de artículos de prensa, etc.; pero la interpretación del material es a menudo parcial o incompleta. De todos modos, son esenciales para el estudio de Maeztu.

[4] Vi las cartas por vez primera gracias a Paulino Garagorri y José Ortega Spottorno. Fue Soledad Ortega, a quien quiero expresar aquí mi agradecimiento, quien tan amablemente me dio permiso para volver a verlas y citar de ellas. Es posible que se editen en el futuro en unos tomos proyectados de la correspondencia a Ortega.

bien que ponerse al servicio del progreso político-social. A través de artículos publicados en *La Correspondencia de España,* esta polémica volvió a hacerse pública en 1907, en términos muy semejantes, y se recrudeció en 1909, cuando Unamuno hacía hincapié en la "africanización", en su lema "que inventen ellos", y en su preferencia por San Juan de la Cruz sobre Descartes.[5]

Pero durante 1908 parecía posible que fueran a colaborar Maeztu, Ortega y Unamuno para dar nuevo contenido al liberalismo español. En septiembre, Unamuno pronunció su conferencia "La conciencia liberal y española de Bilbao", en la Sociedad socialista "El Sitio", en que abogaba por una especie de mezcla de liberalismo estatista socialista y el resultante de un *Kulturkampf* espiritual.[6] Esta conferencia obtuvo comentario positivo y apoyo de Ortega. Vale recordar que Ortega ya había predicado un liberalismo socialista, *sistemáticamente* revolucionario, que antepone la realización del ideal moral a la utilidad de una clase, en su artículo "La reforma liberal", publicado en febrero de 1908. Aquí es donde se centra la polémica —en sus dos aspectos de ideología y de táctica política— que entablaron Ortega y Maeztu desde junio hasta finales de septiembre del mismo año.[7]

Tuvo sus orígenes en un ataque de Ortega contra los escritos de Azorín en favor de Maura, en que criticó al pequeño filósofo por su falta de ideas y de rigor intelectual. Ortega mantenía que en Europa la política se hace con partidos de ciudadanos agrupados alrededor de una idea; Azorín, en cambio, concedía más importancia al hombre, jefe del partido. En "Hombres, ideas, obras", publicado en *Nuevo Mundo* (18-VI-1908),[8] Maeztu, sin defender a Azorín, acusa a Ortega de un exceso de intelectualismo. Y escribe: "Si afirmásemos la necesidad simultánea del hombre y de la idea y nos decidiéramos a seguir al hombre por su idea y a no perder el tiempo en acariciar ideales abstractos, mientras no encuentren hombres que dediquen la vida a su realización y a quienes podamos secundar. Ni una idea se hace obra sin hombre, ni un hombre deja obra sin idea..." Ortega se siente ofendido por la crítica de Maeztu (a quien alude como su "hermano mayor"), diciendo que sólo pretendía presentar sistemáticamente la doctrina del idealismo político,

---

[5] Sobre las relaciones entre Maeztu y Unamuno, véanse nuestros estudios, "Maeztu y Unamuno: notas sobre dos intelectuales de 1898", *La crisis intelectual del 98* (Madrid, 1976), y "Ramiro de Maeztu y los intelectuales", *RO,* n.º 51 (junio, 1967), 369-377; y la obra de Marrero citada en la n. 3, pp. 244-260.

[6] Sobre el liberalismo de Unamuno, véase Elías Díaz, *Revisión de Unamuno. Análisis crítico de su pensamiento político* (Madrid, 1968) y Juan Marichal, "Unamuno y la recuperación liberal (1900-1914)", en *Pensamiento y letras en la España del siglo XX,* ed. G. Bleiberg y E. I. Fox (Nashville, Tenn., 1966), pp. 331-344.

[7] Marrero estudia esta polémica en la ob. cit. en la n. 3, pp. 260-279.

[8] Con alguna que otra excepción, los artículos en que Maeztu polemiza con Ortega en 1908 se han recopilado en Maeztu, *Los intelectuales y un epílogo para estudiantes* (Madrid, 1966).

al que hacía falta que viniese, antes del hombre, la idea política ("¿Hombres o ideas?", junio de 1908, *OC,* I [Madrid, 1946], 434-437). Maeztu contesta con otro artículo en *Nuevo Mundo* (23-VII-1908), "Hombres, ideas, desarrollo", que teme la excesiva sistematización de las ideas. Los sistemas valen, según Maeztu, no porque encierran la verdad, sino porque estimulan nuestro desarrollo. Cree necesario evitar la vieja antinomia de nominalistas y realistas en la política española entre personalistas y doctrinarios, desarrollando el espíritu de los hombres a través de las doctrinas y de los hechos, así como el desarrollo de las doctrinas ha de hacerse en los hombres. En su artículo "Algunas notas", en *Faro* (9-VIII-1908 [*OC,* I, 111-116]), Ortega no le perdona a Maeztu su confusión intelectual, que tacha de inmoralidad: el mismo desarrollo necesita dirección ideal, y la convicción política ha de estar en armonía sintética con la física y la teoría del arte. En resumidas cuentas, el sistema forma la honradez del pensamiento.

Se termina la polémica entre Maeztu y Ortega con un intercambio de ideas sobre la moralidad y la virtud. En "Brumas y sol" (*Nuevo Mundo,* 3-IX-1908), Maeztu sugiere que si los españoles no han pensado con intensidad y originalidad no tiene nada que ver con la imprecisión de las ideas, sino con una falta de fe, de voluntad. La moralidad, pues, es un impulso del espíritu. Ortega objeta, en su artículo "Sobre una apología de la inexactitud" (*Faro,* 20-IX-1908 [*OC,* I, 117-123]), que la virtud es más bien el conocimiento, por lo cual la verdad no tiene más camino que la ciencia (sabiduría). Y los movimientos políticos son representaciones científicas que han sustituido a las religiones. O, dicho de otra manera, la primera virtud moderna es el ejercicio de la ciencia, la moral pública del Estado es fomentar la sabiduría, tema del ensayo orteguiano "La moral visigótica" (*Faro,* 10-V-1908 [*OC,* X (Madrid, 1969), 56-58]). Maeztu cierra el debate con "Por el sentimiento" (*Nuevo Mundo,* 8-X-1908), en que da la razón a Ortega, pero sin dejar de insistir en que hace falta el impulso o el sentimiento para adquirir la ciencia.

En realidad, esta polémica en sí no contribuye tanto a nuestra comprensión de la evolución del contenido de la ideología liberal en España, sino más bien a llamar nuestra atención sobre unos aspectos de la táctica política, de cómo se debe educar al pueblo español, tema que siempre preocupaba a los dos escritores. En el fondo, Maeztu juzgaba los argumentos de Ortega demasiado teóricos y filosóficos, e intentó convencerle de que pensara más en el lector medio. En este punto insiste Maeztu a menudo en las cartas privadas que escribe a Ortega durante el verano y el otoño de 1908:

> Quiero que influya usted —Maeztu le escribe desde Londres, el 2 de julio de 1908— sobre el lector, sobre el lector español de cultura escasa pero de buena voluntad [...] si no se escribe de tal forma que se engañe al lector persuadiéndole de que sabe tanto como el que escribe, entonces no hay lector, porque el español es poco dócil para aceptar la superioridad intelectual [...]

Le pide a Ortega que haga un esfuerzo también por ser más amable como escritor y por despojarse todo lo posible del énfasis germánico.

Ortega le contesta de la manera siguiente:

> Estoy convencido de que España se muere por falta de ciencia y no por otra cosa. Los problemas científicos son los básicos, los fundamentales en una conciencia nacional, pero al mismo tiempo, a fuer de fundamentales, son aquí y donde quiera esencialmente impopulares. Si en otros países dijérase que no ocurre así, es porque en ellos la *élite,* lo no-pueblo es más extenso y numeroso. Es preciso, es el deber más alto e inminente crear en España la sensibilidad para esos problemas. Cultura es presencia de esos problemas —cuantos más sean mayor cultura— en una conciencia nacional o étnica.
>
> Yo creo que una nación no puede vivir si no hay en ella unos cuantos hombres que lean a Platón en griego y comenten a Kant y hagan inventos de mecánica racional y escriban tratados de biología y de escritura cuneiforme y reconstituyan los tres primeros siglos del cristianismo [...] Parte usted, como de un principio inconcuso, de que es preciso influir sobre los muchos, de que no hay otra labor útil y, por tanto, lícita. Quiere usted, en una palabra, que todos seamos periodistas. No admite usted la posibilidad simultánea de que sea necesario para España que usted sea periodista y que yo no lo sea. No admite usted otro punto de vista superior ni otra acción más elevada. ¡Por lo que más quiera, medite el problema objetivo objetivamente y examine si no hay todavía un mundo de realidades más allá del que vive en su conciencia! La influencia que usted ejerce siempre sobre mí le impone esta severísima obligación. [9]

El 14 de julio, Ramiro firma otra carta a su amigo Pepe, de veinticinco cuartillas, en que vuelve a insistir en el hecho de que Ortega debe buscar comunicarse con los curiosos que no puedan con la "alta cultura": "[...] la alta cultura necesita tanto de hombres como yo, como los hombres como yo necesitamos de la alta cultura." Encima, Maeztu trata a Ortega con dureza por hablar mal del periodismo como escuela mental y por tratar de establecer una jerarquía cultural:

> Además esa jerarquía por la aplicación, ese brahmanismo cultural, me parece ¡inmoral! Y lo es, lo es. Necesitamos alta cultura (si quita usted al *alta,* la calificación jerárquica para designar con el adjetivo a exégetas, metafísicos, historiadores, e investigadores de toda índole), pero necesitamos igualmente de empleados de correos que no roben las cartas, de maestros que enseñen, de buenos periodistas, de obreros entusiastas, de ingenieros que no hagan chanchullos con los contratistas, etc...

No obstante este comentario crítico, en esta misma carta Maeztu se disculpa ante su amigo por haberle acusado de una petulancia innecesaria. Dice que, a pesar del "objetivismo doctrinal" de Ortega, ve en él a un pesimista, un dolido parecido a los del 98 que siente una tragedia ante Maura, ante Moret, ante Cambó, ante la vanidad regionalista, ante la insustancialidad

---

9 Citado en Maeztu, "Cultura y alta cultura", *Nuevo Mundo,* 30-VII-1908.

madrileña, ante todo. Según Maeztu, el problema del 98 fue la catástrofe material; el de 1908 es otro, es el de la mentira, todo es falso:

> He dicho que es otro; no, es el mismo problema. A mí me tocó luchar por la fijeza y la precisión en el valor de las pesetas: a usted por la precisión en el valor de las ideas. Siempre el mismo problema de la moralidad; para mí enfocado *grosso modo* en el caciquismo, en los anarquistas subvencionados por Gobernación [...]; para usted vislumbrado de un modo más sutil, en las ideas. Para mí, sobre todo, moralidad en la conducta como más urgente. Para usted moralidad en el pensamiento, veracidad precisa [...] Yo tuve que juzgar a España desde el punto de vista de la conciencia cívica europea; usted ha tenido que hacerlo desde la ventana de la conciencia mental europea.

Sobre la moralidad versa también una carta que envía Maeztu a Ortega en septiembre de 1908, cuando debatían el mismo tema en los artículos "Brumas y sol" y "Sobre una apología de la inexactitud". Maeztu rechaza la necesidad de precisión científica que exige Ortega en sus disquisiciones sobre la moralidad, llamando su actitud antidemocrática. Al mismo tiempo mantiene que hay que buscar el origen último de la acción buena más adentro de la conciencia, en el plano espiritual. Según Maeztu, "la moral es el acto moral, antes de que la moral se conociera". La ciencia, entonces, no va a hacer necesariamente la acción pública más moral.

A fines de septiembre de 1908, el día después de mandar a *Nuevo Mundo* el último artículo en que polemiza públicamente con Ortega, Maeztu le escribe que había logrado modificar su punto de vista: "En efecto: europeización es lo que usted dice: colaborar a la creación de cultura, hacer cultura, descubrir..." Por lo visto, Maeztu había dejado varias cartas de Ortega sin contestar, a las cuales intenta responder en ésta, de cuarenta cuartillas, que vamos a resumir punto tras punto a continuación: 1) defiende el trabajo de la generación del 98, que Ortega había criticado, como labor moral: "... hemos destruido, hemos sido iconoclastas, hemos limpiado el país de mentiras... Ustedes los más jóvenes se han encontrado con el papel en blanco... ¿Y no tiene usted el deber de reconocerlo?"; 2) Maeztu dice que —a pesar de lo que cree Ortega— él influye sobre un público burgués bastante numeroso, al cual está logrando cambiar su manera de ver muchas cosas; 3) a Maeztu tampoco le gusta lo que hace Azorín últimamente; nunca le había creído un pensador inteligente, pero admira su prosa y le quiere; le dio pena que Ortega le maltratase; 4) en cuanto al Bloque de Izquierdas y al tonto Melquíades Álvarez, conforme que siga Maura en el poder para ver si se van muriendo, como dice Ortega, ex-ministros liberales y se va formando un núcleo de opinión liberal socialista; 5) el partido socialista en Madrid no ha de ser obrero, porque hay pocos obreros, y tampoco hay que ser antimilitarista, porque en las provincias la única garantía del obrero frente al patrono está en el ejército: de ahí que la campaña socialista de Maeztu trate de eliminar los dos caracteres de la lucha de clases y del antimilitarismo; 6) le gustaría a Maeztu volver a España, como le propone Ortega, y hacer con él, Unamuno, Grandmontagne y Flores de Lemus campaña socialista; 7) acepta Maeztu la crítica que le hace Ortega por su desorden mental y su método de pensar no científico:

> ... usted enfoca su pensamiento hacia el intelectual medio de Madrid, en quien ve usted a Caos que desea transformar en Cosmos; mientras yo pienso para el intelectual medio de España, en cuyas ideas veo un Cosmos ridículamente pequeño, que deseo transformar en Caos para que luego salga de allí un Cosmos aceptable, europeo;

8) ¿qué impulso le mueve a Ortega a creer que los intelectuales españoles van a centrar sus miradas en un sistema de ideas?: como socialista, Ortega se propone "aterrorizar al señorito y al cura", mientras Maeztu quiere habituarles poco a poco a pensar y sentir en socialista; y 9) le parece mal a Maeztu el menosprecio de Ortega hacia la sensación de lo Invisible, de la religiosidad; cuanto ha dicho Unamuno sobre la fe le parece excelente. La raíz originaria de la moral es siempre lo Invisible; el conocimiento (ciencia) es sólo auxiliar.

La próxima carta que encontramos de Maeztu a Ortega está fechada el 18 de octubre de 1909. Si al final de la anterior Maeztu le aconsejó a su "hermano menor" que se dedicara a la preparación para la cátedra universitaria, comentando cínicamente que dentro de dos años todo estaría lo mismo en España, ahora —un año después— le manda un recorte del periódico inglés *Daily Graphic* en que se señala que el mitin pro-Ferrer en Trafalgar Square ha sido uno de los más concurridos en aquella plaza durante veinte años. Es decir, los cambios políticos habidos en España a la raíz de la Semana Trágica, en julio de 1909, iban a preparar el terreno para una campaña eficaz en favor del liberalismo socialista.

Y es que Ortega pronuncia su primera conferencia de la "nueva" política, "Los problemas nacionales y la juventud" (*OC*, X [Madrid, 1969], 106-118), en el Ateneo madrileño, el 15 de octubre de 1909, dos días después de la ejecución de Ferrer. Aludiendo a la inconsciencia de las sociedades burguesas y a la falta de ideas políticas en todos los partidos, los liberales y republicanos inclusive, Ortega describe en esta conferencia la misión histórica del radicalismo democrático, del socialismo, como la de evitar el "hecho" revolucionario organizando un partido revolucionario. El 2 de diciembre da, en la Casa del Pueblo de Madrid, la conferencia "La ciencia y la religión como problemas políticos" (*OC*, X, 119-127), en que aboga por la socialización de la cultura o el cultivo de la verdad científica, declarándose antimarxista. En marzo de 1910 participa Ortega, con Pablo Iglesias, en el mitin republicano en el Teatro Barbieri, donde el tono de su discurso —alude al líder liberal Romanones como "la podre de la política actual, la podre del capitalismo"— refleja una meditada agresividad política. Luego, en marzo, viene su ya conocida "La pedagogía social como programa político" (*OC*, I [Madrid, 1946], 494-513), leída en la Sociedad "El Sitio", de Bilbao.

Coincide con esta actividad de Ortega la primera salida del nombre de Maeztu en el *Heraldo de Madrid*, diario de gran circulación que integraba entonces el *trust* fundado en parte para combatir el maurismo. En diciembre de 1909 firma Maeztu una serie de siete artículos sobre temas tocantes al liberalismo socialista, en los cuales propagaba ideas fabianas. Luego, en febrero de 1910, publicó en el mismo diario seis artículos sobre la necesidad de anteponer la política a la ética, la ciencia o las ideas. Más interesantes para nuestros propósitos aquí, sin embargo, son los artículos titulados "La táctica liberal", que publica Maeztu en el *Heraldo* del 3 al 10 de junio de 1910.

Empieza Maeztu diciendo que su simpatía está con el movimiento republicano-socialista, pero no porque la forma de gobierno importe. Al contrario, cree que la propaganda republicana en contra de la monarquía sirve para oscurecer el verdadero problema. Puesto que el régimen en España es teocrático-plutocrático-terrateniente-burocrático, de lo que se trata es de colocar la ley por encima de los eclesiásticos, los ricos en dinero y propiedades y los funcionarios militares y civiles. Entonces, el objetivo de cualquier reforma política, según Maeztu, ha de consistir en someter las oligarquías gobernantes al imperio de la ley, hágase la reforma con la Monarquía o con la República, con la evolución o con la revolución. La libertad es la ley, y el camino de la ley es la cultura. Mantiene que el éxito del republicanismo en las elecciones de mayo de 1910 se debía no a la forma de gobierno que ofrecía, sino a su contenido, su carácter democrático, su radicalismo, su permanente protesta contra las arbitrariedades de las oligarquías. Así es que la cuestión de la forma de gobierno no tiene importancia en España: en realidad, la juventud intelectual marcha sustancialmente de acuerdo; su ideario es esencialmente el del liberalismo europeo, que es ya el liberalismo socialista o intervencionista. Se verá más adelante lo centrales que fueron estas ideas expuestas por Maeztu en 1910 para el programa político del Partido Reformista y la Liga de Educación Política.

Entretanto, Ortega había intensificado su vida política activa, llegando a hacerse miembro del Partido Radical republicano de Alejandro Lerroux, a partir de enero de 1910. De fines de julio del mismo año es su artículo "Lerroux o la eficacia" (*OC*, X, 155-158), publicado en *El Radical*, en que elogia lo que él llama el liberalismo "agresivo" expresado por el jefe Radical en su muy discutido discurso del 15 de julio. Lerroux será eficaz, sugiere Ortega, en la tarea de organizar los instintos del pueblo. Como es de esperar, le molesta un poco a Maeztu la inocencia política de su amigo. "Su artículo 'Lerroux o la eficacia' no me convence", le escribe el 25 de julio. Maeztu ha leído el discurso y lo encuentra "promisor" más bien que "agresivo"; según

Maeztu, Lerroux está tratando únicamente de establecer su posición parlamentaria. Además, no se fía de su sinceridad: "hasta ahora sólo ha hecho porquerías". Sin embargo, Maeztu está conforme con que hay que minar la política vigente y en este sentido no le parece mal ayudar a Lerroux y a Pablo Iglesias:

> Es que nunca ha sido tan cara la vida, ni tan descarada la explotación humana, ni tan flojo el sentido del deber en nuestros ricos y curas. Es que el contacto de Europa ha despertado el deseo de comodidades más que el de trabajo y el de cultura. Y el pueblo sufre más y se da más cuenta de su padecimiento...

Maeztu esperaba que Ortega le dijese lo que le habían parecido los artículos sobre el republicanismo y la táctica liberal, porque seguía preocupado por el modo de constituir en España un verdadero partido liberal. Así le escribe en agosto o septiembre de 1910. En esta carta, Maeztu menciona que no quiere que el Bloque fracase otra vez y por eso busca las posibilidades tácticas (revolución, coalición, etc.) para el liberalismo. El republicanismo español —dice volviendo a uno de sus temas favoritos— sufre de tres clases de pereza: 1) la intelectual, porque no sabe que la nobleza es más poderosa que el Rey; 2) la práctica, porque en vez de buscar arreglos posibles, cree que es más cómodo decir que no hay arreglo hasta que venga la revolución; y 3) la moral, porque hay gente que sabe todo esto y lo calla.

Ahora llegamos, en nuestra presentación cronológica de los esfuerzos de Maeztu y Ortega por promover en España el liberalismo socialista, a un episodio de cierta envergadura para el mundo intelectual de la España de entonces: la vuelta de Maeztu a Madrid, en diciembre de 1910, después de casi seis años de ausencia, para pronunciar en el Ateneo su conferencia "La revolución y los intelectuales". Al leer los reportajes sobre la ocasión —y los comentarios en la prensa fueron copiosos— no se puede dejar de ver la mano de Ortega en su organización. Y conviene señalar que Maeztu le había dedicado pocos días antes un artículo en el *Heraldo de Madrid* (19-XI-1910) en que enaltece la significación para el nivel cultural e intelectual del país del nombramiento reciente de Ortega como catedrático de Metafísica en la Universidad Central. Cuatro días después de la conferencia se convocó un homenaje a Maeztu, al cual asistieron 150 representantes de la juventud intelectual española para expresar su adhesión a sus ideas. Por lo visto, Maeztu estuvo a punto de no aceptar el banquete, pero Ortega le convenció de que "fue conveniente el acto de solidaridad". Así es que, durante el almuerzo, Maeztu recordó su amistad fraternal con Ortega, llamándole su maestro, e intervino Ortega con un brindis a Maeztu en que le definió como hombre que en todo tiene exceso, "exceso de inteligencia y de corazón", confesando luego con la mayor sinceridad ante sus amigos cómo había orientado su propia vida, "renunciando al camino fácil de la política oportunista para consagrarse al estudio y a la cátedra, desde la cual espera servir mejor a su país"

Para completar este breve cuadro del Ortega "publicista" de causas políticas, llamo la atención del interesado a la foto de los asistentes al homenaje a Maeztu, en la cual se ve a Ortega colocado en el mismo centro de la primera fila, como si él fuera el festejado. [10]

Al texto de la conferencia de Maeztu se le nota también la influencia orteguiana. (No debemos olvidar, sin embargo, que, sobre todo durante los años en cuestión, la influencia entre Maeztu y Ortega ha sido mutua, como el presente estudio se propone señalar.) Empieza con una arenga contra el régimen maurista ("un Gobierno enloquecido...", que no acertó a explicarse por qué "la Europa ideal nos arrojaba su indignación encima") y tácitamente critica a los intelectuales por su falta de previsión: "Desde julio del año pasado sabemos que la revolución española ha empezado a operarse con independencia de nuestras clases intelectuales o seudointelectuales." Repite su análisis, ya comentado, del régimen español (la monarquía) como oligarquía. Esto, dice Maeztu, nos lo había demostrado Costa, pero lo característico de España es que nada ha ocurrido desde la información de Costa sobre la oligarquía y el caciquismo. En otros países existe una minoría antioligárquica, procedente, sí, de la oligarquía, pero una minoría radical, científica, artística o moral que se ha puesto a la cabeza del movimiento popular. Maeztu exhorta a los intelectuales a que trabajen y estudien: porque en España falta la cultura. Ya saben que la diferencia entre España y Europa sólo consiste en el menor o mayor esfuerzo de los intelectuales; y que es obligación de los intelectuales dotar al pueblo de justicia, de herramientas de trabajo, de métodos de colaboración, de organización administrativa, de escuelas, de dirección, de ideales, de jornales suficientes, etc. Sin embargo, apunta Maeztu, ahora

> cuando hemos llegado a la convicción sólida de que el problema de España es de cultura, y de que la solución del problema depende únicamente del esfuerzo de las clases intelectuales, nos encontramos con que el pueblo se nos ha escapado moralmente y sólo espera una ocasión propicia [...]

De esta suerte, la reforma propuesta por los intelectuales para solucionar el problema de la cultura bajo el signo del liberalismo "socialista" debe operarse antes de que se imponga, por acciones de un Gobierno imprudente, el movimiento revolucionario. Maeztu termina su conferencia trazando así las líneas generales del nuevo liberalismo:

> En el fondo es kantismo, conciencia de la conciencia, sumisión a la ley, rebasamiento del yo individual en la conciencia del yo transcendental, identificación del yo

---

[10] Se comentan en detalle la conferencia y el homenaje en Marrero, ob. cit. en la n. 3, pp. 279-288, y en Gamallo Fierros, ob. cit. en dicha nota, pp. 399-408, donde figura la fotografía mencionada.

transcendental con el yo del prójimo, eliminación consecuente de elementos místicos en la teoría y la práctica, justificación de la vida individual en la vida social, salvación de cada individuo en los demás y redención de todos en la cultura y en las cosas.

Un mes antes, el 31 de octubre de 1910, Maeztu había pasado por Bilbao pronunciando, en la Sociedad "El Sitio", una conferencia sobre "La libertad y sus enemigos". El tema general fue muy parecido a lo que iba a decir en Madrid: la urgencia de educar en España a una generación de intelectuales liberales con la competencia científica y técnica necesaria para crear y desarrollar servicios públicos y administrativos. Fue más directo, no obstante —tratándose de un público más acostumbrado al socialismo marxista—, en su análisis crítico de la indiferencia hacia vitales cuestiones económicas de los liberales monárquicos y los republicanos. Pidió, pues, apoyo para la implantación de una economía democrática (es decir, no oligárquica).

Maeztu completó su ciclo de conferencias en España —de intención abiertamente política— en el Teatro Principal de Barcelona, el 5 de marzo de 1911, con "Obreros e intelectuales". [11] Allí volvió sobre algunos de los temas que había desarrollado en sus conferencias de Bilbao y Madrid, pero en Barcelona llegó a tratar con más énfasis y en más detalle el socialismo "administrativo", o sea, el socialismo fabiano. Según la exposición de Maeztu, se acepta la teoría de Marx de que el individualismo económico, o la autonomía económica, no puede producir otra cosa que la lucha por la existencia y su consecuencia inevitable de dividir a los hombres en vencedores y vencidos. Pero lo que no previó Marx era el desarrollo económico de los Estados y de las Municipalidades, con relativa independencia del poderío capitalista, que tiene ya en Europa fuerza para interponerse entre las clases sociales. Y es que el marxismo vulgar no se cuida de las necesidades de la administración y del gobierno, haciendo creer que el socialismo se impone por sí mismo. De ahí viene el hecho de que hacen falta intelectuales: médicos, ingenieros, abogados y maestros. En esta conferencia, Maeztu analiza de manera interesante la dificultad que tiene el intelectual medio, debido a su ideología, para ponerse al lado del movimiento obrero, reconociendo así la lucha de clases. Luego describe los éxitos de la Fabian Society en construir a una minoría intelectual que fuera preparando administrativamente el triunfo de la idea y sus programas para la adquisición sistemática por los Municipios y el Estado de los servicios públicos, la subida de los impuestos sobre propiedades y herencias, la expansión de la instrucción pública, etc. Al mismo tiempo reconoce Maeztu, sobre todo, la urgencia de una labor de propaganda socialista; y en este contexto, según él, el secreto de la eficacia del movimiento socia-

---

11 Las tres conferencias fueron publicadas en folletos, hoy difíciles de encontrar. No se han vuelto a editar.

lista está en la cultura, que es Europa. A Europa, dice Maeztu siguiendo el
pensamiento de Ortega, se llega por el estudio de Platón y de Kant, de Newton
y de Darwin; lo europeo es sencillamente la ciencia, la invención de las defi-
niciones generales.

Terminada esta campaña pública en pro de la "nueva" política, Ortega,
que había actuado esta vez más bien entre bastidores, vuelve a sus preocupaciones filosóficas, marchándose de España en marzo de 1911, para pasar otra
temporada en Marburgo examinando sus ideas sobre el neokantianismo y el
idealismo. No se ha señalado antes la importancia del hecho de que Maeztu
sigue a Ortega a Alemania, y pasa allí más de medio año leyendo a Kant
y asistiendo a lecciones de Cohen y de Hartmann, cuyo interés en la fenomenología empezó a apuntarse por aquel entonces. [12] De esta época datan
dos cartas de Maeztu que dirige a Ortega desde Berlín, donde había ido a
pasar una breve estancia. En la primera, del 3 de octubre de 1911, se ocupa
Maeztu de un reciente ataque de Ortega a Unamuno. Se debió, aparentemente, a una carta que escribió el rector de Salamanca en contra de los "estudiosos". Según Maeztu, el ataque de Ortega daba impresión de ser injustificado
por el tono personal. Le avisa con respecto a su "tentación de mostrar superioridad" y le aconseja en cuanto a la táctica a seguir para con Unamuno: de-
fenderle de cuando en cuando frente a los bárbaros y refutarle objetivamente
siempre que se cruce públicamente en "nuestra causa". [13] El día 18 de octubre, Maeztu vuelve a escribir sobre el mismo asunto, refiriéndose de nuevo
al error táctico de Ortega. Tiene noticia, dice, de que Unamuno piensa escribir una serie de artículos sobre "Don Fulgencio en Marburg", artículos que
no llegaron, que sepamos, a publicarse. Maeztu ofrece a Ortega su pluma,
hablando de Unamuno del modo siguiente:

> Profesor, no tiene alumnos; periodista, no ha informado de nada; poeta, sus versos
> suenan mal; ensayista, le falta capacidad para interesarse por nada; ciudadano, tiene
> que hacer una oda cuando se trata de defender la libertad.

Como ya se ha señalado, a partir del otoño de 1909, por su actitud anti-
europeizante y antiferrerista, Unamuno se había distanciado de Ortega y de
Maeztu. Y la polémica que se agrava ahora (fines de 1911) ha de tener el

---

[12] Sobre este período crítico en la evolución del pensamiento orteguiano, véase
el importante libro de Philip W. Silver, *Fenomenología y Razón Vital (Génesis de 'Meditaciones del Quijote' de Ortega y Gasset)* (Madrid, 1978).

[13] De una carta que Maeztu escribió a Ortega unos meses después —el 6 de
mayo de 1912— se entiende que Ortega le había devuelto sus consejos con respecto a
la táctica que se debe seguir con otros intelectuales. En un artículo sobre *Lecturas
españolas,* Maeztu atacó a Azorín por su actitud "institucionista"; mientras Ortega creía
que había que explotar a Azorín, considerándole "como un instrumento en favor de
la causa".

resultado de llevar a Unamuno a concluir *Del sentimiento trágico de la vida,* en 1912, con una agresión, poco velada, contra Ortega:

> Y vosotros ahora, bachilleres Carrascos del regeneracionismo europeizante, jóvenes que trabajáis a la europea, con método y crítica..., científicos, haced riqueza, haced patria, haced arte, haced ciencia, haced ética, haced o más bien traducid sobre todo Kultura, que así mataréis a la vida y a la muerte. ¡Para lo que ha de durarnos todo!... (*OC.,* VII [Madrid, 1967], 302). [14]

Hacia el final de la carta del 18 de octubre, Maeztu siente la necesidad de enjuiciar, otra vez con dureza, las opiniones políticas de su amigo:

> En punto a la política creo que usted se equivoca de todo en todo. Nuestra posición en Marruecos es horrenda. Tenemos en frente a Francia (que ya es Europa) y a los moros. Es una torpeza colosal... Canalejas es un idiota. Lo que inutiliza a los hombres de la Conjunción, que son los mejores que tenemos, es su republicanismo. Lerroux está muerto. En resumen, todas las posiciones políticas de usted en España son falsas. Y le devuelvo lo que me escribía usted hace tres años. "En los planos medios del espíritu su reino es supremo; en los altos no ha penetrado." En los planos altos el reino de usted es supremo. En los medios —política, personas, táctica— se engaña usted de todas, todas.

No es la política, sin embargo, la única preocupación de Maeztu durante la segunda mitad de 1911. Al contrario, tomaba muy en serio sus lecturas filosóficas (recuerde el lector aquellas palabras suyas: "a Europa se llega por el estudio de Platón y de Kant"): la influencia de su estudio, precisamente de Kant, iba a dejar una huella muy marcada en el pensamiento de Maeztu. [15] Se le ocurre también que una de las formas para llegar al socia-

---

[14] Véase Paulino Garagorri, "Unamuno y Ortega, frente a frente", *Unamuno, Ortega, Zubiri en la filosofía española* (Madrid, 1968). Emilio Salcedo, *Vida de Don Miguel* (Salamanca, 1964), se equivoca al minimizar la polémica de Ortega con Unamuno por estos años (pp. 154-157).

[15] En su libro, Marrero repasa algunos de los artículos que escribió Maeztu sobre Kant y recuerda su afán pedagógico de dar lecciones sobre su pensamiento, a través de textos de Cohen traducidos por él, a unos estudiantes en Londres (ob. cit. en la n. 3, pp. 288-301). A esta actividad alude Maeztu, en la carta dirigida a Ortega el 6 de mayo de 1912, cuando comenta (a lo largo de varias cuartillas) la dificultad para los españoles de entender que los juicios sintéticos *a priori* de Kant, que empiezan con la experiencia y que sólo a ella se aplican, no proceden de la experiencia. Según Maeztu, los españoles tienen horror a lo transcendental que les hace suponer que el idealismo es teología o mística. Maeztu le pregunta a Ortega sobre la posibilidad de crear el concepto de un *apriori* metafísico: "Porque la petulancia española se siente inclinada a considerar el *apriori* como una invención del hombre para la ciencia con la que el hombre satisface sus deseos. Lo que cuesta trabajo es hacerles comprender que el hombre recibe el *apriori* del mundo del ser para aplicarlo al existir." Aquí vislumbramos el entusiasmo por parte de Maeztu con el *apriorismo* de la primera parte de la *Crítica de la razón pura,* que luego le va a llevar (como se dejaban llevar por lo visto sus estudiantes londinenses),

lismo en un país como España, sin tradición democrática y liberal, es transformar las cosas aprendiendo los principios, en vez de a través de la práctica. Así es que bien podría Alemania, el país de Kant y Marx, y no Inglaterra, marcar la pauta para España. [16]

Todavía no se ha estudiado con rigor, según nuestras noticias, la influencia que alcanzaron las ideas fabianas en el pensamiento político español durante aquellos años de reformismo liberal. Sabemos que fue Maeztu, en sus conferencias de 1910-1911, el primero en ventilarlas públicamente en plan de programa político, y que se dedicó, a través de docenas de artículos publicados en los diarios de gran circulación, a hacer propaganda sobre el socialismo estatista. Conviene destacar también que el programa del Partido Republicano Reformista de Melquíades Álvarez y de Azcárate, formado en 1912, se configuraba en torno a dos principios adelantados por Maeztu en sus escritos bajo la tutela de su fabianismo: 1) la "accidentalidad de las formas de gobierno"; y 2) un socialismo de Estado o intervencionista. Muchos de los jóvenes intelectuales que militaban en el partido —Ortega, Zulueta, Castro, Morente, Onís, Azaña, etc.— se encontraban en el homenaje a Maeztu celebrado al final de 1910. ¿Y no se hace eco Ortega tanto de Maeztu como de los "socialistas de cátedra" de Marburgo cuando proclama, en sus artículos sobre "Competencia", publicados en *El Imparcial* (II-1913, *OC,* X, 226-231), la necesidad de que con la venida de la democracia haya hombres en España que sepan arreglar la economía y organizar y dirigir las actividades técnicas?

Es más, el manifiesto escrito por Ortega en octubre de 1913, en que se anuncia la fundación de la Liga de Educación Política Española en el seno del Partido Reformista, es otro texto en que se vislumbran ideas claramente fabianas que, de un modo disfrazado (que comentaremos pronto), aboga por un liberalismo socialista. Ortega buscó en seguida la adhesión oficial de Maeztu a lo que se proponía en el prospecto, adhesión que recibió en un telegrama enviado desde Londres el 22 de octubre de 1913. Maeztu pone una carta a Ortega el día siguiente en que dice que le parece realmente bien el manifiesto, y que había tardado en entender lo que quería decir Ortega cuando había escrito que "está lleno de trampas". Se fijó por fin Maeztu, según escribe, en la imprecisión en la declaración principal sobre el liberalismo y en el énfasis sobre el reformismo. De todos modos, en el manifiesto se afirman para el pensador dos puntos claves: organización y democracia.

---

a través de un rechazo del empirismo materialista, a la creencia en la existencia del espíritu. (Cfr. los ensayos de Maeztu recopilados en el tomo *Defensa del espíritu,* y la interpretación que de ellos hace E. Tierno Galván, "El fundamento inconmovible del pensamiento de Maeztu", *CH,* n.os 33-34 [1952], 130-135.)

[16] Carta escrita por Maeztu desde Marburgo, en diciembre de 1911, y reproducida en José Pla, "Florilegio epistolar de Maeztu", *CH,* n.os 33-34 (1952), 55-76.

La famosa conferencia de Ortega "Vieja y nueva política", el primer acto público de la Liga de Educación Política, y *Meditaciones del Quijote,* libro, como sabemos, dedicado a Maeztu, son evidencia de que, en 1914, Ortega había llegado a la madurez en su pensamiento. Y Maeztu, como corresponsal en el frente, preocupado por la guerra a partir de agosto del mismo año, ya derivaba hacia la ideología gremialista, orientación que iba a desembocar en los ensayos de *La crisis del humanismo.* Esos hechos coinciden, más o menos, con las fechas en que se corta la correspondencia conservada de Maeztu a Ortega, [17] cerrando así un pequeño capítulo en el pensamiento español.

---

[17] Hay tres cartas de la primera mitad del año 1915, pero son breves y escritas con cierta distancia afectiva hacia España. En ellas Maeztu emite unos juicios rápidos y sin importancia sobre la guerra; pregunta por *España,* revista de Ortega en que colabora con uno que otro artículo; y alude a ponerse al servicio del socialismo gremial, diciendo que la revista *The New Age* se lleva su mejor trabajo.

La vida del autor y la realidad de su tiempo en las *Cartas marruecas* de Cadalso

Nigel Glendinning
Queen Mary College, University of London

Las relaciones entre una obra literaria y la vida de su autor son siempre apasionantes. Es natural que el lector busque las fuentes de la vitalidad de una obra en la vida misma. Son los propios autores muchas veces los que insisten en la existencia de una estrecha conexión entre vida y obra. "Toda novela, toda obra de ficción, todo poema", dice Unamuno, "cuando es vivo es autobiográfico [...] Todas las criaturas son de su creador."[1] Pero los autores también gustan de concretar la diferencia entre *su* realidad y *la* realidad: entre la ficción y la vida. Ellos transforman la vida en sus obras, mezclando las características de varias personas en una ficticia; sumando sus propias experiencias a las de amigos o ajenos, y derivándolas de la realidad, del sueño y de la literatura. Luego inventan sucesos y personajes por medio de la facultad imaginativa, que combina sabiamente lo vivido y lo soñado, lo leído y escuchado. Tan es así que Mario Vargas Llosa ha podido decir que el proceso de escribir una obra de ficción resulta una especie de *striptease* invertido.[2] El autor está dispuesto a revelarse a sí mismo al comenzar la redacción, pero luego se oculta o se disfraza.

En las *Cartas marruecas* de Cadalso se notan, a primera vista, más ecos de la realidad circundante y recuerdos de la literatura, que reflejos de la vida del autor. Sabido es que el nombre y personalidad de Gazel, su supuesta conexión con una embajada marroquí, y su hábito de tomar nota de sus impresiones de la vida española, pueden relacionarse con un verdadero embaja-

---

[1] *Cómo se hace una novela*, introducción y notas de Paul R. Olson (Madrid, 1977), p. 63.
[2] *Historia secreta de una novela* (Barcelona, 1971), pp. 7-8. Otros comentarios de novelistas que resultan aleccionadores sobre este punto son los de E. M. Forster en *Aspects of the Novel*, capítulos tres y cuatro, y el ensayo de Elizabeth Bowen titulado "Notes on Writing a Novel" (*Orion*, 2 [1946], 19 y ss.).

dor, Sidi Hamet El Gacel (o Al-Ghazzali), que vino a España desde Marruecos en 1766, y cuyos apuntes siguen existiendo, aunque inéditos, en el Museo Británico. [3] Dos de los extranjeros descritos en la Carta LXXX como amigos de Nuño tienen evidentes puntos de contacto con contertulios franceses e italianos de Cadalso en Madrid. Los títulos de libros estrafalarios, citados en la Carta LXXVII, no son inventados, sino que se recogieron en la *Gaceta de Madrid,* como el mismo Cadalso recalcaba en el primitivo *Índice* de las *Cartas.* [4] Y una anécdota atribuida a su tío por "un caballerete de hasta unos veintidós años", en la Carta VII, podría igualmente atribuirse al abuelo materno o al padre de Cadalso, que, en uno de sus viajes, tuvieron que salvarse la vida a nado. [5]

Con estos rasgos y otros parecidos, Cadalso llevó elementos reales a su creación, haciendo lo mismo que todos los autores de ficciones. Así pudo asegurar, además, la verosimilitud de aquella obra, proporcionándole el carácter de espejo de la vida que siempre se ha apreciado en la literatura, y que da valor a las observaciones críticas y satíricas hechas en las *Cartas marruecas.*

Hay que reconocer, sin embargo, que este proceso no nos puede explicar la nota personal que muchos lectores encuentran en las *Cartas.* Tampoco los conocimientos, relativamente pobres, que tenemos de la vida de Cadalso nos permiten discernir entre la realidad vivida y la ficción en aquella obra. Y seguir la pista de la vida de un autor en sus publicaciones es siempre una labor llena de dificultades y frustraciones, cuando no inútil. Al tratar de relacionar la vida de Cadalso con las *Cartas marruecas,* nos exponemos a hacer el trabajo de seudo-erudición tan justamente atacado por E. M. Forster en *Aspects of the Novel.*

Volvemos al tema, a pesar de los escollos, porque en el caso de Cadalso existe una fuente de información, muy subjetiva por cierto, acerca de su vida y sus actitudes, que no se ha empleado mucho todavía en relación con las *Cartas marruecas.* Me refiero a las llamadas *Apuntaciones autobiográficas,* o, para darles el título usado por el mismo Cadalso, la *Memoria de los acontecimientos más particulares de mi vida* y sus continuaciones. [6] Esta *Memoria,* en su versión primitiva, se terminó de redactar en Salamanca en diciembre

---

[3] El primero en notar la probable conexión entre la embajada de Al-Ghazzali y la ficción de Cadalso fue, al parecer, Estébanez Calderón, en su *Manual del oficial en Marruecos* (Madrid, 1844), p. 85. El MS. del Museo Británico tiene la signatura Add. 9596.

[4] Véase José de Cadalso, *Cartas marruecas,* ed. Lucien Dupuis y Nigel Glendinning (Londres, 1966), p. 208. En adelante, se citará esta edición con la sigla *CM.*

[5] *CM,* p. 27.

[6] Cadalso emplea el título de *Memoria* en una carta a Meléndez Valdés. Véase la edición (con el epistolario de Cadalso) hecha por Nicole Harrison y Nigel Glendinning (Londres, 1979), p. 102.

de 1773,[7] y fue por entonces también cuando Cadalso iba rematando las *Cartas marruecas,* como él mismo afirma en una de las *Continuaciones.*[8] La *Memoria,* desde luego, no nos puede proporcionar nueva documentación de tipo histórico sobre la vida del autor, porque una autobiografía nunca suministra datos que resulten fehacientes sin otro apoyo. En cambio, sí nos da una visión personal de aquella vida, por mucho que Cadalso tergiverse a veces los hechos, ya porque se olvidara de los detalles de su vida o porque sintiese la necesidad de modificarlos antes de darlos a conocer al público. Cuando Cadalso se refiere a aquellos acontecimientos que le parecen los más particulares de su vida, al menos nos revela su propio método selectivo en esta estructuración de sus experiencias. Y es posible comparar tal estructuración con la que aparece, como reflejo y a menor escala, en las *Cartas marruecas.* Esta comparación nos ayudará después a plantear nuevamente el problema de la relación entre las *Cartas* y la vida del autor y la realidad de su tiempo.

Un rasgo fundamental de la *Memoria* de Cadalso es la insistencia del escritor sobre sus propias buenas cualidades: tema muy frecuente, por otra parte, en las autobiografías de otros autores. Luce sus dotes intelectuales al decirnos que ganó el primer premio de versión latina en París, cuando pasaba por allí su padre. Vuelve sobre sus capacidades más adelante, al hablar de la buena versión española que hizo de un tratado escrito en inglés sobre el sistema copernicano: traducción que hizo para el príncipe, el futuro Carlos IV, más aficionado a los libros de lo que se suele creer.[9] En cuanto a sus cualidades personales, nos cuenta cómo una joven inglesa se enamoró de él en Inglaterra, en Kingston-upon-Thames; cómo se granjeó la amistad del conde de Aranda y de sus edecanes Cornel y Oquendo, y cómo fue bien acogido por la nobleza de Zaragoza; cómo tuvo amores con una dama encopetada, la marquesa de Escalona; y cómo se le quiso casar con un excelente partido: una de las hijas de un consejero de estado llamado Codallos. Cierra la serie de sus amistades íntimas la que tuvo con una de las actrices más célebres de ese período, María Ignacia Ibáñez, que le quiso a pesar de su

---

[7] Antes de la lista de "los principales sujetos que he tratado", Cadalso se refiere a su ida a Salamanca, "donde me mantengo hoy último del año de 1773, bien desengañado de Corte, amigos y pretensiones, y entregado a mis libros".

[8] Hay tres *Continuaciones:* la primera va de septiembre de 1774 hasta febrero de 1778; la segunda, abarca desde 17 de febrero de 1778 hasta mayo de 1779; y la última llega hasta fines de 1780. En la primera *Continuación* Cadalso dice que compuso las *Cartas marruecas* en Salamanca.

[9] El marqués Caballero en 1808 describió cómo se había aumentado la Biblioteca Real Española, precisamente porque "el Señor Don Carlos IV, por haber caído en sus manos algunos buenos libros, tomó afición a la lectura, y ciertamente con más aprovechamiento que el que vulgarmente se ha creído". (MS. del Archivo Vaughan, All Souls' College, Oxford, OB N.º A 3).

falta de fondos. Y si todo esto sirve para hacer constar el atractivo de Cadalso y su valentía en las relaciones amistosas y amorosas, también nos hace ver su valor en otro tipo de guerra, cuando se trata de verdaderos campos de batalla, y no los que Góngora llamaba de pluma. Cuenta, por ejemplo, lo diestramente que se defendió cuando le atacó en el campamento en Portugal, en 1762, el marqués de Tabuérniga (amigo suyo y ex-compañero de colegio que había bebido demasiado), a pesar de tener que esgrimir él la pesada arma de la caballería, más apta para partir a la gente desde arriba que para defenderse en combates a ras del suelo. Realza las mismas habilidades, más adelante, explicándonos cómo salvó la vida al conde de O'Reilly en la Plaza de la Cebada, durante los motines de Esquilache en Madrid, gracias a su intrepidez y a sus conocimientos de la psicología del pueblo. Da un ejemplo de su honradez y buen juicio en los asuntos políticos, contando la consulta que el rey le hizo sobre una cuestión relacionada con los jesuitas, y diciéndonos que el rey admiró su tesón y hombría de bien. En ese asunto, Cadalso se mostró imparcial y no quiso granjearse los favores de los padres de la compañía o sus partidarios, ni tampoco los de sus contrarios. Y, por último, se nos manifiesta como dotado de cierto poder misterioso que ejerce: primero, al reconocer a su padre por una corazonada en París, a pesar de no haberle visto antes en la vida; segundo, curándose a sí mismo, sin ayuda de los médicos, cuando tiene una enfermedad seria en Madrid.

Estos testimonios de la alta calidad intelectual, física y moral de Cadalso no conducen, como se esperaría, a una serie de éxitos correspondientes. Cadalso subraya el hecho de que sus esfuerzos y su capacidad no se ven premiados ni reconocidos debidamente. En la *Memoria* empareja de modo irónico sus posibilidades de éxito con manifestaciones de mala suerte y falta de comprensión que expliquen su frustración y aislamiento. Su madre muere al nacer él (así nos asegura, aunque no es cierto); y su padre es un hombre terco, de poca sensibilidad, que no comprende sus aspiraciones. Los sucesos que le podían acarrear la protección del rey o del príncipe no lo hacen, porque sus recomendaciones venían de los jesuitas muy poco antes de su implicación en los motines de Madrid. El amor que le depara tantos favores al principio, luego resulta pasión "funesta". [10] Sus amigos y protectores no le aprecian tanto como debieran, y Oquendo, sobre todo, abusa de su amistad. La estructura de la *Memoria,* por lo tanto, sugiere que la falta de éxito de Cadalso se debe tanto a las injusticias o insuficiencias de los poderosos como a la fuerza del sino o a los desatinos del autor.

Esta falta de éxito que Cadalso pone de realce en su *Memoria* no le lleva a la honda y casi neurótica misantropía que se expresa a través de Tediato en

---

[10] Véase ob. cit. en la n. 6, final de la sección titulada "Primera morada en Inglaterra".

las *Noches lúgubres.* En la *Memoria,* Cadalso reacciona frente a la adversidad más bien con ironía que con gestos trágicos y patetismo. La tónica la da muy bien el comienzo de la obra, donde Cadalso se mofa de las preocupaciones genealógicas y las jerarquías sociales al hablar de su propia familia. Y, sin embargo, es posible que haya cierta ambigüedad en lo que dice allí. Al reírse de la genealogía no deja de sacar a relucir el rancio abolengo de su casa. También el pasaje resulta algo ambiguo en el contexto de la obra en su totalidad. Si realmente no le interesaban a Cadalso las jerarquías, ¿por qué insiste tanto, más adelante, en sus contactos con la aristocracia y las gentes influyentes? Recuérdese que es casi nulo lo que Cadalso nos dice en su *Memoria* de sus amigos de las clases media y baja. Tomás de Iriarte y sus hermanos, Nicolás Fernández de Moratín, la tertulia de la Fonda de San Sebastián y los amigos salmantinos apenas intervienen en su vida, tal como la cuenta en la *Memoria.* Parece seguro, en realidad, que Cadalso aspiraba a tener un lugar en la alta sociedad, y es por esto por lo que se siente frustrado en sus ambiciones y herido al ser rechazado.

Este tema de la virtud no reconocida y la falta de protección de los inteligentes en la sociedad española aparece, desde luego, en las *Cartas marruecas* lo mismo que en la *Memoria* y otras obras de Cadalso. Nuño, por ejemplo, se queja de la ausencia de protectores para las personas inteligentes en la Carta VIII y, de nuevo, en la Carta LXXXIII. [11] El hecho de dedicar Nuño su diccionario a un aguador es un reflejo irónico del mismo problema. En otras cartas (LI y LXIII) se resaltan los equívocos valores de los políticos, que no respetan el verdadero mérito. Y, en la Carta LXV, se queja Nuño (lo mismo que Cadalso en su *Memoria*) del poco aprecio que se hace de la hombría de bien, [12] lo cual dificulta la vida para la gente honrada (Carta LII). [13] Otro aspecto del propio problema es el poco apoyo que el literato encuentra en España, asunto que se trata sobre todo en la Carta LXXXIII (cuyo título reza así en el Índice primitivo: "De la inexplicable desgracia de los literatos en España"). [14] Y la decadencia de las ciencias en España se atribuye a la falta de premios y reconocimiento (Carta VI).

No sorprende que gran parte de las quejas y lamentos sobre la situación de los inteligentes provenga de Nuño, hombre que se encuentra aislado dentro de la sociedad, algo así como el mismo Cadalso en Salamanca en 1773, o en Zaragoza en 1768. Por ser Nuño español y cristiano, es natural asociar sus ideas con las de Cadalso. Pero lo cierto es que conceptos similares se desarrollan también en las cartas atribuidas a Gazel. Este último se escandaliza ante las desgracias de Cervantes, Luis de León y Quevedo (Car-

---

11 *CM,* pp. 34 y 187.
12 Id., pp. 139-140.
13 Id., p. 118.
14 Id., p. 187.

ta LXXXIII), y secunda las ideas de Nuño acerca del estancamiento de las ciencias en España (Carta VI) por falta de ayuda por parte de las personas pudientes. [15] Gazel se une a Nuño en su escepticismo acerca del progreso de la literatura en Europa (Carta LXVI), [16] y expresa aisladamente su incertidumbre con respecto a "cómo ha de portarse un hombre para hacerse un mediano lugar en el mundo" (Carta LXXXI). [17] En realidad, algunas de las conclusiones más pesimistas de la obra las saca Gazel, y no Nuño. Es aquél quien admira la vida retirada (que el mismo Cadalso, por otra parte, ambicionaba a veces), en la Carta LXIX, y es Nuño precisamente el que opina que el hombre de talento y mérito debe procurar ser útil a la sociedad. "No basta ser bueno para sí y para otros pocos", asevera en la Carta LXX, "es preciso serlo o procurar serlo para el total de la nación. Es verdad que no hay carrera en el estado que no esté sembrada de abrojos, pero no deben espantar al hombre que camina con firmeza y valor." [18] También en la Carta LXXI Nuño parece dispuesto a seguir examinando esta cuestión desde el mismo punto de vista. Sólo que allí, la ficción de la laguna en el manuscrito permite a Cadalso dar un giro irónico al tema, dejándonos suponer que el público no tiene verdadero interés en "asunto tan plausible". [19] De esta manera se relaciona la discusión entera entre Gazel y Nuño con las propias vacilaciones de Cadalso.

Es evidente que el problema del hombre de bien que quiere ser útil a la sociedad mediante alguna carrera, tema fundamental en la *Memoria*, tiene un lugar importante en las *Cartas marruecas*. Pero esto no quiere decir necesariamente que Cadalso haya trasladado a una obra de ficción una situación personal. Por consiguiente, hay que preguntarse si su postergación y falta de éxito fueron realmente un caso único, o si él era uno de los muchos que se encontraban marginados dentro del sistema jerárquico de la sociedad española en tiempo de Carlos III. Su crítica, ¿proviene tan sólo de sus propias experiencias? ¿O corresponde más bien a una situación generalizada, cuya importancia Cadalso comprendía precisamente porque sus experiencias propias agudizaban su comprensión? En otras palabras, la estructura de la *Memoria* de Cadalso y sus *Cartas marruecas,* ¿expresa el estado psíquico del autor, o el estado económico y social de su sociedad?

Hasta cierto punto, la presencia del mismo tema en autores coetáneos de Cadalso, que también se quejan de la falta de protección de los inteligentes y su desilusión consiguiente, prueba la realidad de la situación referida.

---

[15] Id., p. 22.
[16] Id., p. 141.
[17] Id., p. 182.
[18] Id., p. 158.
[19] Id., p, 160.

Un caso notable es el de un amigo de Cadalso, Tomás de Iriarte, contertulio suyo en la Fonda de San Sebastián a principios de los años 70 del siglo XVIII. Iriarte, en la *Epístola primera,* que dirigió a Cadalso el 11 de noviembre de 1774, se queja de la ascendencia de gentes ignorantes, quienes, tras una juventud sin educación,

> subieron
> a ocupar los empleos de importancia,
> en que es leve defecto la ignorancia. [20]

Vuelve a criticar la falta de educación de los ricos y poderosos en la *Epístola* escrita a Cadalso el 8 de julio de 1777, donde asevera que los magnates no se interesan por obras de gusto y erudición o por temas serios. [21] Y surge el mismo asunto hacia 1776, en el poema largo titulado *El egoísmo,* publicado muy fragmentariamente en el siglo pasado por el marqués de Valmar, en el segundo tomo de sus *Poetas líricos del siglo XVIII* (*B. A. E.,* 63). En aquellos fragmentos, Iriarte alaba a una nación imaginaria, regida por "superiores sabios y celosos", [22] donde se premian el mérito y el esfuerzo, y donde no es necesario heredar un lugar privilegiado en la sociedad para medrar. La descripción que Iriarte da de aquel país idealizado produce un contraste llamativo con la falta de estímulos y el egoísmo que Iriarte encuentra en la sociedad española de sus tiempos.

> No hay tiranos allí desapiadados,
> que abandonen, sofoquen, desestimen
> los ingenios recientes o formados,
> que dieron o prometen algún frutó.
> Allí con esperanza y noble esmero
> se aplica cada cual a su instituto,
> desde el docto escritor al jornalero.
> No es necesario allí que la riqueza
> se herede de los padres; que el que tiene
> invención, gusto, actividad, destreza,
> halla fortuna que a buscarle viene,
> poniéndole el favor y bien delante,
> y aun a quien repartió naturaleza
> espiritual o corporal defecto,
> también alcanza el favorable efecto
> de un gobierno ilustrado y vigilante,
> que hasta en la más pueril manufactura
> durable subsistencia le asegura. [23]

---

[20] *B. A. E.,* 63 (Madrid, 1925), 23.
[21] Ob. cit. en la n. 20, 25 ("Ocurrióme buscar algún magnate / Que de mi traducción fuese padrino; / Pero dije después: ¡Qué desatino!").
[22] Ob. cit. en la n. 20, 41.
[23] Ibíd.

Por fin, Iriarte vuelve a proponer un remedio para el problema de la inteligencia en la sociedad española de 1780, al redactar una memoria acerca de la fundación de una nueva Academia de Ciencias. En aquella memoria alude a la necesidad de subvencionar el trabajo de los literatos, mediante puestos asalariados dentro de la nueva fundación. [24] Con este apoyo de tipo financiero, los estudiosos contribuirían con más provecho a los progresos de la nación.

La misma preocupación que encontramos en Cadalso e Iriarte por el rechazo de la inteligencia y la falta de estímulos sigue manifestándose en los años 80 del siglo XVIII. Por entonces, la crítica de la aristocracia mal educada y poco protectora se hace más agria en las obras de Forner. [25] Parece, por lo tanto, evidente que lo que en un principio parecía consecuencia de la experiencia personal de Cadalso, sólo lo es en parte. Mirando las *Cartas marruecas* bajo una luz histórica, se las puede asociar con la creciente crítica de las antiguas jerarquías de la sociedad española. Cadalso no sólo busca soluciones a los problemas generales de España en su época —económicos sobre todo—, sino que manifiesta la inquietud de los de su clase por su falta de influencia. Su intención, y la de Iriarte también, es modificar el sistema desde dentro, pero sin hacer una revolución social. Al presentar estas ideas y la crítica que las acompaña, se une Cadalso al grupo de autores que mostraban un interés incipiente por participar en la política de su país, publicando libros sobre los problemas nacionales, y ofreciendo soluciones distintas de las propuestas en obras que tenían el apoyo oficial, como el *Proyecto económico* de Bernardo Ward, o los *Discursos sobre la Industria y la Educación popular* de Campomanes. Pensamos en autores como Vicente Vizcayno Pérez y Felipe Argenti Leys, que reaccionaban ante la crisis económica de su tiempo con sus respectivos libros, titulados *Discursos políticos,* en 1766 y 1777. [26] Con obras de este tipo se empieza a agudizar el deseo de participar, que se ve fomentado en aquella época por las recién creadas Sociedades económicas, [27] y que con-

---

[24] E. Cotarelo y Mori, *Iriarte y su época* (Madrid, 1897), p. 232.

[25] Véase el excelente libro de François Lopez, *Juan Pablo Forner et la crise de la conscience espagnole au XVIIIᵉ siècle* (Lille, 1977), p. 306 y ss.

[26] Vicente Vizcayno Pérez, *Discursos políticos, sobre los estragos que causan los censos, felicidades, y medios de su extinción. Comercio fomentado, y general abundancia de comestibles en España* (Madrid, 1766); Felipe Argenti Leys, *Discursos políticos, y económicos sobre el estado actual de España* (Madrid, 1777). En éste, Argenti Leys echa la culpa de la despoblación de España al "mucho luxo en vestidos, y mesas, y la multitud de pleytos que con harto dolor vemos fatigar los Tribunales" (ob. cit., p. 68). Argenti Leys critica, más adelante, el número excesivo de jueces y escribanos, y su falta de inteligencia.

[27] Recuérdese que Cadalso (lo mismo que su tío Diego de Cadalso, y el hijo de éste) se unió a la Real Sociedad Bascongada de Amigos del País, a título de socio benemérito. Aparece su nombre por primera vez en el Catálogo de los individuos de la sociedad en 1777, que se incluye con los *Extractos de las Juntas Generales.* Se le

duce, a la larga, a la Constitución de Cádiz de 1812. Las *Cartas marruecas* de Cadalso, de haberse publicado en 1774 ó 1775, como el autor deseaba, habrían contribuido también a la formación de un nuevo elemento en la vida política española —la opinión pública—, elemento que desempeñó un papel fundamental a partir de 1808. [28]

---

vuelve a citar en 1779 y 1781, y en 1782 se encuentra su nombre en la lista de socios que han muerto. Socios de esta Real Sociedad que fueron amigos de Cadalso son Casimiro Gómez Ortega, el botánico, asociado en 1775; Bernardo de Iriarte, socio ya en 1776; y su hermano Domingo de Iriarte, socio en 1777. Otro amigo, el marqués de Villavenazar, pertenecía a la Sociedad desde el año de 1766; y a la Económica de Madrid se unió otro amigo de Cadalso, Nicolás Fernández de Moratín. Manuel de Aguirre, oficial como Cadalso del Regimiento de Caballería de Borbón, describe el fin de estas sociedades patrióticas como "ser unas antorchas que iluminen a todas las clases del Estado y un tribunal que haga conocer y publique los errores y preocupaciones que oprimen al pueblo y desvían de él la risueña faz o aspecto de la felicidad" *(Cartas y discursos del Militar Ingenuo al Correo de los Ciegos de Madrid,* ed. A. Elorza [San Sebastián, 1974], p. 78).

28 Un discurso que subraya la importancia de la opinión pública, sin emplear el término, es el *Discurso sobre la legislación* escrito en 1786 por Manuel de Aguirre (véanse las *Cartas y discursos del Militar Ingenuo,* ed. cit. en la n. 27, p. 195, artículo 15). En noviembre de 1794, un dominico francés refugiado en Madrid, pensó en las ventajas de movilizar la opinión pública en España contra las ideas de la Revolución Francesa. "Malheur à toute administration", decía en una *Memoria,* "qui, ne comptant que sur la force, négligeroit l'opinion publique" (Archivo Histórico Nacional [Madrid], Estado, Leg. 3022, núm. 16). Y, sin embargo, según el poema de N. Pérez Camino titulado *La opinión* (publicado en Burdeos en 1820), fue precisamente la Revolución Francesa la que dio el gran impulso al concepto en Europa. En cuanto a España, el general O'Farrill solicitó la ayuda de Quintana para atraer la opinión pública al lado del rey intruso, José I, en 1808. Y Juan Antonio Llorente se apoyó en el mismo concepto al redactar su *Discurso sobre la opinión nacional de España acerca de la guerra con Francia* (Zaragoza, 1813).

Spain as Virgin: Radical Traditionalism in Ángel Ganivet

JAVIER HERRERO
University of Virginia

A man who commits suicide, to a great extent, for theoretical reasons, is, undoubtedly, a radical man. [1] Ganivet's radicalism embraces the totality of his spiritual life, which he had unified in a philosophical whole pervaded by a very personal religious outlook. From it a well structured series of moral and political consequences followed. As was the case with his contemporary Unamuno, the kernel of his outlook was romantic: the absolute spirit displays itself in nature and becomes self-conscious in man. The spirit reveals itself through history, creating a diversity of cultures that aim to produce free and reasonable societies. The aim of history is, then, to impose freedom over necessity, reason over nature: spiritual humanity over blind animality. But history and progress are not abstractions: in each nation the spirit acts in its own way and through its own means. This, of course, is the basis of the *Volksgeist,* the national spirit, the very nucleus of romantic political thought.

The search for the national spirit had been the source of much literary revival in the first half of the nineteenth century (return to Middle-Age values; the creation of a romantic world of castles, knights, troubadours; the edition of old texts and the study of the literature of the past, etc.). Such a search became for the young men of the turn of the century a very vital need: through it they hoped to find a haven of certainty in a crumbling world. For Unamuno and Ganivet the reason for the present state of Spanish decadence had to be found in the very essence of Spain's national spi-

---

1 Much discussion has taken place with regard to Ganivet's suicide. Several causes were involved: his misunderstanding with his lover, Amelia Roldán; the progress of his syphilis; but, to a great extent, a profound and very complex pessimism, in which theoretical reasons, combined with emotional attitudes, were a determinant factor. See Javier Herrero, *Ángel Ganivet: un iluminado* (Madrid, 1966), pp. 264-270.

rit. Unamuno came to the conclusion that *casticismo,* the self-absorption of
Spain into its own soul and the rupture of its links with European life, had
been a major cause for this decadence (I speak, of course, of the Unamuno
of *En torno al casticismo,* as it is well known he changed his mind later).
Ganivet, on the contrary, brought the opposite point of view to its more radical consequences. Spain, although mother to many countries, has remained
spiritually a virgin; it is in this state of uncontaminated purity that it must
look for its future redemption, but, of course, by searching for the *regene-*
ración de España Ganivet is giving a political dimension to the meaning of
virginity. For him it means, essentially, to remain uncontaminated by the
corruption brought about with the industrial revolution: an extraordinary
social upheaval and an unquenchable thirst for wealth and material acqui-
sitions. Spain must reject liberal democracy and capitalism and search for a
personal, totally original, indeed virginal, path to salvation. Ganivet called
it *socialismo anárquico-nirvánico.* I intend to show how Ganivet's radical na-
tionalism brought him to an antidemocratic position that, far from being
anti-European, was, in fact, the product of the most advanced European
thought of his time. [2]

Let us examine Ganivet's texts on virgin Spain. The initial paragraph of
the *Idearium español,* one of the best known and most often quoted texts
of the *noventa y ocho* literature, presents with great clarity Ganivet's pa-
rallel between the Inmaculate Conception of the Virgin Mary and Spain's
historical destiny:

> Muchas veces, reflexionando sobre el apasionamiento con que en España se ha defen-
> dido y proclamado el dogma de la Concepción Inmaculada, se me ha ocurrido pensar
> que en el fondo de ese dogma debía de haber algún misterio que por ocultos caminos
> se enlazara con el misterio de nuestra alma nacional; que acaso ese dogma era el sím-
> bolo. ¡Símbolo admirable!, de nuestra propia vida, en la que, tras larga y penosa labor
> de maternidad, venimos a hallarnos en la vejez con el espíritu virgen. Como una mu-
> jer que, atraída por irresistible vocación a la vida monástica y ascética, y casada contra
> su voluntad y convertida en madre por deber, llegara al cabo de sus días a descubrir
> que su espíritu era ajeno a su obra, que entre los hijos de la carne el alma continua-
> ba sola, abierta como una rosa mística a los ideales de la virginidad. (I, 153). [3]

The context of the *Idearium* makes quite clear that the first level of
meaning of the Virgin's metaphor is political: Spain is like a virgin who
married in the past an imperial ideal and generated multiple children (the
Spanish colonies), but she betrayed her deepest vocation, which has express-

---

[2] What Ganivet's political views were is a topic that has been much discussed
without much accord. A good summing up of recent arguments can be found in H. Ramsden, *Angel Ganivet's* Idearium Español. *A critical study* (Manchester, 1967), pp. 16-32.
[3] All quotations of Ángel Ganivet from *Ángel Ganivet. Obras Completas,* ed. Melchor Fernández Almagro, 2 vols. (Madrid, 1951).

ed itself truly in her art: a new spiritual creation should be the modern offspring of this mystical virgin. [4]

Who, however, is to be the messianic child of this *Inmaculada?* Obviously, the metaphor of the Virgin Mary brings to mind immediately the birth of Christ, messiah and saviour of the world. Does Ganivet claim that the new social form that Spain must create is bringing salvation to its decadence, redemption to its tormented history? Indeed, this seems to be exactly his meaning. The virgin is the central dogma of the Spanish faith; it is a living one, and in its awesome mystery it incorporates the more profound aspirations and ideals of the national spirit:

> Hay el hecho de la concepción real, y el fenómeno de la concepción ideal por el hombre de una Mujer que, no obstante haber vivido vida humana, se vio libre de la mancha que la materia imprime a los hombres. Preguntemos uno a uno a todos los españoles, y veremos que la Purísima es siempre la Virgen ideal, cuyo símbolo en el arte son las *Concepciones* de Murillo. El pueblo español ve en ese misterio no sólo el de la concepción y el de la virginidad, sino el misterio de toda la vida. Hay un dogma escrito inmutable, y otro vivo, creado por el genio popular. *(El porvenir de España,* II, 1984-1985)

These are remarkable statements. Spain had been compared to the *Inmaculada* because it is a mother of countries that has remained a mystical virgin. But we are told here that this image of Spain is the creation of the Spanish people: an ideal poetically embodied in the metaphor of a woman who has lived on Earth, although not contaminated by material corruption. In this mystery, Ganivet tells us, the deepest expression of Spain's soul is to be found.

A closer analysis of Ganivet's texts will bring us to a clearer understanding of his meaning, but I shall anticipate some conclusions by summing up some of Ganivet's more complex ideas. The Virgin uncontaminated by material reality has a double sense for him. It signifies, first, the ideal which corresponds to Spain's national character. This ideal has been best expressed in the works of the Spanish mystics: through the dark night of the soul, which corresponds to a rejection of man's material and sensual nature, he opens his soul to the world of *ideas redondas,* creative ideas of love, peace and understanding, opposed to the *ideas picudas* which, used like axes,

---

[4] Ganivet mistook the Inmaculate Conception, which refers to the conception of Mary without the stain of sin, with Mary's virginal conception of Jesus. When he refers to the *Inmaculada* he is thinking, then, of the act of conceiving without contamination of the flesh, that is to say, from his point of view without the stain of matter. He has in mind, then, a purely spiritual birth. See Herrero (ob. cit. en la n. 1), pp. 194-195; also Matías Montes, "El dogma de la Inmaculada Concepción como interpretación de la mujer en la obra de Ganivet," *Duquesne Hispanic Review,* 13 (1968), 9-25.

have been instruments of destruction in our bloody history. [5] This is familiar ground; nevertheless, to this spiritual meaning of the Virgin he adds a
more contemporary one. The mystical meaning appears enmeshed in *fin de
siècle* political concepts which give to it an unexpected twist: the Virgin,
uncontaminated by the weakness of the flesh becomes the symbol of a Spain
that must remain separated from European contemporary corruption. Ganivet's great originality resides in identifying metaphorically the *Inmaculada*
with the national spirit (interpreted in a very personal way as a mystical tradition) and using this religious image to reject, in absolute terms, European
social and political ideas as contaminating the purity of Spain's virginal soul.
Capitalism, liberal democracy, urban bourgeoisie, in fact, the modern European ideal of progress, become, in this way, the corruption (diabolical, if
we maintain the religious metaphor) which can pollute and contaminate the
Inmaculada. As Ganivet himself graphically proclaimed, he is proposing an
España convento againts an *España locomotora*.

This, I think, is a rather staggering expression, more extreme than anything that Unamuno ever asserted in his wildest moments of Celtiberian fe-
rocity. It is also, as far as I know, the most radical expression of traditionalism in the Hispanic world. Indeed, to assert that the future political form
of Spain should be based on the implementation, at a national level, of a
mystical ideal of renunciation of wealth, technology, industry, and moderni-
ty, is a kind of spiritual extremism which goes beyond all the forms of utopian socialism of the late nineteenth century (by which, no doubt, Ganivet
was inspired).

The withdrawal of Spain into the fortress of its tradition was a feature
of the turn of the century. It causes the profound *casticismo* which will become increasingly a distinctive feature of such representative writers as
Unamuno, Maeztu and, to a great extent, Azorín himself. [6] It is well known,
too, that this traditionalism is closely connected with the political attitude
of these writers: for most of them it meant a conversion from a political radicalism that allied them with Marxism or anarchism, to a return to "spiritualism" and the shelter of the Spanish soul and values. [7] One measure of

---

[5] The concept of *ideas picudas* and *ideas redondas* is central to Ganivet's thought. As
often with him, these important elements of his personal approach to Spanish problems
are taken from contemporary European authors; in this case from Maupassant's *Made-
moiselle Perle*. See Juan Marichal, "Ideas picudas, ideas redondas: Maupassant y Ganivet," *NRFH*, 8 (1954), 77-79.

[6] In *La voluntad*, of course, Azorín's thesis was the opposite: only through European
influence could Spanish *abulia* be overcome.

[7] Several recent studies have followed this transformation of the political attitudes of
the more representative writers of the generation of 98. This literature is too extensive to
quote at length. Some of the more important contributions are: Carlos Blanco Aguinaga,
La juventud del 98 (Madrid, 1970); Rafael Pérez de la Dehesa, *El grupo "Germinal":*

Ganivet's originality in Spain is that in him socialism and traditionalism are the expression of the same radical spirit. [8]

Obviously, it was the crisis of 1898 that caused this inner withdrawal. Shaken by defeat, the *regeneracionistas* abandoned hope of finding salvation in European ideas of progress and began a search for it in the depth of the national soul. An exceptional witness to this movement is Rubén Darío: his testimony interests us specially because he uses metaphors which are remarkably similar to those of Ganivet. In 1897, Rubén, with his characteristic insight, had already seen the "virginal" isolation of "mother" Spain. He speaks from the point of view of the children whom their mother now disowns. Answering the critics who reprimand him for searching for his inspiration in France, Darío writes:

> Hemos pecado, es cierto. ¿Pero quién ha tenido la culpa sino la *madre España,* la cual, una vez roto el vínculo primitivo, *se metió en su Escorial* y olvidó cuidar la simiente moral que aquí dejaba? [9]

The analogy of expression between Darío and Ganivet is striking: Spain is a mother who now withdraws from her children and isolates herself in the bosom of her tradition (the Escorial). The retreat into the Escorial expresses Spain's abandonment of Europe's modern ideals. This image persists in Darío's imagination: in 1901 he describes the impact of the American modernists in Spain as a "ventana que se han atrevido a abrir en el *castillo feudal* unos pocos valerosos" (op. cit. in n. 9, p. 137). A feudal castle and the Escorial: splendid metaphors for the abode of Ganivet's Virgin.

We have, then, seen the general meaning of Spain as Virgin in Ganivet and how he pioneers the intellectual direction of some of the more representative writers of his generation. We must try to find out now what is the concrete meaning of this withdrawal from the horrors of industrial Europe and this retreat into the *castillo feudal,* the *Escorial,* or, as Ganivet puts it, going well beyond Darío's images, into a cave hidden below the Alhambra. [10] We have shown that Ganivet's symbolic Virgin is for him, not only a mystical concept but, particularly, a socio-political one. His mysticism is

---

una clave del 98 (Madrid, 1970); and E. Inman Fox, *La crisis intelectual del 98* (Madrid, 1976). Very important is the volume *Pensamiento y letras en la España del siglo XX* (Nashville, 1966). See also Geoffrey Ribbans' "Unamuno en 1899: El proceso de Montjuich y los anarquistas," in *Niebla y Soledad* (Madrid, 1971), pp. 17-44.

8 This originality is relative. I am under the impression that a main "source" of Ganivet's utopian socialism (apart from the obvious one of the ubiquitous Tolstoy) is Galdós' description of Ángel Guerra's social ideals. Ganivet's enthusiasm for *Ángel Guerra* in his letters to his family strongly hints this. See my edition *Ángel Ganivet. Correspondencia familiar* (Granada, 1967).

9 *Poesía Completa* (Madrid, 1968), p. 132.

10 See Herrero, op. cit. in n. 1, pp. 126 and 250.

a system constructed with Roman (stoic), Arab, and Christian elements and
it leads to a rejection of the materialism of his time. What interests us, however, is that this withdrawal is transformed into a utopian socialism where
Spain, separated from Europe, can develop its uncontaminated national spirit
into immortal spiritual creations. This new creation will be the messianic
child of the Virgin, the object of our search; let us examine some texts which
describe its main features. Ganivet advocates a federal socialism in these
terms:

> En este régimen federativo es fácil la implantación de un socialismo práctico [...] En
> un pueblo donde existe la seguridad de comer todos los días poco o mucho habrá, es
> cierto, holgazanes [sic], pero no habrá dinamiteros; habrá quien viva sin pensar, pero
> habrá quien dedique a pensar todo su tiempo sin bajas preocupaciones. Este socia-
> lismo anárquico-nirvánico es el mío; éste es mi credo filosófico-político, económico,
> familiar y religioso. Esto no será del gusto de las clases mercantiles e industriales,
> y parecerá una blasfemia a los progresistas de la materia; pero es lo humano y aun lo
> divino. (II, 984)

This quotation is taken from the *Epistolario* and, consequently, shows a
familiar and oversimple style, but it is interesting because it reflects with
complete spontaneity Ganivet's mind: this *socialismo anárquico-nirvánico*
aims, above all, to create a minority of artists and thinkers. This minority
will endow the masses with a new moral and intellectual life, and it is
through such life that their social transformation will take place: moral regeneration is the necessary basis for future political change. In the *Idearium*
Ganivet has given an elaborated expression of his ideal: a country can not
live without glory; Spain, in the past, thought that imperial glory was her
destiny; she was wrong, the greatest glory is ideal glory, the one which creates peace and beauty. Ganivet is fully convinced that only this spiritual re-
novation of the individual can create his *socialismo anárquico-nirvánico,* and
firmly believes, also, that this creation will be a new political form, totally
original, completely different from anything done in the Europe of his time.
This originality and independence, and the spiritually revolutionary character of his ideal, explain the messianic character of the Virgin birth of the
new Spain that we have pointed out before. Let us examine a sample of
Ganivet's argument:

> Es indispensable forzar nuestra nación a que se desahogue racionalmente y, para ello, hay
> que infundir nueva vida espiritual en los individuos y por ellos en la ciudad y en el Es-
> tado. [...] España ha sido la primera nación europea engrandecida por la política de
> expansión y de conquista; ha sido la primera en decaer y terminar su evolución material,
> desparramándose por extensos territorios, y es la primera que tiene ahora que trabajar
> en una restauración política y social de un orden completamente nuevo; por tanto, su
> situación es completamente distinta de la de las demás naciones europeas y no debe
> imitar a ninguna. (*Idearium,* I, 285)

Two are, then, the essential directions of Ganivet's thought: a ruthless separation from modern European thought and socio-political direction that he considers hopelessly decadent, and an immersion into the inner recesses of the national spirit. Both, of course, are complementary and the two sides of a unique movement: the withdrawal into the Escorial that Darío had diagnosed so acutely. In *El porvenir de España* Ganivet insists on the close link between both attitudes: Spain has only two alternatives, *someternos en absoluto a las exigencias de la vida europea, o retirarnos en absoluto;* the retreat is the means for creation through contemplation: *para crear es necesario que la nación, como el hombre, se recojan y mediten* (II, 1091). Finally, the *Idearium* tells us that Spanish separation from Europe must be permanent; neither its present nor future ideas can help: *Ni las ideas francesas, ni las inglesas, ni las alemanas, ni las que puedan estar más tarde en voga, nos sirven...* (286; Italics mine).

An essential element in this original Spanish creation is the unity in diversity. Spain has multiple elements in its cultural history which have contributed to the formation of its spirit (the indigenous Iberian and Celtic tribes; the Romans; Christianity; the Arabs and the Jews; etc.), and this variety has resulted in the distinct character of its regions; only by a federal union which respects this variety can a creative unity be formed, but such federalism, in opposition to the violent measures proposed by the anarchists, should be achieved only by peaceful means (as we shall see, by the loving and reasonable activity of spiritual leaders):

> Para mí, la federación no debe ser una actividad estática, sino dinámica; no propia de un cementerio, sino hecha para que podamos vivir y movernos; no inmutable, sino transitoria y encaminada hacia la "unidad." Ciertamente que yo no voy a justificar los medios violentos empleados para imponerse: para que no haya violencia es para lo que yo acepto la federación. *(Cartas finlandesas,* I, 692)

The cause of this violence is the unquenchable thirst for money. Men are persuaded by the demagogues of liberalism that unlimited wealth and unlimited freedom can be reached by every individual in a utopian acquisitive society; when the fraud of such a promise is found out, the disappointed masses can only hope to conquer justice through violent revolution:

> [L]as fuerzas de Hércules no bastarían para conseguir que, no ya un rebaño humano, sino el más débil de sus borregos se apartara de la alfalfa material que representa hoy el metal acuñado. El secreto de esa resistencia está en la necesidad de que exista algo universal al alcance de todas las inteligencias. Este algo no existe y hay que substituirle con aproximaciones. En nuestro tiempo, la aproximación empleada es el capital, la riqueza, o, más vulgarmente, el dinero. *(Epistolario,* II, 1014-1015)

For Ganivet the illusion created by capitalism brings the inevitable violence of revolutions that aim to remedy the inequalities produced by the religion of wealth. Even so, revolutionary violence must be rejected: true education and, consequently, cultural development (the only one which can satisfy man) is incompatible with the leadership of the prophets of violence:

> [L]a inmensa mayoría de los que piden el exterminio del capital no serían capaces de hacer nada después de exterminarlo si no es defender o combatir lo que le sustituyese, verbigracia, la distribución de medios económicos. [...] El que se prepara con todos sus bríos para la lucha, sepa que será devorado al fin, porque aunque venza a los demás no podrá vencerse a sí mismo, y será destruido por esas mismas energías insaciables. *(Epistolario,* II, 1015; 1016-1017)

The consequence of his line of argument should be obvious: the rejection of liberal democracy. Such democracy, in fact, is only one pole of an infernal dialectic: unlimited acquisitive appetite brings with it a dream of unlimited freedom. But capitalism inevitably produces inequality, great wealth and great poverty, and this contrast produces a new dream: violent revolution which restores equality through collective property:

> La inmunda democracia es la responsable de esta farsa, y es la responsable de todo lo que ha venido después: socialismo, comunismo, anarquismo, etc. Desde el punto en que para ganar votos del pueblo se afirma que éste debe ser feliz y venturoso y que para conseguirlo no hay más que dar cuerda, esto es, dar libertad absoluta, y luego se ve prácticamente que con la libertad se está tan mal como sin ella, vienen otras soluciones a terminar la serie. Reparto, nivelación, propiedad colectiva, etc. *(Epistolario,* II, 901)

Although Ganivet continuously proclaims his rejection of Europe, these ideas, of course, come from the European authors that he so often quotes in his correspondence. A voracious reader and a polyglot who knew well the major modern European languages, as well as Latin and Greek, Ganivet was powerfully influenced by *fin de siècle* spiritualism. His masters are the great thinkers and writers of his time (Nietzsche, Ibsen, Zola, Barrès, Tolstoy), artists (Wagner) and, in Spain, the Galdós of the *Torquemada* series and of *Ángel Guerra,* works that he discusses at length in his correspondence. It is really, then, in the European thought of his time that we must search for the utopian socialism that he opposes to the evil of both capitalism and revolution:

> Mil veces he pensado, y hasta he soñado, si el socialismo no podría tomar una dirección espiritual y hacer que el centro de la actividad humana, colocado hace tantos siglos en la conquista del dinero, y a veces del pan, cambiase de sitio, neutralizando la vida económica por medio de un pacto que asegurase la manutención, y dirigiendo todas las ganas de pelea hacia las regiones hoy polares del pensamiento. *(Epistolario,* II, 1014)

Such transformation can only be done through the spiritual action of exceptional individuals on the masses: *El trabajo de las muchedumbres será siempre "geológico", pegado a la tierra* [...] *Se necesita ser un "genio" para sacar a la multitud de su bajeza y elevarla a la contemplación ideal.* Ganivet quotes Ibsen to support his defense of the principle that *la minoría es la que debe gobernar* and rejects the democratic conception of government as the expression of national sovereignty: *Por odio al despotismo* [...] *se pretendió anular la acción preponderante individual y sustituirla por el poder anónimo de la soberanía nacional* (these quotes from *Epistolario*, II, 942; underlining mine).

If, however, we reject the violent imposition of the will of the leader on the masses, which will be the form of social action that can produce such a radical transformation? Ganivet's answer is rather astonishing and quite in keeping with his own definition of his thought as *socialismo anárquico-nirvánico:* his *socialismo* will be achieved through contemplation and education under the guidance of a spiritual leader:

> Si en el orden de la ciencia no es la fe el criterio de la verdad y el principio del conocimiento, como el tradicionalismo pretende en la vida real, hay que reconocer que la mayor parte de los individuos, careciendo de una educación suficiente y de un superior criterio para juzgar, sólo puede recibir las ideas como verdaderas mediante la fe en la palabra del maestro, en el asentimiento general, ya que no en la revelación. (*España filosófica contemporánea*, II, 668)

This ideal of the teacher-leader forms, really, the core of Ganivet's masterpiece, *Los trabajos del infatigable creador Pío Cid,* is embodied in its hero, and is proclaimed by Pío Cid himself in one of the key passages of the book:

> Yo creo que enseñar vale más que gobernar, y que el verdadero hombre de estado no es el que da leyes... sino el que se esfuerza por levantar la condición del hombre. (*Trabajos*, II, 525)

As most great ideas, the belief in the supremacy of intellectual influence and in the power of contemplation, under a master's teaching, to transform man and to endow him with great moral energy, was born of a profound personal experience. [11] Ganivet tells us, in the opening pages of the *Idearium,* how the works of Seneca opened for him a new world which shook and transformed his own personality and his view of the world:

> Cuando yo, siendo estudiante, leí las obras de Séneca, me quedé aturdido y asombrado, como quien, perdida la vista o el oído, los recobrara repentina e inesperadamente y viera los objetos, que con sus colores y sonidos ideales se agitaban antes confusos en su interior, salir ahora en tropel y tomar la consistencia de objetos reales y tangibles. (*Idearium*, I, 155-156)

---

11 See Ramsden, op. cit. in n. 2, pp. 125-153.

The last sentence is truly revealing: the world only acquires consistency as a result of the inner transformation produced by the teacher. This is the vocation and mission of Pío Cid-Ganivet: to instill in the Spanish soul the diamond-like axis which will give to it the energy to implement the *ideas redondas.*

If we look back now, we understand much better the depth of meaning of the image of Spain as virgin. Through Ganivet's references to the *Inmaculada Concepción* and to the *Inmaculadas* of Murillo we know that he had in mind the Virgin Mary and the birth of Christ. [12] We have shown that Spain remained a Virgin because the giving birth to an empire did not correspond to her true vocation, did not conform to her spirit. Her body gave birth, but her soul remained opened, waiting to be fertilized by the Spirit, not by ideals of earthly power and material gain. In the crossroads of the turn of the century, the choice is presented to her again: she can choose the European directions of capitalism and revolution, or she can give birth to an original, unique creation. Such a creation is both political and spiritual; in it all the wealth of Spain's tradition will blossom into a new child, a contemplative, nirvanic socialism which would establish, not a consumer society, not an authoritarian and rigid system, but a peace-loving republic of artists and thinkers. Such a creation needs a teacher-leader (who, obviously, fulfills the function of the Holy Spirit); he will help the Spanish soul to conceive. The model of such a leader is Pío Cid and we know that behind Pío Cid hides Ganivet. [13] It is obvious, then, that Ángel Ganivet saw himself as the redeemer who would give to his country a sense of her destiny, and who would aid her in a truly glorious rebirth.

---

[12] See above n. 4.

[13] See Javier Herrero, "El elemento biográfico en *Los trabajos del infatigable creador Pío Cid,*" *HR,* 34 (1966), 95-110; see also the well researched study of Juan Ventura Agudiez, *Las novelas de Ángel Ganivet* (Madrid, 1972), pp. 132-148.

Vivencia y conciencia del tiempo: de Antonio Machado a la poesía española de posguerra

José Olivio Jiménez
Hunter College of the City University of New York

He de entrar en el tema anunciado en este título remontándome, siquiera brevemente, a ciertas experiencias críticas personales de bastantes años atrás. Hacia principios de los 60 preparaba yo una serie de estudios sobre la presencia central del tiempo en la obra de algunos poetas españoles, todos ellos vivos en aquel momento, y los cuales representaban —con la excepción de la del 36— las varias generaciones que entonces coexistían en la poesía española: Vicente Aleixandre y Luis Cernuda, de la del 27; José Hierro y Carlos Bousoño, de la primera promoción de posguerra, y Francisco Brines, de la más joven en dicho momento. Los tomaba como casos muy apurados de una conciencia poética enérgicamente temporalista, si bien con singularísimas motivaciones y modalidades expresivas en cada uno de ellos. Pero era bien resaltante el hecho de que en tal camino no estaban solos: que a los demás poetas que les acompañaban en aquella etapa histórica se les sentía animados por un móvil análogo, y que los resultados, todo lo estilísticamente diferentes con que se ofrecían, arrojaban una común y bien marcada sugestión temporal. Al descubrir tal coherente panorama, irrebatible en 1963 (fecha en que escribí el prólogo o introducción del libro que iba a contener aquellos estudios), se me impuso recorrer previamente esa dominante preocupación sobre el tiempo a todo lo largo de la lírica española moderna, desde los mismos comienzos del siglo. Me propuse, en dicha introducción, retrotraerme hasta las raíces de lo observado, rastrear sus momentos de intensificación y también de crisis, y explicarme los condicionamientos históricos que lo habían hecho casi fatal en los dos primeros decenios de la posguerra, que era el período a que se iba a contraer mi libro. [1]

---

[1] Me refiero a *Cinco poetas del tiempo* (Madrid, 1964); 2.ª ed. aumentada, 1972. Al citar los pasajes poéticos de Machado en el presente estudio, identificamos su procedencia dando en siglas los títulos de las colecciones a que pertenecen —*S: Soleda-*

Una conclusión se me había impuesto ya, aun antes de redactar las citadas páginas prologales: que la vivencia y conciencia del tiempo, al devenir poesía, había tomado, en los años posteriores a la guerra civil, tres cauces a la vez diversos, interrelacionados y paralelos. Y que éstos exhibían una gradación donde se iba desde lo personal e interiormente vivido por el poeta en su existencia propia, hasta la asunción crítica del tiempo histórico-social en que estaban situados, y, en última instancia, favorecían una meditación más objetiva y universal en torno a la raíz de esa comprensiva inquietud, o sea, sobre el tiempo mismo. Pero al proyectar mi mirada hacia atrás y detenerme en los poetas surgidos en los años del modernismo —o del 98, sólo para entendernos— me tuve que encontrar allí una obra que comprendía, y en un grado mucho mayor al de un simple esbozo o germen potenciador, esas tres vías; las cuales, mucho después, al integrarse de nuevo entre sí, irían a definir también el centro de cohesión espiritual de toda la poesía de posguerra. Tal obra, ya se habrá advertido, era la de Antonio Machado.

Sobre éste y su interés en el tiempo se ha escrito mucho, y muy clarificadoramente. [2] Sabido es que en Machado, además de la profunda impresión de temporalidad "esencializada" que emana de sus versos, se da un continuo asedio teórico sobre el fundamento temporal de la poesía, desplegado en prólogos, poéticas, artículos y en algunas de las disquisiciones atribuidas a sus heterónimos (principalmente en las de Juan de Mairena). Sin poder volver ahora con detenimiento sobre tales manifestaciones de su poética —por lo demás sobradamente conocidas y comentadas— convendrá, no obstante, observar y delimitar, global y aproximadamente, lo que en ese sentido Machado hizo desde el conjunto todo de su obra. Y lo que hizo, dicho de un modo resumido, fue expresarse siempre desde una agudísima vivencia del tiempo, en sus diferentes canalizaciones, y tanto en su poesía en verso como en su labor en prosa —tan inextricables, además, entre sí—. Véase someramente, aun a riesgo de fraccionar algo que de hecho no es reducible a tan nítida diferenciación, ese triple encauzamiento de la vivencia temporal, inmediata o especulativa, que su producción total nos descubre.

---

des. Galerías. Otros poemas; CC: Campos de Castilla; NC: Nuevas Canciones; CA: Cancionero apócrifo— seguidas, en caracteres romanos, de los números que llevan los poemas correspondientes en la ordenación establecida de sus poesías completas.

[2] En el volumen indicado en la n. 1 (2.ª ed., pp. 17-18) daba cuenta de las primeras contribuciones críticas sobre el tema hasta esa fecha (muy aumentadas en estos últimos años). Dentro de aquéllas debo indicar una capital, que fue decisiva para mí hacia una comprensión en hondura de tal cuestión: el ensayo "Antonio Machado y la interpretación temporal de la poesía", de Juan López-Morillas, recogido en su libro Intelectuales y espirituales (Madrid, 1961). Me es grato devolver esa vieja deuda organizando estas páginas para el Homenaje al distinguido profesor, que hoy ve la luz gracias a la buena voluntad de discípulos, colegas y amigos.

Cantó Machado primero (aunque sin poner demasiado énfasis en esta puntualización cronológica, como diremos en seguida) las incidencias del personal tiempo humano, del vivido y el soñado, del real y el apócrifo, en equiparación de lo actual y lo mítico, que es una de las riquezas mayores de su poesía intimista. Es lo prevalente en sus primeras *Soledades,* de 1902, y en el definitivo libro *Soledades, Galerías. Otros poemas,* de 1907. Tal voluntad no muere, por cierto, aquí y reaparecerá todavía —sin que la enumeración sea exhaustiva— en numerosos poemas amorosos y elegíacos de su libro más "objetivo", *Campos de Castilla* (en su edición definitiva de 1917); en "Los sueños dialogados" de *Nuevas canciones* y en otros apartados de esta colección, en las canciones a Guiomar, y en los poemas más intensos que, bajo la máscara de Juan de Mairena —de modo particular en aquéllos cuya anécdota descansa en la muerte de Abel Martín—, escribirá mucho después y casi como el testamento lírico de su intimidad. Ello equivale a afirmar que esta disposición, la de atender a las pulsaciones del tiempo interior —si bien a veces objetivado en otros personajes y situaciones—, no desaparecerá nunca de modo total en su poesía, por más que cierto sector interesado de la crítica haya tratado de presentarlo así.

No menos verdadero es que muy pronto se le presentó a Machado la necesidad de reconocer y rebasar su subjetivismo inicial, ya abocado a la posibilidad de precipitarse en un radical solipsismo. Y al lanzarse a la búsqueda del *tú esencial,* encontró una forma de esa alteridad posible en la dolorosa realidad colectiva de su tierra, de su entorno histórico y social: España, con sus yermos paisajes castellanos, su agria melancolía, sus "ciudades decrépitas" y, sobre todo, con la problemática crítico-moral de una inercia y un vacío históricos que la habían lentamente depauperado y carcomido. No como Unamuno en su poesía, exaltador de lo intemporal y eterno de su "España de ensueño", a Machado sólo le es factible diagnosticar esas amargas realidades como concreciones factuales del tiempo, en el inexorable encadenamiento que liga sin rupturas el presente al pasado y proyecta a aquél hacia el futuro. Es la revelación nueva de *Campos de Castilla,* en su salida primera de 1912, donde ya hay incluso poemas cuyos títulos mismos sugieren ese prisma temporal desde donde miraba a la patria de entonces. Títulos como "Del pasado efímero", "El mañana efímero", "Una España joven", y los cuales han permitido crear la imagen del poeta en calidad de un "rezagado del 98". Tampoco, a pesar del escepticismo con que después autodecidirá sobre los resultados tanto del subjetivismo anterior como de las siguientes pretensiones de una absoluta poesía de la objetividad, termina en *Campos de Castilla* esta preocupación crítica y españolista, regida por un designio ético de implicaciones solidarias; por el contrario, irá creciendo y perfilándose de más comprometida y "realista" manera en los textos en prosa de Juan de Mairena escritos antes y durante la guerra civil, y aun en algunas poesías de esos años.

Y, por fin, miró ya más reflexivamente hacia el sentido último del tiempo o, mejor, de la realidad temporal: ese proceso, siempre inescrutable para el hombre, que induce a éste a la observación inquieta de cómo en la supuesta rotundidad del ser el tiempo va abriendo fisuras cada vez mayores. Y ello hasta configurar un hueco absorbente y triunfante: el "gran cero integral" de la nada, al cual el mismo Abel Martín oponía, en inversión positiva, la voluntad de borrar esas formas del cero para hacer brotar de su venero *las vivas aguas del ser* (Recuérdense los poemas "Al gran cero" y "Al gran pleno o conciencia integral" del *Cancionero apócrifo*). [3] Desde luego que intuiciones de esta naturaleza subyacían en los poemas más penetradores de *Soledades:* intimismo y metafísica no están reñidos en Machado, sino que se vivifican mutuamente; y ni de uno ni de otra se librará jamás por entero, a pesar de lo alguna vez afirmado en contra de esta verdad. Pero esa volición meditativa sobre la realidad sometida al tiempo, naturalmente cargada de filosofismo en su raíz, va llenando de modo progresivo muchos de los textos más breves y sentenciosos que, aunque aparecidos ya en *Campos de Castilla,* encontraremos más abundantes y frecuentes en *Nuevas canciones* ("Proverbios y cantares", "De mi cartera", etc.), así como en posteriores poemas más reflexivos y en grandes tramos de la prosa de Martín y Mairena. La vena estrictamente lírica parecería entonces debilitada. Lo que de cierto ha ocurrido es que su palabra se adensa ahora de mayor pensamiento, mas ello no supone el dejar de expresar urgencias muy vivas de un yo —personal y universal a la vez— que se sabe en precario estado de asalto y destrucción por un enemigo invasor y poderoso: el tiempo mismo.

La distribución anterior reproduce, en sus líneas generales, las tres —o cuatro— etapas o fases comúnmente señaladas por los estudiosos de la obra machadiana. No es posible negar que, aun tratando de evitar el acotamiento de zonas cerradas y compactas dentro de esa obra, en nuestro ordenamiento anterior se ha podido apuntar sólo de pasada algunas de las muchas recurrencias —a veces inesperadas— que obstaculizan una inexistente demarcación cronológica absoluta entre aquellas vetas del pensamiento poético-temporal de Machado. Asentada esta salvedad, lo que más interesa ahora es subrayar esas tres modulaciones anotadas: el tiempo interior, el tiempo histórico y la reflexión sobre el tiempo. Y es que esas modulaciones aparecerán, ya al entrar en la poesía de posguerra, reproducidas, amplificadas y aun a veces parcializadas muy extremosamente, según las más imperiosas posibilidades y necesidades de cada momento o autor. En el estudio de mayores proporciones al que en su día se incorporará este ensayo —mi libro *La pre-*

---

[3] Para este tema de la nada en el pensamiento poético machadiano, véase la aguda interpretación de Gustavo Correa, "Mágica y poética de Antonio Machado", *CHA,* n.os 304-307 (1975-76), 462-492. Y también el ensayo de Jorge Enjuto, "Sobre la metafísica de Machado", *Cuadernos para el diálogo,* núm. extraordinario 49 (1975), 47-52.

sencia de Antonio Machado en la poesía española de posguerra, en preparación— se examina la muy estrecha relación entre esas actitudes de Machado
y los correspondientes poetas del período posbélico que en cada una de aquellas vertientes le podemos acercar. Sin embargo, y por obvias razones de espacio, me limito en este artículo a considerar sólo la primera de tales modulaciones —la del tiempo interior o existencial— y su proyección posterior
en la poesía de posguerra.

Dígase de entrada, y ya situados en esta etapa histórico-literaria, que no
es posible alinear a sus poetas como cultivadores, en sentido excluyente, de
una modulación específica dentro de las indicadas, pues a veces uno solo de
ellos, y aun dentro de un mismo libro (como ya lo hizo el propio Machado
en la versión definitiva de *Campos de Castilla*), puede pasar sin esfuerzo de
una a otra de las mismas. Por ello sería más certero decir que es posible, y
sin salirnos del tema a que nos vemos ceñidos, distinguir ante todo *poemas*
donde el autor parece limitarse a contemplar el paso del tiempo, la temporalidad, a través de su propia existencia personal. Es el momento en que el
poeta siente que el vivir del hombre —aunque comparta experiencias históricas o epocales, y aun metafísicamente universales, y así lo declare— es,
sobre toda otra cosa, *su* vivir. No puede entonces hablar sino desde el *yo,*
percibiendo que el tiempo es una dimensión fantasmagorizadora que lo des-
vanece; y su inestable presente se le aparece mecido entre el ayer irrecuperable y un futuro que, si asoma, será por modo igual sentido como sombra
y evanescencia. El pasado se le hace así, aun con toda la pérdida que entraña, la única forma (engañosa) de eternidad; y su palabra se modulará, por
tanto, con un tono naturalmente elegíaco y melancólico. En esos instantes, el
Machado hacia el que se volverán será el *intimista,* aunque no sea hacedero
vincularles de manera absoluta con el autor de la desanecdotizada poesía de
las *Soledades.* No se olvide que el propio Machado declaraba haber conseguido allí el primer libro moderno de la lírica española donde había quedado
totalmente desterrada la anécdota, la historia: libro en que principalmente
se "contaba la melodía" de esa historia, algo más hondamente lírico que rela-
tar de modo más o menos veraz los sucesos en rigor vividos. Dicho de otra
manera: una poesía que, como en el canto de los niños, *borrada la historia /
contaba la pena* (S, VIII).

Y es que, de otra parte, los tiempos de la posguerra están marcados por
una fuerte impronta existencial: el hombre delimitado por unas circunstancias, el hombre *situado.* Difícil les sería a estos poetas, en su faena creadora,
sustraerse con toda radicalidad de tal imposición: despojar al poema de una
viva inmediatez referencial, aislar de un modo plenamente lírico a la entidad
vagarosa —romántico-simbolista al cabo— de un *yo* a medio camino entre
la realidad y el sueño. Sin embargo, tampoco iba por aquí, aun en esta dimensión interior de Machado, su enseñanza más positiva. Se afirmó antes
que mirada introspectiva y vislumbre metafísica se hermanan estrechamente

ya en esta poesía primera de Machado, sin todavía inclinarse a esa auto-objetivación reflexiva a que llegará en años posteriores —el poeta de los "proverbios", por ejemplo—. Tal reflexión va ligada aún, e indisolublemente, a la persona que medita; pero aquella misma proyección metafísica, por lo que de universal tiene, le trasciende como individuo y abraza así a la pluralidad humana general, que incluye, por tanto, al *tú,* al *nosotros,* a todos los hombres que cada hombre es. Machado pareció condensar el alcance metafísico supremo que encubre la problematicidad del ser acosado por la muerte —y el sentimiento correspondiente tiene un nombre: la angustia, tan bien estudiada en el poeta-pensador por López-Morillas en el estudio citado (en la n. 2)— en aquel poema que comienza con el verso *¿Y ha de morir contigo el mundo mago...* (S, LXXVIII), donde, según Francisco Ayala, "culmina la excelencia poética" del autor. Ayala aclara la razón de su juicio: "De la experiencia humana lo más profundo, lo más valioso, será sin duda aquello que conduzca al enfrentamiento con las cuestiones últimas del ser, a la meditación metafísica. Cuando ésta alcanza expresión lírica (...), entonces nos aproximamos al ápice de la poesía". Y considera que Machado se acerca a él en sus mejores momentos y que, entre éstos, hay que colocar a dicho poema. [4] Su análisis del mismo concluye más detenidamente en las dos preguntas breves de su estrofa final —preguntas sobre el ser, sobre el sentido de la existencia minada por el tiempo—:

> ¿Y ha de morir contigo el mundo tuyo,
> la vida vieja en orden tuyo y nuevo?
> ¿Los yunques y crisoles de tu alma
> trabajan para el polvo y para el viento?

Esta interrogante tremenda, serenada a pesar de ello por la tersa aunque siempre emocionada sobriedad de su dicción, sostiene grandes áreas de la labor de José Hierro —uno de los poetas de la posguerra que muy bien puede ilustrar, en una de sus venas líricas, esa continuidad con la básica tensión temporal que tanto aguijó al autor de *Juan de Mairena*—. No sabríamos ciertamente cuáles poemas escoger, dentro de la obra de aquél, como más meridianamente reveladores en tal dirección de una espiritual afinidad machadiana, en particular con este Machado a quien vemos vinculando a su yo temblores e inquietudes de compartible universalidad. Tomaremos sólo dos de ellos. Uno sea "Cumbre", del primer libro de Hierro, *Tierra sin nosotros* (1947). Y recordemos de Machado el titulado "Otro clima", último de la serie póstuma dedicada a Abel Martín —donde también se hace escalar a su protagonista la cima de una cumbre desde la cual ve aquél "un *nihil* de fue-

---

[4] "Un poema y la poesía de Antonio Machado", en *Antonio Machado,* ed. Ricardo Gullón y Allen W. Phillips (Madrid, 1973), p. 386.

go escrito" (*CA,* CLXXVI), que, por otra parte, puede admitir una distinta interpretación a la de la absoluta nada metafísica—. El yo poemático del texto mencionado de Hierro ascenderá también a su cumbre para desde ella imprecar igualmente por el sentido de su existencia temporal, vuelta ceniza, nada: *Señor, Señor, Señor: todo lo mismo. / Pero, ¿qué has hecho de mi tiempo?* Esto, para rubricar el poema. Y ya antes había enunciado la única suerte de continuidad alcanzable por el hombre: *Haces eternidad de mi pasado,* personal modo de dar forma al *Hoy es siempre todavía* que Machado repitiera varias veces en su obra, unas veces aislado en "proverbio" de verso único (*NC,* CLXI, viii) y otras en respuesta o solución conectada a un breve desarrollo anterior. El ayer implicado en el "todavía", y hecho definitiva presencia porque ocurre "siempre" y así se proyecta al futuro, revela una intuición análoga a esa "eternidad del pasado" de Hierro en su poema "Cumbre".

Machado nos desvela la angustia ante la nada y, a un tiempo y de secreto modo, destila el consuelo —¿o la nostalgia?— de alguna forma de resistente permanencia. Así, bajo la acción de algo que en nuestras almas *por misteriosa mano se gobierna,* en "Renacimiento" (*S,* LXXXVII), a pesar de que *incomprensibles, mudas, / nada sabemos de las almas nuestras,* se proclama la esperanza de una alegría de vida nueva, de volver a nacer, de poder perpetuar. Sin que sean necesarias las palabras, por recodos de *sueños, recuerdos y misterio* —voces que son clave en los dos textos de Machado y de Hierro que ahora parangonamos— puede tejerse un profundo y oculto hilo de comunión y continuidad que actúe como exorcismo contra la mudez y la finitud a que en su último reducto está el hombre condenado. Al escribir el siguiente poema, "Aunque el tiempo me borre de vosotros", de su libro *Alegría* (1947), Hierro aún recuerda que sentía percibir, y también de misterioso modo, el fluir lejano de la voz interior de Machado como "renaciendo" de nuevo en sus versos:

Aunque el tiempo me borre de vosotros
mi juventud dará la muerte al tiempo.

Y entonces, sin hablarme, sin hablarnos,
qué claramente nos comprenderemos,
y qué hermoso vivir entre vosotros
soñando vuestros sueños.

Pasaréis ante el árbol, en el río
mojaréis vuestro cuerpo
y os colmará una vieja y honda gracia,
un remoto misterio,
como si el árbol o como si el agua
flotasen antes en vuestro recuerdo,
como si alguien hubiese antes vivido
la vida que lleváis en vuestros cuerpos.

Así compartiremos nuestros mundos
en el fondo de vuestros pensamientos.

Unas veces será, como en esta pieza de Hierro, el anhelo de prolongación dentro de un plural *vosotros* que se hace por ello un *nosotros* abiertamente compartido. En otras ocasiones, es el personal e intransferible rescate de su propio vivir perdido lo que el poeta pretenda, coincidiendo en esto también con Machado. Fijar el tiempo ("eternizarlo", como alguna vez dijo que podría afirmarse "con toda pompa") mediante la palabra poética; tal empeño señala la dialéctica entre los dos imperativos, temporalidad y esencialidad, que se reúnen y concilian en su ya clásica concepción de la poesía, y que no le es ciertamente privativa. Se trata de recobrar así, por el ejercicio de esa palabra, el tiempo vivido y desvanecido. Y *El tiempo recobrado* (1950) es el libro tal vez más machadiano, desde su título mismo, en la entrañada y serena poesía de Ildefonso-Manuel Gil. La composición que lo introduce, en calidad de "Prólogo" y destacado en letra cursiva como índice del carácter resumidor que se le otorga en tanto que expresión de la poética y la cosmovisión de todo el conjunto, despliega un imaginativo encuentro del autor, ya en su madurez, con la presencia inesperada de la infancia, personificada ésta en *una extranjera* que inquieta a aquél *por su vago parecido / con no sé quién que alienta en mi recuerdo.* La pieza recoge un diálogo entre esa extraña —su niñez—, que le saluda con su nombre familiar, y la realidad actual del poeta. El encuentro y su desarrollo evocan, en dicho texto de Gil, aquella misma circunstancia que, con mayor esquematismo, preside dos de los poemas más emocionantes del Machado apócrifo. "Últimas lamentaciones de Abel Martín" (*CA, CLXIX*) comienza con un escueto soliloquio entre el poeta ya maduro y aquel "galgo de ayer": su cuerpo joven que, coincidiendo con la llegada de la primavera, le sorprende y le hace soñar nuevas *galerías,* a la vez que le trae *la mágica angustia de la infancia.* Y "Muerte de Abel Martín" (CLXXV) reproduce esa misma superposición de tiempos, más impersonal pero no menos expresivamente:

En su rincón, Martín el solitario.
¡La tarde, casi noche, polvorienta,
la algazara infantil, y el vocerío,
a la par, de sus doce en sus cincuenta!

Gil, en su poema, incorpora aquella fabulada conversación, ya descrita con palabras y conceptos que no disimulan un claro linaje machadiano. En labios del hombre ya hecho se ponen frases que así lo evidencian: *Estoy soñando y solo, / buscando, entre verdades y quimeras...* Y más adelante: *Estoy cansado y triste...* ¿Habrá que recordar ahora el *voy caminando solo, / triste, cansado, pensativo y viejo* del Machado también maduro de *Campos de Castilla* (CXXI)? Y la respuesta de la infancia, en el poema de Gil, es una llamada al ejercicio del *recuerdo* y el *sueño,* que Machado sintiera como sus únicos instrumentos de reconquistar la vida, aun la no experimentada: bien las alegrías lejanas de "Tarde tranquila" (LXXIV); bien, ya en mitad de la vida, la "juventud nunca vivida" de "La primavera besaba" (LXXXV), ambos de *Soledades.* Hay la misma melancólica —pero no negativa— resignación en las palabras finales que Gil pone en boca de la personificada niñez, que, también hacia la mitad de la vida, le calma y conmina a esa recuperación de su existencia que podrán obrar aquellos milagrosos instrumentos. Todo ello ceñido, particularmente, en el verso último de los de Gil que aquí se ofrecen:

> —Nada vine a buscar. Yo ya sabía
> cómo te encontraría
> a la orilla del tiempo. Nadie alcanza
> en su vuelo incesante a la esperanza.
> Sueña con tus recuerdos lo vivido...

Antonio Sánchez Barbudo ha explicado la profunda identificación que en Machado se dio entre poesía *temporal* y poesía *emocional.* Bastaría recordar lo por éste escrito en su "Poética" (1931), donde hace girar muy escrupulosamente toda la variadísima gama de los más intensos sentimientos humanos en torno a la intuición del tiempo. Más aún, los ve como manifestaciones de esa intuición: "Inquietud, angustia, temores, resignación, esperanza, impaciencia que el poeta canta, son signos del tiempo, y al par, revelaciones del ser en la conciencia humana." [5] Signos del tiempo y revelaciones del ser: Machado une en esta afirmación, otra vez, aquellas dos imposiciones recién aludidas, la de la temporalidad y la esencialidad. Mas como agente motor de la poesía, Machado parecería inclinarse al sentimiento del tiempo y, con éste, al de la nada. Por ello le es posible a Sánchez Barbudo asentar:

> No puede caber duda de que Machado, en sus últimos años, pensaba que la intuición de la nada, y la consiguiente emoción ante el paso del tiempo, era lo que determinaba la poesía [...]
> Hay "temporalidad" en los poemas de Machado no como pudiera creerse, y el propio Machado parece indicar, sólo porque se aluda en ella al paso del tiempo; ni tampoco por el carácter rítmico, melódico, de sus mejores versos [...]
> Temporalidad es emotividad. Poesía temporal quiere decir en Machado en último término poesía emotiva. Poesía escrita con una emoción cuya raíz se halla en el sentimiento del tiempo o, si se prefiere, de la nada. [6]

---

[5] Texto publicado originalmente en la *Antología de poetas españoles contemporáneos* (Madrid, 1932), de Gerardo Diego. Cito por Antonio Machado, *Obras: poesía y prosa,* ed. Guillermo de Torre y Aurora de Albornoz (Buenos Aires, 1964), p. 50.
[6] *Estudios sobre Unamuno y Machado* (Madrid, 1959), p. 318.

Y cuando se empeña en contarnos —con mayor o menor sostén anecdótico— su historia personal, la por él vivida o la soñada, y la domeñada angustia que a ello conducía, cedía continuamente a la antigua metáfora emocional del corazón. Asomarse al tiempo, a su tiempo, era sólo posible si antes
quedaba desvelado el mirador hacia los sentimientos que el corazón ofrece.
Una vez lo grabó con casi didáctica precisión:

> Se abrió la puerta que tiene
> gonces en el corazón,
> y otra vez la galería
> de mi historia apareció. (*NC*, CLVIII, iii)

Al llegar a este punto, y por inevitable asociación, se nos acerca otro poeta actual, Francisco Brines, en quien se da en un mismo acorde una alta conciencia temporalista y un acento temblorosamente emocionado, unido ello
muy expresivamente al mundo del corazón. El largo poema "El barranco de
los pájaros", de su libro *Las brasas* (1960), nos presenta en su fragmento final la imagen de un hombre viejo, fatigado y solo: el típico hombre que te-
nazmente se pasea, representándolo, por tantos versos de Machado. Todos
los datos que de él se nos dan aluden, en el poema de Brines, a su apariencia
exterior y al escenario de la propicia y *honda noche* que le acomoda. La única referencia al dolor de su vida, de su tiempo, apunta, sin embargo, ya abiertamente al órgano poético de la emoción:

> y el anciano
> se toca el corazón, y allí le duele
> mucho...

Los "Poemas de la vida vieja", sección inicial de dicho libro de Brines,
incorporan y mantienen como protagonista poemático a ese mismo hombre
cansado y viejo que, con talante también sereno, rememora las incidencias
espirituales más que las aventuras externas del paso del tiempo en su existir.
Apenas falta en ningún poema la imagen del corazón; ni las constantes alusiones a la vejez, tristeza, fatiga y soledad de ese personaje, a su lento andar,
a su *meditación inútil*, a su *rito / de desmontar el tiempo cada día*: rito que
condensaría, como es posible pensarlo en Machado, su invocación —su necesidad— de la poesía. Puede hasta imaginarse que el arquetipo seguido por
Brines para dar cuerpo a este protagonista objetivador de sus poemas le vino
ofrecido por aquel hombre solo, triste, cansado, pensativo y viejo de Machado, que hace muy poco recordamos a otro propósito.

Se trataba, como allí se indicó, del hombre de *Campos de Castilla*, pero
en su versión más compleja de 1917, en el que su autor evoca en sueños su
juventud ya abolida. Vale decir: la misma disposición de cronología espiritual concebida por Brines, con precoz sabiduría, para el personaje poemático

de su juvenil libro *Las brasas*. No terminaría aquí la sutil afinidad machadiana que es posible rastrear en la poesía de aquél. En otro libro posterior suyo, *Palabras a la oscuridad* (1966), hay un hermoso poema donde todo el léxico, la atmósfera de la tarde en que se inscribe y hasta el ritmo lento de su andadura nos remiten al acento más puro de *Soledades*. Ni se regatea aun la indicación precisa que inclina hacia el corazón todo el movimiento emocional de la meditación del poema. Es el titulado "Otro vivir", del que se transcriben las estrofas primeras y últimas:

Lento voy con la tarde
meditando un recuerdo
de mi vida, ya solo
y para siempre mío.

Y en el ciprés, que es muerte,
reclino el cuerpo, miro
la superficie blanca
de los muros, y sueño.

... ...

En la pared anida
la tarde oscura. Nada
visible late, rueda.
Callan el mar y el campo.

Muy despacio se mueve
el corazón, señala
las horas de la noche.
Lucen altas estrellas.

Vive por él un muerto
que ya no tiene rostro;
bajo la tierra yace,
como el vivo, esperando.

En *Aún no* (1971), libro que sigue al anteriormente mencionado de los suyos, Francisco Brines accede a una poesía reflexiva de tono "más seco y definitorio", como él mismo ha señalado. Uno de los más punzantes poemas de este libro. "Métodos de conocimiento", concluye con unos versos que despiertan la inminente evocación del estremecedor final de "Muerte de Abel Martín", hasta el punto que pareciera innecesario reproducirlo. Pero con la intención de que quede más explícita la cercanía, recordemos cómo destacaba allí Machado el sorbo último de la nada en calidad de acto supremo y culminador de la existencia.

Ciego, pidió la luz que no veía.
Luego llevó, sereno,
el limpio vaso hasta su boca fría,
de pura sombra —¡oh pura sombra!— lleno.

Machado alude a esa nada aún simbólicamente, en términos de *sombra,* pura y rebosante. El nihilismo más radical de Brines no teme a su directa invocación nominal, ni escatima su admiración hacia quien a la nada se encamina voluntariamente. La relación entre ambos finales de poema —en intuición y aun en modalidad léxica— es, sin embargo, evidente. Éste es el de Brines:

> Fijé mis ojos lúcidos
> en quien supo escoger con tino más certero:
> aquel que en un rincón, dando a todos la espalda,
> llevó a sus frescos labios
> una taza de barro con veneno.
> Y brindando a la nada
> se apresuró en las sombras.

¿Quién ha punzado el corazón del tiempo?, se preguntaba Machado en sus "Galerías" de *Nuevas canciones* (CLVI). Ese punzar y pulsar el tiempo, o más bien la temporalidad, y hacerlo de la mano del propio Machado, alcanza una de sus más fieles expresiones poéticas en un texto de Félix Grande incluido en su libro *Música amenazada* (1966). Como título lleva sencillamente un verso de aquél: *Hoy buscarás en vano...,* de un breve poema de *Soledades* (LXIX). Y su dístico inicial *(Hoy buscarás en vano / a tu dolor consuelo)* se repite como tema en cinco ocasiones. Lo demás, el desarrollo poemático en sí, va en amplios paréntesis continuados que encierran la reflexión cruda del poeta sobre el vivir, y su saldo de oscuridad y vergüenza —y tal reflexión se declara como explícitamente nacida de *aquellos magos versos evocados*—. El lenguaje es ya el distintivo de Félix Grande; pero en la elaboración de ese recuento se apela a vivencias muy cercanas a las del gran poeta:

> (Te ha rodeado la vida,
> o la muerte, o el tiempo...
> ... y estás inerme, estás perdido, estás sumado;
> encanecido; viejo)

> * * *

> —Te hiere ya el amor como te hiere el tiempo—

> * * *

> ya el labio inferior tienes sumergido en la nada,
> ya el olvido se acerca descomunal y lento
> como una densa niebla...

Y los versos últimos asimilan de manera entrañable palabras y sentimientos de Machado a aquello que el poeta de hoy extrae libremente de su dura experiencia personal:

Hoy buscarás en vano consuelo a tu dolor
y a tu vergüenza. Hoy tienes cerrado ya el silencio.

No extrañará que procedamos ahora, dentro de esta modalidad del tiempo interior, a la inclusión de poemas que tienden hacia Machado por la vía de un paisajismo íntimo o espiritualizado. Ya sabemos que es casi imposible dar conformación verbal a la fluencia lírica en su estado de absoluta pureza, y que el poeta necesita de recursos más o menos visibles de objetivación para tal fin. Uno de ellos es el empleo del paisaje como "estado de alma", de tan rica tradición entre románticos y simbolistas. En el Machado de *Soledades* apuntan ya algunos momentos de esa fusión cordial de alma y paisaje. Hay allí, incluso, esbozos paisajistas que resultan sólo de una combinatoria virtual ejercida por la imaginación: en tales casos se trata, en rigor, de paisajes "literarios", y no son éstos los que interesa recordar ahora. En otros, y éstos sí importan, los elementos de la naturaleza alcanzan una entidad más fuerte o real, aunque son sentidos a la vez como correlatos simbólicos de sentimientos íntimos, o al menos aparecen muy trasvasados por esos sentimientos. Vuelven a darse, ya más resaltados, en *Campos de Castilla,* hasta llegar en este libro, con la mirada cada vez más lúcida sobre la realidad exterior, al característico paisaje castellano de Machado, históricamente humanizado, que le acompañará en esa otra más amplia preocupación suya que es España y su destino. Con razón observa Azorín la identificación sustancial que entre el paisaje tangible y el espíritu del poeta se produce de modo ejemplar en Machado:

Se ha dicho que todo paisaje es un estado de alma y a esta objetivación del lírico se alude en dicha frase. Al grado máximo de esta objetivación llega Antonio Machado en sus poemas.[7]

En esta dirección se le encuentran aproximaciones también en los poetas de la etapa que recorremos. Sin embargo, ninguno dentro de ellos, en tal aspecto, más notable que el Leopoldo Panero de los "Versos al Guadarrama". Su autor mismo confiesa que en esos poemas se siente la presencia de Machado "casi en bulto de alma"; y no esconde la honda emoción temporal con que recrea el querido paisaje, vinculado por él elegíacamente a "una juvenil experiencia amorosa idealizada por el recuerdo y el dolor".[8] Entrañamiento del paisaje y el espíritu, pues, y en función expresiva de una vivencia de tiempo personal: evocación, desesperanza, introspección elegíaca ante un amor perdido. Todo ello se da, como en síntesis, en el poema titulado "Camino del Guadarrama", señalado especialmente por Panero como ilustración

---

7 Azorín, *Clásicos y modernos* (Buenos Aires, 1959), p. 79.
8 "Unas palabras sobre mi poesía", *CHA,* n.os 187-188 (1965), 6-7.

de esa presencia machadiana que él mismo advierte en el conjunto. Celia Zapata, que lo ha estudiado particularmente, hace notar las máximas virtudes de este poema al respecto, con palabras que parecerían describir los más altos momentos del paisajismo interior de Machado. Tales virtudes residen en "la fluida compenetración de sentimiento corporeizado en la imagen del paisaje, la marcha del caminante y el andar interior de los recuerdos". [9] El deliberado tono popular, buscado ya desde la forma misma —se trata de un romance estrófico—; ciertos rasgos léxicos prontamente identificables, y esa penetrante sugestión de un movimiento como soñado (camino largo del sueño), le rodean de un casi palpable aire machadiano. Este es el poema:

CAMINO DEL GUADARRAMA

Camino del Guadarrama,
nieve fina de febrero,
y a la orilla de la tarde
el pino verde en el viento.

¡Nieve delgada del monte,
rodeada en los ventisqueros;
mi amiga, mi dulce amiga,
te ve con sus ojos negros!

Te ve con sus ojos claros;
te ve como yo te veo,
camino del Guadarrama,
siempre tan cerca y tan lejos.

Camino del Guadarrama,
la flor azul del romero,
y en la penumbra del bosque
las aguas claras corriendo.

¡Las aguas claras de un día
se volvieron turbias luego,
y el viento cortó los tallos
silenciosos del recuerdo!

Camino del Guadarrama,
camino largo del sueño,
entre el frescor de la nieve
te busco, mas no te encuentro.

El viento cortó los tallos
de la esperanza en silencio,
y van mis pies caminando
sin encontrar el sendero.

---

9 "Ecos de Antonio Machado en Leopoldo Panero", CHA, n.º 275 (1973), 391.

> Camino del Guadarrama,
> la triste altura del cielo,
> y entre el rumor de las hojas
> la soledad de mi pecho.
>
> ¡El viento cortó los tallos
> y brota tu aroma dentro!
> Camino del Guadarrama
> tengo esta pena que tengo.

Ildefonso Manuel Gil, que se ha ocupado también del tema del paisaje en el autor de "Versos al Guadarrama", ha señalado, por su parte, las afinidades que se dan entre ambos poetas, y aun las resonancias acendradas de Machado en la voz ya personal de Panero. Como de "grave y serena meditación del paisaje, a lo Antonio Machado" tilda Gil al poema "Sostenida en la brisa", que figura en esa misma colección de Panero, donde se pueden descubrir versos tan elocuentes al efecto como éstos: *¡Altos sitios que ha visto / el corazón en sueños, y nosotros / ya no veremos más! La sierra blanca, / ciega de sol al fondo, / levantada en la brisa, / hundida frescamente en lo remoto...* Y anota algunas más de esas resonancias en otros poemas de aquel grupo: "Por donde van las águilas", "Pino a pino", "Juntos". Puede aun Gil indicar un momento de Panero en que, como más enérgicamente ocurriese en otra ancha zona de Machado, "la presencia de los otros, la solidaridad del poeta con los demás hombres, llegará a alzarse una vez sobre la pura contemplación de la Naturaleza". [10] Es este pasaje del poema "El peso del mundo" ya perteneciente al libro *Escrito a cada instante* (1949):

> Respiro, y el pie zahonda
> aún la nocturna humedad
> de la tierra, que es trabajo
> más que paisaje, y frugal
> esperanza cotidiana
> del hombre que amasa el pan
> con el sudor de su frente
> y hace adobes de su hogar.

Mas por aquí nos precipitaríamos en esa otra dimensión del poeta que enfrenta su tiempo histórico o colectivo, atento al *todos* de la realidad social. Si nos hemos detenido en este fragmento "solidario" de Panero ha sido, además de por su clara filiación machadiana, para aprovecharnos de él como aviso del error que comporta todo intento de muy precisos encasillamientos dentro de esos poetas, como ya se indicó. Por ello será también oportuno verificar aquí cómo uno de los poetas de la posguerra que más lealmente sigue a Machado en esa otra modalidad del tiempo histórico, también supo uti-

---

[10] "El paisaje en la poesía de Leopoldo Panero", *CHA*, n.os 187-188 (1965), 85.

lizar su captación del paisaje como vehículo para objetivar las emociones y estados interiores del alma. Es Blas de Otero, y, como tantas veces sucede en el maestro, no será ahora el paisaje rural sino el urbano quien levemente le sirve a aquél de marco para encuadrar el básico sentimiento temporal —la soledad— que domina su breve "Canción cinco". Pues la soledad no es sino la emoción naturalmente dolorosa ante un tiempo no compartido —que puede incluso durar toda una existencia— y sentido por ello como un vacío o una ausencia de plenitud. Ritmo lento —el general de Machado— es también de manera explícita el del alma caminante sobre los puentes de Zamora en este poemilla de Otero. Y está aquí, de igual modo, ese tono popular que el poeta culto puede extraer a veces del más fino hondón del pueblo, y en el cual el autor de *Nuevas canciones* supo alcanzar tan hermosos instantes. Es todo ello lo que da su más delicada sugestión poética a esta "Canción cinco" de Blas de Otero, recogido en su libro *Que trata de España* (1964):

> Por los puentes de Zamora,
> sola y lenta iba mi alma.
>
> No por el puente de hierro,
> el de piedra es el que amaba.
>
> A ratos miraba al cielo,
> a ratos miraba el agua.
>
> Por los puentes de Zamora,
> lenta y sola iba mi alma.

Se habrá notado que nuestro mecanismo de acercamiento entre Machado y los poetas españoles de la posguerra, si bien harto mínimo en la representación, ha podido operar, sin distinciones, a base de autores procedentes de los tres estratos cronológicos sucesivos de aquella etapa sobre los que la presencia machadiana es un hecho innegable: Gil y Panero, de la generación del 36; Hierro y Otero, de la primera promoción de posguerra; Brines y Grande, de la segunda. No cabe ya en los límites de este artículo entrar ahora en la consideración de los que serían los aspectos complementarios indispensables de lo hasta aquí dicho en relación exclusiva con el tiempo interior; a saber: las vinculaciones de Machado con los poetas del mismo período sostenidos mayormente en la asunción de su responsabilidad o compromiso con la realidad histórica, y también con aquellos que conforman una veta de poesía reflexiva y metafísica, centrada en el tiempo, a lo largo de ese lapso epocal. Si esto, forzosamente omitido por las razones de espacio aducidas, hubiese tenido cabida, quedarían más fundamentadas las siguientes conclusiones —a las cuales accedo, sin embargo, para unir los cabos y reconstruir el esquema esbozado al principio de estas páginas.

Pues nada fortuita es la analogía, aquí sólo parcial y sumariamente documentada, entre Antonio Machado y estos poetas de la posguerra en cuanto a la presencia del tiempo como centro mayor de cohesión en la obra de uno y de otros. Será fácil resumir ahora la clave de esos íntimos enlaces, y de sus condicionadas matizaciones. Se tendría, así, el tiempo vivido y percibido —con su aura de misterio que no hay todavía por qué dilucidar— en las dimensiones del propio y personal vivir del poeta: tiempo interior, existencial. Después, el tiempo contemplado desde un punto de mira colectivo y en sus muy concretas realizaciones, o deformaciones, dentro del país y la época que apoyan y engloban al poeta: tiempo histórico, social. Y, finalmente, el enfrentamiento ante el enigma de la temporalidad en su fluencia hacia la nada —o hacia la ambigua plenitud del ser, según se la sienta— y en su obra socavadora de toda forma de lo real, asumido ahora ello con vistas a una inquisición de más universales proyecciones: tiempo en su alcance metafísico, y como estímulo para una actitud en que emoción y reflexión se han de conciliar armonizadoramente.

Henos así, de nuevo, ante las tres diversificaciones anunciadas, y las cuales son las que con mayor relieve arroja ese eje central de la poesía producida en España desde la guerra civil —hasta una cierta fecha, que podría situarse en el momento de irrupción de la más reciente y joven promoción, encauzada por derroteros estéticos muy distintos a los de las anteriores—. Y esas tres modulaciones habían sido insinuadas y abonadas, una a una, desde el triple canto temporal de Antonio Machado, el noble y oportuno precursor de tantas realidades. Se ha producido, pues, su acuerdo con "los poetas futuros de mi Antología", como vaticinara en la mencionada poética suya de 1931. Teniendo en cuenta, y esto ya lo han señalado algunos críticos, que las ideas doctrinales de Machado sobre poesía no siempre habían encontrado nítida correspondencia y rigurosa aplicación dentro de su propia labor en verso (una teoría es siempre más y, a la vez, menos que la práctica), casi cabría arriesgar esta intuición: la total y compleja obra machadiana —poesía, y pensamiento poético, humanista, filosófico y social en prosa— sólo podría ser abarcada en su integral verdad al ratificar su potencial acción fecundante sobre los tiempos que siguieron al ciclo vital de su desarrollo. Machado es hoy más un gran poeta, y también una mente más penetrante y zahorí, de lo que en su vida pudo llegar a ser reconocido. Y este *hoy* —que para él era su futuro— no puede tampoco entenderse plenamente sin mirar con honestidad y pulcritud a sus enseñanzas más válidas y permanentes. *Ni está el mañana —ni el ayer— escrito,* como él mismo afirmase alguna vez.

Narraciones interiores en *Fortunata y Jacinta*

John W. Kronik
Cornell University

En el objeto literario que se denomina "novela" se supone la presencia de un narrador. Puede revestir diversas formas ese encargado del autor que sirve para hacer avanzar la historia, pero se da por entendida su existencia y, si falta, se trata de otra cosa que de una narración ficticia. Pero ¿es de rigor que haya *un* narrador, nada más que uno? Es evidente que no, pues existe una cantidad apreciable de novelas con dos narradores o múltiples narradores, funcionando éstos en niveles iguales o desiguales y en relación variable entre sí. Algunos ejemplos bien conocidos son *Wuthering Heights,* de Emily Brontë, *Lord Jim,* de Joseph Conrad, o, en el terreno hispánico, *Pepita Jiménez, La familia de Pascual Duarte* y *Pedro Páramo.* Sin embargo, reconociendo tales casos como excepcionales, volvemos siempre a la imagen de una figura dominante, manipuladora de la narración, porque tal es lo que encontramos, en efecto, en la mayor parte de las novelas tradicionales y también en las modernas.

Hay momentos en casi toda novela donde este narrador en jefe sacrifica su supremacía para dejar la palabra a otros. A menos que sea él mismo uno de los interlocutores, cada vez que hay diálogo en la novela se ausenta el narrador —ostensiblemente— y queda sustituida la narración exterior por una sección donde otros son los responsables del discurso. En esta construcción tradicional basada en técnicas narrativas alternantes, los personajes que toman la palabra funcionan como narradores. En realidad, la situación común de un intercambio de palabras entre personas relativamente iguales en su papel de dialogantes establece a cada una de ellas como narrador y receptor de una narración. (Un monólogo, sea en voz alta o sin articular las palabras, carece de receptor dentro del texto.) Con la noción de "narración interior" me refiero aquí más bien a aquellos diálogos, extensos con frecuencia, que presentan un desplazamiento de lo discursivo hacia lo histórico, es decir, a aquéllos que alcanzan la dimensión y el carácter de un relato que narra

un personaje a otro u otros.[1] Estas narraciones interiores suelen distinguirse de los diálogos ordinarios en su tono, en sus recursos retóricos, hasta en
su estructura. No hay igualdad de conocimiento ni tampoco igualdad retórica
entre los dialogantes, uno de los cuales desempeña el papel dominante de in-
formador de los otros. Una acción fuera de los confines inmediatos del tiempo y del espacio presentes se impone en la interacción de los dialogantes en
el presente para dar fruto a una oscilación entre dos momentos temporales.
Por esta razón, en las narraciones interiores suelen prevalecer los tiempos
verbales del pasado o, al menos, una sensación de tiempo pasado. Incluso si
se trata de un estado presente o de un proyecto futuro, el proceso de narrar
convierte el ahora o el mañana en historia, pues una vez enunciada la palabra, ya existe históricamente el acto que la palabra denomina.

Se desprende de lo señalado que una característica fundamental de estas
narraciones dentro de otra es que reflejan la constitución de la narración total que las contiene. Se establece un paralelismo entre el texto y un texto dentro del texto. Las relaciones entre el personaje convertido en narrador interior
(lo que en el terreno de la semiótica se llama narrador accidental o paranarra-
dor) y el oyente de su relato (metafóricamente, personaje convertido en lector interior) son un eco de las relaciones, ya más lejanas y sólo insinuadas,
del narrador exterior y el lector exterior (nosotros).[2]

Estableciendo una tipología elemental, podemos distinguir entre dos categorías de narración interior. El primer tipo representa una interrupción
del progreso lineal de la narración principal, que queda sustituida por otra.
Ésta puede tener una conexión circunstancial con la línea principal, pero es
una desviación momentánea del progreso anecdótico. La consecuencia inevitable es una suspensión pasajera de la anécdota. Pero la lectura no se suspen-
de. El lector experimenta ante este fenómeno una tensión entre la interrupción de la historia a cargo del narrador exterior y la continuidad del acto de
leer durante el paréntesis que pertenece al narrador interior. Y de esta tensión se deriva el placer del lector; la pausa interruptora se convierte en experiencia tranquilizadora. He aquí el caso de las novelas intercaladas en el
Quijote.

El otro tipo también supone una suspensión de niveles narrativos y una
sustitución de un narrador por otro, pero en vez de dos niveles de discurso

---

1 Me valgo de las categorías *histoire* y *discours* de Émile Bienveniste, *Problèmes de
linguistique générale* (París, 1966), cap. 19. Reconozco la persistencia del yo y del componente discursivo en cualquier diálogo, y por eso no hablo de una sustitución sino
de un mero desplazamiento *hacia* lo histórico al establecer la distinción entre diálogo
ordinario y narración interior. Se trata, en efecto, de dos tipos de discurso, donde el
segundo se encuentra más cercano a lo histórico que el primero.
2 Lo que Monroe Z. Hafter, "Ironic Reprise in Galdós' Novels", *PMLA*, 76 (1961),
233-239, llama "repeticiones internas" no tiene que ver con el tipo de duplicación interior
que examinamos aquí.

correspondientes a dos historias, hay dos niveles de discurso al servicio de una historia y, en vez de una interrupción del hilo anecdótico, hay un desplazamiento espacial según la colocación de la voz narrativa. Es decir, la narración interior sirve para hacer progresar la narración exterior y se enlaza con ella. Se trata de una simultaneidad, de una complicación temporal más bien que de una suspensión, porque el avance temporal de la narración interior hace adelantar temporalmente la narración exterior. Es el tipo de narración interior que predomina en el arte mimético, y a la cual nos vamos a dedicar en este recorrido por *Fortunata y Jacinta*.

El primer tipo de narración interior, por lo general, tiene el fin de entretener al lector, distrayéndole de la materia principal, o le proporciona una lección moral por analogía o inyecta en el texto una dimensión simbólica. Son más variados los propósitos y efectos del segundo tipo. El recurso de insertar el pretérito narrativo en el presente dramático es una práctica que se remonta a la vieja tradición épica y a la tragedia clásica y en gran parte se deriva de las limitaciones genéricas de estas formas. El hibridismo complejo de la novela es un terreno acogedor para esta técnica, y Galdós, el inveterado fabulista que entendía que es normal entre los seres humanos la costumbre de contar historias, se sirve de ella con frecuencia. Kay Engler ha hecho notar que, en las novelas de Galdós, a veces desaparece el narrador lingüísticamente mientras que un personaje se apodera de la narración:

> Most characters, both major and minor, assume the role of narrator at some point in the novel: as they tell their own past history, describe a scene they witnessed or participated in, interpret and analyze their own behavior and that of others, or express their own desires, beliefs, hopes and fears. [3]

Concretamente, una narración interior sirve para revelar al personaje que habla, al mismo tiempo que imparte información que el narrador exterior prefiere no dar por su propia cuenta. De este modo la narración interior llena un espacio y produce un avance temporal. La opción por esta estratagema puede responder al deseo de ahorrar tiempo, pues evita la necesidad de entrar directamente en una escena o en las manifestaciones de un estado de ánimo. También es una técnica con la cual es fácil proporcionar historia retrospectiva, cercana o lejana. Por lo tanto, es posible, además, producir un contraste o un juego entre dos momentos temporales (el presente del diálogo y el pasado de lo narrado) o una sensación de distanciamiento temporal. Paralelamente, el escritor puede aprovecharse de la tensión entre interrupción y continuidad, jugando así con las reacciones del lector y recalcando de modo

---

[3] *The Structure of Realism: The 'Novelas contemporáneas' of Benito Pérez Galdós* (Chapel Hill, 1977), p. 79.

sutil el poder del creador. Otra tensión constructiva la engendra la coexisten-
cia de la forma dramática y la narrativa: la esencia narrativa de la novela
cede el paso a la expresión dramática que, al par que se mantiene, vuelve a
incorporar el patrón narrativo. En la medida en que la palabra reemplaza a la
acción, la fuerza dramática del acontecimiento queda disminuida por no ates-
tiguarse directamente; mientras que la palabra del narrador exterior es una
invitación a la participación, el narrador interior es una presencia mediadora
que, por encontrarse bajo la visión inmediata del lector, lo aleja del contenido de la narración. Pero, a la inversa, existe la posibilidad de que se aumente
el dramatismo de lo contado según las reacciones de la persona que narra o
la que escucha; el relato de la acción provoca una reacción visible y conta-
giosa. Cualquiera que sea la función o el efecto de una narración interior en
un momento determinado, un resultado constante del método es el enriquecimiento de perspectivas. El autor puede aprovecharse plenamente de esta
oportunidad de contraponer múltiples perspectivas, como lo hacen con frecuencia la novela y el cine de nuestro tiempo. El cotejo de los puntos de vista de varios personajes o del relato interior con datos exteriores intensifica
la complejidad de este procedimiento y hace resaltar sus dimensiones irónicas. También hace resaltar la relatividad de la realidad. Persiste el ensancha-
miento de niveles narrativos incluso si sólo se trata de la comunicación de un
personaje porque se le reconoce como un ser humano falible, cargado de prejuicios, y, a pesar de la inmediatez de su experiencia, no tiene la *autori*dad
que le concedemos al narrador exterior, sobre todo si identificamos a éste
con el autor implícito.

Un examen de las narraciones interiores en un texto novelesco revela que,
por una parte, el recurso obedece a unos requisitos técnicos. En el último
capítulo de *Fortunata y Jacinta,* una serie de breves narraciones interiores
aceleran la progresión de la anécdota, pues con ellas se prescinde de la creación directa de varias acciones, como la compra y el descubrimiento del re-
vólver de Maxi. La narración interior funciona a modo de resumen. De esta
manera, tampoco existe la necesidad de apartar el escenario dramático de la
casa de Fortunata, donde ocurre lo esencial. Por otra parte, con la narración
interior el novelista puede indagar implícitamente en el orden metafísico del
mundo novelesco y en la constitución estética de su obra.

Engler hace constar la doble función expresiva y mimética de cualquier
intromisión de una narración interior: revelación del personaje que está narrando y fuente de información sobre un acontecimiento. A estas dos categorías hay que añadir una tercera, a la cual ya hemos aludido, y que un crítico llama la objetiva. [4] Cualquiera que sea su carácter y su extensión, con

---

[4] Para una explicación de las teorías miméticas, pragmáticas, expresivas y objetivas, véase M. H. Abrams, *The Mirror and the Lamp: Romantic Theory and the Critical
Tradition* (New York, 1958), cap. 1.

cada narración interior entran en juego dos planos narrativos, dos manifestaciones de una misma estructuración verbal. La narración interior es, en su esencia, un objeto igual que la narración exterior. Por lo tanto, es un eco interior de la empresa narrativa y creadora y de los códigos de compromiso y tensión que se establecen entre texto y lector. Galdós, para quien el juego narrativo es tal vez el más deleitoso entre los muchos que permite la novela, se aprovecha plenamente de estas estructuras reflexivas. Jamás se olvida de que la novela realista, aunque sea realista, es novela, narración ficticia. Refleja una realidad histórica y refleja su propia realidad de objeto autónomo. Tal como todo comportamiento humano, según ha manifestado Claude Lévi-Strauss en su *Anthropologie structurale,* es una gramática de un orden, también en la literatura cualquier estructura es un modelo variable del orden narrativo que informa el texto. A través de las narraciones interiores, Galdós se inventa un espejo de su propia invención.

Por ser la novela más extensa de Galdós y por el carácter especial de algunas de sus narraciones interiores, *Fortunata y Jacinta* se presta a la perfección a un examen de sus estructuras reflexivas. Incluso hay una ocasión en que el texto ofrece una explicación por la ausencia de una narración interior, y lo hace en términos plenamente literarios, con claras resonancias del *Quijote:*

> Todas las personas relacionadas con la familia de Rubín sabían la historia de la mujer de Maxi, y el dramático papel que desempeñaba en ella el señorito de Santa Cruz. Algunas, quizás, tenían conocimiento de aquella tercera salida de la aventurera al campo de su loca ilusión; pero nadie se atrevió a llevar el cuento a *la de los Pavos* (IV, i, 6; 50). [5]

Son varios los ejemplos que se pueden citar de narraciones interiores en palabras directas de uno de los personajes novelescos, donde el narrador exterior o desaparece momentáneamente o, manteniéndose un poco aparte, se limita a guiar y comentar el relato del personaje. (Hay otras en estilo indirecto libre.) En estas secciones, como veremos, Galdós no pierde ninguna oportunidad de usar palabras como "cuento", "historia", "relato", "narrador", incluso "novela", "ficción" y "lector". Construye las escenas de tal manera que los personajes que están presentes se conviertan en narrador y receptor(es) de una historia. Demuestra que el personaje literario —tal vez como cualquiera— puede funcionar, según la circunstancia, como narrador, como

---

5 Los números se refieren a la parte, el capítulo y la sección de la novela. Las páginas se refieren a la primera edición de *Fortunata y Jacinta,* 4 vols. (Madrid, 1887). He modernizado la puntuación y la acentuación en algunos casos conforme a las ediciones más recientes. Una versión muy abreviada de este ensayo fue leída ante el II Congreso Internacional Galdosiano, Las Palmas de Gran Canaria, 1978.

objeto narrado o como receptor de una narración. Y subraya lo difícil que es en estos momentos distinguir entre verdad y ficción.

En la primera parte de la novela, Guillermina Pacheco cuenta a los amigos de Barbarita los apuros y pruebas que había sufrido al establecer su asilo para huérfanos (I, vii, 1). Como un buen cuento de la tradición mimética, el relato de Guillermina lleva su ración de hechos y diálogos que reproducen la acción y comprueban la situación concreta. Viene expuesto, además, con una serie de preguntas retóricas, exhortaciones emotivas, exclamaciones vocativas, repeticiones, pausas y otras artimañas sacadas del arsenal narrativo. Lo descriptivo alterna con lo anecdótico, y Guillermina, narradora y protagonista de su narración, hace todo lo posible para suscitar el interés de sus oyentes en esta historia que tiene un final feliz. Por el tono y el estilo se entiende que esta narración proviene de Guillermina, no de una de las voces del autor implícito. La reacción de los oyentes confirma que han quedado crédulos y conmovidos y que habían entrado plenamente en el juego, incluso los que recibieron el relato de Guillermina como una ficción entretenida: "Algunos, creyendo sin duda que lo que allí se trataba más era broma que otra cosa, se fueron al salón a hablar *seriamente* de política y negocios" (I, vii, 2; 226). En contraste, José Izquierdo es el inventor de una identidad suya que no corresponde a la verdadera cuando cuenta sus hazañas. Primero avisa el narrador exterior: "La mayor parte de sus empresas políticas eran soñadas, y sólo las creían ya poquísimos oyentes" (I, ix, 6; 331); y luego le dice Guillermina: "Veo que entre usted y D. José Ido, otro que tal, podrían inventar lindas novelas" (I, ix, 9; 371).

Lo curioso es que el acto de narrar, que se asocia con la fabricación de una ficción, al interiorizarse sirve con frecuencia para aclarar lo que dentro del marco ficticio se establece como la verdad. Juanito quiere sacarle a su mujer de la cabeza la idea de que *Pitusín* es su hijo; le dice: "—despídete de tu novela, de esa grande invención de dos ingenios" (I, x, 7; 436). Irónicamente, para hacerlo tiene que revelarle su nuevo encuentro con Fortunata. Inicia su detallada divulgación de lo ocurrido con las palabras: "Esto que te voy a decir es el último párrafo de una historia que te he referido por entregas", y la cierra diciendo: "Y se acabó mi cuento" (I, x, 6-7; 435, 441). Para vencer la mentira, la verdad tiene que revestirse de la retórica de la invención.

Se da la casualidad que el prometido último párrafo de la historia de Juanito no es más que el último párrafo de la entrega más reciente, pues pronto se presenta en casa de Juanito su amigo Villalonga para anunciarle la vuelta a Madrid de Fortunata. Juanito le anima diciendo: "Cuenta, chico, cuenta", y el narrador exterior convierte a Villalonga abiertamente en narrador interior: "Y Villalonga dio principio a su relato delante de Jacinta; pero en cuanto ésta se marchó, el semblante del narrador inundóse de malicia" (I, xi, 1; 461). Villalonga sitúa la acción que narra; describe a los personajes; da el testimonio de un mutuo amigo que estaba con él. Lo cuenta todo con tanta delectación que no es de sorprender que se despierte el interés de su oyente, que "sentía el ardor de una curiosidad febril" (p. 466). Las entradas de Jacinta fuerzan a Villalonga a desviar la temática de su relato y, cargándose de toda su destreza, a desarrollar dos narraciones simultáneas, una de las cuales tiene el propósito de ocultar la otra. Al final, las interrupciones de Jacinta llegan a ser tan frecuentes e inesperadas que las superposiciones de las dos narraciones resultan cómicas. Las rupturas impacientan al oyente, como es lógico, y parece que el narrador exterior, que había cedido la palabra al talentoso orador Villalonga, comparte el vivo interés que muestra Juanito, pues una vez, al reaparecer Jacinta y al torcerse violentamente el tema de la narración de Villalonga, el narrador exterior se deja llevar por sus emociones exclamando: "¡Ay, Dios mío!, entró Jacinta" (p. 465). Cuando se acaba la historia y la experiencia viva de la narración, empiezan a surgir las dudas sobre su veracidad. Juanito, después de seguir en balde las huellas de Fortunata, se pregunta si sería "sueño o ficción vana" la historia que le contó su amigo. El comportamiento de Juanito, que va en busca frenética de Fortunata perseguido por su "pícara imaginación", corresponde al ansia de un lector privado de la resolución de la historia narrada. La narración interior sobre la llegada de Fortunata a Madrid se reanuda brevemente en una próxima sección (II, i, 3), pero ahora se trata de otro narrador, Olmedo, y otro oyente, Maxi. El lector exterior es el mismo, y éste ha aprendido casi todo lo que sabe sobre Fortunata hasta ahora a través de narraciones interiores. De este modo se ha creado una mayor distancia entre ella y el lector y se ha convertido en un enigma más profundo esta ficción. Como los estudiosos de esta novela han señalado, aunque en otros términos, en la segunda parte esta distancia se anula cuando Fortunata revela su pasado. Ahora es ella quien, en una narración interior, cuenta su propia historia. (Tal vez por la falta de educación de Fortunata, tal vez por la impaciencia del narrador exterior, la mayor parte de esta confesión se da en discurso indirecto libre.) El receptor de la narración es Maxi, quien, a pesar de su curiosidad, está tan afligido por el contenido moral de la historia que no quiere oír más. "Pero ella siguió narrando", se nos dice (II, ii, 2; 66). Una narración no se deja callar; sólo el narrador puede determinar su fin.

El movimiento progresivo implacable y el desconocimiento de los sucesos por narrar son dos características intrínsecas del proceso narrativo a las que debe su fuerza atractiva. Por eso se registra curiosidad e interés de parte del oyente ante la promesa de una narración. Fortunata rabia por oír las noticias que Mauricia trae un día antes de su boda, y cuando su colega de las Micaelas empieza su narración, Fortunata finge serenidad diciendo: "No me vengas con cuentos" (II, vii, 2; 355), frase defensiva que es una clara indicación de que quiere más cuentos.

Por su parte, el narrador que consigue el mayor triunfo es el que sabe valerse del arte de la palabra para suscitar el interés de su público. El pasaje donde Maxi relata la historia de Mauricia es una doble narración interior porque Maxi había aprendido del caso por boca de Aparisi. Maxi cuenta un capítulo de la vida de la borracha con plena conciencia de su público y en poder de todos los trucos retóricos necesarios para captar su atención. ¡No lo hubiera hecho mejor el mismísimo Galdós! Maxi, como narrador, sabe describir, informar y explicar; acentúa lo pintoresco y lo dramático; se muestra sensible ante los efectos de las pausas, los sonidos, las preguntas, las metáforas, los paréntesis, los tiempos verbales; en el momento debido entromete su propio yo y sus opiniones o se dirige a sus oyentes; reanima a su público con frases como "Pero voy al cuento" y "Pues aguárdense ustedes, que falta lo mejor" (III, v, 3; 238). Al final invoca a Aparisi como para verificar su historia. El largo relato deja agotado al narrador; en cuanto a los oyentes, "Todos se pasmaron del cuento" (p. 240).

Por lo general, el lector exterior comparte con el oyente interior el interés narrativo, el dramatismo, la emoción del relato interior. En efecto, se deleita doblemente puesto que, además de tener su propia reacción, es testigo de la reacción de la otra persona. La muerte de Mauricia la Dura, que Doña Lupe cuenta a Fortunata, es uno de los pocos casos cuando es posible dudar de la eficacia del recurso. Después de tantas páginas dedicadas a la agonía de Mauricia y a las preparaciones para su muerte, sus últimos momentos se despachan a través de una narración interior que diluye la inmediatez de una presencia directa. Si uno supone a primera vista que Galdós, al modo del dramaturgo clásico, quería ahorrarle al lector una experiencia penosa, hay que reconocer, sin embargo, que Doña Lupe abre su relato diciendo: "Vengo horrorizada. Si yo lo sé, no parezco por allá", que repite, "Era un horror", que añade luego, "Yo no quería mirar" (III, vi, 9; 332, 333), y que ofrece tantos detalles minuciosos y vívidos que ni sus oyentes ni el lector pueden escaparse del espanto de la escena. Desde otra perspectiva, el tono de la narración, los pormenores seleccionados, las reacciones personales de la narradora, todo sirve para revelar el carácter de Doña Lupe y confirma lo que ya sabemos de ella. La ironía inconsciente del autorretrato inintencionado es suficiente para reemplazar el sentimiento de pesadumbre en el lector con un reconocimiento del acto narrativo. La forma se impone en el contenido para convertirse en contenido por su propia cuenta.

En el primer capítulo de la cuarta parte le toca a Aurora hacer el papel de narradora cuando le descubre a Fortunata sus sospechas de que Manuel Moreno-Isla está cortejando a Jacinta. Como lectora embelesada por el texto, "Fortunata estaba absorta y como lela. Le parecía increíble lo que su amiga contaba" (IV, i, 8; 72). Después de una pausa (pausa narrativa, pausa del lector), Aurora sigue con su relación, más extensa ya, y ofrece detalles y juicios que convierten en hechos sus sospechas. Excitado el interés de Fortunata, Aurora dice: "—Espera, te contaré" (IV, i, 12; 98). Lo que sigue es una breve historia intercalada de una persecución amorosa en el pasado que supone un paralelismo con el presente. El narrador exterior observa que Fortunata, hechizada, atiende con toda su alma a la narración y, después de escuchar más, "Fortunata parecía que estaba oyendo leer el relato más novelesco, según el interés y asombro que mostraba" (p. 99). (Nótese aquí la equivalencia entre escuchar y leer.) El narrador exterior establece la narración interior metafóricamente como novela, presenta a Fortunata como lectora y da por supuesto que una novela atrae al lector. Lo curioso y complicado en este caso es que la narración de Aurora dentro de la ficción más amplia no es una aclaración de la verdad, sino más bien una invención suya. Es una ficción que deja ilesa la verdad (ficticia) de la narración exterior, aunque Aurora, se puede suponer, cree en la realidad de lo que ella ha inventado. Fortunata, por su parte, que participa de su narración como si fuera una novela, termina por creerla como una verdad incontrovertible. Por sus reacciones intermitentes queda patente que la "lectora" se ha dejado convencer, y por su actuación subsecuente se ve que la "lectura" ha ejercido una profunda influencia en el comportamiento de Fortunata. De hecho, como siempre ocurre en el arte mimético, la ficción de Aurora se basa en una realidad observada: es cierto que Moreno se ha prendado de Jacinta y que pasa mucho tiempo entre los Santa Cruz, pero el que Jacinta se haya entregado a Moreno es el capítulo escrito por Aurora.

Esta narración interior tiene sus secuelas. Cuando la que quedó convencida por la ficción —Fortunata— la comparte con otro —Juanito—, éste no la cree. Para él, la ficción no es una ilusión deseada, sino una calumnia, y la recibe como unos "absurdos cuentos" (IV, iii, 1; 164-65). Con esta reacción de su amante, le entran dudas a Fortunata y concibe la posibilidad de ilusiones, visiones, equivocaciones. Reconoce que Moreno habría podido enamorarse de Jacinta sin caer ella en el pecado, y empieza a sospechar la posible confusión entre la realidad y la ficción de este incidente. Al darse cuenta de la trampa en que ha caído —es decir, reconociendo la ficción como tal—, confiesa que todo podía ser mentira. Para limpiarse de la culpa de ser su inventora, asegura que la historia no fue creación suya e identifica a Aurora como la responsable de esta fantasía. Es importante observar que todo esto ocurre dentro de los pensamientos de Fortunata, que reproduce su narración a Juanito y las consecuencias de ésta, mientras el narrador exterior da forma dramática a la escena. En este complejo juego entre momentos temporales, el lector exterior es el único receptor de la acción presente, que no es la narración interior de Fortunata, sino el acto de recrearla pensando. La escena clave se pinta al soslayo porque, más que el hecho mismo, importa su efecto en Fortunata: su confusión, su trastorno, sus inseguridades y dolores. El alejamiento temporal aumenta el dramatismo de lo ocurrido, pues a la emoción de la experiencia vivida, la acusación y posible ruptura (momento pasado), se agrega el estado psíquico de Fortunata al revivirla (momento presente). La última etapa de esta secuencia iniciada por Aurora-autora viene cuando ésta se enfrenta con Fortunata, la lectora que había aceptado como verdad su ficción. Aurora trata de deshacerse de este cargo, hablando de una posible equivocación, de la dificultad de ahondar en los fenómenos. Reconoce que a base de ciertas observaciones de la realidad, fácilmente cae uno en la tentación de labrar una ficción y de convertir en hechos lo que son suposiciones. Acosada por un desenlace que no había previsto para su historia, Aurora se vuelve atrás y confiesa que considera virtuosa a Jacinta. Termina por echar la culpa a Fortunata: "Tú te precipitaste al llevarle ese cuento" (IV, iii, 2; 172). Las moralejas: la verdad de una ficción no se puede averiguar jamás, y se daña el que se traga con demasiada ingenuidad las ficciones.

La trayectoria de creencia a dudas se invierte cuando Maxi viene a visitar a su mujer después del nacimiento del niño. En dos narraciones interiores sucesivas le cuenta la historia de su locura y su cordura, y luego las relaciones entre Juanito y Aurora. El lector exterior ya está enterado de las circunstancias y sabe que Maxi no está inventando, pero Fortunata expresa su incredulidad en ambos casos: "¿Pero será verdad, Dios mío, que a mi marido le ha entrado un gran talento, o estas cosas que dice son farsa para tapar una mala idea?"; "¿Qué historias me vienes a contar ahí?" (IV, vi, 4; 315, 317). Poco después termina por creer a Maxi, porque algo en su interior le delata lo lógico de su relato. [6]

Las narraciones interiores que hemos citado y otras que hemos dejado en el tintero [7] dan testimonio de una serie de actos de creación y revelación lingüística dentro de la obra literaria. Al mismo tiempo que reflejan la sustancia del objeto del cual forman parte, estas intervenciones, al entremezclar realidad y ficción en varios niveles y al presentar verdades que se toman por mentiras y ficciones que se aceptan como la verdad, hacen ver las fronteras borrosas entre los dos conceptos. Cualquier personaje puede ser el promotor o la víctima de tales circunstancias, pero es lógico que el embustero principal de *Fortunata y Jacinta*, Juanito Santa Cruz, sea el personaje responsable de la narración interior más extensa y más importante de la novela. El talento de Juanito como narrador queda establecido desde el momento de su apa-

---

[6] Es irónico que cuando Fortunata trata de pasar estas noticias a Guillermina, ésta dice: "No me traiga usted a mí cuentos" (IV, vi, 5; 328).

[7] Por ejemplo, cuando Mauricia le cuenta sus experiencias a Fortunata (II, vi, 2) o cuando Feijoo y Fortunata intercambian historias de su pasado, ocasión en la cual reciben tres veces la designación de "narrador" (III, iv, 4). El papel de creador y narrador que hace Ido del Sagrario en el incidente del *Pitusín* merece un estudio aparte, a pesar de toda la tinta crítica que ya se ha vertido en ese personaje.

rición en la novela: es un chico "inteligente, instruido, de frase seductora en la conversación, pronto en las respuestas" (I, i, 1; 14). [8] En ningún momento se manifiesta mejor esta habilidad suya que durante su viaje de novios, cuando confiesa a su mujer sus relaciones pasadas con Fortunata. Otros ya han comentado este capítulo, pero es sumamente revelador leerlo como una ficción dentro de una ficción e indagar en su constitución narrativa.

Suzanne Raphaël tiene razón al manifestar que inesperadamente un tercer personaje, Fortunata, se convierte en protagonista del capítulo que recuenta el viaje de novios. [9] En efecto, Fortunata nace narrativamente dos veces: la primera en la referencia del narrador exterior sobre el encuentro entre Fortunata y Juanito en la casa de Estupiñá (I, iii, 4), que es el primer contacto que tiene con ella el lector exterior; luego nace para la lectora interior, Jacinta, cuando la evoca el personaje convertido en narrador interior. Esta escena se plantea descaradamente como una invención destinada a dar gusto al oyente. Juanito se lanza a ella con las palabras: "Pues bueno, allá voy", y cierra el primer párrafo con la pregunta: "¿Qué tal?" (I, v, 1; 127), como si estuviera buscando aprobación para su talento inventor. La reacción de Jacinta al decir "Sigue" es una señal del interés que ha suscitado la historia —en ella y, además, en nosotros, los lectores exteriores, quienes nos encontramos en una situación paralela a la de Jacinta, aunque un poco mejor informados y, por lo tanto, en una posición de superioridad irónica—. Juanito está en dominio de su narración, tal como el narrador exterior rige la suya, por ejemplo, cuando dice: "Pero basta de digresiones" (I, v, 2; 128). Las frecuentes exclamaciones de este tipo son los indicios de una recitación que fijan la atención del lector en la narración como proceso, un proceso de contar y oír.

El otro narrador, el soberano que dicta desde más lejos, conoce bien la naturaleza humana y sabe que Jacinta escucha a Juanito por la misma razón por la cual el lector sigue leyendo: "la curiosidad no disminuía, antes bien aumentaba" (p. 131). Incluso percibe la inclinación que tiene el lector de adelantarse a la creación del texto cuando dice Jacinta: "Ahora te voy a anticipar la continuación de la historia", y lo hace basándose, como es normal, en su conocimiento de otras historias. El narrador exterior confirma el origen literario de esa presciencia:

---

8 Cuando posteriormente el narrador opta por la fraseología siguiente para subrayar que Juanito es mentiroso: "el Delfín hacía las prestidigitaciones del razonamiento con muchísima habilidad" (I, viii, 3; 256), la condena moral retrocede ante la alabanza burlona que hace constar el talento de inventor de Juanito. Y en otra ocasión: "Rápidamente, con aquella presteza de juicio del artista improvisador, hizo su composición" (III, ii, 3; 73).

9 "Un extraño viaje de novios", *Anales galdosianos*, 3 (1968), 35.

Aunque Jacinta no conocía personalmente a ninguna víctima de las palabras de casamiento, tenía una clara idea de estos pactos diabólicos por lo que de ellos había
visto en los dramas, en las piezas cortas y aun en las óperas, presentados como
recurso teatral, unas veces para hacer llorar al público y otras para hacerle reír (pp.
132-33).

El lector lleva a cada nueva lectura su experiencia de las anteriores, y el gusto de leer se deriva en gran parte de la escisión entre la cooperación con el
hechizo de la ficción y la resistencia ante él. Jacinta amonesta definitivamente: "no me cuentes más historias. No quiero saber más. Punto final" (p. 136),
precisamente en el momento de ansiar nuevos pormenores.

Uno de estos detalles es el nombre de Fortunata, que Jacinta, a diferencia del lector exterior, desconoce. El narrador exterior pone fin a las quis-
quillas entre los novios sobre este tema con la frase: "No sé qué vieron que
les distrajo de aquella conversación" (I, v, 4; 150). Esta impertinencia egre-
gia en primera persona descubre un juego narrativo en varios niveles. Claro
está que, si quisiera, podría saber lo que vieron; ya ha revelado secretos más
recónditos. El paso a una narración interior siempre representa una ostensi-
ble abdicación de poder, pero el narrador todopoderoso sigue siendo en todo
caso el manipulador escondido del narrador secundario, y si, como en este
caso, se mantiene presente para inyectarse y tomar la palabra cuando le parece oportuno, queda manifiesto el marco que circunscribe el terreno limitado del narrador interior. El comentario en primera persona, que constituye
un aparente sacrificio de la omnisciencia, paradójicamente desenmascara la
supremacía del manipulador de la ficción. El propio Juanito, como narrador
es preeminente, pero como personaje es un súbdito. [10] Tras la intromisión
narrativa viene un párrafo descriptivo con detalles del paisaje que se pueden
ver desde la ventanilla del tren. Entre éstos, el lector puede escoger la distracción hipotética que interrumpió a la pareja. De este modo, el texto estimu-
la la participación del lector en un esfuerzo de selección y motivación que
es un reflejo del proceso narrativo. Pero este esfuerzo puede descubrir solamente la fuente de la distracción, no el nombre de la amante de Juanito, y
así se establece otro paralelismo entre los dos niveles narrativos. Para la lectora interior se mantiene el misterio de la identidad de Fortunata. El lector
exterior queda distraído de la resolución del misterio en el nivel en que se
desarrollaba para él: no averigua todavía si Juanito comunicará el nombre ni
cuál será la reacción de Jacinta. El lector exterior queda avisado: en virtud

---

[10] A través de lo que dijo Jacinta (con otra intención, claro está), en una sección
anterior, se había subrayado ya la doble identidad que recae sobre Juanito como narrador de una historia en la cual otro yo suyo era el protagonista ficticio: "tú no eras
entonces tú" (I, v, 3; 139). El comentario hace resaltar el abismo que media entre
creador y creación, incluso en un relato autobiográfico, y el hecho de que el discurso
narrativo convierte la historia en ficción.

de su condición de receptor de una narración controlada por otro, no goza en realidad de una postura tan privilegiada como quizás se había creído a base de sus observaciones de la posición aparentemente inferior de Jacinta. En términos de la información que reciben, no son iguales, pero como lectores de un texto, sus situaciones son paralelas. Al final de esta sección se revelan los dos secretos: el nombre de Fortunata para Jacinta y la mención del nombre para el lector exterior. Con esto se funden las líneas de conocimiento en los dos niveles narrativos y se disminuye la distancia irónica entre Jacinta y el lector.

No carece de importancia que este espejismo mimético que despliega la dinámica de la narración tenga lugar durante un viaje, cuando los personajes están en movimiento, avanzando constantemente con un ímpetu que a cada paso de su progreso lineal les descubre algo desconocido. Para el vocablo "tren", en la cita que sigue sería fácil sustituir "novela" o "ficción": "Pero la idea de prolongar un poco aquel viaje tan divertido, conquistó en breve su alma [de Jacinta]. ¡Andar así, llevados en las alas del tren, que algo tiene siempre, para las almas jóvenes, de dragón de fábula, era tan dulce, tan entretenido...!" (I, v, 5; 155).

Para la consumación del acto narrativo es necesario tener una conjugación de la curiosidad del lector y el impulso irresistible de seguir contando de parte del narrador. En la quinta y sexta sección del capítulo, las presiones del narrador (los remordimientos de la conciencia de Juanito) reemplazan a las instancias del lector (la curiosidad de Jacinta) como catalizador narrativo. Este cambio conlleva unas transformaciones en las correspondencias entre los dos niveles. Juanito abandona su aire juguetón y llega a ser la figura central de la narración en ambos tiempos, el pasado y el presente. Antes era un narrador de tipo historiador; ahora es partícipe y protagonista de su narración y centro de atracción, tanto para Jacinta como para el lector exterior. Éstos son ahora iguales en sus conocimientos y en los descubrimientos por hacer. El tono alterado de la narración influye en la presión hacia la continuidad que es característica del lector. La curiosidad despreocupada da lugar a un interés tocado por el miedo ante lo desconocido, y la parálisis compite con el impulso de volver la página, como bien lo muestra Jacinta:

Jacinta temblaba. Le había entrado mortal frío, y daba diente con diente [...] sin atreverse a preguntarle nada ni a pedirle una aclaración sobre las extrañas cosas que revelaba. / —¡Por Dios y por tu madre! —dijo al fin [...]— no me cuentes más (I, v, 6; 166-67).

El mismo ruego que antes, denota ahora una actitud muy cambiada.

La próxima mañana, cuando vuelve a apoderarse de Juanito la sensatez, trata de renunciar a su papel de protagonista y de recobrar su posición neutral de narrador-observador. Como narrador desapasionado, ni siquiera es capaz de reconstruir sus intervenciones de partícipe excitado. Lo único que puede certificar —o que quiere certificar— es su función de creador de ficciones: "seguramente dije mil cosas que no son verdad". Pero Jacinta se equivoca cuando dice: "Gracias que no había más público que yo" (p. 168). El doble nivel de la narración yace más allá de su alcance, y ella no puede tener conciencia de ese otro testigo que ha aprehendido y saboreado la crónica ficticia imborrable. En esta fase del juego, los senderos narrativos han vuelto a separarse. Por ser testigo ante dos narraciones simultáneas, el lector exterior, en efecto, se encuentra siempre en una situación más compleja que Jacinta. Primero, se interesa por lo mismo por lo que se interesa Jacinta, es decir, por Fortunata, por la narración interior. Segundo, se interesa por la narración exterior: por las relaciones entre los recién casados a la luz de lo que se viene contando y por sus reacciones según sus motivaciones y psicologías personales. De este modo, el lector exterior se encuentra en un constante vaivén entre participación y distancia, compañerismo y superioridad, conciencia e ignorancia. Es testigo de una verdad y testigo de una ficción. La pregunta "¿Habló Juan con verdad?" (p. 169) es la expresión humana de la incertidumbre que siente Jacinta ante el relato que acaba de escuchar. Para el lector exterior, es una pregunta que se dirige a la naturaleza de la ficción: ¿es de confianza cualquier narrador?, ¿cuáles son los parámetros entre la verdad y la ficción?

Desde la otra orilla, el lector exterior, que tiene en las manos una novela, se da cuenta perfecta de que todo lo que se encuentra en el texto es una ficción. Aun si lo expuesto por Juanito fue una inscripción fiel de sus experiencias, sabemos que es una verdad dentro de una ficción y, por lo tanto, una ficción. De ahí proviene una ironía: el lector privilegiado alejado de la realidad novelesca es capaz de reconocer el simulacro y puede decir que no, que Juanito no estaba construyendo una verdad; mientras que la lectora ficticia, que dentro de la ficción es de carne y hueso, no es capaz de distinguir entre sinceridad y engaño. La paradoja impide el esfuerzo de clasificación. La respuesta a la pregunta "¿Habló Juan con verdad?" y la respuesta a las preguntas más amplias para las cuales aquélla sirve de metáfora se nos ofrecen dentro del propio texto. No es Juanito, sino el narrador exterior quien nos la proporciona: "De todo hubo. Sus declaraciones eran una verdad refundida como las comedias antiguas" (p. 169). No debe sorprendernos que a la respuesta se le confiera un contexto literario —y, además, un contexto que invoca toda la tradición literaria occidental—. Una metáfora literaria sirve bien para caracterizar la ficción, la cual es de hecho "una verdad refundida" y contiene a la vez, y de modo indistinguible, la verdad y la mentira.

Cuando la narración interior se reanuda bajo la advertencia de que no será "la reproducción fiel de los hechos" (p. 169), sea por el amor propio de Juanito o por la idiosincrasia de la operación narrativa, el lector sigue adelante con su sensibilidad ya bien afilada ante la ficcionalidad de la ficción.

La pregunta que inyecta Juanito, "Pero qué, ¿no lo crees?" (I, v, 7; 171), nos recuerda que una ficción es algo no creíble labrado de tal forma que parezca creíble, un ejercicio híbrido entre historia e invención, y que es inevitable la inseguridad del narrador ante la credibilidad de su creación.

La narración de Juanito termina de modo abierto con unas preguntas sobre el paradero actual de Fortunata. En su estilo reproduce el tono del final de historias que se han escrito a través de los siglos:

> una amiga de Segunda me dijo que la *Pitusa* se había marchado de Madrid. ¿A dónde? ¿Con quién? Ni entonces lo supe ni lo he sabido después. Y ahora te juro que no la he vuelto a ver más ni he tenido noticias de ella (p. 171).

La ambigüedad con que se clausura el relato es el catalizador de la ficción larguísima que el narrador exterior luego va a desarrollar. "El gusanillo aquel" que rebulle en la mente de Jacinta y, asimismo, en la del lector es una señal de la actividad de reflexión, repaso y análisis crítico que normalmente se emprende una vez acabada la lectura. También anuncia la inevitable continuación de la historia. Este capítulo del viaje de novios es una microestructura de la novela en conjunto, un código del esquema que va a dominar toda la historia, donde Fortunata es la creación de Juanito y de otros más bien que del propio Galdós, y donde la actuación de Juanito es un incesante titubeo entre Fortunata y Jacinta. [11]

Mas antes de cerrar el capítulo, Galdós añade una posdata de cuatro páginas en la cual el narrador interior guía a su lectora en la interpretación del texto que ésta acaba de experimentar. En una frase extraordinaria que es empresa conjunta de los dos narradores, el interior y el exterior, el uno actuando de portavoz, el otro de comentarista, el texto plantea la fórmula de la creación ficticia al estilo realista: "—Hija mía, hay que juzgar las cosas con detenimiento, examinar las circunstancias... ver el medio ambiente... —dijo Santa Cruz preparando todos los chirimbolos de esa dialéctica convencional con la cual se prueba todo lo que se quiere" (p. 173). Quitándole al comentario lo que tiene de juicio moral, uno vislumbra aquí una serie de implicaciones sobre el arte literario: 1) la dinámica de la creación es circular, inspirándose el arte en la realidad para luego dejar la ilusión de realidad; 2) la observación, la precisión detallista, lo circunstancial y la causalidad son los ingredientes de este proceso; 3) el lenguaje, con todo su poder intrínseco de subterfugio, es el componente clave de la estructura artística; 4) las

---

11 Es lo que Raphaël llama "el ritmo de la novela" (ob. cit. en la n. 9, p. 41). José F. Montesinos, *Galdós*, II (Madrid, 1968), 220, dice que en este capítulo "tenemos, a la vieja manera española, un personaje que ha de ser central visto en el espejo de otro, y no poco deformado por la reflexión, lo que más adelante nos hará comprender la índole del espejo".

divisiones entre verdad y mentira no son ni más ni menos descifrables que
las ambigüedades inherentes del lenguaje; 5) la verdad se inventa fácilmente
con estructuras verbales que son ficciones; 6) la retórica y la ficción revisten
gran encanto (como lo hacen también las caricias con las que Juanito puntúa
estas palabras); 7) la verosimilitud depende de la percepción de una verdad
y requiere fe; 8) la ficción es, a fin de cuentas, una convención en la cual
queremos creer. El narrador exterior insiste en lo último, acentuando que
Juanito como narrador cumple con los menesteres de Jacinta y la tranquiliza
con la creación de una ficción que depende de la palabra y cuyo éxito se deriva de la pericia técnica del manipulador. Aunque lo condena rotundamente
como hombre, el narrador exterior estima los talentos narrativos de Juanito
e irónicamente le felicita por su capacidad de razonar "con arte tan sutil y
paradógico" (p. 175). El premio que se granjea el narrador es la fe que muestra el lector en la ficción: Jacinta en este momento ante la narración de Juanito, nosotros ante *Fortunata y Jacinta*.

Las narraciones interiores en *Fortunata y Jacinta,* y en especial la extensa narración de Juanito durante su viaje de novios, son metáforas del acto
de leer, que es un zigzagueo inexorable entre el presente del lector (la lectura)
y el pretérito de lo leído (la historia). [12] Estos trozos son una dimensión
—nada más que una dimensión— de la auto-reflexividad del texto galdosiano. (La conversación al final, muy citada, entre Ballester y el crítico literario
Ponce, durante los funerales de Fortunata, es una última narración interior,
pero reducida a una exposición teórica. Está truncada porque su reproducción constituiría una repetición de toda la novela.) Los críticos modernos de
orientación estructuralista suelen insistir en la llamada auto-reflexividad del
texto literario o en la auto-conciencia de parte del escritor. Localizan en la
mitad del siglo XIX el momento de transición en que la literatura deja de
ser un mero vehículo de comunicación de mundos exteriores o afectivos y
empieza a convertirse en un discurso sobre el acto de escribir. [13] En cambio,
Ricardo Gullón dice en su "Introducción" a *La incógnita:* "Esta novela no
es una reflexión sobre sí misma; ni la época ni el autor favorecían tal designio." [14] Si bien es posible abrigar ciertos reparos cronológicos ante los juicios
de los críticos franceses, la afirmación de Gullón es demasiado rotunda, por-

---

[12] La misma estructura y las mismas lecciones se presentan en el segundo capítulo
de la tercera parte en la escena de la reconciliación entre Juanito y Jacinta. Aunque
menos extensa que la otra, esta narración interior de Juanito sobre sus relaciones con
Fortunata es un eco de la primera y rebosa de referencias e insinuaciones sobre el
arte de narrar. También merece un análisis detenido.

[13] Véanse en especial Roland Barthes, *Le Degré zéro de l'écriture* (París, 1953);
Michel Foucault, *Les Mots et les choses* (París, 1966); Julia Kristeva, *La Révolution
du langage poétique* (París, 1974).

[14] (Madrid, 1976), p. 33. El mismo juicio general lo expresa Robert Alter, *Partial
Magic. The Novel as a Self-Conscious Genre* (Berkeley, 1975), cap. 4.

que debajo de la superficie de *La incógnita* sí corre la problemática de la ficción. El mismo Gullón termina por sugerir tímidamente que esta obra es una indagación novelesca en el proceso inventivo.

No sólo en el caso descarado de *El amigo Manso* o en el más sutil de *La incógnita,* sino en toda la producción galdosiana, está presente esta doble dimensión de recreación mimética y auto-revelación novelesca. Los juegos de perspectivismo narrativo a los que se entrega Galdós desde el principio en *Fortunata y Jacinta* son una primera invitación a una lectura en este nivel. Otra menos recatada son los comentarios directos que sirven para avisarle al lector que es ficción la historia que está leyendo. Las narraciones interiores son otro indicador de la materia ficticia que define la autonomía del objeto literario. Sin desechar sus obligaciones de hombre y de criatura social, Galdós se dio cuenta de la constitución primordial del arte, que muchos de sus críticos han ido olvidando y que Susan Sontag ha resumido escuetamente: "A work of art encountered as a work of art is an experience, not a statement or an answer to a question. Art is not only about something; it is something. A work of art is a thing *in* the world, not just a text or commentary *on* the world." [15] El lector que pasa por alto la complexión ficticia de esos espejos ante la realidad que brotaron de la pluma de Galdós pierde de vista su característica definidora. Ese lector vuelve las espaldas a las amonestaciones insistentes del propio autor dentro de su obra. El lector que las atiende capta todo el encanto del arte galdosiano de narrar.

---

[15] "On Style", *Against Interpretation* (New York, 1966), p. 21.

Autobiografía y autofantasía en la Generación del 98 (Teoría y práctica del querer ser)*

LEON LIVINGSTONE
Profesor Emérito,
State University of New York (Buffalo)

> *"Todo es fantasía y no hay más que fantasía"*
>
> (Unamuno, *Niebla,* cap. 18)

Enderezóse dignamente y rechazó con desprecio la venda tradicional. Luego terminó pausadamente su cigarrillo y con un gesto airoso lo tiró bien lejos. Y fue entonces cuando, "erguido e inmóvil, altanero y desdeñoso", una ligera sonrisa en la comisura de los labios, encaró fría y tranquilamente los fusiles del pelotón.

Actitud heroica digna de toda admiración, se diría. En realidad, sólo uno de tantos fantaseos vanos en la "vida secreta" de Walter Mitty,[1] un pobre hombre dominado por su mandona esposa y abrumado por el diario vivir.

Pero si esta pusilánime figura es blanco de nuestro escarnio, el sentimiento de superioridad que experimentamos hacia ella se tiñe de repente de rubor. Porque nos damos cuenta de cuánto hay de Walter Mitty en cada hombre, de cómo estamos todos propensos a fabricar sueños de gloria en los cuales hacemos el papel de superhéroe, convirtiendo en triunfo nuestra prosaica existencia. Y cuanto más prosaica la vida, mayor la fuga fantaseadora.

El ejemplo de Walter Mitty, pequeño Quijote moderno en ciernes, sirve de clave a la labor imaginativa de los escritores del 98, y no sólo a su obra de ficción, sino a la elaboración de su propia identidad personal, dos actividades íntimamente ligadas en individuos que, tanto en su vida diaria como en sus novelas, quisieron proyectarse como seres excepcionales. Con la nota-

---

* Versión revisada de una conferencia dada en la Universidad de Ginebra el 14 de febrero de 1978.

1 James Thurber, *The Secret Life of Walter Mitty,* recogido en *Vintage Thurber,* I (Londres, 1973), 27-30.

ble diferencia de que lo que es en un caso "secreto", es en el otro postura pública aparatosa, un secreto a voces.

La manifestación más inmediata y directa de esta actitud es el culto de la apariencia extravagante por parte de los hombres del 98 como medio de singularizarse y reforzar el aura de leyenda con la cual buscaban rodearse. Así Unamuno, con su extraño sombrero redondo y traje negro a lo clérigo inglés, para recalcar el papel de sediento de inmortalidad, de despertador de conciencias, que se había asignado. Así también el estrambótico Valle-Inclán —"la mejor máscara a pie que jamás atravesó la calle de Alcalá", según descripción de su biógrafo [2]—, el de las mil versiones de su manquedad, de los enormes quevedos, de la larga barba rala y voz de flauta, de la capa colgante, todo lo cual producía un conjunto insólito que iba muy bien con la pose de raro de este autor. Aun el modesto y recatado Azorín no estaría exento en su juventud de un excentrismo personal, una afectación marcada por el uso de un sombrero de copa, monóculo y parasol rojo para acompañar su anarquismo bohemio.

Atribuir todo esto a un simple exhibicionismo o a un mero inconformismo antiburgués no enfoca la tendencia en su verdadero significado. De lo que se trata no es simplemente de un deseo de ser diferente, de salir de la norma convencional, sino de sobresalir, de ser extraordinario. Y este impulso lo trasladan intacto los noventayochistas directamente a sus personajes literarios, haciendo que ellos encarnen esa aspiración suya a una singularidad máxima.

¿Qué otro significado atribuir a los Aviraneta y Zalacaín de Baroja sino una transformación a la Walter Mitty de un sedentario autor de vida convencional? Aviraneta, el "hombre de acción" que Baroja, "el actor fracasado", [3] hubiera querido ser. Y así también Zalacaín, el "aventurero", especie de superhombre nietzscheano, que vive una vida excepcional y muere en condiciones no menos excepcionales (reencarnando con su asesinato en Roncesvalles el fin del héroe de la *Chanson de Roland,* en un día excepcional, el 29 de febrero). A la existencia de estos personajes, Baroja hubiera muy bien podido aplicar la descripción que forma el subtítulo de una de sus trilogías: "La vida fantástica".

No menos exagerado como ejemplo de escapismo literario, o más bien de autorrealización novelesca, es el Marqués de Bradomín de las *Sonatas* de

---

[2] Ramón Gómez de la Serna, *Don Ramón María del Valle-Inclán,* 2.ª ed. (Buenos Aires-México, 1948), p. 28.

[3] César Barja, *Libros y autores contemporáneos* (Nueva York, 1935), p. 299. Añade Barja: "La conclusión parece imponerse: si Baroja fuese el hombre de voluntad y acción, el héroe que a cada paso estamos a punto de encontrar en sus novelas, posible es que no hubiera escrito ninguna de las cincuenta y tantas novelas que hasta la fecha lleva publicado."

Valle-Inclán, un Don Juan terrible y temible, conquistador de bellas mujeres en los cuatro rincones del mundo y en todos los climas, acabada versión del amante absolutamente irresistible tipo Rodolfo Valentino. O aun el terriblemente monstruoso Tirano Banderas, otro diablo.

En cuanto a Miguel de Unamuno, son patentes como autoproyección amplificada los titánicos protagonistas de sus novelas, transformación que no solamente admitirá este escritor, sino que pondrá como base de toda una estética novelesca y filosofía de la identidad. De ahí los gigantescos "héroes de la voluntad", como su autor los denominará, maniáticos como la madre-virgen Tía Tula o energúmenos como Alejandro Gómez, "nada menos que todo un hombre". Y no olvidemos que Unamuno acabará por canonizarse en *San Manuel Bueno, mártir*.

Azorín, el más sobrio y modesto entre estos escritores, el autodesignado "pequeño filósofo", parece a primer vista haberse librado —pero es más bien sólo un querer librarse— de esta tendencia, si hemos de aceptar una de sus "confesiones" según la cual

Yo no he ambicionado nunca, como otros muchachos, ser general u obispo; mi tormento ha sido —y es— no tener un alma multiforme y ubicua para poder vivir muchas vidas vulgares e ignoradas. [4]

Además de lo que tiene de declaración defensiva, de disculpa, de protestación de inocencia, esta proclamación es desmentida por los mismos personajes azorinianos, que no son nada "vulgares e ignorados". Por lo contrario, tienden a ser sofisticados y elegantes, cultural, social y económicamente privilegiados, como los Don Juan, Doña Inés, Tío Pablo, Víctor Albert y Antonio Azorín mismo, a pesar de su fracaso en *La voluntad*. Y esto sin tomar en consideración las alturas vertiginosas de heroísmo a que eleva Azorín a su alter ego, el poeta Félix Vargas, en *El caballero inactual,* nuevo superhombre que, en nombre del arte, libra una batalla heroica con su propia conciencia artística a riesgo de su cordura.

Esta disparidad entre propósito y resultado en Azorín apunta a una discrepancia entre teoría y práctica que es fundamental en la Generación de 1898. Pero esto no debería extrañar en una generación de protesta irracional cuya arma favorita es la paradoja (el título de *Paradox, rey* que puso Baroja a una de sus novelas bien pudiera servir de lema a todos estos escritores.) Porque paradójica tiene que parecer la persecución de una dimensión heroica, extraordinaria, por parte de los que reputaban como el máximo error histórico de España la búsqueda de lo heroico y extraordinario. Como exhortación a rechazar el heroísmo espectacular, lo grandioso de las pretensiones imperiales, lanzó Joaquín Costa, tan admirado de los noventayochistas, su

---

4 *Confesiones de un pequeño filósofo,* cap. 38.

proclamación en favor de poner "doble llave al sepulcro del Cid", proclamación que adoptó como grito de guerra la nueva generación. Resultado de esta nueva modestia por parte de los nuevos escritores es su reducción de la materia histórica a unas proporciones humildes. La vida, mantiene Unamuno, no se fabrica con "sucesos", sino con "hechos", la sustancia de la vida diaria de los hombres que luchan y mueren; la verdadera historia es una intrahistoria, "una oda pindárica tejida con las mil pequeñeces de lo cotidiano", como dice Augusto Pérez en *Niebla*. [5] Y Azorín, estableciendo de la misma manera una distinción fundamental entre los "grandes hechos" y los "menudos hechos", mantendrá que la historia no es nada más que "un diestro ensamblaje de estas despreciables minucias", su esencia "la sutil trama de la vida cotidiana". [6] Y, sin embargo, estos mismos autores mostrarán, explícita o implícitamente, su gran disconformidad con el ambiente común y corriente en el que se encuentran: Baroja con su ironía mordaz, Valle-Inclán con su escapismo exótico, Unamuno con su abstracción metafísica del mundo material. Quizás el que mejor resume este desdén de un mundo donde "todo es igual, uniforme, monótono, gris" es el joven Antonio Azorín, quien expresa su resentimiento de que en la actualidad "No hay héroes; no hay actos legendarios; no hay extraordinarios desarrollos de una personalidad". [7] Confesión más clara de un hambre de heroísmo no podría haberse hecho. Lo heroico, lo legendario, lo extraordinario, son exactamente lo que van a perseguir Azorín y sus coetáneos para reafirmar su propia identidad en un mundo despoblado de mitos.

Resultado directo de este doble enfoque es la divergencia en la literatura del 98 entre el cultivo de un nuevo realismo modesto, sin pretensiones, y la exuberancia de una fantasía a rienda suelta. Los dos polos de esta nueva creación son un estilo sobrio, escueto, de una simplicidad antiliteraria (todo lo contrario de lo que estos escritores consideraban como la retórica ampulosa del siglo XIX) —la "retórica en tono menor", que dirá Baroja; las frasecitas cortas de Azorín, quien insistirá repetidas veces que tener estilo es no tener estilo y pretenderá reducir la novela a "algunas notas vivaces e inconexas, como lo es la realidad" [8]—, y la exagerada estilización tanto del modernismo de las *Sonatas* como del infrarrealismo de los esperpentos de Valle-Inclán.

Esta bifurcación en la novela del 98 caracteriza también a sus personajes, quienes se dividen entre antihéroes y superhéroes, entre abúlicos y fuerzas avasalladoras; y a veces estas contracorrientes fluyen dentro de un mismo

---

[5] *Niebla,* cap. 2.
[6] *La voluntad,* Pte. II, cap. 5.
[7] Ob. cit., Pte. III, cap. 4.
[8] *Confesiones...,* cap. 4.

personaje. Los superhombres de Baroja tienen como contraparte al torturado Fernando Ossorio de *Camino de perfección* o al confundido y pesimista Andrés Hurtado de *El árbol de la ciencia,* mientras que en *Paradox, rey* el dinámico y emprendedor Silvestre Paradox es amigo íntimo e inseparable del reservado Diz, quien sirve con sus ironías de freno a las ambiciones de su alter ego, a modo de autocrítica. En las novelas de Azorín, el desvitalizado Antonio Azorín de *La voluntad* es el polo opuesto del poeta Félix Vargas, cuya vida entera es una lucha heroica por sobrevivir como creador, y la alternancia entre voluntad y abulia [9] forma el mismo núcleo espiritual de caracteres como Doña Inés y Tío Pablo, prolongaciones psíquicas de su propio autor. En las obras de Valle-Inclán se encuentra toda una galería de protagonistas dominantes o rebeldes, de desenfrenada vitalidad: un Bradomín, un Tirano Banderas, un don Juan Manuel *(Comedias bárbaras),* o un extravagante como Máximo Estrella *(Luces de bohemia).* Como pasa en el caso de los dos estilos, estos dos tipos de personaje no forman dos clases separadas, sino que son elementos de una misma entidad que se divide en dos tendencias divergentes. Son el vaivén de un solo péndulo.

La relación entre estas dos posiciones aparentemente contrarias nos la revela (o tal vez sería más apropiado decir "delata") Unamuno en la penetrante disección psicológica que hace de uno de sus personajes, el desorientado Augusto Pérez de *Niebla,* análisis que descubre la dimensión fantástica de estos personajes.

Cuando al débil Augusto, carente de carácter, le despierta a la realidad la viva emoción del amor, se siente de repente imbuido de una fuerza de voluntad indomable, autónoma e independiente:

Y yo tengo mi carácter, vaya si lo tengo, ¡yo soy yo! Sí, ¡yo soy yo! Le debo a ella, a Eugenia, ¿cómo negarlo?, el que ha despertado mi facultad amorosa; pero una vez que la despertó y suscitó no necesito ya de ella; lo que sobran son mujeres.

Pero esta convicción titubea una vez que el nuevo héroe es expuesto a la convivencia humana:

Apenas pisó la calle y se encontró con el cielo sobre la cabeza y las gentes que iban y venían, cada cual a su negocio o a su gusto y que no se fijaban en él, involuntariamente por supuesto, ni le hacían caso, por no conocerle sin duda, sintió que su yo, aquel yo del "¡Yo soy yo!", se le iba achicando, achicando y se le replegaba en el cuerpo y aun dentro de éste buscaba un rinconcito en que acurrucarse y que no se le viera...;

---

9 Tema del estudio de Doris King Arjona, "*La Voluntad* and *Abulia* in Contemporary Spanish Ideology", *RHi,* 74 (1928), 573-667.

y cuando Augusto termina por confesar que "Yo ya no soy yo", el autor añade, en palabras que ofrecen un sorprendente paralelo a la experiencia de Walter Mitty:

> Sólo a solas se sentía él; sólo a solas podía decirse a sí mismo, tal vez para convencerse: "¡Yo soy yo!"; ante los demás, metido en la muchedumbre atareada o distraída, no se sentía a sí mismo. [10]

La escisión de la identidad en las dos dimensiones del anonimato público y de la individualidad privada triunfante es representada hasta en los nombres y apellidos divergentes de los personajes unamunianos. "En los tiempos homéricos tenían las personas y las cosas dos nombres", se dice Augusto, "el que le daban los hombres y el que le daban los dioses." [11] Dos facetas tiene el del protagonista de *Niebla:* como integrante de la masa social es un simple Pérez, es decir, un don nadie; pero como héroe en potencia, un Augusto, un verdadero emperador. De la misma manera, en *Nada menos que todo un hombre* el protagonista es tanto un Gómez (igual a un Pérez) como un Alejandro, un Alejandro Magno conquistador. Y, por fin, el personaje principal llegará, en la última novela de Unamuno, a insuflarse de divinidad, siendo no sólo un santo, sino un Manuel, lo que quiere decir "Dios conmigo".

Las dos figuras, la pública y la privada, están terrible e inevitablemente en conflicto. El héroe interior, en potencia, el "hombre numénico", como lo llama Unamuno, tiene que luchar contra la creación de la masa, modelo de la mediocridad (es la lucha de Caín contra Abel —o Joaquín y Abel— en *Abel Sánchez*) para no perecer. O, más bien, para triunfar. Augusto Pérez, después de su momentáneo titubeo, verá triunfar a Augusto sobre Pérez para llegar aun a desafiar a su propio autor, alegando la superioridad de su vida ficticia sobre la supuesta "real" de su creador. Como partidario de la filosofía de lo intencionalmente absurdo, de lo antirracional, del Quijotismo frente al Cervantismo, Unamuno opta abiertamente por la superioridad del hombre creación de la fantasía; o, como él dirá, de la voluntad. O, más bien, de *los hombres* que somos potencialmente todos. Porque uno no es uno, sino una multiplicidad de personalidades divergentes:

> Y es que todo hombre humano lleva dentro de sí las siete virtudes y sus siete opuestos vicios capitales: es orgulloso y humilde, glotón y sobrio, rijoso y casto, envidioso y sufrido. Y saca de sí mismo lo mismo al tirano que al esclavo, al criminal que al santo, a Caín que a Abel. [12]

---

[10] *Niebla,* cap. 19.
[11] Ob. cit. en la n. 10, cap. 2.
[12] *Tres novelas ejemplares y un prólogo,* Prólogo, IV.

Y no sólo es verdad esto, sino que cada individuo es un misterio, un enigma, para consigo mismo.

¿Cómo, entonces, realizarse, liberar las múltiples posibilidades del enigmático yo? Ayudar a este hombre numénico —u hombres numénicos— a triunfar sobre el falso, inauténtico yo social, es una tarea esencialmente creadora, imaginativa. Y es aquí donde desempeña su función la novela, la de dar a luz las muchas vidas que anidan en el alma del autor (y del lector). Lo que quiere decir que la novela —en efecto, toda literatura creadora— es autobiográfica. Y así lo hace constar don Miguel sin ambages:

> Sí, toda novela, toda obra de ficción, todo poema, cuando es vivo, es autobiográfico. Todo ser de ficción, todo personaje poético que crea un autor hace parte del autor mismo. Y si éste pone en su poema un hombre de carne y hueso a quien ha conocido, es después de haberlo hecho suyo, parte de sí mismo. Los grandes historiadores son también autobiógrafos. Los tiranos que ha descrito Tácito son él mismo. Por el amor y la admiración que les ha consagrado —se admira y hasta se quiere aquello a que se execra y que se combate... ¡Ah!, ¡cómo quiso Sarmiento al tirano Rosas!— se los ha apropiado, se los ha hecho él mismo. Mentira la supuesta impersonalidad u objetividad de Flaubert. Todos los personajes poéticos de Flaubert son Flaubert, y más que ningún otro Emma Bovary. Hasta Mr. Homais, que es Flaubert, y si Flaubert se burla de Mr. Homais es para burlarse de sí mismo, por compasión, es decir, por amor de sí mismo. ¡Pobre Bouvard! ¡Pobre Pécuchet!,

y termina Unamuno con esta afirmación categórica:

> Todas las criaturas son su creador... nosotros los autores, los poetas, nos ponemos, nos creamos, en todos los personajes poéticos que creamos, hasta cuando hacemos historia. [13]

Sin embargo, decir que la literatura es necesariamente autobiográfica no quiere decir que en ella se trate de una simple transferencia a la página escrita de la vida vivida del autor, que la novela, por ejemplo, no sea nada más que la reconstrucción de su identidad. Imposibilidad esto, en primer lugar, porque la multiplicidad potencial de cada individuo, el enigma que uno constituye para consigo mismo, hacen que los personajes sean y no sean su autor:

> Una cosa es que todos mis personajes novelescos, que todos los agonistas que he creado los haya sacado de mi alma, de mi realidad íntima —que es todo un pueblo—, y otra cosa que sean yo mismo. Porque, ¿quién soy yo mismo? ¿Quién es el que se firma Miguel de Unamuno? [14]

---

[13] *Cómo se hace una novela*, Introducción y notas de Paul R. Olson (Madrid, 1977), p. 63. Sin duda incluiría Unamuno como tipo del tirano que "se execra y que se combate" pero que "se admira y hasta se quiere" al protagonista de *Tirano Banderas* de Valle-Inclán.

[14] Ob. y lug. cit. en la n. 12.

Y en segundo lugar, añadirá Azorín, autor de novelas autobiográficas y de sus propias *Memorias inmemoriales,* porque la autobiografía entendida en su aceptación tradicional es cosa impracticable, siendo

> imposible a un escritor reconstruir su propia vida, es decir, hacer vivir, con su propia esencia, lo que ya pasó hace treinta o cuarenta años. Siempre, en lo que se cuenta —aventuras de niño o de adolescencia—, se pone la sensibilidad actual. Nada más ridículo, por tanto, que ser viejos y niños al mismo tiempo... imposibles las autobiografías. [15]

Y éste es el mismo Azorín quien, no menos que Unamuno —como implica su aspiración a "vivir muchas vidas" (que sean o no "vulgares e ignoradas")—, se suscribe a la estética vital que ve en la creación de personajes novelescos el único modo de conocerse, o más bien de realizarse, de formarse una identidad auténtica.

Autobiografía, entonces, no como divulgación de una realidad ya vivida, o sea, reproducción del pasado, sino como proyección hacia el futuro, porque la realidad personal es un constante devenir. Autobiografía, en fin, no como historia, sino como poesía. Autofantasía.

La base ideológica de este concepto la formula Unamuno, el mayor intelectual entre estos autores, en el prólogo a sus *Tres novelas ejemplares.* Citando a Oliver Wendell Holmes en *The Autocrat of the Breakfast Table,* III, Unamuno se declara convencido partidario de la "ingeniosísima teoría" del autor norteamericano de que cuando conversan dos personas —Juan y Tomás— hay realmente seis que están conversando, que son:

Tres Juanes ...   1. El Juan real; conocido sólo para su Hacedor.

2. El Juan ideal de Juan; nunca el real, y a menudo muy desemejante de él.

3. El Juan ideal de Tomás; nunca el Juan real ni el Juan de Juan, sino a menudo muy desemejante de ambos.

Tres Tomases ...   1. El Tomás real.

2. El Tomás ideal de Tomás.

3. El Tomás ideal de Juan.

"Es decir", resume Unamuno, "el que uno es, el que se cree ser y el que le cree otro." Y luego añade, con fervor apostólico, este compendio de su teoría, de su filosofía, del querer ser:

> Y digo que, además del que uno es para Dios —si para Dios es uno alguien— y del que es para los otros y del que se cree ser, hay el que quisiera ser. Y que

---

[15] *Memorias inmemoriales,* cap. 1.

éste, el que uno quiere ser, es en él, en su seno, el creador, y es el real de verdad. Y por el que hayamos querido ser, no por el que hayamos sido, nos salvaremos o perderemos. Dios le premiará o castigará a uno a que sea por toda la eternidad lo que quiso ser. [16]

Pero en este verdadero manifiesto hay un equívoco fundamental, si no un simple subterfugio. En la frase clave

"hay el que quisiera ser. Y que éste, el que uno quiere ser..."

Unamuno nos da gato por liebre al sustituir a renglón seguido, sin ninguna transición, la versión "quiere" por "quisiera", como si se tratara de lo mismo. Pero "quiere" y "quisiera" no son equiparables. Entre ellos hay un mundo de distancia, la que mide entre voluntad y fantasía. El que uno *quiere* ser es el que se supone al alcance de sus posibilidades, realizable por algún esfuerzo; el que uno *quisiera* ser es el que uno no sólo no es, sino el que difícilmente, o nunca, podrá llegar a ser, sino el que uno renuncia a ser. "Quiere" y "quisiera" pueden apuntar al mismo blanco, pero con muy distintas actitudes: el uno es meta de la voluntad, el otro una simple aspiración del ensueño, de la fantasía. Uno tiene derecho a preguntarse a cuál de las dos categorías pertenecen de veras los protagonistas unamunianos. ¿Son realmente "héroes de la voluntad", como él mantiene, o simples sublimaciones de los deseos latentes o frustrados de su autor? Que sirva de respuesta la misma fanática e inflexible creencia en sí mismos de los personajes de la "nivola" (término preferido de Unamuno), de una Tía Tula que no vacila nunca en su maniática maternidad virgen, o de un Alejandro Gómez que no ceja jamás en la monstruosa afirmación de su personalidad, aun a costa de la salud mental de su mujer y de su propia vida. El suicidio de éste, como la muerte de otros personajes de Unamuno, no es una confesión de debilidad para el autor, sino una confirmación del hecho de que entre los héroes del querer ser hay también "héroes del querer no ser, de la *noluntad*". [17] Sin embargo, este poderoso impulso volitivo lleva todas las trazas de ser artificialmente inducido, más forzado que espontáneo, un tapar una inseguridad interior, tal como un complejo de superioridad puede disfrazar un complejo de inferioridad. Y no es esto mera suposición. Lo sugieren las mismas palabras del autor al describirnos la experiencia de Augusto Pérez, quien, nos dice, se aseguraba su identidad repitiéndose "tal vez para convencerse, '¡Yo soy yo!' ". De más está el "tal vez" que Unamuno añade para suavizar el efecto de esta renuente admisión, intercalada como entre paréntesis, casi a escondidas. Vista en esta luz, la misma inflexibilidad de los héroes de la voluntad unamunianos sirve de confirma-

---

[16] Ob. cit. en la n. 12, Prólogo, II.
[17] Ibíd.

ción de que su agresividad esconde una duda corroedora. La firmeza de carácter del protagonista unamuniano sugiere una analogía con el caso de Don Quijote, cuando éste quiso fabricarse un yelmo. Con el primer golpe que le dio para probarlo, el yelmo se hizo añicos, de modo que Don Quijote, después de rehacerlo, se lo puso sin someterlo más a prueba. Así, después de la experiencia de Augusto Pérez y del desmoronamiento público de su "¡Yo soy yo!", Unamuno no vuelve a exponer a sus héroes al autoanálisis, sino que los dota de una fuerza y energía, de una creencia en sí mismos, que los deja a prueba de toda duda, de toda vacilación. Es decir, hasta que asoma la imponente, la formidable presencia del último héroe unamuniano: San Manuel Bueno.

Auténtico líder de hombres, movedor de muchedumbres, reverenciado por todos sus prójimos, dotado de una elocuencia tal que no puede menos de convencer a todos los que le oyen de la realidad de la vida inmortal, San Manuel esconde un terrible secreto que nos es revelado después de su muerte: que él mismo carecía de la fe que podía siempre implantar en los demás. San Manuel, como su creador, es un creyente agnóstico. Demostración de la tesis unamuniana —una de sus muchas paradojas— de que la duda no sólo puede tener un valor creador, sino que es elemento indispensable de la creencia. Como la muerte, la conciencia de la inevitabilidad de la muerte, es dimensión necesaria de la vida. Unamuno se burla de la creencia que no pasa por el tamiz de la duda, una creencia que rechaza con sorna como "la fe del carbonero". La desconfianza que había hecho vacilar momentáneamente a Augusto Pérez es ahora, en esta última novela unamuniana, elevada a una posición culminante e ilustrativa que revela la ambivalencia de la fuerza de voluntad de los "héroes de la voluntad", una voluntad que está en razón directa a la duda que abriga y que la fomenta, a un escepticismo básico. La voluntad del que uno quiere ser, o más bien quisiera ser, pero no es. Voluntad, en fin, que es el producto no de un acto de volición, sino de una duplicidad creadora. Y productora de una literatura que, cuando no lo declara abiertamente, disfraza con su pretendido realismo una profunda idealización fantaseadora.

Una razón más para ver entre Modernismo y Noventa y Ocho no una distinción esencial, sino sólo de grado.

Los intelectuales españoles y la comunidad humana durante la Segunda República: el caso García Morente

Evelyn López-Campillo
Universidad de París (Paris-Sorbonne) IV

Desde hace unos dos años —escribimos estas líneas a finales del año 1979— parece existir, en los medios preocupados por la historia social y cultural de España, un interés renovado por el estudio del comportamiento de los intelectuales durante la Segunda República española y por la génesis de este comportamiento, es decir, por su actuación en las coyunturas de crisis de los años 1898, 1909, 1914, 1917, 1923, etc. Es natural que, después de tres años de transición política (1975-1978) en que la función crítica cedió a menudo ante las instancias de la afirmación política, se fortalezca ahora aquélla y procure enjuiciar menos apasionadamente la historia reciente del mundo cultural y político patrio. La evolución de las mentalidades, de las ideas, de los comportamientos que va experimentando el país desde la muerte del general Franco es lo suficientemente honda y rápida como para que los intelectuales se sientan invitados a revisar, en cierto modo, su visión del pasado cercano. Síntoma de esta necesidad de reforma es el hecho de que vuelva a aparecer en conversaciones, conferencias, artículos y libros la problemática que encierran ciertos casos límite de intelectuales que realizaron, cuando la Guerra Civil, un cambio mental que se vino interpretando sea como una traición meditada, sea como un desquiciamiento debido al terror, pero raramente como la revelación de tendencias latentes largo tiempo frenadas, o sea, como una "conversión". El ejemplo más puro de semejante evolución es probablemente el del intelectual Manuel García Morente, caso que analiza Francisco Ayala en dos recientes crónicas del suplemento cultural de *Informaciones*.[1] Uno de los méritos del artículo de F. Ayala —amigo de García Morente y colaborador, como él, de Ortega desde mediados de

---

[1] "M. García Morente o el disloque", *Informaciones* (Madrid), 4 y 11 de octubre de 1979.

los 20— es que procura "des-apasionar" el tema y evitar la condena ideológica o moral que se solía aplicar al caso, siendo otro mérito más el hecho de
que aporta datos suplementarios para la interpretación.

En su artículo, Francisco Ayala empieza por exponer la teoría general suya
sobre un fenómeno como la "conversión" de Morente estimando, en resumen,
que los grandes terremotos sociales desquician a personas "tenidas por muy
sensatas, serias y razonables". Luego pasa al caso individual de Manuel García Morente. Describe sus cualidades morales, de trabajo, sus capacidades,
su labor de "europeización" de España (como traductor, profesor, decano de
la Facultad de Filosofía y Letras de Madrid). Para situarle como descreído y
crítico de lo eclesial, relata dos anécdotas: la de su boda "mixta", en la que
el cura le llama "¡desgraciado!", y la del olor a perfume en el ascensor de
Espasa-Calpe según subían a la tertulia de la Revista de Occidente, perfume
que Morente atribuye a Zubiri y no a alguna duquesa, como lo sugería Ayala. Después de esto, Ayala empieza a tratar el tema del cambio de Morente,
contando la anécdota en que éste describe a Alberini (decano de la Facultad de
Filosofía y Letras de la Universidad de Buenos Aires) la ejecución de un compañero de viaje suyo en el andén de la estación de Gerona, anécdota en la que
luego, al referírsela Ayala a Luzuriaga, se reconoció éste como el "fusilado" por
los *faístas*. El paso siguiente, en el artículo de F. Ayala, es describir el proceso
que llevó después a Morente al sacerdocio: carta al general Dávila, carta a
Negrín, llegada a Buenos Aires y Tucumán, carta al obispo Eijo. Ayala rechaza la interpretación que consideraría a Morente como un pillo que sabe utilizar sus bazas para hacerse reintegrar en la España Nacional, y aboga por la
sinceridad en la conversión. Termina diciendo:

> ... Yo, por mí, nunca dudé de que fuese sincera, y me la he explicado desde el
> comienzo por los efectos de la terrible conmoción social de la guerra sobre un
> temperamento sensible en exceso, muy impresionable y regido ante todo por los
> impulsos cordiales... ¿Cómo era posible que hombre tan probo, tan honesto y de-
> cente como él se hubiera inventado aquella inverosímil historia del fusilamiento
> de su compañero de viaje, Lorenzo Luzuriaga, que ahí estaba vivo y disfrutando
> de buena salud? Sólo me parecía concebible aceptando que, en su ánimo conturbado,
> diera por hecho lo que sin duda temió sucediera, o aún creyó que había sucedido,
> al ver desaparecer a su amigo rodeado por aquellos facinerosos. Realidad e imagina-
> ción, escena presenciada y terribles secuelas conjeturadas, se fundirían en su mente
> para fraguar una historia que, por lo demás, se prestaba bien a cohonestar en su
> fuero interno y ante los ojos ajenos las decisiones de una conducta movida por
> el terror.
> En medio de semejante desarreglo mental, cuando experiencias devastadoras han
> derrumbado el edificio donde se alojaba la propia vida, cuando el mundo se le viene
> a uno encima, cuando uno ha tocado fondo y se siente incapaz ya de dominar la
> situación, no será demasiado extraño que, abdicando de sí mismo, se entregue de
> pies y manos a una autoridad en cuyo seno anonadarse en busca de una —por
> desdicha ilusoria— felicidad prenatal. Esto, lejos de resultar vituperable, merece
> compasión y simpatía...

Conseguir entender o, a lo menos, esclarecer la comprensión de un caso como el de García Morente no es tan baladí como podría parecerlo. Evidentemente, es un caso muy particular (el de Unamuno es bien distinto), que pone de relieve una biografía individual y única; pero el que la comunidad liberal republicana criticara esta conversión con tanta saña, mientras la otra, la católica franquista, la esgrimió con tanto entusiasmo, indica, a pesar de todo, que Morente era más que un caso individual y planteaba unos problemas intelectuales y políticos más amplios. El intelectual está vinculado con la comunidad humana, a la cual expresa y se dirige, por unos lazos emocionales y afectivos a la par que ideológicos y racionales. Así, pues, el modo de pensar que consiste en extrapolar las motivaciones ideológicas haciendo de ellas el criterio central del comportamiento del intelectual peca de parcial, de poco científico, ya que no permite llegar más que a un cierto nivel de explicación —insuficiente, dada la complejidad de lo real—. Y, en el caso del crítico que acepta tener en cuenta lo irracional, tampoco es satisfactorio que se reduzca la parte emocional de la personalidad del intelectual al sentimiento de *miedo* o de *codicia* (de un poder social aumentado). El *miedo* o la *codicia* pueden ser el signo, el síntoma de una disfuncionalidad más fundamental de la personalidad: como, por ejemplo, una crisis de la identidad. En el caso del intelectual, la identidad es corroborada por la aceptación del mensaje emitido: el público, el pueblo, las masas, o, de un modo más reducido, el mundo intelectual afín (vivo o muerto), los colegas, son los que le devuelven su imagen y le permiten coincidir con su *yo ideal*. Si ocurre que se produce un resquebrajamiento de la comunidad receptora, este factor puede ser determinante para incitar al intelectual a cambiar de comunidad de referencia, eligiendo otra que, después de un reajuste del mensaje, aceptará al emisor y le devolverá una imagen más satisfactoria de sí mismo.

La República de los Profesores: fin de una utopía

Para comprender hasta qué punto pudo ser traumático el derrumbamiento de la comunidad liberal republicana en el momento de la Guerra Civil, es preciso recalcar la originalidad del período español de 1931 a 1936. En un momento en que, en Italia y en Alemania, el sistema capitalista remedia su crisis elaborando una sociedad en que la capa de los intelectuales desaparece como tal, perdiendo toda autonomía y siendo reemplazada por una ideología totalitaria que no les necesita, ya que no pretende persuadir, sino acallar, todo ello con el beneplácito o, a lo menos, un amplio consenso de masas de la población, en España, por el contrario, ante el asombro de los propios intelectuales, que no ven claramente la relación entre el grado de intensidad de sus propias luchas políticas y la plenitud de su éxito, se produce un fenómeno radicalmente opuesto: la mayoría de la intelectualidad, que no dejó de ejercer una función de crítica intensa desde la época de la Primera República y luego frente al poder dictatorial y militar de Primo de Rivera, se encuentra súbitamente con las riendas del Estado en la mano, y todo ello gracias a unas elecciones municipales organizadas por la propia Monarquía, deseosa de legitimar otra vez su dominación mediante el uso de un cauce electoral largo tiempo inutilizado. Evidentemente, la sorpresa de los beneficiarios de esta vuelta que dio la rueda de la Historia no duró mucho y se percataron de que su encumbramiento era debido, no tanto a su quehacer de crítica *intelectual* como tal, sino al hecho de que encarnaban un equipo *político* capaz de ocupar los puestos de los gestionarios monárquicos, abandonados ya por los representantes del capitalismo liberal español, equipo capaz, además, de difundir, a través de los medios de masa ya centralizados, una ideología adecuada a los susodichos intereses.

La originalidad del caso español, en este aspecto, subsiste incluso si se toma como término de comparación el papel de los intelectuales en Francia durante el mismo período. Allí, la penetración del aparato del Estado por los intelectuales se había verificado en los dos últimos decenios del siglo xix y, gracias al asunto Dreyfus, habían ido reforzándose en el poder prácticamente hasta la guerra del 14, ayudando a la República a tener a raya tanto a los militares como al clero promonárquico. Pero la guerra mundial había marcado el fin de su hegemonía, tanto porque una parte de ellos reaccionó de una manera inconformista ante el avecinarse del conflicto mundial, cuanto porque la llegada de una capa de intelectuales jóvenes vanguardistas empezó a hacer tambalearse la imagen de marca de la intelectualidad como sostén de la ideología del Estado. Aun siendo marcadamente minoritarios, los movimientos vanguardistas del período de entreguerras dieron la pauta de la nueva intelectualidad francesa: un ataque crítico a una sociedad republicana burguesa y liberal cuyos cimientos habían contribuido a robustecer buena parte de ellos. Y es que venía produciéndose en Francia desde la Gran Guerra una sustitución de los intelectuales en los puestos de mando de las clases dirigentes por los que hoy llamaríamos *tecnócratas,* y que entonces se calificaban de ingenieros y técnicos. Este fenómeno que es común a todas las sociedades industriales, la sustitución en determinados puestos administrativos y políticos de los intelectuales por los tecnócratas, a medida que estos últimos alcanzan un "número crítico", [2] empezó a notarse en Francia entre las dos guerras, mientras que en España no se realizaría a gran escala más que a partir del ocaso de las élites falangistas y demócrata-cristianas (1955-57).

---

[2] De donde, en Francia, una pérdida importante de peso social y político de la Masonería, ya en los años 30, en la medida en que ésta no reclutó suficientemente en las Grandes Escuelas de Ingenieros, prefiriendo el terreno rutinario de las Universidades y de la Administración.

El cambio cualitativo del año 1931 en la situación de los intelectuales españoles es, pues, único en Europa. De capas meditativas y críticas pasan a ser copartícipes de un nuevo poder: la República. De una comunidad de oprimidos o, a lo menos, de semimarginados, han pasado a ser dominadores. Ya participaban, bien es cierto, de algunos mandos, como en Instrucción Pública, antes de la Dictadura, pero siempre de una manera provisional, como lo demostró el paréntesis 1923-30. Con la República, el centralizador de poder ya no es el monarca (una institución, forma política), sino el Estado republicano, una forma organizativa que no sólo simboliza el poder, sino que lo es. La impresión que embargó al político Indalecio Prieto al cambiar de tren en Irún rumbo a Madrid, adonde el nuevo régimen llamaba a los miembros de la Junta Revolucionaria, es clara y neta; se trata del fin de una utopía, del principio de una dominación nueva:

> Cuando a primera hora de la mañana trasbordábamos en Irún del expreso francés al rápido español entre frenética multitud que, agitando banderas tricolores, gritaba ensordecedoramente, me turbé ante unos señores de aire respetable, tocados con gorras galoneadísimas, que se dirigían a mí, haciendo reverencias y llamándome "señor ministro". ¿Seguiría durmiendo y estaría soñando? Pero no soñaba: yo era el ministro de Hacienda y aquellos señores los jefes de la Aduana fronteriza, subordinados míos... Difícilmente conseguimos trasbordar al tren español. ¡Qué gracia nos hizo encontrar en él a un inspector de policía que en París solía vigilarnos! Ahora nos protegía... [3]

El asombro maravillado de un político, por lo demás tan avezado y tan desprovisto de ilusiones como Prieto, ilustra sobradamente un hecho que queremos recalcar aquí, pues será un factor determinante para la evolución en la mentalidad de los intelectuales que van a participar en el poder republicano: el *efecto* conseguido por intelectuales y políticos antimonárquicos (cambio de régimen y encumbramiento de su propio equipo) no guardaba proporción con la magnitud de la *causa* (críticas, protestas y luchas durante la Dictadura y la Dictablanda). Y la conciencia de este fenómeno, que es patente en muchos escritos de los literatos más clarividentes de la época (Unamuno, Baroja, Fernández Flórez, etc.), iría apoderándose paulatinamente del espíritu de los otros, conforme se desarrollaba la radicalización social de los años 1931-1934. La comunidad liberal y antimonárquica quedaba sellada y adquiría una realidad palpable (el ejercicio del poder), pero al precio de una *ilusión,* de un malentendido, el mito republicano, el mito democrático. Las masas proletarias urbanas y campesinas parecían dar una adhesión más que entusiasta al nuevo régimen, pero esta adhesión iba supeditada implícitamente a la realización de ciertos cambios estructurales fundamentales, entre los cuales una reforma agraria radical y una reforma no menos radical en las re-

---

[3] *Convulsiones de España,* I (México, D. F., 1967), 66.

laciones patrono/empleado en las empresas industriales y de servicios. Los políticos e intelectuales republicanos españoles aceptaban, agradablemente sorprendidos, el "blanc-seing" que les regalaba su comunidad ideal de referencia, la comunidad republicana, pero sin llegar a enterarse claramente de las condiciones previas implícitas.

El desmoronamiento de la comunidad liberal: desvío y desviación de los intelectuales

De donde, en el curso de los años 1931-36, el agravamiento de un desajuste: los intelectuales y políticos republicanos se esfuerzan por construir un Estado republicano (que creen puede representar el centralizador de valores que les asegurará el consenso de los "republicanos"), mientras que la comunidad humana a la cual ellos se sienten ligados, la España republicana, empieza a dejar de coincidir con las aspiraciones de las masas humanas que pueblan el país.

Los límites de la conciencia liberal aparecen nítidamente dibujados en los escritos del Azaña de los años de la Dictadura de Primo de Rivera. En un artículo célebre de finales del año 1923 en la revista *España,* titulado "¡Todavía el 98!", recalca que el único principio metafísico capaz de enardecer a las multitudes y de hacerlas desplegar sus energías en una revolución no es otro que la utopía institucional: "¡Constitución o muerte!", y termina el párrafo diciendo:

> Nadie sostiene guerras civiles ni afronta las penalidades innúmeras de la persecución al grito de '¡Pantanos o muerte!' En suma: lo que importa es ganar las instituciones... ¿Y qué es la institución, sino la estampa legal de lo que se ha labrado en la conciencia? Soñemos el horrendo sueño de un advenimiento perdurable de las derechas españolas. ¿Volarían las presas de los pantanos, cegarían los canales, prohibirían el uso de los abonos químicos? En modo alguno. Atajarían los caminos del progreso espiritual, encallecerían (más aún) la sensibilidad del pueblo, para evitar que llegase al punto en que un agravio a la conciencia liberal es menos tolerable que la misma muerte. [4]

Indudablemente, Azaña consigue ridiculizar hábilmente el regeneracionismo con la fórmula grotesca "¡Pantanos o muerte!", pero no parece intuir que las palabras *tierra* o *control obrero de las fábricas* podrían sustituirse a la de *pantanos,* adquiriendo así las nuevas fórmulas la seriedad metafísica suficiente para ir desplazando la reivindicación institucional (constitucional) de los liberales.

---

[4] Azaña, *Obras completas,* I (México, D. F., 1966), 559.

Con mucha rapidez, ya en el bienio 1931-33 (Semana Trágica de Sevilla, Castilblanco, Arnedo, Altollobregat, Casas Viejas, etc.) viene el momento en que esta comunidad humana ideal se resquebraja, pues a fuerza de restarle miembros (los anarquistas, los católicos, los militares monárquicos, el campesinado impaciente, los regionalistas extremistas, los socialistas radicales, etcétera) se va achicando cual piel de zapa, e incluso el más iluso de los intelectuales tiene que acabar tomando un partido: o seguir con su ilusión de universalidad (con el riesgo de caer en la neurosis si la estructuración de su personalidad no es lo bastante sólida como para permitirle aguantar en una altiva soledad), o limitar sus pretensiones a una comunidad de sustitución (patria, amor a la cultura humanista, Hispanidad, Raza, Imperio, Europa, la Catolicidad, el Fascio, el Proletariado, etc.).

No podemos considerar que en un hombre como Manuel García Morente, quien colaboró con el general Berenguer en un alto cargo del ministerio de Instrucción Pública y confesó, después del 36, el poco apego que profesaba por el régimen republicano, fue suficiente el resquebrajamiento de su ilusión republicana para precipitar su brusca evolución espiritual. En cambio, sí pudo ayudar a ello un proceso que corrió parejo con éste, es decir, el paulatino desmoronarse de su personaje social y profesional, como hombre de letras, investigador filosófico y gestor de alto nivel de la enseñanza universitaria, a partir del momento en que las jerarquías de las Facultades tuvieron que enfrentarse con las reivindicaciones de los miembros de la F. U. E. y de la F. E. T. E., sostenidas por las huelgas universitarias de marzo de 1933.

El agrietarse de la comunidad "republicana", o sea, la reacción de las diferentes clases frente a la acción del poder republicano, refuerza en muchos intelectuales la tendencia a la dicotomía y al maniqueísmo. En vez de pensar que la dominación de unas ciertas clases sobre otras no puede por menos de suscitar en estas últimas una comprensible indisciplina, el intelectual tiende entonces a condenar estas reacciones poco patrióticas y a estimar que el pueblo, al mostrarse rebelde, impaciente y falto de responsabilidad, ya no merece tal nombre, sino que, en adelante, se le podrá denominar "masa", "plebe" o aun "hordas" (fuesen marxistas o anarquistas).

La pérdida del poder político (después de las elecciones de noviembre de 1933) precipita la evolución antes descrita. Reducida su imaginaria comunidad humana y obligada a coincidir con una estrecha base social laminada entre las clases detentadoras del poder político denominadas "de derechas" y la clase proletaria (en nombre de la cual se intenta una revolución social en octubre del 34), el intelectual opta en general por dos actitudes: alistarse ya firmemente en un partido "proletario" o en una reagrupación de "derechas", mediante una acción militante que va del simple firmar manifiestos hasta organizar células y elaborar propaganda; o bien lanzar ante la agitación molesta de las "masas" la exclamación famosa de Don Juan renovada por el conde de Romanones: "¡Cuál gritan esos malditos!".

En el primer caso, para el intelectual que "se pone al servicio" del proletariado, las perspectivas son halagüeñas. No solamente puede esperar disfrutar otra vez de las ventajas del poder en caso de victoria (electoral o revolucionaria) de las izquierdas, sino que, a nivel de la temática, se encuentra otra vez encargado de expresar las esperanzas y la tensión utópica de las masas frustradas, lo cual le proporciona una satisfactoria sensación de plenitud al sentirse enlazado de nuevo con la comunidad de los oprimidos.

En el segundo caso, para un intelectual "liberal" que estima que las masas corren hacia un ideal político totalitario y se contentan con un acervo cultural ínfimo, el desconcierto puede llegar a ser tan ·profundo que la añoranza de la comunidad humana liberal perdida le ha de llevar a reconstruirse una *ad hoc,* utilizando retazos que le quedan de otras aspiraciones reprimidas en otras épocas de su vida.

Guerra Civil: reconstrucción de una comunidad humana de recambio

La reconstrucción de la nueva comunidad humana, en el marco de las dos grandes opciones evocadas más arriba, puede adoptar, según los individuos, modalidades variadas: 1) el intelectual puede hipertrofiar una de las comunidades humanas que antes era para él de segunda fila y en la que participaba simultáneamente, haciéndola pasar a primer plano de sus preocupaciones; 2) también puede persistir en conservar la misma comunidad, aunque ésta se encuentre reducida por deserción de sus miembros hacia otras más atractivas, con el riesgo de encontrarse con menos compañeros y sin casi público (por ejemplo, Gómez de la Serna se queja amargamente al ver a los jóvenes literatos abandonar la independencia y la vida pura marginal) [5]; 3) otra modalidad es que el intelectual puede descubrir, por "conversión" repentina o por persuasión progresiva, que se había equivocado de "comunidad", y que la verdadera es otra nueva (la vanguardia del proletariado, el fascio, etc.); 4) por último, puede, también por conversión o por persuasión, percatarse de que la verdadera comunidad suya es una comunidad remota, abandonada hace años, a veces desde la más tierna infancia, y hacerla renacer volcando en ella toda la fuerza de las esperanzas fallidas y de la angustia provocada por haberse separado de ella tanto tiempo (la Catolicidad, por ejemplo, en el caso de García Morente).

El que un intelectual se incline por una u otra de estas modalidades depende de muchas cosas, pero entre ellas nos parece muy importante la estructura de su propia personalidad, y especialmente su capacidad de soportar la tensión permanente de la función crítica en una coyuntura de agudización de

---

[5] *Automoribundia (1888-1948)* (Buenos Aires, 1948), p. 568.

la lucha de clases. El fanatismo intelectual, la aceptación de un dogma y su defensa a rajatabla pueden permitir acabar con el agotamiento psíquico producido por un estado de incertidumbre y de duda sistemática. [6]

En esta óptica, el retorno de un "liberal" al bando de la "tradición" (cualquiera que sea el sector de ésta) es sentido por aquél como: 1) un remozamiento, un remontar hacia atrás en el *tiempo,* una vuelta, muchas veces, a la infancia (la época en que el individuo estaba en contacto estrecho con el universo de la madre). De donde, en la mentalidad del intelectual que efectúa semejante retorno en el tiempo, una sensación de alivio por haber escapado (aunque sea ilusoriamente) a la angustia temporal del envejecimiento; 2) además, se nota también en estos individuos una añoranza de la quietud, de la inmovilidad, del meterse en un lugar apacible, del arraigarse *espacialmente* en una casa, una aldea, un pueblo, una ciudad, una región, un país; es la realización espacial de la utopía al regazo materno; 3) por último, hay un refuerzo de la mentalidad *autoritaria,* como si, al volver al mundo de la infancia, se encontrase otra vez este intelectual a gusto en un universo limitado por una serie de prohibiciones y de limitaciones. La obediencia y la falta de libertad es el precio que paga gustoso por encontrar de nuevo la seguridad y la protección familiar.

Si examinamos el caso de Manuel García Morente teniendo en cuenta estas indicaciones, y utilizando el relato de su "conversión" que dejó escrito, las cartas que escribió al general Dávila y al obispo de Madrid-Alcalá, Eijo, así como los datos que se conocen de su vida familiar, [7] podemos subrayar varios puntos que permiten entender mejor un cambio ideológico tan notable:

1) Como otros muchos intelectuales españoles, Manuel García Morente experimentó ya en su infancia un desdoblamiento en la formación de sus instancias morales: su madre era, según parece, un modelo de religiosidad, y su padre, médico, el típico liberal ateo. Bien pocos eran los intelectuales que podían vanagloriarse de haber tenido progenitores bien acordados en el plano de las creencias éticas y religiosas. Tanto Unamuno como Ortega estructuraron su personalidad con estas dos influencias contradictorias. Lo que pasa, en el caso de García Morente, es que este desfase, que era prácticamente la norma en aquel fin de siglo y principio del otro, fue exacerbado por una circunstancia original: el padre de Morente, ya casado y nacidas sus dos hijas mayores, Guadalupe y Beatriz, así como su hijo Manuel, seguía ejerciendo en una clínica parisiense al lado de su maestro, mientras el resto de la familia

---

[6] Ver Karl Mannheim, *Ensayos de sociología de la cultura* (Madrid, 1957), segunda parte, el problema de la "intelligentsia" y especialmente "la historia natural del intelectual" (p. 233).

[7] Ver el libro de M. de Iriarte, S. J.: *El profesor García Morente, sacerdote* (Madrid, 1956), y la Necrología de Morente leída por D. Juan Zaragüeta, en la sesión del 9 de febrero de 1943 de la Real Academia de Ciencias Morales y Políticas (Madrid, 1943).

vivía en Granada, y el año de su regreso definitivo a España, decide mandar al niño interno al Liceo de Bayona (1894). Esta circunstancia entristeció considerablemente a la madre (Casiana Morente), la cual murió, por cierto, cuando el niño cumplía los nueve años, es decir, un año más tarde. Dicho de otro modo, el retorno del padre, el exilio del niño y la muerte de la madre coincidieron estrechamente, y pudieron ser interpretados por el niño, a nivel implícito o incluso sólo inconsciente, como unidos por un orden lógico implacable (con el consiguiente reforzamiento de la culpabilidad en el niño). Sea lo que fuere, las enseñanzas piadosas de la madre (y hermanas: anotemos aquí que las dos chicas realizaron sus estudios en un pensionado religioso de Anglet) quedaron pronto "olvidadas" y el niño, buen alumno, fue mostrando durante sus veraneos en Granada su paulatina pérdida de la fe católica, fenómeno que consterna a su especialmente piadosa hermana Guadalupe, quien empieza a "orar por él" y a hacer el papel de madre.

También hay que recalcar aquí que, en el caso de Morente, la influencia de este desdoblamiento inicial de sus instancias morales (elemento femenino tierno, piadoso, pasivo/elemento masculino autoritario, ateo, activo) va a ser alimentada, cultivada y activada continuamente a lo largo de su vida de intelectual liberal. En efecto, García Morente se casa, en 1913, con Carmen García del Cid, "dulce, buena y extremadamente piadosa",[8] que le dará dos hijas a quienes educarán en el colegio de las monjas de la Asunción, dos hijas que seguirán a la madre en el camino de "oraciones, ejemplos y discretísimo silencio que ella marcó".[9]

Además, dos acontecimientos trágicos van a producirse en poco tiempo que servirán de base, paradójicamente, para una reactivación posterior de esta veta religiosa subterránea en García Morente: la muerte de su esposa, en 1923, y la de su hermana Guadalupe, en 1928. (Pocas horas antes de morir, ésta le llamó a su lado y le hizo prometer que "si algún día la gracia de Dios Nuestro Señor venía a visitar[le], no le haría resistencia".[10])

2) Hasta el momento de la Guerra Civil, la vida social y profesional de M. García Morente se desarrolló entre los hombres de letras, vanguardistas y orteguianos, universitarios y políticos de los medios liberales, institucionistas muchos de ellos; es decir, un mundo ubicado en otra galaxia que la sociedad femenina de tonalidad monjil que le rodeaba al traspasar el umbral de su hogar. Sin embargo, se siente atraído (afinidad intelectual en un caso y cordial en el otro) por dos *hombres* católicos fervientes: el primero es el señor Eijo, Obispo Patriarca, a quien conoce primero en 1927, con ocasión

---

[8] Así recuerda M. García Morente a su esposa en el "Diario de los Ejercicios" (ver Iriarte, ob. cit. en la n. 7, p. 33, añadiendo: "no comprendo cómo pudo soportar a su lado un ser tan repugnante como yo".

[9] Iriarte, ob. cit. en la n. 7, p. 28.

[10] Ibíd., p. 30.

de formar parte los dos del mismo tribunal de oposiciones a cátedras de Filosofía y Letras y que consigue atraer su atención y su aprecio ("Vengo asombrado; nunca creí que un Obispo supiera tanta filosofía" [11]), hasta el punto de que Morente apoyó su candidatura para una vacante de la Academia de Ciencias Morales y Políticas. Se logró el ingreso y quiso la casualidad que coincidiesen los dos hombres de nuevo en 1934, en un viaje de regreso de la Argentina a España, viaje que aprovechó el prelado para redactar su discurso académico, comentándolo más de una vez con Morente durante la travesía.

El segundo hombre es el novio, y luego esposo, de su hija mayor, el ingeniero Ernesto Bonelli, hombre de religiosidad férrea a quien Morente acoge gustoso en su familia. Así describe García Morente a su yerno:

> ... Yo sentía por mi yerno un gran cariño, mezclado con algo así como respeto y admiración. Era un joven de 29 años, digno por todos conceptos de amor. Su conducta moral había sido siempre ejemplar. No creo equivocarme al afirmar que había llegado al matrimonio en perfecto estado de pureza. Su vida personal también había sido de acendrada religiosidad. Pertenecía a la Adoración Nocturna... Con eso su carácter era alegre, jovial, optimista, muy juvenil y aun aniñado en ciertas cosas. Amaba las matemáticas (en que era realmente muy versado) y el deporte. Su presencia física era más que medianamente agradable. Era lo que se dice un chico guapo... Yo estaba realmente encantado con él... [12]

Al poco tiempo de estallar la Guerra Civil, en el mes de agosto de 1936, empieza para García Morente una serie de catástrofes personales: destitución de su puesto de decano de la Facultad de Filosofía y Letras de Madrid; registros domiciliarios; ejecución sumaria, el 28 de agosto en Toledo, de su yerno por elementos de la F. A. I. (según los datos que da en su carta al obispo de Madrid-Alcalá de 27 de abril de 1938); llegada a Madrid de su hija viuda con sus dos criaturas; destitución de su cargo de catedrático por orden de una comisión depuradora; miedo a ser liquidado por los "maestros marxistas" de la F. E. T. E.; huida a Francia, con el famoso episodio, en la estación de Gerona, de la pretendida ejecución sumaria ante sus ojos de su compañero de viaje, compañero que luego resultó haber sido Luzuriaga, el cual no murió allí, sino que tuvo que parlamentar con los anarquistas y coger el tren casi en marcha. La falsedad del relato de Morente puede comprenderse si se recuerda que debía tener muy presente el fin trágico de su yerno, muy reciente aún.

Nos parecen fundamentales, en la trayectoria intelectual de Morente, estas dos figuras masculinas católicas, pues en ellas pudo apoyarse para reconstruirse a sí mismo y proponer a su posterior público católico y franquista el

---

11 Ibíd., p. 43.
12 Ibíd., p. 29.

modelo ideal del "Caballero cristiano", [13] y acaso más especialmente la de su yerno tan querido, cuya figura pudo interiorizar e idealizar a partir del momento de su asesinato. El hecho de que esta ejecución fuese realizada por elementos extremos pertenecientes, al fin y al cabo, al bando republicano pudo representar un factor más para el acrecentamiento de su sentimiento de culpabilidad.

Jesucristo, símbolo de masa

A finales de septiembre del 36, García Morente se instala en París y trabaja en la propaganda de los nacionales a las órdenes de Quiñones de León, procurando hacer venir allí a toda su familia (hijas, nietos, tía, cuñada), que están en la zona republicana, en Valencia. Para él, el momento más angustioso de su estancia en París, el momento en que va a tener esta "visión" nocturna de Cristo que determinará su conversión total, es cuando el ministro de la República Galarza les niega los pasaportes a sus hijas y demás familia, y recibe él el telegrama anunciándole la noticia (27 de abril de 1938). A partir de este momento, y durante dos jornadas, hasta la "revelación" del 29, García Morente recapitula los hechos de su vida reciente y subraya la pasividad, la enajenación en que está sumido desde que empezó la guerra; después de un debate intelectual interior entre determinismo antiprovidencialista y providencialismo divino, su "corazón" se inclina hacia la segunda tesis. Al llegar a este punto, más o menos, puso en marcha la radio para descansar algo y escuchó "L'Enfance de Jésus", de Berlioz, cantada por un tenor "magnífico, de voz dulce, aterciopelada, flexible, suave". Cerró luego la radio y empezó la visión:

> ... Por mi mente empezaron a desfilar —sin que yo pudiera oponerles resistencia— imágenes de la niñez de Nuestro Señor Jesucristo. Vile, en la imaginación, caminando de la mano de la Santísima Virgen, o sentado en un banquillo y mirando con grandes ojos atónitos a San José y a María. Seguí representándome otros períodos de la vida del Señor... Y así, poco a poco, fuése agrandando en mi alma la visión de Cristo, de Cristo hombre, clavado en la Cruz, en una eminencia dominando un paisaje de inmensidad, una infinita llanura pululante de hombres, mujeres, niños, sobre los cuales se extendían los brazos de Nuestro Señor Crucificado. Y los brazos de Cristo crecían, crecían, y parecían abrazar a toda aquella humanidad doliente y cubrirla con la inmensidad de su amor; y la Cruz subía, subía hasta el Cielo y llenaba el ámbito todo y tras de ella también subían muchos, muchos hombres y mujeres y niños; subían todos, ninguno se quedaba atrás; sólo yo me veía a mí mismo, en aquel paisaje ya desierto, arrodillado y con los ojos puestos en lo alto y viendo desvanecerse los últimos resplandores de aquella gloria infinita, que se alejaba de mí. [14]

---

[13] García Morente, *Idea de la Hispanidad* (Madrid, 1961), p. 42.
[14] Iriarte, ob cit. en la n. 7, p. 77.

Los dos elementos fundamentales de esta visión son: primero, la visión de la *niñez* de Cristo (que es una imagen de la reactivación en el propio Morente de su niñez piadosa), y segundo, la visión de la *muchedumbre* inmensa, la masa de hombres, mujeres y niños unidos y protegidos por Cristo, a los cuales desea sumarse. Sólo es por la vía de la regresión a las cargas afectivas de su niñez como puede Morente enlazarse otra vez con una comunidad humana que ama y es amada por su "símbolo de masa", Jesucristo, el cual une los unos a los otros por su propio amor. Esta descripción plástica de la regresión infantil y de la sumisión colectiva a un jefe protector es lo bastante significativa para ahorrarnos comentarios.

Queda, sin embargo, un punto de la trayectoria intelectual de García Morente que suscita una explicación suplementaria, y es su relación con la vocación sacerdotal, su decisión inquebrantable no solamente de volver al seno de la Iglesia y de la España Nacional como una oveja descarriada, sino de llegar a ser *sacerdote*. En nuestra opinión, este deseo está en perfecta concordancia con el peculiar sesgo de la carrera intelectual de Morente durante su período liberal; más que un investigador creador, como Ortega, fue un divulgador y un pedagogo, y estas dotes, unidas a un temperamento autoritario, mal podían dar sus mejores frutos en una celda de monje. Digamos que, en la España franquista, ser sacerdote era ejercer una importante parcela de poder social, más importante incluso que la que detentaba un simple profesor universitario de la España republicana, y dado que las autoridades religiosas y políticas de Franco decidieron devolverle a Morente, además, su cátedra universitaria, podemos considerar que en todos los planos, tanto psíquicos como temporales, su "conversión" colmó todos sus anhelos.

* * *

El caso de Manuel García Morente, su conversión radical de descreído a sacerdote, de intelectual europeizante a defensor de los valores de la raza hispánica e inventor del ideal del "Caballero cristiano", es, pues, bastante sugestivo para quien se interesa por la evolución en la mentalidad de los intelectuales liberales colocados ante una coyuntura de crisis social aguda como la Guerra Civil española. Lo que constatamos primero es la insuficiente valoración que se suele atribuir por lo común en la historia de las ideas, creencias e ideologías al substrato afectivo e irracional que permanece implícito, no-dicho, en los individuos estudiados, mientras que se supervalora el elemento racional de lo ideológico por ser lo que llega más fácilmente a ser explicitado a nivel del discurso. También tenemos que reconocer que existe una relativa vulnerabilidad de las ideologías de los intelectuales de la familia liberal, en las que priman valores como individuo, libertad, verdad y crítica. En los momentos de crisis social aguda, el intelectual liberal, por no hablar de la masa, tiende a renunciar a la primacía de estos criterios y a aceptar dogmas totalitarios, supeditándose a menudo con entusiasmo a las organizaciones políticas y religiosas y renunciando, por lo tanto, a la función crítica. Anotemos, asimismo, que el intelectual se define obligatoriamente con referencia a una comunidad humana de la que recibe información, a la que pretende expresar y modificar, y que, en caso de destructuración político-social de esta comunidad, tiende a acercarse a otra, proceso que supone en el plano individual una destructuración y reestructuración correspondiente de la personalidad, con reaparición de los elementos irracionales reprimidos. De admitirse esto, las conductas que se suelen calificar de *traiciones* (abandono repentino de una creencia y aceptación de otra relativamente opuesta) son, bien miradas, conductas de *fidelidad* a unos lazos o cargas afectivas básicas en la personalidad del individuo, pero que la anterior comunidad humana ya no era capaz de satisfacer, sublimándolas, por haber fracasado como modelo cultural, político y ético.

La pervivencia de Unamuno

JULIÁN MARÍAS
Real Academia Española, Madrid

Nació hace ciento diecisiete años; va a hacer cuarenta y tres que murió; pero no ha traspuesto hacia el pasado, sino que permanece firmemente ahincado en el presente: es el comienzo del presente español. ¿Cómo es posible esta extraña vitalidad? Sugiero al lector un experimento: busque, en otros países, en otras lenguas, qué autores son *actuales;* cuáles son leídos —no estudiados—, y leídos no como clásicos, como modelos, como *supervivientes* de la gran marea de la historia, sino como *contemporáneos,* como hombres de nuestro tiempo, que inquietan, incitan, irritan, exasperan, con los cuales se puede discutir, por los cuales se puede uno apasionar, a los cuales se puede atacar, como si pudieran defenderse —porque se tiene la impresión de que se defienden.

> Tel qu'en lui-même enfin l'éternité le change,

dijo Mallarmé en un verso inmortal ("Le Tombeau d'Edgar Poe"). ¿Inmortal? ¿Podría aplicarse a Unamuno? ¿No nos parece que aún respira, que está haciéndose o deshaciéndose, que vive porque se desvive? ¿No es ambigua, equívoca, contradictoria su figura? Cuando leemos una página suya —artículo, discurso, poema, drama, novela, ensayo filosófico, lo que sea—, ¿no tenemos la impresión de que está hablando de eso que nos preocupa, de lo que hemos leído en el periódico por la mañana, de lo que está pasando en el País Vasco o en Cataluña o en Madrid, de esa lengua que hablamos, de lo que se está haciendo ahora mismo, o de esa pregunta que nos estamos haciendo ante la muerte ajena o la anticipación de la propia? Su voz no viene del pretérito, ungida de prestigio histórico; viene de la calle o suena en nuestra habitación —o dentro de nosotros mismos—, con su timbre inconfundible, con una personalidad no mitigada por la distancia, lo mismo que en el museo disuena un retrato romano de la perfección ideal de las estatuas griegas. No es el verso de Mallarmé el que se le podría aplicar, sino otros suyos:

N. E. *Este ensayo forma parte de un estudio de próxima publicación sobre el "Expediente Académico" de D. Miguel de Unamuno.*

Cuando me creáis más muerto
retemblaré en vuestras manos.
Aquí os dejo mi alma — libro,
hombre — mundo verdadero.
Cuando vibres todo entero
soy yo, lector, que en ti vibro.

Sí, se ha quedado retemblando, vibrando, sin acabar de morir, sin entrar en la serenidad del pasado. Y con ello —seguido por unos cuantos españoles un poco más jóvenes que él, pero de muchos de los cuales hemos celebrado ya los centenarios— ha conseguido que el *presente* español se dilate hasta fechas incomparablemente más lejanas que en cualquier otro país que conozca. ¿Se imagina lo que significa, como riqueza social, como repertorio de posibilidades, como intensificación de la realidad, que el presente tenga un "espesor" desusado, tal vez mayor que en ninguna otra sociedad de nuestro tiempo?

Bastaría para probar la persistente actualidad de Unamuno el hecho de que han sido —y son— tantos los que han tratado y siguen tratando de impedir su lectura o de disuadir de ella; Unamuno sigue estorbando, sigue siendo incómodo, y no es mal criterio para juzgar a hombres y grupos echar una mirada a su actitud ante Unamuno: unos sienten gratitud por su existencia —sean cualesquiera sus críticas y reservas— y se sienten enriquecidos por él, estimulados, inspirados; otros quisieran que no hubiera nacido, lo ven como un gran aguafiestas —de cualquier fiesta—, muestran su impaciencia al ver que no se ha aquietado para siempre bajo una gran losa —de gloria o de execración, qué más da—; lo que piden es que de una vez sea olvidado.

O, si esto no es posible... Hay una alternativa al olvido: la transformación de Unamuno en "tema". "¡Tema, yo tema!", imagino que hubiera dicho Unamuno. Cada loco —o cada tonto— con su tema. Ya que Unamuno no se ha desvanecido, ya que no se aviene a pasar más allá del horizonte, como el sol poniente, estudiémoslo. Vamos a disecarlo, analizarlo, buscar sus "fuentes" —secándolas de paso—, contar las veces que usó cada palabra, suponer que cuanto dijo le vino de alguna lectura —ya que el gran supuesto es que nada puede nacer—, anotar todas las *boutades* que se le ocurrieron, tomándolas en serio, hacer un censo de sus desahogos, suspiros, bramidos, humores buenos o malos; y, sobre todo, reducirlo a política, proyectarlo sobre un plano para así, bien doblado, guardarlo en la cartera o en un archivo. Si fuera posible, meterlo entero en un computador y hacerlo salir luego, a voluntad y por partes, en forma de tarjetas perforadas.

Esta especie nueva de purgatorio, Unamuno la imaginó, aunque quizá no esperaba que sus pecados lo llevaran a él. "Contar las cerdas al rabo de la esfinge, por no atreverse a mirarla a los ojos." Esta era la operación a que dedicaban sus vidas los "eruditos", los de la "inquisición científica", los que, en los dos últimos decenios del siglo XIX, desanimaron a Unamuno de entregarse al pensamiento teórico —que tanto necesitaba—, hasta tal punto que nunca acabó de enterarse *bien* —desde su vida y no sólo desde su mente— de que en seguida iba a empezar otra cosa, otra manera de pensar, otra forma más honda de razón, que hubiera podido encandilarlo.

Estúdiese, con tal de no leerlo —esta podría ser la consigna—. Es lo contrario de lo que Unamuno quería y esperaba. "Hacer que todos vivan inquietos y anhelantes", esta era su misión. Necesitaba ser *imaginado* por sus lectores, es decir, vivificado; vivir, por lo pronto, por lo menos, *en ellos,* no ya en el nombre y la fama, sino en el íntimo estremecimiento que reproduciría el suyo, aquel en que había consistido, en un instante preciso, su vida. Esperaba aprisionar a los hombres posteriores a su muerte con los lazos de sus interrogaciones, hacerlos debatirse personalmente con ellas, intentar resolver lo que para él habían sido problemas, o por lo menos revivir con él su problematicidad. Confiaba en *dar compañía* a sus lectores futuros y desconocidos, como a él se la habían dado sus autores leídos y citados —como *fuentes de personalidad,* dije en mi viejo *Miguel de Unamuno,* no de autoridad— alojarse así en sus vidas, en mundos que no había de conocer.

Domina ahora una tendencia consistente en buscar, reunir y publicar cuanto papel o nota dejó cada autor famoso. ¿Por piedad, *pietas,* sentimiento de veneración o devoción filial? A veces sí. Pero en otras ocasiones se trata de simple parasitismo o necrofagia, porque son muchos los que viven de los muertos; y no me refiero sólo, ni principalmente, a lo económico —que sería tal vez lo más justificado—, sino al nombre, a la fama, a lo que ahora llaman el *status;* son muchos los que viven de los muertos, literalmente a costa de ellos, acostándose o apoyándose en ellos; y como no se sienten capaces de interpretarlos, es decir, de hacerlos revivir, tal vez de otra manera que vivieron, pero de un modo que *pudieron haber vivido,* es decir, enriqueciéndolos con un fragmento de sus vidas posibles, completándolos consigo mismos; como no son capaces de eso, digo, se contentan con buscar entre sus papeles para añadir algo a sus *Obras completas.* Sin preguntarse si ellos hubieran querido completarlas, si no las dejaron incompletas adrede, si habían escrito realmente eso que escribieron; quiero decir si habían *llegado a escribirlo* o solamente lo habían *intentado,* sin lograrlo, sin concluirlo, sin poder solidarizarse con ese papel frustrado que ahora se incluye en sus obras, haciéndoles *decir* así lo que no pudieron o no quisieron.

Y hay todavía otra posibilidad, más aterradora, y es que se trate de *ahogar* a un autor sepultándolo en sus propios papeles, haciendo que su *obra viva* quede anegada en un cúmulo de escritos prematuros, o desechados, o meros conatos, o declinantes y seniles, de tal modo que lo que aquel hombre *quiso decir* resulte una fracción, difícil de encontrar, de una masa de escritos deficientes, inmaturos, reiterativos, frustrados.

Pero —se dice— se trata de estudiarlo, y hay que conservarlo todo, y no omitir nada, y perseguir cada gesto y cada lectura y cada influjo, y así recomponer la totalidad. A esto habría que responder un par de cosas. Por lo pronto, que la totalidad es inasequible, porque una persona es inexhaustible, y eso que se presenta como totalidad no es más que una fracción, no representativa, sino engañosa, precisamente por su pretensión de integridad. En segundo lugar, que esa acumulación podría justificarse en vista de ese *estudio,* como la disección o los análisis; y, por tanto, que el estudio ha de hacerse. Finalmente, que no suple la *lectura,* quiero decir la imaginativa y vivificante, actualizadora y en sí misma totalizadora, aquella que se abandona a la fluencia propia de cada género literario, que no se disuelve en datos, fragmentos o elementos, que imagina la figura entera del autor y localiza cada página en su contexto —entendiendo por contexto no "más texto", otros textos, sino el contexto *vital,* la vida del autor que por algo y para algo escribió aquella página, condensando ocasional, circunstancialmente en ella su vida entera y hasta las que no había vivido o no iba a poder vivir y la perdurable que esperaba o de la que desesperaba o dudaba.

Hoy se consideran inadmisibles, o por lo menos indeseables, los escritos que se han publicado en vida de cada autor, los que han leído sus contemporáneos, aquellos en los cuales y por los cuales ha existido, influido, fecundado; y sólo parecen buenas ediciones, dignas de estima, las que registran todas las variantes de los manuscritos, y todas las tachaduras y arrepentimientos, y están erizadas de notas al pie de página en que se aclara lo que el autor quería decir —haciéndole decir con frecuencia lo que nunca pensó— o de qué hablaba. Es decir, aquellas ediciones que nada tuvieron que ver con su existencia real de escritor; y, sobre todo, que *no pueden leerse,* que rompen y hacen imposible esa fluencia vital en que la lectura consiste, que quiebran el hilo de la imaginación que recrea y reconstruye el ritmo, la melodía, la andadura, la configuración de una vida humana. Se busca y consigue el antídoto de la resurrección.

Creo que Unamuno se hubiera sentido horrorizado de gran parte de lo que se escribe sobre él, e incluso del tratamiento que se da a porciones de su obra, o a escritos suyos que nunca consideró así, sino acciones vitales destinadas a pasar, una vez cumplida su función, como la inmensa mayoría de las conversaciones, que sería monstruoso registrar y conservar, que perviven dentro de las almas de los que las han sostenido o escuchado, tal vez ni siquiera en sus memorias, sino más adentro. El hecho de que don Miguel de Unamuno viviera en Salamanca —y antes en Bilbao, y algunos años en el destierro— y no en Madrid, hizo que una parte muy importante de sus "conversaciones" se realizaran en forma de cartas, y hayan quedado escritas, como en nuestra época podrían grabarse en un magnetófono. Pero este azar obliga a no considerar parte de su "obra" más que a lo que a ello estaba destinado, aunque sí fueran parte de su vida esas cartas conversacionales.

Unamuno era un *escritor* en el más pleno sentido de la palabra, y como tal era extraordinariamente responsable; más que como pensador o ideador, porque sus vigencias sociales, recibidas durante su formación, entre 1880 y 1900, indujeron en su mente cierto coeficiente de irresponsabilidad intelectual de la que se resintió su obra y le impidió alcanzar la genialidad que indiscutiblemente le pertenecía, que en ciertas dimensiones poseyó. Recuérdese cómo habla incesantemente en sus cartas del *Tratado del amor de Dios,* libro que por fin apareció en 1913 con el título *Del sentimiento trágico de la vida* —variación que revela un profundo cambio del contenido—; cómo se afanó durante años en esa obra, de la que tantas cosas le resultaban problemáticas; cómo no dejaba nada al azar o a la improvisación. Recuerda con frecuencia don Miguel que invirtió diez años en la preparación de su primera novela, *Paz en la guerra* (1897), cómo se documentó largamente y la incubó, imaginó a sus personajes, la elaboró en su forma literaria.

Ante un escritor o un pensador o un artista, el primer problema que se plantea es el de la jerarquía que dentro de su obra tienen sus diversas partes, sin olvidar las que no pudo realizar, y respecto de éstas hay que intentar poner en claro la autenticidad, la necesidad interna con que quiso llevarlas a cabo. ¿Qué es *primariamente* Platón, o Aristóteles, o Cervantes, o Descartes, o Fray Luis de León, o Shakespeare, o Víctor Hugo, o Heidegger? El *Nachlass* o escritos póstumos de Nietzsche, Husserl, Dilthey, Ortega, Heidegger, ¿qué significación tienen, y cuál es la de cada escrito particular? Y si nos hacemos una pregunta análoga respecto de un pintor o un músico, nos enfrentaremos con un tema esencial para su comprensión. Entre lo que pintaron El Greco, Rembrandt, Murillo, Velázquez, Rubens, ¿qué es lo medular y qué es lo accesorio? Y el equivalente de los escritos póstumos o los meramente proyectados, de las partituras inconclusas, son los cuadros inacabados, que en algunos pintores son parte inmensa de su obra. ¿Por qué algunos han empezado y no terminado centenares de cuadros? ¿Por qué han concebido lo que, después de mayores o menores esfuerzos —a veces muy grandes—, no pudieron o no quisieron llevar a buen fin? Si llamamos "pintor" a Vermeer y a Picasso, ¿no estamos dando a ese concepto una elasticidad tal, que su aclaración en cada uno de los casos sería lo primero para entender a ambos?

Unamuno tenía la más aguda conciencia de este tema. En la introducción —"¡Id con Dios!"— de su primer libro poético *(Poesías,* 1907), dice:

> Aquí os entrego, a contratiempo acaso,
> flores de otoño, cantos de secreto.
> ¡Cuántos murieron sin haber nacido,
> dejando, como embrión, un solo verso!
> ¡Cuántos sobre mi frente y so las nubes
> brillando un punto al sol, entre mis sueños,
> desfilaron como aves peregrinas,
> de su canto al compás llevando el vuelo
> y al querer enjaularlas yo en palabras
> del olvido a los montes se me fueron!
> Por cada uno de estos pobres cantos,

> hijos del alma que con ella os dejo,
> ¡cuántos en el primer vagido endeble
> faltos de aire de ritmo se murieron!
> Estos que os doy logré sacar a vida,
> y a luchar por la eterna aquí os los dejo;
> quieren vivir, cantar en vuestras mentes,
> y les confío el logro de su intento.

No menos de cuatro veces, con cuatro metáforas distintas, habla Unamuno de los hijos muertos, malogrados, de los que no llegaron a ser. Y es en los otros, en los nacidos, en los que fía; son los que lo expresan y representan, aquellos en los que se siente él mismo realizado:

> responderéis por mí ante Él, que sabe
> que no es lo malo que hago, aunque no quiero,
> sino vosotros sois de mi alma el fruto;
> vosotros reveláis mi sentimiento,
> ¡hijos de libertad! y no mis obras
> en las que soy de extraño sino siervo;
> no son mis hechos míos, sois vosotros,
> y así no de ellos soy, sino soy vuestro.
> Vosotros apuráis mis obras todas;
> sois mis actos de fe, mis valederos.

En esta perspectiva hay que situar los testimonios todos de la vida y la obra de Unamuno para entender su significación, su peso —*amor meus, pondus meum*—, su jerarquía. Y nos puede permitir comparar las diversas formas de pervivencia que Unamuno necesitaba y anhelaba; y, en lo que humanamente puede saberse, las que ha alcanzado.

Es clara la significación que para Unamuno tiene su poesía. Pero hay otro aspecto que conviene no pasar por alto. Cuatro años después de la publicación de ese primer tardío volumen —tenía don Miguel cuarenta y tres años cuando dio a luz su primer libro de versos—, al enviar a Ortega su *Rosario de sonetos líricos,* en 1911, añade a la dedicatoria una octavilla (que transcribí íntegramente hace mucho tiempo, en *El oficio del pensamiento*) donde hace esta confesión: "Ni de filósofo, ni de pensador, ni de erudito, ni de filólogo me precio; sólo presumo de ser un buen catedrático y un sentidor o poeta". Esta es la doble pretensión: *poeta, catedrático.* Nuestro siglo, en España, va a ofrecer egregios ejemplos de esa especie literaria que se ha llamado, sin coma intercalada, "poeta catedrático". Lo fue, el primero de todos, Unamuno; luego, Antonio Machado; después, Pedro Salinas y Jorge Guillén; algo más tarde, Gerardo Diego, Dámaso Alonso y algunos más. Unos, más poetas; otros, más catedráticos; ambas dimensiones en relaciones distintas, con diversos grados de independencia o de fusión. Unamuno pone el catedrático por delante; y es interesante que use este título administrativo, y no una palabra como "maestro". Es decir, un *funcionario,* un hombre que ejerce una función profesional con arreglo a normas, en virtud de un título académico y una oposición, y que tiene deberes reglamentarios prescritos. Eso, y además poeta —que es, ciertamente, libertad, pero también otra manera de disciplina. Conviene tener esto presente si se quiere entender quién fue el extremoso y a veces energuménico Miguel de Unamuno.

Ahora se comprende qué sentido, qué interés puede tener el *Expediente académico de Miguel de Unamuno.* No se trata de "contar las cerdas al rabo de la esfinge", ni de acumular escritos frustrados o que no llegaron a nacer, o que fueron juzgados insignificantes por su autor. Se trata de otra cosa: *huellas.* Son las huellas de una dimensión de la vida de Unamuno, tal vez menos jugosa que las demás, menos lírica, menos dramática, menos creadora, sin duda afectada por un elemento de rigidez administrativa. Pero repárese en que estos caracteres convienen admirablemente al *esqueleto.* ¿No fue el lado profesional de Unamuno, su condición de catedrático, lo que dio coherencia, consistencia y cierto equilibrio a su agónica figura? Y no sólo catedrático; desde la adolescencia estuvo orientado hacia la función que quería desempeñar: bachiller en Bilbao, licenciado y doctor en Madrid, tenaz opositor a muy diversas cátedras de Instituto y de Universidad, relativamente indiferente a sus temas (Psicología y Lógica, Metafísica, Griego, Lengua española...); al parecer, más interesado por la función, por la cátedra misma, que por el contenido de la enseñanza —tal vez secretamente convencido de que su disciplina iba a ser, en todo caso, Introducción a Miguel de Unamuno. Y no sólo catedrático; no olvidemos su personalidad de rector de Salamanca; no pasemos por alto lo que ese Rectorado significó para él, hasta qué punto vino a constituir el núcleo de su personalidad pública. Cuando el ministro Bergamín lo despoja de ese Rectorado, en 1914, ¡qué conmoción! No sólo pública —en una época en que todavía existía sensibilidad para la violencia, la injusticia, la falta de respeto a las jerarquías intelectuales, aunque los que se beneficiaban de ello no lo vieran y no tomaran nota de ello—, sino privada, personal, íntima. Cuesta trabajo —a mí, personalmente, mucho— comprender que para Unamuno significara tanto ser privado de un cargo, de un "puesto", de un hueco social. ¿Cómo se compagina con su afirmación —sin duda sincera— de que "la única cuestión" es si hemos de morirnos del todo o no? Pero así es, y para Unamuno fue algo absolutamente decisivo, que condicionó, creo, su vida entera desde entonces y explica buena parte de su obra.

Y no olvidemos que la resonancia de ese episodio de su madurez lo persigue hasta la muerte, que su momento de gloria nacional coincide con su reposición en el Rectorado de Salamanca, el 23 de mayo de 1931, recién proclamada la República (después de que en los meses anteriores el gobierno de la Monarquía le había restituido su cátedra, y había ordenado el pago de todos sus haberes no percibidos desde su remoción). Y de ese Rectorado volverá a ser destituido, cerca ya de la muerte, y por partida doble: por decreto de Manuel Azaña, el 22 de agosto de 1936; por otro de Francisco Franco dos meses justos después, el 22 de octubre del mismo año.

Y al acabar éste, la noche del 31 de diciembre, treinta años justos después de aquella extraña premonición de su poema "Es de noche en mi estudio", la destitución final, la muerte silenciosa que lo hirió junto a la camilla de su casa salmantina. Don Miguel había dicho: "Yo no dimito de la vida; se me destituirá de ella."

El pensamiento español de Ultramar (1939-1979)

Juan Marichal
Harvard University

La Segunda República española no fue, tanto como se ha dicho, "una república de profesores". Mas no sería arbitrario sostener que los cinco años transcurridos entre la proclamación de la República (14 de abril, 1931) y el comienzo de la guerra civil (mediados de julio, 1936) representaron la culminación del esfuerzo más consistente de universalización intelectual de *toda* la historia de España. Puede incluso sostenerse que las tres décadas del siglo XX que cerró la guerra (1906-1936) constituyeron una segunda "Edad de Oro" de la cultura española. Una "Edad de Oro" que fue también la consecuencia de un esfuerzo colectivo por crear y afianzar en España un clima social de racionalidad política. Así, hace como treinta años (en mi primera conferencia pública, en Wellesley College) hablé de la que entonces llamé "Edad de Oro Liberal", para referirme a los sesenta años españoles que mediaron entre la última guerra civil del siglo XIX y la de 1936-1939. Por supuesto, aquellas seis décadas no fueron todo lo que mi nostalgia (por así decir) retrospectiva esbozó en 1950, puesto que abundaron los conflictos sociales y las tensiones políticas estuvieron a punto de romper, varias veces, el precario equilibrio institucional de 1876, y, finalmente, lo rompieron en 1923 con la Dictadura del general Primo de Rivera. Mas entre 1876 y 1936 no hubo guerras civiles (como en el medio siglo anterior) ni fue equiparable la aludida dictadura a la larga opresión de los cuarenta años siguientes. De ahí que, sin exageración retrospectiva, reitero de nuevo que en el esplendor cultural español de las tres décadas 1906-1936 operó la voluntad de muchos individuos y grupos españoles dedicados a conseguir, para su país, un clima social y político de racionalidad humana. Mas, en el verano de 1936, acabó brusca y brutalmente aquel intento de clima español racional, y España volvió a ser la extraña y extremosa tierra, casi ajena a Europa, que describieron los viajeros del siglo XVIII y del romanticismo transpirenaico.

El terrible tajo de 1936 no cercenó, sin embargo, completamente la segunda "Edad de Oro" de la cultura española, pues la expatriación (entre 1936 y 1939) de un elevado número de escritores, artistas y profesores universitarios prolongó, en tierras de América, aquel esplendor. Pero, por supuesto, la continuidad creadora española en las Américas fue, primariamente, posible porque los exiliados españoles no padecieron (en general) la expatriación lingüística, de efectos tantas veces destructores para los intelectuales desterrados. Por eso, uno de mis maestros de la Universidad Nacional de México, el profesor José Gaos (valenciano), acuñó un neologismo para designar la afortunada condición del exiliado español en las Américas de su lengua: "transterrado". No me propongo esbozar, ahora, un cuadro completo del pensamiento español de los transterrados de 1936-1939; voy a limitarme a considerar un solo tema —la imagen de España— en tres pensadores que considero particularmente importantes para la actual hora histórica y política de España: Américo Castro, Francisco Ayala y José Ferrater Mora. En estos tres pensadores hay meditaciones sobre la tragedia española contemporánea que constituyen quizás uno de los legados más valiosos de la cultura transterrada para el presente y el futuro cercano de España. No siempre toda tragedia colectiva produce ese tipo de meditación que Ortega llamaba "pensamiento de los náufragos"; con frecuencia, en las comunidades humanas, terribles sucesos son vividos sin poder derivarse de su experiencia ideas claras y útiles para el futuro. El naufragio español de 1936 fue, afortunadamente, meditado con profundidad patente por los pensadores mencionados, y, añadamos, por otros españoles igualmente deseosos de llegar a formular un pensamiento útil para su comunidad cultural.

Américo Castro abandonó España, trasladándose a la Argentina, al iniciarse en España el conflicto bélico en 1936; más tarde se estableció en los Estados Unidos. Cuando concluyó la guerra, en 1939, Américo Castro sabía que estaba en el campo de los vencidos y que no podría (ni quería) regresar a España, aunque no hubiera participado personalmente en la defensa de la Segunda República. Fue muy intenso, éntonces, el sufrimiento de Américo Castro al sentir que las grandes posibilidades de 1931 habían sido cegadas por la violencia y el odio sangriento. Y una mañana de 1939, en la llanura tejana, tuvo una especie de visión iluminadora, semejante en sus efectos intelectuales a la que un gran historiador francés del siglo XIX (Michelet) llamó, en su caso personal, "el relámpago de julio": la historia de España no podía ser entendida dentro del marco de la Europa occidental. Decidió entonces Américo Castro, ya pasados los cincuenta años (había nacido en 1885), dedicar toda su energía intelectual y moral a un magno esfuerzo de reconstrucción de lo que él llamaría "una historia interior de España". Así, nueve años más tarde, en 1948, apareció en Buenos Aires un extraordinario libro, *España en su historia,* y en 1954, en México, la versión ampliada: *La realidad histórica de España.* Digamos de paso que es sorprendente que todavía, en la España de 1979, no se haya reimpreso el libro de Américo Castro. Porque pocos libros escritos por españoles revelan un amor tan apasionado a su país y a su cultura como el de Américo Castro. Es, desde luego, un libro tajantemente polémico —a veces evidentemente arbitrario—, pero me aventuro a predecir que muchas páginas de Américo Castro sobrevivirán a todos sus detractores (y también a las de sus apologistas), pues pervive en ellas el alma de un historiador-poeta como Michelet. Mantengo, por otra parte, que la obra de Américo Castro debe leerse como una completa autobiografía intelectual de un español destacado de la generación de 1914.

Recordemos que la generación de Américo Castro —la de Ortega, de Manuel Azaña, de Gregorio Marañón, de Juan Negrín, de Agustín Millares, de Jorge Guillén, de Pedro Salinas y de tantos españoles ilustres más— vio de pronto desencadenarse sobre la tierra de España todas las violencias destructoras de que es capaz el ser humano. Aquella violencia era, en verdad, la negación de todo lo que habían hecho desde su juventud los hombres de la generación de 1914 para defender y afianzar en España el clima de racionalidad política y social ya mencionado. De ahí que, para la generación de Américo Castro, la guerra civil representó *en sí misma* el cierre sangriento de todas sus ilusiones españolas. Es más, la iniciación de la guerra determinó, en muchos hombres de la generación de 1914, un agudísimo sentimiento de culpabilidad: "viviremos o nos enterrarán persuadidos de que nada de esto era lo que había que hacer", según escribió Manuel Azaña, el presidente de la Segunda República, en 1937. Américo Castro compartía el sentimiento de Azaña y podría afirmarse que todo su trabajo de reconstrucción histórica, desde 1939, fue determinado e impulsado por una constante pregunta: ¿por qué hemos fracasado los liberales republicanos españoles? La respuesta de Américo Castro fue muy compleja y no cabe reducirla a una simple formulación. Pero, en lo esencial, representaba el abandono de la visión, digamos, "ingenua" de la historia española, tan característica de la tradición liberal intelectual representada por Menéndez Pidal y otros maestros de Américo Castro. Su respuesta venía a afirmar que era necesario aceptar la totalidad de un pasado nacional, que Cervantes no era *desprendible* (por así decir) de la España inquisitorial que le oprimió. En suma, que las múltiples caras contrapuestas de una época, de un país, de una cultura, constituían una coherencia indivisible. No era, por supuesto, un concepto nuevo en la historia del pensamiento sobre la historia, pero cobró, en Américo Castro, una singular intensidad, casi trágica, que le permitió abrir vías nuevas para la interpretación de la historia de España.

Los dos pensadores que consideraremos ahora —Francisco Ayala y José María Ferrater Mora— pertenecen a la generación siguiente a la de Américo Castro: la de 1931, la generación "republicana" (en su amplio sentido). Señalemos que esa generación vivió la guerra en forma muy opuesta a la de sus mayores; cabría, incluso, afirmar que la generación de 1931 *murió* más que vivió la guerra, ya que fue la generación sacrificada en los campos de batalla. De ahí, por supuesto, que no pudiera considerarse a sí misma como responsable de la enorme catástrofe de 1936 (en contraste con la culpabilidad sentida por la generación de 1914), que padeció tan directa y brutalmente: García Lorca, símbolo de todos los inocentes muertos en la contienda española, fue, también, víctima representativa de aquella generación prácticamente desaparecida. La guerra civil no podía, por lo tanto, ser vista de igual modo por los maestros de la generación de 1914 y por sus alumnos de la generación de 1931. Por tanto, los "transterrados" de las dos generaciones españolas —la de 1914 y la de 1931— emprendieron su actividad intelectual en las Américas partiendo de casi contrarios estados de ánimo moral y de muy diferentes experiencias de la vida española.

Es más, algunas voces de la generación de 1931 se opusieron públicamente a la actitud de sus maestros. Quizás la más notoria en esa oposición es la de Francisco Ayala, nacido en 1906 en Granada, la ciudad donde Américo Castro vivió desde muy niño. No voy a ocuparme de la obra propiamente literaria de Ayala, ni tampoco de sus numerosos ensayos de crítica literaria, ni apenas de sus tratados sociológicos. Me limitaré a considerar su interpretación de la historia de España y de la cultura española, para mostrar, sobre todo, los contrastes con la actitud y el pensamiento de Américo Castro. Recordaré que Francisco Ayala, tras algunos años de estudio en Alemania en la fase final de la llamada República de Weimar, regresó a España y se incorporó al secretariado técnico del Parlamento de la Segunda República. Vio así la historia política inicial de aquel régimen español *desde dentro,* aunque como colaborador entusiasta. Fue, también, uno de los iniciadores universitarios de los estudios sociológicos en España, al ser nombrado, muy joven, catedrático de Derecho Político en la Universidad de Madrid. Y, durante la guerra civil, formó parte de la representación diplomática de la Segunda República española en Praga. Puede decirse, pues, que Francisco Ayala vio *desde dentro* de la Europa central, en aquellos años infernales, el desencadenamiento de las fuerzas bárbaras del nazismo. Se trasladó a la Argentina al terminar la guerra española y fue así también testigo del comienzo de la enorme tragedia política y social que ha sido la historia de aquel país desde entonces. Tras residir en Puerto Rico bastantes años se trasladó a los Estados Unidos, donde ha vivido las dos últimas décadas, observando también *desde dentro* (sobre todo en Chicago y Nueva York) las complejísimas circunstancias políticas y sociales norteamericanas. No creo, así, exagerar al afirmar que quizás sea Francisco Ayala el intelectual español con mayor experiencia personal directa de la historia contemporánea euroamericana. Y esa experiencia, sin duda, se refleja en la imagen de España que ofrece Ayala en sus libros y ensayos de los últimos cuarenta años.

El primer libro publicado por Francisco Ayala como profesor universitario (pues desde muy joven ya había dado a conocer sus libros de ficción novelesca) fue el siguiente, de título muy revelador: *Los derechos individuales como garantía de la libertad* (Madrid, 1935). O sea, Ayala es un liberal *ab-*

soluto: "la libertad del individuo es esencial e irrenunciable". Se trata, por lo tanto, de garantizar la libertad individual en una sociedad que aspire simultáneamente a la justicia y a la igualdad. Ayala ve esta gran aspiración humana en el estado liberal del siglo XIX, una notable creación institucional que supo equilibrar los derechos personales y las aspiraciones colectivas. Por otra parte, Ayala vio en la República alemana de Weimar (y en casi toda Europa) cómo los intelectuales se burlaban de la tradición liberal del siglo XIX, hablando del que llamaban "estúpido siglo", dando así armas ideológicas al fascismo. Ayala no abandonó nunca, sin embargo, su fe en las posibilidades humanas ofrecidas por las modalidades institucionales del liberalismo, como las mejores defensas de las libertades individuales dentro de la aspiración a justicia y al bienestar colectivo. La Segunda República representó precisamente, según Ayala, una gran esperanza política, en la Europa de 1931, por su afirmación institucional de los principios liberales; y esa esperanza no debía ser abandonada por los españoles, como habían hecho algunos de los desengañados hombres de la generación de 1914.

La discrepancia de Ayala respecto a dicha generación es particularmente tajante en su imagen de la guerra de España, porque Ayala no la ve como el resultado inexorable de fatalidades congénitas de la sociedad española. Es más, Ayala, desde hace muchos años, ha afirmado que, de no haber irrumpido en España fuerzas externas, la Segunda República habría alcanzado las condiciones de equilibrio político que habrían asegurado su continuidad. Digamos, de paso, que los trabajos recientes del historiador español Angel Viñas han confirmado lo apuntado y reiterado por Ayala, al probar, con documentación irrebatible, la acción de las fuerzas exteriores aludidas. Ayala propone, así, que la guerra civil muestra solamente que España se encontraba en una situación histórica en la cual podían operar fácilmente factores externos opuestos al desarrollo pacífico de un régimen liberal como el de la Segunda República. Esto es, no hay (para Ayala), en el pasado histórico español, ningún sino incoercible que impida el funcionamiento de una sociedad de orientación liberal en España. Al contrario, en la historia española se encuentran raíces sólidas que permiten concebir el arraigo de las instituciones liberales: "las bases culturales que nos capacitan (a los españoles) para incorporarnos de lleno al ámbito de la nueva libertad europea se encuentran en el fondo de nuestra tradición". En suma, la historia española no puede reducirse, exclusivamente, a un legado de opresiones excepcionales ni de peculiaridades ajenas a la cultura moderna europea.

El libro de Ayala *Razón del mundo* (publicado en 1944 en Buenos Aires y reeditado en México en 1962, considerablemente ampliado) recoge algunos de sus ensayos sobre la significación histórica de la cultura española, y ahí ofrece Ayala su explícita crítica del pensamiento y la imagen de España de Américo Castro.

Para Ayala, Américo Castro ha sido infiel al pensamiento historicista que el mismo Castro había expresado al iniciar su reconstrucción de la historia española: "Toda auténtica construcción histórica es, en última instancia, expresión de la vida del historiador mismo" ("Lo hispánico y el erasmismo", *RFH*, 2 [1940], 1). Estas palabras de Américo Castro (escritas en 1939) le parecían a Ayala muy claramente definidoras de la actitud historicista representada en España por la generación de Ortega hasta 1936. Pero el libro de Américo Castro *España en su historia* (1948) revelaba que su autor había abandonado tal historicismo y se había pasado, por así decir, al campo filosófico que afirmaba la continuidad de una "esencia" nacional. Esto es, Américo Castro (según Ayala) "solidificaba" el pasado español, olvidando que el historicismo había mostrado que no se puede hablar nunca de un único *pasado* colectivo. El historicista afirmaba, justamente, que el pasado es, siempre, el resultado de una perspectiva y de una serie de decisiones morales e intelectuales que toma el historiador al reconstruirlo. Además, se daban en Castro (según Ayala) el narcisismo intelectual, casi masoquista, de la generación española de 1898.

No es la ocasión, ahora, de mostrar en qué grado es Ayala parcial (y hasta notoriamente injusto) en su crítica del pensamiento de Castro. Baste indicar que Ayala mantiene que la experiencia histórica de su generación (la de 1931) marcó el fin de lo que podría llamarse "nacionalismo intelectual" español y el comienzo de una interpretación de la historia española menos atribulada que la de la generación de 1914.

El tercer pensador de este breve repaso, José María Ferrater Mora (nacido en Barcelona en 1912), pertenece al grupo más joven de la generación de 1931, y, como Ayala, se considera legatario afortunado de la cultura liberal de los años republicanos. Estudió filosofía en la legendaria Universidad Autónoma de Cataluña y, al terminar la guerra civil, se trasladó a Cuba, pasando luego a Chile; de allí, en 1947, marchó a los Estados Unidos, donde (desde 1948) ha sido profesor de filosofía en Bryn Mawr College. Es autor de la obra individual más extraordinaria del exilio español, un monumental *Diccionario de filosofía,* cuya primera edición impresa en España (la sexta) apareció en 1979, en Madrid: cuatro mil páginas en cuatro volúmenes. Y también en 1979 ha aparecido su libro *De la materia a la razón,* que, como el *Diccionario* aludido, muestra la amplia proyección intelectual del saber y el pensamiento de Ferrater Mora. Nada humano, culturalmente hablando, es ajeno a Ferrater; y puede decirse, sin exageración alguna, que Ferrater es el español de más lecturas de todo el siglo xx. Su cultura es, en suma, mucho más amplia y, sobre todo, más profunda que la de la generación de 1914. Vasta cultura que le hace ver a España con ojos más ecuánimes, y más serenos, que la generación de Castro. En la versión catalana de uno de sus libros más difundidos *(La filosofía actual),* Ferrater Mora ha expuesto muy claramente su actitud intelectual:

Me cuesta entender por qué tantas personas se empeñan en creer que hacer cultura en un país consiste en parlotear incesantemente de la cultura de un país.

Esto es, Ferrater Mora advierte cuán estéril es todo narcisismo intelectual para toda comunidad humana. No ha dejado, sin embargo, de meditar sobre la historia española, como tantos otros exiliados de 1939. Y voy, ahora, a limitar mis consideraciones a dos breves libros suyos, de particular importancia para la historia intelectual del exilio español. El primero es *Las formas de la vida catalana* (publicado originariamente en Chile, en 1944, en dos versiones, española y catalana), reimpreso en Barcelona, en catalán, desde 1955 y, en castellano, desde 1963. El segundo es hoy una rareza bibliográfica, *Cuestiones españolas,* publicado en México en 1945.

En estos dos largos ensayos de Ferrater Mora hay una aspiración central: "lo que se trata de hacer ahora es descubrir las efectivas vigencias, lo que puede unir a los españoles en vez de violenta y sangrientamente separarlos". Ferrater Mora busca una genuina e intermediaria "tercera España" —cuidando de distinguirla de la así llamada durante la guerra civil— que ofrezca la verdadera reconstrucción moral de la comunidad española. Para Ferrater, no hay verdadera posibilidad de una *tercera España* mientras no haya "más Españas", es decir, una pluralidad de poderes y de instituciones cuya diversidad (y estricta autonomía) facilite la convivencia de ideas y personas. Esta creencia en los beneficios de la pluralidad institucional se origina, posiblemente, en Ferrater Mora en su condición de catalán. Esto es, como muchos compatriotas suyos, Ferrater Mora tiene marcada confianza en la iniciativa personal, al mismo tiempo que manifiesta un acentuado temor a las supuestas ventajas de la acción estatal. La historia catalana muestra (según Ferrater) cómo las instituciones privadas pueden ser el mejor instrumento para la continuidad y el fortalecimiento de una cultura nacional. Por otra parte, Ferrater estima que su país natal ofrece, a las demás comunidades españolas, una característica humana indispensable para el afianzamiento de una verdadera convivencia dentro de las normas liberales: el pragmatismo que los catalanes denominan *seny,* una especie de sentido común. Para definirlo, Ferrater Mora contrapone al llamado "home de seny", el puritano. Así escribe: "El puritano es el hombre que renuncia constantemente a la experiencia." Lo cual no quiere decir que el "home de seny" predique o practique el desenfreno sensual o el seco realismo moral, porque "seny" es definido por Ferrater como "una experiencia que razona sobre sí misma". Por otra parte, Ferrater mantiene que los catalanes pueden ser tan apasionados como cualquier gitano andaluz y tan quijotescos como cualquier hidalgo de La Mancha. Pero existe en Cataluña lo que Ferrater Mora llama, con expresión muy adecuada, "un quijotismo asentado", "quixotisme assenyat". O, si se prefiere, un quijotismo *mesurado,* aunque pueda parecer una antinomia. Esta *mesura* es necesaria para la cultura liberal de la convivencia, y así Ferrater Mora pide a los españoles que intenten equilibrar la lucidez con la pasión, recordándoles que ha habido antecedentes frecuentes de tal equilibrado temperamento moral en la historia intelectual de España.

En suma, Ferrater coincide con Ayala en temer los efectos del narcisismo intelectual y de las obsesiones nacionalistas. Por otra parte, Ferrater ha leído a Américo Castro con mucha atención. Debo decir, de paso, que a ningún pensador español respetó Américo Castro tanto como a Ferrater Mora. Esto es, Ferrater sintió y comprendió que Américo Castro no se había meramente abandonado a la desesperación (como apuntaba Ayala), sino que había ahondado valientemente en el complejísimo problema de la relación entre una cultura y sus componentes humanos. Es más, Ferrater (sin negar la validez de la objeción metodológica principal de Ayala a Américo Castro) admitía que el libro de Castro *España en su historia* representaba una perspectiva intelectual muy expresiva de una hora trágica de la conciencia española.

En su más reciente libro (*De la materia a la razón*, 1979), Ferrater Mora ha escrito: "El ejercicio de la racionalidad tiene un carácter muy amplio. Conlleva su propia corrección y representa una emancipación de todo dogma." Valdría decir que Ferrater Mora ve en Américo Castro la corrección a la versión dogmática liberal de la historia de España: es más, Ferrater Mora veía cómo Castro seguía siendo el pensador "racionalista" de los años prebélicos, a pesar de sus negaciones de la validez del racionalismo para entender la historia de España. En conclusión, podríamos decir que los tres pensadores considerados en estas breves páginas representan la continuidad *transterrada* del pensamiento español "racionalista" de la "edad de oro" 1906-1936 y, asimismo, representan tres *correcciones* internas de esa continuidad intelectual. La de Américo Castro (la corrección más espectacular) recogió la atroz experiencia de la guerra civil para acentuar el carácter trágico de la historia española. Francisco Ayala, a su vez, "corrige" a Américo Castro, realzando el legado universalizador de la generación del mismo Castro y reafirmando los antecedentes históricos nacionales del liberalismo español. Finalmente, Ferrater Mora ofrece el correctivo del sosiego serenamente racionalista que ve en España y la historia española la manifestación del drama mismo de la historia humana.

Ortega y Gasset: práctica y teoría de la lectura

CIRIACO MORÓN ARROYO
Cornell University

El primer escrito conocido de Ortega, "Glosas", publicado en 1902, tiene como subtítulo: "De la crítica personal"; pretende ser la condensación de una doctrina sobre la crítica literaria. El último fragmento recogido en el volumen IX de sus obras completas [1] contiene la introducción a un proyectado "Comentario al *Banquete* de Platón", y el primer apartado de esa introducción se titula: "Qué es leer". Este fragmento data, al parecer, de 1946. Entre 1902, 1946 y los años que mediaron hasta la muerte del pensador, en 1955, la crítica literaria es un aspecto fundamental de su actividad.

Pero no es posible considerar ese aspecto de la actividad de Ortega separándolo de otros en su esfera intelectual. Su crítica literaria es la concreción de una teoría estética más general, y ésta, concreción de una teoría de la cultura, de la personalidad y de la sociedad. Lo primero que se impone, por consiguiente, al destacar un tema de la obra orteguiana, es su conexión sistemática con el resto de su filosofía.

No obstante, muchas veces se han señalado inconsecuencias y hasta contradicciones en los escritos del pensador; éstas existen, pero han quedado explicadas al conocerse los hitos fundamentales de su evolución. Nuestro pensador experimentó sacudidas profundas en los axiomas que dirigían su vida intelectual, al menos en tres ocasiones: en torno a 1914, al conocer la obra de Max Scheler; en torno a 1920, en que inicia una sociología psicológica inspirada en Scheler, Simmel y Spengler; y en 1927, en que *Ser y tiempo,* de Heidegger, le ilumina sobre su propio pasado, le hace purificar su lengua de biologismo y —reconózcase honradamente— le pone nervioso en cuanto a su propia identidad como pensador. [2]

---

[1] Todas las citas se refieren a la edición de *Obras completas,* 11 vols. (Madrid, 1946ss); las siglas *OC* remiten a esta edición. El número romano indica el volumen y el arábigo, la página.

[2] Morón Arroyo, C., *El sistema de Ortega y Gasset* (Madrid, 1968), pp. 67-87.

La evolución y las influencias señaladas no deben entenderse en un sentido mecanicista. La obra de Ortega no es un mosaico de sentencias ajenas acumuladas. Los hitos en torno a los cuales yo he señalado su evolución son aquellos en que cambian convicciones y axiomas básicos sobre la razón y la vida, las relaciones entre tiempo y existencia, individuo y sociedad, yo y mundo. Un cambio en la concepción de esos conceptos trae consigo cambios en torno a problemas próxima o lejanamente relacionados con ellos. Al mismo tiempo, se dan en el filósofo unas convicciones epistemológicas en las cuales no descubro evolución.

Desde su estudio con los neokantianos de Marburgo, Ortega define el conocimiento como el resultado de una "purificación", es decir, de una mediación que depura las impresiones y las organiza en sistema. Las impresiones que nos quedan de la primera lectura de un libro no son todavía conocimiento, como no es ciencia la percepción de un árbol. Entre ver un árbol y hacer biología se dan, por lo menos, los siguientes estadios: a) clasificar ese árbol según criterios metódicos (taxonomía); b) ampliar con el microscopio la potencia visual del ojo para descubrir realidades y relaciones que el ojo no descubre; c) establecer entre los distintos aspectos descubiertos una relación concreta de causa y efecto. Si establecemos relaciones no fundadas en la dualidad causa/efecto, tendremos metáfora, poesía, pensamiento salvaje, pero no ciencia.

Esta reflexión nos ayuda a entender expresiones como las siguientes: "la erudición es el extrarradio de la ciencia" (I, 317), o esta otra: "Ciencia no es erudición sino teoría" (III, 516). El ejemplo del árbol aclara la diferencia entre la ciencia biológica y las impresiones vulgares.

Pero necesitamos extender esa idea del conocimiento a las disciplinas humanísticas; y aquí, más que afirmar, conviene preguntar: ¿cuántas veces confundimos el verdadero conocimiento con un saber vacío que maneja nombres, títulos, fechas y datos? ¿Cómo distinguir las impresiones y ocurrencias de las verdaderas ideas? ¿Cómo concretaríamos en humanidades esos tres criterios que distinguen a la ciencia del conocimiento vulgar: taxonomía, expansión de la percepción espontánea y relación de causa y efecto?

Ortega responde a estas preguntas en sus escritos sobre el conocimiento histórico, en sus reflexiones sobre estética y en sus estudios literarios. Nosotros vamos a estudiar sólo estos últimos: los estudios dedicados a Baroja y Azorín (1910-1917) y el esbozo "Qué es leer", de 1946. [3] Por seguir el orden cronológico, titulamos el artículo "práctica y teoría de la lectura", ya que los

---

[3] Las ideas estéticas y su relación con los otros aspectos del pensamiento orteguiano las estudiamos en *El sistema de Ortega y Gasset*. El presente estudio intenta una lectura detallada y analítica de los textos orteguianos. En la bibliografía sobre el pensador predominan las valoraciones sobre los estudios serios, y los trabajos de síntesis sobre los analíticos. Creo que ha llegado el momento de las lecturas detalladas y del trabajo moroso en torno a los escritos de Ortega.

estudios sobre Azorín y Baroja son aplicación, mientras el último se queda en el plano teórico.

Aunque no divido expresamente las secciones, el trabajo está estructurado según el siguiente esquema: 1) Lectura y sistema: los estudios sobre Baroja y Azorín; 2) La crítica como mediación entre el texto y el lector; 3) Lectura e interpretación; 4) Diálogo y escritura; 5) El tiempo como horizonte último para la comprensión de los fenómenos escribir y leer; 6) Conclusiones: esbozo de una teoría del conocimiento literario desde la filosofía de Ortega.

Ortega escribió dos estudios extensos sobre Baroja (1872-1956). El primero en 1910 y el segundo en 1916. Una parte del primer estudio se publicó en la revista *La Lectura,* en 1915; pero quedó inédita hasta 1960 la sección primera de ese mismo trabajo. En la edición corriente de las *Obras completas* de Ortega, los escritos sobre Baroja deben leerse, por tanto, en el siguiente orden:

1. "Pío Baroja: anatomía de un alma dispersa" (1910, IX, 475-501).
2. "Una primera vista sobre Baroja" (1910, publicado sin cambios significativos en 1915, II, 103-125). Segunda parte del anterior.
3. "Ideas sobre Pío Baroja" (1916, II, 69-102).

Sobre Azorín (1873-1967) había escrito ya en 1912 (I, 239-244), pero le dedicó un trabajo magistral en 1916-1917 (*OC,* II, 155-191).

Los ensayos sobre Baroja y Azorín son la condensación del diálogo que Ortega inició con los intelectuales españoles a partir de su vuelta de Marburgo, en 1908. Esos intelectuales pertenecían a dos generaciones: los viejos (Galdós, Giner, Costa) y los que llamamos hoy "generación del 98", y Ortega llamaba entonces "los modernistas". Ortega se enfrenta con esta generación; en 1910, los considera definitivamente pasados: "Valle-Inclán era en 'aquel tiempo' de la confusión de las lenguas españolas el modernista máximo" (IX, 493).

La razón del enfrentamiento es muy sencilla: para Ortega, la cultura es ciencia, ética y estética. La ciencia purifica con método y sistema las impresiones espontáneamente adquiridas; la ética es la reflexión sistemática sobre el concepto de obligación y las normas racionales de conducta que se derivan del imperativo categórico, y la estética es el descubrimiento de las leyes racionales del goce en la obra de arte. Sensibilidad, espontaneidad, romanticismo, sinceridad son, para Ortega, material impuro que necesita ordenación según normas.

Desde este sistema neokantiano se explica que el estudio sobre Baroja de 1910 sea una crítica dura más que un análisis. En *El árbol de la ciencia,* después de narrar el suicidio del protagonista Andrés Hurtado, Baroja estam-

paba estas palabras como conclusión: "había en este muchacho algo de precursor". Y Ortega se pregunta: "¿Hacia qué meta ha ido corriendo delante
de nosotros este muchacho que fue un precursor? ¿La muerte?" (IX, 479);
y en las líneas siguientes niega sentido humano y cultural a esa precedencia.

Baroja luchó toda su vida por la expresión directa, por una escritura
transparente en que no se mezclara la afectividad del escritor embelleciendo
con recursos retóricos la palabra. [4] ¿Cabe un esfuerzo mayor por lograr una
expresión realista? Ortega contesta:

> Aun cuando aqueja a Baroja el prurito de llamar a las cosas por sus nombres,
> tal vez porque cree que es la extrema simplicidad de expresión el mejor instru-
> mento para obtener claridad, no suele resultar claro. Su obra es confusa, es confusa
> como un balbuceo (IX, 479).

Baroja es confuso por falta de concentración y por producir unas obras
narrativas sin un centro de referencia en los personajes o tema:

> No ha conseguido en ninguno de sus libros la aspiración esencial del arte novelesco:
> suscitar en torno a unas figuras el medio de que espiritualmente viven, en que se
> personalizan. Si esto es así, no tendré otra salida que aceptar como consecuencia
> lamentable la exclusión de Baroja de entre los novelistas (IX, 484).

Y en cuanto al tema o las disquisiciones ideológicas de *El árbol de la ciencia,*
he aquí el veredicto:

> Es el caso, en efecto, que Baroja me parece más bien un temperamento de meta-
> físico que de novelista. Claro está, un metafísico un poco holgazán, un metafísico
> —¿cómo podría decirse?— un metafísico sin metafísica (IX, 484).

La crítica negativa sigue; y lo importante es que nuestro pensador ve al
novelista como un individuo de la generación de "bárbaros" que irrumpieron
en la vida española en torno a 1898. Fue saludable su labor destructora, porque denunciaron la fantasmagoría de la Restauración y la vanidad de sus valores; pero su aportación positiva es parva:

---

4 "Para mí la condición primera del escritor es la exactitud. La medida exacta en
lo que es medible, hasta en lo que es fantasía. Buscar la pompa en el estilo es relativamente fácil; encontrar la exactitud, la precisión, el paralelismo con el pensamiento,
es casi imposible. La palabra está llena de un sentido de calificación moral, y no hay
modo de encontrar frases que reflejen los hechos y las ideas limpias de intenciones
anteriores. Hasta en las mismas voces que quieren representar objetos físicos se nota
la calificación formularia y protocolar" (Pío Baroja, *Obras completas,* VII, [Madrid,
1946ss], 811a). Véase "La cuestión del estilo", recogido en Fernando Baeza, *Baroja y su
mundo,* II [Madrid, 1961], 453-457.

Los que sabían, como Unamuno, hacían como que no sabían. Lo que había en ellos de valor nuevo era su mentalidad catastrófica (IX, 495).[5]

En la crítica de las obras barojianas aparecen dos caracteres fundamentales de Ortega lector: el carácter comprensivo de la lectura, que incorpora la obra a su circunstancia, a una teoría del género e incluso a una visión filosófica del mundo; y el otro carácter, el sentido humano de la crítica literaria para el pensador. Se trata de relacionar lo leído en un libro con la experiencia humana que nos descubre como ya conocida, o los caminos de futuro que nos abre.[6]

Pero, además de la incorporación histórica y la valoración, Ortega es ya en 1910 un maestro del análisis estilístico y caracterológico. El estudio que venimos analizando enumera varias sentencias de Baroja y, a base de ellas, hace una "teoría del improperio", que podemos llamar con todo derecho un estudio semiótico. Se trata de captar al hombre en el estilo y de descubrir la relación inmanente de esos elementos del estilo.

El improperio es toda palabra o frase que ha sido despojada de su mensaje ideológico y expresa solamente un afecto negativo, como el odio y el desprecio. Algunas palabras son insultos ya en su elemento representativo: "cruel, idiota", pero otras lo son sólo en ciertos contextos afectivos, no en su significado primario. Ortega recuerda la anécdota de un fiscal que en 1909 acusó a don Santiago Valentí Camp de "kantiano exaltado", y comenta: "Para el sobredicho fiscal, no era kantiano sencillamente una manera peculiar de imaginarse el mundo, sino un ser que le parecía odioso y temible" (II, 108).

El improperio tiene un doble significado: 1) supone una intrusión excesiva del autor en el mundo de la novela; 2) refleja un estado primitivo de la mente que, en vez de escribir para investigar y enriquecerse de contenidos

---

5 Para Ortega no tendría sentido la distinción entre generación del 98 y modernismo. Baroja, como es conocido, negó siempre la existencia de una "generación del 98". Se impone la tesis bien documentada de Juan Ramón Jiménez, según la cual los hombres del 98 se insertan en el modernismo, como tendencia de la cultura europea en torno a 1900. Ver Ricardo Gullón, *Conversaciones con Juan Ramón Jiménez* (Madrid, 1958), pp. 49-52.

6 Muy bien visto por J. López-Morillas: la función principal de la crítica "consiste en crear en torno de la obra literaria un contexto interpretativo que revele su pleno significado y que, a su vez, articulado con la obra sirva de instrumento para la sistemática exploración de una fase determinada en la historia de la cultura" ("Ortega y Gasset y la crítica literaria", *Intelectuales y espirituales* [Madrid, 1961], pp. 133-149). Para la incorporación de la crítica literaria en la vida, ver Alfredo Roggiano, "Estética y crítica literaria en Ortega y Gasset", *La Torre*, 4 (1956), 337-359. La tesis doctoral de Esperanza Blanco Sacristán, "José Ortega y Gasset: significado de su crítica literaria", (Colonia, 1976), es un ejercicio estudiantil hecho en una universidad extranjera en la que al parecer se desconocían los estudios más fundamentales sobre el pensador.

reales, torna sobre sí misma como los enfermos de psicosis e "histeria". Aquí aparece Baroja como expresión simbólica de toda la vida española:

> El chulismo, el flamenquismo, la bravuconería, la exageración, el retruécano y otras muchas formas de expresión que se ha creado de una manera predilecta nuestra raza podrían muy verosímilmente reducirse a manifestaciones de histerismo colectivo (II, 111).

En aquella temprana fecha —1910—, nuestro pensador cita ya a Freud y basa en su doctrina la teoría del improperio, la hipótesis del "histerismo español", y hasta entreve la posibilidad de una sociología e historia fundadas en las teorías de Freud: "Lo que llamamos África, la postura africana ante el universo, quizá no sea, a la postre, sino una postura histérica" (ibíd.).

La crítica orteguiana de 1910 pretende una comprensión en la cual se aprovecha cuanto puedan aportar los métodos parciales (sociología, Freud), trata de definir la lógica interna de la obra con una estilística global que hoy llamaríamos semiótica, incorpora la obra a unidades más amplias (teoría del género, circunstancia histórica en que surge, experiencia humana general), y valora desde una postura intelectual y ética.

Entre los artículos de ese año y los escritos en 1916 y 1917, Ortega ha enriquecido su concepto de perspectiva. En la primera época sólo había una perspectiva correcta: la científica y normativa, representada por la ciencia alemana. En comparación con ella, la cultura española aparecía como espontaneidad indisciplinada y como "histerismo". Al conocer la fenomenología, la filosofía pluralista de la revista *Logos* (1911) y, sobre todo, *El formalismo en la ética y la ética material de los valores* (1913), de Max Scheler, nuestro pensador llegó a una visión más pluralista e integradora de la realidad. [7] En su nuevo perspectivismo, la ciencia y la espontaneidad no se relacionan ya como valor y contravalor respectivamente, sino como valor más alto y más bajo; la cultura española de las impresiones no será ya histerismo o "pathos del sur", sino otra cultura, valiosa mientras reconozca la superioridad de la cultura alemana y trate de integrarse en ella. Este sentido tienen los pares de conceptos que se analizan en la "Meditación preliminar" de *Meditaciones del Quijote* (1914).

En consonancia con la nueva filosofía, Baroja y Azorín, "circunstancias nuestras", se le presentan a nueva luz: lo que antes era balbuceo irracional es ahora expresión legítima del fondo insobornable de la personalidad; y la atención de Azorín a las cosas pequeñas, a las ruinas, es el documento dolorido de la vida española que ni ha sido más en la historia ni es más en su presen-

---

7 Pretendí definir los distintos sentidos del perspectivismo orteguiano en *El sistema de Ortega y Gasset* (cit. en la n. 2), pp. 233-252.

te. [8] Los ensayos de 1916 son más positivos que el de 1910, pero sin olvidar que la gran obra de arte no puede surgir de la pura sinceridad (Baroja) o de la magistral pintura (Azorín); sólo la innovación creadora puede producir la gran obra. Después de alabar el "fondo insobornable" de Baroja como un valor positivo, añade Ortega: "Creo yo que debiera alimentar más su sinceridad con la pura contemplación" (II, 98). Y como teoría general de su filosofía: "Este imperativo de contemplación o *amor intellectualis,* basta a distinguir la moral del espectador de la que establecen los *activistas,* no obstante sus múltiples coincidencias" (ibíd.). Cuando de Baroja y Azorín se dice que "son dos circunstancias nuestras" (I, 323), se les está valorando como escritores que no han llegado, y probablemente no podrán nunca llegar, a producir una gran obra de arte, porque están fuera de la gran cultura europea.

Para Ortega, la crítica literaria es una mediación entre el texto y el lector. Mejor que un resumen mío lo dicen sus propias palabras:

> Veo en la crítica un fervoroso esfuerzo para potenciar la obra elegida [...] La crítica no es biografía ni se justifica como labor independiente, si no se propone completar la obra. Esto quiere decir, por lo pronto, que el crítico ha de introducir en su trabajo todos aquellos utensilios sentimentales e ideológicos merced a los cuales puede el lector medio recibir la impresión más intensa y clara de la obra que sea posible. Procede orientar la crítica en un sentido afirmativo y dirigirla, más que a corregir al autor, a dotar al lector de un órgano visual más perfecto. La obra se completa completando su lectura (I, 325).

Unas palabras del estudio sobre Azorín contradicen, en apariencia, la tesis anterior:

> La lectura en su más noble forma, constituye un lujo espiritual: no es estudio, aprendizaje, adquisición de noticias útiles para la lucha social. Es un virtual aumento y dilatación que ofrecemos a nuestras germinaciones interiores (II, 164).

Pero inmediatamente propone el ideal de una lectura disciplinada y define la crítica como el medio para orientar al lector:

> Pero ¿quién dice a usted que su corazón... no pasa desatento ante una página?... El benéfico ministerio de la crítica literaria consiste simplemente en detener su corazón sobre esa página, señora, como a una abeja sobre un tulipán (ibíd.).

---

[8] "Lo mejor que ha traído la literatura española en los últimos diez años ha sido los ensayos de *salvación* de los casinos triviales de los pueblos, de las viejas inútiles, de los provincianos anónimos, de los zaguanes, de las posadas, de los caminos polvorientos, que compuso un admirable escritor, desaparecido hace cuatro años, y que se firmaba con el pseudónimo de Azorín" (1911, I, 200). La "desaparición" de Azorín se refiere a que el escritor se había unido al partido conservador. Ortega le reconoce tal derecho, pero le critica el no haber sido del todo veraz como escritor durante ese período.

Para entender el aparente zigzag entre la lectura como pura dilatación del corazón y la lectura disciplinada, debemos recordar que la crítica literaria, cuando escribía Ortega, no era una disciplina universitaria. La investigación filológica cultivada en los seminarios tenía poco que ver con el ideal de una lectura inteligente como la propuesta por Ortega. Hoy, en cambio, la investigación filológica ha desaparecido prácticamente de las universidades y buscamos las coordenadas de una lectura ideal como la cultivada entonces en el alto periodismo.

El estudio "Qué es leer" (IX, 751-767) nos propone tres paradojas:

1.   Leer es una faena utópica, imposible, porque no es posible agotar la intención del autor.

2.   Para entrar en un texto hay que salir de él:

> Leer no es sin más, deslizarse sobre el texto, sino que es forzoso salir del texto, abandonar nuestra pasividad y construirnos laboriosamente toda la realidad mental no *dicha* en él, pero que es imprescindible para entenderlo más satisfactoriamente (IX, 752).

3.   Para entender un texto hay que saber más de lo que dice el texto:

> Para entender lo que alguien quiso decir nos hace falta saber mucho más de lo que quiso decir y saber de su autor mucho más de lo que él mismo sabía. Por eso estaba Kant de sobra en lo cierto cuando reclamaba que se entendiese a Platón mejor que él mismo se entendía (ibíd.).

Las dos últimas características de la lectura se oponen al ideal muy extendido hoy del *close reading* o puro análisis. Para entrar en un texto hay que salir de él. Estas palabras no se deben entender en un sentido mecanicista, sino dialéctico. Un texto es, ante todo, una pirámide de niveles: tiene un tema concreto perceptible en una primera lectura; pero tiene también ironía o entusiasmo del autor que se expresa en· su texto, contiene un esfuerzo con la lengua en la que se inserta lo que se quiere decir, contiene narración de puras anécdotas, y reacciones entre los personajes que reflejan estructuras no cambiantes de la personalidad. Leer es percibir toda la riqueza de experiencia humana contenida en lo escrito, los niveles de verdad que se transparentan en la lectura seria y detenida. Por eso, entrar en un texto es realizar el círculo dialéctico de tres estadios: primera lectura (tesis), investigación y análisis de los elementos estilísticos, caracterológicos, estructurales, etc.; comparación con otros textos, valoración humana y estética (salida del texto, antítesis); y tercer estadio: la lectura inocente, vuelta al texto después de entenderlo bien, goce del detalle, apreciación de los valores estéticos y humanos: síntesis. La lectura inocente no es nunca la primera; en ella somos el hombre viejo; la salida, la investigación, la lectura repetida nos purifica de los prejuicios del hombre viejo y produce la comprensión del texto. Entender es recrear la experiencia presentada por el escrito que leemos.

Pero, a su vez, entre el texto leído y nosotros hay una distancia; si se trata de un escrito antiguo, una distancia de siglos, que necesitamos reducir aprendiendo el significado de las palabras y las estructuras mentales de aquel tiempo; si el escrito es contemporáneo, todavía podemos tener una perspectiva de la realidad distinta de la expresada por el autor. Dada la distancia temporal entre el texto y nosotros o la limitación de las perspectivas humanas, entender un texto supone rechazarlo de nosotros e incorporarlo al propio contexto en que cobra sentido y justificación. Por su poder expresivo de experiencia humana, el escrito traspasa los límites de su sociedad o época, pero al mismo tiempo se individualiza en la medida en que dialécticamente se lo reincorpora a las coordenadas en que ha surgido. La lectura o crítica tiene como función descubrir esas coordenadas, es decir, lo que llama Ortega "la realidad mental no *dicha*", pero presente en el texto.

La reconstrucción de esa realidad nos impele a estudiarla científica, es decir, reflexivamente, y en este sentido podemos tener de ella un conocimiento mejor del que tenía o tiene el autor que vive inmerso en ella. Los axiomas escolásticos presentes en las comedias calderonianas eran para Calderón lengua diaria; para nosotros son fruto de larga investigación y, por consiguiente, podemos ser más conscientes del horizonte mental de Calderón que él mismo fue. Un escritor de hoy puede simpatizar con el marxismo y presentar en su obra la lucha de clases, ejemplos de liberación social a través del trabajo, personajes alienados o integrados en sus coordenadas socioeconómicas. El autor no necesita conocer la obra de Marx, pero nosotros, lectores universitarios, caeríamos en el pecado de vaciedad intelectual si repitiéramos esos conceptos con la vaguedad que tienen en el texto analizado. Nosotros debemos conocer bien a Marx o una sociología científica, si nos permitimos hablar de los condicionamientos sociales de un texto literario. La vaguedad que se le permite a un creador es deletérea para el lector y crítico. Para entender a un autor hay que saber más que él. [9]

La primera paradoja del escrito orteguiano considera la lectura como una "faena utópica". "Llamo utópica a toda acción cuya intención inicial no puede ser cumplida en el desarrollo de su ejercicio y tiene que contentarse con aproximaciones esencialmente contradictorias del propósito que la había incoado" (IX, 751).

---

[9] Al hablar indistintamente de "lector", "crítico" y "lector universitario" aludo con intencionada vaguedad a un capítulo fundamental de mi tema, que no puedo tratar aquí, los niveles legítimos de lectura o de recepción de una obra literaria: la lectura única y no crítica —pero legítima— del salón de estar, la crítica periodística, la crítica universitaria. Para mí la crítica universitaria, racionalista, disciplinada, es la más justa, y en caso de conflicto con otros tipos, la única justa.

La contradicción consistiría en que el propósito de la lectura es reproducir lo que un autor ha querido comunicarnos, y esto, dice Ortega, es imposible, porque todo decir es deficiente (dice menos de lo que quiere) y todo decir es exuberante (da a entender más de lo que se propone).

Desgraciadamente, Ortega no se detiene en el análisis de la "intención", palabra inmensamente ambigua; en la ambigüedad del concepto de intención se basa lo que me parece erróneo, por demasiado gráfico, en la idea orteguiana. ¿Cuál es la intención de Cervantes en el *Quijote?* 1) Desterrar los libros de caballería; 2) escribir el *Quijote;* 3) crear una narración larga, hija del entendimiento, no de la imaginación, como los libros de caballería; 4) crear para esa estructura unos caracteres más profundos en su experiencia humana que los conocidos en la literatura anterior; 5) luchar por una redacción transparente y bien organizada. Entre la primera y segunda parte, Cervantes experimentó que todavía podía mejorar lo que había conseguido en la primera; por eso reflexionó sobre ella, evitó lo que consideraba equivocado y exploró otras posibilidades estructurales. Esto indica que un libro es el remanso de muchas intenciones, y que el autor no domina su propio texto porque ninguno de los elementos del texto le pertenecen: la lengua, la estructura, la tradición cultural, las coordenadas socioeconómicas, su propia capacidad de percepción y expresión. El autor es un hombre en humilde actitud de búsqueda y descubrimiento. Él es el primer alumno de su enseñanza.

Por otra parte, género y tema del texto determinan un grado de intencionalidad directamente proporcional al compromiso del autor con la realidad que pretende revelar. De mayor a menor creo podemos establecer la siguiente escala de grados intencionales:

Compromiso máximo   *Compromiso mínimo*

Texto religioso
    Manifiesto político
        Texto amoroso
            Texto investigador
                Texto descriptivo
                    Texto mimético
                        Experimento formal
                            Espontaneidad de la conciencia
                              Escritura automática.

Los mensajes religioso y político normalmente hacen de la lengua pura función expresiva, subordinada al contenido. En la expresión espontánea o en la escritura automática, la libertad o intención de decir se abandonaría lo más posible a las estructuras que casualmente se nos ocurran en ese momento. Entre esos extremos hay una serie de grados de los cuales hoy el más ejemplar, a mi parecer, es la escritura como investigación, que se presenta como búsqueda entusiasta, pero humilde; pretende enseñar aprendiendo; equidista del escepticismo y del dogmatismo.

Analizado el concepto de intención, podemos ver la lucidez de Ortega cuando señala el carácter deficiente y el carácter exuberante del lenguaje: todo texto dice menos de lo que queremos, o más bien de lo que quisiéramos decir, porque nuestra intención ideal sería decir todo y lo mejor que se puede decir sobre cada cosa, y esto es función de los dioses, no de los hombres.

Pero todo texto dice más, porque empleamos una lengua que tiene condensada y organizada la realidad; y al condensar nosotros la lengua en nuestro texto, ponemos muchas cosas que están ya en ella sin darnos nosotros cuenta. Por eso no hay texto cerrado; todo texto es abierto, infinito como la realidad misma, y quien tenga una visión más rica de la realidad verá más en el escrito, es decir, en la realidad condensada y organizada. La teoría del leer termina en una tautología: un texto con sentido no es más que realidad revelada; quien tenga una visión más rica de la realidad en general —psicología, sociología, literatura, ciencia, etc.— verá más cosas en un texto, es decir, en la realidad.

La tautología nos lleva directamente al círculo hermenéutico: si para entender un texto ya tengo que saber lo que contiene e incluso, según la frase de Ortega, más de lo que contiene y de lo que sabe su autor, ¿en qué consiste el aprender? ¿Qué autoridad le damos al texto para enseñarnos y para decidir que ciertas interpretaciones son incorrectas? El problema del círculo hermenéutico sólo se plantea cuando se tiene una concepción subjetivista de la escritura como expresión de un mensaje que se posee de antemano y que un supuesto receptor tiene que "descodificar" o percibir según un "código" que nos es común. El esquema mecanicista de emisor-receptor conduce a preguntar cuánto tiene que saber el receptor para percibir el mensaje. Pero hablar y escribir no son la emisión de un mensaje que se posee de antemano, sino el desvelamiento en la palabra de una realidad. El que habla o escribe no emite nada, sino que apunta y señala a una realidad que se le impone; hablar y escribir son una invitación para que el oyente o lector vean con nosotros lo que nosotros vemos e incluso nos aseguren de que vemos bien aquello a lo que apuntamos. El texto es una condensación de realidad o una intimación a crear realidades nuevas; por eso, cuanto más claro es mi escrito menos se acuerda el lector de mí; él ve las realidades a las que yo apunto; sólo la palabra confusa se convierte en centro. [10] No hay, pues, círculo hermenéutico, sino un

---

10 La palabra puede hacerse centro de atención de una manera más sutil: en el experimento vanguardista que trata de hacer resaltar el elemento sensorial o sentimental de la palabra más que el elemento representativo, o busca tipos de asociación desacostumbrados. A ese protagonismo y sustantivación del medio expresivo llama Ortega "deshumanización".

triángulo en el que los ángulos emisor-receptor se encuentran en el tercero: en el objeto o en la palabrería vana hecha objeto, si el texto es confuso.

Entonces, ¿por qué no entendemos muchas cosas que entienden otros, los especialistas en otra materia? ¿Por qué no somos capaces ni de aprender ciertos problemas de física cuando nos falta la base matemática? Porque el entender no se produce en la forma de un círculo en el que yo percibo según lo que ya conozca, sino según la fórmula de lo que llamamos lenguaje activo y lenguaje pasivo. Somos capaces de entender un número mucho mayor de palabras del que somos capaces de emplear; pues bien, entender un texto, aprender de él, significa convertir en activo un léxico que hasta un cierto momento era sólo pasivo en nosotros. Todo lo que está más allá de la zona crepuscular que llamamos léxico pasivo, no somos ni capaces de aprenderlo; está escrito en una lengua que desconocemos. Lo que se llama "código" en el esquema semiótico es esa zona crepuscular en la que están situados todos los objetos que se nos pueden señalar. [11]

Esto nos enfrenta con el fenómeno de la escritura y su relación con el diálogo. Normalmente, consideramos el diálogo como palabra viva y la escritura como un diálogo deficiente, en el cual los rasgos estilísticos suplen la ausencia de los interlocutores. En el diálogo nos inspiramos y corregimos mutuamente; en el escrito no se puede el autor defender de las objeciones impertinentes ni puede precisar sus afirmaciones oscuras. "El libro es un decir fijado, 'petrificado'; es, en rigor, algo que fue dicho. Pero el auténtico decir —indicamos al principio— es el que brota de una situación como reacción a ella. Arrancado de su situación originaria, es el decir sólo la mitad de sí mismo" (IX, 762).

Como documentación de esta tesis cita el pensador el mito platónico de Theut en el *Fedro,* en que se aduce como ventaja de la escritura su capacidad de conservar para siempre los hechos dignos de recuerdo, y al mismo tiempo se ven los males de la escritura precisamente porque la conservación de los hechos en la página escrita matará la memoria humana, el auténtico saber. [12]

Esta visión de las relaciones diálogo/escritura es parcial y errónea. El sofisma está en estas palabras: "el auténtico decir es el que brota de una situación como reacción a ella". ¿Cómo puede hablar tan de prisa el hombre que tanto pensó en el concepto social e histórico de "situación"? ¿Cómo reaccionamos ante una situación? Para reaccionar lo primero que hace falta es percibir la situación, y eso es un proceso dialéctico bastante complicado. Mi situación se llama "la universidad de Pittsburgh", "la obra de Ortega", "la

---

[11] El último problema para resolver la dificultad del círculo surge cuando tratamos de analizar cómo enriquecemos nuestro léxico pasivo. Aquí topamos con una pregunta básica de la epistemología y la comunicación, en la que no podemos entrar.
[12] Para una lectura original y llena de virtualidad del mito de Theut, ver Jaques Derrida, "La Pharmacie de Platón", *La Dissémination* (París, 1972), pp. 69-197.

situación de la cultura y la educación en España", "las humanidades como problema intelectual". Estos problemas son las situaciones ante las que debo reaccionar; lo primero que necesito es ponerme en claro sobre ellas, definirlas; y mi reacción no puede ser la corazonada espontánea e indisciplinada, sino el estudio de cómo debo reaccionar justamente ante esas situaciones.

Si los términos "situación" y "reacción" los entendemos en un sentido vulgar e instantáneo, damos al diálogo espontáneo e indisciplinado una primacía injusta en la vida intelectual. Con toda probabilidad, para definir situaciones en que me encuentro, como "la universidad de Pittsburgh", "el problema teórico de las humanidades", tendré que escribir y corregir lo primero que se me ocurre. Mi reacción inteligente a una situación es la escritura corregida, la reescritura. Percibir una situación social e histórica de manera responsable es escribir varias veces sobre ella. La palaba improvisada no es más que ingenio inicial, materia prima para la percepción auténtica que se da sólo en la escritura corregida.

Ahora bien, hay personas que hablan como libros. Un tema sobre el cual se ha pensado y escrito mucho, puede luego desarrollarse con palabra segura y precisa. Esto nos lleva a la relación dialéctica entre palabra y escritura: no se pueden entender como algo separado en sentido mecanicista; el diálogo puede ser improvisación indisciplinada (antes de escribir: tesis); la escritura es el esfuerzo investigador por lograr precisión (no diálogo: antítesis), y el diálogo inteligente, fruto del estudio y de una vida intelectual profunda, es el resultado de la escritura (síntesis).

Estas reflexiones se las hizo Ortega tan pronto como estampó las palabras que hemos considerado erróneas. Por eso advierte: "Era necesario cargar ahora la atención únicamente sobre el lado de la palabra escrita que hace de ella una forma deficitaria del decir, dejando para otra ocasión el esclarecimiento de sus primores" (IX, 766). Y en nota añade: "La relativa impersonalidad y como deshumanización del decir que es la palabra escrita, al mismo tiempo que espectraliza la elocución, le proporciona una distancia y anonimato, una 'objetividad' que son imprescindibles para transmitir, por ejemplo, teorías" (ibíd., n. 2). [13]

El horizonte último para distinguir seriamente entre el diálogo y la escritura es el tiempo. La palabra vuela, el diálogo funciona en el instante; por eso en el diálogo funcionan resortes de poder más que resortes lógicos; la retórica sistematizó esos resortes del diálogo y el discurso. La escritura, en cambio, se espacializa en el texto, no se petrifica ni hace estática, porque pre-

---

[13] En ese sentido dinámico había definido el libro en 1912: "¿Qué es un libro? Lo que un hombre hace cuando tiene un estilo y ve un problema. Sin lo uno y sin lo otro no hay libro. Exento de estilo, un libro es un borrador. Exento de problemas, papel impreso. El problema es la víscera cordial del libro" (I, 241). El libro es el problema en cuanto éste se transparenta en la palabra escrita.

tende seguir dócilmente a la realidad en sus caracteres de movimiento y permanencia; pero la escritura se corrige, y la corrección es el reconocimiento por parte del autor de que la realidad transparentada en la versión primera del texto estaba confusa; la tercera y cuarta versión de nuestro texto nos parecen mejores porque pensamos que el tema está mejor tratado en ellas. Tratar bien o mal un tema es presentarlo con mayor o menor transparencia, con más o menos detalles que le son propios. Corregir un texto es investigar más para verlo más claro.

Mas aquí viene la gran paradoja de la escritura: la cuarta versión es una improvisación igual que la primera. Yo creo que mi cuarta versión desarrolla mejor el tema, pero otros piensan que la versión primera era mejor que la última. Escribir es, pues, un proceso dialéctico entre actos instantáneos y hábitos, entre una manera de ser y una manera de estar aquí y ahora. Corregir es el esfuerzo por acomodar mi manera de estar (instante) a mi manera de ser (tiempo humano), pero como mi ser se realiza siempre en instantes, así mi texto tiene siempre un componente inexorable de improvisación. No dominamos nuestro propio texto; podríamos estar corrigiéndolo siempre.

Si escribir es esa búsqueda: ¿qué es leer? Acompañar a un autor en su búsqueda. Si nos declara sus intenciones, nos da una pista; debemos seguirle consciente de la multiplicidad de intenciones involucrada en toda escritura; si en un momento el autor parece desmayar porque la lengua no le ayuda a decir clara su intención, no debemos creer que se autodestruye como un escéptico, sino reproducir en nosotros la experiencia de búsqueda que toda escritura es. En última instancia, todo autor nos dará una visión y una valoración limitada del mundo. Desde nuestra visión y valoración del mundo, debemos juzgar el texto leído. El último ideal de la lectura es el juicio de valor. Sin juicio no hay propiamente vida intelectual.

Pero el juicio no puede ser improvisado, sino meditado. Leer no es nunca leer una sola vez; leer no es un acto instantáneo, sino, como el escribir, lectura repetida y corregida; no una manera de estar, sino una manera de ser, un hábito intelectual. Lo demás es lectura frívola y, probablemente, injusta. [14]

Las reflexiones precedentes muestran las posibilidades de una teoría crítica explícita, aunque no sistematizada, en la obra de Ortega. Frente a la crítica social, la estética de la recepción (Jauss), la estética del impacto (Iser), y frente a todo formalismo, esta estética podría llamarse estética de la comprensión, en el doble sentido de abarcar cuanto puedan aportar otros métodos

---

[14] En este sentido dialéctico, en que el tiempo no funciona como puro instante, sino como línea de conducta humana, debemos entender la "estética del impacto" de Wolfgang Iser. Ver *Der Akt des Lesens. Theorie ästhetischer Wirkung* (Munich, 1976). Cuando el "impacto" estético se redefine desde nuestra teoría dialéctica de la escritura, lectura y comunicación intelectual en general, ponemos la primera piedra de una estética de la comprensión.

parciales y de buscar el máximo nivel posible de identificación con los distintos aspectos de la obra estudiada.

Las bases de esa estética —crítica si nos limitamos a las obras literarias— son un análisis (fenomenología) de la escritura y la lectura como fenómenos primarios, pero complicados, de la comunicación humana. El horizonte último para entender esos fenómenos es el tiempo, que no debe entenderse en el sentido mecanicista de instante, sino como tiempo humano, repetición.

La escritura no se concibe como la expresión de contenidos poseídos de antemano, sino como el proceso de investigación que se condensa en el texto. Leer es seguir la invitación del texto hacia la misma búsqueda y encontrarse lector y escritor en la realidad buscada por ambos. No hay círculo hermenéutico, sino un triángulo en que el vértice importante son las cosas. "Santificadas sean las cosas", decía el Ortega joven, neokantiano, y repetía el Ortega maduro que, como Heidegger, había remozado el neokantismo.

La escritura es realidad clasificada, articulada. Por eso, la mejor preparación para entender un texto escrito es tener originalidad para formular nosotros realidad por vez primera. El texto primario para todos es la realidad; luego hay textos culturales no escritos, pero que debemos definir con precisión si queremos hacer conocimiento humanístico serio: son términos como "novela", "clasicismo", "renacimiento", "barroco", "romanticismo", etc. Esos términos que usamos cada día sin saber lo que decimos. Finalmente, vienen las obras concretas que analizamos. La crítica orteguiana es un esfuerzo filosófico que se ejercita a esos tres niveles.

Al mismo tiempo, si el texto escrito es realidad formulada, este método recupera todo lo valioso de la tradición. Las fuentes de un texto dado son la realidad articulada que encontró el autor del segundo texto; por tanto, la crítica de fuentes tiene valor si se concibe la fuente como un signo, como el horizonte de un diálogo en el texto nuevo. La crítica de fuentes es maravillosa si se tiene un concepto dinámico, dialéctico, primaveral, de la fuente.

La fuente y el libro son ingrediente esencial de la realidad socioeconómica de todo escritor. Por eso la crítica orteguiana considera deleznables los intentos pseudomarxistas que olvidan el carácter realista de la cultura y pretenden explicar textos concretos desde la realidad socioeconómica indiferenciada —no articulada incluso en sociología ni en teoría económica.

La práctica y teoría orteguiana de la lectura surge de una pregunta sencilla: ¿Qué es conocer en humanidades? ¿Qué tengo que hacer para poder pronunciar esta frase: "conozco el *Quijote*"?

Lorca y los niños abandonados de Nueva York

C. B. MORRIS
University of California, Los Angeles

Son fuertes los enlaces emocionales entre las poesías de *Poeta en Nueva York,* que escribió Lorca entre 1929 y 1930, y las prosas que constituyen su primera obra, *Impresiones y paisajes,* publicada en 1918. El transcurso de los años y su traslado a otro país agudizaron las críticas severas que de la injusticia social pronunció en *Impresiones y paisajes;* sus denuncias del hambre y de la hipocresía religiosa cobran dimensiones nuevas e imaginativas en las poesías densas de *Poeta en Nueva York.* Es el mismo desprecio por ritos hueros lo que conecta su recuerdo del "odioso sonsonete de la lectura"[1] que servía de fondo a la comida que compartió con los monjes en el Monasterio de Silos, y su visión —en "Grito hacia Roma"— del "hombre vestido de blanco", el "viejo de las manos traslúcidas" —el Papa Pío XI—, dictando

> ... amor, amor, amor,
> aclamado por millones de moribundos...

y

> ... paz, paz, paz,
> entre el tirite de cuchillos y melones de dinamita.
>
> (I, 526)

La prosa "Un hospicio de Galicia" pone en claro que el hospicio, lleno de menesterosos y huérfanos, fascinaba —e indignaba— a Lorca tanto como a Antonio Machado, que en *Campos de Castilla* evocó un "sórdido edificio", donde

> a un ventanuco asoman, al declinar el día,
> algunos rostros pálidos, atónitos y enfermos...[2]

---

[1] Lorca, *Obras completas,* 20.ª ed., I (Madrid, 1977), 888. Citaré por esta edición, dando el número del volumen y de la página.

[2] "El hospicio", en Manuel y Antonio Machado, *Obras completas* (Madrid, 1962), p. 738.

Fue el espectáculo parecido de niños hambrientos encerrados en un hospicio lo que llevó a Lorca a soñar un sueño vengativo y quevedesco de "una hermosa tortilla" hecha de "alguna comisión de beneficencia municipal, donde abundan los bandidos de levita" (I, 953). Los niños desafortunados y abandonados que vio en Nueva York son otras víctimas de "las graves injusticias sociales", cuya consecuencia maligna se manifestaba, en ese hospicio gallego, en "los niños hambrientos" (I, 953). El recuerdo de esos niños hambrientos no le iba a dejar en paz, ni siquiera cuando inventó a un Autor que hablara por él; en el fragmento dramático que se conoce como *Comedia sin título,* el Autor cuenta cómo

> En una pequeña habitación una mujer murió de hambre.
> Sus dos niños hambrientos también jugaban con las
> manos de la muerta, tiernamente, como si fueran dos
> panes amarillos. [3]

En las poesías que escribió en los Estados Unidos, Lorca mostraba la misma compasión por los oprimidos y la misma hostilidad implacable hacia sus opresores. Los sentimientos humanitarios que expresó en *Poeta en Nueva York,* que emergen de una conciencia social a flor de piel, no deberían extrañar a los que hayan estudiado las posturas de vigorosa protesta juvenil que adoptara en *Impresiones y paisajes.*

Los niños aparecen con mucha frecuencia en la obra de Lorca. Los cantos infantiles que incorporó en varias poesías de *Libro de poemas* muestran que la infancia ocupaba un sitio especial en su memoria y en sus sueños; las "Canciones para niños" que incluyó en *Canciones* ponen de relieve el que los niños tenían un sitio privilegiado en su cariño; y los papeles que les dio en *La zapatera prodigiosa* y *Así que pasen cinco años* manifiestan la importancia que les proporcionó en sus dramas. Con su recuerdo melancólico en "Balada triste", en *Libro de poemas,* de que

> De niño yo canté como vosotros,
> niños buenos del prado,

> (I, 27)

lamentó la pérdida de su inocencia de niño con el mismo dolor elegíaco que iba a ensombrecer la poesía "1910 (Intermedio)", que pertenece a *Poeta en Nueva York.* Es el Niño quien entona su propia sentencia de muerte en el primer acto de *Así que pasen cinco años,* con una solemnidad lograda por las negativas anafóricas:

---

[3] *El público y Comedia sin título* (Barcelona, 1978), p. 329.

> Nunca veremos la luz,
> ni las nubes que se levantan,
> ni los grillos de la hierba,
> ni el viento como una espada.

(II, 385)

Este Niño es uno de los muchos niños que se mueren en la obra de Lorca, que contiene toda una serie de elegías a niños: elegantemente mítica en "Romance de la luna, luna"; desgarradoramente compasiva en "El niño Stanton" (en *Poeta en Nueva York*); solemne y acompasada en "Gacela del niño muerto", de *Diván del Tamarit,* que comienza con una repetición que expresa el cansancio y la incredulidad:

> Todas las tardes en Granada,
> todas las tardes se muere un niño.

(I, 577)

En su primer borrador de *El público,* Lorca se imaginó que "(por detrás de las columnas sube al cielo el esqueleto de un niño)".[4] Su exclusión de estas palabras da la impresión de que hacía un esfuerzo consciente por apartar de su mente visiones terroríficas de la muerte y de la descomposición de los cuerpos de los niños.

En las poesías de *Poeta en Nueva York* aparecen muchos niños, tantos, en efecto, que constituyen, junto con los negros, una de las categorías más fácilmente identificables —y más vulnerables. Según ha indicado acertadamente Richard L. Predmore acerca de esta obra, "Pocas veces se alude al individuo. Los tipos humanos se presentan casi siempre en plural: negros, niños, mulatas, muchachas, marineros, judías, soldados, mujercillas, bailarinas, maricas, constructores, obreros parados, gentes".[5] En la novela de William Faulkner, *The Sound and the Fury,* los insultos que espeta Jason Compson hacia "the damn trifling niggers" y "a bunch of damn eastern jews" revelan el antagonismo que despiertan ciertos grupos sociales en mentes cerradas por prejuicios profundos e incurables. Con sus alusiones frecuentes a niños y a las desgracias que les sobrevienen, Lorca manifiesta un prejuicio igualmente profundo, pero de otro cariz: un prejuicio que se abreva en una compasión sin límites y generalizada por los niños. En las poesías de *Poeta en Nueva York* hay imágenes y frases que son como epitafios en miniatura: las "lágrimas de niña muerta" (en "Danza de la muerte", I, 471), "la mano momificada del niño" (en "Ciudad del sueño", I, 481) y "el pantano oscurísimo

---

[4] Ob. cit. en la n. 3, p. 72.
[5] "Nueva York y la conciencia social de Federico García Lorca", *RHM,* 36 (1970-71), 35.

donde sumergen a los niños" (en "Oda a Walt Whitman", I, 530) no nos permiten olvidar que los niños son víctimas constantes del "Sufrimiento" que, según afirmó a Gil Benumeya en 1931, era el "símbolo patético" de todo lo que veía a su alrededor en Nueva York (II, 938). En 1936 declaró a Felipe Morales: "Todas las personas de mis poemas han sido" (II, 1076); esta observación debería llevarnos a preguntar cuánto se deben a la realidad y cuánto a la fantasía del poeta los actos bárbaros y sádicos a los que están sometidos los niños en las visiones neoyorkinas de Lorca.

En la fantasía del poeta se engendraron "las mujeres vacías, con niños de cera caliente" (en "Paisaje de la multitud que vomita", I, 473) y los "dos niños locos que empujaban llorando las pupilas de un asesino" (en "Pequeño poema infinito", I, 547). En cambio, los "abandonados niños" que menciona en "La aurora" (I, 485) pertenecen a la realidad brutal de Nueva York, lo mismo que los "niños abandonados" que viera en Galicia, y que recordara en *Impresiones y paisajes,* encarnaban para él las desigualdades y las desventajas que existían en la sociedad española. Lorca no tenía que hacer ningún esfuerzo mental para imaginarse a niños abandonados: existían en Nueva York tanto como en Galicia, y el encontrarse de nuevo con ellos en los Estados Unidos resucitó y reforzó su indignación ante la misma lacra social que había condenado en *Impresiones y paisajes.* Según uno de los compañeros de Lorca en Nueva York, Herschel Brickell, "It was easy to perceive that the spectacle of New York, especially of Harlem, had troubled his soul very deeply". [6] Esta reminiscencia, de por sí borrosa, la corroboran las visiones que tuvo Lorca de negros degradados, su pena por los "obreros parados" (en "Danza de la muerte", I, 470) y su antagonismo hacia el contrabandista en bebidas alcohólicas —un criminal en esa época de la Ley Seca—, cuya muerte preconizó en "El rey de Harlem" en la categórica aseveración: "Es preciso matar al rubio vendedor de aguardiente" (I, 460).

Los "abandonados niños" que aparecen en "La aurora" resumen sencillamente tanto un aspecto de la historia social neoyorkina, como los muchos casos individuales de abandono de niños que se contaban en *The New York Times* durante 1929, el año en que el poeta llegó a Nueva York. Su alusión a *The New York Times* en una de las cartas que escribió a sus padres acusa un conocimiento, al parecer, directo de ese periódico; refiriéndose a las frenéticas fiestas navideñas en Nueva York, contó a sus padres, en enero de 1930, que "El Times dijo al día siguiente que se habían registrado 80 casos de alcoholismo gravísimo, muchos de los cuales habían muerto naturalmente". Su convicción, que acabamos de citar, de que "Es preciso matar al rubio vendedor de aguardiente" se explica en gran parte por esa carta, donde puntualizó que

---

6 "A Spanish Poet in New York", *The Virginia Quarterly Review,* 21 (1945), 392.

... New York es hoy, por causa de la prohibición, el sitio en donde se bebe más del mundo. Hay infinidad de industrias dedicadas al alcohol, y a envenenar a la gente porque hacen vinos de madera y de sustancias químicas que dejan ciegas a las gentes o les corroe el riñón. [7]

El 24 de febrero apareció en *The New York Times* un reportaje bajo el titular: "Find 3 Children Starving. Troopers Discover Trio Deserted in Ohio City (N.Y.) Home". El 24 de julio se publicó otro informe bajo el titular: "Abandon Baby in Hotel. Couple Disappear After Leaving 7-Week-Old Girl in Room". El 24 de agosto anunció el mismo periódico: "Baby Girl Found in Woods". De estas historias verídicas quizá la más inquietante sea la que se publicó el 27 de agosto, precisamente porque el acto criminal de abandonar a un niño se atribuyó directamente al desempleo y a la miseria, es decir, a la vida de penas y sufrimientos que llevaban tantos desgraciados en Nueva York. El título del reportaje es en sí un comentario amargo sobre la sociedad: "Held For Abandoning Baby. Mother, 18, Says Husband's Lack of Employment Forced Action"; el artículo reza así:

> Mrs. Rose Basile, 18 years old, of 781 East 141st Street, The Bronx, was held in $1,500 bail for the grand jury yesterday by Magistrate August Dreyer in York-ville court on a charge of abandoning her 13-day-old baby daughter in Bellevue Hospital two weeks ago. She told the court that poverty, caused by her husband's recent unemployment, had caused her to desert her child.
> In reciting her life story to the magistrate, Mrs. Basile said that she had been brought up in an orphanage until she was 10, when she became her aunt's household drudge. At 15, she averred, she was married to Paul Basile and at 18 she became a mother for the second time. Her husband had been out or work for six months, she said, when she left the child outside the foundling ward at the hospital. The child, she said, was undernourished and anemic. She and her husband, she said, lived on bread and water.
> Last Friday her husband obtained a job as a trolley car conductor, for which he will receive 20 cents an hour while being instructed. Coming home to tell her the good news, he found she had been arrested. She had not been able to resist going back to look at her child and had been caught.

La niña pálida y desnutrida, que pertenece plenamente a la ciudad que Lorca visitó y repudió, se emparenta con el primer niño que encontramos en *Poeta en Nueva York,* "el niño con el blanco rostro de huevo", a quien colocó el poeta en el poema introductorio, "Vuelta de paseo" (I, 447). Esa pobre niña, junto con el niño cuya historia era para Chaplin una fuente inagotable de patetismo en *The Kid* (1921), demuestran cuán fácil y frecuentemente los niños eran abandonados y destinados a orfanatos. Tanto *The New York Times* como Henry Miller ponen de relieve el que no hacía falta que un niño fuera huérfano para ser destinado a un orfanato. En *Plexus,* novela autobiográfica

---

7 "A su familia", *Trece de nieve* (2.ª época), n.os 1-2 (diciembre de 1976), 60.

que se desarrolla casi totalmente en Nueva York, el vidente Claude confiesa a Miller que "I was a foundling; my parents left me on a stoop somewhere in the Bronx"; y en la misma novela, el rencor enconado que sentía O'Mara por "that son of a bitch of a step-father", "the bastard who had sent me to the orphan asylum" cuando tenía tres años, explica por qué, según el artículo sobrio que apareció en *The New York Times* el 4 de marzo de 1929,

> Less than half the children under the jurisdiction of the Sisters of Charity in the New York Foundling Hospital are foundlings, according to the annual report of the hospital's activities, which was made public yesterday.

Bajo el titular: "Reports on Foundlings. Hospital Says 622 Are In Institution of Sisters of Charity", el mismo artículo entró en detalles, pormenorizando que "Of 1,496 children in the home, 834 are classified as orphans, half orphans or having both parents living".

Uno de los propósitos del New York Foundling Hospital, según una guía del siglo XIX, era el de buscar "homes in the West for indentured children". [8] En eso, dicho hospital seguía el ejemplo de la Children's Aid Society, que fundó, en 1853, Charles Loring Brace, horrorizado por los casos frecuentes de infanticidio en Nueva York y por los miles de niños vagabundos y callejeros, que llegaban a constituir un tema casi pintoresco para escritores y dibujantes, lo cual se ve en el libro que publicó James D. McCabe, Jr. en 1872, *Lights and Shadows of New York Life,* que contiene una sección titulada "Street Children". [9] Por los esfuerzos de Brace, salió de Nueva York en 1854 un tren que llevó a Dowagiac (Michigan) al primer grupo de niños desamparados. Desde ese año hasta 1929 (año, hay que tener en cuenta, en que Lorca llegó a Nueva York), miles de niños fueron evacuados de Nueva York en trenes que, conocidos vulgarmente como "orphan trains", llegaron a entrar en el folklore norteamericano. A pesar de su nombre, hay que recordar que en esos trenes iban —según ha indicado Annette Riley Fry— "New York orphans, half-orphans, and just plain abandoned children". [10] La conclusión a la que ha llegado esta escritora —que "in retrospect the children's migration deserves to be commemorated as one of the most heartening chapters in the social history of America" [11]— desprende un idealismo que parecen confirmar las cifras (4.026 niños, adolescentes y unos cuantos adultos fueron transportados en 1875, el año cumbre en la historia de esos trenes) y la acogida cálida que dieron los ciudadanos de Houston, Texas, a cincuenta y tres niños huérfanos

---

8 Moses King (ed.), *King's Handbook of New York City,* 2.ª ed. (Boston, Mass., 1893), p. 426.
9 Véase edición facsímil (Londres, 1971), pp. 738-744.
10 "The Children's Migration", *American Heritage,* 26, n.º 1 (diciembre, 1974), 5.
11 Ob. cit. en la n. 10, 81.

de Nueva York. El reportaje, que se publicó en *The New York Times* el 18 de diciembre de 1910, lleva como titular orgulloso "Texas Welcomes Our Babies. Houston So Anxious for Them It Nearly Confiscates San Antonio's Supply"; dice así:

> The train from New York bearing fifty-three orphaned and foundling babies reached Houston on time today, and they were warmly received.
> The demand for little ones proved so strong that the quota for this city speedily was exhausted, the supply destined for San Antonio narrowly escaping confiscation.

Lo mismo que esa niña anémica se puede equiparar al "niño con el blanco rostro de huevo", esos trenes con sus mercancías humanas tan precisamente contadas y tasadas encuentran su equivalente poético en los trenes que Lorca cataloga y censura en "New York (Oficina y denuncia)", donde se transparenta su horror ante

> los interminables trenes de leche,
> los interminables trenes de sangre
> y los trenes de rosas maniatadas
> por los comerciantes de perfumes.

(I, 518)

Sería atrevido pretender, además de ser imposible demostrar, que estas imágenes se inspiraron en esos trenes llenos de huérfanos y niños abandonados. Sin embargo, lo que sí se puede afirmar es que dichas imágenes se encajan dentro de una serie de circunstancias históricas, y que reflejan —en un plano imaginativo— una emigración que tenía como punto de arranque Nueva York.

Los "trenes interminables de sangre", junto con los "abandonados niños" en "La aurora", nos inducen a plantear unas cuantas preguntas acerca de la estancia de Lorca en los Estados Unidos y de cómo captó su realidad. ¿Llegó a saber Lorca algo de la larga historia, todavía actual y vigente en 1929, de los trenes de huérfanos? ¿Cuánto sabía, o intuía, del destino que esperaba a algunos niños que emigraron? Cierta familiaridad con *The New York Times* la demuestra su alusión a ese periódico en la carta, ya citada, que escribió a sus padres. Lo que parece incontrovertible es que Lorca no ponía en tela de juicio la existencia en Nueva York de niños abandonados; sus poesías dan a entender que llegó a sospechar de un comercio de niños que, de ser verdad, mancillaría los ideales de esos movimientos que preconizaban el redescubrimiento del campo, conocidos como el "Country Life Movement" y el "Back to the Country Movement". [12] El Departamento de Agricultura de los Estados Unidos declaró sin ambages en 1914: "'Back to the land' is a real movement

---

[12] Véase William L. Bowers, *The Country Life Movement in America 1900-1920* (Port Washington, N. Y. y Londres, 1974).

in agriculture in this country"; entrando en detalles sobre quiénes eran los que se iban al campo, aclaró:

> The persons who leave city and town to work temporarily on farms are women and children as well as men. Women are mentioned as Italians and other foreign-born, and the children are boys from orphanages, students, and high-school boys... This sort of labor is in demand seasonally... [13]

El afirmar que trabajaban en las granjas "niños de orfanatos" durante las estaciones más apremiantes para los granjeros esquiva la pregunta de lo que les ocurría después de su breve temporada como jornaleros. La contestación la proporciona el reportaje que se publicó en *The New York Times* en 1926 sobre una campaña organizada por el Reverend E. J. Flanagan para atajar la costumbre que tenían algunos granjeros de adoptar a niños desamparados durante la recogida de la cosecha, para luego devolverlos a los orfanatos. El artículo, que apareció el 14 de junio de 1926, no podía menos de atraer la atención de muchos lectores incluyendo el nombre del ídolo indudable de muchos de ellos, "Babe" Ruth. Bajo el titular: "'Babe' Ruth to Aid Orphans. Joins Father Flanagan's Crusade to Stop 'Profiteering' in Them", el reportaje dice lo siguiente:

> OMAHA, Neb., June 13.—"Babe" Ruth has joined with the Rev. E. J. Flanagan, founder of Father Flanagan's Boy's Home, in the latter's campaign to halt "profiteering in homeless boys." Ruth was an orphan, and was raised in an Eastern orphanage.
> Father Flanagan charged recently that some persons made it a practice to adopt homeless boys during rush seasons for work on farms and in the cities, afterwards returning them to the orphanage without compensation for their labor.
> "Babe" Ruth wrote Father Flanagan that such evil practice should be stopped.
> "I am all for the boys and take a deep interest in them," wrote the "home run king" to Father Flanagan. "I will help you in this cause."
> He promised to write several articles about "profiteering in homeless boys," to arouse the public against such a practice.

Si es verdad que muchos niños desamparados y huérfanos salían de los orfanatos para trabajar, y tenían que volver a ellos cuando el trabajo se terminaba, claro está que eran víctimas de una especie de explotación y esclavitud que justifican la presencia en *Poeta en Nueva York* de imágenes de perforación, y explican la asociación que establecía Lorca entre niños, por un lado, y monedas y cadenas, por otro. En "Danza de la muerte", Lorca situó a niños pobres entre dos extremos cronológicos y temáticos —la esfinge y la caja de ahorros— para hacer una observación de sabor amargamente epigramático sobre la avaricia humana, que es perpetua y universal:

---

[13] *Yearbook of the United States Department of Agriculture 1914* (Washington, D. C., 1915), 257, 270-271.

De la esfinge a la caja de caudales hay un hilo tenso
que atraviesa el corazón de todos los niños pobres.

(I, 470)

El "hilo tenso" que ensarta a los niños pobres como si fueran piedras de
un collar les perfora tan fríamente como las monedas, símbolo de la avaricia
tan claro y evidente como la caja de caudales, que se mueven como máquinas
frenéticas en "La aurora":

A veces las monedas en enjambres furiosos
taladran y devoran abandonados niños.

(I, 485)

Víctimas de la avaricia más cruel y calculada, simbolizada por el "hilo tenso"
y las monedas enfurecidas, los niños pobres y abandonados que viera Lorca en
Nueva York están condenados, según su visión deprimente en "Grito hacia
Roma", a una vida de esclavitud, representada sencillamente por las cadenas
que hacen nada menos que un millón de herreros:

No hay más que un millón de herreros
forjando cadenas para los niños que han de venir.

(I, 525)

Lo que no dice Lorca, ni hace falta que lo diga, es que detrás de esos herreros, dirigiéndoles y manipulándoles, están los todopoderosos y los tiranos,
cuyos representantes en *Poeta en Nueva York* son los millonarios en "El rey
de Harlem" (I, 560), y los ricos, que en "Oda a Walt Whitman"

... dan a sus queridas
pequeños moribundos iluminados...

(I, 530)

La alusión de Lorca a niños abandonados es exacta e históricamente com-
probable. Sin embargo, sus visiones de cadenas, hilos y enjambres de monedas
son justificables sólo en parte por circunstancias verídicas. Tan a flor de piel
tenía Lorca su conciencia social que vio, o quiso ver, una sola faceta de una
situación que se remontaba hacia el siglo XIX, y que él se apresuró a condenar.
Irguiéndose como juez, pronunció su sentencia sin enterarse de todas las circunstancias del caso. Aunque el recurrir a reportajes periodísticos y a otras
fuentes documentales nos permite ver más claramente unas cuantas pinceladas
del cuadro extenso y abigarrado que son los poemas de *Poeta en Nueva York,*
la denuncia que declamó Lorca de una infamia social nos deja reconocer una
vez más que su conciencia social se nutría de circunstancias concretas y no
imaginarias.

Sobre las estructuras quiásticas en el pensamiento unamuniano (interpretación de un juego de palabras)

Paul R. Olson
The Johns Hopkins University

En su sentido original el helenismo *quiasmo* tiene un significado *literalmente* literal, es decir, de una letra, la *ji* griega, cuya expresión gráfica es X. El sustantivo χιασμός se refiere a la acción y efecto de χιαξειν, "to mark with or like a χ", según el diccionario Liddell-Scott. [1] Pero ya desde tiempos de los retóricos griegos (Isócrates Rhetor, Porfirio), la acepción más frecuente del sustantivo es la del nombre de una figura retórica en que el orden de los elementos sintácticos de una cláusula se repite al revés en una cláusula paralela. [2] También en la literatura latina, desde luego, abunda la figura, y se pueden citar ejemplos como *Frequentia sustentatur alitur otio* (Cicerón, *In Catilinam*) o *Ilionea petit dextra laevaque Segestum* (Virgilio, *Aeneidos*).

Los efectos estéticos de esta figura son evidentes y notables, entre los cuales se destacan el equilibrio armonioso, la simetría formal y la repetición sutil dentro de la diferencia —es decir, empleando los términos de Roman Jakobson, la penetración del eje sintagmático del lenguaje por el eje paradigmático, efecto que caracteriza siempre el lenguaje poético [3]—. En la prosa renacentista, las repeticiones quiásticas empiezan a realizarse no sólo en la sintaxis, sino también en los elementos léxicos que integran los sintagmas, como cuando el elocuentísimo cabrero del *Quijote* se describe a sí mismo como "limpio en sangre, en la edad floreciente" (I, 51), porque la gramática analítica de las lenguas modernas realiza con elementos léxicos independientes muchos de los conceptos relacionales, fenómeno que añade una dimensión fonológica a la puramente conceptual de la repetición sintáctica.

---

[1] H. G. Liddell and Robert Scott, *A Greek-English Lexicon* (Oxford, 1843, 1968).
[2] Ibíd.
[3] "Linguistics and Poetics", en *Style in Language,* ed. T. Sebeok (Cambridge, Mass., 1960).

Esta tendencia se agudiza de modo muy notable en el lenguaje de Unamuno, hasta tal punto que muchos de los ejemplos de quiasmo más evidentes en sus obras se reconocen en seguida por su repetición léxica y fonológica, y no tan sólo sintáctica, como cuando el Augusto Pérez de *Niebla* dice que las manos de Eugenia son "blancas como la nieve y como la nieve frías". En boca del agónico y no muy bien equilibrado Augusto Pérez, el efecto de equilibrio armonioso en el quiasmo es, desde luego, irónico, e incluso cómico, efecto al que contribuye no poco el sonsonete de la repetición fonológica.

Es, en efecto, a los usos cómicos a los que se prestan de manera particularmente notable (pero no exclusiva) las estructuras quiásticas en el lenguaje de Unamuno, de modo que podemos decir que constituyen uno de los principales tipos de juegos de palabras que aparecen en sus obras. De éstos hay, desde luego, muchísimos, porque a pesar de la autoridad que se debe reconocer en el prologuista de *Niebla,* don Víctor Goti, respecto a todo lo que se refiere al carácter del autor de la novela, pocos lectores de Unamuno han podido aceptar la caracterización del novelista que nos da Goti, según la cual don Miguel sería un hombre "incapaz de producir colmos y juegos de palabras". [4] La afición de éste a los juegos lingüísticos es tan notoria que no se puede menos de tomar tal aserto como un ejemplo más de esta misma afición. El tipo de juego que vamos a analizar aquí no es, de todos modos, el tan conocido retruécano semántico basado en la semejanza fonológica. De éste hay, también, muchísimos ejemplos en las obras de Unamuno, como el de la famosa definición de la fe, según la cual ésta no es "creer lo que no vimos sino crear lo que no vemos", [5] o el del aforismo que tanta importancia temática tiene en *Amor y pedagogía:* "la mujer nace y el hombre se hace".

Pero aquí a lo que vamos a dirigir nuestra atención es al retruécano sintáctico que es el quiasmo, que creo puede considerarse como una de las estructuras fundamentales de su modo de razonar. En muchísimos casos se trata de una estructura quiástica en que la preposición *de* es punto de apoyo para el movimiento de transposición, sugiriendo así la posibilidad de una libre reversibilidad de términos en las relaciones expresadas por el caso genitivo. La expresión más elemental de este tipo de quiasmo puede ser representada por la fórmula: A de B : B de A.

Un buen ejemplo de la realización de tal fórmula nos lo depara el siguiente pasaje, en que, junto al espíritu de juego, hay una evidente intención completamente seria:

> ... nada dura más que lo que se hace en el momento y para el momento. ¿He de repetir mi expresión favorita *la eternización* de la momentaneidad? Mi gusto innato

---

4 M. de Unamuno, *Obras completas,* ed. M. García Blanco, II (Madrid, 1967), 544. En adelante esta edición será designada por *OC.*

5 "La fe" (1900), *OC,* I, 962.

—¡y tan español!— de las antítesis y del conceptismo me arrastraría a hablar de la *momentaneidad de la eternidad.* ¡Clavar la rueda del tiempo! [6]

La libre reversibilidad de términos tiene aquí el efecto de presentar dos sintagmas de estructura completamente contraria, pero de valor semántico exactamente igual, de modo que se trata de una diferencia des-semantizada. A pesar de que Unamuno hable de antítesis, es evidente que esto se refiere sólo al orden de los dos sustantivos. El significado profundo de las dos frases es el de la que los glosa: "¡Clavar la rueda del tiempo!" La cualidad esencialmente hipotáctica de este tipo de estructura no permite —normalmente— que se cambie el orden de términos sin cambiar radicalmente el significado de la frase, pero aquí un principio conmutativo del pensamiento permite el abandono de las normas, de modo que quedan completamente libres tanto el orden de los términos como la posibilidad de invertirlos.

Aquí se podría objetar, quizá, que en este caso no se trata de un quiasmo auténtico, puesto que los dos sintagmas quedan separados, integrados en dos oraciones completamente distintas. Pero esto es precisamente lo que revela la presencia del quiasmo como estructura profunda de todo el pensamiento unamuniano. Es significativo que la segunda de estas oraciones contenga un verbo de tiempo condicional, lo que sugiere que el pensamiento de Unamuno está siempre abierto a la posibilidad del juego quiástico, y que si en este caso no hay verdadero quiasmo —juego quiástico dentro de un solo sintagma—, lo que sí hay es juego con el juego, juego potencial, conciencia constante de las posibilidades para una libre reversibilidad de los términos de cualquier sintagma, con la consecuente conversión de las relaciones entre estos términos en una de simetría esencial, por lo menos en potencia.

En otros casos, la cuestión de la reversibilidad se presenta como parte de una problemática en que se cuestiona el orden correcto —es decir, estable, no libre— para las relaciones entre los términos, lo cual supone, desde luego, la existencia de un orden objetivamente correcto. Pero en el plano especulativo —es decir, de la duda, en el mismo cuestionamiento de la problemática— la reversibilidad sigue siendo libre. Como ejemplo de esto se pueden citar las palabras con que se cuentan, al principio de *Amor y pedagogía,* las especulaciones dubitativas de Don Avito Carrascal inmediatamente después de afirmar un principio fundamental que rige todas las acciones de su vida:

Vive Carrascal de sus rentas y ha llevado a cima, a la chita callando, sin que nadie de ello se percate, un hercúleo trabajo, cual es el de enderezar con la reflexión todo instinto y hacer que sea en él todo científico. Anda por mecánica, digiere por química y se hace cortar el traje por geometría proyectiva. Es lo que él dice a menudo:

---

[6] Miguel de Unamuno, *Cómo se hace una novela,* ed. Paul R. Olson (Madrid, 1977), p. 60.

"Sólo la ciencia es maestra de la vida", y piensa luego ¿No es la vida maestra de la ciencia? [7]

Como otro ejemplo tomemos algunas de las preguntas que dirige Augusto Pérez al perro Orfeo en uno de los muchos momentos de reflexión dubitativa a que se entrega aquél:

> ¿De dónde ha brotado Eugenia? ¿Es ella una creación mía o soy creación suya yo? ¿O somos los dos creaciones ella de mí y yo de ella? ¿No es acaso todo creación de cada cosa y cada cosa creación de todo? [8]

En esta serie de reflexiones se observa un proceso por el cual una estructura de pensamiento del tipo "o lo uno o lo otro" —a saber, "ella/creación de mí o yo/creación de ella"— cede el paso ante la posibilidad de una estructura del tipo "tanto lo uno como lo otro" —es decir, "todo/creación de cada cosa y cada cosa creación de todo", con lo cual la reversibilidad del sintagma alcanza un grado de libertad casi tan completa como la del ejemplo anteriormente citado.

Pero los casos que muestran la libre reversibilidad en su máximo grado son los que presentan la más notable cualidad de pura bufonada, de "juego" verbal en el sentido más esencial del término. Insigne ejemplo de esto es el del *Ars magna combinatoria* de Don Fulgencio Entrambosmares en *Amor y pedagogía,* donde se lee:

> El trabajo hercúleo, genial, estribaba en dar, como él ha dado, con las cuatro ideas madres, dos del orden ideal y dos del real, ideas que son, las del orden real: la muerte y la vida; y las del orden ideal: el derecho y el deber, ideas no metafísicas y abstractas, como las categorías aristotélicas y kantianas, sino henchidas de contenido potencial. A partir de ellas, coordinándolas de todas las maneras posibles, en coordinaciones binarias primero, luego ternarias, cuaternarias más adelante y así sucesivamente, es como sacará el hilo del ovillo del eterno Drama de lo Infinito. Está en las coordinaciones binarias o simplemente combinaciones, como él, aunque apartándose del común tecnicismo, las llama, estudiando el derecho a la vida, a la muerte, al derecho mismo y al deber; el deber de vida, de muerte, de derecho y de deber mismo; la muerte del derecho, del deber, de la misma muerte y de la vida. ¡Qué fuente de reflexiones el derecho al derecho, el deber del deber, la muerte de la muerte y la vida de la vida!, ¡qué fecundas paradojas las de la vida de la muerte y la muerte de la vida! [9]

Una docena de años más tarde, Víctor Goti recordará a Don Fulgencio al terminar su prólogo a *Niebla* haciendo una distinción "entre religión y belico-

---

[7] *OC,* II, 317.
[8] *OC,* II, 577.
[9] *OC,* II, 337.

sidad de un lado y filosofía y erótica de otro". Tras haber distinguido los cuatro conceptos, sigue diciendo Goti:

> Presumo que el ilustre autor del *Ars magna combinatoria* establecerá: una religión guerrera y una religión erótica, una metafísica guerrera y otra erótica, un erotismo religioso y un erotismo metafísico, un belicosismo metafísico y otro religioso, y por otra parte, una religión metafísica y una metafísica religiosa, un erotismo guerrero y un belicosismo erótico; todo esto aparte de la religión religiosa, la metafísica metafísica, el erotismo erótico y el belicosismo belicoso. Lo que hace dieciséis combinaciones binarias. ¡Y no digo nada de las del género: verbigracia, de una religión metafísico-erótica o de una metafísica guerrero-religiosa! [10]

En ambos casos se ve que la estructura sintáctica presenta algunas variaciones sobre la de la fórmula básica con que expresamos uno de los tipos del quiasmo que con más frecuencia se manifiestan en los textos de Unamuno: el uso de la preposición *a* y no *de* con los complementos del sustantivo *derecho* en el *Ars magna combinatoria,* y los adjetivos que se sustituyen por *de* más sustantivo en las combinaciones por Víctor Goti; pero nada en esto cambia el carácter esencialmente quiástico de las estructuras.

Ahora bien, existen buenos motivos para creer que el significado fundamental del *Ars magna combinatoria* es (sin que se deje de reconocer la intención cómica de este aspecto de la novela) justamente el del concepto del vacío, de la pura forma sin materia —sin sustancia semántica alguna, revelando así el vacío ontológico por debajo del lenguaje, el abismo de la Ausencia metafísica—. Respecto a los temas de *Amor y pedagogía,* esta interpretación parece indudable, [11] y se puede suponer que, en la gran mayoría de las otras obras de Unamuno, los juegos lingüísticos y otros muchos signos e indicios señalarán el vacío ontológico más allá del texto.

Pero hay otra categoría de ejemplos de quiasmo, distinguidos no por diferencias formales respecto a los otros que hemos citado, sino por un valor semántico quizá privilegiado, en que el significado específico de los términos revela una preocupación constante dentro —y por debajo— de todas las variantes formales de la estructura quiástica. Existe, efectivamente, un caso de la realización del quiasmo especulativo que bien pudiera ser el más significativo en este respecto. Se trata de un pasaje de *Cómo se hace una novela,* que, muy al contrario de los que proceden de las novelas que acabamos de citar, no tiene nada de burlesco ni de puro conceptuoso. Hay un momento en que Unamuno acaba de contar el único recuerdo que ha guardado de su padre, sentado éste en la sala familiar y conversando en francés con un señor francés. Luego prosigue en los siguientes términos:

---

[10] *OC,* II, 548.
[11] Véase mi ensayo, "The Novelistic Logos in Unamuno's *Amor y Pedagogía*", *MLN,* 84 (1969), 248-268.

Descubrí al padre [...] hablando una lengua de misterio y acaso acariciándome en la nuestra. Pero, ¿descubre el hijo al padre? ¿O no es más bien el padre el que descubre al hijo? ¿Es la filialidad que llevamos en las entrañas la que nos descubre la paternidad, o ¿no es más bien la paternidad de nuestras entrañas la que nos descubre nuestra filialidad? "El niño es el padre del hombre" ha cantado para siempre Wordsworth, pero, ¿no es el sentimiento —¡qué pobre palabra!— de paternidad, de perpetuidad hacia el porvenir, el que nos revela el sentimiento de filialidad. ¿No hay acaso un sentido oscuro de perpetuidad hacia el pasado?, de preexistencia, junto al sentido de perpetuidad hacia el futuro, de perexistencia, o sobre-existencia? [12]

Es verdad que el verso de Wordsworth que cita Unamuno no representa más que una parte de la estructura quiástica, pero es evidente que esta versión del sintagma es la que expresa lo contrario de la forma normal, es decir, "el hombre es el padre del niño", forma tan obvia y prosaica que no hace falta expresarla. Sin embargo, la versión poética que aparece en Wordsworth evoca necesariamente su contraria, que está implícita en el texto y le sirve de fondo, del que se destaca lo inesperado del cambio de orden en los términos.

Después de reflexionar sobre el verso de Wordsworth, Unamuno lo coteja con la frase cervantina "Cada uno es hijo de sus obras", y la glosa preguntando "pero, ¿no es uno también padre de sus obras?". Y acaba por afirmar que "uno, sin conceptismo, es padre e hijo de sí mismo, y su obra el espíritu santo", siendo ésta la necesaria conclusión después de aceptar como igualmente verdaderos los dos pares de proposiciones contrarias (todas ellas de forma ternaria, como diría Don Fulgencio): por un lado, "cada uno es padre de sus obras" y "cada uno es hijo de sus obras" —es decir, "sus obras son padre de cada uno".

Dejando entre paréntesis el significado de cada frase en sí, ¿cómo se ha de interpretar el movimiento del juego como tal? En otro estudio sobre Unamuno [13] he aludido a la posibilidad de ofrecer una interpretación psicoanalítica de este concepto a base de unos estudios sobre el complejo de Edipo, uno de Ernest Jones [14] y otro de Guy Rosolato, [15] estudios que, para los fines de la interpretación del juego, conviene repasar aquí. El ensayo de Jones versa sobre el tema del conflicto entre padre e hijo que da origen a la fantasía del hijo convertido en padre de su propio padre (y capaz, por eso, de dominarle como él se siente dominado). El estudio de Rosolato analiza las trinidades patriarcales de las tres grandes religiones monoteístas y presenta la tesis de que

---

12 Ob. cit., en la n. 6, p. 100.

13 "Unamuno's Lacquered Boxes: *Cómo se hace una novela* and the Ontology of Writing", *RHM,* 36 (1970-71), 186-199.

14 Véase "The Phantasy of the Reversal of Generations", *Papers on Psycho-Analysis* (Baltimore, 1938).

15 Véase "Trois générations d'hommes dans le mythe réligieux et la généalogie", *Essais sur le symbolique* (París, 1969), pp. 59-96.

en todas ellas aparece un hijo que representa la realización del deseo que siente el padre de transmitir hacia el futuro la vida y fuerza creadora que él, a su vez, había recibido de su propio padre.

De acuerdo con los análisis realizados en estos ensayos, la problemática del complejo de Edipo implicaría en realidad una estructura ternaria —de tres generaciones— precisamente como la que aparece en el citado pasaje de *Cómo se hace una novela*. Pero en el caso de Unamuno la cuestión de la estructura genealógica se complica mucho más. A base de una serie de alusiones autobiográficas diseminadas por la obra unamuniana, sabemos que él estaba muy consciente de un cruce de generaciones que se había efectuado con el matrimonio de sus propios padres, siendo tío y sobrina. En un ensayo escrito pocos meses antes de su muerte habla de su abuela, Benita Unamuno y Larraza, como "abuela materna y tía paterna, hermana de mi padre con la que, muerto éste a mis seis años, me crié, en compañía de mi madre y hermanos". [16] El efecto de tal cruce de generaciones es una asimetría de la estructura generacional que tiene unas consecuencias algo raras; por ejemplo, la de que la madre de Unamuno era también su prima, y que su padre era también su tío abuelo.

Todo esto introduce una ambigüedad radical en la cuestión de la inserción del hijo en la estructura familiar. Porque, en la serie de tres generaciones, ¿a cuál pertenece el hijo? Si por un lado parece evidente que como hijo de su madre pertenece a la tercera generación, por otro lado resulta también evidente que como hijo de su padre pertenece a la segunda, que es la de su madre y prima. El dilema del hijo dentro de semejante estructura familiar es que si acepta su condición de hijo de su padre se pone en una relación de peligrosa proximidad a la madre, pero al aceptar su condición de hijo de la madre se abre un vacío en el lugar del padre al nivel de la segunda generación, vacío que tiene el efecto de atraer de nuevo al hijo al lugar del padre doblemente ausente. Tal es, en efecto, el proyecto del complejo de Edipo: ocupar el lugar del padre, es decir, "ser" padre de sí mismo sin dejar de ser hijo, con lo cual hemos vuelto al verso de Wordsworth que tanto interesaba a don Miguel.

Las consideraciones provocadas por nuestro juego intertextual con los escritos de Unamuno (más estos dos textos psicoanalíticos) han sido presentadas sin pretender dar con ello una "explicación" única y definitiva de los textos unamunianos, pero sí representan un esfuerzo por "sacar el hilo del ovillo", como decía Don Fulgencio, y de tal modo tomar conciencia del alcance del juego y ver algunas de sus transformaciones más remotas.

Pero sin renunciar a la posibilidad de aceptar en cierta medida una dimensión psicoanalítica de las estructuras que estudiamos —puesto que las homologías nos parecen completamente convincentes—, conviene añadir aquí

---

[16] "Abolengo liberal", *OC*, VIII, 1245.

un comentario metacrítico como reparo a toda lectura freudiana de los textos literarios. Las consideraciones provocadas en consecuencia del rigor con que hemos tratado de deslindar las diferentes manifestaciones de la estructura quiástica y señalar sus homologías no pueden, desde luego, revelar todos los significados de los textos de Unamuno, ni siquiera constituyen más que *uno* de los temas fundamentales de su pensamiento que se prestan al juego quiástico. Si, por una parte, la teoría del complejo de Edipo hace posible una comprensión más amplia del quiasmo, y de la libre reversibilidad de términos en el lenguaje unamuniano, por otra parte, podría decirse que es justamente la teoría del quiasmo la que en cierta medida amplía nuestra comprensión del complejo de Edipo, siendo el deseo de que haya cambio de términos —es decir, de generaciones— no otra cosa sino su misma posibilidad estructural y lingüística.

Tal consideración podría relacionarse, quizá, con la teoría de Hayden White sobre las relaciones entre figuras lingüísticas y el contenido conceptual de los textos históricos y filosóficos. [17] Según dicha teoría, hay por debajo de la superficie de tales textos un profundo contenido estructural, poético y lingüístico, que informa la estructura del texto entero, determinando así el carácter específico de la narrativa generada por el texto mismo. De ahí que ha postulado el profesor White cuatro tipos de conciencia histórica a base de las figuras retóricas en su estructura profunda: metáfora, sinécdoque, metonimia e ironía. La tarea de investigar las posibles relaciones entre una figura sintáctica tan específica como el quiasmo y estas figuras retóricas de alcance mucho más amplio tiene que quedar, naturalmente, fuera de los límites de este ensayo; pero lo que sí conviene observar es que la teoría de las estructuras retóricas profundas sugiere la posibilidad de ofrecer otro análisis, más descriptivo que causal, quizá, que busca los factores determinantes de los fenómenos lingüísticos en el lenguaje mismo, y no, como el psicoanálisis, en otros fenómenos externos a aquéllos.

En cuanto al quiasmo como tal, se puede decir que aquella "X" que le da su sentido literal, siendo la misma imagen de la transposición y por eso de la sustitución, del *aliquid pro aliquo,* es por eso mismo la figura de la figura, signo sintáctico del signo lingüístico, símbolo del movimiento simbolizante. Pero lo que también es revelado por el aspecto icónico de su estructura interna es que no hay *aliquid* subjetivo ni *aliquo* objetivo absolutos, porque las relaciones entre los dos son siempre funcionales, con un movimiento determinado sólo por el de la enunciación sintáctica, que en última instancia es el del tiempo mismo.

En la conciencia imaginativa de Unamuno —es decir, en la estructura profunda de su lenguaje—, el quiasmo se revela no sólo como determinante

17 Hayden White, *Metahistory: The Historical Imagination in Nineteenth Century Europe* (Baltimore, 1973).

de expresiones lingüísticas conceptuosas, como las que hemos citado aquí, sino como forma generadora de conceptos enteros, de visiones de la vida misma, tanto en la estructura interna de la vida individual como en la de las relaciones interpersonales. El ejemplo más notable de esto, en cuanto a la estructura interna, es cuando Augusto Pérez enuncia en *Niebla* la teoría de la contrahistoria:

> Por debajo de esta corriente de nuestra existencia, por dentro de ella, hay otra corriente en sentido contrario; aquí vamos del ayer al mañana, allí se va del mañana al ayer. Se teje y se desteje a un tiempo. Y de vez en cuando nos llegan hálitos, vahos y hasta rumores misteriosos de ese otro mundo, de ese interior de nuestro mundo. Las entrañas de la historia son una contrahistoria, es un proceso inverso al que ella sigue. El río subterráneo va del mar a la fuente. [18]

Aquí, como en el quiasmo implícito en el neologismo conceptuoso *ultracuna,* que aparece en las primeras páginas de *Cómo se hace una novela* ("pesaban sobre mí inefables recuerdos inconscientes de ultracuna"), resulta clara la estructura quiástica: cuna/tumba : tumba/cuna. El concepto cíclico de la vida humana, que gira por el espacio abstracto determinado por la figura quiástica, revela también la posibilidad que el quiasmo ofrece siempre para una concepción del tiempo mismo —o cualquier serie de momentos de él— como movimiento cíclico. Consecuencia ulterior de esta misma concepción es la de la posibilidad de convertir el tiempo en Ser, las series temporales en entes subsistentes y autónomos, redondeados y vueltos sobre sí mismos, capaces de "clavar la rueda del tiempo".

Como ejemplos del quiasmo en las relaciones interpersonales, piénsese en las series de relaciones simétricas, entre antitéticas y especulares, que se encuentran en personajes unamunianos como Tulio Montalbán y Julio Macedo (que por tratarse de un solo personaje desdoblado no es menos un caso de la libre reversibilidad), o en el caso de los hermanos gemelos de *El otro,* o en el de las relaciones entre Joaquín Monegro y Abel Sánchez, en las que el paralelismo especular, de mimesis conflictiva, es revelado por las reflexiones de Joaquín sobre la mutua envidia entre Caín y Abel. [19]

Esta realidad de las relaciones especulares interpersonales (realidad indudable, a pesar de la exageración evidente en la presentación de los casos límite que abundan tanto en la narrativa y teatro de Unamuno), anteriores en la experiencia humana, hasta con respecto al uso individual del lenguaje, sugie-

---

[18] *OC,* II, 578.

[19] El concepto de la mimesis conflictiva como tema de las letras españolas ha sido comentado por Cesáreo Bandera Gómez en *Mimesis conflictiva: Ficción literaria y violencia en Cervantes y Calderón* (Madrid, 1975). Estudios previos que analizan la misma problemática con una perspectiva comparatista y antropológica son los de René Girard: *Mensonge romantique et vérité romanesque* (París, 1961). *La Violence et le sacré* (París, 1972), y *Des Choses cachées depuis la fondation du monde* (París, 1978).

re la posibilidad de utilizar otro sistema interpretativo para el análisis de las estructuras quiásticas, más profundo que el freudianismo y quizá más completo que el análisis estructural de los juegos de palabras; pero la investigación de tal posibilidad queda fuera de los límites del presente trabajo, a pesar de los atractivos que tiene cualquier teoría que intenta reconectar el lenguaje con la vida.

Mas también hay fuerza vital en el juego de palabras en sí, fuerza de la diseminación de energías de un Dionisio nietzscheano a la vez que fuerza integrante del *logos* quiástico, creador de entes sintácticos y temporales. Por eso a la crítica misma quizá no esté mal entregarse un poco a las mismas estructuras formales que pretende analizar, para vivirlas desde dentro y revelar con más claridad su fuerza vital dentro de los textos aquí comentados. Si para Don Fulgencio Entrambosmares el pensamiento todo es parte de un *Ars magna combinatoria* (así como lo es la novela moderna para el Goytisolo de *Juan sin Tierra*), también puede serlo —hasta cierto punto— el lenguaje crítico. De ahí que, al terminar —quiásticamente— nuestra interpretación del juego de palabras con estas palabras sobre el juego de la interpretación, quizá nos convenga escuchar una vez más la voz de Don Fulgencio —o por lo menos una voz que se parece mucho a la suya—, que vuelve para decir: ¡Qué fuente de reflexiones la interpretación de la interpretación, el juego del juego y la palabra de la palabra! Y no digo nada de las ternarias del género: verbigracia, de un juego logo-hermenéutico, de una palabra lúdico-interpretativa, o de una interpretación logo-jocosa!

De éstas, sin embargo, como dice Don Fulgencio, no se puede hablar, y para estas alturas habrá aprendido nuestro filósofo la máxima de otro filósofo del lenguaje, coetáneo suyo y de su autor: Sobre cosas de las que no se puede hablar hay que pasar en silencio. [20]

---

[20] Me refiero, desde luego, a Ludwig Wittgenstein, y a la última de las máximas que constituyen el texto de su *Logischphilosophische Abhandlung:* "Worüber Man nicht sprechen kann, daruber muss Man schweigen."

The Novels of Ganivet*

ALEXANDER A. PARKER
University of Edinburgh

When I was a student I had, of course, to read Ganivet's *Idearium español,* but none of my teachers recommended the novels of this author or even mentioned them. I should think the same is true today: every student of Spanish literature knows the *Idearium* but there will be few, if any, who read the novels, nor do the standard histories of literature suggest that they are worth reading. Gerald Brenan's, then the most recent, does not mention them at all. This neglect is perhaps understandable, for at first sight the no-

---

* N. B. This essay was written as long ago as 1953, to be read to the Spanish Department of the University of Leeds, England. It came back to mind when I wondered whether I had anything in the field of modern literature that I could offer in honor of my esteemed friend and former colleague, Juan López-Morillas. I have found that *Los trabajos de Pío Cid* still fascinates me after the lapse of twenty-seven years, but I have also found that I now have neither the energy nor the courage to embark on the study of the Ganivet bibliography over that long period, as well as on the numerous discussions of the theory of the modern novel, all of which would be needed for me to revise my ideas and bring this essay up to date. I therefore decided not to resurrect this topic, but I was prevailed upon to let it be published as originally written, despite the fact that the presentation for a student audience unfamiliar with the works concerned is singularly inappropriate for one of the most distinguished authorities on the period. I hope he may pardon this.

I hardly dare to hope there may still be something worthy of attention in this essay, especially after the full and lucid analysis by Javier Herrero, in 1966, of Ganivet's *iluminación.* I was gratified at the time to find some support brought from a much wider context for the general background to the argument I had previously outlined, if not to its details.

I have left the essay unaltered, even the at times personal and rather conversational tone. I would now repudiate the statement that the reason why *Pío Cid* cannot be considered one of the best "novels" in modern Spanish literature is "because it is formless and has no plot". Nowadays this might be considered its most interesting characteristic. On the threshold of the twentieth century this structural originality may well be historically significant; in any case it is something that would now have to be taken into account.

vels must appear odd, shapeless and enigmatic. None-the-less I want to suggest that this neglect is a mistake, not only because of their intrinsic interest but also because they complement the *Idearium,* which I do not think can be properly understood without them.

Ganivet's novels are *La conquista del reino de Maya por el último conquistador español Pío Cid* and *Los trabajos del infatigable creador Pío Cid.* I would not hesitate to assert that the latter is one of the most fascinating works in modern Spanish literature. I would not say one of the best novels, because it is formless and has no plot, although it has far more substance than the well-constructed novels of Valera, for example. *La conquista del reino de Maya,* on the other hand, does have a novelistic form and a plot that is reasonably well put together, yet it is a far less successful work. The theme was original for Spain, but the execution flags. It has not the same attractiveness as *Los trabajos;* one must frankly confess that after a time the reader will become pretty bored and will have to make a special effort to finish it. Nonetheless the effort is well worth while, because the novel's thesis is essential for understanding both the *Los trabajos* and the *Idearium.*

The two novels and the essay on the spiritual regeneration of Spain constitute a chronological and ideological unity. The *Idearium* was published in 1897, *La conquista del reino de Maya* in the same year and *Los trabajos de Pío Cid* in the following year. The connectedness and unity of ideas in the three works is what I propose to bring out. The novels should be read as a commentary on the *Idearium,* which is a point, I think, that has been generally missed.

The thesis of the *Idearium* has both a negative and a positive aspect. The negative contention is that the regeneration of Spain cannot be sought on the material and political plane; in the first place because Spaniards have no aptitude for creating a material civilization along modern lines, and in the second place because it is necessary to reject, once and for all, the belief that the greatness of a nation is to be measured by the extent of its dominions, by political power and economic prosperity. Consequently, "hay que cerrar con cerrojos, llaves y candados todas las puertas por donde el espíritu español se escapó de España para derramarse por los cuatro puntos del horizonte, y por donde hoy espera que ha de venir la salvación." This conclusion is based on a disillusionment with modern civilization, and this disillusionment *La conquista del reino de Maya* seeks to explain and justify.

Its hero is called Pío García del Cid. The name indicates that he is a sort of Spanish John Bull, and therefore a symbol of Spain herself. He is called García, because this is the commonest Spanish surname; Pío, because of the religiosity that characterizes Spanish life and history; Cid, because every Spaniard carries with him the memory of his country's heroic past.

This Pío Cid, engaged in trade in foreign countries, is imbued with the progressive ideas of his age. Crossing to Africa in search of business, he there becomes an explorer and penetrates into the kingdom of Maya, a savage region, from which no explorer has ever returned alive. Owing to a fortunate accident he is not killed by the inhabitants who take him to be their king's chief magistrate. Pío Cid succeeds in persuading the king that he is in fact a magistrate who had mysteriously disappeared some years before and who has now returned from the other world with a special task allotted to him by the gods. Enveloped in this supernatural aura he exercises political power and little by little introduces all the benefits of civilization into this primitive country. When his civilizing work has been accomplished and the natives are able to govern themselves, Pío Cid returns to Spain, where he arrives impoverished and unknown.

The histories of literature that have anything to say about the novel — and they are not many — state that Ganivet's purpose is to affirm the capacity of Spaniards for conquest but not for preserving what they conquered. This is a naive interpretation that is scarcely even a half truth. The novel is not a satire of Spanish imperialism in America, but a satire on European imperialism in Africa, on the craze for colonial aggrandizement which characterized so many countries at that time, including tiny ones like Belgium. For Ganivet the conquest of Africa was the sign of modern civilization, the embodiment of its ideals, and in 1897 it was appropriate that this should be so. Ganivet satirizes the sign in order to satirize the spirit and the achievements of the contemporary world.

Pío Cid states:

> entre los más altos fines del esfuerzo del hombre he colocado siempre los descubrimientos geográficos. Amante de la humanidad, me ha regocijado siempre la idea de que esos descubrimientos de nuevas tierras y de nuevos hombres no son inútiles, puesto que llevan consigo, por el carácter humanitario de nuestra especie, el deseo de mejorar a nuestros hermanos, de colonizar los países que ellos ocupan, civilizándolos con mayor o menor suavidad, según el temperamento de la nación colonizadora. (CRM, cap. vii)

That is the colonial ideal; but irony enters as Pío Cid continues as follows:

> Grande es en sí esta idea; pero más grande es aún cuando se nota que nosotros sufrimos también las tristezas y dolores de esta vida, y que, a pesar de estas tristezas y de estos dolores, sacamos fuerzas de flaqueza y acudimos en auxilio de otros hombres que juzgamos más desventurados que nosotros. Este es un rasgo característico y consolador de la humanidad en todos los tiempos y en todas las razas; yo tengo por seguro que si esos mismos pueblos retrasados y aun salvajes de África tuvieran un claro concepto de la ley de solidaridad de los intereses humanos y una navegación más perfeccionada, vendrían a su vez a llenar en nuestra propia casa la misma humanitaria misión que nosotros cumplimos en la suya.

Men, that is to say, are unhappy the world over. All that colonization achieves is to enable some men to share their unhappiness with others. It makes no difference whether Europeans colonize Africa or Africans colonize Europe. What men call humanitarianism is only the trailing from continent to continent of the rags of human wretchedness.

This is what Pío Cid's conquest demonstrates. Because the kingdom of Maya was primitive it had a certain idyllic character, but because it lacked an efficient and strong government, it had certain drawbacks — namely, rivalries, seditious movements and even civil war. Pío Cid's motives are genuinely humanitarian but, being a good European, he is fascinated by the possibility of creating an ideal and perfect system. By civilizing the country, however, he succeeds only in diminishing the idyllic and in increasing the drawbacks.

Nearly all the reforms introduced into the primitive life of the natives have their disadvantages, even the purely material reforms. Beds and feather mattresses, for instance, do not bring comfort because they make the heat unbearable; the natives had not previously felt it when they slept on the ground. When they had no lights at night the Mayans stayed at home, which made for a family life that Pío Cid at first thought idyllic, but when he invents street lighting, everybody goes out at night: the young men serenade the women, jealousies are aroused which lead to nightly quarrels and brawls, homes are abandoned and family life is threatened with dissolution.

The Mayans had celebrated religious feasts by publicly executing criminals. Pío Cid lessens the barbarity of this spectacle by making the criminals fight buffaloes or panthers in an arena. So popular does this become with the on-lookers that men who are not criminals are inspired to risk their lives in the arena in orden to achieve fame. In this way Pío Cid creates a civilized form of public entertainment, like bullfighting, but the men who are now killed for sport are no longer criminals.

Similar consequences follow the establishment of a civilized modern system of government. Pío Cid accepts the monarchical system traditional in the country and creates a political hierarchy of ministers and councillors, but his constant worry as a civilized politician is how to protect the regime which is constantly threatened by revolutions and dynastic wars. In Europe he had noticed that the most enthusiastic supporters of a government were those who depended upon it for their livelihood; in consequence he appoints a multitude of civil servants, creating a number of posts greatly in excess of what the administration needs; these civil servants give the regime the social backing it requires. Civilization, in order to ensure its survival, introduces a parasitism that had been unknown when the country was barbarous.

Another of the constant preoccupations of Pío Cid as a civilized ruler is to advance the economy of the country. Here too he draws on his European experience, recognizing that the modern system of industrialization has enriched nations by dehumanizing and enslaving the workers. In Maya this dehumanization can be achieved by another of the benefits of civilization: alcohol. Pío Cid manufactures and sells it. Night life now shifts from the streets to taverns, and the economic aim is realized, because the Mayans work very hard during the day in order to earn enough to get drunk at night. The stability of the political regime is now fully assured, since the manufacture of liquor becomes a government monopoly; in order not to threaten the supply nobody thinks any longer of revolutions.

Alcohol, however, produces in the Mayans a permanent state of nervous excitement, and this enables Pío Cid to lead them to the pinnacle of civilization by declaring war on a neighbouring country, a war in which the Mayans embark with enthusiastic and patriotic unanimity. Pío Cid's civilizing task is now completed. Having transformed a tribe into a nation, there is nothing left for him to do. Seeing, as he himself puts it, "el perfecto orden en que los mayas vivían", he decides to leave them and return to Spain. He sets off with a huge load of elephant tusks worth a fortune, but on the long and difficult journey he loses his treasure and arrives in Spain so impoverished that, in order to keep alive, he accepts a modest post in the government service.

Up to this point the novel could be interpreted as an allegory of the history of Spain, which, like Pío Cid, found itself impoverished at the end of its imperial adventure, but the last chapter dots the i's and crosses the t's. Ganivet condemns the past imperialism of Spain only because he condemns the whole of European imperialism in general. Not because he resents the fact that the other imperial nations have been more fortunate than Spain, but because he is convinced that the whole of modern civilization, in its political, social and economic aspects is worthless and a failure. In the *Idearium* he had declared that Spain must abandon dreams of political greatness, and must herself teach other nations the way to the better future that lies beyond the gateway of disillusioned imperialism. This disillusionment is the theme of *La conquista del reino de Maya*.

Its last chapter is entitled "Sueño de Pío Cid". The shade of Hernán Cortés appears before him, recommending him to publish the account of his discovery and conquest. Pío Cid demurs, objecting that his conquest has had no value that he can see. Cortés admits that in this he is indeed right: "Los mayas eran felices como bestias, y tú les has hecho desgraciados como hombres. Ésta es la verdad." Cortés then launches on a bitter attack on civilization, maintaining that the only conquest that could be beneficial nowadays would be the one that demolished the cities of the modern world and slaughtered their inhabitants. Modern civilization has brought no material fruits of which humanity can be proud. Nonetheless, continues Cortés, any civilization means that men have exerted themselves for the sake of something, and effort of any kind, no matter what its results may be, is nobler than passivity. Pío Cid has not been like other conquerors, he did not destroy his savages; he turned them into active men, furnishing them with the means whereby to destroy themselves. This is what Cortés finds worthy of praise.

This is irony not of a joking but of a bitter kind. It is a conclusion that does not look back at the past merely as a sort of grim apologia for Spain's imperial history. It looks also at the present and forward to the future, because men must go on living. But if all the experience of humanity shows that civilization has been and is a failure, why should men go on living and what should they live for? The answer is given by the words Ganivet puts into the mouth of Cortés. On the one hand there is barbarism, on the other, civilization: the former condemns mankind to a state of ignorance and passivity which is a degrading condition, whereas the latter condemns mankind to eventual self-destruction, which at least presupposes a certain activity. Since activity in itself is worthier and more dignified than passivity, Ganivet, having to choose between the two, prefers civilization which he despises: it is better to be active in self-destruction than to do nothing at all.

There are, then, two courses open to mankind: either a passive condition of barbarism which will ensure survival, or the pursuit of civilization which leads first to enslavement and finally to self-destruction. Is there no escape from this paradoxical dilemma? Can Ganivet find no other solution than that of proclaiming the necessity for action while at the same time repudiating all its fruits? This would indeed be the case if mankind lived only on the political, social and economic planes. Ganivet would then be upholding a cynical totalitarianism.

But this is not so. Here are some of the words he puts into the mouth of Cortés:

> creo que ha llegado la hora de que cese la eterna disputa, el viejo afán del efímero poder; [...] no vacilaría en ponerme al frente de hordas amarillas o negras que [...] como invasores sin entrañas [...] cayeran sobre los pueblos civilizados y los destruyeran en grandes masas, para ver cómo, entre los vapores de tanta sangre vertida, brotaran las nuevas flores del ideal humano ("Sueño de Pío Cid").

There is, therefore, a human ideal that could flower if mankind were to free itself from a civilization based on political power. What is this ideal? And is it possible for men to free themselves from the slavery of civilization in order to follow the ideal? These are the questions that *Los trabajos de Pío Cid* attempts to answer.

First, however, let us return to the *Idearium*. The negative thesis which I summarized is counterbalanced by a positive thesis. Having rejected the idea that any external political activity can lead to the regeneration of Spain, and having rejected also the possibility of Spain's ever being able to build an efficient material civilization, Ganivet turns towards the realm of the spirit. Spaniards, he maintains, should subordinate action to thought. The decadence of Spain has been due to an excess of action; national regeneration can come only from the life of ideas. Since the Spanish temperament is religious and artistic, and not scientific, Spain must leave to other countries the pursuit of material and scientific aims and must take the lead in creating the only kind of civilization for which she is fitted by nature, a civilization based upon a culture that affirms the primacy of the spiritual over the material. Most readers will find this positive thesis of the *Idearium* rather too vague to be convincing. The interest of *Los trabajos de Pío Cid* is that it visualizes in practice a personal cultural activity on the level of the spirit. Pío Cid, now a disenchanted and repentant conquistador, will embark on a different kind of action.

The "trabajos" of the title correspond to the labours of Hercules. These were twelve, and we may suppose that those of Pío Cid would also have been twelve; we have, however, only six; on finishing Part I Gavinet committed suicide. The novel is apparently incomplete; nevertheless, in reality its ending is the author's suicide — an ending which leaves the literary form in suspense, so to speak, but which clinches the novel's plot with a terrible logic.

The Augean stables which Ganivet's modern Hercules has to clean are the social and political defects of Spain. However, the manner of cleansing will be different. Pío Cid says:

> un hombre puede mucho cuando expone ideas que influyen con el tiempo para cambiar los rumbos de la sociedad, y no puede nada cuando pretende reformar con su acción aislada lo que es malo por culpa de todos (TPC, trab. 3).

Pío Cid will therefore be an intellectual Hercules, cleansing the minds of his compatriots by sweeping away the rubbish that civilization has accumulated there.

The first thing necessary in order that ideas can take root and bear spiritual fruit is scornfully to turn one's back on society. Pío Cid is now an anti-social being who renounces ambition, who despises wealth and property, who refuses to submit to anybody or anything, and who scorns all the material values of life and all social conventions, because he seeks individual freedom and the unsullied preservation of his personal dignity. Those who sympathize with him look upon him as a universal sage. Such indeed he is. He discourses freely and intelligently about every branch of knowledge; he has every science at his finger tips; he can as easily be a doctor as a painter or a poet. In addition to being wise and learned, he is also a good man: kindly, generous and charitable, capable of stripping himself in order to clothe a beggar. One of the characters says that he is "casi un santo". The seeds of this wisdom and goodness existed in the Pío Cid of the first novel; they have sprouted now because experience has matured him and disenchantment has spiritualized him.

A man like this attracts everybody's attention by his eccentricity. Those who come into close contact with him are fascinated, bewitched by the magic of his words. Not that his teaching necessarily convinces them; it is his personality that casts a spell, inspiring veneration and even love. Pío Cid does not win disciples by the force of his reasoning; he wins them in the way that a saint does. As he himself says:

> Yo no he preguntado jamás a nadie las ideas que profesa ni he intentado cambiár-selas por otras, porque yo mismo carezco de ideas personales, y si tengo alguna, la menosprecio mientras no se depura y se convierte en idea humana (TPC, trab. 3).

"Personal ideas" are systematic — a theoretical philosophy, the programme of a political party, and such like. All this Pío Cid despises. The "human ideas" he tries to grasp and to inculcate are those that break through the systems and conventions that conceal human individuality, ideas which un-cover the heart by stripping from the mind the garments of conventionality, freeing it from attachment to the material routine of everyday life by fostering a love for humanity in general and for personal dignity in particular.

There is very little action in the novel, nearly all of it is talk, and it is Pío Cid who does the talking as he teaches men his particular wisdom. His teaching has a tone that often recalls the Gospels, e.g.,

> Un hombre de talento que tiene el arranque de despreciar las riquezas y arrojarlas lejos de sí, si las tiene, recibe en el acto una riqueza mayor, la que le da la fe en sí mismo; porque esta fe es el germen de todas las grandezas humanas (TPC, trab. 4).

Or this:

> Todos los hombres creen que hay que buscar los medios de sostener una familia an-tes de tenerla. Esto se llama prudencia y sensatez, y yo lo llamo necedad. Tú habrás pensado en casarte, y no te decides a hacerlo hasta que tengas recursos holgados con que atender a la que será tu esposa y a los que serán tus hijos. El centro de tu vida actual es ese porvenir desconocido, y mientras llega vives sin hacer cosa de provecho. Mejor sería que miraras el presente y que pensaras que un hombre debe vivir siem-pre como si no hubiese de cambiar jamás. El que se reserva el día de hoy para ser más el día de mañana es tan cobarde como el soldado o el general que aspira a ser héroe de la batalla decisiva, dejando que otros luchen y caigan en las pequeñas es-caramuzas sin provecho y sin gloria; como si las escaramuzas no influyesen en el éxi-to final de las guerras. Vive, pues, hoy, sin reservarte para mañana, que tu valor te será recompensado; la fuerza que hoy gastes reaparecerá en ti mañana con creces; por-que el espíritu del hombre ruin es cada día más pequeño, y el del hombre generoso, cada día más grande (TPC, trab. 5).

Many will find this didactic, evangelical tone of the novel distasteful. Others, who do not dislike didacticism as such, provided the ideas preached are worth pondering, may well find it attractive. At times Pío Cid does put forward some rather crazy ideas, but on the whole his teaching seems to me to have a foundation of real wisdom. One might be able to dismiss the novel as pharisaical and condemn its protagonist as a self-righteous prig, if his sermons succeeded in converting a lot of self-satisfied disciples, but this is not what happens; in actual fact Pío Cid, in spite of his wisdom and his goodness, achieves nothing at all: his labours dissipate themselves in a vacuum. This gives the novel a tone of sadness that I for one find moving.

In the first labour "Pío Cid intenta desasnar a unos estudiantes". They are fellow lodgers in a boardinghouse, whose minds Pío Cid tries to open to the world of the spirit, but none of them can respond. The only positive thing he achieves is to find a job and a wife for one of them, thus turning him, not into a disinterested idealist, but into a good bourgeois.

In the second labour "Pío Cid pretende gobernar a unas amazonas". These are two widowed sisters and their four daughters, two families that have come down in the world and are struggling against poverty. Pío Cid enters their home, and with the peculiar magnetism that he commands gets himself accepted as their mentor and guardian, becoming the head of the household when he takes one of the daughters, Martina, as his wife, although without marrying her. He does not marry her because he believes in freedom; he does not want to believe in a woman's love if she is not free to be unfaithful to him. If she is free to leave him yet chooses to stay, it will be because she loves him. Pío Cid's intention in setting up this curious family ménage, taking upon himself the burden of mother-in-law, aunt, sisters-in-law and cousins is to create a patriarchical home ruled by gentleness and kindness, a home in which the tie binding the members of the family will be a home, not of convenience, but of the heart. Pío Cid wishes to educate the women in this disinterested, spiritual love, freely bestowed; yet all the time he comes up against obstacles; the women are always quarrelling, and Martina has a domineering character; she wishes not only to rule the house but also, in her jealous suspicions, to control his own freedom.

In the third labour "Pío Cid quiere formar un buen poeta". We meet a young man who aims at a career in politics or diplomacy; telling him that such a career can lead to nothing useful, Pío Cid persuades him to become a poet instead, and thereby to work for the greatness of Spain where the need is most urgent — in the intellectual and cultural fields. It is true that, thanks to Pío Cid's efforts, the poems which the young man writes after a time are not quite so bad as those he wrote at the beginning. But they are love poems, and the consequence of this change of profession is that instead of becoming a diplomat the young man runs after women and even falls in love with his teacher's wife.

The fourth labour is called "Pío Cid emprende la reforma política de España". He presents himself as a candidate in a general election. This does not contradict the novel's basic ideas, because the political reform he undertakes is a paradoxical one to be brought about by passive resistance. His intention is this:

> Sin meterme en más honduras, te diré, que si soy elegido, no sólo no despegaré los labios, ni aceptaré ningún puesto, sino que ni siquiera concurriré a las sesiones. A mi parecer, los diputados son inútiles, y creo prestar un servicio a la nación trabajando para que haya un diputado menos, puesto que si yo lo soy es lo mismo que si no lo fuera.

This is the liveliest and the funniest section of the novel. The constituency for which Pío Cid is a candidate is his native village in Andalusia. Although during the electioneering he wins over all the villagers he does not actually have any vote cast for him, because his rival changes the hands of the clock on the *casa consistorial,* advancing it three hours. Getting up early to vote, the villagers find that they are three hours late, that the election has already taken place and that all of them have voted for the other candidate. This, however, does not worry Pío Cid in the least, because some days previously he had obtained from the provincial governor the promise that the election would be arranged in his favour, the mayors of all the villages in the constituency having agreed to make the final count show a majority for Pío Cid. Thus in spite of what had happened in his own village he is duly declared elected. But the rival candidate, who has spent a fortune in buying votes, threatens to have the whole election declared invalid. Pío Cid then resigns his seat, in order to prevent further discord and possible violence. Once again his labour is a failure.

The fifth labour is the attempted rehabilitation of a prostitute, whom Pío Cid takes to his own home, much to the scandal of his "amazons". Nevertheless, he does not succeed in regenerating her; she eventually escapes and returns to her old life.

The sixth labour, and the last to be written, bears the title "Pío Cid asiste a una enferma de frivolidad". This is a Duchess, a woman whose mind, emotions and instincts have been kept dormant by a worldly life. She has a son in whom she takes no interest, and for whose schooling she shows no concern. Pío Cid undertakes the boy's education: he does not teach him Latin or Greek, but how the soil is cultivated, how corn is sown, the wheat harvested, the flour ground and the bread baked; he teaches the boy the facts of agriculture so that he may take an interest in his estates when he inherits them. As for the Duchess, Pío Cid endeavours to awaken her dormant mind by talking to her of spiritual love in general, and by teaching her what maternal love should be in particular. The result of this, however, is that she falls in love with him; Martina, his wife, rages with jealousy and he, in order to preserve his domestic peace, consents to move to another city. The abandoned Duchess gives her now awakened instincts an outlet in adultery.

In short, although Pío Cid is called by Ganivet "un creador infatiga-ble", he fails to create anything at all. His wisdom and his charitable goodness are socially wasted; they exercise no positive influence whatever. From this we must deduce that Ganivet, who had despaired of the efficacy of any action on the politico-social plane, also despairs of the efficacy of any intellectual and spiritual activity. He seems to see in life nothing but frustration and infinite emptiness. He believes, indeed, in the essential human values, but he appears to see no way of making them fructify in action. The strange career of his Pío Cid, so original a literary creation, demonstrates the exist-ence of an unbridgeable gulf between the human spirit and the world of society. The spirit has to withdraw into its shell, detach itself from the world and find its own guiding principles within itself. "[P]ara mí", says Pío Cid, "la ciencia primera y fundamental de un hombre es la de saber vivir con dignidad, esto es, ser independiente y dueño de sí mismo, y poder hacer su santa voluntad, sin darle cuenta a nadie. Y para esto hay que tener pocas necesidades [...]" (TPC, trab. 2). On the social plane this presupposes an individualistic anarchism and an austere simplicity of life which do in fact characterize Pío Cid. But on the spiritual plane this conception of dignity presupposes the self-sufficiency of the soul — that it can cut all ties with the world and kill all desires within itself in order not to have to admit that it depends on anything outside itself. That is why Pío Cid says,

> Hay quien coloca el centro de la vida humana en el poder exterior, en la riqueza, en un bien convencional. Yo pongo el centro en el espíritu. ¿Qué soy? Nada. ¿Qué apetezco? Nada. ¿Qué represento? Nada. ¿Qué poseo? Nada (TPC, trab. 5).

Because of this sort of affirmation Ganivet has been called a mystic. It is of course true that this "nada, nada, nada, nada" of Pío Cid inevitably recalls the "nada, nada, nada" of St. John of the Cross. It is a similar de-tachment from the world, a similar nakedness of the soul, in order that nothing external may hinder its union with the central force of life. But for St. John of the Cross, as for all religious mystics, the central force of life is outside man, and the soul empties itself in order that it may be filled by the divine, by the vivifying force of love that sustains and moves the universe. This is not the mysticism of Ganivet. The passage just quoted continues as follows: "¿Qué poseo? Nada. Ahora estoy en camino de ser un verdadero hombre, puesto que si existe mi personalidad sin buscar apoyo fuera de sí, es porque dentro tiene su fuerza". In other words, Pío Cid empties his soul so that the soul can fill itself. Since he does not believe in God, he has no "apoyo fuera de sí".

Atheistic humanists have always maintained that the human spirit has its dynamic or motive force within itself and not in a transcendent God, but have there been any who have affirmed that this inner force suffices to itself? Such an idea is logically conceivable only in the "necessary being" that theology attributes to God, where essence and existence are one. In the contingent being of man it is inconceivable, since the human spirit can neither give itself life nor even preserve its own existence. Therefore all humanists who believe that the human spirit contains its own dynamic, believe also in the existence of positive external values that this dynamic can create and move, values that are political, social, economic, artistic, moral, and so on. In other words, the humanist must necessarily believe in the reality and intrinsic goodness of the external world on which the inner force of the human spirit can act positively. But, as we have seen, Pío Cid does not believe in the possibility of externalizing them in a positive activity. To believe only in the spiritual force within oneself, which can move only itself, is really to believe in nothing. One of the characters in the novel says to Pío Cid:

debe tener en su alma un vacío inmenso que asusta. Yo le he visto a usted siempre rehuir las conversaciones en que podía manifestar su descreimiento; pero, a pesar de su discreción, me parece ver en usted el hombre de menos fe que existe en el mundo; y si además de no tener fe no tiene tampoco alegría de vivir, ni esperanzas, ni ilusiones, ni ambición, su existencia será como la de ese árbol muerto de que habla aquí (TPC, trab. 3).

This is indeed true. The life of Pío Cid that began with an active belief in the values of civilization, that later clung momentarily to the belief in the value of activity for its own sake, finishes by becoming "un vacío inmenso que asusta". At the end he believes in nothing, nothing whatsoever.

For the incompatibility between the spirit and the world there is one possible solution: religious faith, which puts the centre of life beyond man and beyond the world. Pío Cid, a mystic without faith, searches for it but never finds it. At the end of the novel he writes a poem, in which stanzas that begin with "Yo sé lo que es amor" alternate with others that begin "Pero no sé lo que es amor divino". The poems ends like this:

Mas yo quiero otro amor, un solo amor,
Un fuego abrasador
Que derrita este hielo en que cautivo;
Un brillante fulgor
Que disipe estas sombras en que vivo.

¡Oh amor divino, ten de mí piedad,
Muestra tu caridad
Con el que en tierra se postró de hinojos;
Rompe esta obscuridad,
Haz que un rayo del cielo abra mis ojos!

The conclusion one may draw from the novels of Ganivet is therefore this. There is a dichotomy between the human spirit and the world. The world is impervious to the spirit. The latter aspires to intelligence, to goodness, to love for humanity; but in the former there reigns ignorance, stupidity, injustice, malice, discord, frivolity and futility. In order to pursue ideal and spiritual values it is necessary to renounce the world. A religious mystic can renounce the world in order to find God, but a humanist mystic who cannot believe in God can (so it is made to appear) renounce the world only by renouncing everything. A few weeks after finishing the first half of *Los trabajos* Ganivet renounced the world by committing suicide. His reasons do not seem to have been absolutely clear, and they do not really matter for his unfinished novel. Whereas in the "nada, nada, nada" of St. John of the Cross there is a tremendous mysterious force that can flood with light the darkness of "las profundas cavernas del sentido", irradiating with meaning the otherwise empty meaninglessness of existence, in the "nada, nada, nada" of Pío Cid there is only a deep anguish.

This striking fictional character is very much a representative "type" of his creator's age. Disillusionment with political action, the search for a spiritual activity, an anguished scepticism, a humanitarian mysticism, a nihilistic but idealized anarchism: these are all to be found in the late Galdós and in the Spanish literature that follows. The interest of Ganivet's novels is not, however, only historical. In addition to being revealingly representative of a phase in the history of our culture, they have an intrinsic interest as works of literature that entitles them to a more prominent position than they have yet been accorded. *Idearium español* should not be read in isolation: the two novels that follow it reveal the essential frustration behind its apparently optimistic idealism — the tragedy of the human mind in revolt, caught in the meshes of revolt, knowing too well what it is rebelling *against,* but unable ultimately to find what it is rebelling *for.*

Alcalá Galiano y la literatura dieciochesca: paradoja histórica y "visión filosófica"
(Artículo-reseña a los 135 años)

RUSSELL P. SEBOLD
Universidad de Pennsylvania

> Nosotros designaremos las composiciones con los títulos de *buenas* o *malas*, sin curarnos mucho de si son *clásicas* o *románticas*, y éste es en nuestro entender el mejor partido que pueden tomar los hombres de juicio.
>
> (Alberto Lista, *Ensayos literarios y críticos* [Sevilla, 1844], II, 43.)

Emprendí, después de veinte años, la relectura de la *Historia de la literatura española, francesa, inglesa e italiana en el siglo XVIII. Lecciones pronunciadas en el Ateneo de Madrid* (Madrid, 1845), * del gaditano Antonio Alcalá Galiano (1789-1865), con la intención de dedicar unas páginas al análisis de la visión romántica de las letras setecentistas que recordaba haber notado en la obra indicada. La lectura atenta y crítica de los libros suele llevar a sorpresas. Pero ¿cuál podía ser mayor que la mía al darme cuenta de que el crítico cuya visión romántica de lo dieciochesco pensaba estudiar, el autor del supuesto manifiesto romántico español de 1834 —el célebre prólogo que Galiano puso a *El moro expósito* del duque de Rivas—, no fue en el fondo lo que puede llamarse un romántico.

En mi ensayo "Contra los mitos antineoclásicos españoles" (en *PSA,* octubre 1964, 101-102; o en *El rapto de la mente* [Madrid, 1970], p. 45) señalé que en el referido prólogo Alcalá Galiano se guía todavía por algún precepto neoclásico (después de todo, a comienzos de siglo, en la ruidosa polémica con Böhl de Faber, había defendido el punto de vista neoclásico). Pero —y la cosa vale más de los dos *peros* que ya le he puesto— he aquí que el mismo crítico quiere disociarse enteramente del movimiento romántico. Al

---

* En adelante: *Lit. XVIII.*

aludir, en su historia de la literatura setecentista, a su prólogo de 1834, se inclina al entusiasmo por "el gusto llamado clásico... que prefiero a las extravagancias monstruosas de que he sido tal vez involuntario apóstol" (*Lit. XVIII*, p. 98). Quiere decirse que ya en vida del prologuista, merced a la falsa interpretación de sus páginas sobre el poema de Saavedra, se le atribuía un papel que él jamás quiso desempeñar.

No solamente no abandonó del todo Galiano las ideas neoclásicas en los años que mediaron entre la ya mencionada polémica y la composición de su "manifiesto", según se ha querido creer, sino que en el mismísimo año de 1834, en su otra obra *Literature of the Nineteenth Century: Spain*, publicada por entregas en cinco números de la revista londinense *The Athenaeum*, él recomienda al autor de *El moro expósito* el uso de la clásica lima de Horacio, o de la podadera, que viene a ser lo mismo: "La podadera podría aplicarse a menudo ventajosamente para reducir la exuberancia de su estilo y lenguaje" (*Literatura española siglo XIX,* trad. Vicente Lloréns [Madrid, 1969], p. 129). * Pero le toca al lector sorprenderse una vez más, aunque, por otra parte, ya va haciéndose evidente que el supuesto manifestante romántico de 1834 todavía no se ha convertido al romanticismo en 1845. En este año, en la obra objeto de este comentario, mientras habla del poeta André Chénier, Galiano afirma, con Horacio, que la *naturaleza* (aptitud o inspiración natural) y el *arte* (conocimientos de los buenos modelos y la preceptiva) contribuyen igualmente a la creación de poesía de la más alta calidad, o sea, que "con el talento, ayudado por buenos estudios, puede acertarse con el verdadero buen estilo, sin atender a las pretensiones de opuestas escuelas modernas" (*Lit. XVIII,* 368).

Galiano no se deja impresionar en absoluto por esos exagerados alardes de inspiración y originalidad de los románticos, esto es, de las "opuestas escuelas modernas"; y a mediados del siglo XIX sigue manteniendo esencialmente el mismo concepto del proceso creativo que neoclásicos como Tomás de Iriarte, cuya traducción de los versos 408-411 de la *Epístola a los Pisones* el gaditano seguramente conocería: "Dudan si el verso digno de alabanza / Del natural ingenio se deriva, / O bien del artificio y enseñanza. / Yo creo que el estudio nada alcanza / Sin la fecundidad de la inventiva; / Ni la imaginación inculta y ruda / Es capaz por sí sola del acierto; / Pues han de darse, unidas de concierto, / Naturaleza y arte mutua ayuda" (Iriarte, *Obras,* 2.ª ed. [Madrid, 1805], IV, 57).

Notemos de paso —pues el paralelo es bien curioso— que la censura que el pretendido romántico Galiano lanza contra las exageraciones de las "opuestas escuelas modernas" es semejante a la del neoclásico Alberto Lista un año antes: "Hasta ahora los que más honor han hecho a la poesía la han considerado como un arte; y todos conocen la secta nueva de poetas, que ni aun como

---

* En adelante: *Lit. XIX.*

arte quiere considerarla; pues... no reconoce más principio de escribir en verso que lo que sus adeptos llaman *inspiración, genio, entusiasmo,* y algunos *misión*" ("De la poesía considerada como ciencia", *Ensayos literarios y críticos* [Sevilla, 1844], I, 165). En realidad, Lista concede más importancia que Galiano a la inspiración, como se ve por el siguiente ensayo de aquél, en la misma colección, titulado "De la supuesta misión de los poetas", y no sería difícil allegar observaciones críticas de Lista de tono aparentemente más romántico que cualquiera de las contenidas en el famoso "manifiesto romántico" del gaditano.

A la vista de tales pasajes, tampoco es posible caracterizar a Alcalá Galiano echando mano de ese trillado término que se aplica a casi todos los escritores de los años 1830-1850 que no sean románticos exaltados: quiero decir, el adjetivo *ecléctico.* No es solamente que el antiguo contertuliano de Quintana se incline más en la dirección de lo neoclásico que de lo romántico. Es que en último término no le interesa a Galiano ninguna transacción limitada a sólo dos *-ismos* o escuelas literarias, por muchas características que contenga de la una o de la otra. Con el paso de los años, Galiano se fue acercando a la postura de su antiguo contrincante Böhl de Faber, según afirman la famosa hija de éste y casi todos; pero, evidentemente, no en el sentido de que se fuera haciendo cada vez más romántico, que es la interpretación que ha solido hacerse de tal afirmación. La postura de Böhl a la que en realidad se aproximó el antiguo emigrado fue la que, probablemente sin entera razón, Agustín Durán veía en el alemán, la de un hombre de gusto universal, un observador tranquilo e intérprete científico de todas las alteraciones literarias que la historia trae a lo largo de su tortuoso curso. Pues, en el catálogo de documentos al final de su *Romancero general,* Durán alude en estos términos a la labor de antólogo del, por otra parte, archiconservador y muchas veces intransigente Böhl:

> sin renunciar a los instintos y a las leyes naturales del verdadero buen gusto, y penetrado de que para dar a conocer la literatura de una nación, es preciso presentarla y juzgarla cómo fue en todas las edades y bajo todas sus fases y aspectos, admitió en su antología todas las clases, géneros, especies y formas de la poesía castellana, empezando por la más próxima a la primitiva y popular, y acabando por la más elegante y artística (citado por Guillermo Carnero en *Los orígenes del romanticismo reaccionario español: el matrimonio Böhl de Faber* [Valencia, 1978], p. 33).

Actitud "filosófica" no muy diferente, en fin de cuentas, de la de un Alberto Lista (véase el epígrafe que encabeza estas páginas), a quien, según la historia literaria al uso, hay que ver como opuesto en todo a las ideas de un Böhl.

Ya se va preludiando semejante actitud en Galiano en su breve historia de la literatura española de los primeros decenios del ochocientos, donde se recomienda la emulación de la moderna literatura inglesa, caracterizada por un hondo respeto a la tradición, pero en la que es prácticamente desconocida la división facciosa en neoclásicos y románticos:

> Los poetas de España —escribe el emigrado en 1834— debieran poner su mirada en horizontes más amplios que hasta ahora. Evitando la imitación de las extravagancias de la moderna escuela romántica ... y desdeñando las vagas diferencias entre clasicismo y romanticismo, debieran seguir los brillantes y juiciosos ejemplos de los ilustres poetas ingleses de los últimos años. Su historia nacional, sus tradiciones populares, la faz de su país [es decir, las de los españoles], están llenas de elementos poéticos y novelescos. (*Lit. XIX*, 133-134)

Más arriba, en la misma obra, donde nuestro historiador resume la famosa querella calderoniana de Böhl y presenta a los adversarios de éste, hay ya una alusión a tal postura neutral, semejante a la inglesa:

> Los que atacaron el teatro nacional fueron don José Joaquín de Mora y un amigo suyo [el propio Alcalá Galiano], más notorio desde entonces por su conducta política que por sus méritos literarios, el cual ha abjurado los principios que entonces profesaba, no para ponerse totalmente en favor de la causa de los románticos, sino adoptando las ideas más liberales y justas de los poetas y críticos ingleses. (*Lit. XIX*, 114)

(Por lo que hemos visto en los párrafos anteriores, queda claro que la abjuración de principios mencionada aquí se refiere a las ideas anticalderonianas, y no a la poética de abolengo grecolatino.) En el mismo año de 1834, en el Prólogo a *El moro expósito*, Galiano comenta así la actitud de Rivas al componer su largo poema: "No ha pretendido hacerlo ni clásico ni romántico, divisiones arbitrarias en cuya existencia no cree" (en Rivas, *Romances*, ed. Cipriano Rivas Cherif, *Clás. cast.*, n. 12 [Madrid, 1953], II, 269); * por lo cual, al decir el prologuista que el poeta señala con su obra "un género nuevo en la poesía castellana" (ibíd., 253), no quiere decir que éste se haya propuesto anunciar la llegada del romanticismo a España (hiciéralo así de hecho o no), según ya se verá.

En otro importante pasaje de la historia de la literatura decimonónica, manteniendo la misma imparcialidad, pero aludiendo en términos más directos a la metodología de la crítica literaria, Galiano censura cierta historia literaria porque no muestra "nada que se acerque a una visión filosófica", y opina que los escritos de los españoles modernos debieran interesar al historiador de la literatura si fuera, como debe ser, "observador filosófico" (*Lit. XIX*, 70-71). Manifiesta el mismo interés metodológico en el Prólogo a *El moro expósito*, al expresar su entusiasmo por "la edad presente, tan rica en crítica sana y propia de una generación filosófica" y su asombro de que en los escritos de españoles modernos como Moratín y Martínez de la Rosa

---

* En adelante: Rivas, *Rom.*

"no se haya dado cabida a los adelantos que el arte crítica ha tenido y está haciendo en otras naciones" (en Rivas, *Rom.*, II, 263-264, 271).

Mas es en la *Historia de la literatura... en el siglo XVIII,* obra madura, en la que Galiano se propone "declarar los principios de la sana crítica tal como yo la alcanzo", asentando su completa conformidad con dos adelantos de la historiografía decimonónica, muy endeudada a este respecto con la Ilustración dieciochesca ("la crítica floreció en el siglo XVIII —dice el mismo Antonio—, porque la crítica es hija de la filosofía"): el primero de tales adelantos es "nunca despreciar completamente lo pasado, aun cuando de ello algo o mucho desaprobemos y aun vituperemos, y el hacernos cargo de que, no siendo los tiempos iguales, y pensándose en unos muy diferentemente que en otros, fuerza es que los escritos se diferencien asimismo, por lo cual no es oportuno sino muy al revés, cuando se intenta dar a conocer cosas pasadas, borrar las diferencias que entre ellas y las actuales existen, en vez de dejarlas subsistir y aun ponerlas patentes"; y el segundo es "notar la diversidad del gusto en varias épocas y atender a las causas que la producen", considerando a la vez "el mejor modo de acomodar lo antiguo a lo moderno" (*Lit. XVIII,* 15, 302-303, 466). (El "género nuevo" que, según Galiano, trae Saavedra no es sino un ejemplo del "mejor modo de acomodar lo antiguo a lo moderno"; pues entre quienes habían nacido en el siglo XVIII —recuérdense los admirables adelantos de la ciencia de la historia en esa centuria— lo nuevo en la literatura de la primera mitad del XIX no era tanto el llamado romanticismo, fenómeno en el fondo psicológico, como la nueva orientación historicista de las obras de creación.)

Ahora bien, los párrafos siguientes se han escrito con el triple propósito de rastrear las fuentes (son casi siempre dieciochescas) de los "sanos principios filosóficos" de Alcalá Galiano, de dilucidar la aplicación de esos principios al estudio del setecientos, sobre todo en España, y de evaluar el éxito del distinguido político en su *Historia de la literatura... en el siglo XVIII,* que, junto con los *Ensayos literarios* (1844) de Lista, es una de dos singulares obras críticas de la primera mitad del siglo XIX que urge reeditar y que —según decía de *La poética* de Luzán hace algunos años— ya habrían tenido ediciones modernas si pertenecieran a la literatura de cualquier otro país occidental.

Otra sorpresa para mí, al releer la crítica de Alcalá Galiano (la cual no lo será, sin embargo, para el lector del presente trabajo, después de lo ya dicho), fue la impresión mucho más positiva que me causó la segunda vez. Aunque de cuando en cuando injusta en sus apreciaciones de escritores individuales del siglo ilustrado, la *Historia de la literatura... en el siglo XVIII* me ha parecido esta vez ecuánime y juiciosa en la mayoría de sus aspectos y muy exacta en sus intuiciones históricas de tipo general. No me retractaré, empero, de nada de lo dicho sobre Galiano en mi ya mencionado trabajo "Contra los mitos antineoclásicos españoles", porque allí le cito principalmente para ejemplos de la absurda noción, muy extendida en España a principios del siglo xix, de que la literatura nacional, así como la de algún otro país, llegaran a "afrancesarse" del todo durante los siglos xvii y xviii.

Vistas las confusas lealtades políticas de muchos literatos en la época de Carlos IV, José Bonaparte y Fernando VII (causa principal de la conversión del término político *afrancesado* en término seudoliterario, según explico en el trabajo ya indicado), se entiende que abrazara la leyenda del afrancesamiento literario un crítico de juicio por otra parte sólido como Galiano, quien, por añadidura —cosa irónica—, era considerado como afrancesado en la ya aludida polémica calderoniana, y estampa, además, a la cabeza de su "manifiesto romántico" un epígrafe del poeta neoclásico supuestamente afrancesado Juan María Maury. Lo lamentable es que los lectores modernos tardásemos tanto en desvanecer esta confusión, natural en el momento de su origen, pero ridícula por su continua propagación en incontables obras de consulta, sin que se cuestionara siquiera hasta hace unos quince años.

Ahora, en el admirable libro del hispanista francés François Lopez, *Juan Pablo Forner et la crise de la conscience espagnole au XVIIIᵉ siècle* (Burdeos, 1976), con argumentos y datos incontestables, se ha refutado una vez más la idea de que el afrancesamiento fuera la nota distintiva de la literatura setecentista española. Pero para mera ilustración de este fallo del juicio de Alcalá Galiano y para que el lector esté en guardia contra este aspecto de la crítica del escritor cuya *Historia de la literatura... en el siglo XVIII* estudiamos aquí, copiaré a continuación, de las tres obras ya citadas, algunos curiosos ejemplos que no aduje en mi trabajo anterior. Alguno de estos extravagantes asertos ha prosperado y parece familiar por las numerosas paráfrasis a que todos han dado lugar en los manuales. Frente a algunos de ellos es imposible no recordar a la vez el doloroso lamento de Iriarte de que España sea "la tierra donde creen / que el arte y sus preceptos verdaderos / son invención moderna de extranjeros" (*B. A. E.*, 63, 26a).

España se convirtió en una Francia en miniatura. (*Lit. XIX*, 23)

... al introducir el clasicismo francés los preceptistas españoles del siglo xviii lo forzaron todo: lengua, hábitos, ideas. (Pról. *Moro expós.*, en Rivas, *Rom.*, II, 262)

Pero la sumisión e insipidez que hemos imputado a los escritores españoles de ese período, como copistas de originales franceses, es atribuible al código literario adoptado y mantenido oficialmente por el gobierno. (*Lit. XIX*, 23)

Meléndez Valdés empezó a escribir poesía poco después de aquella revolución literaria en virtud de la cual el código de Francia se convirtió en la ley de España. (*Lit. XIX*, 73)

Los restauradores de la literatura ... todo lo tomaban del pueblo francés, su vecino. (*Lit. XVIII*, 317) [¿Restauradores? ¿Quiere decirse que también era afrancesada la literatura española del Siglo de Oro?]

El poeta madrileño [Cienfuegos], aun traduciendo a Horacio, es del siglo XVIII y francés. (*Lit. XVIII*, 454)

Una secta que se llamaba de literatos a la francesa y de que formaban parte Dryden, Rochester y otros, dominaban en la literatura [inglesa]. (*Lit. XVIII*, 11)

Pope ... en una palabra, fue clásico francés. (Pról. *Moro expós.*, en Rivas, *Rom.*, II, 266)

... en Inglaterra [existía] ... a la par con la escuela francesa de Hume la [literatura] de otros insignes escritores de la escuela indígena anglosajona. (*Lit. XVIII*, 161)

... todavía no me atreveré yo a decir que el insigne piamontés [Alfieri] fue quien con su ejemplo o con su crédito desafrancesó (si me es lícito usar de esta voz) la literatura de la península entera. (*Lit. XVIII*, 436)

Mas, en otra página de la misma lección, Galiano observa que "Alfieri, reprobando el gusto francés, le siguió en gran parte, y sobre todo en las formas, que en el poema dramático influyen bastante en el alma de la composición" (*Lit. XVIII*, 429).

La contradicción y la aparente o casi contradicción —no siempre relativas al afrancesamiento— son constantes del punto de vista y estilo de Galiano; a veces cae en ellas llevado por su persistente deseo de ser objetivo —o "filosófico", según diría él— y de presentar todos los aspectos del tema estudiado. Por ejemplo, en un solo párrafo dice que Tomás de Iriarte posee "una de las imaginaciones más heladas que jamás se han conocido", pero, en cuanto a las *Fábulas literarias,* que "su invención es por lo común felicísima, teniendo las más veces el mérito de la novedad absoluta" (*Lit. XVIII*, 253); y sobre el estilo de su conmilitón en la polémica contra Böhl de Faber, José Joaquín de Mora, expresa el sorprendente juicio contradictorio que sigue: "su lenguaje, incorrecto casi siempre y plagado de barbarismos, es a veces, sin embargo, singularmente feliz; su estilo es elegante y su versificación fácil y melodiosa" (*Lit. XIX*, 104). Con todo, las contradicciones más frecuentes, completas e inconciliables suelen ser las provenidas de esa extraña galofobia que Antonio nunca consiguió arrojar, pese a varios intentos de mirar la cuestión en forma desapasionada, a los que ya aludiré.

Pero veamos antes, como último ejemplo de su actitud muchas veces irracional ante las relaciones entre lo francés y lo español, sus dos juicios sobre la tragedia *Zaïre* de Voltaire. Primero, juzgando ésta en sí misma como obra perteneciente a la literatura francesa, Galiano escribe:

no puede negarse que hay en ella un patético tan sublime y que a pesar de todas sus inverosimilitudes, arrebata tanto, que es una de las tragedias que más conmueven aun leídas, y mucho más en la escena, de manera que si muchas tienen más mérito literario, pocas aventajan a *Zaira* en el placer dramático que causa en oyentes o lectores. (*Lit. XVIII*, 69-70)

En cambio, cuando la misma obra se convierte en objeto de la traducción por un español (García de la Huerta), es ya el producto "de un clasicismo degenerado y bastardo, el de Voltaire, sólo acreedor al título que toma por su observancia de las unidades" (*Lit. XVIII,* 241). La aversión a todo posible afrancesamiento literario conduce a Galiano, en un caso extremo, a tildar de "árida materia" a la literatura patria del siglo xviii (*Lit. XVIII,* 249); mas se verá, por todo lo que sigue, que en realidad no opinaba así.

En fin: la *Historia de la literatura... en el siglo XVIII* contiene, en varios lugares, el antídoto de estas antilogías gálicas, pero ha pasado desapercibido para la generalidad de los lectores que, sobre todo en la época romántica y de reacción contra lo dieciochesco, por cierto no pecaron de cuidadosos, quedándose aquí aún más cortos que el mismo Galiano en el cumplimiento de su ideal "filosófico". Dicho antídoto lo busca en el hecho de que como en el setecientos todos los países de Occidente sufrieron la fuerte influencia cultural de Francia —fue el denominador común cultural de todas las naciones en esa época—, no importa tomar este fenómeno muy en cuenta al hablar de las literaturas de naciones individuales. "Italia —nos dice Galiano—... seguía los movimientos del gran planeta francés, que planeta puede llamarse aquél en cuya órbita giraban todos los estados" (*Lit. XVIII,* 9). En una lección posterior reitera que "el influjo francés, poderoso en la literatura de los demás pueblos desde los últimos años del siglo xvii, llegó a ser omnipotente en la Europa continental, y hasta a sentirse no poco en la Gran Bretaña en todo el siglo xviii" (*Lit. XVIII,* 273).

Pasemos ahora a considerar en forma general la deuda de Galiano con el pensamiento filosófico y la poética del Siglo de las Luces, dejando para después el estudio de las fuentes concretas de su "visión filosófica" y la aplicación de ésta a los problemas de la historia de la literatura del xviii. Nacido en 1789, Alcalá Galiano es todavía en la centuria nueva intelectualmente "un hombre de su siglo", según él mismo dice recurriendo a un concepto historiográfico dieciochesco al hablar de Fénelon (1651-1715), que también siguiera encarnando en un siglo nuevo las ideas del anterior (*Lit. XVIII,* 21). Para Galiano, el siglo en que vio la luz es "la época más importante quizá... en la historia de los progresos del humano entendimiento" (*Lit. XVIII,* 7). Feijoo en España —insiste en el tono retórico característico de sus lecciones— "hizo una gran cosa, que fue lo mismo que hicieron los filósofos franceses, pues introdujo en un país donde sólo se conocía la autoridad, la duda, la duda, señores, contra la cual se ha clamado mucho pero en vano, porque del dudar nace el saber" (*Lit. XVIII,* 35). Por ende, Galiano también concluía que el filósofo inglés Hume se guiaba por "aquellos principios, que en mi concepto son los únicos racionales... a saber, los principios de una duda profunda" (*Lit. XVIII,* 110).

Cree fervorosamente en la perfectibilidad del hombre a través de la ilustración, que fuera el gran ideal de todos los filósofos del siglo xviii: "con grave yerro nos olvidamos de que si en una u otra cosa está en decadencia el mundo —reconviene a sus contemporáneos—, en él se halla propagada y va difundiendo la ilustración, y que con ella, digan cuanto quieran sus contrarios, vienen virtudes porque guiados por ella, pueden caminar los hombres a la perfección de su ser en lo moral, así como a los adelantamientos sociales y materiales" (*Lit. XVIII, 178*). Incluso las metáforas con que comunica su visión de la historia española le vienen del setecientos. Describe así a la decrépita España del último Habsburgo, Carlos II el Hechizado: "nuestra vasta monarquía... era un grande edificio lleno de grietas, con las puertas y ventanas carcomidas y caídas" (*Lit. XVIII, 21-22*); pasaje que revela que Antonio era lector atento de Cadalso, pues en las *Cartas marruecas* ya se había pintado en forma similar a la España de Carlos II:

Se me figura España desde el fin de 1600 [es decir, desde fines del siglo XVII] como una casa grande que ha sido magnífica y sólida, pero que por el decurso de los siglos se va cayendo y cogiendo debajo a los habitantes. Aquí se desploma un pedazo del techo, allí se hunden dos paredes, más allá se rompen dos columnas, por esta parte faltó un cimiento, etc. (Carta XLIV)

En 1737, Luzán escribía: "se podrá definir la poesía *imitación de la naturaleza en lo universal o en lo particular, hecha con versos, para utilidad o para deleite de los hombres, o para uno y otro juntamente*" (*La poética*, ed. Russell P. Sebold [Barcelona, 1977], p. 161); y en lo esencial no variaron de esta definición otros legisladores neoclásicos setecentistas como el P. Antonio Burriel, en su *Compendio del arte poética* (Madrid, 1757, p. 11), y Santos Díez González, en sus *Instituciones poéticas* (Madrid, 1795, p. 2). Se halla en el pretendido manifiesto romántico de 1834 lo más cercano a una definición de la poesía que tenemos en palabras de Galiano, y si pensamos en la distinción vulgar entre lo romántico y lo clásico, no dejan de parecer muy románticas, frente a la definición luzanesca, las expresiones siguientes: "cuanto excita en nosotros recuerdos de emociones fuertes; todo ello, y no otra cosa, es la buena y castiza poesía" (en Rivas, *Rom.*, II, 256). Mas siempre conviene matizar distinciones tan categóricas, sobre todo tratándose de dos tendencias tan íntimamente relacionadas por sus premisas filosóficas como el neoclasicismo dieciochesco y el romanticismo; y, por otra parte, las emociones fuertes no son privativas del romanticismo. En otro neoclásico que está ya a caballo entre los dos siglos, Francisco Sánchez Barbero (1764-1819), se encuentra otra definición, y a la luz de ésta no parece tan radicalmente nueva la de Alcalá Galiano. "La poesía es el lenguaje del entusiasmo —explica Barbero— y la obra del genio. En su poder tiene las riquezas de la tierra y los resortes de las pasiones" (*Principios de retórica y poética* [Madrid, 1805], p. 145). Tampoco habría que olvidar que ochenta años antes, en el "Paralelo de las lenguas castellana y francesa", en el tomo primero del *Teatro crítico*, Feijoo afirmaba que "quien quiere que los poetas sean muy cuerdos, quiere que no haya poetas".

Ello es que en la poética, lo mismo que en el terreno del pensamiento y el progreso humanos, Antonio se inclina decididamente del lado de la mentalidad del siglo en que nació. Otro aspecto en el que Galiano podría parecer romántico es en casi haber llegado a proclamar la existencia de la poesía en prosa por consistir la esencia de lo poético, según creía él, en la belleza y el misterio, más bien que en el verso. Observa que Buffon, en su *Histoire naturelle,* al exponer su hipótesis sobre la formación del mundo, "la revistió de colores tan hermosos que hizo de ella un bello poema.... Gloria es de un escritor en prosa haber igualado con altos modelos de poesía" (*Lit. XVIII,* 157-159). Mas no confía tal observación al papel sin haberse precavido antes con la expresión de cierta reserva:

> si bien no pretendo decir que son enteramente poetas los que escriben en prosa, sustento que gran parte, y muy principal de lo que constituye al poeta, son los vuelos de la fantasía y los afectos vivos, que son una reverberación de pensamientos altos y nobles. (*Lit. XVIII,* 156)

Pues bien, he aquí en esta vacilación en renunciar al verso un claro indicio del enlace de Galiano con la centuria neoclásica. También Luzán, en una de las adiciones que puso a su *Poética* antes de morir en 1754, precisamente por el importante elemento constitutivo de la poesía que es el misterio, casi llegó a aceptar la posibilidad del poema en prosa, no obstante su inquebrantable respeto a la secular tradición de la forma métrica: "Si no fuera necesario el verso, yo no tendría dificultad alguna en llamar poesía a muchos pasajes de los grandes historiadores, particularmente cuando refieren cosas muy antiguas y oscuras y expresan circunstancias de que no hay memoria" (*La poética,* ed. cit., p. 163). (Merece la pena mencionar, siquiera de pasada, un curioso resultado de esta preocupación de Galiano por la relación de contenido y forma entre las obras en verso y prosa. Los formalistas y estructuralistas de nuestra época creen estar haciendo algo nuevo al hablar de lo que llaman la poética de los géneros narrativos en prosa. Pero en la página 175 de la obra de 1845 aquí estudiada se lee: "Los ingleses empezaron a escribir novelas y a señalarse en este género... aunque su fama no traspasa los límites de su poética".)

Al llegar a hablar de los últimos años de la centuria decimoctava, Galiano apunta esta idea: "Cuando iba terminando el siglo XVIII, el alma de la composición literaria había variado completamente; los preceptos muy poco" (*Lit. XVIII,* 358); palabras hondamente significativas, por cuanto revelan: 1) que su autor había observado en la literatura de fines del setecientos esa tendencia que ahora suele llamarse prerromántica; 2) que Antonio, a diferencia de los románticos exaltados, no veía la poética dieciochesca como un cuerpo de reglas absolutamente invariable (precisamente el XVIII, por considerar las reglas de los antiguos como derivadas de la observación de la infinita naturaleza y por concebir todas las disciplinas como basadas en la naturaleza, aceptó como reglas nuevas esas licencias felices que la inspiración natural y la naturaleza de los temas sugerían a los poetas, según he explicado en otros lugares); y 3) que los preceptos individuales, los antiguos y los nuevamente admitidos, eran para Galiano, a diferencia del cambiante conjunto de las reglas, de índole permanente. Pues desde hacía un siglo se venía manteniendo con razón, me parece, la opinión de que como las reglas no eran sino una descripción de las fundamentales y naturales operaciones mentales de todo *homo scribens,* tales preceptos, una vez demostrados, tenían que ser tan eternos y universales como, por ejemplo, cualesquiera verdades médicas relativas al hombre. Así pensaba Luzán al hacer esta adición a *La poética* de 1737:

> Una es la poética y uno el arte de componer bien en verso, común y general para todas las naciones y para todos los tiempos; así como es una la oratoria en todas partes... De aquí es que sería empeño irregular y extravagante querer buscar en cada nación una oratoria y una poética distinta. Bien es verdad que en ciertas circunstancias accidentales puede hallarse, y se halla con efecto, alguna diferencia. El clima, las costumbres, los estudios, los genios influyen de ordinario hasta en los escritos y diversifican las obras y el estilo de una nación de los de otra ... pero es una diferencia que sólo hiere en el modo con que cada nación o cada autor pone en práctica los preceptos de la oratoria o de la poética que en todas partes son, o a lo menos deben ser, unos mismos. (ed. cit., pp. 147-148)

Este pasaje nos ayudará a identificar todavía otro detalle en el que Galiano se atiene a la poética neoclásica. Para el crítico gaditano, igual que para el zaragozano, en la práctica de la poética, un país occidental no se aparta de otro sino por "una diferencia que sólo hiere en el modo"; pues el historiador de la literatura setecentista asienta que "si hay principios externos de buen gusto, deben ser acomodativos, e irse adaptando a la sociedad; que en cada pueblo el gusto verdaderamente clásico varía, que asimismo en cada nación se altera según ella se muda" (*Lit. XVIII,* 281).

Insistiendo en el pulimento del estilo, la crítica neoclásica hacía consistir la perfección de las obras en *la dificultad vencida* —colocándose obstáculos delante del escritor se le hacía trabajar más y acababa por conseguir más—; y se creía, no sin mucha razón, que las frases más fáciles y gratas de leer son precisamente las más difíciles de escribir. (Todavía Anatole France, en su ensayo sobre el abate Prévost, en *Le Génie latin,* observaría que "ce qui est écrit vite n'est pas toujours ce qui se lit vite".) Y, en efecto, se refleja en el pensamiento de Galiano este mismo principio neoclásico, por ejemplo, cuando juzga que Voltaire "era modelo que parecía fácil de imitar, a pesar de que esta facilidad aparente era engañosa" (*Lit. XVIII,* 293).

En el siglo XVIII, en literatos como Feijoo, Cadalso, Iriarte y Jovellanos se acentúa el aspecto supranacional de la vieja idea de la república literaria:

en ciertos momentos, tales cosmopolitas y "ciudadanos libres de la república literaria", según la frase del ilustrado benedictino, creen sentir más afinidad espiritual con sus compañeros de vocación en otros países europeos que con españoles de otros oficios y clases sociales. Se ve que este concepto de un país intelectual sin fronteras nacionales es todavía para Antonio un criterio vivo y útil: describe el yermo humanístico del Piamonte, donde resultó sorprendente la aparición de un gran talento como Alfieri, recordando que allí "pocos habían entonces cultivado las letras con aprovechamiento, o a lo menos alcanzado con su cultivo un puesto siquiera de mediana eminencia o nota en *la región literaria del mundo todo*" (*Lit. XVIII*, 426; el subrayado es mío).

En el ya mencionado artículo "Contra los mitos antineoclásicos españoles"; en mi libro sobre Cadalso; en el Prólogo a mi edición de *La poética* de Luzán; en la Introducción a mi edición de *El señorito mimado* y *La señorita malcriada* de Iriarte, y en otros lugares, he demostrado con numerosos documentos que, dentro de la orientación hispánica natural en todo movimiento literario español, el neoclasicismo fue profunda y característicamente cosmopolita (no afrancesado) en su manera de aprovechar los modelos e inspiraciones extranjeros. En la primera de las publicaciones que acabo de enumerar tomé nota de que, a despecho de sus confusas nociones en torno al afrancesamiento, Galiano no había dejado de reconocer el sesgo cosmopolita del neoclasicismo español, pues observa que "cuando se iba la literatura cada vez más afrancesando..., un tanto inglesando, y por la fama de Metastasio... italianizando, entonces mismo [los españoles] más que antes miraban por la gloria y la conservación de los escritos de los antiguos ingenios españoles" (*Lit. XVIII*, 251). Mas lo notable, sin duda, es la agudeza con que, por lo menos en una ocasión, logra aplicar esta percepción a un poeta individual del XVIII, y hay que tener en cuenta que al expresarse tal juicio todavía no se había hecho ninguna investigación sistemática de las fuentes de la poesía dieciochesca española, ni aun la del marqués de Valmar (1869). En la siguiente observación sobre Meléndez Valdés, igual que en la general que acabamos de recoger, Galiano sólo se equivoca al subestimar la influencia inglesa: "Conocía bien los poetas franceses e italianos, y aun quizá algo los ingleses, y en todos ellos tenía puesta la mira, procurando hacer una amalgama de sus distintos méritos con los de los poetas antiguos de su patria" (*Lit. XVIII*, 380).

Teniendo en cuenta todas las coincidencias de Antonio con la teoría neoclásica que hemos descubierto desde las primeras líneas de este trabajo, no sorprende que él defendiera a Luzán frente a sus detractores (en el Prólogo a mi edición de *La poética* creo haber establecido de una vez para siempre que no hubo solución de continuidad entre la labor del heraldo del neoclasicismo y la obra de los poetas de la generación de Meléndez): en fin, según el historiador gaditano de la literatura dieciochesca, el gran crítico zaragozano "no acabó con la literatura buena, sino con la mala que había en su tiempo" (*Lit. XVIII*, 40). Las expresiones de Galiano no pecan en este pasaje de entusiastas en el sentido normal de la palabra, mas habría que recordar que estamos leyendo a un cronista "ilustrado" que insiste en no tomar partido, en mantener su "imparcialidad", según diría un Cadalso, o su "visión filosófica", según diría él mismo.

Veamos ahora dos juicios de conjunto sobre todo el movimiento neoclásico formulados en el mismo tono; y luego miraremos otra serie de pasajes por los cuales se podrá apreciar quizá algo más fielmente el grado de simpatía subyacente que hay en Galiano en esos momentos en que parece juzgar con severidad a los poetas dieciochescos. Al mismo tiempo se verá que, aunque alguna vez Antonio se hacía eco de los prejuicios antineoclásicos entonces de moda, él comprendía la esencia del movimiento inaugurado por Luzán. El primero de los referidos juicios "filosóficos" se expresa cuando, al comienzo de la lección XV, Galiano pasa de hablar de otras literaturas dieciochescas a tratar de la española:

> ... si bien no puedo prometerme, como más de una vez he dicho, que sea fácil dar del estado de nuestra literatura una idea sumamente ventajosa. Sin embargo, estaba entonces progresando .... se había adelantado en la tarea de sentar principios conformes a un mediano buen gusto. Pero el que reinaba, si bien acertado en cuanto encaminaba los espíritus a las fuentes de la belleza literaria y artística, pecaba en señalar para ir al objeto apetecido un camino harto estrecho. (*Lit. XVIII*, 227)

El segundo de estos juicios muy considerados se interpola al final de la lección XXV, al anunciarse el tema de la XXVI y última, en la que el conferenciante disertará sobre las letras españolas durante los últimos años del setecientos:

> No era del todo oscuro el horizonte de nuestra patria en los días a que voy a referirme. No brillaban en él grandes lumbreras; pero las había bastantes a dar una luz templada y agradable. (*Lit. XVIII*, 438)

Ahora bien: ¿en qué descansaba este cauteloso entusiasmo?, ¿y qué motivos hay para sospechar que era mucho más vivo de lo que Galiano quería mostrar en tales pasajes? Contestaremos ambas preguntas confrontando la afectuosa descripción que Antonio hace del estilo clásico con su identificación de ciertos modelos que los neoclásicos se propusieron emular —esas ya aludidas "fuentes de la belleza literaria"—. En fin, por un lado, Galiano añora

> aquella sencillez que reluce en los verdaderos clásicos, que brilla en los autores griegos, que más apagada resplandece en los latinos, de que se encuentra un reflejo en los grandes escritores franceses del tiempo de Luis XIV, así como en los de Italia del siglo XVI, y en los de nuestro Siglo de Oro. (*Lit. XVIII*, 81)

Por otro lado, se consuela quizá un poco al darse cuenta de que, por lo menos, en la segunda mitad del siglo XVIII se volvió a apreciar generalmente esa sencillez clásica y aun se restauró en parte. Las precisiones cronológicas relativas al Siglo de Oro que contiene el siguiente pasaje son significativas (los mismos neoclásicos daban todavía más preferencia que Galiano al quinientos, que llamaban "el buen siglo", según he hecho ver en mi Introducción a *La poética* de Luzán):

> Al paso que el estudio de los [autores] extranjeros no se descuidaba, se volvía un tanto al de la antigua literatura española, poniendo la atención, no en los autores de fines del siglo XVII, sino en los poco antes olvidados modelos del XVI y principios del siguiente, que forman nuestra escuela clásica, y aun tal vez pasando a buscar e imitar una u otra perfección de edad más remota. (*Lit. XVIII*, 233)

Según se desprende de estas últimas palabras, incluso ha percibido Galiano la importancia de la influencia medieval sobre el metro y la temática de ciertas obras neoclásicas; pero, en fin, lo que nos interesa más de momento es el hecho de que en uno de sus principales entusiasmos literarios —el siglo XVI— nuestro historiador coincide con los neoclásicos. Por esto digo que su actitud ante la centuria de Luzán debía de ser, en el fondo, mucho más admiradora de lo que su *pose* de "observador filosófico" y sus exageradas nociones relativas a la influencia francesa parecen indicar.

En varios lugares, a lo largo de los últimos quince años, he llamado la atención sobre el hecho de que si no hubiese sido por el influjo de los neoclásicos en la reedición de antiguos textos españoles, tras más de cien años sin nuevas impresiones, muy posiblemente serían desconocidos hoy poetas tan importantes como Garcilaso, fray Luis de León, los Argensola, Villegas, etc.; y más recientemente, en su ya mencionado libro sobre Forner, François Lopez ha reiterado esta observación en relación con las ediciones de clásicos preparadas por Cerdá y Rico. Pues he aquí que Galiano se refiere a las imprentas de don Antonio de Sancha y don Joaquín Ibarra, que fueron las principales en ocuparse de la reimpresión de clásicos durante la época neoclásica (*Lit. XVIII*, 252). Anticipándose al mismo tiempo a las conclusiones de la historiografía moderna, el gaditano subraya la peligrosa escasez de ejemplares de muchos clásicos al rayar el siglo que veía a tan grandes artesanos como Sancha e Ibarra, pero, como tantas otras veces, le resulta imposible consignar datos tan favorables concernientes al papel histórico del neoclasicismo sin acoplar a ellos uno de esos xenófobos estribillos suyos con que parece atribuirse la invención de las reglas aristotélicas a los franceses: "es de notar que muchos de nuestros autores clásicos, de los cuales casi no existían ediciones a principios del siglo XVIII, durante este siglo fueron reimpresos; si bien hasta al juzgarlos, la escuela seguida por los críticos era francesa pura" (*Lit. XVIII*, 42).

Ahora, sin abandonar del todo cuestiones de poética y neoclasicismo, echemos una ojeada a las bases teóricas de esa "visión filosófica" cuyos efectos ya se han manifestado en los juicios de Galiano. Veremos que el pensamiento ilustrado influye tanto en su historiografía como la poética clásica en su concepto de la literatura. Antonio expresa la opinión de que en Inglaterra, en el reinado de la reina Ana, los escritores formaban una escuela "algo parecida" a la francesa de la época de Luis XIV, y luego sigue escribiendo:

> cuando digo parecida, señores, juzgo forzoso advertir que no debe confundirse la semejanza con la identidad. Hay en cada pueblo cierto carácter peculiar, hijo de sus usos y costumbres, y hasta del clima en que habita, que impide, cuando se traslada el gusto literario de unos al de otros, que se haga la traslación sin que pronto y aun desde luego aparezcan notables alteraciones en lo trasladado. (*Lit. XVIII*, 390)

En estas líneas se nos brinda otro indicio de que, a pesar de las apariencias, el concepto que Galiano tenía de la influencia francesa no era siempre totalmente descaminado; aquí hay a la vez otro reflejo de la idea luzanesca de que de un país a otro la poética varía por el "modo". Lo importante para la identificación del influjo ilustrado en Galiano, empero, es el hecho de que en este nuevo pasaje él atribuye ese "modo" diferencial a la acción del clima y las costumbres, igual precisamente que lo había hecho Luzán con las ya citadas palabras: "El clima, las costumbres, los estudios, los genios influyen de ordinario hasta en los escritos y diversifican las obras y el estilo de una nación de los de otra".

La teoría del clima y el terreno como determinantes de la conducta y la cultura humanas, aunque todavía muy en boga a lo largo del siglo XIX merced a pensadores como Hippolyte Taine, fue, desde luego, igualmente característica de la centuria anterior. Al principio de la primera parte de sus "Glorias de España" (*Teatro crítico*, IV, 1730), Feijoo escribe: "En el mismo clima vivimos, de las mismas influencias gozamos que nuestros antepasados. Luego cuanto es de parte de la naturaleza, la misma índole, igual habilidad, iguales fuerzas hay en nosotros que en ellos, y acaso superiores a las de otras naciones". En *De l'Esprit des lois* (1748), Montesquieu explica que nuestro medio ambiente influye en nosotros mediante las sensaciones que se nos forman al entrar en contacto con él, en lo que se hace eco de la doctrina de Locke relativa a las sensaciones; específicamente, dice que "c'est d'un nombre infini de petites sensations que dépendent l'imagination, le goût, la sensibilité, la vivacité" (lib. XIV, cap. II). El P. Isla también había sostenido que el mal gusto se comunica de un hombre a otro por las sensaciones:

> Sólo hay una diferencia entre la peste y el mal gusto... aquélla cunde a ojos vistas, éste se propaga sin sentir; por lo demás, así como aquélla se dilata por la comunicación de los apestados, así ni más ni menos, se va extendiendo éste por el comercio de los que *se sienten tocados* del gusto epidémico. (*Fray Gerundio de Campazas*, ed. Russell P. Sebold, *Clás. cast.*, n.° 149, II [Madrid, 1960-1964], 87-88; el subrayado es mío)

Interesa notar que, ya antes de la obra estudiada aquí, se combinaron en la crítica de Galiano, en forma muy dieciochesca, el sensualismo lockiano y la teoría del clima y el terreno para dar nacimiento a un determinismo histórico aplicado a las artes. Sobre la poesía de los antiguos alemanes y las causas por las que difería de la de los griegos y romanos, Galiano dice en su Prólogo de 1834 a *El moro expósito:* "el cielo que los cubría, el suelo que pisaban, eran y son diferentes en un todo de los de Grecia y del Lacio; sus sensaciones hubieron de ser, por lo mismo, diversas, y sus asociaciones de ideas muy distintas de las que hacían impresión y reinaban en las cabezas de los antiguos griegos y romanos" (en Rivas, *Rom.,* II, 255). En la misma página, el prologuista sigue así: "la imaginación del poeta, como su juicio, están formados y modificados por la lectura, por el trato diario y por mil circunstancias, en fin, de *cuanto le rodea y hace efecto en sus sentidos*" (el subrayado es mío).

Este último pasaje casi parece haberse inspirado conjuntamente en los dos de Montesquieu e Isla que vimos hace un momento. Nótese a la par, en el pasaje precedente, la frase *asociaciones de ideas:* el gran sensualista Locke es el que introdujo la frase *association of ideas* al dar un importante estímulo a la moderna psicología asociacionista. Locke fue, además, uno de los primeros en hacer depender el juicio y la imaginación de ideas y asociaciones de ideas derivadas de percepciones sensoriales. He hecho tanto hincapié en el fundamento sensualista de la historiografía literaria de Galiano porque el sensualismo también juega un papel de cierta relevancia en otros aspectos de su crítica que nos quedan por examinar.

Mas, por de pronto, para dar una idea del alcance de la "visión filosófica" de Galiano, quisiera remontarme al siglo que precede al de la Ilustración y el sensualismo. No creo que ningún otro crítico de la primera mitad del XIX tenga nociones tan modernas sobre las causas de esa decadencia literaria española que se va acusando cada vez más a partir de 1650, es decir, nociones que se anticipen tan completamente a las explicaciones que suele ofrecer la moderna historia intelectual. Empezaré citando otro pasaje sugerente del referido prólogo de 1834, pero antes será útil tener a la vista un término de comparación.

En "Literatura" (1836), Larra escribe lo siguiente sobre los riesgos inherentes al sistema de valores literarios que imperaba en España en el seiscientos:

Influida por la metafísica religiosa, puédese asegurar que [nuestra literatura] había sido más brillante que sólida, más poética que positiva .... reprimida y perseguida en España, [la Reforma] fijó entre nosotros el *nec plus ultra* que había de volvernos estacionarios .... La España estaba más lejana del foco de las ideas nuevas; las que en otros países caducaban ya, eran nuevas todavía para ella .... La muerte de la libertad nacional ... añadió a la *tiranía religiosa* la *tiranía política;* y si por espacio de un siglo todavía conservamos la preponderancia literaria, ni esto fue más que el efecto necesario del impulso anterior, ni nuestra literatura tuvo un carácter sistemático investigador, filosófico; en una palabra, *útil* y *progresivo.* Imaginación toda, debía prestar más campo a los poetas que a los prosistas: así que aun en nuestro Siglo de Oro es cortísimo el número de *escritores razonados* que podemos citar (el subrayado es del propio Larra).

Larra todavía piensa con la mentalidad de un buen ilustrado del xviii: su análisis se reduce a señalar la ausencia en la literatura aureosecular española de toda base de un progreso racionalista, útil, sólido y a la altura del de otras grandes naciones; la poesía no parece figurar en tales líneas sino como un obstáculo puesto delante del progreso (el gran ilustrado Jovellanos siempre miraba "la parte lírica de ella como poco digna de un hombre serio", según confiesa en la conocida carta a su hermano sobre sus "ocios juveniles"). En cambio, Galiano nos brinda una visión de conjunto del proceso histórico, dentro de la que se proponen unas vías muy adecuadas para la reconstrucción total del mundo intelectual español del siglo xvii (ya no se tratará meramente de achacar los males al sistema político o a la Contrarreforma). Además, la poesía no es ya obstáculo, sino el objeto principal del amplio enfoque histórico propuesto, pues el propósito de semejante estudio sería dilucidar la génesis de lo que ahora llamamos estilo barroco.

El contraste entre la visión simplista de Larra y el sentido histórico mucho más moderno de Galiano es, asimismo, observable por el hecho de que el primero no parece ver en la literatura ningún reflejo de la decadencia intelectual a lo largo de todo el segundo siglo áureo ("por espacio de un siglo todavía conservamos la preponderancia literaria"), mientras que el segundo considera posible rastrear los antecedentes de las decadentes formas ultrabarrocas de fines del siglo xvii en las gloriosas obras de principios de la misma centuria, según veremos ahora mismo. En este último aspecto, uno de los más importantes pasajes para la ilustración del pensamiento de Galiano se halla, como queda indicado, en el Prólogo a *El moro expósito,* donde también se resume, quizá mejor que en cualquier otro sitio, el esquema de la amplia investigación de historia intelectual con la que, según el gaditano, podían descubrirse las primeras semillas del por fin ridículo barroco decadente con que Luzán "acabó". Galiano asevera, en 1834, que la corrupción estilística de los rimbombantes poetastros y escritorzuelos ultragongorinos de fines del seiscientos y principios del setecientos no fue tan nueva,

que no se encuentre de ella rastro, hasta en autores de nuestro llamado Siglo de Oro, no tan exentos de faltas, ni de gusto tan acrisolado como suponen varios modernos, sus admiradores ...., y quien leyese con atención crítica y filosófica la historia de España durante el siglo xvii y viere qué estudios se permitían entre nosotros, qué estímulos excitaban los ingenios y qué ideas andaban dominantes, encontrará allí la explicación de la barbarie en que vino a caer la nación española bajo los príncipes austríacos (en Rivas, *Rom.,* II, 259).

Los admiradores modernos a quienes Galiano alude aquí son, sin duda, críticos como Juan Nicolás Böhl de Faber y Agustín Durán.

En sus conferencias de 1845, Antonio mantiene las mismas ideas en torno a la decadencia literaria que en el escrito de once años antes: esto es, que el entendimiento de los españoles sufrió grave daño debido a la pureza doctrinal que se les impuso a la fuerza, que mentalidad tan agarrotada no pudo menos de reflejarse en el estilo literario, y que quienes se limitan a ponderar las glorias de la Edad de Oro corren el riesgo de seguir a oscuras del sentido histórico de gran parte de aquello que admiran (Galiano, desde luego, realiza mucho mejor que Böhl el ideal de la imparcialidad ante la historia); pero esta vez no sólo se opone a la postura de los románticos reaccionarios, sino que también tiene cuidado de aclarar que no comparte esa mentalidad ilustrada que mira toda la centuria decimoséptima con el mayor desprecio. En fin, en 1845, Galiano va concluyendo así sus reflexiones sobre la España intelectual y literaria del período que precede al que él investiga:

La tranquilidad que se consigue con el establecimiento de una sola fe, de una sola doctrina, perjudica al desarrollo del entendimiento humano. No soy yo, señores, de los que adulando las ideas del siglo pasado [es decir, el XVIII, el de la Ilustración], creen que todo cuando hubo en España en aquellos antiguos tiempos; que aquella ardiente fe religiosa; que aquel entusiasmo; que aquellos pensamientos caballerosos; que aquellas virtudes españolas, que se conservan todavía, sobre todo en nuestra plebe ...; que este conjunto de cosas, que dan a una nación un carácter particular y al mismo tiempo noble, debe menospreciarse ..., pero no por eso ... vayamos a canonizar nuestros errores de entonces y a presentar la inmovilidad del entendimiento humano, que ha producido los males antiguos de nuestra patria, y quizá también los actuales, como la cosa más apetecible. No, señores; huyamos de los extremos .... No era, cuando [la Inquisición] quemaba en nombre del cielo a los herejes, cuando hacía más daño, no. Cuando más dañaba, era cuando tenía perfectamente sujetos los pensamientos de los españoles, de suerte que el entendimiento humano en España a mediados del siglo XVII, estaba como bajo nivel, como una llanura .... *¿Qué había de suceder a una nación de imaginación viva? Lo que sucedió verdaderamente. No teniendo disputas religiosas, no teniendo disputas políticas; no gozando de libertad el pensamiento, ... se dio a sutilizar las ideas comunes; de ahí nació el culteranismo* .... Éste fue el modo con que nuestra literatura poco a poco sinpoder tomar ideas nuevas, fue perdiéndose .... *Vino a esterilizarse de tal modo el campo de nuestra literatura, que casi ninguna cosa se escribía.* (*Lit. XVIII*, 18-20; el subrayado es mío)

Se ve por el contexto que por *culteranismo* Galiano entiende lo mismo *conceptismo* que *culteranismo,* o sea, el conjunto de lo que en el XVIII es conocido como *goticismo* y hoy como *barroquismo.* Dudo que nadie que haya estudiado el final del llamado Siglo de Oro un poco a fondo se halle en desacuerdo con nada de lo dicho por Galiano. Ninguna mejor ilustración de lo apuntado en las líneas finales del pasaje que acabo de copiar, que repasar una tras otra las bibliografías anuales correspondientes a los últimos decenios del siglo XVII en el tomo V de la *Historia de la lengua y literatura castellana* de Cejador: el estilo de los mismos títulos de las obras se va retorciendo cada vez más, hasta que por fin, en el año 1700, no se produce prácticamente nada y se publica aún menos: "casi ninguna cosa se escribía".

Casi, casi llega Galiano a darse cuenta de que la influencia extranjera (francesa, etc.) que tan importante papel había de hacer en las reformas dieciochescas, se estimuló no por la llegada a España de los Borbones, sino, anteriormente, por el hondo sentido de agotamiento cultural experimentado por quienes vivían en esa tétrica España del último Habsburgo, como recientemente han ido mostrando las investigaciones metódicas sobre los "novatores" (o sea, la escasísima minoría de personas de orientación moderna y cosmopolita que había en la España de Carlos II), desde que Américo Castro sugirió esta pista a los investigadores en su libro *Lengua, enseñanza y literatura* (Madrid, 1924, p. 293). Por ejemplo, es significativa la siguiente observación de Galiano sobre Antonio de Zamora, gentilhombre de cámara de Carlos II y el último escenificador del Don Juan en la comedia clásica:

> Zamora había leído sin duda los autores franceses y en su comedia *El hechizado por fuerza* se adivina el estudio que hizo de Molière, y se descubre en alguno de sus conceptos que Molière le ha servido de padre en cierto modo. (*Lit. XVIII,* 24)

Pero volvamos ya al sensualismo filosófico; porque el concepto que Galiano tenía de su influjo sobre ciertas tendencias que ahora suelen llamarse prerrománticas es el último punto que podremos considerar. La portada de la obra reseñada aquí nos informa de que las lecciones de Galiano fueron "redactadas taquigráficamente por don Nemesio Fernández Cuesta, y corregidas por el autor". Púes bien, por un pasaje relacionado con el tema sensualista, se ve que el autor no fue infalible como corrector de pruebas y que el bueno de don Nemesio o el cajista debió de persignarse escandalizado ante algunas de las filosofías materialistas de que habla Antonio: en todo caso, por el texto de la página 59 parece que alguien trataría subconscientemente de convertir al sensualista Locke a otro punto de vista más santo: "Locke... ha sido el padre de la escuela sanjuanista [¡sic!] que reinó hasta hace poco tiempo".

En mi ensayo "Enlightenment Philosophy and the Emergence of Spanish Romanticism" (en *The Ibero-American Enlightenment,* ed. A. O. Aldridge [Urbana, Illinois, 1971], pp. 111-140), así como en mi libro *Cadalso: el primer romántico "europeo" de España* (Madrid, 1974, especialmente pp. 94-146) y en otros lugares, he explicado el papel central de la filosofía de Locke y sus seguidores en el nacimiento, durante el setecientos, de la moderna poesía descriptiva y, mediante ésta, del romanticismo: cuando se le niega al hombre toda fuente de conocimientos que no sea la material de sus cinco sentidos, no sólo se hacen incalculablemente más importantes en la literatura los infinitos pequeños detalles de la realidad de los que nos informamos por las sensaciones, sino que, reducido a una identidad exclusivamente material en un mundo material, el hombre busca escaparse de su nuevo aislamiento espiritual rela-

cionándose sentimentalmente con la naturaleza (parte restante del mundo
material al que él pertenece) a través de esas múltiples facetas de la realidad
que sus sentidos le han representado; y empieza ya a vislumbrarse la situación de ese solitario romántico que, retirado de la odiosa sociedad, confía a
la "compasiva" naturaleza un dolor suficiente para enternecer al cosmos: *fas-
tidio universal, Weltschmerz, mal du siècle*.

Aunque Galiano se ocupa del "género descriptivo" en relación con Meléndez Valdés, incluso aludiendo correctamente a influencias extranjeras concretas que se hicieron sentir en las descripciones de Batilo, como la del suizo
Gessner (*Lit. XVIII*, 380, 382; por errata, el libro dice *Gerner*), es al comentar la poesía de los inventores del moderno género descriptivo detallista cuando ilustra más claramente su comprensión de la evolución filosófico-poética
hacia el romanticismo que bosquejé hace un momento. Los textos siguientes
abarcan desde *The Seasons* (1726-1730), de James Thomson, en cuyo apellido Galiano siempre mete una *p* que no debe ir allí, hasta William Wordsworth
(*Lyrical Ballads*, 1798) y sus contemporáneos; los subrayados son míos.

> En Thompson había fuego y más que fuego sensibilidad, ternura, y los objetos y las
> escenas de la naturaleza despertaban en su alma afectos análogos a ellos, por lo cual
> pintando las estaciones, describe bien sus caracteres y *el efecto físico y moral que
> producen en los sentidos y en la mente humana,* y despide rayos de la mejor poesía,
> esto es, de la más natural y espontánea, de la más sentida. (*Lit. XVIII*, 105)

> ... sin afectar imaginación, [William Cowper, 1731-1800] la tiene arrebatada, y re-
> monta más el vuelo como por natural instinto .... Es poeta descriptivo y de los
> buenos... Una de sus obras de más mérito intitulada *The Task* ... está principal-
> mente destinada a la pintura de la vida campestre y abunda en descripciones bellas
> y fieles, *donde se ve tomando parte el alma en todo cuanto el autor pinta, y en
> efectos vehementes e intensos* donde reside la poesía de mejor ley. (*Lit. XVIII*, 393)

> Wordsworth, lleno de sensibilidad y ternura, se distingue por su pretensión de dar
> precio a lo que pasa por *trivial* y *humilde* .... En todo cuanto escribió descubre ser
> *un observador de la naturaleza tierno, apasionado y constante* con pensamientos y
> afectos de un hombre para quien es todo la vida campestre y sencilla. (*Lit. XVIII*,
> 399-400)

> ... los poetas de los Lagos [Wordsworth, Coleridge y Southey], cuya sensibilidad
> es blanda, algo afeminada y como llorona. (*Lit. XVIII*, 402)

Es digno de notarse que, a lo largo de todos estos pasajes, Galiano destaca las dos notas 1) de la descripción detallista (realista) de lo humilde basada en la observación inmediata de la naturaleza, y 2) del lazo psicológico
entre el alma del hombre solitario y la naturaleza. También merece la pena
subrayar el paralelo que Galiano debió de ver entre "Thompson, en cuya
alma se conoce que había cierto candoroso arrebato por lo que creía bueno y
miraba con amor", y dos heraldos continentales del romanticismo, Rousseau
y Bernardin de Saint-Pierre, en quienes el crítico distinguía cierta

afición a contemplar la naturaleza ... con verdadera ternura naciendo de ello el descubrirse y cultivarse las relaciones que existen entre el mundo externo y los afectos del hombre; contemplación propia de las almas ... viva y profunda y legítimamente sensibles. (*Lit. XVIII*, 105-106)

Debido a los límites cronológicos de su libro, Galiano no llega en él al final de la trayectoria sensualismo → romanticismo que queda señalada, mas por varias alusiones se ve que sus ideas sobre las últimas etapas de dicha evolución respondían admirablemente a la realidad de las cosas.

Galiano se hace cargo del enlace fundamental entre literatura ilustrada y literatura romántica al afirmar, hablando de Voltaire y Byron, que "la vena misma de que nació *Cándido o el optimismo*... es la de que emanan algunos de los buenos trozos de *Don Juan* y otras obras del insigne par de la Gran Bretaña". Las otras obras son aquellas en que aparecen "el viajero Childe Harold y... el sublime Manfredo; personajes que llegan al alma del lector allí, donde es la sensibilidad más viva" (*Lit. XVIII*, 453). En la *comédie larmoyante* a lo Diderot y en la crítica de éste, Galiano ve con sobrada razón antecedentes del drama romántico y la crítica romántica (*Lit. XVIII*, 284, 359). (En libro reciente, una antigua alumna mía, Joan Lynne Pataky Kosove, ha establecido para España una deuda paralela entre The *"Comedia Lacrimosa" and Spanish Romantic Drama 1773-1865* [Londres, 1977]). Junto con Chateaubriand, Galiano excluye al farragoso y pesado poeta, moralista y teólogo Edward Young de entre los auténticos representantes del sentimentalismo dieciochesco: el autor de *Atala* no encontraba el estilo de Young suficientemente personal, y el prologuista de *El moro expósito* no encontraba la melancolía de Young nada convincente —pecado imperdonable en la escuela a la que los eruditos arbitrariamente le han hecho pertenecer—: "en general, lejos de estar poseído de la melancolía que quiere aparentar, [Young] trata de lucir su ingenio y su imaginación a punto de dar a su melancolía trazas de no digna de otro título que del de grotesca" (*Lit. XVIII*, 107-108).

Si los juicios de Galiano sobre escritores individuales del XVIII son por la mayor parte justos, es porque se formulaban tomando en cuenta los valores universales (recuérdese esa "visión filosófica") a la par que las características particulares: "en el día —explica Antonio— no es posible examinar la literatura en sí misma solamente; que si los críticos de otro tiempo la contemplaban aparte de otras consideraciones, y no tomaban en cuenta el estado de la sociedad a que la misma literatura se acomodaba, no es ése el espíritu del presente siglo, en el cual el trascendentalismo, más osado que la crítica anterior, o en el cual la estética procura examinar el interior, el alma que anima a los escritos, queriendo tomar en cuenta todas las particularidades que forman las producciones del entendimiento" (*Lit. XVIII,* 8). Con el contenido y la terminología de este pasaje se subraya una vez más la modernidad del pensamiento de Galiano.

El texto de *estética* que tenemos delante es quizá el primero en lengua española. El alemán Baumgarten inventó el término ya en el moderno sentido de crítica del gusto o teoría de lo bello en su obra *Aesthetica* (Francfort del Oder, 1750-1758). Tardó esta voz hasta 1832 en introducirse en la lengua inglesa, según se ve por los pasajes fechados reproducidos en el *Oxford English Dictionary*. La palabra apareció por primera vez en francés en un texto de 1753 relativo a su invención tres años antes por Baumgarten: me refiero a las olvidadas *Dissertations philosophiques* (París, 1753), de Louis Beausobre, miembro de una familia de pastores protestantes franceses radicada en Berlín, en cuya página 163 se lee: "Cette science du beau, ou, si l'on veut, cette philosophie du sentiment que Baumgarten appela l'esthétique, est enseignée avec beaucoup d'importance et d'éclat dans les universités allemandes"; mas los primeros críticos franceses en generalizar su uso fueron Ernest Renan (1823-1892) e Hippolyte Taine (1828-1893), como se desprende de los ejemplos citados en las diversas versiones del *Dictionnaire alphabétique et analogique de la langue française* de Paul Robert. Joan Corominas, en su *Diccionario crítico etimológico de la lengua castellana,* apunta que *estético* y sus derivados no se hallan registrados todavía en la edición de 1843 del diccionario académico y que se retarda su admisión oficial al léxico quizá hasta la edición de 1884, en la que, en todo caso, ya figuran. Por todo lo cual se manifiesta en forma tan concreta como elocuente que, en la crítica literaria, Alcalá Galiano está completamente a la altura de su tiempo, y lo está merced en gran parte a esa postura filosófica que le capacita para vencer las estrechas parcialidades de las diversas escuelas literarias.

El surrealismo y el lenguaje poético español: un texto de Vicente Aleixandre

ARTHUR TERRY
Universidad de Essex

En su ensayo "El estímulo superrealista", Jorge Guillén reflexiona, con su lucidez acostumbrada, sobre la manera en que ciertos poetas de su propia generación —Alberti, Aleixandre, Cernuda, García Lorca— han reaccionado ante el ejemplo del *surréalisme* francés. "Entre diversas incitaciones convergentes", dice, "el superrealismo se les resolvió en una invitación al riesgo —al gallardo riesgo— de la libertad imaginativa"; y prosigue: "En aquellos años, tan jugosos de experiencia literaria, los españoles sensibles al incentivo superrealista *compusieron* sin vacilación prudente obras donde intervenían, como es natural, subconciencia y conciencia". [1] Este testimonio valioso ha sido confirmado últimamente por un número creciente de críticos e historiadores literarios —Bodini, Ilie, Morris, entre los más destacados— gracias a cuyos trabajos empezamos a tener una visión relativamente clara, sobre todo en términos de influencias y paralelos, de lo que ha podido significar el surrealismo para los poetas españoles de los años 20 y 30. Al mismo tiempo, uno tiene la impresión de que hasta ahora, los críticos literarios, con unas cuantas excepciones notables, han hecho menos de lo que se podía esperar para explicar cómo se han de leer los diversos tipos de poema que muestran de una manera u otra la influencia del surrealismo. Y aquí surge un problema: el hecho de que el vocabulario crítico corriente en general resulta poco adecuado para interpretar un tipo de poesía que a menudo parece resistir cualquier análisis lógico y que suele poner en duda unos hábitos de lectura aprendidos en unos contextos bastante distintos. En tal situación, lo que nos hace falta son discusiones de poemas individuales: no solamente en términos de elementos (temas, alusiones, paralelos) que se prestan a la paráfrasis,

---

[1] Jorge Guillén, "El estímulo superrealista", en *Homenaje universitario a Dámaso Alonso* (Madrid, 1970), pp. 205-206.

sino como unas estructuras verbales insustituibles que imponen ciertas condiciones al lector. Esto, a su vez, nos puede llevar a unas reflexiones sobre la poesía en general, y más concretamente sobre el tipo de lenguaje crítico que se suele emplear para describirla.

Antes de llegar al texto que vamos a considerar, quizá valga la pena recordar ciertas características del surrealismo que constituyen un núcleo de ideas más o menos coherente que se sobrepone a las variaciones individuales, y que servirán como marco de referencia para la discusión que sigue. En el fondo, es evidente que el surrealismo, tanto en la literatura como en la pintura, representa una reacción contra un concepto de la realidad que se considera demasiado estrecho; de ahí el intento del surrealismo de suprimir los límites convencionales entre lo real y lo imaginario, y la importancia que concede al sueño y al inconsciente. Es este sentido de las limitaciones del control racional el que justifica la técnica de la escritura automática— técnica destinada no a facilitar la composición poética, sino a enriquecer la consciencia del poeta a fuerza de criticar las asociaciones tradicionales de las palabras. Sin embargo, como ha notado Octavio Paz, se trata en realidad de una negación de cualquier proceso verbal:

> Como experiencia me parece irrealizable, al menos en forma absoluta. Y más que método la considero una meta: no es un procedimiento para llegar a un estado de perfecta espontaneidad o inocencia sino que, si fuera realizable, sería ese estado de inocencia. Ahora bien, si alcanzamos esa inocencia —si hablar, soñar, pensar y obrar se han vuelto ya lo mismo—, ¿a qué escribir? El estado a que aspira la "escritura automática" excluye toda escritura. [2]

De ahí que la escritura automática constituya la versión más extrema del intento de superar los límites del yo, de objetivar el sujeto de manera que éste quede incorporado a las cosas, y no al revés.

La misma preocupación se manifiesta en lo que André Breton ha llamado la "crisis del objeto", con lo cual se refiere a la necesidad de respetar la presencia del objeto, en vez de convertirlo en una forma abstracta. Esto explica por qué los surrealistas suelen hablar del lenguaje como de una fuerza capaz de "cambiar el mundo": queriendo suprimir los papeles convencionales de los objetos, se dedican a inventar unos objetos nuevos y, al mismo tiempo, a ver el objeto original como por primera vez. Así se comprende la importancia que dan al aspecto visual de las cosas; según la frase conocida de Breton, el fin de cualquier actividad artística es "faire voir" (hacer ver). O como dice Yves Bonnefoy:

> Cuando el pensamiento surrealista se complació en reunir la máquina de coser y el paraguas en la mesa de disección [Bonnefoy se refiere a la famosa imagen

---

[2] "El surrealismo", *Las peras del olmo* (Barcelona, 1971), pp. 142-143.

de Lautréamont, uno de los grandes predecesores del surrealismo], aquellos tres objetos siguieron siendo específicamente los instrumentos que conocemos por la integridad de su estructura, la cual quedaba a la vez abstracta y rigurosamente definida. No obstante, esta estructura, como consecuencia de la eliminación de la perspectiva racional efectuada por la extraña combinación, se mostró de aquí en adelante opaca, incapaz de ser reducida a su propio sentido o a cualquier otro, y los objetos reunidos se volvieron misteriosos, llevándonos mediante su existencia sin propósito hacia una nueva forma de asombro. El objeto cuyo empleo constante lo había hecho intercambiable y casi invisible —en una palabra, ausente, e implicándonos en su ausencia— se vio colmado de presencia [3]

En los surrealistas más reflexivos, la preocupación por lo irracional se desarrolla bajo el estímulo de la teoría psicoanalítica reciente, y más concretamente bajo la influencia de Freud. [4] Sin embargo, esta deuda universalmente reconocida no deja de mostrar una cierta ambivalencia. Es sabido que Freud fue el primero en describir el mundo de los sueños como el "reino de lo ilógico", y que esto tiene unas consecuencias profundas para el surrealismo. Pero también es cierto que para el propio Freud, lo ilógico, visto en sí mismo, constituye una fuerza hostil y perjudicial al funcionamiento de la razón, o sea que, en la práctica, el sueño tiene que considerarse sobre todo como instrumento del tratamiento psicoanalítico, y no como una parte intrínsecamente valiosa de la psique humana. En efecto, es probable que Freud no hubiera entendido la famosa declaración del *Manifiesto surrealista* (1924) en que Breton afirma su creencia en "la futura resolución de aquellos dos estados, aparentemente contradictorios, del sueño y de la realidad, en una especie de realidad absoluta o *superrealidad*". [5] De todas maneras, resulta curioso que el surrealismo, por más que parezca inspirarse en los descubrimientos de Freud, se encuentre en la práctica más cerca de ciertos aspectos de la psicología junguiana. Fue Jung, por ejemplo, quien escribió en 1933:

Lejos de ser un mundo material, se trata de un mundo psíquico, el cual sólo nos permite hacer unas deducciones indirectas e hipotéticas acerca de la naturaleza auténtica de la materia. Sólo lo psíquico disfruta de una realidad inmediata, y ésta abraza cualquier clase de manifestación psíquica, incluso las ideas "irreales" y los pensamientos que no se refieren a nada externo. Los podemos llamar imaginarios o ilusorios, pero eso no disminuye en absoluto su eficacia. Nuestra razón tan cacarea-

---

3 Citado por Patrick Waldberg, *Surrealism* (Londres, 1965), p. 29. La traducción es mía, así como la de los demás textos del inglés y francés.

4 En una nota a *Pasión de la tierra* publicada en 1956, Aleixandre escribe: "Hace tiempo que sé, aunque entonces no tuviera conciencia de ello, lo que este libro debe a la lectura de un psicólogo de vasta repercusión literaria (Freud), que yo acababa de realizar justamente por aquellos años" (*Obras completas* [Madrid 1968], p. 1466).

5 André Breton, *Manifestes du surréalisme* (París, 1963), pp. 23-24.

da y nuestra voluntad tan infinitamente sobrevalorada a veces quedan impotentes ante el pensamiento "irreal". [6]

Los surrealistas, en efecto, no fueron los primeros en reconocer el papel que asumen los elementos inconscientes en la creación artística. Lo que les fascina, en cambio, es la conexión que Freud establece entre el inconsciente y los sueños, y el valor que ésta les permite conceder a lo irracional como posible fuente de todo proceso mental. De hecho, como ha escrito Lionel Trilling, la psicología freudiana

> demostró cómo la mente humana, bajo uno de sus aspectos, era capaz de funcionar sin la ayuda de la lógica, aunque no sin aquel propósito directivo, aquella intención controladora que en cierta manera constituye el origen de la lógica [...] Fue Freud quien descubrió en la misma organización de la mente aquellos mecanismos por medio de los cuales el arte consigue sus efectos, como por ejemplo las condensaciones del significado y el desplazamiento del acento. [7]

Por otra parte, la teoría surrealista tiende a hablar del inconsciente en términos no diferenciados, como si se tratase de un concepto filosófico y no psicológico. [8] Freud, por contraste, suele distinguir entre varios niveles inconscientes, o más bien entre diversas etapas mediante las cuales lo inconsciente puede transformarse en consciencia. Así la división más importante es entre el inconsciente propiamente dicho, cuyo contenido reprimido se niega a la introspección, y el preconsciente, que incluye todo lo que, sin formar parte de la consciencia, se puede sacar a luz gracias a la activación de la memoria. Esto quiere decir que, en la práctica, la mayoría de las imágenes surrealistas suelen venir del preconsciente, o sea, de un nivel que existe antes de la lógica, pero que no obstante tiene su propia forma de organización. Así es que, como lo ha visto muy bien Luis Felipe Vivanco, el intento surrealista de rescatar las palabras de sus asociaciones convencionales no hace más que sustituir un tipo de organización por otro:

> Sin embargo, dejar [las palabras] en libertad va a ser dejarlas sometidas al mecanismo, ya subconsciente, de la pura conciencia. Al mayor grado de libertad estética corresponde así un máximo de mecanización subconsciente, porque el poeta quiere tomar contacto con las zonas más oscuras e inéditas de su ser de hombre... [9]

---

[6] C. G. Jung, "The Real and the Surreal", *Structure and Dynamics of the Psyche* (Londres, 1933), p. 382.

[7] "Freud and literature", *The liberal imagination* (Londres, 1951), p. 53.

[8] Sobre este punto, véase el excelente artículo de Dawn Ades, "Freud and surrealist painting", en *Freud: the man, his world, his influence,* ed. Jonathan Miller (Londres, 1972), p. 141.

[9] *Introducción a la poesía española contemporánea* (Madrid, 1957), pp. 346-347.

No cabe duda de que el lenguaje de la poesía surrealista (como el de otros tipos de poesía) no llega al nivel del pensamiento discursivo; al mismo tiempo, lleva las señales de la organización que ya ha tenido lugar en la etapa preverbal, y de la cual el propio autor puede ser insconsciente. De ahí que la poesía de este tipo, por irracional que se muestre, no sea nunca del todo arbitraria, aunque el proceso mediante el cual se ha producido quede irrecuperable, y que el mismo texto resulte imposible de traducir al lenguaje del discurso racional.

Quizá lo más impresionante de todo esto sea el intento de volver a los mismos orígenes de la creación; de aquí la insistencia en ver las cosas con ojos nuevos, como por primera vez. Así Octavio Paz ha escrito, refiriéndose a Breton: "Toda su búsqueda, tanto o más que exploración de territorios psíquicos desconocidos, fue la reconquista de un reino perdido: la palabra del principio, el hombre anterior a los hombres y las civilizaciones". [10] Dicho de otra manera, si el lenguaje es capaz de transformar el mundo, es porque el mismo acto de hablar se puede asociar con la idea de la creación. Así se explica la fe que manifiestan los surrealistas en los poderes mágicos del lenguaje. La poesía, vista desde esta perspectiva, representa un aspecto de la energía que fluye a través del universo entero; las palabras, igual que la materia misma, se agrupan según ciertas leyes de atracción y repulsión. De ello que, tanto en la teoría como en la práctica surrealistas, se acostumbre pasar tan fácilmente del campo lingüístico al de las relaciones eróticas: ambos, en efecto, están determinados por las mismas nociones de afinidad y oposición, de semejanzas y diferencias. Tal concepto resulta a la vez muy primitivo y muy moderno: primitivo, en cuanto recuerda las creencias antiguas en los poderes vitalizadores del lenguaje; moderno, en el sentido de que anticipa ciertas teorías lingüísticas más recientes que consideran las palabras y sus componentes como unos campos de energía cuyo comportamiento sería comparable al de los átomos en la formación de la materia.

En el contexto de los años 20, tales ideas representan una manera completamente nueva de pensar en la naturaleza de la creación artística. Una frase del pintor Joan Miró, por ejemplo, parece resumir una gran parte de la actitud surrealista: "Me gustaba el surrealismo", dice, "porque los surrealistas no consideraban la pintura como un fin en sí misma. En la práctica, lo importante no es que quede tal como está, sino que siembre los gérmenes de los cuales han de brotar las cosas nuevas". [11] En otras palabras, el surrealismo deja de contraponer el "arte" a la "vida", y se imagina una situación en que la actividad artística se justifica precisamente por su capacidad de devolvernos a la vida, o, más exactamente, a una vida en cierta

---

[10] "André Breton o la búsqueda del comienzo", *Corriente alterna* (México, 1967), p. 52.
[11] Citada por Roland Penrose, *Miró* (Londres, 1970), p. 34.

manera "reinventada". E igual se puede decir de la literatura: la impaciencia con el concepto tradicional de la "literatura" que se encuentra en autores más recientes como Cortázar y Robbe-Grillet tiene una afinidad marcada con el surrealismo; en ambos casos, se trata de poner en duda la categoría misma de la obra literaria para llegar a una versión más auténtica de la "realidad".

Esto, lógicamente, nos devuelve a nuestro punto de partida, o sea, al problema del tipo de relación que presupone el surrealismo entre el escritor y el lector. Vale la pena insistir en esta cuestión, ya que afecta cualquier intento de comentar unos poemas determinados. En términos sencillos, ¿cómo hay que leer un poema surrealista, es decir, un poema que parece resistir conscientemente la interpretación racional? Evidentemente, el surrealismo plantea con una agudeza excepcional un problema que, en el fondo, atañe a la poesía en general: el de las relaciones entre forma y contenido. Es cierto que, en su mayor parte, la crítica moderna está de acuerdo en que las dos cosas son complementarias y que cada una ayuda a determinar la otra. Sin embargo, lo que ocurre en la práctica tiende a ser algo distinto. Las más veces, criticar quiere decir interpretar, y el acto de interpretar nos lleva a aislar ciertos aspectos de una obra, los cuales nos ponemos a comentar como si fuesen la obra entera. Dicho de otra manera, nos comportamos, quizá inconscientemente, como si de veras existiese un "contenido" separable; a fuerza de reconstituir la obra en términos de nuestras propias categorías mentales, sustituimos su impacto original por algo más limitado que se ajusta más fácilmente a nuestras preconcepciones. El resultado, en la mayoría de los casos, es que damos por sentada la experiencia sensorial de la obra y seguimos adelante.

Por "experiencia sensorial" entendemos todo lo que se transmite a través de los elementos no-semánticos del poema, no solamente el esquema métrico o la organización espacial, sino también las combinaciones acústicas y las posibles desviaciones de la sintaxis normal —es decir, todos los factores que se suelen resumir bajo el término de "artificio poético". Tales factores, evidentemente, no son meramente decorativos; es a través de ellos como los referentes externos quedan asimilados al poema y puestos en relación con otras formas de organización, las cuales, en su conjunto, constituyen la ficción poética. Este carácter ficticio de la poesía consiste en establecer una cierta distancia entre las cosas aludidas dentro del poema y sus equivalentes en el mundo exterior. Si la tendencia normal del lector es a extender los sentidos que encuentra en el poema y a "naturalizarlos" [12] en términos de sus conceptos familiares, la función del artificio poético es interrumpir

---

[12] Debo este término, igual que la noción de continuidad y discontinuidad poéticas, al libro admirable de Veronica Forrest-Thomson, *Poetic artifice: a theory of twentieth-century poetry* (Manchester, 1978).

este proceso y reafirmar el orden lingüístico alternativo que existe solamente dentro del poema. Éste, por consiguiente, suele alternar entre la continuidad y la discontinuidad: por razones de inteligibilidad, es capaz de ponerse en relaciones con el mundo exterior; no obstante, cualquier afirmación que parezca hacer acerca de ese mundo quedará subordinada a su propia organización. En compensación, el nuevo orden lingüístico que resulta de este proceso nos impondrá su propia manera de enfocar las cosas, de otorgar un sentido distinto a lo que normalmente aceptamos sin reservas. El paralelo con el ideal surrealista de "faire voir" no es fortuito. Una de las virtudes del surrealismo es que destruye la posibilidad de reducir el sentido de un poema a un "contenido" independiente. Por otra parte, nos recuerda que lo que parece innegable dentro del contexto surrealista se puede aplicar al arte en general: es decir, que el contenido, cualquiera que sea su naturaleza, existe antes de todo en términos de su función formal.

Esto no quiere decir que una obra artística sea indescriptible: es cuestión más bien de hallar un sistema de crítica que nos dirija *hacia* una obra determinada, y no al revés. De ahí que la mejor crítica sea estrictamente dispensable: una vez hecho lo posible para preparar la conciencia del lector, le deja otra vez —aunque con una mayor capacidad para comprender— en la presencia de la obra misma. Es este sentido de "presencia" el que les preocupa a los surrealistas cuando se refieren a la "necesidad de lo maravilloso". Al mismo tiempo, tales "presencias", a pesar de su fuerza indudable, no son nunca autosuficientes; un poema que se concibe según este patrón jamás constituye un artefacto completamente cerrado, sino que conduce a otras cosas, de la misma manera que la verdad de sus imágenes, igual que las asociaciones de la escritura automática, existe bajo el nivel del discurso racional.

*   *   *

Los rasgos que acabo de señalar, aunque sin agotarlos, servirán por lo menos para indicar el tipo de contexto que presupone cualquier poema que refleje la influencia del surrealismo.[13] Esta última frase es una manera de indicar la distancia que separa a la mayoría de los poetas españoles del surrealismo "ortodoxo". Como observa Guillén en el ensayo ya aludido

---

[13] No me he referido, por ejemplo, al aspecto sociológico del surrealismo, o sea, a la sensación de fracaso producida por la Primera Guerra Mundial, la cual hizo que muchos de los partidarios de éste se identificasen con la política de izquierda. Se puede ver un reflejo de esta atmósfera en el prólogo a la segunda edición de *Pasión de la tierra* (1946), donde Aleixandre se refiere al "contrapunto, en muchos poemas dominante, que es la angustia del hombre opreso en la civilización presente" (ob. cit. en la n. 4, p. 1448).

(nota 1), la poesía más característica de aquel momento casi siempre revela un intento de dominar la materia que la aparta de cualquier dogmatismo de escuela, por mucho que el grado de control pueda variar entre un poema y otro. Sin embargo, la situación del lector queda problemática, sobre todo en el caso de un poema donde los elementos irracionales se muestran más fuertes que los racionales. Como ilustración de estos problemas, podemos considerar un poema de Vicente Aleixandre —en realidad, un poema en prosa— que forma parte de su libro *Pasión de la tierra,* escrito entre 1928 y 1929. Es sabido que el poema en prosa constituye una de las posibilidades más fecundas del surrealismo: tal como se manifiesta en la literatura francesa a partir de Baudelaire, representa un esfuerzo por superar las convenciones del verso formal para llegar más directamente a lo desconocido. Para el poeta, el problema consiste en crear una forma en cierto sentido metafísica, más que estrictamente artística, evitando los extremos de la prosa retórica y de la prosa meramente "prosaica". Así Suzanne Bernard se refiere a la "secuencia de acentos vigorosos" que caracteriza a las *Iluminaciones* de Rimbaud [14] —frase que se podría aplicar, con igual justicia, a los poemas en prosa de Aleixandre. Aquí, como en el propio Rimbaud, el vigor rítmico corresponde de manera exacta a la prodigalidad asombrosa de las imágenes. Y en esto Aleixandre se aproxima claramente a la práctica del surrealismo, no solamente a las asociaciones libres de la escritura automática, sino también al concepto de un universo en el cual las formas individuales se van destruyendo en el acto de crear unas formas nuevas. En tal mundo, como observa José Ángel Valente, "la forma no existe más que para dejar de existir, pues lo que existe en verdad no es la forma, sino la trans-forma o la meta-forma, la metamorfosis o la transformación". [15]

Por otra parte, hay que señalar una diferencia a veces radical entre el poema en prosa y el poema en verso en cuanto a su empleo de la sintaxis. En este último, donde la convención métrica contribuye de modo decisivo a la organización formal, la sintaxis normal puede destruirse a fin de excluir unas significaciones externas que podrían diluir el mismo lenguaje del poema. En el poema en prosa, en cambio, no hay más convención que la sintaxis, la cual tiene que seguir funcionando para mantener la atención del lector. Dicho de otra manera, en el poema en verso, la destrucción del nivel de significación convencional puede poner en libertad la significación auténtica para que ésta funcione como parte de la organización formal; en el poema en prosa, la sintaxis, a fuerza de conservar su apariencia normal, establece una especie de pacto con el lector que le induce a entrar en el poema, si bien su función habitual de crear significaciones racionales puede quedar

---

[14] *Le Poème en prose de Baudelaire jusqu'à nos jours* (París, 1959), p. 177.
[15] "El poder de la serpiente", *Las palabras de la tribu* (Madrid, 1971), p. 177.

interrumpida, gracias a la introducción de afirmaciones o imágenes irracionales.

He aquí el poema:

LA MUERTE
O ANTESALA DE CONSULTA

Iban entrando uno a uno y las paredes desangradas no eran de mármol frío. Entraban innumerables y se saludaban con los sombreros. Demonios de corta vista visitaban los corazones. Se miraban con desconfianza. Estropajos yacían sobre los suelos y las avispas los ignoraban. Un sabor a tierra reseca descargaba de pronto sobre las lenguas y se hablaba de todo con conocimiento. Aquella dama, aquella señora argumentaba con su sombrero y los pechos de todos se hundían muy lentamente. Aguas. Naufragio. Equilibrio de las miradas. El cielo permanecía a su nivel, y un humo de lejanía salvaba todas las cosas. Los dedos de la mano del más viejo tenían tanta tristeza que el pasillo se acercaba lentamente, a la deriva, recargado de historias. Todos pasaban íntegramente a sí mismos y un telón de humo se hacía sangre todo. Sin remediarlo, las camisas temblaban bajo las chaquetas y las marcas de ropa estaban bordadas sobre la carne. "¿Me amas, di?" La más joven sonreía llena de anuncios. Brisas, brisas de abajo resolvían toda la niebla, y ella quedaba desnuda, irisada de acentos, hecha pura prosodia. "Te amo, sí" —y las paredes delicuescentes casi se deshacían en vaho. "Te amo, sí, temblorosa, aunque te deshagas como un helado." La abrazó como a música. Le silbaban los oídos. Ecos, sueños de melodía se detenían, vacilaban en las gargantas como un agua muy triste. "Tienes los ojos tan claros que se te transparentan los sesos." Una lágrima. Moscas blancas bordoneaban sin entusiasmo. La luz de percal barato se amontonaba por los rincones. Todos los señores sentados sobre sus inocencias bostezaban sin desconfianza. El amor es una razón de Estado. Nos hacemos cargo de que los besos no son de *biscuit glacé*. Pero si ahora se abriese esa puerta todos nos besaríamos en la boca. ¡Qué asco que el mundo no gire sobre sus goznes! Voy a dar media vuelta a mis penas para que los canarios flautas puedan amarme. Ellos, los amantes, faltaban a su deber y se fatigaban como los pájaros. Sobre las sillas las formas no son de metal. Te beso, pero tus pestañas... Las agujas del aire estaban sobre las frentes: qué oscura misión la mía de amarte. Las paredes de níquel no consentían el crepúsculo, lo devolvían herido. Los amantes volaban masticando la luz. Permíteme que te diga. Las viejas contaban muertes, muertes y respiraban por sus encajes. Las barbas de los demás crecían hacia el espanto: la hora final las segará sin dolor. Abanicos de tela paraban, acariciaban escrúpulos. Ternura de presentirse horizontal. Fronteras.·

La hora grande se acercaba en la bruma. La sala cabeceaba sobre el mar de !scaras de naranja. Remaríamos sin entrañas si los pulsos no estuvieran en las muñecas. El mar es amargo. Tu beso me ha sentado mal al estómago. Se acerca la hora.

La puerta, presta a abrirse, se teñía de amarillo lóbrego lamentándose de su torpeza. Dónde encontrarte, oh sentido de la vida, si ya no hay tiempo. Todos los seres esperaban la voz de Jehová refulgente de metal blanco. Los amantes se besaban sobre los nombres. Los pañuelos eran narcóticos y restañaban la carne exangüe. Las siete y diez. La puerta volaba sin plumas y el ángel del Señor anunció a María. Puede pasar el primero. (*OC* [M., 1968], pp. 181-183.)

Sería excesivo, aun si fuera posible, ofrecer una explicación de cada imagen del poema. Muchas veces, evidentemente, el lector tiene que fiarse de sus propias asociaciones, convirtiéndose así en lo que Julio Cortázar, dentro del contexto de la novela, ha llamado un "lector cómplice". Al mismo tiempo, hay que reconocer que el poema no es precisamente arbitrario: una lectura medianamente atenta nos permite identificar ciertos grupos de asociaciones que, por irracionales que sean, no dejan de crear una sensación de estructura que afecta al poema entero. Antes de todo, hay la situación que parece indicada por el mismo título, el cual pone en juego ciertas expectativas que pueden o no ser confirmadas en el curso del poema. En efecto, tal como se desarrolla, la situación de la "antesala de consulta" no es simplemente un pretexto para la fantasía; igual que en los sueños, hay ciertos detalles "realistas" que surgen de vez en cuando en el resto del texto. Se trata de fragmentos de conversación ("Permíteme que te diga", hacia el final del párrafo inicial), o bien de descripciones de la manera en que las personas suelen comportarse en la vida normal: "... y se hablaba de todo con conocimiento", cerca del comienzo —como si la gente hablase con autoridad (posiblemente de sus propias enfermedades) para disimular sus auténticos temores. Por supuesto, lo que complica la situación de "antesala" es la idea de la muerte, de una muerte colectiva que se presenta a veces bajo unas imágenes en cierto modo tradicionales que pueden recordar, por ejemplo, los *Sueños* de Quevedo: "Demonios de corta vista visitaban los corazones", en la frase tercera, o, más tarde, la alusión al Juicio Final: "Todos los seres esperaban la voz de Jehová refulgente de metal blanco".

En efecto, lo realmente decisivo es la manera en que la idea de la muerte logra imponerse a la situación física hasta el punto de deformarla. Se nota aquí una especie de *crescendo* que se refleja en la misma sintaxis. Al comienzo (hasta la conversación entre los amantes), cada frase tiende a dividirse en dos mitades, conectadas simplemente por la conjunción "y". Esta técnica de yuxtaposición es empleada en diversas maneras: a veces, una mitad es "realista", la otra fantástica: "Iban entrando uno a uno y las paredes desangradas no eran de mármol frío"; otras veces, la descripción se prolonga en el mismo nivel: "Estropajos yacían sobre los suelos y las avispas los ignoraban"; en otros casos, finalmente, una mitad expresa una sensación, mientras que la otra es descriptiva: "Todos pasaban íntegramente a sí mismos y un telón de humo se hacía sangre todo". Estas diversas yuxtaposiciones llegan a crear un efecto conscientemente monótono, como si la objetividad aparente de las afirmaciones nos quisiese persuadir a aceptar la realidad y la fantasía en el mismo nivel. [16] Sin embargo, en los dos últimos tercios del

---

16 En el trozo que discutimos, este efecto de monotonía queda reforzado en el nivel acústico. Llama la atención, sobre todo, la preponderancia muy marcada de la "a" tónica sobre las otras vocales: "Iban entr*a*ndo uno a uno y las paredes no eran de

poema, esta situación cambia: las frases simétricamente divididas desaparecen, y la sintaxis se vuelve más animada a medida que la tensión se aumenta bajo la presión de unos estados mentales más extremos.

Estos ritmos variables forman una parte esencial del movimiento narrativo: a fuerza de concentrar nuestra atención en ciertas agrupaciones de palabras e imágenes, nos impiden salir del mismo contexto del poema. Como ya hemos indicado, éste, igual que otros tipos de poema, constituye una especie de ficción, en la cual todo contexto externo queda transformado mediante el artificio poético. Las referencias al mundo exterior continúan siendo necesarias para que el poema resulte inteligible; no obstante, una vez identificadas estas referencias, la función de los elementos no-semánticos consiste en separarlas de su contexto normal para absorberlas en una síntesis nueva y estrictamente lingüística. Tales referencias externas pueden aludir a unos objetos o a unas situaciones determinadas, o bien a diversos tipos de lenguaje o de estilo literario. Así en el poema de Aleixandre es posible distinguir toda una serie de "voces" distintas: la del narrador, unas veces más objetiva que otras, que varía entre la neutralidad ("Iban entrando uno a uno...") y el impresionismo ("Aguas. Naufragio"); la de las convenciones sociales ("Permíteme que te diga"); el habla de los amantes, con su tendencia a la parodia, y el lenguaje entre visionario y bíblico ("...y el ángel del Señor anunció a María") que se presta a veces a la sátira ("Demonios de corta vista..."). Evidentemente, cada una de estas "voces" representa un tipo distinto de relación entre el lenguaje y el mundo exterior. Al mismo tiempo, la manera en que funcionan juntas dentro del poema recalca la índole artificial del mundo que construimos a través de la lengua, y demuestra hasta qué punto la poesía constituye un lenguaje distinto, que sabe aprovecharse de otros lenguajes para sus propios fines.

Sería fácil decir que el poema entero representa un mundo en vías de desintegración; esto, en cierto sentido, es innegable, pero pasa por alto la manera en que tal "mundo" no existe fuera del mismo lenguaje del poema. Es decir, la sensación de fracaso no es algo que se deje abstraer del poema, sino que surge del complejo de imágenes que, en su conjunto, llegan a constituir una estructura verbal inédita. Tomemos, por ejemplo, la serie de alusiones a las paredes: "las paredes desangradas" —pálidas, como los rostros de los muertos; "no eran de mármol frío"— no son (o no son todavía) como las paredes de una tumba: las personas que encierran aún están vivas, a pesar de su proximidad a la muerte. [17] Más tarde, en el curso de la

---

mármol frío. Entraban innumerables y se saludaban con los sombreros... Se miraban con desconfianza... Aguas. Naufragio. Equilibrio de las miradas."

[17] Gabriele Morelli, en su excelente estudio *Linguaggio poetico del primo Aleixandre* (Milán, 1972), pp. 40 y 56, subraya el aspecto autodefensivo de estas afirmaciones negativas, o sea, la manera en que tales declaraciones representan un intento, por parte del locutor, de sobreponerse a una inseguridad más fundamental.

conversación entre los amantes, dan la impresión de participar en la disgregación universal: "las paredes delicuescentes", aunque también se puede pensar en la disolución de unas barreras como efecto del amor. Esto viene un poco después de la alusión al viejo: "Los dedos de la mano del más viejo tenían tanta tristeza que el pasillo se acercaba lentamente, a la deriva, recargado de historias". Esta última frase parece prestarse a una interpretación más o menos literal: el pasillo forma un nexo entre la sala y el mundo exterior; es como si el mismo pasillo, quizás por compasión, le trajese al viejo unos recuerdos de su pasado. Sin embargo, hay más: el pasillo, a su vez, parece afectado por el proceso de disgregación; como más tarde le sucede a la misma sala, ha roto las amarras: se acerca "lentamente, a la deriva", como si él también estuviese despegado de sus cimientos. La alusión final a las paredes parece en cierto modo contradictoria: "Las paredes de níquel no consentían el crepúsculo, lo devolvían herido". Aquí las paredes, lejos de desvanecerse, quedan restauradas; ahora están compuestas de una materia dura, brillante y posiblemente hostil. Y esto se debe, seguramente, al cambio que se ha verificado en la atmósfera del contexto. Es decir, si las paredes "devuelven" (o sea, rechazan) el crepúsculo, esto parece reflejar la inminencia de la muerte. Tal como queda indicado al final del poema, esta muerte será abrupta: no tendrá nada de gradual ni de hermoso, como el lento acabamiento del día; al contrario, será intransigente y clínica, igual que las mismas paredes.

Este juego de asociaciones se complica mediante la situación amorosa que se desarrolla en los dos últimos tercios del poema. Ésta empieza bajo la forma de una conversación entre dos amantes, un intercambio de clichés románticos que casi en seguida se convierte en parodia: "Te amo, sí, temblorosa, aunque te deshagas como un helado". Como ya hemos indicado, una de las funciones habituales de las imágenes surrealistas consiste en expresar la idea de la metamorfosis. Ésta a veces da lugar a una visión simultánea en la cual dos o tres cosas distintas quedan sobrepuestas en una sola imagen. Una variante de esto, que ocurre con frecuencia en el Aleixandre de esta etapa, es la noción de "transparencia", asociada a veces con la pureza. [18] Así se explica la frase "Tienes los ojos tan claros que se te transparentan los sesos"— a primera vista, una parodia grotesca de las hipérboles románticas convencionales, pero al mismo tiempo una alusión al mundo de las apariencias cambiantes que se resuelven constantemente en unas formas nuevas. Por otra parte, parece significativo que la situación de la amada se presente a través de unas imágenes netamente románticas. Así, en la primera fase de su disolución, ella queda "desnuda, irisada de acentos, hecha pura prosodia", y la misma nota se repite un momento después: "La abrazó como a música".

---

[18] Véase Hernán Galilea, *La poesía superrealista de Vicente Aleixandre* (Santiago de Chile, 1971), p. 103.

(Esta asociación de la pureza con la desmaterialización progresiva de la amada encuentra su clímax en el párrafo final: "Se besaban sobre sus nombres", es decir, sobre las últimas señas de identidad que les quedan.)

A partir de este punto, el amor parece trascender la esfera personal para asumir una significación colectiva: posiblemente, la idea de que el amor en general —como en una gran parte de la poesía romántica— puede asegurar la inmortalidad. El trozo entero que gira en torno a esta idea constituye uno de los mayores logros del poema. Una parte de su atmósfera queda resumida en la frase "El amor es una razón de Estado" y en aquella otra que la prolonga en el mismo sentido: "Ellos, los amantes, faltaban a su deber y se fatigaban como los pájaros". "Razón de Estado" suele indicar algo (posiblemente inmoral) que se justifica por razones políticas, algo que se tolera porque contribuye al bien público. En el contexto presente, si los amantes representan el amor auténtico— ya hemos visto que la alusión a la "transparencia" también se puede interpretar como un indicio de pureza— este amor es visto por los demás como algo que contraviene las normas de la buena sociedad. Lo que importa, en efecto, es que los amantes estén cumpliendo una especie de rito que podrá salvar a todo el mundo de la muerte; esto explica seguramente por qué, cuando los amantes se cansan, se dice que están "[faltando] a su deber". Por otra parte, se trata de un rito en que los demás presentes, en último caso, estarían dispuestos a participar, por repugnante que fuese. De ahí la frase extraña "Nos hacemos cargo de que los besos no son de *biscuit glacé*", que parece derivar de cierto tipo de expresión popular ("y sus besos no huelen precisamente a rosas") filtrada a través de un snobismo ("*biscuit glacé*") bien característico de la sociedad del poema.

También importa subrayar la manera en que el narrador parece fluctuar entre el "yo" singular y el "nosotros" colectivo, como si formase parte de la masa general y al mismo tiempo fuese capaz de identificarse hasta cierto punto con el amante. Esto quizá indica que la identidad del propio narrador se está volviendo más insegura con la aproximación de la muerte. "Qué oscura misión la mía de amarte", dice en cierto punto, como si la presión del tiempo le impidiese comprender algo de suma importancia. Y esto parece anticipar el lamento más general que surge casi al final del poema: "Dónde encontrarte, oh sentido de la vida, si ya no hay tiempo". Sin embargo, quizá no sea del todo exacto hablar de un "narrador" en el sentido estricto de la palabra. Como ya hemos visto, la voz narradora, tal como se presenta, no se ciñe a un solo tono invariable, sino que se apoya en diversos registros lingüísticos que a veces ponen en duda su propia identidad. Igual que ocurre en la poesía surrealista (aunque el mismo efecto se puede encontrar en otros tipos de poema), falta la sensación de una mente poética que exista fuera del poema, si bien a veces la noción de "la voz del poeta" puede emplearse como otra convención entre muchas. Y lo mismo se puede decir de las otras personas aludidas en el curso del poema: por mucho que nos inclinemos a imaginar unos referentes que correspondieran al "ellos" y al "nosotros", en realidad éstos, igual que el "yo", quedan completamente asimilados al discurso poético, donde llegan a formar un grupo de coordenadas, un sistema de relaciones cambiantes en torno al cual el poema tiende a organizarse.

Para ser breves, tendremos que prescindir de otros aspectos del poema que quizás pidan comentario: por ejemplo, los otros indicios de desintegración que vienen a reforzar los que acabamos de señalar, las imágenes asociadas con el hundimiento o con la flotación, etc. Con todo, espero que lo dicho servirá por lo menos para sugerir la manera en que ciertas clases de asociación llegan a empalmarse en este tipo de escritura en el curso de someterse a las condiciones del poema. Por otra parte, es evidente que cualquier comentario ha de ser mucho más prolijo que las palabras del propio Aleixandre: lo que acabamos de hacer, en efecto, es racionalizar— y, por consiguiente, disminuir— una serie de asociaciones que confluyen sin esfuerzo mientras uno lee el poema. Se trata, precisamente, de un tipo de racionalización que el mismo poema intenta evitar: cuando seguimos el ritmo y las relaciones no-verbales que nos impone el texto, las imágenes que comentamos se ofrecen a la mente con menos insistencia, aunque el esfuerzo por describir este proceso mental supone forzosamente el tipo de análisis que hemos visto. [19] En efecto, este esfuerzo por "naturalizar" ciertas imágenes que parecen relacionarse con el mundo externo constituye una etapa necesaria en nuestra lectura del poema; sólo a través de tal intento podemos encontrar el tipo de resistencia que opone la misma materia poética. No obstante, si nos mantenemos exclusivamente en este nivel, el resultado será una "mala lectura", o sea, una lectura que se aparta demasiado rápidamente de las mismas palabras del poema para incorporarlas a lo ya conocido.

Uno de los mejores comentadores de Aleixandre, Gabriele Morelli, se refiere al carácter aparentemente contradictorio de estos poemas: "*Pasión de la tierra* si presenta e resta un poema articolato e frammentario nello stesso tempo, nel senso almeno che il suo nucleo segreto resiste ad ogni tentativo di sistemazione che voglia basarsi sulla comprensione e sulla logica aparente". [20] Este juicio sugiere a la vez la afinidad que existe entre Aleixan-

---

[19] Desgraciadamente, el libro valiosísimo de Carlos Bousoño, *Superrealismo poético y simbolización* (Madrid, 1979), llegó a mis manos demasiado tarde para tomarlo en cuenta en este ensayo. Casi huelga decir que sus explicaciones de ciertos trozos de *Pasión de la tierra* muestran una sensibilidad y una fuerza de intuición del todo admirables. Sin embargo, dudo si jamás se podrá llegar a una lectura "objetivamente correcta" de un poema de este tipo, tal como sostiene Bousoño (p. 87, n. 14). El método empleado en el caso de Aleixandre, que consiste en descartar cualquier interpretación que no haya sido confirmada independientemente por el propio autor, tiene unas limitaciones evidentes, aunque los resultados concretos son a menudo de gran interés.

[20] Ob. cit. en la n. 17, p. 73.

dre y los surrealistas y la distancia que le separa de ellos. Sin embargo, la referencia a un "núcleo secreto" resulta equívoca, en cuanto nos hace pensar en términos de algún misterio implícito, cuya clave consistiría en tener más informaciones sobre los procesos mentales del autor. Si esto fuera posible, la oscuridad irracional que forma parte de nuestra experiencia de lectura se convertiría en una oscuridad racional del todo coherente y, por fin, explicable. Sabido es que el propio Aleixandre considera *Pasión de la tierra* como "poesía 'en estado naciente'", como un libro en el cual "la voz viene turbia, impura, del unificador pozo donde está el origen todavía indiscriminado".[21] El movimiento que esto supone va del inconsciente a la consciencia; por eso, sería un error leer estos poemas quitando importancia a los elementos irracionales y relacionándolos demasiado directamente con el mundo de las apariencias externas. Como ha escrito Pere Gimferrer: "A partir de *Pasión de la tierra...* resulta claro que lo cantado por Aleixandre no es casi nunca el universo visible como tal, sino en tanto que percibido por nuestra conciencia. El gigantesco catálogo cósmico abierto en este libro y desarrollado en los siguientes... es una metáfora de nuestra subjetividad, una proyección múltiple de la mente individual".[22]

Es evidente que tal proyección sólo se puede verificar a través del lenguaje; en este sentido, un poema como el que consideramos es un poema que trata, en último término, del acto de escribir, de la posibilidad de organizar las palabras de modo que expresen unas emociones que de otra manera serían indecibles. Por otra parte, hay que reconocer que tales emociones no existen fuera del lenguaje del poema, es decir, que no pertenecen a ninguna situación externa, como, por ejemplo, nuestra propia mente o la del poeta. Ningún poema, por supuesto, funciona totalmente en el nivel racional. Sin embargo, como espero haber demostrado, existe una tendencia constante a hablar de los poemas como si su función principal consistiese en aleccionarnos sobre el mundo que ya creemos conocer. Ciertos poemas, en efecto, a fuerza de negar los recursos totales de la poesía, parecen invitar este tipo de reacción; los mejores poemas, en cambio, son los que insisten en la artificialidad del mundo que construimos por medio del lenguaje, o sea, los que, mediante su propio orden distintivo, son capaces de absorber el mundo familiar y de devolvérnoslo bajo una perspectiva diferente.

Uno de los logros del surrealismo consiste en haber llevado hasta el extremo este proceso, de manera que resulta casi imposible sustituir una combinación de palabras por otra. Aunque existen otros tipos de poema cuya significación resulta más fácil de racionalizar en términos de la experiencia no-poética, la lección del surrealismo parece indicar que esto no es más que

---

21 *Obras completas,* ed. cit., pp. 1467 y 1447.
22 Vicente Aleixandre, *Antología total:* selección y prólogo de Pere Gimferrer (Barcelona, 1975), p. 13.

una parte de su estrategia, y que cualquier poema bien logrado ha de reabsorber tales experiencias mediante la operación del artificio poético. Explicar este proceso siempre es más difícil que comentar un "contenido" separable; en cambio, el hacernos conscientes de estos problemas, y de la necesidad de encontrar un vocabulario crítico capaz de formularlos, tiene por lo menos la ventaja de agudizar nuestras reacciones ante la poesía en general y de aumentar nuestra comprensión de las mismas complejidades del proceso poético.

Juan Ramón Jiménez desde *Animal de fondo**

RAMÓN XIRAU
El Colegio Nacional, México
Universidad Nacional Autónoma de México

> "También sigo creyendo... que la poesía es fatalmente sagrada, alada y graciosa y que su reino está en el encanto y el misterio."
>
> (Carta a Ricardo Gullón, 1952).

> "[T]odo mi avance poético en la poesía era avance hacia dios, porque estaba creando un mundo del cual había de ser el fin un dios."
>
> ("Notas" a *Animal de fondo* [1947]).

La poesía de Juan Ramón Jiménez culmina en *Animal de fondo* y *Dios deseado y deseante*. Esta afirmación tajante requiere ser inmediatamente matizada. No hay duda de que su idea de "dios" es obsesiva en estos dos libros que constituyen un solo y largo poema. Pero es igualmente cierto —la idea se repite en declaraciones, notas, cartas— que Juan Ramón pensaba que su experiencia religiosa pasaba por culminaciones varias que se presentaban al final de cada uno de sus momentos poéticos. Podemos ir algo más lejos: la religiosidad se encuentra en la mayor parte de la obra de este poeta que se llamó a sí mismo, ya veremos en qué sentido, "modernista". Lo cual conduce a matizar por segunda vez. Si por religión entendemos una forma de religación al mundo, a los otros y a sí mismo, habría que encontrarla, experiencia de lo sagrado, encantado y misterioso, desde los primerísimos poemas después ya no admitidos por el poeta y aún en el transfondo de algunas prosas que preside *Platero y yo*. [1]

---

* Este ensayo formará parte del libro en publicación *Dos poetas y lo sagrado: Juan Ramón Jiménez, César Vallejo*.

1 *Platero y yo*, releído después de muchos años, sigue siendo un libro hermoso. Los primeros poemas de Juan Ramón fueron frecuentemente reescritos (la cosa es frecuente en la literatura contemporánea: Eliot, Borges, Paz...) El lector tiene derecho, sin embargo, a elegir los poemas en sus primeras versiones.

Pasemos a la obra poética de Juan Ramón Jiménez según esta secuencia:

1)   breves acotaciones iniciales a las "Notas" de *Animal de fondo;*
2)   la poesía de Juan Ramón antes del *Diario de un poeta recién casado;*
3)   la obra poética del *Diario* a *La estación total;*
4)   análisis de *Animal de fondo.*

¿Partir de un libro para volver a él? Lo creo necesario porque el sentimiento de lo sagrado que conduce al "dios" de *Animal de fondo* estaba
ya, en cierto modo, presente en la obra anterior. Las "Notas" pueden aclarar
esta obra previa; más cierto es todavía que la obra previa viene a aclarar los
poemas últimos de Juan Ramón.

Animal de fondo. *Escuetamente*

Varias son las sorpresas que el lector puede sentir al enfrentarse por
primera vez a *Animal de fondo.* [2] Si bien es cierto que los poemas de *La
estación total* nos podían haber preparado para leer el último libro de
Juan Ramón, es verdad que existen en *Animal de fondo* [3] claras novedades:
luminosidad casi cegadora ("La transparencia, dios, la transparencia"), reflexión lírica, [4] poesía "a lo divino". Si queremos referirnos a poesía sagrada,
aquí está la forma máxima de lo sagrado: el "dios" de la lucidez.

Juan Ramón se dirige a "su" dios —habremos de ver más adelante
el sentido de este pronombre posesivo— con una inteligencia pura y sensible, de una sensibilidad construida a ojos vistas. Lo cual no significa
que se trate de poesía abstracta o meramente intelectual; se trata de poesía
reflexiva, sin duda, en el doble sentido de la palabra reflexión: pensamiento
y reflejo; se trata también de una inmensa iluminación contemplativa. No
está por demás recordar que en una carta, suficientemente injusta a Luis
Cernuda, escribía Juan Ramón: "yo hago la esencia... soy, fui y seré platónico". Sin duda Juan Ramón no pensaba, como lo pensó Platón, en la

---

[2] De hecho la sorpresa nace ya con *La estación total* y, por otros motivos (su amplia
respiración sagrada) con *Espacio.*

[3] Cuando me refiero a *Animal de fondo* me refiero también a *Dios deseado y deseante,* en realidad segunda parte de un mismo poema.

[4] Esta reflexión del poeta sobre la poesía y la obra tiene claros antecedentes: Höl-
derlin, Mallarmé. En cuanto a la reflexión sobre la obra dentro del cuerpo de la obra
misma, ¿no existe ya en el *Quijote* cuando el hidalgo se lee a sí mismo? Con una diferencia: en Cervantes hay juego; en la poesía autorreflexiva romántica y post-romántica,
suele haber una actitud dramática.

existencia de un mundo transcendente de formas y esencias. De Platón le interesaba la búsqueda de lo esencial. ¿Solamente de lo esencial? Es probable que no. Cercano a la tradición platónica —y acaso sobre todo neoplatónica—, Juan Ramón Jiménez anduvo siempre en busca de la Conciencia. Él mismo lo escribe en las "Notas" a *Animal de fondo*: si en una primera época alcanzó el "éstasis" de amor, si en una segunda época vivió siempre en una constante "avidez de eternidad", en su obra última sintió, fundamentalmente, la "necesidad de conciencia interior y ambiente en lo limitado de nuestro moderado nombre". ¿Qué significa aquí conciencia? Escribe el poeta: "Hoy concreto yo lo divino, como conciencia única, justa, universal de la belleza que está dentro de nosotros y fuera también y al mismo tiempo. Porque nos une, nos unifica a todos, la conciencia del hombre cultivado único sería una forma de deísmo bastante" ("Notas"). En esta época última —a veces Juan Ramón la llama "penúltima", "penúltimas de mi vida" (ibíd.)— la búsqueda de la conciencia es el intento por encontrar un "dios posible por la poesía". Poesía, así, como camino hacia "dios".

El poeta es "animal de fondo". Lo dicen estos versos definitivos en los cuales el poeta dialoga consigo mismo:

> "En fondo de aire" (dije), "estoy",
> (dije) "soy animal de fondo de aire" (sobre tierra),
> ahora sobre mar; pasado, como el aire, por un sol
> que es carbón allá arriba, mi fuera, y me ilumina
> con su carbón el ámbito segundo destinado.
>
> Pero tú, dios, también estás en este fondo
> y a esta luz ves, venida de otro astro;
> tú estás y eres
> lo grande y lo pequeño que yo soy,
> en una proporción que es ésta mía,
> infinita hacia un fondo
> que es el pozo sagrado de mí mismo.

La conciencia es sagrada. ¿En qué sentido infinita? La conciencia es divina. ¿En qué sentido "dios"? ¿Qué significa este "dios" inmanente, infinito, grande y pequeño?

Queden por ahora las preguntas en preguntas. Trataré de aclararlas, hasta donde se pueda, en la última parte de este ensayo. Antes es indispensable recordar la evolución poética de Juan Ramón y tratar de ver en ella qué significados adquiere lo sagrado. [5]

---

5 Importa aquí recordar que en las "Notas", Juan Ramón nos dice que su poesía ha sido siempre parte integral de su existencia. Esta poesía, siempre búsqueda del "fondo", no puede ser objetiva sino subjetiva, "mística", "panteísta" (palabras que se po-

Antes del Diario:

Juan Ramón Jiménez insistía en que su evolución poética pasaba por
tres fases: la primera, de 1903 a 1909; la segunda, de 1910 a 1929; la
tercera, de 1930 a sus obras últimas o "penúltimas".[6]

Ninguna de estas fechas es del todo exacta; Juan Ramón mismo las
altera en sus diversas cartas, declaraciones, notas críticas y autocríticas. De
hecho, algunas veces sostiene que su poesía se inicia con el *Diario* —lo cual
voy a permitirme no aceptar. Lo que verdaderamente importa es que Juan
Ramón ve, al final de cada una de sus épocas (las de las "Notas" a *Animal
de fondo*) una actitud propiamente religiosa, de una religiosidad que es
"mutua entrega sensitiva" en sus primeros años, de una religiosidad en
la cual "dios" se presenta como un "fenómeno intelectual" (aproximadamente la época de *Eternidades*); de una religiosidad de lo "verdadero" y lo
"justo" presididos por la Belleza —presente en toda la obra— en *La estación total, Espacio* y, sobre todo, *Animal de fondo*.

---

drán acaso aclarar más tarde). Una frase de 1929 es definitiva: la poesía auténtica es
"poesía metafísica, no filosófica" (es decir, ni intelectual ni discursiva). Esta frase de
Estética y poética estética puede aplicarse a la totalidad de una obra de tonalidades me-
tafísicas y, por esto mismo, religiosas.

6 Consideraré de primera época: *Arias tristes* (1902-1903), *Jardines lejanos* (1903-
1904), *Pastorales* (1903-1905), *Olvidanzas* (1906-1907), *Baladas de primavera* (1907), *Ele-
jías* (1907-1908), *La soledad sonora* (1908), *Poemas májicos y dolientes* (1909), *Arte
menor* (1909); también, a pesar de no corresponder exactamente con las fechas señaladas
por Juan Ramón: *Poemas agrestes* (1910), *Laberinto* (1910), *Melancolía* (1910-1911), *Poemas impersonales* (1911), *Apartamiento* (1911-1912), *La frente pensativa* (1911-1912), *Pureza* (1912), *Sonetos espirituales* (1914-1915), *Estío* (1915). Estos dos últimos libros no
son del todo de primera época pero no poseen todavía el estilo del *Diario* (gran aventura y a la vez secuencia y ruptura). A esta primera época pertenecen también muchos
poemas en prosa; la cronología está establecida por Francisco Garfias en Juan Ramón
Jiménez, *Libros de prosa*, I (Madrid, 1969).

Poemas de segunda época: los que aparecen, sucesivamente, en *Diario de un poeta
reciencasado* (1917), *Eternidades* (1918), *Piedra y cielo* (1918), *Platero y yo* (empezado a
publicar en 1917), *Belleza* (1917-1923).

Tercera época (tampoco sigo aquí del todo las fechas señaladas por Juan Ramón):
"*La estación total*" con las "*Canciones de la nueva luz*" (1946), *Romances de Coral
Gables* (1948 aunque escritos a partir de 1939), *Animal de fondo* y *Dios deseado y
deseante* (1949, aunque también parcialmente escritos en años anteriores).

Toda división de una obra, aun cuando la decida su propio autor, es arbitraria. Por
ejemplo, en el *Prologuillo autobiográfico*, Juan Ramón fija las tres épocas según la siguiente cronología: I de 1896 a 1915 (éste sería su momento primerísimo); de 1915 a
1936; de 1936 a 1955. El prologuillo está citado por Ricardo Gullón en *El último Juan
Ramón* (Madrid, 1968). Creo, acaso también arbitrariamente, que la primera fase de
la obra termina justamente cuando empieza el *Diario de un poeta recién casado* con el
cual se inicia la fase segunda que podría cerrarse (¿pero, hay aquí cotos y cerrazones?)
en *Belleza*.

En otras palabras: tres veces y en realidad más de tres veces, se le ha presentado "dios" al poeta; cada una de estas presencias es una culminación. Pero no podemos ser tan exactos. Es posible que Juan Ramón esté en lo cierto si se refiere a su "dios"; si nos referimos a lo sagrado, la verdad es que se encuentra prácticamente en toda su poesía.

Trataré de precisar el sentimiento de lo sagrado en la primera época de Juan Ramón Jiménez: de los poemas juveniles a los *Sonetos espirituales*. Para hacerlo es necesario saber lo que Juan Ramón entendía por la palabra "modernismo".

En 1943 reconocía el poeta que había estado muy influido por el simbolismo. Sin embargo el sentido de la palabra "simbolismo" es aquí mucho más amplio de lo que solemos situar bajo este rubro. Escribe Juan Ramón: "el simbolismo como 'escuela poética con nombre' se desarrolló en Francia, pero no fue auténticamente francés". Reconoce que él mismo estuvo influido, entre otros, por Verlaine, Rimbaud, Mallarmé, Moréas, Régnier, Samain, Jammes. Pero afirma también: "el orijen del simbolismo 'francés' está en Inglaterra, Alemania y España (los místicos por un lado, Góngora por otro)". En esta carta,[7] Juan Ramón afirma algo que tiene todos los visos de la verdad: el simbolismo fue un renacimiento "tardío" de la literatura y sobre todo de la poesía francesas.

Acaso lo más interesante de cuanto Juan Ramón escribe sea la doble referencia española: los místicos y Góngora. Ya sabemos que Juan Ramón había hecho notar la importancia de Góngora antes de que hiciera su aparición el famoso "retorno" —la famosa "vuelta"— a Góngora. Por lo pronto, cuando el poeta habla de su poesía como una forma de la "aristocracia de intemperie", una de las raíces de ella podría encontrarse en muchos poemas breves de Góngora y, naturalmente, aun cuando aquí el poeta no lo diga, de toda una tradición aristocrático-popular que se encuentra en Gil Vicente, el propio San Juan de la Cruz —en aquel hermoso poema que es un cantar de cetrería a lo divino—, Lope y muchos más. La relación entre poesía culta y poesía popular es una de las características específicas de las letras de España.[8] Es así fundamental que se cite a Góngora; no lo es menos que se cite a San Juan. Tanto Góngora como los místicos constituyen claros antecedentes de la poesía juanramoniana. Y si de Góngora —y acaso de otros— conserva Juan Ramón lo popular transfigurado, de los

---

[7] Carta a Consuelo Trigo de Azuola (Washington, D. C., 5 de agosto de 1943 en Juan Ramón Jiménez, *Cartas literarias,* prólogo de Francisco Garfias (Barcelona, 1977).

[8] En otras literaturas, incluida la mexicana, la relación poesía popular-poesía culta es menos clara (véase mi "Poesía y pueblo", *Poesía hispanoamericana y española* [México, D. F., 1961]). Naturalmente existen múltiples estudios sobre la confluencia de lo popular y lo culto en la poesía española. El cantar de San Juan al que me refiero es el que empieza: "Tras de un amoroso lance / y no de esperanza falto." *(Vida y obras de San Juan de la Cruz,* ed. Matías del Niño Jesús [Madrid, 1973], pp. 408-409).

místicos conserva la vocación iluminativa y contemplativa. Es más: de uno y de otro —no se trata, claro está, de sus únicas "fuentes"— el poeta aprenderá su deseo por encontrar una Conciencia. Hasta aquí el simbolismo que, a lo largo de las prosas de Juan Ramón, se acerca al espiritualismo y al platonismo (¿neo-platonismo?). Pero hay que tratar de entender ahora cuál es el significado de la palabra "modernismo".

En primer lugar, Juan Ramón niega, con toda razón, su pertenencia a ninguna escuela, sea ésta simbolista o modernista— "mal entendido modernismo"— e identifica simbolismo y modernismo.[9] ¿Cómo identificarlos? El modernismo y el simbolismo constituyen toda una "época", de Baudelaire a Verlaine, de Rilke a Mayakovsky, de Swinburne a Ungaretti.[10] Al tratar de precisar más el significado de "modernismo", Juan Ramón escribe: "Modernistas somos todos los poetas de este siglo que no seamos académicos, ya que el modernismo une las mejores tradiciones de cada país con las formas más nuevas de todos ellos: es universal, teolójico, filosófico, literario... Hay modernistas ideolójicos y estéticos". Hasta aquí parecen unirse bajo el rubro de "modernismo" la negación de toda Academia y la afirmación, relativamente vaga de los "mayores empujes formales nuevos". Pero pronto sabemos algo más: el modernismo es "un segundo renacimiento".[11]

No está a discusión la exactitud de estas aseveraciones. Hay en ellas algo más importante que la exactitud: una actitud.

Ciertamente Juan Ramón acentúa lo "novedoso", la "novedad". El afán de novedades es, en efecto, moderno, pero más que la novedad lo que aquí interesa es lo que el poeta dice de sí mismo cuando, en la misma carta, empieza a hablar de ésta su actitud: "Cuando yo escribo, desaparezco por completo; no me siento siquiera, soy todo idea o todo sentimiento, todo palabra, todo nombre". En otros términos: la actitud de Juan Ramón es de entrega total y aún de fusión con su obra.[12] Esta entrega es de estirpe espiritualista. Vimos cómo en *Animal de fondo* ("Notas"), el poeta narra su búsqueda y encuentro con una "conciencia" que en este caso es un "dios". Esta penetración en la conciencia puede aparecer bajo la forma de lo sensible, y aun de lo sentimental, del erotismo y del amor, de una conciencia en pos de una conciencia. En todo caso, la experiencia de Juan Ramón es sagrada.

---

9 No siempre lo hace. Los textos aquí citados provienen de Ricardo Gullón, ob. cit. en la n. 6.

10 La lista de poetas "modernistas" es mucho más larga; a ellos añade artistas, sobre todo pintores.

11 Ver Ricardo Gullón, ob. cit. en la n. 6.

12 Hay en esta frase una ligera paradoja: el poeta se funde con lo que escribe y sin embargo la palabra "yo" inicia el texto. No se trata aquí de una crítica; se trata de recordar que en Juan Ramón Jiménez hay una lucha y una "agonía" constantes que en parte obedecen a esta negación de la personalidad que nunca puede negarse del todo.

En la primera "época" pueden distinguirse formas, modulaciones, modalidades distintas: la cosa es clara si consideramos los poemas primerísimos para después analizar los que nos conducen a *Sonetos espirituales*. En la obra juvenil están presentes el simbolismo —entendido aquí en el sentido común y corriente de la palabra— de Heine, de Bécquer, en general de los románticos más sentimentales. Sorprende, sin embargo, desde un principio, el dominio de la lengua, como sorprende la economía de la expresión siempre más sugestiva e indicativa que definitoria.

Así, en *Jardines dolientes*:

> Cuando la mujer está,
> todo es tranquilo, lo que es
> —la llama, la flor, la música—.
> Cuando la mujer se fue
> —la luz, la canción, la llama—,
> ¡todo! es, loco, la mujer.

Ya en este poema de 1903 aparecen varios aspectos que serán esenciales en toda la obra. Naturalmente, la presencia femenina; también una sintaxis apretada y lacónica que anuncia a *Animal de fondo*; [13] por fin, un procedimiento muy frecuente: la exclamación.

También en *Jardines lejanos,* de la misma fecha que el poema anterior:

> Bajo al jardín. ¡Son mujeres!
> ¡Espera, espera!... Mi amor
> coje un brazo. ¡Ven! ¿Quién eres?
> ¡Y miro que es una flor!
>
> ¡Por la fuente; sí, son ellas!
> ¡Espera, espera, mujer!
> ... Cojo el agua. ¡Son estrellas,
> que no se pueden cojer!

Poema igualmente complejo, a la vez preciso y sugerente, lleno de encabalgamientos que son a la vez secuencia y ruptura. [14]

He elegido con toda intención dos poemas muy conocidos. En el segundo el procedimiento triple que define buena parte de toda la obra: la exclamación, los puntos suspensivos, la interrogación: ¿Cuál es el alcance de estos signos que nunca son arbitrarios? Cada signo pone de manifiesto una intención distinta que, además, no es unívoca. Los puntos suspensivos pueden indicar la indeterminación, el matiz de lo que el poeta ve, vislumbra y mira

---

13 En este breve poema, muchas de las "ideas" de los poemas de última época; de primera importancia el "¡todo!" exclamativo del último verso.

14 Esta sintaxis se hará más suelta en el *Diario de un poeta reciencasado*.

apenas. Suelen sugerir, muy frecuentemente, lo que el poema indica y que
no dice; lo que está en el poema bajo la forma de un más allá del poema
mismo: impresiones, titubeos, silencios, pausas, sensaciones, atisbos fugaces.
Pero los puntos suspensivos indican también espera, a veces esperanza y,
además, dan movimiento al poema, expectante de pausa en pausa. El papel de
la interrogación parece evidente: es una muestra de la duda pero es también diálogo, con los demás, con la naturaleza, consigo mismo, con la mujer,
con "dios" en la última época. En cuanto a la exclamación, su sentido es
vario: es signo de una sorpresa y puede ser signo de descubrimiento y afirmación rotunda.

Juan Ramón empleará los diversos signos con menor frecuencia en su obra
posterior. No dejarán de estar presentes en ella.

A lo largo de su vida, Juan Ramón multiplicó sus ideas acerca de la
poesía: en verso y sobre todo en sus prosas diversas. [15]

Muy joven decía: "En literatura, además de la esencia de las cosas —de
lo que suele llamarse fondo— y además de la forma, hay una esencia, un
fondo de esa misma forma, que es, a mi modo de ver, uno de los más interesantes encantos de la estética". [16]

Esta idea es de primera importancia si es que queremos entender al
poeta. Aunque acaso sea relativamente vaga la unión primera entre esencia
y fondo y lo sea también la separación fondo y forma, lo que importa es la
intuición del "fondo de la forma". Juan Ramón andará siempre en pos de
esta forma-fondo: este fondo no es sino una manera de expresar el fundamento y la raíz misma de la poesía. En efecto, y en el mismo texto, se precisa con mucha exactitud la intuición de este "fondo de la forma": "Es
algo íntimo y aprisionado, que viene de una manera espontánea, o atormen-
tada —espontánea en este sentido no equivale a fácil—, y cae sobre el papel,
entre un lazo de palabras, como cosa divina y májica, sin explicación alguna
natural".

Ciertamente Juan Ramón se refiere a Azorín. De hecho se refiere a *su*
lectura de Azorín y pone de manifiesto el concepto que él mismo tiene de
la poesía. Sabemos ahora que la unión fondo-forma es algo "íntimo y aprisionado", es decir, "algo" que pertenece a la conciencia, al recogimiento,
a la meditación; sabemos también que la obra es "espontánea"; sabemos
igualmente que la poesía tiene algo de divino y algo de mágico que brota
del poeta —así habrá de decirlo— como una "emanación"; sabemos, por
fin, que al ser espontánea y difícil la poesía carece de explicaciones lógicas.

---

[15] Muchas de ellas aparecen en Garfias, ob. cit. en la n. 6. No tengo en cuenta *Españoles de tres mundos,* libro excepcional pero que acaso no venga aquí a cuento.

[16] El texto es de 1903 (sigo la cronología de Garfias, ibíd.). Acaso no sea casual la
insistencia en la idea de "fondo", frecuente en la obra de Juan Ramón, idea, por lo
demás, que definirá el poeta en *Animal de fondo.*

Esta carencia es aquí una virtud: viene a indicarnos que la poesía es espíritu (Belleza, dirá casi siempre Juan Ramón) y que el poeta, sin conocimiento exacto de las causas pero con una vivencia única de ellas la siente divina, mágica, inspirada, es decir, desde sus primeros años, sagrada. El poeta es quien, si quiere ver el mundo sagrado, lo verá sagrado. Lo cual no excluye dolor, angustia, gozo, todos ellos divinizables [17]

En otro texto [18] Juan Ramón escribía que el gran poeta sería el que uniera "el corazón de Heine" con "la música de Verlaine". Ésta es sin duda una confesión de juventud. Ninguna de las dos influencias es demasiado clara; lo que es claro es que Juan Ramón es un poeta del sentimiento y aún a veces un poeta sentimental sin que la palabra "sentimental" tenga aquí ningún cariz negativo. Poco a poco habrá de desarrollarse como el poeta de la "inteligencia" (nunca alejada de los sentidos) y, sin embargo, en la totalidad de su poesía estarán siempre presentes corazón y música.

¿A dónde conducen inspiración y música? Hacia lo íntimo. Desde los primeros poemas, una afirmación rotunda: "El arte y el amor. Es todo y es bastante". Y, en el mismo texto —no olvidemos la otra cara de la luz: la sombra, la congoja—: "Tengo dos obsesiones, en lucha perpetua: el arte y la muerte". [19]

Hasta aquí me he referido a poemas e ideas críticas no sólo de primera época sino, dentro de ésta, de primerísima juventud. [20] Veamos lo que nos tiene que decir el poeta dentro de este mismo período aun cuando en obras más maduras.

En *Estética y ética estética* Juan Ramón escribe lapidariamente: "Mi vida interior, la belleza eterna, mi obra".

Es conocida la importancia que Juan Ramón dio a su Obra. ¿Está aquí presente Narciso? No importa. Lo que de verdad importa es el sentimiento de que la vida misma es Obra y que la poesía es siempre constante creación varia.

Prosigamos con la primera época; acerquémonos al *Diario*. Nos encontramos con los *Sonetos espirituales* (1914-1915) y con *Estío* (1915).

Los sonetos son de excelente factura; entre ellos, algunos son espléndidos. Todo en ellos conduce a la Belleza y *es* Belleza. Varias veces he repetido esta palabra. Hay que preguntarse qué significaba la Belleza para Juan

---

[17] Lo divino y lo mágico no son equivalentes. Ambos, con todo, pertenecen al reino de la sacralidad.

[18] *Crítica, Libros de prosa,* I (Madrid, 1969).

[19] *Estética y ética estética, Cuadernos de Juan Ramón,* ed. Francisco Garfias (Madrid, 1960). El texto es de 1914-1915.

[20] Primerísima juventud llena de poemas de primera. Algunos de los poemas juveniles están entre los mejores que el poeta escribió.

Ramón. La Belleza es, sin duda, armonía; es también deseo de eternidad dentro de un universo que se sabe mudable.

En efecto, en el epígrafe de *Estío,* muy afín a los *Sonetos* en cuanto a estado de ánimo, el poeta remite, con Shelley, a la mutabilidad y la permanencia; mejor, la permanencia de la mutabilidad: "Nought may endure but Mutability". Vastas permanencias armónicas a pesar de las desarmonías fugaces del mundo.

La armonía reside en el amor. El amor decible y exclamativamente triste de "Recojimiento":

> ¡Amor!, ¡Amor! ¡Que abril se torna oscuro!
> ¡Que no cojo al verano su abundancia!
> ¡Que encuentro ya divina mi tristeza!
> ("¡Amor!")

Colores, pájaros, mujeres, mares, mariposas pueblan, amorosamente, sonetos y estíos.

A veces se trata de un gozo erótico. Así en *Estío*:

> —Tu reír suena, fino,
> muy cerca... desde lejos—.
> ("¿Cómo pondré en la hora...?")

Se unen, también en *Estío,* erotismo y castidad:

> Pasan todas, verdes, granas...
> Tú estás allá arriba, blanca.
> Todas, bullangueras, agrias...
> Tú estás allá arriba, plácida.
> Pasan arteras, livianas...
> Tú estás allá arriba, casta.
> ("Tú")

Mucho hay de pasajero en *Estío.* Hay, con todo, algo inmóvil en el movimiento mismo: se llama eternidad.

Está por llegar el otoño en estos hermosos versos de *Estío*:

> Por doquiera, flechas de oro
> matan al verano [...]

En este Estío *luminoso,* el amor es tanto el camino hacia la Belleza como la Belleza misma. Belleza y amor son sagrados y, a pesar de la mutabilidad de la vida, son también deseosamente eternos. Así en "Mayo espiritual" (*Sonetos espirituales*):

> Al cielo mira el campo todo, hambriento
> de eternidad, sin que su pasajera
> flor le importe. Parece que subiera
> ya hacia su celestial renacimiento.

Hambre de eternidad: ¿"dios" sin ser dicho, ya desde aquí deseado aunque acaso no deseante?

Entre oros, malvas, amarillos, verdes veraniegos, el "recojimiento", conciencia de sí mismo. Existe la soledad pero:

> ¡No importa! Tengo siempre
> la vuelta. En la tranquila
> soledad de la noche de verano,
> la eternidad serena y sin salida
> —única, novia, fiel,
> madre, hermana y amiga—
> camina a todas partes
> conmigo, siempre idéntica y divina.
>
> ("Viaje")

Versos de *Estío* donde se reúnen, en torno a las tres imágenes femeninas —en realidad una sola mujer— soledad y divinidad dentro del espíritu recogido del poeta.

Juan Ramón quiere ver el mundo sagrado y lo ve sagrado; la sacralización toma forma y cuerpo en la mujer y en la poesía; también, y sobre todo, en la interioridad del alma:

> [...] sintiéndo-
> te la huéspeda importuna
> de ti y de mí, que estamos en mí, eternos.
>
> ("Jardín")

A partir del Diario de un poeta reciencasado

Juan Ramón ha dicho varias veces: a partir del *Diario* empieza una nueva época y una nueva tonalidad en el curso variable— y en el fondo tan unitario— de su obra. Es posible que así sea. Recordemos algunos hechos.

El viaje se lleva a cabo en el inicio de su matrimonio con Zenobia, esta mujer sensible, fuerte y del todo excepcional que debe mencionarse siempre que se escriba o hable de Juan Ramón Jiménez. [21] Este viaje a los Estados Unidos abre nuevos horizontes: penetración en nuevos paisajes marítimos, citadinos y campestres, penetración en la poesía anglo-sajona. [22] Es posible que estos hechos no expliquen el cambio que es en efecto perceptible dentro

---

[21] Zenobia Camprubí no solamente colaboró con Juan Ramón; fue su apoyo constante. Este apoyo dura hasta los últimos días de Zenobia, quien, mortalmente enferma, sigue ayudando a su marido. Para una narración emocionante de estos últimos dos años véase el libro de Ricardo Gullón citado en la n. 6.

[22] Esta poesía no le fue del todo desconocida a Juan Ramón antes del viaje, pero no hay duda que la poesía norteamericana es ahora para él una revelación.

del *Diario*: acaso lo más importante del viaje sea la relación siempre tan viva con su mujer. Aparecen, sin duda, en el *Diario* cambios estilísticos; con todo, muchos de estos cambios estaban presentes en poemas anteriores, sobre todo en los de *Estío*. No obstante, el cambio existe y lo que antes era tan sólo anuncio es ahora presencia constante.

En el brevísimo prólogo que precede al *Diario* se apuntan algunas ideas clave. El viaje, en efecto, no implica nada de "exótico" y, en verdad, son pocas las referencias directas a lugares precisos, si bien están aquí el mar, los campos, Nueva York, el Este norteamericano. Lo que acaso suceda es que lugares y gentes le sugieren horizontes más amplios y, sobre todo, una renovación espiritual. Su viaje es el viaje del alma "entre las almas", por el camino de un nuevo mar que no le hará olvidar el de Moguer; Moguer nunca olvidado, ni en el viaje, ni en los nuevos mares de Estados Unidos ni más tarde en Puerto Rico.

La poesía se hace todavía más concisa, más matizada, casi "impresionista" y más exacta.

Muchos de los poemas desbordan el verso y son poesía en prosa. [23] Casi todos los poemas del *Diario de un poeta reciencasado* parten de un mínimo de elementos, impresiones, imágenes. Aparecen aquí "leves notas", a veces "con color solo". No se pierde claridad pero la obra es, en todo el libro, emoción ("siempre frenética de emoción"). Todo esto es verdad; no es menos cierto que en el *Diario* la obra cala "más hondo" y asciende "más alto". Escribe Juan Ramón:

Raíces y alas. Pero que las alas arraiguen y las raíces vuelen.

Más "alto", más "hondo". Estamos entre el fondo de la forma y este animal de fondo que habrá de ser el poeta. En el centro de su experiencia vital y poética, el amor. Así en el poema "¡Desnudo!":

¡Desnudo ya, sin nada
más que su agua sin nada!
¡Nada ya más!
            Este es el mar.
¡Este era el mar, oh amor desnudo!

---

[23] Por una parte hay que decir que Juan Ramón practicó con fervor la poesía en prosa. Pero además algunos poemas fueron escritos primero en verso y después en prosa (tal es el caso de *Espacio*). Por otra parte, sobre todo en los últimos años de su vida, Juan Ramón tuvo la intención de escribir en prosa la totalidad de su poesía. En el caso de *Espacio* es posible que la sugerencia proviniera de Gerardo Diego. En cuanto a la idea de "prosificar" toda su poesía, proviene de un hecho muy claro: Juan Ramón no distingue nunca a rajatabla prosa poética y poesía. La única condición para que sean auténticas reside, como él mismo dice, en que sean "poéticas" porque de hecho puede existir y existe verso no poético de la misma manera que puede existir prosa poética.

De *Eternidades* (1916-1917) a *Belleza* (1917-1923) la poesía se vuelve más reflexiva —nuevamente: reflexión y reflejo— y se pone de manifiesto esta reflexión sobre el poema dentro del poema mismo que será del todo clara a partir de *La estación total.*[24]

Tanto en *Eternidades* como en *Belleza,* se encuentran los seres del mundo iluminados por el poeta; se acentúa la idea de una poesía pura y de un amor apasionado.[25] Cobran ahora todavía mayor importancia las vivencias del tiempo, del recuerdo, del *centro* —experiencia fundamental, como veremos más adelante— del Todo y de la Eternidad, todas ellas Belleza, esta belleza omnipresente en la obra de Juan Ramón.

Juan Ramón quiere ver el mundo con claridad: de ahí que intente ir hacia el fondo para penetrar en las esencias de las cosas más que a las cosas mismas; ir, hay que repetirlo, hacia el fondo-forma.

En dos versos famosos dice:

> ¡Intelijencia, dame
> el nombre exacto de las cosas!

Hay que nombrar el mundo con la esperanza de que la "palabra sea/la cosa misma"[26] y, hasta donde sea posible, hay que tratar que este nombrar sea total y nos ataña a todos:

> Intelijencia, dame
> el nombre exacto, y tuyo,
> y suyo, y mío, de las cosas!

Muchas veces lo que la inteligencia nombra es lo pasajero y fugaz ("fuga de fuga/de fuga"); nombra, igualmente, lo permanente que aparece con frecuencia en *Eternidades* ("Recuerdo, de recuerdo/de recuerdo"). El universo y el hombre son pasajeros; su permanencia, en esta vida, reside en la memoria.[27]

Pero ahora —y ya para siempre en la obra de Juan Ramón— la experiencia crucial es la del *centro.* No se trata aquí de exagerar; no pienso convertir a Juan Ramón en una suerte de cosmólogo sacro. Sin embargo, el

---

[24] Recuerdo que pertenecen a este mismo período *Piedra y cielo,* y *Poesía. Poesía* y *Belleza* contienen varios libros más.

[25] Consideraré este libro aparte porque en él aparece la idea de "dios" que será tema central de *Animal de fondo.*

[26] Idea muy parecida a la de la magia —también de Platón en *Cratilo:* las cosas tienen su nombre y pueden llegar a ser el nombre para que éste sea también la cosa.

[27] La memoria es, desde San Agustín, la imagen móvil de la eternidad. Lo es también en Juan Ramón pero en él no es nunca explícita la idea o la creencia en una eternidad *real.*

centro ha sido en todas las civilizaciones, arcaicas o no, la experiencia misma de lo sagrado. Pues bien, Juan Ramón anda en busca de su propio *centro,* precisamente en busca de un universo sagrado. La originalidad de Juan Ramón aparecerá con mayor claridad cuando precisemos la idea de *su* "dios". Está ya presente, sin embargo, en los poemas del período que ahora me ocupa. Así, en este breve "¡Eterno!", de *Eternidades*:

> Vivo, libre,
> en el centro
> de mí mismo.
> Me rodea un momento
> infinito, con todo —sin los nombres
> aun o ya—.

El centro es libertad; esta libertad es precisamente el orden del mundo interior e infinito que aspira a la totalidad. En "¡Eterno!" tres presencias constantes: el centro, el infinito que podrá ser "dios", el todo. Unido al centro en un instante, eterno el árbol.

El tronco, como en todos los árboles sagrados, es una forma de la unión hacia lo alto, lo perfecto, lo deseadamente permanente. Juan Ramón había dicho que la poesía es metafísica, no filosofía. Pocas obras como la de Juan Ramón se acercan a aquella definición que Bachelard daba de la poesía: "metafísica del instante".

Expresión todavía más viva —centro y concentración— de esta experiencia organizadora de un mundo se ve en "Luz y agua", del libro *Poesía*:

> ¡Concentrarme, concentrarme
> hasta oírme el centro último
> del centro que va a mi yo más lejano,
> el que me asume del todo!

Es innecesario creer o descreer que Juan Ramón tuviera alguna confianza o alguna esperanza acerca de la eternidad real. Sin duda, en toda su obra existe una vocación de eternidad muy personal, es decir, muy subjetiva: el centro, el árbol pertenecen al "yo", forman parte del poeta y de las cosas que se desean, nombres-cosas o cosas-nombres tal vez para fundirse más definitivamente en el mundo o acaso, más claramente, para asumirlo en una conciencia propia que llegará a ser conciencia total.

En efecto, la búsqueda de lo eterno en un mundo como el nuestro es temporal. La eternidad se revela en el mar: "Qué semejante / el viaje del mar al de la muerte / al de la eterna vida" (*Piedra y cielo*). Fugacidad marítima (Moguer, más tarde San Juan y recuerdo de Moguer), pero fugacidad que culmina en algo de inmortal aun cuando en Juan Ramón la inmortalidad no signifique necesariamente vida después de esta vida. [28] El alma es "insaciable"; solamente saciaría su sed alguna forma de la inmortalidad.

La eternidad se alía al infinito y el infinito al Todo. Nueva experiencia crucial en la obra de Juan Ramón. Pero, ¿qué significa este Todo?, ¿un Todo más allá del tiempo? Significa, por el momento, la misma armonía en la Belleza que el poeta encuentra en la "plenitud":

> Plenitud de hoy es
> ramito en flor de mañana.
> Mi alma ha de volver a hacer
> el mundo con mi alma.

Palabras escuetas que dicen mucho. La plenitud nace y brota para dirigirse hacia el mañana, pero este mañana es creación del poeta. Lo es de tal modo que la obra consiste no sólo en alimentarse del mundo sino en dar al mundo su centro y su significado: este significado se anuncia con la palabra "alma".

Habla el alma del poeta: el Todo es, no ya la realidad transfigurada, sino el poeta mismo. Así en *Piedra y cielo*:

> ¡Cómo meciéndose en las copas de oro,
> al manso viento, mi alma
> me dice, libre, que soy todo!
>
> ("Tarde")

La "inmensidad" del Autor —y, por consiguiente, como veremos, de su obra— quedan claros en estos versos de *Belleza*:

> "Todo"-infinito a que yo aspiro
> —belleza, obra, amor, ventura—
> es, en el acto, yo.
>   y sigue igual al infinito.
>
> ("Naturaleza")

Aspiración e incluso afirmación de infinitud, Obra —trabajo poético pero también obra total y absoluta [29] —belleza y amor tan ligados aquí como en Platón y los platónicos, todo centrado en el "yo" infinito, idéntico a sí mismo en los deseos (¿"dios" deseante?) del poeta.

---

[28] No se trata aquí de intentar saber —ociosamente, imposiblemente— cuáles fueron las creencias más íntimas de Juan Ramón. Solamente es posible juzgar sus opiniones tal como aparecen en la obra.

[29] En la última parte de este ensayo me referiré con mayor precisión a la idea del poeta y la obra como absolutos (como "dioses" o como "dios"). Recordemos tan sólo que, al comentar a Mallarmé y decir que éste quería escribir El Libro (total), Juan Ramón afirmaba que, de ser posible tal libro, sería un poema breve.

En las "Notas" a *Animal de fondo* Juan Ramón Jiménez se proclamaba "panteísta". Habrá que precisar más esta palabra que carece de sentido unívoco. Quede para más tarde. Hasta aquí, podemos decir que hay en la obra de Juan Ramón un verdadero anhelo de *ser* el mundo, de que las palabras, la conciencia y las cosas se identifiquen. Lo decía el "alma" en el "manso viento": "Me dice, libre, que soy todo!".

¿Panteísmo? Es posible; es más probable que en este punto el poeta piense que el universo puede sublimizarse mediante la poesía y que esta sublimización transforma al poeta mismo en la totalidad que desea ser.

Los poemas de la primera época —lo decía Juan Ramón— llegan a la sacralidad por medio de una mística sensible; los de segunda época (Inteligencia dame / el nombre exacto de las cosas"), sin abandonar nunca el universo sensible, se concentran en la conciencia del poeta. El poeta, en efecto, es la totalidad y lo es libremente. No será otro el tema ni serán otras las modulaciones y variaciones de este poema único, a pesar de su división en partes, que forma el conjunto *Animal de fondo* y *Dios deseado y deseante.* Pero antes de pasar a analizar este libro habría que precisar algo más el sentido que Juan Ramón da a la palabra "platónico".

Recordemos, en primer lugar, una doble transfiguración: por una parte, y desde los inicios, la Obra de Juan Ramón tiende a identificar mundo y palabra; por otra parte, el poema transforma y sublimiza al mundo después de nombrarlo. Pero, ¿hay en esto algo de platónico?

Si algo hay en la obra de Juan Ramón que se llame "platonismo", será un platonismo bastante lejano de Platón. Ciertamente, Platón piensa en los *Diálogos* medios [30] que el mundo es una suerte de reflejo de otro mundo *real*: el de las Formas o Ideas. No veo que esta teoría esté presente en la obra de Juan Ramón. Sin embargo, en su obra existen dos modos de ver que se acercan a lo que él llama su platonismo: la presencia constante de la Belleza y la búsqueda de la "esencia".

Es indudable que, por lo menos en *Fedro* y en el *Banquete,* Platón aliaba amor y belleza; es indudable, igualmente, que Platón anduvo en busca de un mundo superior al de la Belleza misma: el del Bien Supremo. Ir en pos de la belleza puede ser una tendencia platónica —no lo es necesariamente—; pero, hay que repetirlo, en la obra de Juan Ramón no parece existir ningún mundo transcendente que explique a nuestro mundo; mucho menos existe en ella la búsqueda del Bien. Su poesía es, más bien, de orden inmanentista.

Ignoro hasta qué punto Juan Ramón conoció a Plotino; sospecho que desconocía a Porfirio, Jámblico o Proclo. Sin embargo, su actitud general se parece mucho más a la de los neo-platónicos que a la de Platón. En efecto, el neo-platonismo tiende a ser monista: una sola realidad, la del Uno inde-

---

[30] Es decir, y principalmente, *Fedro,* el *Banquete,* la *República, Fedón.*

cible, salvo por experiencia mística, preside todo el sistema plotiniano. Hay un aspecto de este neo-platonismo que está presente en la obra de Juan Ramón: la visión del Todo como unidad —¿forma del fondo?— tan repetida a lo largo de su obra. Pero aquí también son importantes las diferencias: para los neo-platónicos el Universo entero es esta totalidad; para Juan Ramón parece serla, sobre todo, la subjetividad totalizada. [31]

Caben otras posibilidades: en el neo-platonismo del Renacimiento, principalmente en Pico della Mirandola, se percibe una clara tendencia a hacer del hombre una totalidad; este hombre todo, se encuentra en el joven Schelling, en el joven Hegel y, más tarde como hemos visto en Mallarmé. [32]

En suma: esta modalidad subjetivista y totalizadora de Poema, Obra, Poeta, se inscribe dentro de esta tendencia típica de los tiempos modernos y contemporáneos: la deificación de lo relativo, lo particular y contingente. Por otra parte, y a lo largo del desarrollo del neo-platonismo, una oleada varia de espiritualismo corre por Occidente; también el espiritualismo es parte integrante de la obra de Juan Ramón: en este núcleo espiritual se llama en él Conciencia.

Pero no encasillemos demasiado a Juan Ramón. Hay que ver en su obra —insisto tanto como insiste en este punto Juan Ramón mismo— una "metafísica" de orden sagrado. De los seres del mundo sensible al "yo", de los oros, los malvas, los matices, los ritmos y el canto a lo eterno. También a *su* "dios".

Hacia Animal de fondo

Hay que reiterarlo: la presencia del *centro* se repite en este doble libro hermoso que se llama *"La estación total"* con las *"Canciones de la nueva luz"* (1923-1936). La realidad es *real*: "Todo era lo que era". Dentro de lo que es, totalidad amorosa, la presencia del corazón:

---

[31] Creo que un estudio preciso del neoplatonismo en las letras hispánicas —e ibéricas— está por hacer. Es probable que el neo-platonismo pase a nuestras literaturas a partir de Italia (Pico della Mirandola estaría más cerca de Juan Ramón que los neoplatónicos, por así llamarlos, clásicos). Es indudable la presencia del neo-platonismo en un Góngora (el de las *Soledades*). Por otra parte, podría acaso encontrarse el neoplatonismo juanramoniano —si es que lo hay— en la tradición simbolista. No olvidemos, además, el conocimiento directo de Tagore, quien, sin ser naturalmente platónico, es espiritualista y, en este sentido, coincide a veces con el neo-platonismo.

[32] Habría que estudiar también las tendencias herméticas a lo largo de la literatura occidental y especialmente en el Renacimiento. El hermetismo, en formas varias y proteicas, se encuentra en los románticos y en los simbolistas que influyeron en Juan Ramón. Lo cual no significa que haya que leer a Juan Ramón como si fuera un poeta hermético. Sería posible ver en él imágenes y aun conceptos que proceden del hermetismo.

¡Oro en mi frente envolvedora,
oro en mi corazón total!

("Luz y negro")

Se trata, sin duda, de una totalidad relativa puesto que no remite a un "yo" supremo, ni a un mundo, sino a la plenitud de la cordialidad, a un Todo que es amor y plenitud.

En una serie de poemas deslumbrantes aparecen en *La estación total*, como nunca antes, tres experiencias vividas: la del ser hacia los otros y para los otros; la de los "elementos"; la de este "dios" que será el meollo mismo de *Animal de fondo*.

Juan Ramón vuelve a encerrarse en sí mismo:

[...] Hay que salir
y ser en otro ser el otro ser.
Perpetuar nuestra esplosión gozosa.
....
Estatua ardiente en paz del dinamismo.

("La otra forma")

En este poema, que sintomáticamente se llama "La otra forma", se trata no solamente de salir de la propia cerrazón, no sólo de estar con el otro; se trata de *ser* el otro en esta dinámica móvil y fija que una relación a fondo entraña. [33]

Esta relación con el mundo y con los otros se alía ahora doblemente con los elementos. En el poema "El otoñado", el poeta, "completo de naturaleza" contiene a los cuatro elementos: "contengo / lo grande elemental en mí (la tierra, / el fuego, el agua, el aire) el infinito". La totalidad consciente encarna en el infinito que forman los cuatro elementos o al cual los elementos conducen. Además, los elementos entran en el juego de un amor puro, sensible, sensual:

Renaceré yo piedra,
y aún te amaré mujer a ti.
Renaceré yo viento,
y aún te amaré mujer a ti.
Renaceré yo ola,
y aún te amaré mujer a ti.
Renaceré yo fuego,
y aún te amaré mujer a ti.
Renaceré yo hombre,
y aún te amaré mujer a ti.

---

33 En sus últimos libros Juan Ramón Jiménez oscila entre cierto panteísmo, cierta idea de una totalidad que implica a todos los seres humanos (poco frecuente). Dominará su obra la presencia del "dios" a la vez Autor y Poeta *creador*.

A veces los entes del mundo parecen crear un "confiado paraíso". Este paraíso es también la nada:

> total murmullo verdeoscuro,
> alrededor de la inmortal ausencia.
>
> ("Ciudad del cielo")

No siempre son alcanzables lo infinito, lo eterno por medio del poema. La angustia está muy a flor de piel en la obra de Juan Ramón. Muchas veces el poeta lucha a brazo partido con las sombras, la zozobra, la nada. Existe en su obra la desesperanza pero parece predominar la totalidad buscada, el "dios" que es el hombre:

> Enseña dios a ser tú.
> Sé solo siempre con todos,
> con todo, que puedes serlo.
>
> ("El ejemplo")

En realidad existen dos formas de ser "dios" o de estar con "dios": la divinidad creída en la infancia, divinidad del poeta maduro. Ambas están conjuntadas en tres versos:

> Solo y contigo, más grande,
> más solo que el dios que un día
> creíste dios cuando niño.
>
> (Ibíd.)

El poema "Dios primero" (*La estación total*) remite a la expresión poética: antes de poder escribir el poema el "dios" —el *autor*— es contrario y previo a la creación ("duro", "entero todo", "orden negro", "yo" vacío, "yo tan sólo yo"). Pero, forma de la dádiva, surge la creación:

> De pronto, un día de gracia,
> todo me ve con mis ojos,
> me parto en mundos de amor.
>
> ("Dios primero")

Desde ahora Juan Ramón Jiménez andará ya de manera totalmente explícita en pos de su divinidad. El mundo, los elementos, la naturaleza, son sagrados; el universo vive; tiene unos ojos que son los ojos mismos del poeta.

¿Cuál es la experiencia religiosa y específicamente sagrada en *Animal de fondo*?

"Casi con seguridad son las palabras de Sandburg en *Poetry Reconsidered* las que han inspirado a Juan Ramón el título de su libro." [34] "Poetry is the

---

[34] Agustín Caballero, "Prólogo" a Juan Ramón Jiménez, *Libros de poesía*, Biblioteca Premios Nobel (Madrid, 1957), p. LXI.

journal of a sea living animal living on land, wanting to fly in the air". [35]
Es posible que así sea; sin embargo, como afirma el mismo crítico "la concepción de nuestro poeta... es absolutamente autónoma y venía elaborándose
en su espíritu desde muchos años atrás". [36] Lo que importa es que en *Animal
de fondo* —ya hemos visto que en la obra anterior la idea se va precisando—
es la apasionada, pensada, rítmica, precisa búsqueda de "dios".

En el poema "Espacio", tal vez el más fluido y de más amplia respiración de cuantos escribió el poeta, éste *canta,* con un ritmo que es todo plenitud, el mundo que le rodea:

> ¡Qué hermosa primavera nos aguarda en el amor, fuera del odio! ¡Ya soy feliz!
> ¡El canto, tú y tu canto! El canto... Yo vi jugando al pájaro y la ardilla, al gato y la
> gallina, al elefante y al oso, al hombre con el hombre. Yo vi jugando al hombre con
> el hombre, cuando el hombre cantaba. No, este perro no levanta los pájaros, los
> mira, los comprende, los oye, se echa al suelo, y calla y sueña ante ellos. ¡Qué
> grande el mundo en paz, qué azul tan bueno para el que puede no gritar, puede
> cantar; cantar y comprender y amar! ("Fragmento primero: Sucesión: 1").

En estos versos de la felicidad y el gozo —no todo el poema es go-
zoso— comulgan los seres vivos. En "Espacio" se aúnan los seres ("Espacio
y tiempo y luz en todo y yo / en todos y yo y todos"). Verdadera comunión
con el universo, encuentro con lo eterno ("Crear la eternidad una y mil
veces / cuando queramos"). Nuevamente, todo es posible gracias al amor:

> ¡Amor, contigo y con la luz todo se hace, y lo que haces, amor, no acaba nunca!

En "Espacio" asistimos a un "májico" "regalo de mundo". Todo vive
como por arte de magia en una realidad sagrada donde el amor es capaz de
unificar a todos los seres. Es probable que sea en "Espacio" donde Juan Ramón
acentúe con más claridad la presencia de un mundo que nos trasciende y
que al mismo tiempo es un "regalo": le pertenece y nos pertenece.

Pero el universo creado por "Espacio" también parece estar hecho de
una misma sustancia: la del espíritu. ¿Panteísmo? Algo más claro será
el sentido del panteísmo juanramoniano en *Animal de fondo.* "Espacio" no
es exactamente un poema religioso; es un poema donde predominan, como

---

[35] Los versos que cita Caballero para apoyar su tesis son estos:

> "En el fondo del aire" (dije) "estoy",
> (dije) "soy animal de fondo de aire" (sobre tierra),
> ahora sobre mar [...]

Partiendo o no de la frase de Sandburg, lo que es cierto es que los poemas de Juan
Ramón son mucho más complejos de lo que la frase expresa.

[36] Agustín Caballero, obra citada en la n. 34.

ya antes en la obra de Juan Ramón, la magia y cierto animismo que pone en movimiento al universo entero y a la totalidad del "yo".

Animal de fondo

Es sabido que Juan Ramón depuró cada vez más su obra: de ahí la necesidad de reescribir poemas de sus épocas primeras. La depuración entraña, en primer lugar, mayor exactitud y rigor; en segundo lugar, poesía desnuda, es decir, pura, y sugerentemente escueta; en tercer lugar, economía en el lenguaje; en cuarto lugar, supresión de lo anecdótico (nunca ha existido mucha anécdota en su obra); en quinto lugar, una sintaxis a la vez más compleja y exacta. *Animal de fondo,* sin perder la riqueza ni la pasión de los poemas anteriores obedece a este ideal de rigor aun cuando los ritmos, las imágenes, sigan siendo tan vivas como en los "primeros" o "segundos" poemas. [37]

Podría pensarse que Juan Ramón Jiménez deseaba ante todo la perfección. Su actitud, en cuanto a la perfección se refiere, es relativamente ambigua. En una carta a José Revueltas escribía: "Yo no creo en la perfección, creería en la 'perfección sucesiva imposible', como en la 'posible sucesiva imperfección'". [38] Es de pensar que Juan Ramón Jiménez escribía exactamente lo que creía; por otra parte, su casi obsesiva necesidad de reescribir poemas indicaría, si no un deseo de perfección, por lo menos un acercamiento a ella a sabiendas de que la perfección total es inalcanzable. Este deseo rige *Animal de fondo.*

Recordemos la idea que Juan Ramón Jiménez expresaba en una de sus cartas: el hombre se yergue frente a la "animalidad detenida" y es esta "conciencia llamada espíritu". Por otra parte: "a más inteligencia, más hombría". [39] Este hombre consciente es el mismo que reclamaba "el nombre exacto de las cosas". Precisemos brevemente la idea de la "intelijencia". Escribe Juan Ramón: "La intelijencia no sirve para guiar el instinto, sino para compren-

---

[37] José María Valverde escribe: "El poeta acaba sintiéndose universo en *La estación total* con las *Canciones de la nueva luz* (1923-1926-1946), y sobre todo en su vasto poema *Animal de fondo* (1949), expresión de una suerte de panteísmo lírico; el poeta asume en sí el mundo para absorberse en la contemplación de su esfericidad, igual que un pequeño dios. Y el arte, su poesía, se hace modo de ver, forma de contemplación del universo y de existencia. (Tal vez, sin embargo, el lector añorará al llegar a este punto la suave ternura de aquellos libros de provinciano sentimental..." *(Breve historia de la literatura española* [Barcelona, 1969]). Es cierto, podemos sentir esta añoranza. La sentiremos acaso menos si sabemos ver que *Animal de fondo* ilumina al resto de la obra de la misma manera que el resto de la obra ilumina también a este poema último.

[38] Ob. cit. en la n. 7.

[39] Ibíd., Carta a Ricardo Gullón, probablemente escrita entre 1952 y 1953.

derlo". [40] Pocas frases vienen ahora a cuento como ésta cuando tenemos ante los ojos este poema amplio, complejo, espontáneo e inteligente que es *Animal de fondo*. Es muy probable que la poesía se inicie de manera instintiva para que el instinto se convierta después en vocación y disciplina. El instinto tiene que educarse, para que el poema resulte, justamente, una manera de ver y entender al instinto y a la vocación misma.

En *Animal de fondo* tenemos que partir de "dios" para llegar a "dios". En el camino nos encontraremos con experiencias ya antes mencionadas: la del centro, la de la conciencia, la de la esencia, la conciencia subjetiva o, a veces, intersubjetiva, el panteísmo, la espera, la esperanza; todo ello en un continuo movimiento y en series continuadas de metamorfosis imaginativas y formales hasta alcanzar justamente lo sagrado.

El "dios" es centro ("Dios, ya soy tu envoltura en mi centro / de ti dentro") y es centro en una compenetración del "tú" y del "yo" (del "en mí", el "en ti") que reúne a "dios" y a la criatura, el poeta es el que envuelve el centro de "dios" quien, a su vez, es un "tú" dentro del cual reside el poeta: el "tú" y el "yo" se alían; "dios" en el hombre, el hombre en "dios", probablemente en su ser mismo de hombre.

En algunas ocasiones este "dios" aparece de manera tan sensible como consciente:

> Conciencia en pleamar y pleacielo,
> en pleadios, en éstasis obrante universal.
>   ("Despierto a mediodía")

Los términos se identifican: "pleamar", "pleacielo", "pleadios", en una suerte de panteísmo que indica más la totalidad de una conciencia contempladora y contemplada (deseante y deseada) que una "sustancia" transcendente al poeta mismo.

También de manera sensible (para la mirada, para el oído, para la vista), "dios" en eternidad se acerca al mar; eternidad, ciertamente, momentánea:

> porque tú, mi deseado dios, estás visible,
> estás audible, estás sensible,
> en rumor y en color de mar, ahora;
> porque eres espejo de mí mismo
> en el mundo, mayor por ti, que me ha tocado.

Versos, sin duda, relativamente ambiguos: el mundo es mayor porque "dios" existe, pero, al mismo tiempo, este mundo existe, mayor, porque se funde con el poeta ("espejo de mí mismo").

En otras ocasiones, las referencias a "dios" pueden parecer más formas de orden intelectivo:

---

[40] Ob. cit. en la n. 5.

> Tú, esencia, eres conciencia; mi conciencia
> y la de otro, la de todos,
> con forma suma de conciencia.
>
> ("La transparencia, Dios, la transparencia")

"Dios" y el poeta seguirán siendo conciencia; lo que en este caso caracteriza a la conciencia se presenta muy escasamente en *Animal de fondo* y, en conjunto, en la obra de Juan Ramón. El poeta es una suerte de "dios"; también lo son los otros hombres endiosables y endiosados.

"Dios", además, se une al amor, pero en este caso "dios" es el poeta divinizado, camino a la Belleza. En efecto, *Animal de fondo* empieza con estos versos:

> Dios del venir, te siento entre mis manos,
> aquí estás enredado conmigo, en lucha hermosa
> de amor, lo mismo
> que un fuego con su aire.
>
> (Ibíd.)

Dios no es ni el redentor, ni el hijo, ni el padre del poeta. No se trata aquí de un Dios cristiano. Se trata de la conciencia propia ligada (religada) a la conciencia divinizada:

> conciencia mía de lo hermoso.
>
> (Ibíd.)

> Tú me llevas, conciencia plena, deseante dios,
> por todo el mundo.
>
> ("Conciencia plena")

"Dios deseante" que necesita del hombre y llega a ser el hombre; "dios deseado" y anhelado por el poeta que lo encuentra en sí mismo bajo la forma de la conciencia.

Ya he señalado que *Animal de fondo* y *Dios deseado y deseante* constituyen un solo vasto poema. Este poema está subdividido en poemas que pueden analizarse por sí mismos sin olvidar que forman parte de un todo. Veamos uno de esos poemas, el que se titula "Sin tedio ni descanso":

> Si yo he salido tanto al mundo,
> ha sido sólo y siempre
> para encontrarte, deseado dios,
> entre tanta cabeza y tanto pecho
> de tanto hombre.
>
> (Ciudad jigante, gran concurso,
> que a mí vuelves en espejismo gris de agua,
> en este sol azul del sur de luz,
> en este dios deseante y deseado,
> ojos y ojos y ojos

con destellos movientes instantáneos
de lo eterno en camino.)

¡Tanto motor de pensamiento y sentimiento
(negro, blanco, amarillo, rojo, verde
de cuerpo) con el alma
derivando hacia ti,
deviniendo hacia sí,
sucediendo hacia mí,
sin saberlo o sabiéndolo yo y ellos!

Designio universal, en llamas
de sombras y de luces inquirientes
y esperantes,
de ojo acechador inmenso que te espía
con pena o alegría
de trajinante andanza aventurera.

Y yo poseedor, enmedio, ya,
de tu conciencia, dios, por esperarte
desde mi infancia destinada,
sin descanso ni tedio.

Este decimoprimer poema entraña, ante todo, una actitud de inquisición
y de búsqueda que se resuelve, en la última estrofa, en el "dios" anhelado
desde la infancia —divinidad trascendente— hasta la vejez— probablemente divinidad inmanente.

Los términos que se reúnen con el buscar del poeta son claros: "para
encontrarte", "lo eterno en el camino", "motor de pensamiento y sentimiento", "derivando", "deviniendo", "sucediendo" (en estos últimos tres casos
con mayor seguridad de encuentro en el "ti", el "sí", el "mí"), "designio
universal", "luces inquirientes" y "esperantes", "ojo acechador" (ya en la proximidad del encuentro), todo dentro de la "trajinante andanza aventurera". [41]

Poema de la espera y de la esperanza, "Sin tedio ni descanso", va del
buscar al esperar para llegar al encuentro.

El poeta ha salido al mundo para encontrarse a sí mismo de diversas maneras como: a) deseo de descubrir al "dios deseado" (forma de la sensibilidad)
dentro de un mundo muy real y duro entre "tanto hombre"; b) un deseo
a la vez reflexivo y sensible en medio de los colores; c) un inevitable derivar, devenir, suceder hacia tres realidades que acaban por ser una y la
misma a lo largo de *Animal de fondo* ("hacia ti", "hacia sí", "hacia mí");
d) forma universal que, entre luz y sombra, es esperanza renovadamente in-
quiriente; e) el camino de toda una vida de "andanza aventurera".

Andanza aventurera, en efecto; además de su sentido más general (toda
vida es andanza) las palabras adquieren aquí un tono discretamente auto-

---

41 La expresión "motor de pensamiento y sentimiento" podría verse también como
causa del buscar.

biográfico: paso que va de la niñez a la vejez cuando el poeta encuentra, en un acto de posesión total, el centro del mundo, de sí mismo, de lo sagrado; también andanza de quien viaja y de quien sufre exilio de tierra en tierra.

Quedaría por interpretar la estrofa segunda que aparece entre paréntesis. Recordemos que *Animal de fondo* fue en buena parte escrito en Nueva York. Es posible, y aun probable, que la referencia a la ciudad "jigante" sea precisamente una referencia a la ciudad en que el poeta vive. Sin embargo, desde esta ciudad, y por asociaciones marítimas, que hacen que el poeta regrese a su tierra donde el agua ya no es gris, donde triunfa el "sol azul del sur", donde es más transparente el "dios deseante y deseado", donde, por fin, se manifiestan revelaciones y miradas instantáneas en un camino eterno que culminará en la posesión de "dios", de "ti", de "sí", del mismo poeta.

Juan Ramón insiste en afirmar que su poesía es una forma del panteísmo, que es mágica, que se revela en un "éstasis", que —plena conciencia— lo acerca a la mística. Acaso podamos precisar algo más esta actitud si ahora tenemos en cuenta otro poema dentro de *Animal de fondo*: "Ríomar-desierto", poema vigésimo segundo del libro:

> A ti he llegado, riomar,
> desiertoriomar de onda y de duna,
> de simún y tornado, también, dios;
> mar para el pie y el brazo,
> con el ala en el brazo y en el pie.
>
> Nunca me lo dijeron.
> Y llego a ti por mí en mi hora, y te descubro;
> te descubro con dios, dios deseante,
> que me dice que eras siempre suyo,
> que eras siempre también mío
> y te me ofreces en sus ojos
> como una gran visión que me faltaba.
>
> Tú me das movimiento en solidez,
> movimiento más lento, pues que voy
> hacia mi movimiento detenido;
> movimiento de plácida conciencia
> de amor con más arena,
> arena que llevar bajo la muerte
> (la corriente infinita que ya dije)
> como algo incorruptible.
>
> Por ti,
> desierto mar del río de mi vida,
> hago tierra mi mar,
> me gozo en ese mar (que yo decía
> que no era de mi tierra);
> por ti mi fondo de animal de aire se hace

más igual; y la imajen
de mi devenir fiel a la belleza
se va igualando más hacia mi fin,
fundiendo el dinamismo con el éstasis.

Mar para poder yo con mis dos manos
palpar, cojer, fundir el ritmo de mi ser escrito,
igualarlo en la ola de agua y tierra.

Por mí, mi riomardesierto,
la imajen de mi obra en dios final
no es ya la ola detenida,
sino la tierra sólo detenida
que fue inquieta, inquieta, inquieta.

Mucho hay también en el transfondo de este poema de carácter autobiográfico: mar de la infancia, nuevos mares, mares en los cuales el poeta se
descubre. El movimiento es doble y complementario: hacia la muerte, hacia
la plenitud.

En la primera estrofa el "desiertoriomar" que habrá de invertirse en la
estrofa última: "riomardesierto". Estas palabras [42] nos conducen al panteísmo
de Juan Ramón o, mejor, a lo que él parece entender por panteísmo. Su
"dios" es "riomar", "desiertoriomar" ("onda", "duna", "simún", "tornado").
Todo parece ser "dios" cuando el hombre está ya cercano a la muerte y a
la gracia "ala en el brazo y en el pie"). En la segunda estrofa, el descubrimiento. Si en "Sin tedio ni descanso" predomina la búsqueda, "Río-Mar-
Desierto", es un poema del encuentro y de la develación. El poeta, al llegar
a su "riomardesierto" está con su "dios". ¿El poeta como poeta-dios? No
parece claro en "Río-Mar-Desierto". Mar y desierto y río, "llenos de dios",
se encuentran con el poeta. Asistimos a una "gran visión".

El mar, el río, "dios", mueven al poeta hacia su fin. Se aproxima la
muerte, pero el movimiento de la conciencia es plácido en la infinita corriente que lo arrastra.

Breve metamorfosis ya indicada: "desiertoriomar", el mar se hace tierra
—el poeta lo hace tierra. Se aproxima, con la muerte, la plenitud: la belleza del "éstasis" móvil y dinámico.

Vida difícil; fin logrado: la obra alcanza a ser "dios final", es decir, cumplimiento de la conciencia.

En "Río-Mar-Desierto" estamos ante una modalidad del panteísmo [43] en el
que caben todas las mutaciones y transformaciones. Es probable que sea

---

[42] Es frecuente que palabras así formadas no sean, contrariamente a lo que podría
pensarse, palabras que el poeta busca. Casi siempre se presentan de manera espontánea
y poco reflexiva.

[43] Conste que no trato de "encasillar" a Juan Ramón. Intento ver sus caminos hacia lo sagrado.

más importante saber qué entiende Juan Ramón Jiménez por "visión" ("y te me ofreces en sus ojos / como una gran visión que me faltaba") y qué entiende por "éstasis". Ambos términos están íntimamente ligados a la mística. Es ya el momento de ver si existe o no en Juan Ramón una verdadera mística. [44]

Todos sabemos que la palabra "mística" tiene varios sentidos. Edith Stein, en *La ciencia de la cruz,* [45] acerca la mística a la experiencia de los niños y ve en ella una forma de la "objetividad sagrada". ¿Cómo alcanzar esta objetividad? En su sentido más estricto, la mística designa aquella manera de lograr el conocimiento de Dios, más allá de las palabras, después de una vía ascética que difiere del budismo al cristianismo, del zen (donde es crucial la disciplina previa) a los sufis. En todos los casos está presente la vía que se ha llamado "purgativa" (de "noche" a "noche", en San Juan de la Cruz, hasta alcanzar la noche radiante de la contemplación y unión).

A menos que consideremos la totalidad de la vida de Juan Ramón como una forma de ascesis, [46] no encuentro en su obra las vías ascética y purgativa características de toda mística. Las cosas no se aclaran cuando vemos que, para Juan Ramón, mística y magia son a veces sinónimos o cuasi-sinónimos. Si en la magia pueden estar presentes semillas de la mística, como lo ha visto Hilda Graef en *Histoire de la mysthique* (París, 1972), la gran diferencia entre una y otra consiste en que la magia pretende, como lo hará la ciencia y sobre todo su hija la técnica, dominar el mundo, idea, por lo demás, que es ajena a Juan Ramón.

Recordemos el contexto en el cual aparecen las palabras de Juan Ramón. En las "Notas" a *Animal de fondo,* narra cómo al final de su primera época, "dios" se le presenta como una mutua entrega sensitiva. Esta experiencia estaría lejos de lo que solemos llamar mística. Al final de la segunda etapa, "dios" se le aparece bajo forma intelectual; tampoco es esencialmente intelectual la mística. En la última o penúltima época —justamente la de *Animal de fondo*— "se me ha atesorado dios como una realidad de lo verdadero y justo". A la época primera corresponde un "éstasis de amor", a la segunda, la "avidez de eternidad"; a la tercera, la "necesidad de conciencia interior

---

[44] El uso de la palabra por Juan Ramón no es casual: recuérdese su afinidad juvenil con San Juan de la Cruz.

[45] *La ciencia de la cruz* (Madrid, 1959) es no sólo un análisis admirable de la obra de San Juan; es también la experiencia mística de Edith Stein, esta judía, discípula de Husserl que, convertida al cristianismo, desapareció en el campo de Auschwitz.
Véase también, sobre San Juan y la experiencia mística, Karol Wojtila, *La fe según San Juan de la Cruz* (1948) reeditado por Biblioteca de Autores Cristianos (Madrid, 1979).

[46] Quiero decir que esta forma de ascesis es demasiado general y generalizada. Muchas vidas —disciplinas, dolores, voluntad de sobrepasar la pasión que es la pasividad— se encuentran en muchos, pero no por esto conduce a una mística.

y ambiente en lo limitado de nuestro moderado nombre". [47] Hasta este punto
podríamos hablar de contemplación pero no creo que podamos hablar de
misticismo.

Al encontrar un "dios posible por la poesía", Juan Ramón parece decir
que su "dios" es trascendente y que es conciencia, pero si leemos bien, veremos que escribe: "Hoy concreto yo lo divino como conciencia única, justa,
universal de la belleza que está dentro de nosotros y fuera también y al
mismo tiempo". ¿Trascendencia? No del todo; en última instancia se trata
de una oscilación entre el "dios" del "yo" y el "dios" que serían todos los
hombres: "dios nos unifica a todos" y "la conciencia del hombre cultivado
único sería la forma de un deísmo bastante".

Bien sé que Juan Ramón estaba en contra de la poesía religiosa como
estaba contra la poesía política. Con todo, Juan Ramón se aproxima a la
mística— no a las disciplinas necesarias y previas— cuando dice: "Y esta
conciencia tercera integra el amor contemplativo y el heroísmo eterno y los
supera en totalidad". La primera parte de la frase podría estar escrita por
un místico; la segunda —"heroísmo eterno"— parecería proceder de tradiciones románticas. Pero acaso lo esencial sea aquí la idea de superación.
Lo que Juan Ramón llama mística es más claro en la "superación" tanto
de la contemplación como del heroísmo, en un reino sugerido y no dicho
que es patrimonio común de los más altos poetas y místicos.

En suma, la actitud sagrada de Juan Ramón Jiménez parece tener tres
aspectos: la de un "nosotros" poético que nos diría que la totalidad de los
hombres son "dios" (de las tres actitudes ésta es la más infrecuente); la de
un panteísmo que oscila entre la magia —por ejemplo en *Espacio*—, la fusión con la naturaleza y la unidad de todas las cosas bajo la forma de lo que
los filósofos llaman una sola sustancia (en otras palabras su panteísmo no es
unívoco ni, por lo tanto, muy preciso), por fin, y con mucha frecuencia, la
idea de que el poeta es el "dios" de sí mismo —probablemente la más
tenaz de las visiones sacras del poeta.

Por lo que se refiere al "éstasis", incluye un descubrimiento que puede
llegar a ser incluso una forma de desasimiento pero que, a pesar de la lim-
pidez de las imágenes dice más de lo que sugiere aun cuando en poesía todo
sea, hasta cierto punto y medida, sugerencia.

Extasis, arrobo, sin duda; pero, al fin y al cabo, después de narrar muy
escuetamente cómo encontró a su "dios", Juan Ramón escribía: "estaba creando un mundo del cual debía ser el fin un dios". ¿Dios único, *suyo,* subjetivo? Es lo más probable. En todo caso, de lo que se trata es del encuentro
con la conciencia que es "belleza y poesía".

---

47 Muchas de estas frases aparecían al principio de este ensayo. Las repito no sólo
a modo de recordatorio, sino para aprehenderlas algo más en el contexto de *Animal de
fondo* y, a partir de este libro, en el resto de la obra poética.

El misticismo y el "éstasis" de Juan Ramón se ven limitados por dos factores: el subjetivismo que le lleva a ser "el hombre último con los dones que hemos supuesto a la divinidad encarnada", y su visión estética del mundo. Toda gran mística, de Plotino a San Juan, del Zen a Ruysbroeck, a Tauler, a Edith Stein o Simone Weil está siempre más allá de la pura Belleza, porque la belleza puede ser opaca y no dejarnos ver al espíritu que trasciende a lo bello y a lo hermoso.

Dice Juan Ramón en su poema "Soy animal de fondo":

> Pero tú, dios, también estás en este fondo
> y a esta luz ves, venida de otro astro;
> tú estás y eres
> lo grande y lo pequeño que yo soy,
> en una proporción que es ésta mía,
> infinita hacia un fondo
> que es el pozo sagrado de mí mismo.

Lo que es fundamentalmente sagrado en la poesía de Juan Ramón Jiménez puede reducirse a tres palabras: el Poeta, el Poema, la Obra.

Terminemos con nuestra cita inicial: "También sigo creyendo ...que la poesía es fatalmente sagrada, alada y graciosa y que su reino está en el encanto y el misterio".

En este sentido todo lo que el poeta toca, ve y transfigura, para darle centro y sentido, es precisamente sagrado. Lo es en los poemas más complejos de los últimos años. Pero lo es también en los poemas cantados, y hermosos, de su juventud:

> Verde verderol
> ¡endulza la puesta del sol!

Intelectuales españoles en Argentina

EMILIA DE ZULETA
Universidad Nacional de Cuyo, Mendoza, Argentina

No existe aún una historia completa de las relaciones culturales entre España y la Argentina en el período posterior a la independencia de este último país, pese a que el tema implica perspectivas de gran interés, dada la singularidad de la cultura argentina y la compleja integración de los diferentes elementos que la constituyen. Existen, eso sí, algunas investigaciones parciales sobre las cuales podrían asentarse las bases del enfoque totalizador que este estudio requiere.

En el presente trabajo, dentro del marco del homenaje a un intelectual español que ha cumplido su obra fuera de España, examinaremos algunos momentos y figuras sobresalientes en el lapso que va de 1907 a 1952. Nuestra intención ha sido, sobre todo, subrayar la influencia que algunos españoles han tenido en ciertos momentos claves para la Argentina de este siglo. Este propósito ha determinado la selección de las figuras —algunas olvidadas, otras de primer plano— que protagonizaron episodios de interés, dentro del enfoque que acabamos de esbozar. Aclaramos además que, en este caso, nuestra principal fuente de información han sido las revistas literarias de aquella etapa.

Entre los límites señalados, 1907-1952, caben dos ciclos, el primero desde la aparición de la revista *Nosotros* (1907) hasta 1936, comienzo de la guerra civil española; el segundo, desde esta fecha hasta 1952, momento en que se inicia el segundo gobierno peronista, y con él la culminación del deterioro de la vida argentina en todos los aspectos y, particularmente, de la actividad intelectual, lo cual ocasionó que un grupo considerable de exiliados españoles dejaran el país.

Primer ciclo: 1907-1936

La corriente de interrelación cultural entre ambos países sufre diversas alternativas a lo largo del siglo XIX, de acuerdo con el proceso político e ideológico que determina movimientos de convergencia y de divergencia, de uno y otro lado del océano, después de la Emancipación.[1]

A fines del siglo, esta interrelación se intensifica y consolida, en primer término, por obra de los pensadores españoles que desde la Península redescubrían América —Valera, Menéndez Pelayo, los noventayochistas—, y, en segundo término, por obra de quienes emigraron, sucesivamente, antes de la revolución de 1868 y después de la Restauración de 1874, dentro de la gran corriente que tanta importancia tuvo en la configuración definitiva de la Argentina. Algunos de aquellos españoles se definieron por su labor periodística continuada, como Francisco Grandmontagne, quien llegó a Buenos Aires en 1880, fundó y dirigió la revista *La Vasconia* y colaboró activamente en *La Prensa*. Años más tarde, en 1910, otro vasco, José María Salaverría, se instaló en Buenos Aires durante tres años y escribió para diversas publicaciones argentinas como *La Nación, Caras y Caretas* y *Plus Ultra*. Posteriormente y ya desde España, mantuvo una intensa relación con la Argentina, país que comprendió en profundidad, según lo acreditan sus numerosos ensayos y artículos y varios libros donde lo americano se integra en un ámbito hispánico total, abarcador de la función moral, social y política de lo literario.

Otros españoles ejercieron su magisterio esclarecedor sobre las arduas cuestiones de la definición del lenguaje. Figura capital por esta acción fue RICARDO MONNER SANS (1853-1927), tal como lo señalara el argentino Arturo Costa Alvarez en ocasión del homenaje que le tributara el Ateneo Iberoamericano de Buenos Aires.[2]

Nacido en Barcelona, llegó a Buenos Aires en 1889, donde desarrolló una vasta labor en el periodismo y, especialmente, en la docencia. Fue un argentino de adopción y, como dice el crítico antes mencionado, vivió el apotegma de Casimiro Prieto, uno de aquellos intelectuales emigrados: "España está donde se habla el castellano, y donde se habla el castellano está mi patria".[3]

Tuvo Monner Sans directa participación en el debate sobre el problema de la lengua, planteado en la década del noventa y que recrudece entre 1898 y 1900 con la publicación de un libro del profesor francés Luciano Abeille, *Idioma nacional de los argentinos*.[4]

---

[1] Véase Zuleta Alvarez, E., "La idea de América en el pensamiento español del siglo XIX", *Boletín de Ciencias Políticas y Sociales de la Universidad Nacional de Cuyo,* Mendoza, 24 (1979), 61-107.

[2] "La obra de Monner Sans en nuestra lengua", *Nosotros,* I, 217 (jun., 1927), 350-356.

[3] Ibíd., 353.

[4] Monner Sans, J. M., "Ricardo Monner Sans en la Argentina", *Disparates usuales en la conversación diaria y barbaridades que se nos escapan al hablar* (Buenos Aires, 1947), pp. 5-17.

La acción de Monner Sans en pro del buen uso del idioma se volcó en artículos periodísticos y en libros, entre los que destaca un volumen ya clásico, *Notas al castellano en la Argentina* (1903), mientras que otra faceta de su obra se manifiesta en su libro *Los catalanes en la Argentina* (1927). Participaba así, dentro del marco concreto de su acción docente, de la labor de difusión, integradora de lo hispánico total, que muchos españoles ilustres venían cumpliendo desde España, mediante sus colaboraciones en los grandes periódicos argentinos, *La Nación* y *La Prensa,* y en diversas revistas, algunas de enorme popularidad, como *Caras y Caretas* (1898-1939).

Perteneció Monner Sans, además, al elenco de la ya mencionada revista *Nosotros,* de capital importancia en la cultura argentina y, por añadidura, en este aspecto que venimos examinando.

Rafael Alberto Arrieta, en su estudio sobre *La literatura argentina y sus vínculos con España,* ha señalado el año 1907 como fecha cimera de la relación entre España y la Argentina, marcada por la aparición en Madrid de *El canto errante,* de Rubén Darío. En marzo de ese año —destaca asimismo el crítico argentino— aparece en Madrid la revista *Renacimiento,* dirigida por Gregorio Martínez Sierra, en la cual ocupaban los hispanoamericanos un nivel de atención equivalente al de los mismos españoles. Ese mismo año "Buenos Aires correspondió a Madrid con una revista no menos amplia en su hospitalidad y llamada a larga y fecunda vida: *Nosotros".* [5] Y a continuación, recuerda cómo la literatura española contó allí con una sección bibliográfica especial y cómo los escritores españoles, residentes en la Argentina o en España, compartieron sus páginas con las promociones literarias argentinas.

Integraron aquel elenco de escritores españoles residentes en la Argentina, protagonista de la reanudación de este diálogo entre ambas culturas definido por Arrieta, entre otros, Juan Más y Pí, Emilio Suárez Calimano, Juan Torrendell y José Gabriel.

JUAN MÁS Y PÍ (1878-1916), nacido en Barcelona, había llegado a Buenos Aires a los ocho años de edad. Primero hizo periodismo en Brasil, donde fundó *La Reforma,* y luego colaboró regularmente en *Nosotros* y en *El Diario Español* de Buenos Aires hasta su muerte, acaecida en el naufragio del "Príncipe de Asturias", en 1916.

Fue autor de varios libros sobre literatura argentina y de uno sobre *Letras españolas* (1911), título que también encabezaba la sección que tuvo a su cargo en *Nosotros.* Crítico agudo, incisivo y polémico, le interesaron sobre todo las ideas, más que los valores literarios, tal como lo señala Roberto F. Giusti, en su nota necrológica. En ella destaca, además, su particular dominio de las literaturas española, catalana, brasileña y portuguesa, y su

5 Arrieta, R. A., *La literatura argentina y sus vínculos con España* (Buenos Aires, 1957), pp. 189-191.

identificación con las nuevas generaciones argentinas, al par que elogia la calidad de su obra: "Nadie en nuestro país, en los últimos años, desempeñó la función crítica con mayor constancia, humildad, elevación de miras y amplitud de horizontes". [6]

EMILIO SUÁREZ CALIMANO (1897-1949) había nacido en las Islas Canarias y desde su juventud se radicó en Buenos Aires donde hizo estudios en la Facultad de Filosofía y Letras. En *Nosotros* tuvo a su cargo las secciones "Letras españolas" y "Letras hispanoamericanas", a partir de 1922, época en que fue secretario de la revista. Fue autor, asimismo, de cuentos, ensayos, traducciones y numerosísimas reseñas de libros de temas políticos, artísticos y literarios. En edición de *Nosotros* apareció, en 1926, su libro *21 ensayos,* recogidos de la revista y en los que estudia diversos temas y autores, entre ellos, tres españoles: Luis Araquistáin, Alfonso Danvila y Alonso Quesada. Precisamente a propósito de este libro, el chileno Francisco Contreras señala lo siguiente: "Suárez Calimano montre en ces travaux une sagacité et une indépendence bien rare chez un jeune". [7]

JUAN TORRENDELL (1867-1937), nacido en Palma de Mallorca y emigrado a Montevideo en su juventud, hizo periodismo y crítica en el periódico *El día* de aquella ciudad. Vuelto a España, fundó en Barcelona *La Cataluña,* se vinculó con Francisco Cambó y colaboró con él en la campaña catalanista de *La España Grande.* Se radicó en Buenos Aires en 1912 y colaboró en diversos periódicos, entre ellos *El Diario Español,* y en revistas, especialmente en *Nosotros* y en *Atlántida* donde tuvo a su cargo la sección "El libro de la semana". Parte de esta labor fue recogida en sus libros *El año literario 1918* y *Crítica menor* (dos volúmenes, 1933-1934). El argentino Roberto F. Giusti, el chileno Eduardo Barrios y el uruguayo Víctor Pérez Petit elogiaron, en diversas ocasiones, su cultura clásica, su buen gusto y su amor por lo americano. [8]

Ya en la primera época de *Nosotros* (1907-1934), Torrendell se había destacado por la frecuencia de sus colaboraciones sobre temas políticos y literarios. Buena parte de ellas se ocupan del problema catalán, tanto en el aspecto cultural como en el lingüístico. Precisamente en su ensayo sobre "Las lenguas de España" aborda este tema como otro ángulo del catalanismo. [9]

---

6 Giusti,, R. F., "Juan Más y Pí", *Nosotros,* I, 83 (mar., 1916), 417-419.
7 Contreras, F., *L'Esprit de l'Amérique espagnole* (París, 1931), p. 234.
8 Giusti, R. F., "El año literario 1918, por J. Torrendell", *Nosotros,* I, 129 (feb., 1920), 263-266; Barrios, E., "Figuras de América: Juan Torrendell" *Nosotros,* I, 161 (oct., 1922), 268-271; Pérez Petit, V., "Juan Torrendell", *Nosotros,* I, 205 (jun., 1926), 163-202.
9 *Nosotros,* I, 290-291 (jul., ag., 1933), 225-238.

Desde 1918 Torrendell se había encargado de la sección esporádica "Letras catalanas" (antes a cargo de Más y Pí). Pero su acción se intensifica en la segunda época de la revista (1936-1943), cuando se hace cargo, regularmente, de las secciones "Los libros de España; Letras Castellanas" y "Letras Catalanas", hasta su muerte en 1937. Cada una de estas secciones se ampliaba con un apartado titulado "Información" y, posteriormente, con otro, "Versiones", dedicado especialmente a las traducciones.

Torrendell colaboró también en la revista *Síntesis* con un artículo breve, de título inocuo, pero que contiene un valioso balance de lo que ha quedado de la vanguardia, tomando como incitación un artículo de Guillermo de Torre, "Examen de conciencia", donde éste asume una nueva actitud de temperancia tras su vanguardismo inicial. [10]

JOSÉ GABRIEL LÓPEZ BUISÁN, más conocido por el nombre de "JOSÉ GABRIEL", es otro de los escritores españoles de extendida actuación en la Argentina. Nacido en Madrid en 1896 y naturalizado argentino, estudió en la Facultad de Filosofía y Letras y fue principal animador del "Colegio Novecentista", grupo renovador definido por su reacción contra la filosofía positivista y materialista. Se desempeñó como profesor en La Plata, trabajó como periodista en importantes publicaciones argentinas y escribió obras de temas históricos, novelas, ensayos y artículos de crítica filosófica, estética y literaria. En su momento tuvo resonancia su libro *Vindicación de las artes* (1926), una original y enérgica impugnación de las que considera inconsistentes bases del arte de vanguardia, de su mundo teórico, monótono y sin sugestión. Discute allí, entre otras cosas, la postura de Ortega y elogia la de D'Ors frente a los problemas de la nueva estética.

Entre las colaboraciones periodísticas de esos años se advierte un interés renovado por el problema de la lengua. En algunos casos, los artículos representan la repercusión en Buenos Aires de la discusión acerca de las diversas lenguas de la Península que se desarrollaba contemporáneamente en España; en otros se trata desde diferentes ángulos, algunos específicamente lingüísticos, otros colindantes con lo cultural y lo político, el tema del castellano en América. A medida que avanza la década del veinte se intensifica la preocupación por definir la identidad argentina y se replantea la esencia de lo nacional. Todo ello culminará con el surgimiento del nacionalismo, pero es necesario señalar que participan también de estas reflexiones figuras y grupos situados en los antípodas de este movimiento doctrinario.

En este clima se insertan, no sólo la prolongada discusión sobre la lengua que viene desde fines de siglo, sino también la presencia en Buenos Aires

---

[10] "Problemas estéticos", *Síntesis,* 21 (feb., 1929), 317-323.

de filólogos españoles —aparte del caso de Monner Sans ya mencionado— como Américo Castro y Amado Alonso.

Amado Alonso y el "Instituto de Filología"

A comienzos de la década del veinte surge en Buenos Aires otro núcleo de fuerte irradiación de lo hispánico: el "Instituto de Filología" de la Facultad de Filosofía y Letras. [11] Por iniciativa de Coriolano Alberini y tras un pedido de asesoramiento de Ricardo Rojas a Don Ramón Menéndez Pidal, la creación se concretó en junio de 1923 y fue puesto al frente del nuevo centro Américo Castro. En el discurso pronunciado por Rojas se alude a la superación de la controversia entre el castellano de América y el castellano de España, referencia que marca una dirección de las preocupaciones lingüísticas en la Argentina cuyos antecedentes ya hemos mencionado.

En marzo de 1924 Agustín Millares Carlo reemplaza a Castro en la dirección, y en abril de 1925 el cargo es ocupado por Manuel de Montoliu. Bajo estos tres primeros directores la acción del Instituto se manifiesta en varias ediciones, en una serie de cuadernos y en los primeros números del *Boletín del Instituto de Filología.*

Pero la tarea requería mayor continuidad y en setiembre de 1927 llegaba a Buenos Aires, con un contrato por tres años, pero para quedarse casi veinte, hasta 1946, Amado Alonso.

Amado Alonso (1896-1952), cumplió en la Argentina la mayor parte de su obra personal de filólogo, crítico literario y traductor de obras decisivas como el *Curso de lingüística general* de Saussure. Pero dentro del marco del presente trabajo, subrayaremos otros aspectos de su actividad, orientados al estudio del español en América, ya fuera promoviendo la publicación de obras ajenas, organizando la "Biblioteca de Dialectología Hispanoamericana" o realizando una intensa labor propia de difusión de las nuevas orientaciones de la lingüística.

En efecto, a poco de llegar publicó en la revista *Síntesis* un artículo titulado "Lingüística espiritualista", destinado a informar acerca de los cambios producidos en esta ciencia, en la cual cada forma es considerada como expresión, como función espiritual, a partir de Croce y Vossler. Asoma, desde el primer párrafo, la nota combativa que habría de distinguirlo, sin desmedro de su rigor y objetividad: "Como en todas las profesiones de investigación, abundan en la nuestra los meros acarreadores de materiales", [12] dice. Este

---

[11] Kurlat, F. W. de, "Para la historia del *Instituto de Filología y Literaturas Hispánicas Dr. Amado Alonso*", en *Homenaje al Instituto de Filología..., en su cincuentenario, 1923-1973* (Buenos Aires, 1975), pp. 1-11.

[12] Alonso, A., "Lingüística espiritualista", *Síntesis,* 8 (en., 1928), 227-236.

talante, que fue puesto al servicio de su importante labor renovadora de los estudios lingüísticos y filológicos en la Argentina, prevalece también en otras notas suyas, algunas de las cuales alcanzan, incluso, un fuerte tono polémico. Tal es el caso de la que dedica a Arturo Costa Álvarez, a propósito de su libro *El castellano en la Argentina,* en la cual se remonta a los antecedentes de la mala relación existente entre éste y Américo Castro. Alonso, que se hace cargo de la campaña que Costa Alvarez lleva desde entonces contra el Instituto de Filología y contra España, reitera su caracterización del viraje idealista de los estudios lingüísticos, y refuta la creencia de que el estudio científico del idioma sea enemigo del gramatical normativo. En nota posterior, retoma estos temas en un irónico y violento ataque contra el mismo filólogo. [13]

En esos años va publicando diversos estudios que marcan un nivel de rigor científico, precisión en el juicio de valor y belleza expositiva, en suma, las notas que definirán su magisterio, creador de una escuela de investigación argentina de importantes proyecciones. Uno de los primeros es "Paul Groussac, estilista" [14] publicado en la misma revista y recogido luego en su libro *Materia y forma en poesía* (Madrid, 1955). En él define de modo ejemplar la índole de un estilo personal, a través del desarrollo en el discurso de la sucesión de imágenes, metáforas y comparaciones e indaga, además, su explicación en las raíces de una educación literaria y en el ulterior proceso biográfico.

Simultáneamente comienza a colaborar en revistas universitarias, como *Humanidades* de La Plata, y en los grandes periódicos argentinos, y cuando se funda la revista *Sur* se vincula estrechamente a ella. Victoria Ocampo ha dicho al respecto: "Se convirtió en consejero indispensable y precioso de *Sur,* en una de esas personas de quien se dice, a propósito de cualquier discusión o cualquier duda de orden técnico: 'Hay que telefonearle. Hay que decirle que pase por aquí'". [15]

Alonso publicó en *Sur* ocho ensayos y artículos y tres reseñas. Entre los primeros destaca, por su importancia y extensión, "El problema argentino de la lengua", aparecido en 1932, prolijo análisis del estado de esta cuestión. La falta de una verdadera educación literaria y el deterioro de la lengua oral son fenómenos convergentes e interrelacionados de los cuales deriva, a su juicio, un exceso de convención para lo afectivo y una escasez o flojedad de convención para lo intelectivo o lógico. Este diagnóstico va acompañado por enérgicas indicaciones terapéuticas dirigidas a los escritores.

---

[13] Ibíd., "La filología del Sr. Costa Alvarez y la filología (a propósito de un libro)", *Síntesis,* 23 (ab., 1929), 125-141; "Sobre el difunto Costa Alvarez", *Síntesis,* 26 (jul., 1929), 175-178.

[14] *Síntesis,* 27 (ag., 1929), 327-341.

[15] "Amado Alonso, 1896-1952", *Sur,* 211-212 (may.-jun., 1952), 124-125.

Al año siguiente apareció una segunda nota, "El porvenir de nuestra lengua", reveladora de estas preocupaciones de su autor, quien escribe como especialista, pedagogo y hombre de acción. [16]

Dos años después, en 1935, participó en la redacción de los nuevos programas para la enseñanza del castellano en las escuelas secundarias argentinas, en los cuales llegaban, por primera vez, al medio escolar las doctrinas lingüísticas de Saussure, Bally y Vossler. Ello se logró en medio de arduas polémicas en las cuales Alonso se batió con tanta energía como buena doctrina. [17]

Algunos años más tarde, también en *Sur,* se publica un enfrentamiento polémico entre Jorge Luis Borges y Alonso. El primero, en un comentario sobre "La peculiaridad lingüística rioplatense" de Américo Castro, objeta su contenido, ataca a los institutos "dialectológicos" y califica duramente la erudición, el estilo y el "ejercicio del terrorismo en materia lingüística" del filólogo español. Alonso responde desmintiendo cada una de estas afirmaciones. [18] Otros ensayos suyos, notas breves y reseñas sobre literatura argentina fueron juzgados por su autor como dignos de ser recogidos en su libro *Materia y forma en poesía* (1955); otros fueron anticipos de su *Ensayo sobre la novela histórica* (1942).

En su conjunto reflejan debidamente uno de los aspectos de la vasta labor científica de este universitario que rebasó con su acción el marco académico, persuadido de que en Buenos Aires se daban las circunstancias mejores para revitalizar la común herencia hispánica de lengua y literatura.

Guillermo de Torre y la crítica literaria

Contemporáneamente con Alonso llegaba a la Argentina otro español, cuya intensa labor debía desarrollarse durante muchos años en Buenos Aires, pero en un campo diferente, el de la crítica literaria y las labores de asesoramiento editorial. GUILLERMO DE TORRE (1900-1971), también había arribado en 1927 y permaneció allí hasta 1932, en la primera etapa de su residencia americana. Ya antes había colaborado en la revista *Nosotros* y en las publicaciones de vanguardia *Prisma* (1922), *Proa* y *Martín Fierro* (1925), pero es a partir de su instalación cuando comienza a consolidarse

---

16 Alonso, A., "El problema argentino de la lengua", *Sur,* 6 (otoño, 1932), 124-178; ibíd., "El porvenir de nuestra lengua", *Sur,* 8 (set., 1933), 141-150.

17 "Para la historia de la enseñanza del idioma en la Argentina", *La Argentina y la nivelación del idioma* (Buenos Aires, 1943), pp. 87-145.

18 Borges, "La peculiaridad lingüística rioplatense y su sentido histórico", *Sur,* 86 (nov., 1941), 66-70; Alonso, "A quienes leyeron a Jorge Luis Borges en *Sur,* núm. 86", *Sur,* 89 (feb., 1942), 79-81.

su vínculo con los grandes periódicos y revistas argentinas *La Nación, Síntesis, Humanidades, Verbum*.

En ese mismo año de 1927 se había convertido en el principal protagonista de la polémica sobre el "meridiano intelectual de Hispanoamérica", la cual se inicia a raíz de la publicación en *La gaceta literaria* de Madrid de una nota editorial suya, aparecida sin firma. Allí se rechazan por espurios los términos "América Latina" y "latinoamericanismo" y se exhorta a estudiantes, intelectuales y artistas a penetrar en "la atmósfera intelectual de España" donde hallarán una atención auténtica y más desinteresada que la que encuentran en la "media docena de hábiles aprovechadores del latinismo" que operan desde París. [19]

La reacción en Buenos Aires fue inmediata y se ocuparon del tema numerosos escritores, en la revista *Martín Fierro* y en otras publicaciones porteñas, mientras la polémica trascendía al extranjero en *La fiera letteraria* de Milán, *Ulises* de México y *El Sol* de Madrid.

En la revista *Nosotros* una nota de Luis Pascarella aclara que no hay prevención contra los españoles, pero que resulta necesario establecer errores de hecho. Para ello parte del análisis de la tradición colonial en el aspecto político, científico y literario, de todo lo cual deduce que, dado que España "abandonó sus derechos de madre", el concepto de hispanoamericano "no tiene hoy por hoy más que una dosis racial y valor fonético". Considera más adecuados los de latinoamericano" o "europeo-americano". En conclusión, España "no constituye un punto de referencia intelectual", "es uno de los tantos meridianos". [20]

Como secuela de este planteo, y a partir de una propuesta del crítico italiano Lamberti Sorrentino, surge una encuesta *Sobre la influencia italiana en nuestra cultura,* o encuesta sobre "el meridiano de Roma". Del análisis de las respuestas surge que los escritores argentinos consideran, en general, que sobre su literatura operan muchos meridianos —o "zonas de amistad especial", según rectifica Carlos Mastronardi— y que ninguno es excluyente: Italia influye menos que España y mucho menos que Francia.

La revista *Síntesis,* por su parte, no se deja arrastrar a la violencia de la disputa ni la acepta como envite para un análisis de las raíces del ser nacional argentino y de su deuda con España y con Europa. Por el contrario, juzga que lo del meridiano puede ser reducido a un problema de producción y de difusión editorial.

---

[19] "Madrid, meridiano intelectual de Hispanoamérica", *La gaceta literaria*, 8 (15-IV-1927). Ver también de G. de T., "Mis recuerdos de *La gaceta literaria*", *El espejo y el camino* (Madrid, 1968), pp. 293-297.

[20] Pascarella, L., "Madrid, meridiano intelectual de Hispanoamérica", *Nosotros*, I, 222-223 (nov.-dic., 1927), 209-220.

Dejando de lado este curioso episodio, señalaremos que la presencia de Guillermo de Torre, durante esa primera residencia, parece signada por un nuevo equilibrio entre su fervor de abanderado de las vanguardias y la lucidez del crítico urgido por la necesidad de establecer un balance preciso. A ese nuevo equilibrio se sentían llamados algunos colegas suyos a quienes él introdujo en las revistas argentinas, como Benjamín Jarnés y Ernesto Giménez Caballero.

En cuanto a sus propias colaboraciones, en *Síntesis* figuran ensayos sobre crítica de arte, sobre cine y sobre revistas literarias. Aún más notable es su labor en las páginas bibliográficas, como encargado de secciones fijas y como autor de numerosas reseñas. En 1929 encabeza las secciones "A través de las revistas" —donde hace "revista de revistas" de las más diversas procedencias— y "Letras españolas". En sus reseñas está representada, ante todo, la producción destacable por su ímpetu renovador y, además, el examen de antologías y colecciones diversas.

Su posición sigue afianzándose cuando se hace cargo de la función de secretario de *Sur,* desde su fundación en 1931. En esta revista han quedado muchas manifestaciones de su diversificada e infatigable labor y de su espíritu curioso, sensible y ecuánime, desde aquellos años iniciales hasta el cierre en 1970. Casi no hay aspecto de su obra y de su personalidad que no se halle representado en esas páginas: sus indagaciones sobre literaturas y arte de vanguardia, movimientos y figuras; sus estudios de literatura francesa, hispanoamericana y española; sus ensayos sobre problemática de la literatura e historia de las ideas y de la estética. Participa, asimismo, en varias polémicas en algunas de las cuales se perfila otro aspecto importante de su pensamiento y de su acción: su denuncia de las presiones que pretenden imponer al arte y al artista el servicio a causas extraestéticas. Pero esto pertenece ya a otro ciclo acerca del cual trataremos más adelante.

Los viajeros

En el período que venimos examinando se producen numerosas visitas de intelectuales españoles: Vicente Blasco Ibáñez (1909), Salvador Rueda (1913), Julián Álvarez del Vayo (1923), Pedro Sainz Rodríguez (1930), Antonio Ballesteros y Beretta (1931), Eduardo Marquina (1916 y 1936), etc. En algunas de ellas conviene detenerse por la especial repercusión que en su momento tuvieron.

José Ortega y Gasset constituye un capítulo especial de la cultura argentina sobre la cual su influencia, amplia y prolongada, reverdece periódicamente con fuerza notable. Llegó a Buenos Aires por primera vez en 1916, acompañando a su padre, José Ortega y Munilla, invitado por la Institución Cultural Española de Buenos Aires. Su segunda visita se produjo en agosto de 1928, invitado por la Asociación Amigos del Arte. Finalmente, en 1939 y nuevamente por obra de esta última institución y de otras entidades porteñas, inicia su última y larga permanencia que se extendió hasta 1942.

Su viaje de 1916 coincidió con el proceso de crítica al positivismo, que ya se había iniciado en la Argentina, y sus conferencias en el Teatro Odeón de Buenos Aires y en las ciudades de La Plata, Córdoba, Tucumán, Santa Fe, Mendoza, contribuyeron a la difusión de la nueva filosofía alemana y de un núcleo de interpretaciones originales que permitieron fundar sobre las mejores bases aquella crítica. La revista *Nosotros* agasajó a ambos Ortega y a Eduardo Marquina, con un banquete, el 10 de agosto de 1916, ofrecido por Álvaro Melián Lafinur, en el cual se elogiaba al "pensador nuevo" que llegaba "en la hora precisa".

Entre el primero y el segundo viaje de Ortega se publican en la mencionada revista algunos textos suyos y algunos comentarios sobre su obra. En éstos se va insinuando una atmósfera de disentimiento alejada del entusiasmo del año dieciséis, aunque todavía sin virulencia. El tucumano Alberto Rougès, por ejemplo, al par que elogia a Ortega como a "un transformador, un artista profundo", señala que su actitud filosófica no es nueva y que su originalidad crecerá sólo en la medida en que deje de ser una doctrina de la experiencia para convertirse en una teoría general de la verdad y de los valores. [21] El mexicano Jaime Torres Bodet, por su parte, refuta el diagnóstico orteguiano de la deshumanización del arte basándose en que no tiene en cuenta la dimensión americana, ya que en América está a punto de cuajar una estética futura que desmentirá aquellas conclusiones.

El segundo viaje de Ortega tuvo una diferente resonancia en Buenos Aires y ella ha quedado registrada en las principales revistas y periódicos porteños. *Nosotros,* por ejemplo, responde con severidad a las opiniones vertidas, en tono mordaz y humorístico, por el profesor de la Facultad de Filosofía y Letras Coriolano Alberini, en su presentación de Ortega en dicha institución. Alberini había aprovechado la circunstancia, no sólo para hacer un gran elogio del visitante y para recordar su influencia en la Argentina, sino también para delinear una despiadada descripción del estado en que se encontraba dicha Facultad en la época de la primera visita de Ortega. El autodidactismo de los estudiantes, el predominio de un cientificismo de cortos alcances de los profesores y entre éstos —único nombre propio mencionado— José Ingenieros, a quien califica de "ubérrimo publicista justamente admirado en Centro América", en fórmula sarcástica

---

[21] "El perspectivismo de Ortega y Gasset", *Nosotros,* I, 194 (jul., 1925), 337-351.

que se hizo célebre y desató la iracunda reacción de varios sectores. Como acabamos de señalar, *Nosotros,* cuyo grupo inspirador tenía estrecha relación con Ingenieros, enfrentó con severidad estas opiniones.

Poco tiempo después, la crítica se centra directamente en la figura de Ortega, con motivo de la publicación de sus ensayos "La Pampa... promesas" y "El hombre a la defensiva" (*El espectador,* VII [1930]), los cuales habían producido airadas reacciones en la Argentina. Roberto F. Giusti, director de la mencionada publicación bonairense, defiende al pensador español, pero va desmontando, rasgo por rasgo, su caracterización de lo argentino y demuestra que muchos de ellos no difieren de los que se hallan en los naturales de otros países. [22]

Por su parte, Emilio Coni señala algunas faltas de precisión de aquellos ensayos, derivadas del método de definir en bloque a los argentinos, sin diferencias de clases, regiones ni generaciones. Pero a continuación, amplía el diagnóstico orteguiano con un severo análisis de la moral social argentina y, especialmente, porteña. [23] Este artículo de Coni confirma, en cierta manera, dos condiciones del argentino, aparentemente antagónicas, pero en verdad coexistentes: la proclividad, a veces patológica, a la autocrítica y, por otro lado, el orgullo nacional que se rebela contra las interpretaciones de los extranjeros. Ortega, a quien, como decía Giusti, ya no se podía considerar extranjero en la Argentina, tocó en lo más vivo esa susceptibilidad y provocó aquellas respuestas.

La revista *Síntesis* no se enroló en la difusa corriente de opinión adversa a Ortega, pero tampoco destacó su presencia en Buenos Aires con especial entusiasmo. En setiembre de 1928, el joven filósofo argentino León Dujovne atenúa su elogio del pensador español con dos objeciones. La primera reitera la ya habitual exhortación a que sistematice y profundice plenamente sus ideas; la segunda consiste en subestimar, por su valor secundario, las ediciones de la *Revista de Occidente,* tan íntimamente conectadas con la empresa cultural emprendida por Ortega. Eduardo Vaccaro, por su parte, al hacer la crónica de sus conferencias, asume su defensa frente a los que dicen que no es profundo. Un año más tarde, el filósofo Miguel Angel Virasoro, al comentar el libro *Kant,* de Ortega, censura su "insustancial abstractismo", sus "nebulosos prejuicios" y denuncia la influencia spengleriana dominante en su autor. [24] Por otra parte, la revista reprodujo

[22] Giusti, R. F., "Los ensayos argentinos de Ortega y Gasset", *Nosotros,* I, 248 (en., 1930), 5-13; ibíd., 249 (feb., 1930), 145-160.

[23] Coni, E., "El hombre a la defensiva", *Nosotros,* I, 251 (ab., 1930), 46-56.

[24] Dujovne, L., "Crónicas; José Ortega y Gasset", *Síntesis,* 16 (set., 1928), 109-112; Vaccaro, E., "Crónicas; Las conferencias de Ortega y Gasset", *Síntesis,* 18 (nov., 1928), 369-370; Alberini, C., "Ortega y Gasset en la Facultad de Filosofía y Letras", *Síntesis,* 19 (dic., 1928), 11-16; Virasoro, M. A., "El último libro de Ortega y Gasset", *Síntesis,* 31 (dic., 1929), 13.

el texto completo del ya comentado discurso de Alberini, lo cual en el clima que aquel episodio había suscitado en Buenos Aires, significaba en sí mismo una toma de posición abiertamente polémica.

Pero una consecuencia más importante habrían de tener estas primeras visitas de Ortega a la Argentina: su vinculación con Victoria Ocampo y el papel que le cupo en la fundación de *Sur*. Esta relación se había establecido durante el primer viaje, pero se consolidó en el segundo. Precisamente al volver a su patria, mientras pasaba por Mendoza, en tránsito a Chile, le cuenta a su amiga argentina que ha escrito de un solo impulso y en pocas horas, su artículo "La Pampa... promesas", para el diario *La Nación* de Buenos Aires, con el cual esperaba "excitar las mejores iras". [25]

Ya en esa época Victoria Ocampo le había participado su proyecto de crear la revista y Ortega la aconsejaba sobre esta decisión. Cuando en enero de 1931 aparece el primer número, su directora, en la "Carta a Waldo Frank" que lo encabeza, incluye un relato detallado de cómo fue elegido el nombre: por teléfono, desde Madrid, Ortega eligió entre varios y sin vacilaciones, *Sur*. [26]

La gravitación del español se hizo sentir a lo largo de toda la trayectoria de la publicación, aun en los momentos en que, durante el tercer viaje a Buenos Aires, 1939-1942, se distancia del grupo dirigente. *Sur,* en ocasión de su muerte, le dedicó un número completo, el 241, que bien podría llevar como título el del trabajo final, firmado por su directora, "Mi deuda con Ortega", ya que contiene un valioso inventario de la relación entre el pensador español y la cultura argentina durante cuarenta años.

EUGENIO D'ORS llegó a Buenos Aires en 1921 y, como Ortega, realizó una gira de conferencias por el interior del país. Su talento filosófico iba acompañado, como en el caso anterior, por excepcionales dotes literarias y oratorias. Las ideas de D'Ors, coincidiendo con las tendencias de apertura al pensamiento clásico y a la moderna filosofía alemana existentes en la Argentina, influyeron en la consolidación de la llamada "Nueva Generación" que fundó en Buenos Aires el ya mencionado "Colegio Novecentista" cuyo "Manifiesto" fue redactado por Coriolano Alberini.

En ocasión de su viaje se produce un fenómeno análogo al que habría de presentarse con Ortega. Es ilustrativo el hecho de que en el mismo número de *Nosotros* donde se informa en detalle sobre la demostración con que se lo acoge, se incluya un artículo de refutación de Gregorio Bermann.

[25] Ortega y Gasset, J., "Cartas a Victoria Ocampo", *Sur,* 296 (set.-oct., 1965), p. 3. Más ampliamente tratado este tema en nuestro artículo "Las letras españolas en la revista *Sur*", *Revista de Archivos, Bibliotecas y Museos,* 80 (1977), 113-145.
[26] Ver nuestro trabajo cit. en la n. 25, 117-119.

En el primer caso, se reproducen los discursos laudatorios de Manuel Gálvez, Alejandro Korn, Héctor Ripa Alberdi, y la respuesta de Eugenio D'Ors. Los tres primeros saludan al artista, al filósofo, al pensador, al hombre de acción, y describen lo que representó su obra para la Argentina de 1918, ansiosa de principios éticos y estéticos renovadores. D'Ors, por su parte, analiza por qué se lo quiere en la Argentina: por su participación en lo que llama el monumento de "el Argentino nuevo", el cual le parece más bello que sus equivalentes de Barcelona, Madrid y Lisboa.

Pero en el mismo número de la revista, como hemos señalado antes, Gregorio Bermann, bajo el título de "La filosofía del señor Eugenio D'Ors. De los límites de la Filosofía y la Literatura", al par que rebate al español y a los que pretenden enseñar su sistema como "la verdad última", lo califica de "original periodista de la Filosofía", de "diletante de la filosofía". [27]

En estos episodios de las visitas de D'Ors y de Ortega, la aparente ambivalencia de actitudes, a veces dentro de un mismo grupo o revista, se explica porque en aquel momento aún convergían, en una común vocación renovadora, jóvenes de muy diferente formación y que habrían de derivar luego en las direcciones más opuestas. Tal es el caso del novelista Manuel Gálvez, próximo por entonces al socialismo y, luego, simpatizante del nacionalismo, junto a sus fundadores, Julio y Rodolfo Irazusta, éste, a su vez, colaborador de *Nosotros;* o el de José Gabriel, animador del "Colegio Novecentista", y luego activo militante de las huestes de la *Reforma Universitaria,* de signo liberal e izquierdista, en la Universidad de La Plata.

Entre 1927 y 1930 se producen —como ya hemos anticipado— intensos replanteos sobre la esencia de lo nacional y el surgimiento del nacionalismo argentino. Diversos grupos intelectuales, de diferentes procedencias, convergen apasionada y polémicamente en esta reflexión sobre el ser argentino, y ello explica, en gran parte, no sólo la resonancia que las visitas de Ortega y D'Ors tuvieron por ese entonces, sino también el periódicamente renovado interés que el pensamiento del primero de ellos vuelve a suscitar aún hoy, particularmente en los momentos de crisis.

Un caso especial entre los visitantes, es el de los embajadores de España, Maeztu, Danvila y Díez-Canedo.

RAMIRO DE MAEZTU era un escritor bien conocido en la Argentina cuando se produjo su llegada a Buenos Aires en 1928, durante el gobierno de Primo

---

[27] "La demostración a Eugenio D'Ors", *Nosotros,* I, 147 (ag., 1921), 507-521; Bermann, G., "La filosofía del señor Eugenio D'Ors. De los límites de la Filosofía y la Literatura", ibíd., 477-498. Sobre los viajes de Ortega y D'Ors, ver: Zuleta Alvarez, E., *El nacionalismo argentino* (Buenos Aires, 1975), I, 171-175.

de Rivera. La acogida fue diversa, según las posiciones ideológicas y políticas. *Nosotros,* por ejemplo, lo recibe con "ásperas pero medidas palabras", según califican su saludo los mismos redactores. En él se le reprocha que se haya "doblado" ante Primo de Rivera, se juzga su obra como poco sólida y se aclara que la nota de felicitación al Rey de España por este nombramiento, no fue firmada por figuras representativas de la cultura argentina. [28]

Síntesis, por su parte, lo recibe con una cordial bienvenida y sin ninguna reticencia. Se le vaticina, incluso, una gestión exitosa, dado que por sus conocimientos y experiencia podría hacer mucho en favor de las relaciones entre España y la Argentina, y se pondera a Primo de Rivera por haber nombrado en estas funciones a un intelectual. Este texto, publicado sin firma, deja traslucir el espíritu ecuánime de quien lo redactara, Guillermo de Torre. [29] La revista se colocaba así por encima de las disputas ideológicas. En efecto, unos meses antes Unamuno, el implacable opositor de Primo de Rivera, había colaborado en ella y dos años más tarde habría de ser objeto de un homenaje en sus páginas.

Maeztu, durante su permanencia en Buenos Aires, se vinculó con el grupo de jóvenes nacionalistas de *La Nueva República,* y esta relación contribuyó a consolidar su concepto de Hispanidad, decisivo para su obra y su acción en los años siguientes. [30]

No parece haber suscitado resistencias en el ambiente intelectual porteño la llegada de ALFONSO DANVILA, en 1930, según los testimonios de periódicos y revistas. *Nosotros,* precisamente, le hizo objeto de una demostración muy cordial ofrecida por Emilio Suárez Calimano, autor de un ensayo sobre el nuevo embajador que ya hemos mencionado en estas páginas.

En 1936 asume la embajada ENRIQUE DÍEZ-CANEDO, quien ya había viajado antes a la Argentina y era muy apreciado por su labor crítica, sus traducciones y su interés por la literatura americana y argentina. Muchos de sus artículos sobre poesía argentina, publicados en *España* y en *El Sol* de Madrid, habían sido reproducidos en la revista *Nosotros* y en esta misma fueron dados a conocer otros artículos y traducciones suyas. Entre este último aspecto de su producción ocupan un lugar sobresaliente sus comentarios sobre poetas como J. L. Borges, R. A. Arrieta y O. Girondo, aparecidos entre 1923 y 1924.

El 16 de julio de 1936, *Nosotros* lo recibió con un banquete durante el cual hablaron el director de la Revista Roberto F. Giusti —el cual aludió a los viajes anteriores del nuevo embajador— y el embajador de México,

[28] "Ramiro de Maeztu, embajador del rey de España", *Nosotros,* I, 224 (en., 1928), 132-133.

[29] "Un embajador intelectual. Ramiro de Maeztu", *Síntesis,* 8 (en., 1928), 247. Hemos establecido la autoría mediante una lista de sus artículos preparada por el propio Guillermo de Torre.

[30] Marrero, V., *Maeztu* (Madrid, 1955), pp. 542-543.

Alfonso Reyes, quien, a su vez, había sido despedido poco antes con motivo de su traslado a Río de Janeiro. Una nota de redacción alude al hecho de que la fiesta finaliza "sin imaginarse los concurrentes que pocas horas después se desencadenaría la terrible guerra civil en la que se desangra actualmente España".[31]

Segundo ciclo: 1936-1952

La guerra civil rompe el ritmo regular de este proceso de intercambio intelectual entre España y América, puesto que introduce nuevos factores de aceleración. Defensas y ataques, polémicas y discusiones aparecidos en las publicaciones porteñas, testimonian la notable virulencia con que repercutieron en Buenos Aires los sucesos españoles, tanto en el orden cultural como en el literario y en el político. Todo ello se fue · haciendo más evidente con la llegada de los exiliados españoles que fueron recibidos con la generosa apertura tradicional en el Río de la Plata. Culmina este desarrollo en una abierta polarización que no sólo abarca a los españoles, sino que se extiende a los grupos intelectuales argentinos, incluso en revistas literarias que hubieran podido colocarse al margen de este tipo de planteos.

Durante este ciclo continúan actuando en Buenos Aires varios de los intelectuales españoles mencionados anteriormente. GUILLERMO DE TORRE, casado con la pintora argentina Norah Borges, vuelve a la Argentina en 1937 y reinicia su actividad, en una proyección mucho más amplia e intensa, en *Sur, La Nación, De mar a mar, Los Anales de Buenos Aires, Cabalgata, Realidad* e innumerables revistas y periódicos de todo el país. Simultáneamente se dedica a trabajos editoriales, primero como asesor literario de Espasa-Calpe y luego como fundador y asesor de Losada. Para esta editorial prepara numerosas ediciones, a veces con prólogos que siguen siendo textos clásicos. Esta inmensa labor culmina en sus grandes libros de esta etapa: *La aventura y el orden* (1943) y *Problemática de la literatura* (1951), en los cuales aborda todos los grandes temas del arte de nuestro tiempo. En todo este quehacer se muestra con una enorme capacidad para revisar sus propias ideas y para comprender las ajenas. Así, él, primer difusor del arte nuevo, denuncia ahora las mixtificaciones que en su nombre se cometen. O en plena guerra civil y a pesar de sus decididas simpatías por el bando republicano, defiende un arte donde lo estético no sea desvirtuado por el servicio a una causa.[32] Estas notas de su personalidad conforman un arquetipo poco común

---

[31] "Demostración a Díez-Canedo", *Nosotros,* II, 5 (ag., 1936), 609-610.

[32] Torre, G. de, "Literatura individual frente a literatura dirigida", *Sur,* 30 (mar., 1937), 89-104; ibíd., "Por un arte integral", *Sur,* 37 (oc., 1937), 52-63. Tuvieron su punto de partida en A. Sánchez Barbudo, "La adhesión de los intelectuales a la causa popular", *Hora de España,* 7 (1937), 70-75.

de intelectual exiliado, en quien el destierro no engendra resentimiento ni produce esterilidad, sino por el contrario, se transforma en distancia fecunda para ver y comprender mejor.

A causa de la guerra civil, gran número de intelectuales y científicos se instalan en Buenos Aires. Baste recordar unos pocos nombres: Claudio Sánchez Albornoz, Lorenzo Luzuriaga, Angel Ossorio y Gallardo, Luis Jiménez de Asúa, Pío del Río Hortega, Ramón Pérez de Ayala, Rafael Alberti, Manuel de Falla, etc., etc. Todos ellos cumplieron una inmensa labor aún no debidamente estudiada. Firmes en nuestro propósito de acentuar algunos casos especiales, mencionaremos a algunos núcleos que se singularizaron por haber contribuido a la definición de algunos aspectos de la cultura argentina.

Tal es la función que cumplieron en la revista *Sur* Ricardo Baeza, Francisco Ayala y Rosa Chacel, quienes participaron en la asimilación de lo europeo y de lo universal intentada por aquel grupo, alentado por una voluntad análoga a la que inspiró a Ortega en su *Revista de Occidente.*

RICARDO BAEZA (1890-1956), quien había visitado Buenos Aires en 1922, se instaló nuevamente allí a causa de la guerra civil. Su gravitación en *Sur* se cumplió a través de su amistad con Victoria Ocampo, que ha definido así su personalidad: "A pesar de haber pasado mi vida entre escritores o aficionados a las letras, rara vez he oído hablar de libros tan fervorosamente. Con Baeza, el tema no se agotaba. Gran lector, lector omnímodo y omnívoro, su memoria no le fallaba casi nunca". [33] Subraya, además, la directora de *Sur* su amor por la lengua española, "la parte más transportable de su España", que lo convirtió en hombre de consejo seguro y severo en ese aspecto. Publicó en *Sur* ensayos, artículos, traducciones y reseñas, sobre literatura española, inglesa y francesa, y también colaboró sobre estos temas en *De mar a mar* y en *Los Anales de Buenos Aires.* Corona así, desde la otra orilla, una labor de difusor de la mejor literatura europea de su tiempo, iniciada en las revistas *Prometeo* y *Cosmópolis,* en las primeras décadas del siglo.

FRANCISCO AYALA (1906), a quien Guillermo de Torre había introducido en *Síntesis* en 1928, colaboró en ella varias veces, pero su labor se intensifica durante su permanencia en la Argentina, entre 1939 y 1950. En las revistas *Sur, De mar a mar* y *Correo Literario* y en diversos periódicos, aparecieron sus ensayos extensos y notas breves sobre temas sociológicos, literarios y políticos, y, simultáneamente, fueron editados sus tratados de sociología, ya clásicos en este campo. En *Correo Literario,* entre 1943 y 1944, retoma su labor de cronista de cine, ya ejercitada durante las décadas del veinte y el treinta. En *Sur* publica siete de sus narraciones breves, con las

---

33 Ocampo, V., "Ricardo Baeza (3 de febrero de 1956), *Sur,* 239 (mar.-ab., 1956), 94.

cuales reanuda otro aspecto de su producción iniciada en la *Revista de Occidente.*

ROSA CHACEL (1898), de filiación orteguiana como Ayala, publicó en *Sur,* y en *Los Anales de Buenos Aires,* narraciones, poemas, artículos, ensayos y traducciones. Buen ejemplo de su capacidad de análisis son sus ensayos —en pleno auge del existencialismo en Buenos Aires— sobre el *Baudelaire* de Sartre o sobre la obra de Simone de Beauvoir, donde sostiene una concepción del feminismo sumamente equilibrada y original. [34]

Los gallegos en Buenos Aires

Buenos Aires ha sido, sin duda, junto con La Habana, la gran capital gallega de América. La presencia de intelectuales gallegos jalona los diferentes períodos de la cultura argentina, no sólo con notas muy particulares de talento y originalidad, sino además con una capacidad de integración con el nuevo medio superior a las de otros grupos de españoles.

Entre muchos otros, destaca en la década del veinte la presencia de XAVIER BÓVEDA, intelectual gallego nacido en Orense en 1898 y muerto en Madrid en 1963. Se había iniciado como poeta en Galicia y luego colaboró en *La esfera* y en *Los Lunes de El Imparcial.* Llegó a Buenos Aires en 1923, como conferencista, y a partir de 1925 se radicó allí hasta su regreso a España, poco antes de su muerte. Fue un diligente promotor de actividades culturales gallegas y trabajó como periodista y asesor de editoriales. Fue el primer director de *Síntesis,* durante los primeros siete números —entre junio y diciembre de 1927— y allí publicó algunas notas y poemas. Durante ese lapso la presencia de España y de autores españoles se va perfilando con rasgos que se acentuarán posteriormente.

Pero la presencia de los gallegos se incrementa en el segundo ciclo que venimos considerando, con la llegada de los exiliados y su inmediato ingreso a todos los campos de la cultura argentina y, particularmente, en la actividad editorial.

En 1940 la editorial Emecé inicia la publicación de dos colecciones con nombres de resonancia gallega: "Dorna" y "Hórreo". La primera se singulariza por su elegante presentación, diagramación y tipografía. Dos viñetas de Luis Seoane ilustraban la tapa y la contratapa —en ésta, con la barca gallega denominada "dorna"— y en casi todos los volúmenes se incluían dibujos de Seoane y de otro gran artista gallego residente en Buenos Aires, Manuel Colmeiro. En esta colección aparecieron sucesivamente, a partir de

---

34 Chacel, R., "Comentario tardío sobre Simone de Beauvoir", *Sur,* 243 (nov.-dic., 1956), 23.

1940, obras de Eduardo Pondal, Rafael Dieste, Manuel Antonio, Aquilino Iglesia Alvariño, José Pérez Ballesteros y Rosalía de Castro.

Casi simultáneamente, la editorial Nova lanzó diversas colecciones. La primera, también de nombre gallego, "Pomba", luego traducido, "Paloma", dirigida por Arturo Cuadrado, tenía características análogas a las de "Dorna" y llevaba viñetas y, a veces, ilustraciones de Seoane. Allí aparecieron, entre otros, el magnífico libro de poemas de Lorenzo Varela, *Torres de amor* (1942), y más tarde el de Arturo Serrano-Plaja, *Versos de guerra y paz* (1945).

Otra colección de Nova, "Camino de Santiago", dirigida por Cuadrado y Seoane, incluyó varias obras clásicas y contemporáneas entre las que sobresale *Historias e invenciones de Félix Muriel* (1943), de Rafael Dieste, con dibujos de Seoane, una serie de recuerdos de infancia y episodios legendarios que se proyectan sobre un fondo gallego finamente sugerido a través de notas descriptivas y de la estilización del lenguaje.

Cuadrado y Seoane dirigieron, además, las ediciones "Botella al mar", también bajo el sello de Nova y la impresión de López. Estuvieron vinculados, junto con otros españoles, con diversas editoriales como Atlántida, Poseidón, Pleamar y, aparte de la ya citada Emecé, con las dos grandes casas editoras de Buenos Aires encabezadas por españoles, Sudamericana y Losada.

Paralelamente se desarrolla otro modo de acción vinculada con la actividad editorial, a través de las revistas encabezadas por exiliados. Cuatro de ellas tuvieron destacada presencia durante esos años: *De mar a mar* —siete números entre diciembre de 1942 y junio de 1943; *Correo Literario* —cuarenta números entre noviembre de 1943 y setiembre de 1945; *Cabalgata*— veintiún números entre octubre de 1946 y julio de 1948. *Realidad* no fue encabezada por españoles, pero en ella tuvieron un papel dominante varios de ellos. (Alcanzaron a salir dieciocho números entre enero de 1947 y diciembre de 1949.) [35]

Dirigían *De mar a mar* Lorenzo Varela y Arturo Serrano-Plaja, acompañados por algunos importantes escritores argentinos y las más notables figuras del grupo exiliado en Buenos Aires.

LORENZO VARELA (1914-1978), cuyo nombre completo era Jesús Lorenzo Varela Vázquez, había nacido en La Habana, de origen gallego, y en Galicia se había criado y educado. Comenzó su exilio en México y allí participó en la publicación de las revistas *Taller* y *Romance*. Entre 1940 y 1950 —que es el lapso que nos interesa— aparte de las tareas ya mencionadas y de la publicación de su libro de poemas, escribió biografías, ensayos sobre estética literaria y crítica de cine. ARTURO SERRANO-PLAJA (1909) había colaborado en *La*

---

[35] Preparamos actualmente un libro sobre las letras españolas en revistas literarias argentinas.

gaceta literaria y en *El Sol* de Madrid y, luego, en *Hora de España* y *Romance*. Después de un breve tiempo en Francia y en Chile, se instaló en Buenos Aires hasta 1945. En *De mar a mar* y, posteriormente, en *Correo Literario,* publicó narrativa y poesía.

Colaborador asiduo de esta revista fue otro gallego, JOSÉ OTERO ESPASANDÍN, nacido en Pontevedra en 1900 y que vivió en Buenos Aires desde 1941. Colaborador asiduo de *Pensamiento español, Saber vivir* y otras publicaciones, escribió también varios libros.

Sucesivamente escriben en *De mar a mar* otros españoles como R. Alberti, F. Ayala, M. Colmeiro, R. Pontones, A. Sánchez Barbudo, B. Clariana, R. Baeza, A. Casona, E. Dieste, J. Farías, F. Aparicio, J. Gil-Albert.

Correo Literario fue dirigida por Arturo Cuadrado, Luis Seoane y Lorenzo Varela. LUIS SEOANE (1910-1979), había nacido en Buenos Aires de ascendencia gallega y había estudiado en Santiago de Compostela, al par que se iba dando a conocer como notable pintor, grabador y dibujante. Volvió a Buenos Aires en 1937 y allí su labor en el campo de la plástica se intensifica y se completa con trabajos editoriales y la publicación de varios libros de dibujos, grabados y litografías. Escribió también poemas en gallego, *Fardel de eisilado* (1952) y un libro de relatos, *Tres hojas de ruda y un ajo verde; o las narraciones de un vagabundo* (1948), de gran calidad. No sólo ejerció la codirección de *Correo Literario* y atendió a los aspectos gráficos, tal como lo había hecho en *De mar a mar,* sino que también escribió notas y reseñas utilizando a veces el seudónimo de Felipe Arcos Ruiz. ARTURO CUADRADO había nacido en Denia (Alicante) de ascendencia gallega, se educó en Santiago de Compostela y vivió allí hasta la guerra civil. Ya en Buenos Aires trabajó en editoriales y publicó varios libros. En *Correo Literario* aparecieron sus narraciones y ensayos de crítica literaria, plástica, musical y cinematográfica.

JAVIER FARÍAS fue el secretario de *Correo Literario* y autor de varias notas y reseñas que sobresalen por su finura.

Junto a estas figuras actuaron otros españoles residentes en Buenos Aires o que pasaron brevemente por esta ciudad: C. Cimorra, F. Ayala, J. Gil-Albert, Rafael y Eduardo Dieste, María Teresa León.

Encabezaron *Cabalgata* Lorenzo Varela y Luis Seoane a los que se sumó luego Joan Merli, y fueron colaboradores habituales J. Otero Espasandín, José Herrera Petere, M. Villegas López, L. Luzuriaga, A. Salazar, J. Pahissa, A. Serrano-Plaja, R. Gómez de la Serna, G. de Torre, etc. Como *Correo Literario,* tenía formato de periódico y frecuencia quincenal. Contenía un material muy variado —desde literatura, arte y ciencias, hasta cine y modas— y alcanzó una amplia difusión en todo el país.

Realidad fue dirigida por el filósofo argentino Francisco Romero, acompañado por un Consejo de Redacción integrado por argentinos y varios españoles como A. Alonso, L. Luzuriaga, J. Rey Pastor, F. Ayala y, luego, G. de Torre. Los dos últimos se destacaron, además, como colaboradores muy frecuentes. Escribieron allí también J. Ferrater Mora, A. Castro, E. Nicol, Corpus Barga, S. Serrano Poncela, R. Chacel, R. Gullón y M. Villegas López. Fue una revista de ideas y en sus páginas alternan los temas filosóficos, históricos, literarios y estéticos, tratados a un alto nivel.

Hacia una empresa cultural

Todas estas revistas contenían —en mayor o menor grado— una definición de tipo intelectual y político. En el primer momento, cuando aparece *De mar a mar* en 1942, se adhiere a lo que por entonces se denominaban "pueblos libres" o "democracias", en suma, el conjunto de fuerzas enfrentadas al "nazismo-falangismo-fascismo".

En *Correo Literario* se explicita aún más esta definición, sobre todo en las "Cartas abiertas" que aparecían en todos los números. En algunas de ellas se alude a la guerra mundial, vista como "lucha de las democracias contra la barbarie", y a su significación universal en vista a la victoria inminente. En otras se hacen referencias precisas a la España franquista, mientras que en muchas se identifica la causa de la cultura con la de la libertad, lo cual implica la militancia del intelectual o su compromiso de dar testimonio de su época.

Cuatro años habían transcurrido desde la finalización de la guerra civil y del comienzo de la guerra mundial. La victoria de los aliados se prefiguraba claramente y con ello crecían las esperanzas de los exiliados españoles, ansiosos de un pronto retorno a su patria. Durante aquel período, los enfrentamientos ideológicos originados sucesivamente en ambos conflictos, se habían ido agudizando y, por ende, consolidando en posiciones netamente deslindadas. En apariencia, el sector de los amigos de "la libertad de espíritu" se hallaba suficientemente definido y, por su actuación previa y sus vinculaciones, en condiciones de afrontar una empresa cultural e ideológica de gran envergadura cuya primera etapa debía desarrollarse, necesariamente, desde América y cuya segunda etapa se cumpliría, en breve plazo, desde una España liberada del régimen franquista y reintegrada, por tanto, al concierto de los "pueblos libres".

Así fue plasmándose una vasta empresa cultural, presidida, explícita o implícitamente, por ese gran objetivo común al cual podrían servir en su momento los más diversos medios: 1) consolidación del grupo de intelectuales españoles de Buenos Aires en variadas actividades culturales y, particularmente, en el periodismo; 2) acción difusora de su programa a través de las mencionadas publicaciones y otras análogas; 3) convocatoria a los españoles dispersos en otros lugares de América y a los americanos próximos a ellos;

4) organización y afianzamiento de poderosas empresas editoriales —especialmente en el eje México-Buenos Aires— estrechamente conectadas entre sí.

Gran parte de este programa, como decíamos, se explicita a través de artículos y editoriales, pero es todavía más importante la acción implícita en la selección de temas y de autores y hasta en la orientación de las páginas bibliográficas, en estrecho asocio con las editoriales.

Sin embargo, este programa habría de naufragar por razones de orden internacional y local. Primero, las crecientes disensiones entre los "pueblos libres" y, más particularmente, el repliegue de los mismos frente al agresivo imperialismo soviético, cuya primera consecuencia fue —junto con otros factores como la habilidad política de Franco y el éxito del proceso de reconstrucción económica— la atribución de un nuevo papel a España en el orden internacional.

En cuanto a la proyección americana, los contactos programados fracasaron debido a las dificultosas relaciones entre los diferentes países de este continente incomunicado. Se mantuvo, sin embargo, alguna relación con México, a través de los viajes que en una u otra dirección realizaban españoles y americanos. *Correo Literario* logró abrir un cauce fluido con el Uruguay y el Brasil, pero el sueño de la unidad americana, tantas veces postergada, no encontró su momento más propicio en el clima de polarización ideológica que prevalecía por esos años.

En el orden local, el triunfo del peronismo en 1945, produjo un cambio radical en las condiciones de la vida intelectual de Buenos Aires y, lo que fue no menos decisivo, un nuevo reagrupamiento de tendencias y figuras, tanto en lo ideológico como en lo intelectual, que fue agravándose paulatinamente. Su amplia convocatoria en torno de un caudillo capaz de agitar con audaz oportunismo las más diversas banderas, desde la derecha extrema a la extrema izquierda, confundió a muchos y, entre ellos, a algunos de los intelectuales españoles residentes en Buenos Aires. Con ello, la difícil convivencia de estos grupos acusó aún más profundas fracturas en las cuales se manifestaba, además, el debilitamiento y el profundo desencanto ocasionado por un largo destierro y por la crisis de la conciencia liberal, tan acentuada en la segunda posguerra.

Todo ello, más la muerte de muchos y la vuelta a España de otros, marca el fin de un ciclo del cual quedan aún hoy algunos ilustres sobrevivientes.

Tabula Gratulatoria

Alcalde del Ayuntamiento de Jódar (Jaén).
Alderman Library, University of Virginia.
Andersson, Theodore, University of Texas at Austin.
Angulo, Carlos M., Universidad Politécnica de Barcelona.
Armistead, S. G., University of Pennsylvania.
Avalle-Arce, Juan Bautista y Diana, Durham, North Carolina.
Azaña, Manuel M., Librería «La Pluma», Madrid.
Ballou, Frederick D., Charlestown, Massachusetts.
Barrenechea, Ana María, Buenos Aires.
Bathurst, Robert B., Barrington, Rhode Island.
Bautista, María T., México, D. F.
Beser, Sergio, Universidad Autónoma de Barcelona.
Bibliothèque Interuniversitaire de Lille, Villeneuve d'Ascq, France.
Birbeck College Library, University of London.
Blecua, José Manuel, Barcelona, España.
Boekhandel H. Coebergh, Haarlem, Holland.
Boston University Libraries.
Boyd, Lola E., Vassar College, Poughkeepsie, New York.
Boyer, Mildred, University of Texas at Austin.
Brandeis University Library, Waltham, Massachusetts.
The British Library, London.
Brotherton Library, The University of Leeds, Inglaterra.
Bryn Mawr College Libraries, Bryn Mawr, Pennsylvania.
Brynmor Jones Library, University of Hull, Inglaterra.
Bulletin of Hispanic Studies, Liverpool, Inglaterra.
California State University Library, Long Beach, California.

Cano, José Luis, Madrid.
Cardona, Rodolfo, Boston University.
Caroline Skeel Library, Westfield College, University of London.
Carrasco Urgoiti, María Soledad, Madrid.
Cattedra di Lingua e Letteratura Spagnola, Università di Palermo, Italia.
Clemente, Alice R., Smith College, Northampton, Massachusetts.
Colegio Universitario de Logroño, España.
Colón, Germán, Basilea, Suiza.
Consulado General de España en New York, N. Y.
Cornell University Libraries, Ithaca, New York.
Couch, Barbara Ann, Nashville, Tennessee.
Couch, Marion Pickering, Nashville, Tennessee.
Cros, Edmond, Université Paul Valéry, Montpellier, France.
Cruz Gaspar, J., Viana do Castelo, Portugal.
Cheyne, G. J. G., Newcastle upon Tyne, Inglaterra.
Damiani, Bruno, Catholic University of America, Washington, D. C.
Debicki, Andrew P., University of Kansas.
DeCoster, Cyrus C., Evanston, Illinois.
Dehennin Galle, Elsa, Vrije Universiteit Brussel, Bélgica.
Department of Hispanic and Italian Studies, Brown University, Providence, Rhode Island.
Department of Spanish and Portuguese, University of California at Berkeley.
Department of Spanish, Italian and Portuguese, University of Virginia.
The Dolphin Book Co., Gran Bretaña.
Dowling, John, University of Georgia.
Dudley, Edward J., University of Buffalo, New York.
Durand, Frank y Laura G., Brown University, Providence, Rhode Island.
Durham University Library, Inglaterra.
Elizalde Armendáriz, Ignacio, Bilbao.
Everett Needham Case Library, Colgate University, Hamilton, New York.
Florida State University Library.
Florit, Eugenio, New York, N. Y.
Fox, E. Inman, Knox College, Galesberg, Illinois.
Fundación Librería, Madrid.
Gertel, Zunilda A., University of Wisconsin-Madison.
Gilman, Stephen, Harvard University, Cambridge, Massachusetts.
Ginsberg, Judith, Union College, Schenectady, New York.
Glendinning, Nigel, Queenmary College, London.
González del Valle, Luis T., Lincoln, Nebraska.
González-Echevarría, Roberto, Yale University, New Haven, Connecticut.
Grant and Cutler, Londres.

Grases, Pedro, Caracas, Venezuela.
Guinard, P., Institut d'Études Ibériques et Latino-Américaines, Université de Paris-Sorbonne.
Gullón, Germán, University of Pennsylvania.
Halka, Chester S. y Deborah R. Huntington, Worcester, Massachusetts.
Harvard College Library, Cambridge, Massachusetts.
The Hispanic Society of America, New York, N. Y.
Hurtado, Amparo, Barcelona, España.
Ibáñez, Joaquín, Librero, Barcelona, España.
Ibero-Amerikanisches Institut, Berlín.
Iffland, J. James, Boston University.
Indiana University Bookstore.
Institut d'Études Ibériques et Ibéro-Américaines, Université de Bordeaux III.
Institut d'Études Ibériques et Ibéro-Américaines, Université de Caen.
James P. Adams Library, Rhode Island College, Providence, Rhode Island.
Jespersen, Josephine H., Providence, Rhode Island.
John Carter Brown Library, Brown University, Providence, Rhode Island.
John D. Rockefeller Library, Brown University, Providence, Rhode Island.
John Rylands University Library of Manchester, Inglaterra.
Johnson, Roberta, Scripps College, Claremont, California.
Jones, Harold G., University of Houston, Texas.
Jrade, Cathy Login, Indiana University.
Kelley, Erna Berndt, Smith College, Northampton, Massachusetts.
Kilner, Linda A., Cambridge, Massachusetts.
King, Willard F., Bryn Mawr College, Bryn Mawr, Pennsylvania.
King's College Library, London.
Knowlton, Edgar C., Honolulu, Hawaii.
Lafaye, Jacques, Institut d'Études Ibériques et Latino-Américaines, Université de Paris-Sorbonne.
Lapesa, Rafael, Universidad Complutense, Madrid.
Librería García Peña, Madrid.
Librería Natale Simonelli, Perugia, Italia.
Lida, Denah, Brandeis University, Waltham, Massachusetts.
Lope, Prof. Dr. Hans-Joachim, Universität Marburg, Alemania.
López Estrada, Francisco, Universidad Complutense, Madrid.
López Morillas, Consuelo, Jódar (Jaén).
Luengo Marín, Paquita y Manuel, Madrid.
Lloyd, Paul M., University of Pennsylvania.
Márquez Villanueva, Francisco, Harvard University, Cambridge, Massachusetts.
Mastroianni, J. F., Houston, Texas.
McGill University Libraries, Montréal, Canadá.
McPheeters, Dean W., Tulane University, New Orleans, Louisiana.

Mejía Sánchez, Ernesto, México, D. F.
Meregalli, Franco, Università di Venezia.
The Milton S. Eisenhower Library, The Johns Hopkins University, Baltimore, Maryland.
Modee, Robert B., Northeastern University, Boston, Massachusetts.
Monguió, Luis y Alicia, North Bennington, Vermont.
Morby, Edwin S., University of California, Berkeley.
Nájera, Dr. Gabriel A., Providence, Rhode Island.
Navarrete Muñoz, Blas, Jódar (Jaén).
Negrín, Dr. Juan, New York, N. Y.
New York Public Library.
Olcoz-Verdún, Pedro, Smith College, Northampton, Massachusetts.
Osborne, Robert E., Anagance, N. B., Canadá.
Peña, Margarita, Universidad Nacional Autónoma de México, México, D. F.
Peñate, Julio, Neuchatel, Suiza.
Perea de Orno, Rosa María, Vizcaya, España.
Pérez, Luis, University of Saskatchewan, Canadá.
Pérez de la Dehesa, María Luisa, Madrid.
Pianca, Alicia M., Franklin, Indiana.
Pierce, Frank, University of Sheffield, Inglaterra.
Piñera, Humberto, Miami, Florida.
Pozo, María del Carmen del, Madrid.
Price-Munn, Nancy, Hamilton, Ontario, Canadá.
Pueyo, Pedro, Librero, Madrid.
Queen's University of Belfast Library, Irlanda del Norte.
R. H. Williams Library, University of Texas at Austin.
Ricard, Robert, París.
Rico, Francisco, Universidad Autónoma, Barcelona, España.
Riley, Edward C., University of Edinburgh, Gran Bretaña.
Ripon College, Ripon, Wisconsin.
Rivers, Georgina Sabat y Elias L., State University of New York, Stony Brook, New York.
Russell, Peter E., Trinity College, Oxford, Inglaterra.
Rutgers, The State University, New Brunswick, New Jersey.
Saint Mary's University, Halifax, Canadá.
Salvan, Albert J., Department of French Studies, Brown University, Providence, Rhode Island.
Sánchez Cuesta, León, Librero, Madrid.
Santos Silva, Loreina, Universidad de Mayagüez, Puerto Rico.
Schaffer Library, Union College, Schenectady, New York.
Schanzer, George O., State University of New York at Buffalo.

Schnerr, Walter J., Department of Hispanic and Italian Studies, Brown University, Providence, Rhode Island.

Scholarly Book Center, Inc., Waukegan, Illinois.

Selig, Karl-Ludwig, Columbia University, New York, N. Y.

Serrano Aguilar, Pablo, Real Academia de Bellas Artes de San Fernando, Madrid.

Shapiro, Dr. Gail G., Seattle, Washington.

Silveira y Montes de Oca, Jorge A., Hampden-Sydney, Virginia.

Sobejano, Gonzalo, University of Pennsylvania.

Stagg, Geoffrey L., University of Toronto, Canadá.

State University of New York at Stony Brook.

Stevens & Brown, Ltd., Godalming, Surrey, Gran Bretaña.

Stults, Dr. Barry M., University of Utah Medical Center.

Terras, Victor, Department of Slavic Languages, Brown University, Providence, Rhode Island.

Trueblood, Alan S., Department of Hispanic and Italian Studies, Brown University, Providence, Rhode Island.

Tulane University Library, New Orleans, Louisiana.

Turner, Harriet S., Oberlin College, Oberlin, Ohio.

U. E. R. des Lettres et Sciences Humaines, Université de Limoges, Francia.

Universidad Autónoma de Barcelona.

Université de Toulouse-Le-Mirail, Francia.

Université de Tours, Francia.

University of Alberta Library, Canadá.

University of Birmingham Library, Birmingham, Inglaterra.

University of California Library (Berkeley).

University of California Library (Riverside).

University of California Library (San Diego).

University College Library, Cardiff, Gran Bretaña.

University of Exeter Library, Inglaterra.

The University of Michigan Library (Ann Arbor).

University of Oregon Library.

University of Sheffield Library, Inglaterra.

University of Toronto Library, Canadá.

University of Wisconsin Library, Madison.

University of Wisconsin-Milwaukee Library.

Urrutia Cárdenas, Hermán, Bilbao.

Varea Rodríguez, Francisco, México, D. F.

Vázquez Abad, Juan, México, D. F.

Venvuert, Klaud Dieter, Frankfurt, Alemania.

Villegas, Abelardo, México, D. F.

Wardropper, Bruce W., Duke University, Durham, North Carolina.

Wheaton College Library, Norton, Massachusetts.
Webber, Ruth H. y Edwin J., Berkeley, California.
Wescott, Howard B. y Julia Lupinacci Wescott, Buffalo, New York.
Yébenes Guerrero, Julián, Madrid.
Young, Howard T., Pomona College, Claremont, California.
Zamora Vicente, Alonso, Madrid.

Índice onomástico y de obras*

Al consultar este índice téngase en cuenta que:

— incluye todos los nombres citados de autores de libros y manuscritos, así como casos de alusión a un autor o a una obra suya particular no directamente mencionados;
— cuando sólo se menciona la obra, la referencia en el índice es sólo a ésta;
— el orden alfabético se establece descontando los artículos iniciales de los títulos de obras;
— con la abreviatura «ss.» se indica qué nombre u obra se cita en *más* de una página *dentro del mismo estudio,* a partir de la referencia dada.

* Los editores desean testimoniar, agradecidos, la gran ayuda aportada en la confección de este índice por la Srta. Mary E. Lemire, estudiante graduada del Departamento de Estudios Hispánicos de Brown University.

Abreviaturas

AIH	Asociación Internacional de Hispanistas
AILC	Asociación Internacional de Literatura Comparada
B. A. E.	*Biblioteca de Autores Españoles*
BBMP	*Boletín de la Biblioteca Menéndez Pelayo*
BH	*Bulletin Hispanique*
BHS	*Bulletin of Hispanic Studies*
CA	*Cuadernos Americanos*
CHA	*Cuadernos Hispanoamericanos*
Clás. cast.	*Clásicos castellanos*
CLS	*Comparative Literature Studies*
FILLM	Fédération Internationale des Langues et Littératures Modernes
HAHR	*Hispanic American Historical Review*
Hisp.	*Hispania*
HR	*Hispanic Review*
MLN	*Modern Language Notes*
MLR	*Modern Language Review*
MP	*Modern Philology*
NRFH.	*Nueva Revista de Filología Hispánica*
RFH	*Revista de Filología Hispánica*
RHi	*Revue Hispanique*
RHM	*Revista Hispánica Moderna*
RI	*Revista Iberoamericana*
RIB	*Revista Interamericana de Bibliografía*
RL	*Revista de Literatura* (Madrid)
RO	*Revista de Occidente*
RR	*Romanic Review*
PhQ	*Philological Quarterly*
PMLA	*Publications of the Modern Language Association of America*
PSA	*Papeles de Son Armadáns*

Índice general

SE TERMINÓ DE IMPRIMIR
EN LOS TALLERES UNIGRAF, S. A.
EL DÍA 2 DE MARZO DE 1982
CCXVIII ANIVERSARIO DE LA CARTA FUNDACIONAL
DE BROWN UNIVERSITY